PARANÓIA

MARGUERITE, OU A "AIMÉE" DE LACAN

Jean Allouch

PARANÓIA

MARGUERITE, OU A "AIMÉE" DE LACAN

Posfácio de Didier Anzieu

Tradução
Dulce Duque Estrada

EDITOR
José Nazar

Companhia de Freud

TÍTULO ORIGINAL
Marguerite, ou L'Aimée de Lacan

EDITORAÇÃO ELETRÔNICA
FA - Editoração Eletrônica

TRADUÇÃO
Dulce Duque Estrada

REVISÃO
Sandra Regina Felgueiras

EDITOR RESPONSÁVEL
José Nazar

Rio de Janeiro, 2005

FICHA CATALOGRÁFICA

A455m

Allouch, Jean
[Marguerite. Português]
Marguerite, ou, A Aimée de Lacan / Jean Allouch ; posfácio de Didier Anzieu ; tradução Dulce Duque Estrada. – Rio de Janeiro : Companhia de Freud, 1997.

580 p. 23 cm.

ISBN 85-85717-04-1

Tradução de: Marguerite, ou L'Aimée de Lacan.

1. Lacan, Jacques, 1901-1981. 2. Psicanálise. I. Título. II. Título: L'Aimée de Lacan.

CDD-616.8917

Companhia de Freud
editora

ENDEREÇO PARA CORRESPONDÊNCIA
Rua Barão de Sertório, 57
Tel.: (21) 2293-7166 / 2293-9440
Rio Comprido - Rio de Janeiro
e-mail: ciadefreud@ism.com.br

Com Marguerite, dedico este estudo da clínica psicanalítica aos habitados pela terrível experiência erótica de filho morto.

Guardamos as perguntas em reserva porque nós mesmos só fazemos temê-las e de repente é tarde demais para formulá-las. Queremos deixar em paz aquele a quem interrogamos, não queremos feri-lo no mais profundo de seu ser, e assim não interrogamos, porque queremos nos mostrar, nós mesmos, tranqüilos, e não nos ferirmos no mais profundo de nosso ser.

Thomas Bernhard, le Froid.

Prefacio à Segunda Edição

O fato de que exista um lugarzinho atualmente, na França, no campo freudiano, no seio das disciplinas psiquiátrica e filosófica, mas também junto a um público de não-especialistas, para uma monografia clínica aprofundada, com tudo o que uma tal clínica comporta de postulados metodológicos específicos e não dominantes hoje em dia, eis o que não era evidente por si e que se vê agora demonstrado. Parcialmente — pois o desconhecimento quase sistemático de *Marguerite, ou a Aimée de Lacan* permanece, em alguns setores ditos lacanianos, gritante. Mais uma razão para, aproveitando a oportunidade deste prefácio, agradecer antes de mais nada a todos aqueles que manifestaram seu interesse por esta obra. Isso depende, em nossa opinião, da maneira pela qual uma sociedade acolhe a loucura, o que dá a este agradecimento o estatuto a que, às vezes, o analisando o eleva, em resposta a certas intervenções bem particulares do psicanalista no decorrer da análise: não é porque ele paga que o analisando julga, nessas ocasiões, não dever dizer "obrigado".

A presente edição não comporta nenhuma alteração crucial, por assim dizer. Além das correções habituais, levamos em conta aqui dados sobre o caso que surgiram nesse meio tempo, alguns deles surgidos pelo próprio fato da primeira publicação deste estudo. Trata-se de documentos ligados à primeira hospitalização de Marguerite (estão incluídos no histórico do caso, no capítulo 5) e de sua terceira hospitalização, se podemos contá-la como tal, pois de fato é uma seqüência da internação em Sainte-Anne, sem solução de continuidade (os documentos aferentes também estão incluídos no histórico, e são discutidos mais adiante, ao final desta segunda edição).

Nesse sentido, o elemento historicamente novo consiste no fato de que Marguerite terá travado, durante dois anos, um difícil combate, para que se admita, enfim, que ela possa ser liberada. A propósito da primeira hospitalização, no entanto, é essencialmente o nome de "Peyrols", que Marguerite atribui a si no momento em que pretende partir para a América e ser romancista, que se apresenta como absolutamente imprevisto; discutimos o problema que ele nos apresenta numa conclusão a esta segunda edição.

Enfim, acreditamos também dever suplementar as observações suscitadas pela divulgação de documentos sobre os quais Marguerite se teria baseado para fabricar uma das suas iluminações (cf. capítulo 13), bem como o estudo daí decorrente, que diz respeito à maternidade ou, mais exatamente, à pedoforia materna (na conclusão do capítulo 12).

Acrescentemos, enfim, que só tomamos conhecimento da tese de Silvia Helena Tendlarz, *le Cas Aimée, étude historique et structurale* (Paris VIII, junho de

1989), em setembro de 1993, no momento em que foi lançado *Jacques Lacan. Esboço de uma vida, História de um sistema de pensamento,* de Elisabeth Roudinesco (Paris, Fayard, 1993), obra em que se faz menção a essa tese. Algumas precisões trazidas à presente edição provêm dessas duas novas fontes. As duas mais notáveis se devem às declarações de Marguerite, logo depois do atentado contra Huguette ex-Duflos[1]: ela se teria reconhecido no personagem de Antinéa de Pierre Benoit (e dá esse aspecto como motivo da agressão a Huguette ex-Duflos) e, a propósito de um outro atentado, aquele cometido contra a funcionária da Livraria Flammarion em 18 de setembro de 1930, sabe-se, por uma matéria jornalística, que ela teria se assinado "Jeanne Fontaine" (sem dúvida, isso se pode ler "Jeanne Pantaine", ou seja, o nome de sua própria mãe) no romance *le Détracteur,* que Flammarion se recusava a publicar. A tese de Silvia Helena Tendlarz, essencialmente preocupada em explicitar o contexto psiquiátrico da tese de Lacan, retoma, sem problematizar, a versão do caso Aimée apresentada por Lacan em 1932. No que toca à apresentação deste caso, proposta recentemente por E. Roudinesco em seu *Jacques Lacan,* vai-se ter uma percepção de sua pouca seriedade ao se ler a presente obra.[2]

O texto de Joë Bousquet, "Aimée", foi aqui anexado, sem outro comentário[3] além da surpresa de ver o poeta definir Marguerite como Ofélia.

Paris, 16 de agosto de 1994

---

[1] O fato desses detalhes nos terem escapado deve ser levado à conta de uma falta de sistemática, que originou uma extrapolação intempestiva: tendo lido alguns jornais da época que relatavam o atentado contra Huguette ex-Duflos, percebemos rapidamente que eles todos escreviam praticamente a mesma coisa, o que pôs fim a uma pesquisa que julgamos, então, levada até a saturação. Engano. *Le Petit Parisien,* mais farejador que os outros, transcrevia dois aspectos do caso que, assim, nos passaram desapercebidos.

[2] Pode-se também consultar o relato publicado em *Littoral* nº 38, Paris, EPEL, novembro de 1993, Jean Allouch: "Un Jacques Lacan, sans guère d'objet ni d'expérience".

[3] Cf. Danielle Arnoux, "Aimée par Joë Bousquet", in *Littoral* nº 33, Paris, EPEL, nov. 1991.

Minha paciente, chamei-a Aimée,
era realmente muito tocante.
Lacan, 1970, Hospital Ste. Anne

Ela não terá sido a Aimée de Lacan*

— Ela? — Essa mulher que há pouco passamos a poder designar pelo seu nome, Marguerite Anzieu. Jacques Lacan relatou sua psicose; deu-a a conhecer sob o título que lhe deu então, exatamente em 1932: "o caso Aimée".

Dela, mais de cinqüenta anos depois, dizemos que não terá sido a Aimée de Lacan. O presente estudo visa dar corpo a essa afirmação que, aqui e logo de saída, nem mesmo assume a proteção de um condicional. Isso implica que, revisitando isso que Lacan relatou, não mais estejamos à vontade com sua nomeação de "caso Aimée", que ela não valha mais, para nós, como uma evidência. Selamos este fato designando diversamente o caso. Primeira marca de uma outra apresentação do caso (teremos a oportunidade de dizer o que a impõe como "outra"), decidimos nomeá-lo assim: o caso de Marguerite (vai-nos ser preciso dar a razão dessa escolha).

Isso significaria que, nesse encontro de Jacques Lacan com Marguerite Anzieu, teria havido incompreensão? Estaríamos em posição de desfazê-la, revelando, enfim, nua e saída do poço, a verdade? Mas, se tal fosse nossa pretensão, por que então nomear de outro modo o caso? Este ato, por si só, evidencia que nossa preocupação não é a de nos livrar de toda incompreensão, até porque a incompreensão em jogo, vamos vê-lo, se deixa reconhecer como sendo a do sujeito suposto saber. Com efeito, a não ser para fins de registro civil, o nome de Marguerite não é mais verdadeiro que o de Aimée. Ele é, mais trivialmente, diferente: e sua eleição aqui provém de uma razão que não se liga a registro civil, mas ao caso — tanto mais claramente, aliás, que sua inscrição no registro civil, por ocasião do nascimento daquela que será dita "Marguerite", terá válido por si própria como um acontecimento da maior importância na fabricação do caso.

Assim, nossa primeira asserção (mas que tem o estatuto de uma conclusão adquirida depois de dois anos consagrados ao estudo da tese de Jacques Lacan) deve ser suplementada: *ela não terá sido sem ter sido* — acrescentamos — a Aimée de Lacan.

---

* Deve-se ter sempre em mente a significação em francês da palavra "aimée", amada, se tomada como nome comum. (NT)

Isso se deve a ela mesma, ou a Lacan? Não é certo que devamos tomar a questão dessa nomeação de "Aimée" na rede dessa alternativa. Talvez se trate, antes, de determinar como a doente e seu psiquiatra contribuem, cada um à sua maneira e num lugar diferente para cada um, para forjar e mesmo promover este nome, Aimée. Essas maneiras e lugares fazem parte do caso. Ora, elas não poderão ser estudadas, planificadas, senão uma vez percebido que este nome não é evidente por si — o que exige, de nossa parte, uma abstenção quanto ao seu uso para a designação do caso.

Deveríamos, a partir daí, usar permanentemente circunlocuções para compensar a ausência de um nome, como se vê em certas famílias, onde não se chega a um acordo quanto à maneira de nomear alguém, em geral entre um "agregado" e um membro do grupo familiar? Pareceu-nos, muito mais, que o questionamento dessa nomeação de Marguerite como Aimée só se poderia efetuar a partir de uma outra nomeação do caso. Isso nos engaja, e até mesmo compromete nosso estudo (em espanhol*, comprometer significa "engajar"); mas, longe de lamentar esse fato, esperamos mostrar que, em se tratando de psicose, tal comprometimento se verifica ser inevitável, e mesmo operante; aliás, isso já é manifesto com a entrada em circulação do nome Aimée.

Eis então re-nomeado o caso Aimée. Certamente, um certo renome foi conquistado por ele de saída, ainda que hoje se tenha tornado patente que ele em nada facilitou essa leitura crítica a que se oferecia explicitamente a primeira apresentação do caso. As conseqüências de sua publicação em 1932 (teremos que relatá-las e, se possível, dar conta delas) foram outras que não aquelas propostas por Lacan, ou esperadas por ele. Daí a estranha posição do presente estudo: ele inaugura a leitura crítica do caso (ousamos reivindicar para ele esse estatuto), mas não sem atacar o renome de seu nome de caso (já que ele o nomeia de outra maneira).

Aimée se transmuta em Marguerite. Entrevê-se que tal mutação faz parte do caso. A questão não será fechada se verificarmos, à medida em que avançarmos, que esta nova nomeação, até mesmo esse próprio estudo, valem como elementos suplementares do caso, exigidos por ele.

Nomear de outra maneira não é simplesmente nomear; re-nomear inflige um certo tratamento à nomeação em uso. E, já que Marguerite não é um apelido de Aimée, nomear de outra maneira aqui desnomeia o nome primeiro no sentido em que um novo nome o substitui. Será esta realmente uma condição de possibilidade para a operação de uma leitura crítica daquilo que se apresentou como o relato inaugural do caso?

A julgar pelo que não cessa de não se produzir, no movimento psicanalítico, a propósito dos casos de Freud, o necessário dessa condição não irá parecer tão esdrúxulo. Com efeito, não é mesmo de encontro a sua disciplina

* Também em português. (NT)

que a maioria dos psicanalistas persiste em nomear os casos de Freud com esses nomes que lhes foram dados por seu mestre? "O Homem dos lobos", "o Homem dos ratos", "a jovem homossexual", "o pequeno Hans", esses nomes identificam um sujeito em sua fantasia, seu sintoma, até mesmo seu falo (o "pequeno": nome do falo em nomeações é obra do psicanalista, como o da criança recém-nascida é obra de um dos pais (outros exemplos ainda: Dora, Anna E., Elisabeth v. R)). Como saber o que eles instauram de desconhecimento, a partir do instante em que o analista se comporta como um pai? Freud, "desbravador" do caminho, tinha, se não suas razões, pelo menos seus motivos, que não são os dos seus sucessores, e a persistência nestes do uso desses nomes oferece, entre outros "benefícios", o de deixar inquestionado o ato de nomeação do caso, em outras palavras, proteger Freud, conforme se acredita, manifestando com relação a ele este falso respeito que constitui uma verdadeira mortalha, mas de que Freud e Lacan não têm a mínima necessidade.

Re-nomear o caso Aimée inaugura uma nova leitura da apresentação do caso proposto por Lacan, no sentido em que uma leitura não poderia valer como crítica se de saída interditasse o questionamento do ato de nomeação do caso, se não se desse os meios para um tal questionamento. Cada um há de convir que, nomeando "Aimée" sua paciente, portando este nome em praça pública como sendo o nome dela, para ele e para outros através dele, Lacan não realiza uma escolha sua que seja neutra ou casual. Quanto a saber o que se atuou assim, as coisas restam a ser formuladas. Veremos que está em jogo nada menos que o conjunto da interpretação do caso, ou ainda, e mais exatamente, a dependência dessa interpretação quanto a um certo momento da transferência de Jacques Lacan para com sua Aimée. Tratando-se de um caso de psicose, aliás não tanto de autopunição quanto de loucura a dois, vamos tentar mostrar, ainda, o caráter exemplar e operatório de semelhante feito.

Portanto, vamos suplementar mais uma vez nossa asserção inicial: ela não terá sido sem ter sido, para ele e para outros através dele — acrescentamos agora —, a Aimée de Lacan.

Dentre esses outros, um lugar, o mais singular, cabe a Didier Anzieu; filho de Marguerite, ele esteve em análise com Lacan e, durante um certo tempo, foi um de seus discípulos. É claro que o ato pelo qual Didier Anzieu deveria permitir sua apresentação, em 1986, no cenário da história da psicanálise na França, como "filho de Aimée", que o ato de nos dar a conhecer os nomes de seu pai e sua mãe, que este ato, digo, tornou possível este estudo. É dele que recebemos este nome, "Marguerite", que divulgamos. O presente estudo saúda esse dizer como tendo sido uma palavra que terá feito ato; não poderia desconhecer o estatuto que deve a ele, o de uma conseqüência.

PRIMEIRA PARTE

Um caso, uma tese, duas interpretações

CAPÍTULO UM

Sobre a escrita do "caso Aimée"

Nada de mais clássico, à primeira vista, que essa escrita do caso Aimée a que se atém Jacques Lacan. Digamos mesmo, nada de mais científico, já que se trata de satisfazer às exigências mais elementares da historiografia.

A apresentação do caso se faz, inicialmente, pesquisa histórica[1]; ela acata as obrigações: pesquisa ativa de dados por todos os meios possíveis (interrogatório de testemunhas, tomada de conhecimento de documentos), atribuição de datas com a maior exatidão possível dos acontecimentos[2], estabelecimento de fatos controlados, por ao menos duas fontes independentes, e enfim, last but not least, preocupação de ser exaustivo, tanto na coleta do material quanto na sua apresentação à crítica.[3]

Essas obrigações têm por função tornar objetiva a apresentação do caso. A escrita, na medida em que as satisfaz, eleva a apresentação do caso à dignidade de uma observação clínica[4]. Assim, no instante mesmo em que intenta escrever o primeiro capítulo de seu relato, que intitula de uma maneira que não é mais interrogativa, e sim afirmativa, Lacan escreve:

---

[1] J. Lacan, *De la psychose paranoïaque dans ses rapports avec la personalité*, Paris, Le François, 1932; reed. Paris, Seuil, 1975. Salvo exceção, citaremos daqui por diante esta última versão pela simples menção de T. Logo, T. p. 241: "Chegado ao fim desta análise que não deixa ignorar nenhum elemento de nossa pesquisa à crítica de nossos leitores... ." e p. 281: "Nosso estudo nos impôs, em primeiro lugar, a importância da *história afetiva* do doente". Salvo indicação em contrário, os itálicos, como aqui mesmo, são de Lacan.

[2] T. p. 219. Depois de haver referido em detalhes os meios de sua pesquisa, Lacan escreve: "De todos esses fatos acumulados, extrairemos apenas aqueles que controlamos por um recorte, ao menos, levando em conta, além disso, na apreciação e na hierarquia de nossas fontes, regras comumente recebidas da crítica do testemunho."

[3] T. p. 244: "...uma análise clínica que fizemos a mais integral possível... " e 280: "Nosso desígnio neste trabalho foi um ensaio de estudo clínico tão completo quanto possível ... ". Cf. também p. 266, onde se vê formulada a razão dessa preocupação de exaustividade, a saber, a apreensão do próprio objeto da medicina psíquica situado como reação da personalidade: "Ora, acreditamos tê-lo demonstrado, não há informação suficiente nesse plano, senão por um estudo tão exaustivo quanto possível da vida do sujeito."

[4] T. p. 251: "Aqui, ao contrário ["ao contrário" da técnica psicanalítica], a hipótese se destaca, de modo muito mais imediato, da pura *observação* dos fatos, cuja única abordagem é demonstrativa, a partir do momento em que, como em toda a observação de fatos, aprendeu-se a vê-los." Cf. igualmente p. 266, onde Lacan não hesita em invocar "o saudável método da observação psiquiátrica".

> Para abordar os problemas difíceis que nos formulamos neste capítulo, vamos esforçar-nos por lançar sobre o caso que estudamos um olhar tão direto, tão nu, tão objetivo quanto possível.[5]

Nada mais clássico, pois, admitamos, mesmo que não tenhamos mais hoje a mesma ingenuidade com relação a este olhar, à sua exterioridade no que diz respeito à observação, a sua pouca incidência sobre o observado — isso principalmente devido a Lacan, que, muitos anos mais tarde, deveria incluir o olhar na lista de objetos parciais inaugurada por Freud. Mas, talvez, estejamos aí demasiadamente impactados pelo que foi o encontro de Lacan com Marguerite para abordar de imediato o que terá sido a incidência, e mesmo a aventura deste olhar neste encontro.

A ingenuidade, com efeito, não deve ser excluída de um homem que era, e sou testemunha disso, muito mais ingênuo do que freqüentemente se imagina, mais mesmo do que às vezes ele próprio supunha (o que é uma das características que se devem esperar de um ingênuo). Mas nada exclui tampouco que esta ingenuidade tenha estado a serviço de um combate, interno ao campo da psiquiatria, onde, para Lacan, "o sadio método da observação" iria fazer as vezes de arma. Deste combate, Lacan estava ciente.

Tramas da Observação

Aos olhos de Lacan, não há oposição entre a exigência de uma apresentação objetiva e exaustiva de um caso e o fato de sustentar uma tese que seja de doutrina, convocada, portanto, a tomar lugar num campo onde os debates doutrinários, em 1930, permanecem bem vivos.[6] Tal será, mesmo, esta a aposta que a tese, em ato, irá sustentar, a de uma convergência de fato entre a observação pura, desnudada de preconceitos, e a afirmação de um juízo, de uma opinião firmada entre outras possíveis, sobre a loucura e seu acolhimento por parte de quem, socialmente, dela se encarrega.

Assim, vemos coabitar, na tese, por um lado a afirmação segundo a qual, em psiquiatria, "a hipótese se destaca bem mais imediatamente (do que pode ocorrer na psicanálise: os dados, em psicanálise, permanecem, experimentais), da observação pura dos fatos, cuja única aproximação é demonstrativa" e, quase simultaneamente, esta outra afirmação segundo a qual, como em toda observação, este destacamento dos fatos só pode ocorrer na medida em que "se aprendeu a vê-los"[7]. Do mesmo modo Lacan escreve, chegado ao termo da sua apresentação do caso Aimée:

---

[5] T. p. 247.

[6] Segundo Paul Bercherie, o ano de 1930 indicaria a época que iria marcar "o rápido declínio, depois a extinção, da observação clínica na psiquiatria clássica". Cf. Paul Bercherie, *Géographie du champ psychanalytique*, Paris, Navarin, 1988, p. 173.

[7] T. p. 251.

> Se nossa tese, com efeito, assume seu valor por se nutrir de fatos, e por mantê-los num plano tão concreto quanto o permite a objetivação clínica, esses fatos mesmos, e as determinações da psicose que eles trazem à luz, só se revelam a nós a partir de um ponto de vista, e este ponto de vista, por ser mais livre de hipóteses que o de nossos predecessores, nem por isso deixa de ser um ponto de vista doutrinário.[8]

Caberá ao leitor crítico da tese dizer se, sim ou não, ela sustenta esta aposta, análoga àquela implicada pelo conselho freudiano de abordar cada caso como se nenhum saber houvesse sido adquirido a partir da experiência precedente.

O olhar clínico pode ao mesmo tempo ser "tão direto, tão nu, tão objetivo quanto possível[9]" e, ainda assim, portador de um certo ponto de vista, de uma orientação que não seja qualquer? Teremos ocasião de precisar, ao termo de nosso estudo sobre o caso de Marguerite, como seu encontro com essa paciente iria produzir, em Lacan, uma certa báscula deste "ponto de vista" doutrinário que era o seu antes desse encontro. Logo, vamos notar aqui, apenas, que o "simples" fato de uma tal báscula ter sido possível denota a incidência de um certo jogo, no nível desse olhar clínico, de um certo efeito do observado sobre o ponto de vista suposto orientar a observação. Há olhar e olhar.

Como há, em ressonância, fato e fato. Lacan escolhe de saída estudar, não um grande número de casos, mas um caso, um caso que pode, decerto, não ser único[10], mas que, no entanto, permanece um caso particular. Essa posição tomada em favor da monografia vai parecer mais decisiva do que se pode pensar, se nos lembrarmos simplesmente do enorme fichário com que trabalhava um Kraepelin, ou da medida habitual reservada, nos textos psiquiátricos, à apresentação de casos: algumas linhas, algumas páginas no máximo.

Optar pelo estudo monográfico aprofundado já é uma escolha doutrinária; mas é igualmente uma escolha doutrinariamente determinada. Nesse sentido, origina-se em princípio da profissão de fé:

> [...] e estamos convencidos de que, em psiquiatria, particularmente, todo estudo aprofundado, se for sustentado por uma informação suficiente, é assegurado de uma importância equivalente em extensão[11].

Quanto mais completa for a observação, mais decisiva será sua importância doutrinária. Tal será a aposta de Lacan.

Esta formulação permanece, no entanto, demasiado geral para dar conta, por si só, do que é implicado na opção metodológica pela monografia. O que trazem de "essencial"[12], além da sua fecundidade[13], as monografias

---

[8] T. p. 307.

[9] T. p. 247.

[10] T. p. 205: "Não existe, com efeito, caso único [...]"

[11] T. p. 205.

[12] T. p. 259.

[13] T. p. 267.

psicopatológicas? O estudo monográfico assume, nas discussões teóricas, uma função de pedra de toque:

> Pensamos, por exemplo, no papel primordial que desempenharam, na discussão das teorias na Alemanha, certos casos que foram objeto de monografias importantes. Demos, por exemplo, a bibliografia do célebre caso do pastor Wagner [...][14].

Essa função da monografia aprofundada não é, porém, admitida por todos no campo psiquiátrico; tampouco é representativa de um modo regular de experimentação, na clínica, das discussões teóricas que ali se produzem. Para dizer a verdade, escolhendo o estudo monográfico, Lacan se situa num certo lugar nesse campo, lugar já marcado por aquele que terá dado à sua tese a sua problemática inicial, a saber, Jaspers. Jaspers insistia, Lacan o menciona, no fato de que "tipos clínicos válidos só poderão ser fundados no estudo de *vidas individuais* em sua totalidade[15]" (os itálicos, retomados por Lacan, já estão em Jaspers). Aqui, a opção pela monografia surge como uma posição doutrinária no interior de um campo onde ela não era, ou, aliás, não é evidente por si mesma.

Jaspers considerava a noção de unidade mórbida, não como um termo assegurado por seu referente, mas como uma idéia no sentido de Kant: "o conceito de uma tarefa cujo objetivo é impossível de atingir", logo, no máximo, como uma "tabela de orientação". Ele escreve:

> Mas o erro começa a partir do momento em que a idéia é substituída por uma *aparência* de resultado, em que, em lugar de estudos de *detalhes*, apresentam-se *descrições* completas da demência precoce e da alienação maníaco-depressiva. Pode-se predizer, a respeito de tais descrições, que querem realizar o impossível, que são sempre falsas, que não despertam interesse algum e que permanecem construções imóveis. Em lugar dessas descrições, tais como ainda e sempre dá o tratado de E. Kraepelin, uma psiquiatria especial futura irá enumerar, ao lado das descrições das doenças cerebrais orgânicas, intoxicações, etc., *séries de tipos* obtidos exclusivamente pelo estudo de *detalhe*.[16]

A psiquiatria à moda de Kraepelin permanece válida nos casos de organogênese certa; uma outra psiquiatria, em contrapartida, se vê convocada por todos os demais casos, aqueles que serão estudados de outra maneira, mas também de outra maneira designados (voltaremos a esse ponto).

Assim, a opção de Lacan por um estudo monográfico se inscreve num confrontamento de dois modos diferenciados (por Jaspers) da prática psiquiátrica; ele privilegia essa "psiquiatria futura", que Jaspers desejava em seus votos.

---

[14] T. p. 64, nota 19. Cf: Anne-Marie Vindras, *Louis II de Bavière selon Ernst Wagner paranoïaque dramaturgue*, Paris, EPEL, 1993.

[15] T. p. 267.

[16] K. Jaspers, *Psychopatologie générale*, Paris, Alcan, nova ed. 1993, p. 508 e 509.

O método descritivo se impede de apreender o que pode ser revelado pela abordagem fenomenológica, graças às monografias psicopatológicas detalhadas e completas. Como observaria ele que tal psicose "depende estreitamente da história vivida pelo sujeito"[17], ele, que focaliza seu questionamento na conformidade do observado à descrição estabelecida da entidade mórbida? Ele acredita poder dispensar o estudo monográfico aprofundado e, fazendo isso, só encontra o que procura, confirmando assim a si mesmo, mas a título de "construção imóvel".

A observação monográfica, desenvolvida tanto quanto possível (até o "estudo das vidas individuais" onde arrisca dissolver-se enquanto observação *psiquiátrica*), se revela realmente, portanto, uma arma para uso de um certo combate no *front* do saber e da prática psiquiátricos. Não é, porém, algo que seja auto-evidente. Apresenta mesmo um certo número de dificuldades que são trabalhadas na tese de Lacan, quando elas aí não são trabalhadas. Ora, a observação às vezes é capaz de responder, ela mesma, a algumas das dificuldades que levanta.

Dentre estas, vamos mencionar aquela a que Lacan se verifica, explicitamente, ser mais sensível, a saber, a projeção. Talvez valesse mais chamar de "injeção" a faculdade em questão; ela consistiria, por parte do psiquiatra, em introduzir, naquilo que acredita observar, uma compreensão ao mesmo tempo de detalhe e global que, afinal de contas, não passaria do fato de sua própria sutileza de espírito girando sobre o caso à solta, sem um ponto de estofo no caso. O jovem psiquiatra Jacques Lacan vai-se preservar — mas não demasiadamente — de semelhante *injeção* (de compreensão) *feita em Aimée:*

> Observemos, pois, a conduta de nosso sujeito, sem recear compreendê-la *demais*, mas, para nos guardarmos das "projeções" psicológicas ilusórias, partamos do estudo da psicose afirmada.[18]

Esta assertiva inaugura o capítulo onde Lacan vai apresentar sua interpretação do caso Aimée como paranóia de autopunição. Ele voltará a este tema mais além de seu estudo do caso, exatamente no momento de tirar as conclusões desse estudo, apresentando o seu método de uma ciência da personalidade[19]:

> Mas que se saiba bem que, se o método faz uso de *relações significativas*, fundadas pelo assentimento da comunidade humana, sua aplicação à determinação de um fato dado pode ser regida por *critérios* puramente *objetivos*, de natureza a preservá-la de toda contaminação pelas ilusões, elas mesmas observadas, da projeção afetiva.[20]

---

[17] T. p. 267.

[18] T. p. 249.

[19] Título da terceira e última parte da tese: "Exposição crítica, reduzida à maneira de apêndice, do método de uma ciência da personalidade e de sua importância no estudo das psicoses".

[20] T. p. 309-10.

A objetividade da observação é dada aqui como uma possível garantia contra a atribuição ao dado clínico das relações significativas, de uma compreensão que não passaria de ilusão de compreensão. Será esta uma posição sustentável? Pode-se esperar da objetividade da observação que ela ofereça semelhante garantia? O uso um pouco abusivo dos itálicos no texto acima citado, bem como o "que se saiba bem... ", mostram que paira uma dúvida sobre esta função esperada da observação. Até que ponto ela irá proporcionar, tanto ao clínico quanto àquele que tomar conhecimento de sua observação, uma tal garantia? A ilusão de compreender, ainda que "objetivamente", não é uma das propriedades intrínsecas da compreensão e, portanto, alguma coisa sobre a qual não tem um poder absolutamente eficaz?

Aqui, ainda, a questão não concerne somente à interpretação do caso; tampouco é simplesmente de método; ela se prolonga, com efeito, até no estabelecimento de entidades nosográficas. Assim, Lacan conclui esse longo percurso da história da psiquiatria representado pela primeira parte de sua tese, relatando as obras de Murk Westerterp[21]. Este autor havia observado que o psiquiatria podia enganar-se com as construções secundárias forjadas pelo doente para que este mesmo compreendesse as experiências iniciais enigmáticas que o haviam habitado. Podia ainda e principalmente dar mostras de uma penetração psicológica demasiado hábil. Assim, Westerterp negava qualquer valor à *paranóia persecutória* de Kraepelin, sustentando que se deveria ver nela uma psicose processual no sentido de Jaspers, logo, uma parafrenia.

Compreender, mas com objetividade, seria — possivelmente — não ser pato nem do outro, nem de si mesmo. Da observação crítica, aquela cuja metodologia recordamos, Lacan espera, pois, que venha clivar o que será compreensível e o que não será (o "compreender" deve poder fundar-se ele mesmo na objetividade, mas também, senão situar, pelo menos designar aquilo que lhe escapa). Esse corte duplica aquele entre paranóia e parafrenia.

Qual será o seu viés? O leitor da tese deverá chegar às últimas páginas para sabê-lo com precisão. Depois de ter, enfim, confessado que foi em Jaspers que encontrou "o modelo da utilização analítica dessas *relações de compreensão*", Lacan escreve:

> Somente o exame da continuidade genética e estrutural da personalidade nos manifestará, com efeito, em que casos de delírio trata-se de um processo psíquico e não de um desenvolvimento, isto é, em que casos se deve reconhecer a manifestação *intencional* de uma pulsão que não é de origem infantil, mas de aquisição recente e exógena, e tal que, com efeito, certas afecções como a encefalite letárgica nos fazem conceber sua existência, demonstrando-nos seu fenômeno primitivo.[22]

[21] T. p. 147-8.

[22] T. p. 235. Lê-se também, p. 310-1: "Tomamos inicialmente todas as garantias de uma observação objetiva, exigindo, para reconhecer suas *relações de compreensão* num dado comportamento, sinais muito exteriorizados, muito típicos, muito globais. Não hesitaremos em fazer com que esses sinais sejam tão objetivos que o esquema possa confundi-los com aqueles mesmos que se aplicam ao estudo do comportamento animal."

Lacan, portanto, terá jogado o jogo da compreensão objetiva do caso Aimée, de certa maneira, para ver. Se tal dado do caso resiste a essa compreensão (basta um) ele terá demonstrado, num procedimento que se une ao de Westerterp, que o caso se origina do processo; se, em contrapartida, o conjunto dos dados do caso se deixa apreender como compreensível, então o caso se deverá situar, não como uma psicose processual, mas como gerado pelo que Jaspers chama de um desenvolvimento.

O estudo monográfico aprofundado, apresentado como uma observação objetiva dos dados, aparece, portanto, como uma escolha metodológica particular. No campo psiquiátrico, a observação objetiva vai constituir um argumento de três funções que podemos agora enumerar de maneira sintética:

1 — persuadir: a observação dará corpo a uma certa doutrina das psicoses, sustentará sua validade, fará valer sua pertinência perante quem ler a tese, convencendo-o da justeza dessa doutrina, de maneira bem mais eficaz do que o faria uma discussão teórica, por mais fundamentada que fosse;

2 — optar: o estudo monográfico fará valer a pertinência de uma psiquiatria do tipo clínico diferente, já que se diferenciando da psiquiatria da entidade mórbida;

3 — distinguir: a observação integral de um caso será a única capaz de permitir resolver a questão de saber se a psicose paranóica se origina do processo no sentido de Jaspers, ou de uma anomalia do desenvolvimento de uma personalidade.

No entanto, este combate da tese no campo onde se inscreve, e para o qual ela necessita da observação monográfica como de uma arma, não é seu único combate. Lacan, com essa tese, envolve, com efeito, um combate que não é radicalmente diferenciável do primeiro mas que, mesmo assim, se produz num outro *front*, o da loucura. Ora, aqui ainda, a observação lhe será uma arma e, logo de saída, nós o notamos, dando seu argumento a uma quarta função:

4 — certificar: a objetividade da observação fará barragem à projeção afetiva onde o psiquiatra engajaria algo de si mesmo naquilo que ele deve simplesmente observar; assim, ela irá garantir a validade da sua compreensão do caso.

Resta que, nesse segundo *front*, a observação pode, e até mesmo deve também realizar uma outra função, tanto é verdade que, em se tratando da loucura, o que se quer um dado do caso não é fácil de situar, nem se apresenta como um dado imediato da consciência do psiquiatra, mas sim como algo que ele deve estabelecer. Assim, Lacan escreve, depois de, no entanto, ter feito o percurso do caso Aimée:

> Nada mais difícil de compreender que o encadeamento *temporal, espacial* e *causal* das intuições iniciais, dos fatos originais, da lógica das deduções, no delírio *paranóico*, seja ele o mais puro.[23]

[23] T. p. 293.

A observação, sendo crítica, visando à objetividade, será um recurso em face dessa dificuldade. O observador poderá, às vezes, enganar-se, mas, por ter escolhido submeter-se às regras comuns da historiografia científica, será capaz de corrigir seu erro, de relevar sua inexatidão[24]. Assim, vamos isolar uma quinta função que a observação deve endossar:

5 — estabelecer: os dados do caso serão construídos segundo as regras recebidas, na comunidade humana, para o estabelecimento dos fatos.

Grãos de areia no método

Quando referido a seu campo, aos modos tradicionais de abordagem da loucura que ali se praticam, o método escolhido por Lacan — a observação monográfica — não parece tão clássica e tão neutra quanto poderia parecer à primeira vista. Tentou-se inicialmente explicitar sua trama, a de um combate travado em duas frentes:

— a dos colegas a quem a tese se dirige, leitores críticos, juízes do empreendimento, mas também confrades que se trata de convencer da pertinência de um método, como da adequação de uma doutrina; para eles, a observação deverá assumir três funções, persuadir, mas também eleger uma certa psiquiatria e, de uma maneira interna a esta última, decidir quanto a um debate teórico sobre a psicose paranóica;

— a da loucura, ou melhor, das relações entre a loucura e quem a aborda, onde a observação vale como recurso de encontro a duas espécies de dificuldades, suscitadas por este próprio objeto, as da projeção afetiva e as do estabelecimento dos fatos específicos desse objeto.

A observação monográfica do tipo historiográfico terá fornecido a Lacan o que ele esperava dela? Isso não pode ser respondido sem que se tenha previamente avaliado se o método eleito pôde ser efetivamente operado de uma maneira conforme à que se anunciara. Ora... isso não foi assim tão simples. E mais, o conjunto das cinco funções que isolamos talvez não seja tão coerente quanto se pode crer, enquanto não se estudou a escrita do caso.

Qual foi, pois, o modo efetivo de realização dessa escrita? Vamos mostrar que, mesmo que a exigência da pesquisa historiográfica não cessasse de ser eficiente na calibragem do caso, num certo número de pontos, Lacan ficou reduzido a proceder de maneira diversa daquela exigida por esse tipo de pesquisa — cabe a nós, em seguida, avaliar o caráter, decisivo ou não, com referência à interpretação do caso, bem como de suas implicações doutrinárias, desses grãos de areia no método.

---

[24] T. p. 293: "Mas é que, igualmente, nosso termo "amnésia" tinha um valor apenas provisório, e é absolutamente inexato".

Escrever um caso clínico que seja não somente a história de uma vida, mas também "a história vivida do sujeito"[25] implica, para quem empreende semelhante tarefa, que se satisfaça um certo número de imposições. Essas imposições incidem sobre a própria escrita do caso, mas, também, sobre a maneira de coletar os fatos que ali se agrupam. Vamos estudar inicialmente este último ponto que, cronologicamente, vem em primeiro lugar.

A coleta dos dados, em grande parte, provém de entrevistas que Lacan teve com Marguerite, principalmente, mas também com algumas pessoas de seu círculo familiar e social.

Já nesse nível da pesquisa, o historiador (que deve ser igualmente o psiquiatra) se vê confrontado com uma ineludível contradição nascida do fato de ele se propor ao mesmo tempo a estabelecer a história de uma vida, no sentido banal da série de acontecimentos que a compõem, e a história vivida dessa vida, vivida pelo sujeito para quem esta vida terá sido a sua. Ora, não se pode falar com este sujeito da mesma maneira, quer se trate de situar seu vivido, ou de estabelecer os acontecimentos de sua história. Situar o vivido exige um tipo de entrevista onde o indagador deixa um pouco livre, pelo menos um tantinho flutuante, a fala do questionado; para que esta seja reveladora de um vivido inesperado, permanece, com efeito, preferível que essa fala seja colocada na dependência, apenas, de sua própria deriva. Em contrapartida, o estabelecimento dos acontecimentos históricos exige do inquiridor que ele formule um certo número de perguntas precisas, que obtenha respostas exatas a essas perguntas, as quais irão suscitar outras perguntas não menos precisas, exigindo outras respostas não menos verificáveis (e verificáveis segundo procedimentos bastante diferentes daquilo que pode ser a confirmação de um vivido). O historiador pode crer que se saia bem misturando os gêneros, ou compondo-os segundo uma alquimia a seu critério, mas, ainda assim, a não ser que ele seja Marguerite Yourcenar escrevendo sobre Adriano, vai resultar disso uma salada exalando um certo odor do compromisso sintomático do método de pesquisa que a engendrou. Como saber, por exemplo, em que momento da pesquisa conviria mudar de registro, deixar de lado a inquirição não diretiva do vivido? Como saber por que tipo de entrevista começar? Como chegar a crer que tal pergunta, pretensamente informativa, não hipoteca o que poderia ser dito no tocante ao vivido?

Além do mais, trata-se não somente de história, mas também de psiquiatria, de um certo momento da psiquiatria. Assim, Lacan se encontra inscrito num lugar e num tempo em que se forjaram diversos modelos de entrevista; além das duas que acabamos de isolar, vamos acrescentar a entrevista psiquiátrica, definida como regrada pelo plano do interrogatório, e a entrevista psicanalítica, determinada pela regra fundamental e por um certo

---

[25] T. p. 267.

dispositivo. Desta última não vamos tratar, o jovem psiquiatra (que irá, ele mesmo, entrar em análise, num certo ponto de suas entrevistas com Marguerite) não praticará análise com sua paciente.[26] Resta a entrevista psiquiátrica, diferente da pesquisa histórica de eventos na medida em que o interrogatório se vê orientado por um saber nosográfico adquirido pelo inquisidor (M. Foucault notava a inanidade de uma pesquisa historiográfica que, por exemplo, se baseasse numa classificação preestabelecida dos diversos modos de liame social, índice, a nossos olhos, pertinente, de que é bem possível diferenciar a entrevista historiográfica banal e a entrevista psiquiátrica). Dentro dessa gama, que escolha teria feito Lacan? Vamos sabê-lo bem tardiamente, exatamente ao ler o segundo capítulo de sua apresentação do caso:

> Conversávamos um dia (exatamente em 2 de março) com nossa doente. Os planos de interrogatório, cujos benefícios à psiquiatria alguns não se cansam de elogiar, têm muito poucas vantagens, aliadas a grandes inconvenientes. O de mascarar os fatos não reconhecidos não nos parece menor que este outro, o de impor ao sujeito a confissão de sintomas conhecidos. Assim, conversávamos livremente, quando tivemos a surpresa de escutar [...][27].

A data de 2 de março permite situar essa conversa exatamente em 1932 (a escrita da tese foi acabada em 7 de setembro deste mesmo ano, e não poderia ser março de 1931, pois a hospitalização de Marguerite no Sainte-Anne data de 3 de junho de 1931), ou seja, depois de nove meses, durante os quais Lacan encontrava regularmente Marguerite. Essa escolha de conversas livres foi, portanto, mantida por Lacan, pelo menos durante esses noves meses (e, muito provavelmente, ao longo de todos os encontros).

Tal como o ovo de Colombo, essa escolha surpreende por sua elegância. Ela é coerente com a preocupação de retraçar a história vivida do sujeito. Mas nem por isso deixa de provocar certas dificuldades quanto ao estabelecimento dos fatos. Assim, compreende-se melhor por que razão a pesquisa deveria aproveitar tudo: documentos, conversas com certos membros do círculo familiar e social, além mesmo leitura dos textos que constituem referências para Marguerite. O historiador-psiquiatra iria assim buscar alhures aquilo que sua escolha de um certo tipo de entrevistas com sua paciente o impede de obter diretamente dela. Mas não encontra ele, alhures, essas mesmas dificuldades que desejava contornar? O método de entrevistas "livres" não é, com efeito, o mais indicado quando se trata de entrevistar aqueles que foram protagonistas do drama? Por ocasião da conversa que teve, num certo momento, com a irmã mais velha de Marguerite, Lacan nos diz ter "ficado estritamente passivo"[28].

---

[26] "Notemos, para terminar, que, se a psicanálise não foi praticada em nossa doente, esta omissão [que confissão!], que não se deve à nossa vontade, delimita ao mesmo tempo o alcance e o valor de nosso trabalho." T. p. 303. O fato de ter escrito isso, porém, não impediu Lacan, muito anos mais tarde, exatamente em 1970, com Daumézon, de dizer: "Não vejo uma montanha nem nada que me separe da maneira como procedi naquela época."

[27] T. p. 212-3.

[28] T. p. 230.

Vê-se que, ali mesmo onde ela buscaria um certo recurso, esta dupla maneira da pesquisa não deixa de encontrar a dificuldade que este recurso, supostamente, contornaria.

Vamos dizê-lo, é o estabelecimento dos fatos que sofre com essa escolha de uma certa metodologia da entrevista. Sofre tanto mais que Lacan é levado a não se submeter a uma outra das imposições clássicas da pesquisa historiográfica, que quer que, num primeiro tempo, o pesquisador recolha o material para, num segundo tempo (o da escrita da história, o do trabalho de gabinete, e não mais de campo), colocá-lo em ordem. Longe de acompanhar este tempo, Lacan se comporta, na sua escrita dessa monografia, muito mais como um psicanalista que publicasse o caso de um analisando, durante o próprio tempo em que este analisando estivesse em análise com ele. Vamos estabelecer este ponto.

Lacan nos diz, desde o começo da sua apresentação do caso, ter observado sua paciente durante "mais ou menos um ano e meio"[29]. Marguerite, podemos hoje estabelecê-lo, foi hospitalizada em Sainte-Anne em 3 de junho de 1931 (a data de 3 é calculada a partir da data do atentado, esta certa, a que se acrescentam os 45 dias mencionados na tese à p. 173 — 20 dias na prisão onde permanece delirante, e 25 dias em que não delira mais, e ao final dos quais será hospitalizada). Lacan, que redigiu o "certificado de quinzena", a terá encontrado o mais tardar em 18 de junho de 1931. Tendo a tese sido acabada em 7 de setembro de 1932, podemos precisar o "mais ou menos": Lacan terá observado Marguerite durante 15 meses. Isso implica, e teremos de provar o caráter decisivo desse fato, que ele nunca parou de vê-la enquanto escrevia sua monografia.

Assim, não ficamos mais muito surpresos de ler, mesmo quando o caso, em um primeiro capítulo, já nos fora exposto:

> Foi através desta amiga, notamos agora (pois nossos interrogatórios só o revelaram depois de vários meses e aliás sem que tivéssemos, de alguma maneira direta, solicitado a reminiscência), que [...][30].

Um historiador não teria procedido diversamente na escrita do caso; embora tendo obtido posteriormente um elemento novo referente a algum fato já observado, ele teria, na escrita do caso, reposto esse elemento em seu lugar; ele não teria feito sua escrita do caso depender diretamente dos momentos diversos, distribuídos no tempo, da coleta de informações relativas a ele. E não sem razão. Com efeito, a regra da escrita em dois tempos lhe garante (ou, pelo menos, supõe-se que o faça) que o elemento novo acrescido ao material não virá contradizer o que já se terá escrito quanto ao ponto a que esse elemento se refere. Tal é a função "sintética" da escrita em gabinete, de sua diferenciação marcada do trabalho de campo.

---

[29] T. p. 154.

[30] T. p. 226.

A escrita de Lacan segue outra vertente. Inicialmente, permanece uma escrita de campo. Já estabelecemos que, ao escrever o caso, Lacan não cessa de encontrar Marguerite. A conseqüência dessa situação que está a nosso alcance mais imediato consiste no fato de que essa escrita vai aos poucos se cristalizando (ou tenta fazê-lo) como um escrita em dois tempos, mas dois tempos que respondem a uma lógica outra que não a da oposição entre gabinete e trabalho de campo.

Se o procedimento historiográfico pode ser esquematizado assim:

⊢ coleta do material ⊣ V ⊢ escrita da história ⊣

o procedimento de Lacan seria figurado da seguinte maneira (datamos o começo da escrita do caso conforme uma indicação dada desde o primeiro capítulo — p. 166 — e segundo a qual Marguerite teria confessado seus ideais humanitários a Lacan "quase um ano depois de sua entrada na enfermaria"):

⊢ coleta do material ————————————⊣

↑

⊢ escrita da história ⊣

↑ ↑

julho de 1931 junho de 1932 setembro de 1932

Os dois tempos são consecutivos e exclusivos um do outro no primeiro esquema: no outro, são parcialmente consecutivos e não exclusivos um do outro.

Resta que a própria história do caso se efetua em dois tempos diferenciados. Uma discussão diagnóstica concluiu uma primeira apresentação do caso, "o exame clínico do caso Aimée" (o capítulo 1 da segunda parte da tese, comportando cinqüenta páginas). No "quadro existente da paranóia", o caso será, naquele momento, situado como "delírio de interpretação"[31]. A coisa parece, doravante, bem encerrada, a ponto mesmo de Lacan não hesitar em hipotecar o futuro, situando antecipadamente como originado da anamnese qualquer fato novo que possa sobrevir (existe uma outra prova, se necessário, da continuação das entrevistas durante o tempo da escrita do caso):

> Contamos prosseguir a catamnese e relataremos todo fato novo e significativo.[32]

O caso, assim, clinicamente avaliado, Lacan diz então de sua intenção de estudar os mecanismos da psicose:

---

[31] T. p. 203.

[32] Ibid.

> Podemos nos permitir precisar esses mecanismos? É o que vamos tentar, por uma análise sintomática minuciosa de nosso caso.[33]

Segue-se um breve capítulo (doze páginas) de título interrogativo, onde Lacan se pergunta: "A psicose de nosso caso representa um 'processo' organopsíquico?". Esse capítulo, como era de se esperar a partir do final do precedente, comporta algumas referências ao caso clínico tal como ele o acaba de apresentar. Entretanto, já encontramos aí uma quantidade de fatos novos pelo menos igual à de referências. E mais, Lacan acredita ter feito "uma descoberta"[34], cuja falácia irá admitir mais tarde.

Em seguida, vem um novo capítulo de título ainda interrogativo: "A psicose de nosso caso representa uma reação a um conflito vital e a traumas afetivos determinados?" Essas vinte e seis páginas comportam grande número de dados novos, dois quais alguns esclarecem, se não corrigem, aqueles "estabelecidos" no capítulo 1.

Digamos, desde já, que novos dados jamais cessarão de afluir, e, portanto, de interferir, ao longo de toda a escrita da loucura, com essa própria escrita. Assim, o leitor da tese aprende, muito tarde, que Marguerite, em 18 de abril de 1931, teria facilmente golpeado C. de la N. em lugar de Huguette ex-Duflos[35], informação que não figura no relato inaugural do atentado, mesmo que represente um dado essencial para a discussão dessa passagem ao ato, ou ainda que Lacan leu um certo romance de Pierre Benoit para verificar se, como dissera sua paciente, era ela mesma que Pierre Benoit descrevia.[36]

O estabelecimento dos fatos devia sensivelmente submeter-se a essa escrita, à medida que prosseguiam as entrevistas, na medida em que liberavam um material novo; e submetia-se, tanto mais quanto essas entrevistas eram menos nulas. Vamos dar um único exemplo desse estado de coisas, que convoca o leitor da tese a um certo lugar, o qual logo será revelado.

Na primeira apresentação do caso, Lacan nos ensina que a "cristalização hostil" sobre uma mulher (das perseguições sofridas por Marguerite a partir da gravidez de um primeiro filho) sobreveio em seguida a um telefonema dado por alguém que havia sido sua melhor amiga durante três anos, e que ligou pouco depois do parto para saber notícias: "Isso pareceu estranho a Aimée; a cristalização hostil parece datar daí"[37]. Todos hão de concordar que este é um ponto decisivo do relato do caso, já que se trata de nada menos que do tempo inaugural da construção do delírio. Mas quem era essa amiga? A página 160 da tese, que narra esse acontecimento, não nos diz. Ficamos sabendo apenas que ela fora a melhor amiga de Aimée durante três anos, e que trabalhava, na

[33] T. p. 205.
[34] T. p. 215.
[35] T. p. 263.
[36] T. p. 295.
[37] T. p. 160.

época do parto, numa cidade distante. São esses dois indícios que nos vão permitir, mas justamente a nós, e não sem um certo trabalho de perdigueiro, identificar a amiga em questão. Só pode tratar-se de C. de la N. Com efeito, ficamos sabendo, mas muito mais adiante no relato do caso, setenta páginas depois, que a amizade entre essa mulher e Marguerite durou por um tempo que corresponde a esses "três anos"[38], e que o encontro das duas foi ocasionado por uma situação de trabalho num mesmo local (assim prova ser operante, para essa identificação, o dado do "trabalho em outro local" presente desde a página 160). Esta identificação da primeira perseguidora é confirmada mais adiante ainda na escrita do caso, quando aprendemos que Marguerite pretende fazer algo a respeito de C. de la N.:

> Assim, a primeira pessoa a quem ela fará uma visita depois de sua liberação será a Srta. C. de la N. Com essa antiga amiga ela pretende desculpar-se por todo o mal que, erradamente, lhe desejou, o qual certamente não lhe disse, a não ser por romper toda a correspondência com ela, mas que poderia ter tido enormes conseqüências[39].

Que conseqüências? Aqui, ainda, a escrita do caso não o diz e, à falta de alguma nova abordagem, que deverá novamente ficar a seu critério, o leitor permanecerá na expectativa, ao ler essa página 240. Será preciso, com efeito, prolongar sua leitura até a página 263 para aprender que uma das conseqüências em questão poderia ter sido nada menos, para C. de la N., que receber a facada que atingiu aquela que identificamos como a atriz Huguette ex-Duflos.

Isso nos remete ao relato do atentado. Na transcrição dele, feita por Lacan no começo da sua monografia, este fato — no entanto, de grande importância — de que Marguerite bem poderia ter atacado C. de la N. se esta, por acaso, se encontrasse naquele dia a seu alcance, não é mencionado, não mais, aliás, que um certo número de outros fatos não menos decisivos.

Vê-se, por este único exemplo (e poderíamos, remetidos de fato a fato, tornar a percorrer o conjunto dos dados), que, mesmo quando Lacan nos pretende oferecer uma monografia que chegue a desenvolver a história de uma vida, a escrita dessa história permanece ligada à continuação das entrevistas de maneira tal que, em conseqüência, Lacan não se entrega jamais a um trabalho de recomposição dos dados, o que, no trabalho do historiador, é uma prática elementar.

---

[38] "Nesse novo posto, ela vai viver durante quatro anos (até seu casamento) numa ligação íntima com uma colega de escritório ...". T. p. 226. O "quatro" não contradiz os "três" anos, pois aqui, como alhures, as indicações de data são dadas a mais ou menos uma unidade (é o clássico problema dos limites e intervalos).

[39] T. p. 240. Lemos uma confirmação suplementar dessa identificação à p. 262 da tese: "... não se pode deixar de se surpreender pelos fatos de que a primeira aparecida na sucessão de perseguidores foi a amiga mais íntima da doente; que, por outro lado, o desencadeamento do ódio de Aimée contra a Srta. C. de la N. tenha respondido exatamente ao fracasso de suas esperanças de maternidade."

Avaliado a partir deste trabalho, *falta, ao relato de Lacan, um tempo de escrita.*

Correções

Só existe grão de areia com relação à escolha de um método. Esses grãos de areia não invalidam em absoluto a opção metodológica. Não tiram toda eficiência ao método escolhido. Pois não é dele que tiram sua consistência de grãos de areia?

No entanto, essas disfunções de um método que, inicialmente, levados pela própria tese, tivemos que julgar do ponto de vista das regras da historiografia, têm prolongamentos de uma ordem inteiramente outra, num campo que não é exclusivamente o da história, já que, aqui, a história permanece a serviço da psiquiatria. Vamos mostrar que essas disfunções, longe de prejudicar a discussão psiquiátrica do caso, se apresentam antes como o próprio lugar dessa discussão. Aqui, ainda, o melhor continua sendo discutir a coisa com base num fato preciso. Escolhemos o mais evidente, o da "descoberta" que teria sido feita por Lacan num certo momento e que, mais tarde, na própria tese, revelou-se inexata.

Uma "descoberta": nessa tese de ambição declarada, e sob a pena de Lacan, este termo é forte. De que se tratava? O caso se desenvolve em três tempos claramente diferenciados.

1° tempo (capítulo 1 da segunda parte)

A doente diz a Lacan que, a partir do momento em que veio morar em Paris (datamos esse acontecimento de agosto de 1925), Huguette ex-Duflos teria ameaçado a vida de seu filho Didier. Lacan não se precipita, naturalmente, em classificar essa afirmação como uma idéia delirante, e portanto, supõe-se, sem fundamento. Ele dá mesmo provas de uma certa obstinação para determinar a origem e o estatuto dessa idéia:

> Cem vezes foi-lhe dirigida a pergunta sobre como tinha ela atingido essa crença.[40]

Uma primeira resposta lhe foi fornecida por Marguerite: enquanto ela se perguntava de onde poderiam vir as ameaças contra Didier, falou-se, no escritório, de Huguette ex-Duflos. Ela teria compreendido, naquele dia, que era a célebre atriz quem lhe queria mal, tanto mais na medida em que ela havia outrora, sempre no ambiente do escritório, protestado contra aqueles que declaravam ser a atriz uma mulher de classe, replicando que não passava de uma puta[41]. Lacan não se satisfaz com esta explicação:

---

[40] T. p. 162.

[41] Ibid.

> Não se pode deixar de se surpreender com o caráter incerto de uma tal gênese. A pesquisa social mais completa não pôde nos revelar que ela tenha falado a quem quer que seja sobre a Sra. Z. Apenas uma de suas colegas recordou para nós vagas acusações contra a "gente de teatro"[42].

Lacan fica reservado. Comunica a Marguerite suas reservas, como sugere o que se segue imediatamente: "A doente nos faz observar ... [...]". Marguerite, em sua resposta, menciona o processo de Huguette ex-Duflos contra a Comédie-Française, o qual, lhe diz então, ocorreu pouco depois de sua chegada a Paris. Este processo foi muito comentado pela mídia, que ainda não se chamava assim. Lacan nota a exatidão do fato, mas tampouco se satisfaz com essa resposta, considerando-a, naquele momento, como uma resposta "evasiva":

> E certamente, ao lado das intuições delirantes, é preciso levar em conta o sistema moral de Aimée [...], à indignação que lhe causa uma tal importância atribuída, na vida pública, "aos artistas".[43]

A origem da idéia segundo a qual Huguette ex-Duflos ameaçaria a vida de Didier fica, pois, indeterminada, e Lacan, ao que parece, renuncia então a estabelecê-la (cf. a página seguinte: "Seja como for... "). Todavia ele nos relata, imediatamente depois, como "o delírio interpretativo prossegue sua marcha" e, nesse sentido, o seguinte fato:

> Isso estava escrito claramente. Havia, além disso, uma fotografia reproduzindo a empena de sua casa natal na Dordogne [aqui, uma censura velada: trata-se do Cantal], onde seu filho passava as férias, e, com efeito, via-se a figura deste num canto da foto. Numa outra ocasião, a doente fica sabendo que a atriz virá representar num teatro próximo de sua casa; fica perturbada com isso: "É para me desafiar.".

O "com efeito" é equívoco, e se origina deste equívoco designado pelo erro de pontuação. Já que Lacan se faz aqui o narrador de uma narração, não se pode excluir que ele haja retomado por sua conta o juízo de realidade de Marguerite, nem mesmo que este "com efeito" designe um ato de verificação a que ele se teria entregue (verificação sugerida como possível pela censura da data exata). Uma primeira vez, Marguerite, evocando o processo de Huguette ex-Duflos, não havia contado um acontecimento verificável por qualquer um? Por que, ainda aqui, não faria ela referência a um fato real?

2º tempo (capítulo 2)

Trata-se, mais uma vez, deste mesmo assunto, aliás com uma suspensão parcial da censura, já que Lacan nos diz então a data dessa leitura: 1927. Além disso, sabemos agora que o artigo incriminado fora escrito por um dos

---

[42] Ibid.

[43] T. p. 212.

perseguidores de Marguerite (muito provavelmente Pierre Benoit, sobre o qual sabemos que estava em contato com *Le Journal* — alguns anos mais tarde, publicou nele, regularmente, breves textos sobre suas heroínas) e que a foto, detalhe novo, mostrava Didier "no jardim próximo" da casa natal, imagem que o "indicava para os ataques dos assassinos[44]". Lacan, que já observou que tal fato escapa tanto à teoria do *estado oniróide* quanto à do *fenômeno psicastênico*, prossegue assim este segundo relato:

> A significação de um tal fenômeno, para a qual todas as nossas hipóteses (mas, muito mais ainda, as teorias clássicas) permaneciam inadequadas, nos foi entregue por acaso[45].

Marguerite, em 2 de março de 1932, lhe teria dado a saber que ela mesma tentara, insistentemente, verificar a veracidade dessa leitura de que se lembrava: durante um ou dois meses, ela ia ao *Journal* comprar exemplares antigos de modo a reencontrar o artigo. Em vão! Seu interlocutor, na ocasião, a questiona de perto, tenta aproximar-se com ela o mais possível do fato, e ambos chegam à seguinte conclusão:

> Marguerite se recorda, num dado instante, de *ter acreditado lembrar-se* deste artigo e desta fotografia[46]".

Sem se deter nesse abismo da memória (Marguerite se lembra de se ter lembrado) Lacan, dessa vez, conclui:

> O fenômeno se reduzia, portanto, a uma ilusão da memória.[47]

Ora, ele próprio testou a memória de Marguerite (naquela ocasião?), e os resultados são "os mais normais"[48]. Segue-se uma análise psicológica onde essas ilusões mnésicas são situadas como uma transformação de uma imagem-fantasia em imagem-lembrança, transformação referida ela mesma, em última instância, à queda de tensão psicológica tão cara a Janet. E depois:

> [...] depois de nossa descoberta, numerosos fatos que nos havia revelado a doente, sem que lhes dispensássemos suficiente atenção, apareceram-nos então em seu pleno valor.[49]

A definição do acontecimento como "ilusão da memória" bem merece esse título de "descoberta", não somente porque resolve um problema preciso, mas também e principalmente por fazer valer como fatos outros dados do caso, conferindo-lhes estatuto idêntico. Depois de haver mencionado alguns desses fatos, Lacan de certo modo encerra sua descoberta distinguindo essas ilusões

---

[44] Ibid.

[45] Ibid.

[46] T. p. 213.

[47] Ibid.

[48] Ibid.

[49] T. p. 215.

de "interpretações propriamente ditas[50]". As ilusões da memória representam objetivações ilusórias, no passado, de imagens onde se exprimem a convicção delirante (a casa e a criança), ou os complexos afetivos que motivam o delírio (conflito com a irmã, ver mais adiante)[51].

Resta uma certa dificuldade, ou, se preferirmos, um sinal de que as coisas não estão absolutamente resolvidas; este sinal se liga ao fato de que Lacan, para dar "uma imagem mais precisa do mecanismo dessas ilusões[52]", menciona o caso do sonho provocado por um ruído que desperta o sonhador, sonho destinado a neutralizar esse ruído. Ora, no caso, o ruído é efetivo e a ilusão de ruído que seria o ruído no sonho não exclui, como tal, essa efetividade do ruído real, ao passo que a ilusão da leitura do artigo, bem como a visão da fotografia, excluiriam que esse artigo ou essa foto jamais houvessem sido publicados em *Le Journal*.

A verdadeira questão é a da imputação. Esta já aparece no primeiro fato que Lacan pode isolar graças a sua descoberta e que ele classifica então sob o título de ilusões da memória. Marguerite teria erroneamente imputado à sua irmã mais velha ter fingido que um certo vidro de perfume fora quebrado. Sua irmã desmente ter em algum momento pretendido algo semelhante.

> E nossa doente que, há algum tempo, sofre incessantemente tais desmentidos dos fatos, retira suas imputações e fica profundamente inquieta com seu próprio estado[53].

Ora, uma imputação errônea (vamos demonstrá-lo) é o que dá consistência à interpretação — por Lacan — do delírio como motivado pela perseguição que seria exercida por essa irmã mais velha. Já na citação acima, onde Lacan dá sua definição das ilusões da memória, vemos reagrupados (pelo tempo de um parêntese) o caso referente à leitura do *Journal*, e o conflito com a irmã mais velha. A "descoberta" daria conta do caso, situando o delírio ao mesmo tempo como produtor de ilusões mnésicas e como produzido por tais ilusões? Tal parece ser, realmente, a opinião (a ilusão?) de Lacan, ao redigir este capítulo segundo da sua monografia.

3º tempo (capítulo 4)

Encontramos ainda mencionadas, no capítulo 4 dessa segunda parte da tese, essas ilusões da memória[54], indicação de que foi durante a redação desse capítulo que Lacan chegou à correção de sua descoberta. Lemos, vinte páginas depois dessa menção:

---

[50] T. p. 216.

[51] Ibid.

[52] T. p. 215.

[53] Ibid.

[54] T. p. 271.

> Falamos de *amnésia eletiva*: esta incide muito menos sobre os fatos, sempre evocados com bastante precisão, do que sobre suas circunstâncias, sua localização, sua coordenação.

Depois, mais adiante, na mesma página:

> Mas é que, igualmente, nosso termo "amnésia" tinha um valor apenas provisório, e é absolutamente inexato. Não se trata, de modo algum, de distúrbios da rememoração, que incidiriam sobre fatos que, muito provavelmente, jamais ocorreram. Trata-se, na realidade, de um *distúrbio da crença*[55].

Trata-se, mais uma vez, da história da constituição da rede ou da série de perseguidores. O problema, no nível da tese, vai permanecer parcialmente irresolvido. Entretanto, sobre o fundo dessa indeterminação, o deslocamento da questão do domínio da memória para o da crença não deixa de ter importância. Este deslocamento modifica a problematização do caso: como ilusão mnésica, a imprecisão persistente era referida a uma falta de tensão psicológica: a partir do momento em que se trataria de um distúrbio da crença, e na medida em que Lacan admite então, com certos autores, que um coeficiente máximo de crença é espontaneamente atribuído por qualquer um a todo objeto de sua imaginação, a falha vem incidir sobre um termo de uma importância ao mesmo tempo mais limitada e mais precisa que o termo "tensão psicológica"; ela vai ser a

> [desse] sistema coerente segundo o qual o homem normal organiza sua história por meio dos *princípios de lugar, de tempo, de causa e de identidade*[56].

Ora, de acordo com a tese da crença espontânea que, através de James, Lacan refere a Espinosa (ele cita, "na sua pureza", o texto de Espinosa maltratado por James), esse defeito de enquadramento pelos princípios da lógica clássica, que é também o de todos, não se abre para o nada, mas dá lugar a uma outra lógica, e portanto, a faz valer:

> Mas essa *imprecisão lógica* do delírio só assume sua importância na medida em que o delírio não nos aparece sem *valor de realidade*[57].

Tal é o que se obtém com o deslocamento da problematização: a partir do instante em que não se trata mais de memória, e sim de crença, e de uma crença que, em todo estado de causa, se produz quando um sujeito, normal ou não, imagina um objeto tal como o cavalo alado de Espinosa, o valor de realidade de uma idéia, mesmo que delirante, pode perfeitamente ser admitido. O texto continua assim:

> Já o mostramos, ele [o delírio] exprime *claramente* tendências psíquicas das quais somente a expressão *lógica* normal é recalcada. Além disso, ele leva a identificações explicativas e mnésicas, que, por serem posteriores aos distúrbios iniciais do

[55] T. p. 293-4.

[56] Ibid.

[57] T. p. 294.

> delírio e racionalmente ilusórias, nem por isso deixam de estar numa relação constante com um complexo ou um conflito de natureza ético-sexual, e gerador de delírio (ver p. 271 e 272, nota 21).[58]

Esta outra lógica será, pois, a das "identificações explicativas e mnésicas" (em outro lugar, Lacan vai falar de identificações iterativas). Os parênteses nos remetem a vinte e duas páginas atrás, onde essas identificações já haviam sido qualificadas assim, mas onde são também designadas como primeiras identificações sistemáticas do delírio. Este remetimento é importante do ponto de vista da discussão psiquiátrica do caso pois, a partir desse momento, Lacan constatou que a posterioridade delas com referência aos fenômenos elementares da psicose não prejulga seu estatuto, isso de encontro a um certo número de autores, dentre os quais Clérambault, que, baseando-se na secundariedade histórica do delírio, tenderiam a situá-lo como não sendo propriamente uma produção da psicose e sim a resultante da reação da personalidade normal aos fenômenos elementares que teria por função explicar. A posição de Lacan, nessa página 272 da tese, se apresenta como diferente (ela será, aliás, reafirmada, muito anos mais tarde, em seu seminário sobre *As Psicoses*):

> Embora essas identificações, explicativas ou mnésicas, sejam posteriores aos fenômenos ditos primários e ao período de inquietude que os acompanha, elas têm com freqüência a mais direta relação com o conflito e com os complexos realmente geradores do delírio.

Esse lembrete não minimiza a importância da correção da descoberta, ou mesmo a renúncia de que esta será objeto. Um certo fechamento se produz com essa renúncia, como mostra o confronto entre os dois textos (aquele onde Lacan relatava sua descoberta e este, igualmente citado aqui, da página 295). De um texto a outro, o transporte dos itálicos sublinha suficientemente o deslocamento que assinalamos. E a questão parece agora encerrada, já que Lacan, no último texto, pode recuperar tanto a memória quanto a ilusão, o que demonstra que elas não ocupam mais uma posição-chave.

Vê-se, a partir de agora, como o "simples" (!) problema do estabelecimento da rede de perseguidores (em que momentos, historicamente datáveis, tal ou tal figura terá sido identificada como perseguidora?) ao mesmo tempo não encontra solução precisa, seja qual for o esforço produzido por Lacan para isso, e dá lugar, nesse próprio fracasso parcial (e por causa dele?), a um debate psiquiátrico que é em primeiro lugar o da interpretação do caso, mas que, mais além desse posicionamento do caso, leva Lacan a tomar uma posição diante de certas discussões psiquiátricas entre as mais vivas do momento.

Trata-se, para ele:

1— de demonstrar que o próprio caso contorna a oposição entre delírio e fenômenos elementares primitivos, oposição que, portanto, não vai mais aparecer como tão fundamental quanto pretendem alguns.

---

[58] T. p. 295.

2 — e de mudar, renunciando à sua "descoberta", nada menos que o sistema de referência com o qual aborda a loucura. Ao escrever esse quarto capítulo, ele se afasta de Janet em proveito de Espinosa.[59]

Conclusão

Mesmo ao assumir como tarefa uma apresentação completa de um caso, a escrita lacaniana deste caso monográfico permanece presa a uma exigência outra e mais poderosa que a de um relato historiográfico. A monografia é escrita na proporção em que as entrevistas prosseguem, sem que jamais Lacan tenha resolvido agrupar os dados do caso numa outra ordem que não aquela em que estes lhe chegavam.

O estabelecimento dos fatos é afetado por essa escolha, o que convida o leitor da tese a efetuar ele mesmo um trabalho que ficou inacabado. Digamos, desde logo, que só nos entregaremos a ele pelas necessidades de nossa própria argumentação, recusando-nos a dar a nosso leitor um relato onde seríamos forçados a colocar nossas próprias coisas ali onde não devemos fazê-lo.

Mas essa flutuação, resultado do método efetivamente praticado por Lacan com Marguerite Anzieu e na escrita de seu caso, não pode ser analisado unicamente do ponto de vista da historiografia. Mostramos, sobre um ponto preciso do estabelecimento da história do caso, que ele dá lugar a uma discussão psiquiátrica, mais exatamente, a uma mudança, em Lacan, da maneira de situar o caso e, conseqüentemente, a uma mudança que incide sobre as coordenadas mesmas que vão constituir referência para o acolhimento do caso. Para dizer a verdade, só fizemos, nesse capítulo, entrever que Lacan, mediante seu encontro com Marguerite Anzieu, deveria optar por outras referências doutrinárias que eram as suas *a priori* para sua abordagem da loucura.

Qual a questão de método levantada, a nossos olhos de hoje, por essa maneira que foi a de Lacan na sua abordagem do caso de Marguerite?

A continuação das entrevistas no tempo mesmo da escrita do caso não deixa de ter efeitos sobre essa escrita, nem tampouco deixa de ter conseqüências sobre a maneira pela qual o psiquiatra é levado a interpretar e situar o caso. A história da "descoberta", e, depois da descoberta, do caráter falacioso da descoberta, parece extremamente exemplar. Sua razão é a continuação das entrevistas, que impede que a tese venha se encerrar na descoberta. Mais geralmente, essa continuação impede, uma vez situado o caso, que aquilo que se formula na série das entrevistas possa vir a se classificar, como, no entanto, foi anunciado, simplesmente na gaveta da catamnese. A escrita do caso porta

[59] Cf. Robert Misrahi, "Spinoza en épigraphe de Lacan", in *Littoral* nº 3/4, fevereiro de 1982, Toulouse, Erès, e Jean Allouch, *Lettre pour Lettre*, Toulouse, Erès, 1984, cap. 8.

a marca das vicissitudes a que foi submetida pelo fato da continuação das entrevistas: ela permanece, de parte a parte, uma escrita de campo, incapaz de encontrar a tranqüilidade do gabinete.

Imaginemos que, num certo momento de seu encontro com Marguerite, Lacan tenha constituído uma opinião, até mesmo uma "religião" sobre o caso. Como se passaria a continuação das entrevistas a partir daí?

Diversas possibilidades se apresentam:

1 — A série de entrevistas nada mais traz de importante sobre o caso; há como que um esgotamento operado (todo o material foi recolhido), as entrevistas são vazias e podem, portanto, ser consideradas nulas. Mas, neste caso, por que continuá-las?

2 — A seqüência de entrevistas nada traz que venha abalar essa religião, mas apenas dados que vêm confirmá-la; logo, essa religião pode ser mantida como sendo a verdadeira religião sobre o caso. Aqui, ainda, as entrevistas são nulas, não como na primeira possibilidade, pelo fato de sua vacuidade, mas porque não têm efeito sobre a calibragem do caso.

3 — A série de entrevistas traz um desmentido a essa calibragem. Nessa hipótese, e somente nela, as entrevistas merecem não ser consideradas como nulas. Mas então, através desse desmentido, será realmente preciso vir a formular uma outra versão do caso. Mediante o que serão reencontradas as três possibilidades que acabamos de isolar, e as coisas vão ser "mais uma vez retomadas".

Tal é a lógica dessa escrita que se faz gradualmente, acompanhando as entrevistas. Onde parar? A que se ater? Como saber, em particular, quando um primeiro desmentido terá sido dado a uma primeira versão do caso, que a segunda, ou a enésima versão, será a correta?

Vamos ter a ocasião de fazer valer como Lacan "se virou" com essa dificuldade. Por ora, sabemos apenas que ele opta por um modo de entrevistas com Marguerite e por uma maneira de escrever seu caso que deixam aberta a possibilidade de que sobrevenha um desmentido daquilo que a própria escrita fora feita para sustentar.

Falando, um dia, sobre os casos de Freud e, como acontecia freqüentemente, falando de si mesmo através de Freud, Lacan fez o elogio de Freud na medida em que este nos teria oferecido um certo número de casos de tal maneira que eles podiam ser discutidos diferentemente do que ele mesmo (Freud!) o fizera. Acabamos de mostrar como Lacan, com o caso de Marguerite, satisfaz ele próprio a essa exigência que forjara a partir de Freud.

Capítulo Dois

Problemas clínicos em suspenso

A publicação da monografia de Aimée em 1932 terá apresentado o caso de Marguerite tal que pudéssemos, ao ler hoje esse estudo de Lacan, considerar o caso como encerrado? Mas o que espera essa publicação do leitor crítico a quem Lacan a remete, solicitando seu julgamento?[1]

O curioso é que o acolhimento dado à tese (em particular por parte daqueles que, vinte e cinco ou trinta anos mais tarde, seguiriam o ensinamento de Lacan) teria acreditado poder dispensar qualquer crítica. Assim, admitiu-se como válida a identificação da irmã como verdadeira perseguidora, como pertinente a invenção da "paranóia de autopunição", como efetiva a cura pela passagem ao ato, etc., até mesmo dentre os detratores desse ensinamento!

Entretanto, este silêncio da crítica parece ligar-se ao fato de que ela ficou mais intimidada pela tese do que realmente a respeitou — o que é muito diferente.

Foi de outros lugares que nos vieram as repercussões que nos obrigam hoje a admitir que a publicação não pôs um ponto final ao caso: elas vieram, precisamente, do próprio caso.

Mas, se as conseqüências realmente partiram de onde dissemos, o que resulta disso, por sua vez, quanto à publicação do caso? Deve-se admitir que essa passagem ao público, sob esse ponto de vista, não terá encerrado o problema. A deposição do caso nas mãos deste público ampliado que Freud designa como *Öffentlichkeit*, em oposição ao *Publikum*[2], este público suscetível de comprar a tese na livraria Le François que a edita e divulga, esta deposição não terá *lixeirizado* o caso. Lacan inventou este termo "lixeirizado" (*poubellisé*), que é também um chiste[3], para designar o efeito de se jogar no lixo aquilo que se publica; François Ponge o denota, à sua moda, dizendo que a invenção poética se destina a "morrer no lugar comum", porque é feita para ele.

---

[1] T. p. 241: "(...) esta análise que não deixa ignorar nenhum elemento de nossa pesquisa à *crítica de nossos leitores*", [o grifo é meu], e p. 307: "Não vamos utilizar, *diante de nossos juízes*, essas declarações que, providas da aparência de uma prudência bem feita para atrair a simpatia, são para alguns de uma ajuda preciosa para mascarar a incerteza de seu pensamento, *queremos dizer, de sua própria observação*", [o grifo é meu].

[2] Mayette Viltard, *"Les publics de Freud"*, *Littoral* n° 17, Toulouse, Erès, setembro de 1985.

[3] Em outro lugar, já tentamos dar o àlcance de escola a algumas dessas palavras. Cf. Jean Allouch, *132 bons mots avec Jacques Lacan*, Toulouse, Erès, 1988.

Uma primeira publicação da tese deveria, certamente, assegurar-lhe uma difusão restrita, embora não negligenciável; no entanto, num certo momento não datado e dificilmente datável, Lacan teria resgatado à Le François o conjunto de exemplares que permaneciam disponíveis à venda[4], tanto que, alguns anos mais tarde, uma oficina de terapia ocupacional de um certo hospital psiquiátrico tomou a iniciativa de uma reedição, senão clandestina, pelo menos de difusão muito limitada, já que quase às escondidas; o público deste texto, datilografado e mimeografado (mas encadernado em couro, a terapia ocupacional *obriga*!), só podia ser sensivelmente ainda mais restrito que o da primeira publicação. Quanto à posição de Lacan com relação a sua tese, vamos encontrar a razão para ela explicitamente formulada na breve nota que ele escreve em 1971 para a edição de bolso dos *Écrits*:

> [...] o que eu havia então escrito não era em absoluto obscuro (por pouco que eu enrubescesse de republicar minha tese, mesmo que ela não se origine do que a ignorância então ensinante considerava como o bom senso, ilustrando-o com Bergson).

Essa vergonha, talvez devida a um excesso de clareza, não podia, porém, bloquear a republicação. Alguns anos depois, as edições da Seuil vão divulgar a reedição da tese, não sem que Lacan, aliás, manifeste alguma reticência sobre essa publicação.[5]

Estas mudanças de público, esses balbucios da difusão, esta reticência nos demonstram que somente esta 3ª edição pode ser considerada como uma publicação oferecida ao *Öffentlichkeit*, o que é confirmado pelo fato de ter sido ela, pouco tempo depois, retomada em uma edição dita de bolso.

Assim, temos fundamento para definir a publicação de 1932 como sintomática. Este caráter está fora de dúvida, até mesmo — e inclusive — na última publicação que Lacan, ostensivamente — honra lhe seja feita — marca com o selo do compromisso: sua reticência em publicar não chega a fazê-lo bloquear a republicação, ao mesmo tempo em que o inevitável dessa publicação não chega a fazê-lo aceitá-la sem dar a saber sua reticência. O fato de que a publicação porte esta marca do sintoma seria o responsável pela ausência, mantida durante meio século, de uma leitura crítica da sua tese?

A repercussão, as seqüelas do caso, para além do momento de sua publicação abortada, viriam então de outras partes que não dos leitores da tese (à exclusão, é claro, de uma certa fama que essa publicação, como se diz sem

---

[4] Vamos nos permitir aqui um testemunho pessoal. Em 1967, tendo desejado obter a tese de Lacan, fui à livraria Le François, onde não pude satisfazer meu pedido. Interrogado, o livreiro me disse que, numa certa época que não saberia precisar, o autor teria irrompido por sua loja e comprado todos os exemplares ainda à venda. Entregue à minha frustração, não prossegui na busca, incapaz que era então de avaliar minimamente a importância do que me fora revelado. Uma hipótese provável para a data desse acontecimento seria 1952-1953, momento em que Didier Anzieu interpela seu psicanalista Jacques Lacan.

[5] Vamos nos reportar ao texto, assinado por Lacan, na quarta capa da publicação da tese pela Seuil. Propomos a sua leitura.

jamais poder bem avaliar, teria valido a Lacan). Quais foram suas conseqüências? O que nos indicam quanto a problemas deixados em suspenso apesar da publicação do caso? Em particular, viriam elas alterar a primeira interpretação do caso?

Não podemos pretender tratar dessas questões sem inicialmente relatar a maneira como Lacan se implicou na escrita do caso, uma implicação que se nos tornou acessível, observável, articulável, precisamente graças às repercussões posteriores à publicação. De uma maneira muito clássica em psicanálise, podemos apostar que pode haver aí alguma relação passível de se explicitar entre essa mão lacaniana que vem marcar a escrita do caso, e assim assinar uma certa relação de Lacan com Marguerite, designar o ponto de inscrição de Lacan no caso, e o que foram as repercussões ulteriores.

Inventividade da censura

Já se disse que não existe história (mesmo a de um caso) senão a contemporânea. Isso para sublinhar a implicação — logo, a marca — do historiador (de sua atualidade, suas preocupações, suas maneiras de pensar, seus preconceitos insabidos) naquilo de que ele se quer, no entanto, a memória "objetiva". Insistiu-se menos, em contrapartida, num outro aspecto conotado por essa fórmula canônica, a saber, que uma história contemporânea, precisamente porque suas tramas ainda estão presentes, só pode ser uma história censurada.

A história do caso Aimée, que Lacan nos relata, certamente não escapa a essa regra. Desde a primeira linha da monografia, seu leitor percebe sutilmente a incidência de uma censura:

> A 10 de abril de 193..., às oito horas da noite, a Sra. Z., uma das atrizes mais apreciadas pelo público parisiense, chegou ao teatro onde iria representar.[6]

De saída, as reticências, bem como a ausência do nome da atriz, assinalam abertamente o ato da censura.

Compreende-se que está em questão, para o narrador médico, uma preocupação elementar de discrição profissional, de "proteger a vida privada" de sua paciente. Só podemos aprovar que tal preocupação se preste a conseqüências na escrita do caso, mediante o que ficamos prontos para jogar o jogo que nos é implicitamente proposto, a admitir que, apesar dessa censura, o caso nos será apresentado sem grandes prejuízos. Ele passaria ileso através da indispensável censura e poderíamos discuti-lo em pé de igualdade com o censor, isso apesar de um certo número de informações que ele só guarda consigo para nos impedir de identificar o caso. Confiamos no narrador, ele não vai exercer qualquer outra censura além daquela exigida pelo motivo supracitado. Além disso, ele nos dirá em seguida:

---

[6] T. p. 153.

> [...] esta análise que não deixa ignorar nenhum elemento de nossa pesquisa à crítica de nossos leitores[7].

Leitores, eis-nos, pois, tranqüilizados: admitimos esta censura como ligada, unicamente, à deontologia médica. Ela não vai interferir fundamentalmente, estamos dispostos a crê-lo, sobre a apresentação do caso enquanto caso.

Entretanto, por se tratar da loucura, as coisas não são assim tão simples: tanto menos, aqui, na medida em que a loucura, definida como reação da personalidade, não é considerada sem relações com o social como tal (isso com relação a que assume consistência a noção de uma vida "privada"). Ali onde se trata de perseguição, o que quer dizer essa preocupação com a proteção de uma vida privada, esse obstáculo interposto à identificação do caso? Como se admitiria *a priori* que esse cuidado tenha podido agir na relação de Lacan com seus leitores, sem no entanto jamais ter a mínima incidência na sua relação com Marguerite e com cada um dos protagonistas implicados nessa loucura? Por ocasião de suas entrevistas com Lacan, durante o tempo em que este escrevia o caso, Marguerite não teria jamais sentido essa proteção que ele exercia para com ela? Mas, se é verdade que ela soube ver em Lacan um protetor, como terá ela agido com esse protetor ou, melhor ainda, como terá agido sua loucura com esse protetor, ela que tinha tanta necessidade de um semelhante parceiro (o que se chama de sua erotomania, iniciada com Pierre Benoit e depois com o Príncipe de Gales)?

Queiram ou não os comitês de ética, pálidas figuras daquilo de que abusivamente se encarregam, produtores exagerados de uma moral de Legião de Honra, não se pode, quando se trata da loucura, isolar o problema da identificação do caso de alguém do contexto do próprio caso; do ponto de vista da análise do caso, não há esfera isolável, regida por uma deontologia profissional e tal que sua enucleação do caso deixe este último inalterado. Veremos, ao contrário, como essa censura aplicada à identificação do caso daria lugar, vinte anos depois, a um formidável qüiproquó entre Lacan e o filho de Marguerite, em outras palavras, a uma das ruidosas repercussões do caso, e a conseqüências não somente privadas, mas também sociais absolutamente notáveis.

Coloca-se, pois, a questão de saber o que foi a incidência dessa censura sobre a apresentação do caso. Esta questão é válida, hoje, para nós.

Já se terá entrevisto, com o que acabamos simplesmente de indicar quanto a uma seqüela da não identificação do caso, que essa censura terá engajado Lacan bem para além de uma submissão à moral de sua profissão: a menos que, invertendo a proposição, não seja necessário, antes, admitir que essa censura, longe de ter sido causa de tal engajamento, não represente senão uma das suas marcas — mas decisiva, já que ela se produz nessa relação de Marguerite com o público que dá todo o seu alcance à sua psicose (como vamos

---

[7] T. p. 241.

mostrar). A censura surgiria, assim, a serviço de uma causa não exterior, mas integrada ao caso, de uma causa em nome da qual o censor se situaria num certo local determinado na configuração do caso. O ato de censura, tal seria o fato mascarado por sua função mais manifesta (a observância de uma regra deontológica), assinalaria o caráter sustentado dessa tomada de posição de Lacan no caso[8].

Basta a primeira frase da monografia para nos pôr no caminho da tripla função dessa censura:

1 — impedir a identificação do caso,

2 — isolar o caso do contexto histórico onde ele se produz (este efeito, de modo algum desejado por Lacan, não deixa de ter por conseqüência tornar o caso mais estranho do que é, extraindo de certos aspectos do caso sua pertinência social),

3 — sublinhar, aliás menos paradoxalmente do que possa parecer à primeira vista, a implicação de Lacan no caso.

Vai-nos bastar, para demonstrar essas duas últimas funções (já que a primeira não oferece dificuldade), estabelecer esta primeira frase, tal como pode se escrever hoje, isto é, depois de se suspender a censura. Vamos escrever:

> A 19 de abril de 1931, às oito horas da noite, a Sra. Huguette ex-Duflos, uma das atrizes mais apreciadas pelo público parisiense, chegou ao teatro Saint-Georges, onde iria representar, naquela noite, *Tout va bien*, de Henri Jeanson.

Observamos de saída, ao comparar essa frase com a de Lacan citada acima, que a censura incidia tanto em outras partes quanto ali onde sua intervenção se assinalava por si mesma. Mas observamos também outros modos de intervenção da censura que, até que escrevêssemos novamente esta primeira frase, nos escapavam mais ou menos completamente.

O dia 19 de abril se terá transformado num 10 de abril, sem que nenhum determinativo venha indicar, ao leitor de 1932, a intervenção da censura. Compreende-se a preocupação que motiva semelhante mudança: uma simples pesquisa nos jornais dos anos 1930 e 1931 (o ano de 1932 e seguintes sendo excluídos pela data da publicação da tese), na data de abril, teria podido reencontrar o relato do que Lacan chama aqui de "o atentado", e portanto, o nome de sua paciente. Mas o mais surpreendente é o caráter indisfarçado de tal censura: com efeito, decepcionado por nada encontrar no dia 10 de abril, o pesquisador, a quem este próprio fracasso teria informado sobre a censura, não encontraria grandes dificuldades nem precisaria de muita sorte para cair no dia 19. Este caráter indisfarçado não é, aliás, próprio a esse modo particular de uma censura que não se confessa como tal. Encontra-se a sua incidência aqui

---

[8] "Quando o analista se interroga num caso, quando faz sua anamnese, quando o prepara, quando começa a abordá-lo, e uma vez que entre com a análise, que ele procure no caso, na história do sujeito, da mesma maneira que Velasquez está no quadro das *Meninas*, onde ele era o analista, já em tal momento e em tal ponto da história do sujeito. Isso trará uma vantagem, ele saberá o que ocorreu com a transferência." J. Lacan, *L'Acte psychanalytique*, seminário de 27 de março de 1968. Inédito.

e ali na monografia, por exemplo, quando o Cantal muda para a Dordogne, ou quando o escritório dos correios vira "companhia de estrada de ferro"[9].

A essa intervenção silenciosa da censura vem-se juntar um outro tipo de intervenção que encontramos, desde essa primeira frase, com a designação da atriz como "Sra Z.". Aqui o leitor bem sabe que a censura interveio, mas não sabe até onde ela escolheu estender sua ação: no caso, não se pode saber se a letra "Z" vale como a marca acrofônica do nome da atriz em questão (que, portanto, só estaria censurado parcialmente), ou se é uma invenção do narrador. Encontramos também esse modo de censura em muitos outros lugares da tese: P.B. (por Pierre Benoit), o escritor C. (para Colette), o editor G. (para Gallimard?), sem que sejamos sempre capazes de resolver o problema levantado pela acrofonia. Quem são R.D. e M. de W., redatores do Journal? Quem é o Dr. D.? As iniciais C. de la N. correspondem, efetivamente, ao nome dessa amiga de Marguerite que viria ser sua primeira perseguidora designada? Será preciso corrigir sempre o E. por M. — de Melun — cada vez que encontramos este E. indicando uma localidade? Aqui, ainda, não deixa de nos espantar a dificuldade encontrada pela intenção de censurar quando passa à censura efetiva: a censura manifesta uma certa fraqueza ...

Um último modo de censura se define como o não-dito. Vamos encontrá-lo igualmente nessa primeira frase, com a ausência (mas somos nós que a dizemos como tal) do nome do teatro, do título da peça, bem como do nome de seu autor. Ora, a suspensão deste não-dito traz um certo número de problemas que, sem ela, permanecem despercebidos. O fato de que Huguette ex-Duflos ainda esteja, nesse ano de 1931, bem próxima dos "anos loucos", consagrada a demonstrar que tudo vai bem (Tout va bien, pois tal é o título da peça da qual ela é a atriz principal), não haveria aí um apelo à passagem ao ato de Marguerite? Esta afirmação de que "tudo vai bem", justo depois da crise econômica de 1929 e pouco antes da tomada do poder, na Alemanha, por um certo Adolf Hitler, não é uma dessas asserções que, por serem socialmente aceitas, nem por isso deixam de ser loucas, e que merecem o atentado a faca que irá interromper a representação? Como vemos, o gesto de Marguerite, referido ao seu contexto social, não parece tão inconveniente quanto pode parecer aos olhos de quem o isola deste contexto. Ou, mais exatamente, sua própria inconveniência não de deixa mais apreender como sem pertinência social, falando propriamente; além disso, o desenhista de humor que descreve esse gesto no Le Petit Journal não deixa de desenhá-lo de maneira tal que fica apagada, pelo atentado, a palavra "tudo" de "tudo vai bem"!

Vamos resumir o que acabamos de desenvolver:
1 - Supressão que deixa um vazio manifesto — logo, localizável — na escrita do caso; 2 - apagamento parcial de um dado com a conservação do termo

---

[9] T. p. 154 A palavra "correios", censurada, reaparece ali seis linhas abaixo, é verdade que não se censura um texto assim tão facilmente!

mantido ou mesmo substituição por um outro termo em seu lugar — sem indicação de que um ou outro desses dois procedimentos tenha sido escolhido; 3 - não-dito puro e simples, não marcado como tal, mas na maioria das vezes situável por quem estuda de perto o caso. Estas são as três modalidades que nos aparecem, observáveis na censura que Lacan inflige a seu relato do caso Aimée.

Esses procedimentos estão manifestamente a serviço de um impedimento a que o leitor da monografia possa identificar o caso. Veremos que a questão da identificação do caso vai muito além dessa intenção, e que essa censura pode estar a serviço de uma outra causa. Mas essa questão da identificação, sendo muito abrupta, merece que a deixemos aqui em suspenso.

Intencionalmente ou não, o fato é que a censura preenche uma segunda função que é a de isolar o caso dos dados históricos aos quais, entretanto, ele se refere de maneira explícita. Daremos apenas um outro exemplo disso.

A Sra. Huguette ex-Duflos, a grande artista classificada em primeiro lugar no nosso concurso Vedettes, foi ferida por uma demente.

Permanecendo sempre nessa primeira classe, observamos que a atriz é nela designada como "Sra. Z."; isso, aliás, não deixa de trazer alguma dificuldade ao narrador do atentado, já que ele se vê logo obrigado a pôr, na boca de Marguerite, uma frase que esta jamais pronunciou tal como ele nos apresenta:

"A sra. é mesmo a Sra. Z.?" — teria dito Marguerite à Sra. Huguette ex-Duflos, segundo o testemunho desta última. Como este "Z" é uma invenção de Lacan, sabemos que, neste ponto, a citação é errônea, as aspas enganadoras. Mas esta seria a última frase antes que a faca golpeasse a atriz, logo, uma frase cuja literalidade é importante, já que ela tem a ver com nada menos que a interpretação da passagem ao ato. O que está em jogo nessa pergunta com a qual Marguerite terá identificado sua vítima é a determinação do que sua faca terá atingido. Ora, tal como Francis Dupré se desesperando por não poder, apesar de todos os seus esforços, estabelecer exatamente qual foi a troca de palavras entre Christine e Léa Papin e suas patroas logo antes de as massacrarem[10], eis-nos aqui incapazes, igualmente, de restabelecer a frase em questão no caso.

"A senhora é mesmo a Sra. Huguette ex-Duflos?" vem-nos logo à mente, é claro. Mas isso é ir rápido demais! É esquecer que não existe mais, na data do atentado, uma "Sra. Duflos", mas que existe, em contrapartida, uma certa Sra. ex-Duflos" (como se pode ler na frase que situa a ilustração do Petit Journal). Com efeito, depois de um processo pouco menos ruidoso que aquele mencionado por Marguerite por ter-se interessado por ele logo que chegou a Paris (o processo movido pela Comédie-Française contra uma de suas atrizes, Huguette Duflos, que não respeitava o contrato assinado com essa nobre mas burocrática instituição[11]), a célebre atriz, feminista de vanguarda, obtivera do Judiciário o direito de conservar o nome de seu ex-marido a quem, além disso, ela devia sua carreira e, portanto, seu nome na carreira, mas acrescido de um "ex-" que vinha marcar de modo permanente a desaprovação do ex-marido quanto ao uso de seu nome mantido pela ex-mulher depois do divórcio. Tais são, com freqüência, as decisões "justas" da Justiça: compromissos sintomáticos. Nem todo mundo é Sancho Pança.

Vamos supor que Marguerite, depois de anos sendo perseguida por essa mulher, fosse informada deste segundo processo, e portanto do nome legal da atriz no dia do atentado. O que teria ela então perguntado naquele dia? "A senhora é mesmo a Sra. Huguette ex-Duflos?"

Esta é uma outra frase, uma outra pergunta, tanto mais que se trata de uma questão de identificação. A primeira correção da frase citada, censurada por Lacan, identifica a atriz como usurpadora de um nome que não é mais o

[10] Francis Dupré, *La "solution" du passage à l'acte*, Toulouse, Erès, 1984.

[11] T. p. 162.

seu; a segunda identifica-a como mulher divorciada que obteve da Justiça um ganho parcial de causa no seu combate de atriz, não se querendo submeter ao prejuízo que seu divórcio infligiria à celebridade de seu nome.

Entre essas duas frases possíveis, e de alcance bem diferente, como saber qual terá sido efetivamente pronunciada?

Em contrapartida, um certo ensinamento se destaca dessa discussão quanto à função, aqui, da censura. É claro que, para quem se contenta com "Sra. Z.", o problema que acabamos de expor nem mesmo se coloca. Logo, é patente que a suspensão da censura visa obter um ganho na análise do caso. Em que sentido vai esse ganho? No sentido de devolver a pertinência, senão de fundamentar, tanto o delírio quanto a passagem ao ato. A avaliação do caso com esses elementos, esses traços, esses eventos da vida social com os quais ele está efetivamente articulado, mas que a censura deve afastar em nome da defesa de uma vida privada, demonstra que esta vida não é assim tão "privada", tão "íntima" quanto parece, principalmente pelo fato da intervenção da censura. Isolando o caso de seu contexto histórico, a censura vai torná-lo para nós estranho, estrangeiro, quase fantasmagórico: ela torna incompreensível grande número de seus aspectos, acentua sua "loucura", no sentido dessa coisa com que o homem comum nada tem a ver.

De maneira mais discreta, mas não menos eficaz, a censura torna inexplicáveis alguns aspectos do caso. Poderíamos multiplicar os exemplos. Quando Marguerite diz a Lacan de seu interesse pelo processo movido contra Huguette Duflos pela Comédie-Française, só podemos ter uma compreensão muito frágil desse interesse, na medida em que ignoramos quais foram os seus protagonistas, se ficarmos com a fórmula imprecisa que, na tese, menciona esse interesse:

> A doente nos observa com exatidão que os jornais, pouco tempo depois de sua chegada a Paris, estavam cheios dos ecos de um processo ruidoso que trazia à baila sua futura vítima.[12]

Sabendo tratar-se de uma atriz que se recusava a ficar prisioneira de um contrato de trabalho que realmente assinara, mas que o processo de sua carreira tornava, em sua opinião, obsoleto, de uma mulher que priorizava seu êxito como atriz sobre seus compromissos passados (e que se haviam expirado de fato, se não de direito), podemos compreender que uma tal posição "feminina" tenha interessado Marguerite, e que a medida de sua condenação à atriz tenha podido ser a de seu interesse por uma maneira de ser... que ela não deixava de partilhar com aquela a quem condenava.

Do mesmo modo, com referência a outro dos principais perseguidores, Pierre Benoit. A suspensão da censura de polichinelo que incidia sobre este nome abre as portas a um questionamento quanto à pertinência do que diz

---

[12] Ibid.

Marguerite a seu respeito. Ela o acusa, em seu delírio, de inspirar-se em sua vida para escrever alguns de seus romances: lendo alguns deles, ela se reconhece. Será esta uma idéia louca, no sentido de "sem apoio de qualquer realidade"? Lacan não pensa assim, já que chega a obter um dos romances incriminados para julgar por si mesmo o valor da acusação. Notemos que, se essa acusação ao escritor se vê enfraquecida por esse teste, nem por isso se pode concluir que, mesmo mal-entendida, a acusação não seja um tanto justa, não atinja um ponto vivo no escritor Pierre Benoit. Muito pelo contrário, sabemos, já que ele mesmo afirmou que era perfeitamente capaz de se entregar a esse gênero de pilhagem de que Marguerite o acusa, mesmo que tal não fosse o caso no tocante a ela. Assim, escreve ele, a propósito de uma de suas heroínas cujo retrato publicou em Le Journal:

> O que não daria eu para estar na sua mesa [P.B. está num restaurante, sentado a uma mesa vizinha daquela de sua heroína Aurore], e para ter o direito de escutar as belas histórias que ela não parava nem por um minuto de contar! Teria lucrado rapidamente, e não precisaria, mais tarde, marcar passo por tanto tempo.[13]

O mesmo se dá com a identificação de C. como "Colette". Saber que se trata dessa autora leva a se perguntar se sua função de perseguidora de Marguerite não se liga ao fato de ter acontecido efetivamente com Colette, com seu primeiro marido Willy, o mesmo, exatamente, que Marguerite receava para si: que lhe roubassem suas idéias, que assinassem um livro cuja autoria era dela. O amor de Colette por este Willy, por este personagem aproveitador da vida, amante dos lugares mundanos, que faz a mulher escrever, mas publica os escritos sob seu próprio nome, que faz sua educação sentimental até o ponto em que ela vai concluir que "o amor não é um sentimento honrado[14]", parece muito com o amor de Marguerite pelo poetastro. Esta frase que citamos há pouco e com a qual Colette alude a seu amor por Willy nada teria de chocante na boca de Marguerite, em certos momentos de seu percurso subjetivo.

Estes exemplos são bastantes para nos permitir formular que a censura, separando o caso de seu contexto, nos ajuda a não ver até que ponto o conhecimento "delirante" que Marguerite pode ter de algum aspecto ou evento desse contexto corresponde ao que Lacan deveria chamar de "conhecimento paranóico", um conhecimento que vê com justeza, que atinge o outro em seu ponto sensível, mesmo que esse próprio fato permita ao sujeito desconhecer que se trata também dele mesmo.

Entretanto, a censura assume igualmente uma terceira função que já indicávamos ao dizer que ela nos permite situar o ponto de inserção de Lacan no caso. Como? Da seguinte maneira: Lacan, censor, é levado às vezes a

[13] Pierre Benoit, *Mes héroines, d'Aurore à Aïssé,* Albin Michel, Paris, 1965, p. 12-3. Este livro retoma textos curtos inicialmente publicados em *Le Journal* em 1934.

[14] Esta frase de Colette é citada por Maria le Hardouin no artigo que ela consagra a esta autora em Laffont-Bompiani, *Dictionaire des auteurs,* Paris, R. Laffont, 1988, T. l. p. 642.

inventar ali mesmo onde opta por censurar e suas invenções estão longe de ser quaisquer. A dificuldade com que ele lida então é homóloga àquela que, muito mais tarde, ele mesmo iria frisar a respeito da mentira; a mentira, notava ele então, por menos que queira o mentiroso, é gritante de verdade, uma verdade que, por ser diferente daquela que ele pretende esconder, não deixa de ser uma verdade integral, isto é, semi-dita.

Uma das invenções a nosso ver mais interessantes, sempre na primeira frase da tese, concerne ao nome da atriz que Lacan escolheu chamar: "Sra. Z.". O que isso quer dizer? Este "Z" não é uma marca acrofônica do nome Huguette ex-Duflos; sua origem não vem desse nome. Vem de onde? E por que tal escolha? Que avatares levam Lacan a eleger este "Z" para designar a principal perseguidora do delírio de Marguerite?

Lemos agora de outra maneira essa primeira página da monografia, e principalmente a "falsa" citação da primeira fala de Marguerite que ali é mencionada: "A senhora é mesmo a Sra. Z.?"

Lacan nos apresenta Marguerite, no instante de sua passagem ao ato, identificando Huguette ex-Duflos como "Sra. Z.", ou seja, como uma personagem de sua criação, da invenção dele, Lacan. Por ora, não dizemos que isso é certo ou errado, nem mesmo, como pode ser o caso, se se trata de uma interpretação, notamos simplesmente a coisa na medida em que ela faz enigma.

Em outros lugares, na sua escrita do caso, Lacan se vê engajado de maneira semelhante. Em alguns deles, não sabemos discriminar se se trata de uma verdadeira acrofonia ou de uma invenção do tipo "Sra. Z.". Como devemos situar o nome daquela que foi, historicamente, a primeira perseguidora, C. de la N.? Tratar-se-ia de uma acrofonia verdadeira, como para a "escritora C."? Não foi por ocasião da minha primeira leitura da tese, nem mesmo das seguintes, foi somente quando decidi estudar essa tese de perto que pude ler a transliteração:

C. de la N.

c'est de la haine (é o ódio)

Uma vez observada essa transliteração, não parece forçado concluir, mesmo continuando a não saber o nome dessa nobre moça, que as letras "C" e "N" não são as iniciais de seu nome, mas foram escolhidas por Lacan porque fazem falar esse nome próprio, ao mesmo tempo que conservam seu traço de nobreza. Este nome próprio representa, discretamente, uma certa versão do caso, ele é inventado por Lacan conforme a sua própria versão do caso, a saber, a identificação da verdadeira perseguidora como a irmã mais velha de Aimée.

O que seria, então, o "Z"? Se é evidente que "C. de la N." remete, em contraponto, ao nome de "Aimée", este também uma invenção de Lacan (embora de feitura diferente), parece indicado ligar também este "Z" à primeira letra do nome "Aimée", ou seja, ao "A". Este "Z" não parece mais, então, ser tão enigmático, tanto é verdade que, em nosso cultura alfabetizada, "A" e "Z" mantêm uma relação que não é qualquer. Disso resultam algumas novas perguntas. Ao nomear Marguerite Anzieu "Aimée" e Huguette ex-Duflos "Sra. Z.", Lacan não nos estaria sugerindo que estudou o caso "de A a Z", o que ele aliás toma o cuidado de nos dizer que fez? Ou então, de uma maneira para nós mais inesperada, estaria ele indicando que o caso, no seu conjunto, se passa entre essas duas mulheres, se passa todo ele, de A a Z, entre duas mulheres e em mais lugar nenhum, essas duas mulheres das quais uma é a perseguidora e outra a perseguida?

Mostra-se, então, que o ato de censura se exerce às vezes de maneira tal que o censor, dando provas de inventividade, transmite, pelo viés dessa própria inventividade, uma certa versão do caso.

Mas podemos também, ao mesmo tempo, observar agora que essas invenções não se apresentam como traços isolados, que algumas delas, seja como for, caminham juntas, mesmo que não esteja provado, por ora, que façam sistema. Se a "Sra. Z.", nome lacaniano da perseguidora, remete a "Aimée", como "C. de la N." remeteria ao amor, que dizer dessa nomeação de Marguerite como "Aimée"? Eis-nos de novo, aqui, com a promoção deste nome, confrontados com o problema da identificação do caso. De que maneira Lacan se inscreveu no caso para tê-lo assim identificado como o "caso Aimée"? Só poderemos responder, é claro, ao fim de nosso estudo. Em contrapartida, é possível desde já compreender o início do movimento dessa nomeação.

Lacan optou por apresentar seu estudo monográfico começando pelo relato daquilo que ele designa como sendo o "atentado". Existe aí um procedimento retórico que não deixa de ser interessante, feito mesmo para atrair a atenção do seu leitor. A começar pela palavra "atentado", que tem uma importância retórica manifesta, de vez que Marguerite, desde o tempo de sua primeira gravidez (aqui, datada de agosto de 1921), se havia entregue a outros atentados, que já saíam do quadro familiar das cenas domésticas, com seu marido René, cenas durante as quais ela nem sempre retinha alguns gestos violentos. Desde o primeiro desses atentados "públicos", a faca faz parte da cena:

> Um dia, ela fura, a golpes de faca, os dois pneus da bicicleta de um colega. Uma noite, levanta-se para jogar um jarro d'água na cabeça do marido; outra vez, é um ferro de passar que serve de projétil.[15]

Quando seu filho ainda tinha idade para ser amamentado e transportado num carrinho de bebê,

[15] T. p. 159.

> ela provoca um incidente com dois automobilistas que teriam passado perto demais do carrinho do bebê. Múltiplos escândalos eclodem com os vizinhos. Ela quer mover processos judiciais.[16]

Cinco meses antes do "atentado", portanto, em novembro de 1930,

> encontramos as marcas de um fato muito mais grave. Depois de vários meses de espera, a doente recebe da editora G., onde apresentou um manuscrito, uma recusa da publicação. Ela pula ao pescoço da funcionária que lhe transmite essa recusa, machucando-a o bastante para que uma indenização de 375 francos lhe fosse reclamada posteriormente, pela incapacidade temporária de trabalho sofrida por sua vítima.[17]

A não ser que nos remetamos a uma avaliação qualquer do grau de periculosidade, onde o último atentado se distinguiria como o mais violento, precisamos realmente admitir que essa maneira de falar do ato contra Huguette ex-Duflos como sendo "O atentado", como se tivesse havido apenas um, promove este atentado, dando-lhe uma eminência que vem acentuar ainda mais o caráter "literário" do relato — a ponto de se ter podido, a propósito dessa escrita, mencionar Flaubert.[18] Assim, notemos que Marguerite entra em cena na narração como "desconhecida", portanto, segundo um procedimento literário banal, mas eficaz. Menos banal, em troca, o fato de que esta primeira definição de uma "desconhecida" situa, neste primeiro parágrafo da monografia, o narrador do atentado do lado da atriz! É ela, com efeito, logo se sabe, que fala de Marguerite como uma "desconhecida"; e é ainda do ponto de vista da atriz que Marguerite, segunda definição encontrada, é dita "interrogadora". Igualmente o retrato de Marguerite, que vem dar figura à "desconhecida", bem parece valer como aquele que a atriz, num relance, teria registrado, logo antes de aparar o golpe assassino.

O ponto de vista do narrador bascula, desde o segundo parágrafo, onde a "desconhecida" vira "a mulher", como se o ângulo de visão do narrador, em não mais se tratando do relato do atentado, passasse agora para o lado de Marguerite. Vem, então, o ato de nomeação:

> A mulher recusou-se a explicar seu ato, a não ser diante do delegado. Na presença deste, respondeu normalmente às perguntas sobre sua identidade (vamos chamá-la, daqui por diante, de Aimée A.), mas fez declarações que pareceram incoerentes.

Os parênteses parecem sugerir que a nomeação se faz como que de passagem, "entre parênteses", no sentido de: "Ah, sim, a propósito, ocorre-me dizer a vocês que... ", quando o objetivo essencial estaria em outra parte, na

---

[16] T. p. 160.

[17] T. p. 156.

[18] "[...] uma escrita da loucura, tão nova para a época quanto a de Breton ou de Bataille. Em lugar de um estudo tradicional do caso, encontra-se, na tese de 1932, um romance de cento e cinqüenta páginas redigidas num estilo flaubertiano, isto é, numa língua literária irredutível à língua do discurso psiquiátrico. Lacan conta a aventura de sua heroína com a pena de um autêntico escritor, transpondo no personagem de Aimée os infortúnios de uma moderna Emma Bovary". Elisabeth Roudinesco, *La bataille de cent ans, Histoire de la psychanalyse en France,* T. II. Paris, Seuil, 1986, p. 27.

própria frase que os parênteses interrompem momentaneamente. Isso, a nosso ver, só faz ressaltar a importância deste ato, tanto mais decisivo quanto apresentado como pouco significante. O "a propósito", como tal, não deve ser, aliás, negligenciado, já que se trata do estabelecimento de uma identidade onde Marguerite é considerada como uma paciente "psiquiátrica", uma identidade que se vem instalar na censura da identidade legal.

"Nós a chamaremos Aimée A.". O "A", sabemos hoje, é uma acrofonia para o nome "Anzieu". "Aimée" está aqui em lugar de prenome, mas um prenome que também se escreve de maneira acrofônica: "A". Existe aí um equívoco possível, que vai funcionar como tal, como um ponto que permite a estabilização ulterior da nomeação.

Com efeito, a frase não deixa de abrir a possibilidade de uma certa flutuação quanto à nomeação. Vai-se tratar agora da "Sra. A.", como Lacan faz durante algumas páginas, em simbiose com a perícia médico-legal do Dr. Truelle, que fala de Marguerite como "a senhora A."[19]? Certamente, ela pode também denominá-la "a doente", mas isso, que será mantido ao longo de toda a monografia, não vale como nomeação. Lacan vai precisar de nada menos que seis páginas (onde só se fala em "Sra. A.") para se resolver, sem que isso pareça muito forçado ao seu leitor, a designar sua doente como "Aimée"[20], de tal modo a coisa não é evidente.

A partir daí, não mais vai-se tratar senão de "Aimée", a "Sra. A." parecendo ter ficado definitivamente entregue às traças, o que tem como efeito dar ao significante "Aimée" um estatuto gramatical diferente daquele que tinha anteriormente, não mais o de um prenome colado a "Sra. A.", mas o de um nome próprio, ou melhor, de um significante que poderia funcionar como tal, se não fosse... tudo o que virá objetar a um tal funcionamento.

Essas "objeções" são de três ordens isoláveis como tais: um equívoco permanece ligado à função de dêitico deste nome próprio "Aimée", um sentido fica associado a ele, ao mesmo tempo em que, como nome próprio, ele não deveria ter nenhum, e enquanto significante ele é presa de tentativas de esfacelamento onde perderia seu estatuto de nome próprio.

1 — "Aimée" como dêitico

Um nome próprio só o é se, enquanto significante, designar um objeto na sua particularidade. Mas semelhante designação não é uma operação simples. Quem dirá o que o dedo apontado isola na sua ereção? Como distinguir o designado?

---

[19] T. p. 154.

[20] A primeira menção estrita desse nome, "Aimée", se encontra à p. 159 da tese.

Ora, prosseguindo sua leitura da monografia do "caso Aimée" (título do primeiro capítulo), o leitor terá a surpresa de conhecer aí uma outra "Aimée", heroína do romance *Le Détracteur (O Detrator)*, escrito por Marguerite em agosto-setembro de 1930. Ele encontra este nome nas passagens do romance que Lacan escolhe incorporar à sua tese; percebe, então, um furo no tecido da escrita da monografia: em momento algum durante essa escrita Lacan achou por bem estabelecer uma ligação entre as duas "Aimée". Mas, estaremos certos de poder contar duas, uma Aimée personagem de um romance, e outra, "personagem" de uma monografia psiquiátrica (dizemos, ainda, "personagem", por submissão ao que é sugerido pela referência a Flaubert e sua "Emma")? Não sabemos ainda resolver esse problema de contagem, "dois" parece demais, "um" não parece bastante. Esta dificuldade é tanto mais nítida quanto, ao acompanhar Lacan em seu ato de nomeação, "Aimée" seria a autora de um romance cuja heroína também se chamaria "Aimée", situação que não deixa de evocar aquela criada pela célebre identificação flaubertiana: "Madame Bovary sou eu".

Mas há uma outra coisa. "Aimée", na tese, não designa somente alguém, mas também uma entidade clínica. Não se trata mais aqui, simplesmente, do "caso Aimée" como "caso monográfico", mas deste caso como "caso protótipo"; todos os outros casos do mesmo tipo seriam, como propõe então Lacan, nomeáveis como "casos Aimée[21]". Este segundo equívoco vem, pois, acrescentar-se ao que acaba de ser destacado, atestando igualmente uma eponímia que enfraquece um pouco a lógica, que se quer unívoca, do dêitico; o nome "Aimée" que, como nome próprio, deveria designar um objeto particular e nada mais que este objeto, remete a dois "personagens" e tem igualmente por referente uma entidade clínica. Isso é muito.

2 — "Aimée" como fazendo sentido

"Minha paciente, chamei-a Aimée, era realmente muito tocante", declarava Lacan no hospital Sainte-Anne, uns quarenta anos depois da publicação de sua tese[22]. Indicava-nos assim que este nome "Aimée", escolhido por ele, manifestava desde 1932 uma afeição, um certo amor que votava à sua paciente. Ela o teria "tocado". Mas onde? E com que conseqüências? Será possível estabelecer isso.

Notemos simplesmente aqui que o que se confessa em 1970 já era legível desde 1932. O nome "Aimée", por estar em oposição significante com "C. de la N." (como se opõem perseguidora e perseguida), pode ser considerado

[21] "Antes, preferimos propor classificar os casos análogos ao nosso sob o título de um *protótipo*, que será "o caso Aimée" ou um outro, mas que será uma descrição concreta, e não uma síntese descritiva [...]" T. p. 267.

[22] J. Lacan, intervenção com Daumézon no Hospital Sainte-Anne, 1970, inédito.

como portando desde já uma marca de amor. Esta oposição é, além disso, mais que confirmada pela do "A" e do "Z".

"Aimée", representando alguma coisa (o amor do jovem psiquiatra por sua paciente) para alguém (o público dos leitores da tese), tem, pois, o estatuto de um signo no sentido lacaniano do termo. "Aimée", portanto, não é um significante e não pode então pretender funcionar como um nome próprio (um nome próprio pode ter um sentido, mas não como nome próprio, daí sua eminência nos deciframentos onde se conta, corretamente, com o fato de ele jamais se traduzir, mas se transliterar[23]).

3 — "Aimée" como nome próprio não-determinado

Um nome próprio porta geralmente uma marca determinante que, na escrita, o assinala como tal, como é o caso do cartucho hieroglífico ou da maiúscula na nossa maneira atual de escrever. Fazendo uma cercadura, o cartucho imaginariza o fato de o nome próprio se apresentar como uma série de letras cuja ordem permanece fixa. Basta que uma delas falte, e falte ao seu lugar, como notava Champollion, para que toda a sua classificação como nome próprio seja anulada. Pelo cartucho, as letras são solidárias umas às outras. É possível tabular o intocável dessa solidariedade.

Mas isso não pôde funcionar plenamente com o significante "Aimée", que Lacan no entanto propõe elevar ao estatuto de nome próprio. Isso é o que devemos concluir da insistência do "A", enquanto isolado da série literal que seria "a/i/m/é". Encontramos essa reaparição do "a" na própria monografia, mas também naquilo que devemos incluir no caso a título de conseqüências da sua publicação

Na *monografia*, o "a" intervém como oposto ao "z", portanto, num remetimento de signo a signo, onde a série de referência não é mais a das letras "a/i/m/é", e sim a das letras do alfabeto, tal como uma certa tradição as fixou ordenamente. O "a" serve aqui para sugerir o "de *a* a z": ele só pode fazê-lo se for destacado da série literal "a/i/m/é".

Mas vamos vê-lo também vir mascarar, recobrindo-o graças a um equívoco significante, o "A", este maiúsculo, de "Sra. A". Ora, isso, longe de ser sem conseqüências, vai ressurgir anos mais tarde, numa das repercussões mais inesperadas do caso.

Nas conseqüências da publicação, com efeito, o nome próprio "Anzieu" vai ser objeto de uma interpelação de Lacan por Didier Anzieu, então seu analisando. Vamos ler o relato dessa aventura, rocambolesca no mínimo por um de seus aspectos, ali onde ele foi levado pela primeira vez à praça pública (em outubro de 1986), na obra magistral de Elisabeth Roudinesco:

---

[23] Jean Allouch, *Lettre pour Lettre,* op. cit., p. 134, 145, 218 a 221 e 325 (para o jogo entre o nome próprio e o Nome do Pai).

> Após ter pensado em tornar-se ator, e depois escritor, [Didier Anzieu] ingressou na Escola Normal Superior e passou no vestibular de filosofia em 1945. A lembrança da mãe levou-o a interessar-se pela psicologia. Quatro anos depois, empreendeu uma análise com Lacan, ignorando que Aimée o havia precedido em outras circunstâncias. Por sua vez, Lacan não reconheceu o filho da antiga pensionista de Sainte-Anne. Anzieu descobre a verdade durante uma conversa com a mãe, que lhe fala de suas recordações e de suas relações com os psiquiatras da época. Ele então se precipita para a biblioteca e descobre com emoção um passado que lhe pertence e cujo essencial ele ignora. Interrogado sobre o fato de não haver reconhecido a identidade de seu paciente, Lacan confessa a Anzieu que ele próprio reconstituíra a verdade durante a cura. Ele ignorava — disse — o sobrenome de Aimée, que fora admitida em Sainte-Anne sob seu nome de solteira.[24]

Sobre essa não-identificação, por Lacan, de seu paciente, E. Roudinesco nos dá o seguinte comentário:

> Ora, ele [Lacan] não podia ignorar o sobrenome Anzieu. [...] Ainda que ela fosse conhecida em Sainte-Anne pelo nome de solteira, é impossível que o vocábulo "Anzieu" se tivesse apagado da história a ponto de não ser guardado por Lacan. Sem dúvida, ele o teria esquecido, e não ignorado? Assim, pode-se formular a hipótese de que, em sua análise, Anzieu se confronte com um trabalho de recalque que vem de Lacan e que tem a ver com a relação transferencial mantida por este com o nome de casada de uma mulher cujo prenome, inventado por ele, se tornou mítico na história da formação do pensamento lacaniano.[25]

Vamos discutir esta interpretação do acontecimento relatado. Por ora, prossigamos com a coleta dos elementos novos relativos à censura do nome Anzieu. Didier Anzieu, com efeito, paralelamente às revelações de E. Roudinesco, deveria suscitar mais uma vez nosso espanto, dizendo-nos da importância, para ele, deste "A", acrofonia do nome "Anzieu", mas também do nome "Aimée".

> Melun evocava para mim outras referências: Jacques AMYOT, helenista e humanista da Renascença, nascera ali; ABELARDO, teólogo e filósofo da Idade Média, ali havia lecionado. E seu destino sexual infeliz me convidava a compensar, no apego aos estudos, meu próprio complexo de castração, de que tomaria consciência durante minha prática psicodramática iniciante e minha primeira psicanálise [com Lacan]. Estes dois pensadores tinham nomes cuja inicial era A: não há dois sem três, murmurava para mim de vez em quando o meu falacioso amor-próprio.[26]

Portanto, Didier também isolava este "A"! Sem prejulgar a veracidade da resposta que lhe foi dada por aquele que não tem menos que dois A em seu nome (e nenhuma outra vogal), nem mesmo o estatuto deste "esquecimento", em Lacan, do nome "Anzieu", vamos observar, bem simplesmente, que esta letra, no caso, é uma acrofonia não apenas do nome "Anzieu", mas também de

---

[24] E. Roudinesco, *Histoire de la psychanalyse ...* op. cit., p. 135-6.

[25] Ibid.

[26] Didier Anzieu, *Une peau pour les pensées,* Paris, Clancier-Guénaud, 1986, p. 30-1.

"Aimée". Teria ela sido escolhida por essa equivocação, por essa sobredeterminação?

O nome "Aimée" vai permanecer contestado na sua posição de nome próprio, porque denota diversos objetos, porque persiste em significar, e porque sofre o dilaceramento da acrofonia. Ele não cessará de não valer como nome próprio, a ponto de podermos nos perguntar agora se o "A" duplamente acrofônico não terá funcionado como tal para Lacan e para Didier Anzieu, ainda que de maneira diferente para cada um deles, Lacan mascarando-o com o pseudo-nome próprio "Aimée", e Didier elevando-o ao estatuto de traço simbólico de ideal do eu (e não como eu ideal, como sugere o enganador *mea culpa* onde ele acusa, bem erroneamente em nossa opinião, seu "amor-próprio").

Mas este "A" ainda está noutro lugar, e não num lugar qualquer, tomado como acrofonia. Ele foi escolhido por Pierre Benoit (que foi inicialmente o objeto de um amor dito erotômano de Marguerite, antes de virar seu principal perseguidor masculino), como acrofonia do nome de todas as suas heroínas. Este fato bem conhecido de seus leitores, tanto de Lacan quanto de Marguerite, nos obriga a afirmar que, ao escolher o nome "Aimée", em vez de, por exemplo "Bécassine" (outro personagem de um escrito de Marguerite), Lacan vem ocupar um lugar próximo daquele de Benoit.

As diversas nomeações inventadas por Lacan, numa preocupação explícita de censura, formam uma rede de letras: A (Aimée, Anzieu, as heroínas de Pierre Benoit, os pensadores de Didier), N (C. de la N., primeira perseguidora), Z (a principal perseguidora, Huguette ex-Duflos). Mas, por que falar de uma rede? Pela razão de que N translitera "haine" (ódio) e, portanto, se une ao amor da "Aimée", que A e Z acoplam antiteticamente. Mas como não ver também que essas nomeações, A, N e Z, que marcam a incidência da perseguição de uma mulher por uma outra mulher de figuras iterativas (C. de la N. e a Sra. Z. são apresentadas como uma só e mesma personificação da figura ausente da irmã mais velha), retomam as três primeiras letras do nome censurado de Anzieu? Uma tal pergunta vem a propósito, ou estaremos delirando?

O fato de A, N e Z serem três letras "falantes" nos parece demonstrado. Ao eleger essas letras Lacan engaja uma certa versão do caso. Ele vem assim assumir um certo lugar no caso, um lugar que indica, de uma maneira que permanece um tanto confusa, sua eleição de "Aimée" como nome do caso, ou antes, nós o mostramos, como nome que vem fazer parte do caso sem jamais conseguir designá-lo. Que lugar vem ele assim ocupar? E. Roudinesco concluía por uma relação transferencial de Lacan para com o nome de casada de Marguerite. Será esta uma formulação pertinente ao que está em questão nesse engajamento de Lacan no caso de Marguerite?

Tentaremos mostrar que "Aimée" foi, para Lacan, este significante com o qual ele deu a conhecer a loucura de Marguerite, porque este nome é, indissociavelmente desse dar a conhecer, o significante da transferência de Lacan para com Marguerite. Enquanto significante ordenador dessa transferência, "Aimée" permanecerá, para Lacan, um significante não subjetivado, já que não cessa de não se reduzir ao significante qualquer. Escrevemos, pois, aqui, referindo-nos à escrita lacaniana do matema da transferência[27]:

$$\frac{\text{Aimée} \longrightarrow S^q}{s\,(S^1, S^2, \ldots S^n)}$$

Esta escrita formula uma questão, mais do que a resolve. Entretanto, antes de abordar frontalmente esta questão da implicação de Lacan no caso de Marguerite, devemos prosseguir nosso estudo dos problemas deixados em suspenso pela primeira apresentação do caso como caso Aimée.

Cura e diagnósticos

Eis um caso psiquiátrico pelo menos inabitual, já que se apresenta, aos olhos do médico que com ele lidará e que irá relatá-lo longamente, como já curado. Mas, o que é ainda mais estranho: o fato de que esta cura tenha sido devidamente ratificada por quem de direito não tem nenhuma conseqüência concreta, em particular não parece que ninguém, no hospital de Sainte-Anne, tenha jamais considerado que Marguerite, julgada curada, pudesse sair deste centro psiquiátrico para onde a conduziu sua passagem ao ato. Lacan evoca, realmente, mas só depois de chegar ao fim da escrita do caso (cf. tese, p. 240), essa possibilidade de uma saída; mas é para logo rejeitá-la em nome dos "obstáculos insuperáveis que são próprios ao meio". Esta "razão" — voltaremos a ela — parece à primeira vista um tanto curta, se nos lembrarmos que há sete anos Marguerite não mais habitava Melun, e sim Paris, e que as possíveis visitas a Melun, se ele a julgava efetivamente curada, não poriam em perigo o grupo familiar, apesar do que este círculo lhe possa dizer, muito provavelmente pela boca da irmã mais velha. Curiosamente, o motivo aqui invocado por Lacan parece validar esses receios, quando ele deveria julgá-los intempestivos a partir do momento em que considera Marguerite curada.

De fato (e tal fato, quando pensamos nele por um instante ao menos, é enorme), Marguerite só será objeto de uma medida particular que lhe permita sair do hospício depois de uma insistente demanda, e dirigindo-se ao tribunal

27 J. Lacan, "Proposição de outubro de 1967 sobre o psicanalista da Escola", *Scilicet* nº 1, Paris, Seuil, 1968, p. 19. A escrita aqui do significante "Aimée" como significante da transferência de Lacan ao psicótico se vê confirmada pela dedicatória da tese ao Dr. Trénel, ausente da edição da Seuil, mas que se pode ler na edição original da tese: "À memória do Dr. Trénel que *me iniciou na psiquiatria, me fez amar os doentes mentais e me deu a mais elevada concepção dos deveres intelectuais e morais próprios a nossa ciência."*

civil, passando por cima dos médicos. Lacan vai ajudá-la a administrar sua vida de reclusa, propondo-lhe um trabalho de bibliotecária[28], e se mostra satisfeito como esta "solução", enquanto ela, apesar de ter sugerido a seu filho o caráter "benéfico" da internação mantida[29], não lhe esconde todas as recriminações que lhe são suscitadas por essa situação:

> Era a humilhação de estar internada, a interdição de viver sua vida, o horror da promiscuidade permanente com as vizinhas de dormitório a quem chamava de "verdadeiras" doentes, pois ela mesma não se considerava como tal. Ela possuía o sentimento de sua fragilidade, dos erros que poderia ter cometido, mas considerava ter sido colocada ali de maneira abusiva. Vivia uma espécie de inferno. Ainda assim, estabeleceu ali sólidos laços com as companheiras de miséria, que persistiram depois que uma e outras reencontraram uma vida autônoma[30].

Primeira discussão

O fato de que a cura de Marguerite tenha sido, durante pelos menos dez anos, considerada tal que não a autorizava a sair, significaria que, desta vez, a própria cura seria o problema? É isso que nos sugere essa frase de Lacan, sublinhada por ele e cuja forma, tão bem cunhada, eleva ao nível da fórmula, com tudo o que isso implica de um efeito de sideração, do qual cabe ao leitor se desprender:

> Talvez, segundo a máxima antiga, *a natureza da cura nos irá demonstrar a natureza da doença*[31].

Deixamo-nos aqui levar por essa fórmula (sem, no entanto, negligenciar o "talvez" que a introduz e que não passa de uma cláusula de estilo), começando, como ela nos propõe, por discutir o problema da cura, e, portanto, reservando para um segundo tempo o da "natureza da doença".

Um primeiro relato dessa cura nos é proposto logo depois do segundo relato do atentado[32]. Lacan nota inicialmente que "nenhum alívio se segue ao ato". Este dato é importante, pois, segundo a fórmula citada acima, a ausência da cura naquele momento exclui o diagnóstico de delírio passional:

> Tais curas espontâneas do delírio só se observam num único tipo de caso, ocorrendo eventualmente nos delirantes ditos *passionais*, depois da realização de seu ódio assassino. O delirante, depois do assassinato, experimenta neste caso um

---

[28] D. Anzieu, *Une peau ...* , op. cit., p. 18. Pode-se ler, à p. 239 da tese: "Na sua situação atual de interna, a doente nos parece encontrar, nos defeitos permanentes de sua adaptação ao real e na atividade imaginativa que lhe corresponde, os recursos exatos de compensação afetiva e de esperança que lhe permitem tolerar sua clausura. Esta lhe é amenizada pelas medidas que dão ao seu próprio controle uma confiança que nenhuma de suas ações desmentiu".

[29] D. Anzieu, idem, p. 18.

[30] Ibid.

[31] T. p. 249.

[32] T. p. 172.

alívio [encontramos, pois, aqui este termo] característico, acompanhado pela queda imediata de todo o aparelho da convicção delirante[33].

Existem provas concretas (cartas enviadas ao Príncipe de Gales e ao Dr. Truelle, seu perito médico) de que, quinze dias depois de seu aprisionamento, Marguerite ainda "sustenta suas asserções delirantes"; ela diz a Lacan:

> "O diretor da prisão e sua mulher vieram me perguntar por que fiz isso, e fiquei surpresa de ver que ninguém deixava de dar razão à minha inimiga[34]."

Mas aí está o primeiro relato dessa cura:

> Ela confia longamente a suas companheiras de detenção, "uma dançarina russa que havia atirado num comissário de polícia porque era bolchevista [isso ressoa com um dos temas do delírio de Marguerite], uma ladra de lojas e uma dinamarquesa acusada de estelionato" (nos explica ela) [a interpretação da cura que Lacan irá propor não vai levar em conta essas explicações nem a preocupação de Marguerite em fornecê-las], as perseguições que sofreu. Estas concordam com ela, encorajam-na, aprovam-na [mesma observação que anteriormente, a propósito dessa aquiescência que contrasta com a "surpresa" acima mencionada].[35]

Segue-se a citação de uma carta de Marguerite a Lacan:

> "Vinte dias depois", escreve-nos a doente, "quando todos já estavam deitados, lá pelas sete horas da noite, comecei a soluçar e a dizer que aquela atriz não me queria mal nenhum, que eu não devia tê-la assustado, minhas vizinhas ficaram tão surpresas [aí está: a surpresa passou para o lugar do outro!] que não queriam acreditar, e me fizeram repetir: mas ainda ontem você falava mal dela! e ficaram espantadas. Foram contar para a Superiora das religiosas, que queria a todo custo me mandar para a enfermaria."

Depois, um comentário de Lacan:

> Todo o delírio caiu ao mesmo tempo, "tanto o bom quanto o mau", nos diz ela. Toda a vaidade de suas ilusões megalômanas lhe aparece ao mesmo tempo que a inanidade de seus temores.

O relato de Lacan se conclui sobre a reiteração do gesto "paradoxal" da irmã (!) superiora (!) mandando Marguerite para a enfermaria penitenciária no instante mesmo em que ela se teria "curado":

> Aimée ingressa no hospício vinte e cinco dias depois.

Esta cura estará no centro da primeira discussão diagnóstica do caso. Depois de haver afastado as diversas formas da parafrenia, depois a psicose paranóide esquizofrênica, Lacan escreve:

> Eis-nos referidos ao grande quadro definido por Claude sob o nome de *psicoses paranóicas*[36].

---

[33] T. p. 250.

[34] T. p. 172.

[35] T. p. 173.

[36] T. p. 200.

Mas, ao mesmo tempo, a cura eventual é obstáculo ao diagnóstico:

> *Paranoia (Verrücktheit)*, eis o diagnóstico em que nos deteríamos a partir de agora, se uma objeção não nos parecesse poder ser levantada pelo fato da *evolução curável* do delírio em nosso caso[37].

Mais uma vez em dificuldades com Kraepelin, Lacan deverá afirmar aqui que o mestre de Munique admite a possibilidade de uma "remissão" (o que não equivale exatamente ao termo "cura") em tais casos, mas com a persistência de uma "disposição latente" à "recidiva delirante". Esta abertura lhe permite prosseguir a discussão diagnóstica, mas desta vez dando um valor positivo à cura:

> Pode-se, ainda assim, em relação com essa evolução favorável, formular outros dignósticos?[38]

Um por um, Lacan exclui esses outros diagnósticos compatíveis com a cura (*bouffée* delirante, delírio de degenerados, esquizofrenia de evolução remitente, psicose maníaco-depressiva). O caso se deixa então situar como delírio de interpretação[39], ao qual sua curabilidade não constitui objeção.

Entretanto, no momento mesmo em que se parece encerrar essa primeira discussão, um toque discreto vem insidiosamente atrapalhar um pouco a satisfação proporcionada por qualquer conclusão diagnóstica conseqüente a uma discussão aprofundada. Vamos citar integralmente essa observação, pois ela representa o primeiro indício de uma outra interpretação admissível do caso:

> Em contrapartida, vamos explicar alguns aspectos que, no que toca à descrição clássica, fazem a particularidade do delírio do nosso caso. Ele não é em absoluto centrípeto, já que as ameaças giram exatamente em torno da criança. Uma nota de auto-acusação intervém aí (a criança está ameaçada porque sua mãe mereceu ser mais ou menos punida). Esses dois aspectos pertencem, no clássico quadro diagnóstico de Séglas, aos delírios melancólicos, e, por ambíguo que façam parecer o delírio de nosso caso, estão de acordo com a nota depressiva que aí domina. Esta se completa por uma nota ansiosa, bem evidente no caráter de iminência, manifestado por paroxismos, dos temores delirantes. Voltaremos a falar desses diversos caracteres e das luzes que eles projetaram sobre o mecanismo particular desse delírio.[40]

Esta promessa será parcialmente cumprida: ela incide sobre algo como um tema melódico (os dois aspectos: delírio centrífugo e auto-acusação) que aqui é apenas esboçado, cuja insistência vamos encontrar alhures, mas que não será reencontrado exatamente igual (os dois aspectos que aqui se apresentam juntos vão reaparecer, certamente, só que separados).

---

[37] T. p. 201.
[38] T. p. 202.
[39] T. p. 203.
[40] T. p. 204.

Segunda discussão

Ela estréia, cinqüenta páginas depois da primeira, com um julgamento acabado sobre a cura:

> Em primeiro lugar, existe cura? Sim, se dermos a este termo o valor clínico de redução de todos os sintomas mórbidos; quanto à persistência de uma predisposição determinante [continuação do debate com Kraepelin], não podemos prejulgar quanto a isso, já que este é todo o problema que tentamos resolver.[41]

Tratar-se-ia de uma cura sintomática, ou, para empregar as palavras de Lacan algumas linhas acima, de uma "cura clínica"? Isso não fica tão claro na reformulação que lhe é dada então por Lacan:

> O fato é que, no vigésimo dia de seu aprisionamento, e com um caráter brusco bem nítido, a psicose manifestada pelo delírio com seus diferentes temas curou-se.[42]

A frase fica gramaticamentel equívoca, deixando indeterminado seu sujeito: a psicose, o delírio? Ou, globalmente, "a psicose manifestada pelo delírio"? Localizando o problema como o da "cura do delírio", que seria aquilo que conviria interpretar, Lacan não suspende plenamente este equívoco.

Não se trata, clinicamente, de uma cura por sedação de um distúrbio orgânico (essas curas são lentas, oscilantes, parciais), nem tampouco, clinicamente, daquelas observadas nos delírios passionais (que se seguem imediatamente à passagem ao ato "bem-sucedida"). No tocante ao de Marguerite, fica claro aos olhos de Lacan (não tão claro assim aos nossos) que, como agressão, "ele fracassou".

Chegado a este ponto de sua discussão, Lacan introduz como que um novo e decisivo dado, perguntando-se se esta cura não estaria ligada ao que terá sido a evolução do estado da vítima (logo, ao fracasso ou ao êxito da agressão que se supõe de objetivo assassino[43] e, portanto, ao restabelecimento ou à morte de Huguette ex-Duflos em decorrência da facada de Marguerite). Ele escreve então uma frase, sobre a qual se concebe até que ponto teria feito Marguerite se sobressaltar[44] se, porventura, semelhante idéia lhe tivesse sido anunciada antes de sua cura:

> [...] a doente não demonstra nenhuma satisfação especial com a evolução favorável que se verifica rapidamente no estado de sua vítima [...][45]

---

[41] T. p. 249.

[42] Ibid.

[43] Marguerite, com efeito, falando de sua passagem ao ato, declarava também: "Querendo golpear a sra. Huguette ex-Duflos, eu não tinha em absoluto a intenção de matá-la, mas simplesmente de fazê-la falar" (Cf. *L'Écho de Paris* de 21 de abril de 1931), o que o jornalista comenta com um (sic) de caráter segregativo manifesto.

[44] "E depois, o que mais?" "O que é que é preciso?", ou ainda um "E ainda é preciso que eu fique satisfeita?" seriam o tipo de fórmulas que eu emprestaria a Marguerite, se um tal "empréstimo" fosse possível.

[45] T. p. 250.

Logo, Marguerite foi advertida sobre a evolução do estado de saúde de Huguette ex-Duflos. O que lhe foi dito exatamente? E quando? Ignoramos, e lamentamos muito ser condenados a esta ignorância. No *Paris-Soir* de 21 de abril de 1931, podia-se ler:

> O cirurgião virá esta noite examinar o ferimento: ele fará o impossível para salvar o dedo mínimo da Sra. Duflos. O médico confirmou ontem à noite que a artista não deveria pensar em voltar à cena antes de uns oito dias.

Teriam dito a Marguerite, no dia seguinte ao atentado, que a vida da atriz estava fora de perigo? Ou então, mais de uma semana depois, que ela voltara ao palco? Dar-lhe notícias da atriz ou de seu dedo mínimo não tem, certamente, a mesma importância subjetiva. Sabemos apenas, graças ao que Lacan, aqui, nos diz sobre isso, que Marguerite continua a delirar durante alguns dias, mesmo quando se a informou da "evolução favorável" do estado de sua vítima. Não seria, pois, conclui Lacan, a evolução do estado da vítima, ou melhor e mais precisamente, o saber que Marguerite teria dessa evolução favorável, que teria provocado sua cura.

Mas vamos ler este parágrafo de Lacan na íntegra, pois aí está nada menos que a primeira incidência de sua interpretação do caso, da cura, do diagnóstico, mas também do que este caso deixaria adivinhar com sendo sua trama subjetiva e social. Serve aqui de contraponto o alívio imediato que às vezes proporciona ao delirante passional a realização de sua passagem ao ato que, assim como o ladrão "alivia" o burguês de seu dinheiro, vem aliviá-lo de seu delírio.

> Certamente, essa agressão fracassou, e a doente não demonstra nenhuma satisfação especial com a evolução favorável que se verifica rapidamente no estado de sua vítima; mas este estado persiste ainda vinte dias depois. Nada mudou, pois, do lado da vítima.[46]

Lendo essa citação, talvez se tenha tido, por um instante, uma certa hesitação. De que "estado" se trata quando, logo depois do ponto e vírgula, Lacan menciona "este estado" que persiste? Precisamos de todo um trabalho semântico para acabar entendendo que não se trata do estado da vítima (do qual se acaba de falar, o que nos faz de imediato pensar nele), mas do de Marguerite (o que já nos é sugerido pela indicação dos "vinte dias"). Que estado? Trata-se do seu ser doente, como parece indicar a seqüência da demonstração de Lacan ou, mais precisamente, desse estado em que se teria encontrado Marguerite durante alguns dias e que consistiria em não demonstrar qualquer satisfação especial pela evolução favorável de Huguette ex-Duflos? Esta última leitura parece aproximar-se mais da literalidade do texto. Mas, se tal é o caso, será preciso admitir que se trata de um estado curioso, de um negativo, de um estado-de-não (se mostrar satisfeita com o que lhe foi

[46] Ibid.

contado sobre o estado de sua vítima), de um estado sobre o qual não se pode excluir que Lacan o atribua a Marguerite para em seguida constatar nela a sua falta.

Esse estado, na escrita lacaniana do caso, aparece aqui claramente como um estado sobre um estado, um estado da perseguidora a propósito de um estado da perseguida... a menos que não precisemos escrever o inverso: um estado da perseguida a propósito de um estado da perseguidora. A ambigüidade que destacamos, com efeito, vale como marca dessa ambigüidade fundamental que levou à designação de tais casos psiquiátricos como "perseguidores-perseguidos"... a menos que seja o contrário! Ela se reúne, assim, também, ao que já notamos de uma insistência, na escrita do caso, em relatar o caso "de A a Z", portanto, a bipolarizá-lo.

Pelo fato de que no dia da cura de Marguerite nada havia mudado no estado de Huguette ex-Duflos desde o dia em que haviam informado Marguerite da evolução favorável do estado de sua vítima, portanto, pelo fato de que sua doença ainda se manifestava depois de ter tomado conhecimento do caráter benigno das conseqüências de seu ato, Lacan concluiu pela ausência de relação entre a evolução do estado de Huguette ex-Duflos e a do estado de Marguerite. O parágrafo, com efeito, é encerrado assim:

> Nada mudou, pois, do lado da vítima.

Depois, a partir do parágrafo seguinte, eis-nos, pela primeira vez, informados do que será depois considerado como a interpretação do caso proposta por Lacan. De acordo com o que fora anunciado, a natureza da cura virá revelar a da doença. Mas, vamos ler:

> Parece-nos, ao contrário, que algo mudou do lado do agressor.

O "ao contrário" marca uma alternativa conforme à bipolarização do caso: ele sugere que a origem da cura deveria ser buscada, ou em Huguette ex-Duflos, ou em Marguerite. Vamos mostrar que há uma outra interpretação possível e que escapa a essa alternativa.

Seguem-se, então, duas afirmações cujo modo enunciativo não se deve negligenciar. Lacan não cita mais aqui Marguerite, mas comporta-se como um escritor que, no que toca a um de seus personagens, nos dá uma descrição que já é uma interpretação, não no sentido psicanalítico do termo, mas no sentido de que são suas palavras, dele, do escritor, que dizem ou pretendem dizer o fato. Essas duas afirmações são as seguintes: a doente "realizou" sua punição: "o que ela "realiza" ainda é que *atacou a si mesma*" [aspas e itálico de Lacan]. Ora, não temos nenhuma indicação que nos venha em linha direta de Marguerite, nem de uma nem de outra dessas duas realizações (podemos afirmar isso, justamente, graças à "completude" da observação do caso, tal como nos é oferecida por Lacan).

Juntas, essas duas afirmações têm como resultante a autopunição, termo que virá selar a invenção de uma nova entidade clínica, a paranóia de autopunição. Isso significaria que tanto a cura quanto o diagnóstico não serão mais problemas? E podemos, como o redator do verbete "paranóia" da *Encyclopédie médico-chirurgicale,* suplementar doravante o saber psiquiátrico sobre essa doença acrescentando-lhe um parágrafo onde a paranóia de autopunição vem gentilmente se classificar sob a rubrica das "formas clínicas"? Embora isso não deixe de responder a um voto explícito de Lacan,[47] não somos capazes de encerrar desse modo nossa discussão diagnóstica.

E, em primeiro lugar, pelo motivo de que, no momento da tese, não é sem uma reticência marcada que Lacan propõe a paranóia de autopunição como nova entidade clínica. Nessa maneira, no entanto clássica, de inserir o caso num certo saber (seja estabelecido, seja forjado graças a este caso e a alguns outros) que tem suas regras específicas, suas coordenadas, seus conceitos, seus procedimentos de integração ou de rejeição de novos termos, alguma coisa não lhe convém. Assim como fizera Jaspers, Lacan interroga a relação do caso com o saber e propõe uma transformação dessa relação mesma.

Existe aí algo que prolonga a discussão diagnóstica do caso, que, prolongando-a, vai ultrapassá-la e, ultrapassando-a, ao mesmo tempo recusa jogar o jogo de um procedimento constituído e propõe nada menos que uma nova relação do caso (logo, também da psiquiatria) com o saber. O que está em jogo na discussão diagnóstica do caso Aimée não é, pois, redutível ao estabelecimento de um diagnóstico: tampouco é redutível à simples proposição de uma nova entidade clínica; trata-se de uma outra modalidade da clínica psiquiátrica, e isso não deixa de ter efeitos de retorno sobre o posicionamento do caso.

Tornamos a encontrar essa repercussão da discussão diagnóstica logo antes que Lacan se decida, a contragosto, (apesar da repercussão, mas também apesar dele, Lacan) a formular em termos gerais, como exige uma tese de psiquiatria, o que seria a paranóia de autopunição. A escrita do caso parece, daí em diante, fechada, como seriam sua interpretação e seu posicionamento em referência à doutrina psicanalítica. Nessa passagem de vazio entre o encerramento da discussão do caso e sua generalização, Lacan se atém a formular onde vai sua tendência:

> Se nos pedirem para resumir, agora, o balanço desse estudo, seremos tentados a responder remetendo ao próprio estudo.[48]

---

[47] Em 1970, logo antes de um congresso de neuropsiquiatria em Milão, Lacan interveio numa pequena reunião no hospital H. Rousselle, no serviço do Dr. Daumézon; o tema da discussão era: "Contribuição da psicanálise à psiquiatria". Sua exposição foi em forma de uma conversa. Ele diria ali, entre outras coisas: "É absolutamente claro, por exemplo, que eu contribuí com alguma coisa para a semiologia psiquiátrica, [alguma coisa] que eu mesmo chamei por um nome que causou um certo escândalo na época; quando publiquei a paranóia de autopunição, quero dizer, o caso Aimée, minha tese, o colega Cellier ... não sei se vocês sabem quem era ele, naturalmente ninguém aqui sabe quem foi, ... Cellier é uma fumaça, ... Cellier era louco por essa história de autopunição."

[48] T. p. 265.

Este gesto se inscreve na linha direta do método monográfico. Entretanto, seja louvado ou deplorado, Lacan não cederá a essa tendência. Vai-se curvar, pois, à regra comum, mas não sem contestá-la:

> Com efeito, não temos em absoluto a ambição de aumentar, com uma nova entidade, a nosologia já tão pesada da psiquiatria.[49]

Segue-se uma breve crítica dessa nosologia, na medida em que ela constitui um "quadro": "A história da psiquiatria demonstra bastante o que tem ela de vão e efêmero". Depois, o que podemos designar como uma proposição ao mesmo tempo formulada e não sustentada:

> [...] repugna a nós acrescentar, segundo o costume, aos quadros existentes, uma nova entidade mórbida cuja autonomia não saberíamos afirmar. Antes, preferimos propor classificar os casos análogos ao nosso sob o título de um *protótipo*, que será "o caso Aimée" ou um outro, mas que será uma descrição concreta, e não uma síntese descritiva que, por razões de generalidade, terá sido despojada dos aspectos específicos desses casos — a saber, laços etiológicos e significativos pelos quais a psicose depende estreitamente da história vivida do sujeito, de seu caráter individual, numa palavra, da sua personalidade.[50]

Essa proposição não é original, e Lacan dá sua referência, a saber, Jaspers. Eis o texto de Jaspers (que se segue ao que citamos e discutimos aqui mesmo, no capítulo um):

> Um precursor dessa psiquiatria especial aparece no uso de certas casas de saúde, que não designam casos particulares pelo diagnóstico geral de "demência precoce", ou "alienação maníaco-depressiva", mas diagnosticam-nos com o nome de doentes observados anteriormente e que representariam o mesmo tipo. O instinto sintético que é guiado, com razão, pela *idéia* da unidade mórbida, se deve restringir, se quiser permanecer no domínio positivo. Tudo o que ele pode alcançar é a descoberta empírica nos casos particulares reais, de quadros de conjunto *típicos* de psicoses que correspondem a um número limitado de casos. Logo que deseja horizontes mais vastos, ele se perde cada vez mais no imaginário, e traça, em lugar de estudos reais, "descrições de conjunto" com a ajuda de resíduos incontroláveis de suas experiências; as descrições se desvanecem aos olhos do leitor quando este tenta apreender sua unidade com precisão.[51]

O problema diagnóstico se apresenta, pois, segundo um viés que era, senão novo, ao menos marginal, excepcional na prática psiquiátrica; e por mais que Lacan nos apresente sua proposição jasperiana como não sendo utópica[52], não se pode dizer, meio século depois, que ele a tenha levado muito em conta.

Mas como situar esse viés? Trata-se de elevar o caso de Aimée do nível de caso *princeps* que ele terá sido, se fosse reconhecido um direito de existência à paranóia de autopunição, ao nível de caso *protótipo*. Na prática psiquiátrica

---

[49] Ibid.

[50] T. p. 267.

[51] K. Jaspers, *Psychopathologie générale*, op. cit., p. 508.

[52] "Que não acreditem que nossa proposição seja utópica", T. p. 267.

não-kantiana, não-jasperiana, não há casos prototípicos, mas somente casos *princeps* que, aliás, só interessam aos historiadores e teóricos da psiquiatria, o conjunto dos praticantes sendo suposto contentar-se com descrições sintéticas gerais ... quando são essas próprias descrições que deixam o psiquiatra comum embatucado!

O caso-protótipo permanece um caso não despojado da sua tipicidade, dos aspectos que fazem sua especificidade. Ele exige uma outra relação do psiquiatra com o caso, como se vê nessa "restrição de horizontes" que Jaspers quer promover, restrição que, longe de equivaler a uma restrição das ambições de uma disciplina, poderia ao contrário funcionar como uma restrição constituinte de uma disciplina. O caso prototípico nos aparece assim como um dos dêiticos do que foi a ambição de Lacan com o caso Aimée, a saber:

> indicar um método para a solução dos problemas levantados pelas psicoses paranóicas.[53]

A questão diagnóstica sofre aqui uma mutação. Não se trata mais de classificar o caso dentro de um quadro (inventado a seu propósito ou não, não é esta a questão), mas de fazer quadro de outra maneira, tomando como quadro o próprio caso, outorgando-lhe o estatuto de uma grade de leitura eventual para outros casos. Não haveria, nesse método, outro saber além do casual; o caso remeteria a outros casos, ali onde cada um deles se referiria a um saber abstrato.

Mas o que está em jogo nesta mutação não é somente o método, mas também a doutrina. Com efeito, o despojamento dos traços específicos do caso implicado pela própria constituição do saber psiquiátrico, isolando o caso do que faz a substância mesma da história do sujeito, impede que se compreenda até que ponto a psicose paranóica é uma reação da personalidade. Vejamos a definição do objeto da psiquiatria:

> [...] esta — não é, *hélàs*, um truísmo recordá-la[54] — sendo a medicina do psíquico, tem por objeto as *reações totais* do ser humano, isto é, no primeiro plano as *reações da personalidade*[55].

A fomentação do saber psiquiátrico tal como se engajou com Esquirol é exatamente o que torna inacessível o objeto deste saber[56].

Assim, Lacan, a partir do momento em que se trata de promover uma nova entidade clínica, chega a contestar o estatuto e a função dessas entidades.

---

[53] T. p. 267.

[54] Trata-se de um belíssimo *lapsus calami* que escapou à sagacidade dos revisores de provas da Seuil (a edição original escreve "lo"). O compositor dessa segunda edição prova ser, nesse lapso, lacaniano ao máximo; Lacan, com efeito, se vê em vias de recordar à psiquiatria que se desviou (por Esquirol, seu "padrasto") de sua origem hipocrática.

[55] T. p. 266.

[56] Nessa mesma página, Lacan relata o que observa como sendo uma "cegueira secular", devida à contínua dominação dos "preconceitos filosóficos" na psiquiatria.

O encerramento da discussão diagnóstica do caso se opera sobre o questionamento da prática de tais discussões.

Resta que a proposição de uma nova relação com o caso não deixa de ter efeitos de retorno sobre o caso Aimée. Como situar, no laço que se forjou entre Jacques Lacan e Marguerite Anzieu, em particular com a nomeação por Lacan de Marguerite como "Aimée", a proposta de designar como "caso Aimée" outros casos que seriam do mesmo tipo? Ao lidar com um caso julgado idêntico, o psiquiatra seria levado a reconhecer... uma Aimée. Mas então, em que essas identificações iterativas seriam diferentes das identificações, estas também iterativas, das sucessivas perseguidoras de Aimée? O psiquiatra e a doente ficariam na mesma situação?

Terceira discussão

A discussão da cura e do diagnóstico do caso de Marguerite pode prolongar-se em três campos que isolamos agora por uma questão de clareza. Vamos avaliar a versão mais manifesta que Lacan dá desta cura e do diagnóstico, estudando seu teor e suas condições de possibilidade, seu valor como juízo de realidade, e seus restos, o que ela não leva em conta.

1. Teor e condições de possibilidade

A interpretação da cura e o diagnóstico "paranóia de autopunição" que a acompanha são forjados por Lacan com base numa dupla afirmação: na prisão, a doente "realizou" seu castigo; ela também "realizou" ter-se atacado a si mesma. E observávamos, a propósito dessas duas afirmações, que elas não nos vêm em linha direta de Marguerite, mas são, em seu conjunto, uma construção de Lacan.

A idéia da punição é introduzida inicialmente por uma certa descrição que nos é dada por Lacan do que teria sido a experiência de Marguerite na prisão:

> ela experimentou, na companhia a que se vê reduzida, de delinqüentes diversos, uma brutal tomada de contato com seus feitos, seus costumes, suas opiniões e suas exibições cínicas dirigidas a ela; pôde constatar a culpa e o abandono de todos os seus; e de todos, à exceção unicamente daqueles cuja vizinhança lhe inspira uma vívida repulsa.[57]

Não temos qualquer razão para supor que nessa descrição Lacan não tenha tomado as mesmas garantias que para o estabelecimento de qualquer outro dado do caso. Dispomos, mesmo, de uma confirmação parcial de que um tal sentimento de repulsa tenha podido habitar Marguerite, quando ficamos

---

[57] T. p. 250.

sabendo por Didier que ela experimentou, mais tarde, um sentimento bastante próximo dessa repulsa com relação aos outros internos do hospício. Entretanto, o primeiro relato que Lacan nos deu dessa cura era sensivelmente diferente deste. Não há mais traços, aqui, nem da surpresa de Marguerite ao se dar conta, depois de sua passagem ao ato, de que "ninguém deixava de dar razão à sua inimiga", nem da mudança em suas companheiras de prisão que, aprovando-a, viram-na desdizer-se sem compreender o que lhe acontecia. Nessa última versão da cura, parece que essa primeira aprovação vinda das companheiras de prisão tenha tido apenas um papel negativo na cura, se é que desempenhou algum papel. Mas por que Marguerite fez questão de dar a Lacan um certo número de detalhes sobre essas companheiras? A última versão não explica, mas nos informa, o que parece não combinar com a primeira, que elas teriam tido um comportamento cínico para com Marguerite. Entre aprovação e cinismo, também neste ponto as coisas bascularam de um relato a outro.

O mesmo ocorre no que diz respeito ao que poderíamos chamar de a referência ética para Marguerite, a que ela encontraria na *vox populi*. Primeiro relato: ela se espanta com a desaprovação de todos e aceita a aquiescência de suas companheiras de prisão; segundo relato: ela condena a aprovação das companheiras e dá razão a todos os que se recusavam a reprovar Huguette ex-Duflos. A referência ética passou de "algumas (as delinqüentes) contra todos" para "todos, com exceção de algumas" (as delinqüentes).

Como dar conta da virada entre essas duas versões? Para isso, basta observar que essas duas versões falam de duas posições sucessivas de Marguerite na prisão, uma anterior e outra posterior à sua "cura". Com efeito, *o segundo relato empresta a Marguerite sentimentos que não podiam ter sido os seus, senão posteriormente à cura.* Ou seja, tais sentimentos (repulsa pelas companheiras, afirmação de que ela é de uma outra espécie que não a delas, reconhecimento do caráter justificado na reprovação geral à sua pessoa) não podem de maneira alguma ter motivado a cura. Longe de provocá-la, eles a supõem.

Temos, aliás, na tese, duas páginas depois desse segundo relato, o indício de que a questão dessa cura não está absolutamente resolvida por Lacan, não que ele recuse sua incidência efetiva (ele jamais voltará, explicitamente, ao fato dessa cura, mas nunca deixará de se surpreender com ela), mas nesse sentido de que resta uma dúvida quanto à incidência da punição. Aí está:

> "Por que" — perguntam-lhe um dia pela centésima vez em nossa presença — "mas por que você acreditava que seu filho estivesse ameaçado?" Impulsivamente, ela responde: "*Para me castigar.*" Mas de quê? Aqui ela hesita: "Porque eu não estava cumprindo a minha missão..." Mas, um instante depois: "Porque meus inimigos se sentiam ameaçados por minha missão ..." Apesar de seu caráter contraditório, ela mantém o valor dessas duas explicações.[58]

[58] T. p. 252.

Tornamos a encontrar aqui o caráter centrífugo do delírio como objeção à interpretação lacaniana do caso. Se há uma punição em jogo no caso, ela nada tem de "auto", já que ela seria obra dos inimigos de Marguerite, que além disso não a visariam diretamente (como implica a idéia da cura pela prisão), mas a Didier; esta última citação nos indica também que, se Marguerite deve submeter-se a um castigo, este não é por ter cumprido sua missão, mas sim porque ela não foi cumprida.

Isso nos conduz a discutir a segunda asserção de Lacan, a saber, que Marguerite teria "realizado", na prisão, ter "atacado a si mesma".

Esta afirmação, jamais proferida por Marguerite, tem, em contrapartida, o pleno estatuto daquilo que Freud designaria como sendo uma "construção". Isso pode parecer evidente aos olhos do leitor da tese, de tal modo o freudismo hoje impregna as cogitações. No entanto, em 1932, mas também na própria tese, dado o registro desta (o movimento dessa psiquiatria futura no qual se inscreve), semelhante recurso ao freudismo está longe de ser natural. Eis o que escrevia então Lacan sobre a semântica psicanalítica que ele tivera de introduzir para sua interpretação do caso Aimée:

> Esta semântica tira seu valor dos dados imediatos da *experiência catártica* em que ela se integrou, ou de uma referência a esses dados, mas suas interpretações se apresentam com muita freqüência como possuindo um simbolismo muito complexo e distante. Isso basta para estabelecer que nosso método, fundado nas *relações de compreensão* imediatamente apreensíveis nos fenômenos, se abstém, em princípio, de utilizar essas relações simbólicas. [...] O único dado da técnica psicanalítica que relatamos diretamente é o valor significativo que atribuímos às *resistências* da personalidade do sujeito, ou seja, particularmente, a seus desconhecimentos e denegações sintomáticos.[59]

Não se pode ser mais claro nem mais explícito. O método escolhido por Lacan é o da compreensão imediata (logo, sem construção) no sentido de Jaspers. E só se vai tratar de semântica analítica por exceção: a exceção, não homogênea ao método, vai incidir apenas sobre pontos sistematicamente desconhecidos ou sistematicamente denegados pelo sujeito.

Isso confirma o que formulávamos, a saber, que Marguerite não terá jamais admitido, e portanto nem *a fortiori* "realizado" ter atacado a si mesma.

Lacan, dizíamos, construiu essa asserção. Para afirmar que Marguerite realizou ter atacado a si mesma, foi-lhe necessária, com efeito, toda a montagem de sua interpretação do caso, montagem que podemos detalhar assim, seguindo a página 253 da tese:

---

[59] T. p. 320. Cf. também p. 346: "Demonstramos que esses conteúdos [do delírio] exprimem imediatamente (a saber, sem dedução lógica consciente), mas manifestamente (a saber, por um simbolismo de uma evidente clareza), um ou vários dos *conflitos vitais* do sujeito".

1 - A verdadeira perseguidora é a irmã mais velha que não pode ser atacada por ser a irmã mais velha.

2 - As outras perseguidoras são simples "edições" dessa irmã mais velha tomada como *protótipo*[60]; trata-se de imagens.

3 - Essas imagens representam o ideal de Aimée, mas também são objeto de seu ódio. (C. de la N.).

4 - Atacar essa imagem é atacar um "puro símbolo" [e não um objeto — caso do delirante passional e explicação da importância, imediatamente curativa, de sua passagem ao ato].

5 - Culpabilizada por seu ato, Aimée "realiza" que atacou essa imagem como imagem ideal de si mesma; ela "realiza", aqui, no sentido de que "compreende".

Aqui intervém o acordo das duas asserções (castigo; de "si mesma") com o encontro dos dois sentidos de "realiza", posto por Lacan duas vezes entre aspas.

6 - Atacando a si mesma, Aimée se pune, não por seu ato, mas por sua inelutável conseqüência: seu aprisionamento "realiza", dessa vez no sentido da efetuação real, e não mais somente da compreensão, o castigo.

Lacan terá precisado, pois, deslocar o castigo, por um lado, e, por outro lado, construir Huguette ex-Duflos como imagem ideal de Marguerite mesma, para formular sua interpretação da cura e, ao mesmo tempo, seu diagnóstico. Esta versão do caso depende, pois, da conjectura segundo a qual a irmã mais velha de Marguerite seria sua verdadeira perseguidora (de fato, na escrita da tese, a discussão da cura vem depois que Lacan forja essa conjectura). Ora, vamos mostrar que ela não se sustenta como tal. Ela também, aliás, teve que apelar — para sua exposição — para a "semântica psicanalítica", e, portanto, representa um outro ponto onde Lacan opta por não mais seguir seu método. Digamos aqui, desde logo, que cheguei a admitir que a cada vez que, na tese, Lacan abandona seu próprio método "compreensivo" em proveito da semântica psicanalítica, ele erra no caso, situação exatamente inversa ao que ele dirá, no momento de seu seminário sobre *As Psicoses*, a propósito dos jovens psicanalistas que tem em supervisão e nos quais observa que erram no instante em que acreditam compreender o caso.

A primeira explicação do movimento que teria produzido a cura é, pois, a seguinte:

> Entretanto, pelo mesmo golpe que a torna culpada diante da lei, Aimée atacou a si mesma e, quando compreende isso, experimenta então a satisfação do dever cumprido: o delírio, tornado inútil, se desvanece.[61]

Logo, não haveria cura a não ser pela realização do desejo de autopunição. Graças à introdução, aqui, do desejo, doravante as aspas no "realiza" podem cair.

---

[60] T. p. 253.

[61] Ibid.

No começo da terceira parte de sua tese, Lacan, tendo definido o desejo, assim como o faria um etólogo, como um certo "ciclo de comportamento", vai descrever uma última vez o que terá sido a cura de Marguerite. Essa passagem é importante, pois a psicose também é aí acolhida como um ciclo de comportamento; ele marca uma posição (que Lacan vai manter inalterada, seja o que for que ele venha a achar na continuação de seu ensinamento) radicalmente não segregadora no que toca à psicose. Marguerite talvez lhe tenha ensinado isso que, mesmo se ele se enganar quanto ao conteúdo do que acredita compreender da sua psicose, vai permanecer verdadeiro, como na lógica clássica o falso pode perfeitamente engendrar o verdadeiro.

> A psicose de nossa doente se apresenta, com efeito, essencialmente como um ciclo de comportamento; inexplicáveis isoladamente, todos os episódios de seu desenvolvimento se ordenam naturalmente com relação a este ciclo. *Fomos forçados a admitir* [o grifo é meu] que esse ciclo e seus epifenômenos se organizavam, de fato, segundo a definição objetiva que acabamos de dar ao desejo e sua satisfação. Essa satisfação onde se reconhece o fim do desejo, vimo-la condicionada por uma experiência certamente complexa, mas essencialmente *social* em sua origem, seu exercício e seu sentido. Nessa experiência, o fator determinante do fim do ciclo nos parece ser o que foi sofrido pelo sujeito, a *sanção* do acontecimento, que seu valor especificamente social não permite designar por outro termo senão o de *punição*.
>
> Nossas premissas metodológicas nos impunham, portanto, reconhecer, na experiência da *punição*, o objeto mesmo da *tendência* manifestada pelo ciclo inteiro.[62]

Lá onde se trata de psicose, reconheçam o desejo!

> Reconhecer, pois, nos sintomas mórbidos, um ou vários *ciclos de comportamento* que, por anômalos que sejam, manifestam uma tendência concreta que se pode definir em *relações de compreensão*, tal é o ponto de vista que trazemos ao estudo das psicoses.[63]

Nem por isso deixa de ser verdade que este "ponto de vista" se originou a partir de um certo forçamento na compreensão do caso de Marguerite. Fica-se um tanto cético, com efeito, quanto ao peso que Lacan dá aqui à sanção; existe uma sensível desproporção entre os poucos dias de prisão sofridos por Marguerite (aliás, sem que uma sanção na sua devida forma tenha sido proferida por quem de direito) e o uso que Lacan faz dessa sanção, promovendo-a como indicador principal do desejo de Marguerite na psicose: já que a punição curou, foi ela que realizou o desejo, desejo este que era um desejo de autopunição.

Em 24 de novembro de 1976, na Universidade de Yale, Lacan voltará a falar, pela última vez, dessa autopunição. Encontramos, nessa intervenção, quase a mesma frase que a citada acima: "nossas premissas metodológicas nos impunham, portanto, reconhecer, na experiência da punição, o objeto mesmo

---

[62] T. p. 311.

[63] T. p. 312.

da tendência manifestada pelo ciclo inteiro"; mas, desta vez, vai ser para desistir:

> [...] ela ferira um pouco a atriz [a passagem ao ato é aqui diminuída] e foi mandada para a prisão. Permiti-me ser coerente e pensei que uma pessoa que sempre sabia tão bem o que fazia [correção à tese, Lacan tinha precisado, aí, construir o "atacar a si mesma" como um aspecto desconhecido por Marguerite] sabia também a que isso a iria levar, e é fato que sua permanência na prisão a acalmou [termo aqui ainda fraco comparado ao de "cura"]. De um dia para outro desapareceram suas elucubrações até então rigorosas. Permiti-me — por mais psicótica que fosse minha paciente — levar isso a sério e pensar que [aqui, a frase semelhante à de 1932], se a prisão a havia acalmado, é porque era isso realmente que buscara. Assim, dei a isso um nome um tanto bizarro: chamei-o autopunição, "paranóia de autopunição". Evidentemente, isso talvez fosse levar a lógica um pouco longe.[64]

Não é de se admirar, depois de se ler esta última asserção, que, com quarenta anos de distância e a uns cinco mil quilômetros do hospital Sainte-Anne, uma mudança de diagnóstico venha acompanhar e confirmar essa retificação sobre a autopunição. Marguerite, diz então Lacan, "era erotômana".

2 — *"Realidade" da cura*

Acabamos de situar o estatuto epistemológico da afirmação segundo a qual Marguerite teria sido curada na prisão. Já mostramos que essa afirmação de Lacan foi estabelecida por ele reunindo dois aspectos do caso, uma certa interpretação do castigo e uma construção que lhe permitiu sustentar que Marguerite, depois de ter atacado a si mesma na imagem ideal de si que representava para ela a Sra. Huguette ex-Duflos, teria punido "a si mesma". O delírio teria sido tornado inútil pela realização da autopunição. Esta análise incidia essencialmente sobre a asserção de Lacan, e não, portanto, sobre a cura propriamente dita.

Esta, no entanto, merece ser avaliada do ponto de vista de sua realidade, qualquer que seja a precariedade de tais juízos de realidade, e isso por uma razão importante, a saber, o fato de que Marguerite iria ficar durante mais de dez anos nas mãos dos médicos, mesmo quando reconhecida como curada e a despeito de sua vontade afirmada de sair do hospício. Uma segunda razão, ligada à primeira, torna inevitável essa avaliação do que terá sido sua cura, a saber, nossa preocupação em determinar de que ela se teria curado: de sua psicose? de seu delírio? do conjunto de seus sintomas? Ou ainda, como já indicamos: de sua psicose manifestada por seu delírio?

Esse paradoxo de uma hospitalização mantida dez anos depois da cura pode também nos ajudar a estudar concretamente o que se segue, ver o que

[64] J. Lacan, "Conferências e entrevistas nas universidades norte-americanas", *Scilicet* 6/7, Paris, Seuil, 1976, p. 10.

resulta de um delírio assim brusca e radicalmente extinto. Teria ele se evaporado sem resto? Em que base se teria operado o que podemos designar por um termo homônimo ao de "cura", a saber, o de restabelecimento?

Desde a tese, parece ter-se afirmado um ponto que nada, em seguida, virá confirmar: a cura equivale à brusca extinção do delírio, sobrevindo na prisão em 8 de maio de 1931, às 19 horas (estabelecemos essa data a partir dos "vinte dias depois" do atentado — cf. p. 173 e 250 da tese). Lacan indica o que se passou citando, primeiramente, Marguerite:

> [...] quando todos já estavam deitados, lá pelas sete da noite, comecei a soluçar e a dizer que aquela atriz não me queria mal nenhum, que eu não devia tê-la assustado [...][65]

Surpresa, e até mesmo espanto das vizinhas: elas "fazem-na repetir" e apelam para a Superiora, que quer, "a todo custo" mandar Marguerite para a enfermaria. Esse efeito do acontecimento sobre suas companheiras, bem como o apelo que daí resulta, fazem parte do relato de Marguerite, sendo, portanto, elementos intrinsecamente ligados ao evento da sua cura. Na hospitalização prolongada, reencontra-se, aliás, no lugar terceiro a que se apela desde a prisão, essa reação imediatamente provocada na irmã Superiora: a medicalização "a todo custo" do caso.

Depois, no parágrafo seguinte, Lacan mistura suas palavras às de Marguerite, dando um nome ao que então caiu:

> Todo o delírio caiu ao mesmo tempo, "tanto o bom como o mau", nos diz ela. Toda a vaidade [notar o equívoco] de suas ilusões megalômanas lhe aparece ao mesmo tempo em que a inanidade de seus temores.

O segundo relato da cura do delírio, que vai defini-lo não mais como "queda", mas como "redução", é mais detalhado:

> Em nossa doente, todo o delírio e todos os seus temas, os temas de idealismo altruísta e de erotomania, bem como os temas de perseguição e de ciúmes, "tanto o bom quanto o mau" [a fórmula, aqui citada pela segunda vez, impressionou, pois, a Lacan], segundo seus próprios termos, caem ao mesmo tempo[66]

A seqüência desse segundo relato nos apresenta Lacan numa postura que já terá sido a da irmã Superiora:

> Este caráter súbito é afirmado pelo espanto dos que a cercam (testemunho de suas companheiras de cela [Lacan, então, os recolheu] e a reação de guardas advertidos [equívoco: "prevenidos"(!), mas também "informados"] (observação da irmã supervisora da prisão [Lacan não lê "a irmã"... "superiora", e, o que é mais, nem a religião que ela encarna]): ele desencadeia a colocação imediata da doente em observação na enfermaria penitenciária [acrescentemos: e depois no hospital]).

Nesse texto, Lacan, apesar de certas indicações discretas de Marguerite, não pode integrar o duplo efeito sobre o meio dessa cura brusca do delírio no

---

[65] T. p. 173.

[66] T. p. 250.

próprio problema dessa cura. Talvez porque ele mesmo faça parte desse meio, no qual a cura só parece acarretar uma única resposta: colocá-la em observação. A tese, por seu método de observação, que vai o mais longe possível, faz parte dessa resposta "hospitalar".

Ora, existe um fato dos mais estarrecedores: cada vez que... por acaso? ... Lacan ocupa, com relação a Marguerite, um outro lugar que não o de observador, ele se vê levado a questionar essa cura clínica. Vamos estabelecer este fato a partir de três acontecimentos de seus encontros com Marguerite.

Dois meses depois da intervenção, ela lhe escreve uma carta, que ele cita:

> Ela [a irmã mais velha] sabe que eu sou muito independente, que me dediquei a um ideal, a uma espécie de apostolado, o amor do gênero humano ao qual eu subordinava tudo. Persegui-o com uma perseverança sempre renovada, chegando até a me afastar ou a desprezar os laços terrestres e atribuía todo o meu agudo sofrimento aos males que desolam a terra ... Agora que os acontecimentos me devolveram à modéstia, meus planos mudaram e não podem mais perturbar em nada a segurança pública. Não mais irei me atormentar por causas fictícias, e cultivarei a calma e a expansão da alma. Vou zelar para que meu filho e minha irmã não se queixem mais de mim, por causa de meu excessivo desinteresse.[67]

Que psiquiatra já recebeu uma carta de "crítica do delírio" mais autêntica? E no entanto, Lacan não a acolhe assim. Ele nota que em geral, no seu comportamento no hospício, a doente "guarda uma grande reserva"[68] e escreve, precisamente a propósito desta carta:

> Seu tom é curioso, e sob as retratações que ela exprime, a autenticidade da renúncia parece ambígua.[69]

Vê-se que, por ocasião de suas entrevistas, isto é, fora da atualização de seu olhar de observador sobre ela (um olhar "tão direto, tão nu, tão objetivo quanto possível"[70]), Lacan avalia de modo um tanto diferente a realidade da cura. As idéias delirantes não seriam também tão "reduzidas" quanto ele podia dizer a partir do acontecimento da cura na prisão?

Mas, eis um outro acontecimento, um outro momento de seu encontro com Marguerite, onde ele ocupa um lugar diferente com relação a ela, já que assiste, a título de um qualquer do público, à apresentação de doentes de que ela é objeto (ignoramos qual foi o apresentador). Após ter notado que a lembrança dos temas delirantes provoca em Marguerite "uma certa vergonha", "um sentimento de seu ridículo, e também sentimentos de arrependimento", que ele explica serem talvez circunstanciais ("o tom dos termos empregados permanece mais frio que seu sentido"), Lacan relata sua impressão:

---

[67] T. p. 177.

[68] T. p. 176.

[69] Ibid.

[70] T. p. 247.

> Embora os temas de seu delírio não acarretem agora mais nenhuma adesão intelectual, alguns deles não perderam todo o valor de evocação emocional no sentido de crenças antigas. "Fiz isso porque queriam matar meu filho", dirá ela ainda. E emprega tal forma gramatical, direta e conforme à crença antiga, por ocasião de um interrogatório excepcional por uma autoridade médica superior, ou em presença de um público numeroso. No primeiro caso, sua emoção se traduz por uma visível palidez, um esforço perceptível para se conter. Diante do público, sua atitude corporal, sempre sóbria e reservada, será de uma plástica altamente expressiva e de um valor grandemente patético, no melhor sentido do termo. Cabeça erguida, braços cruzados por trás das costas, ela fala em voz baixa, mas trêmula; rebaixa-se, por certo, ao se desculpar, mas invoca a simpatia devida a uma mãe que defende seu filho. Embora nada se possa presumir quanto ao grau de consciência das imagens interiores assim reveladas, nós a *sentimos, onipotentes, sobre a doente*[71] [sublinho essa queda no relato].

Um ano depois de sua hospitalização, Marguerite dá a Lacan o teor dessas imagens que permaneceriam, nela, "onipotentes", ao mesmo tempo em que não têm mais o estatuto de uma temática delirante. Ela lhe faz essa entrega, mas

> [...] sob a condição de que evitássemos olhá-la enquanto fazia sua confissão. Ela nos revela então esses devaneios que tornam tocantes, não apenas a sua puerilidade, mas uma certa franqueza entusiasta: "Este devia ser o reinado das crianças e das mulheres. Elas deveriam se vestir de branco. Era o desaparecimento do reinado da maldade sobre a Terra. Não devia haver mais guerra. Todos os povos deviam estar unidos. Isso devia ser belo, etc.[72]".

E Lacan "tocado" (ele voltará a dizê-lo ainda em 1970, mas entende-se melhor aqui em que ponto o foi), castrado de seu olhar de observador por exigência de Marguerite, nos confessa, por sua vez, seu sentimento, a propósito dos sentimentos dela:

> Sente-se nela [logo, no presente] uma participação muito emocionada nos sentimentos da infância, seus tormentos, suas dores físicas. Ela invectiva, então [sempre no presente], a crueldade dos adultos, a despreocupação das mães frívolas.[73]

Assim, por três vezes, quando se vê levado a vacilar esse olhar nu que Lacan entende lançar sobre o caso, vem à luz a questão de saber em que ponto está a relação de Marguerite com suas antigas idéias delirantes.

Isso não põe em causa o que foi estabelecido com referência à cura do delírio como tal, e Lacan não cessará de inventar outras metáforas suscetíveis de significar essa cura.

Em 1966, por ocasião da publicação dos *Écrits*, ele nos propõe essa cura como *extinção*:

---

[71] T. p. 157-8.

[72] T. p. 166.

[73] T. p. 167.

> [...] o efeito como que de extinção que em nosso sujeito havia derrubado este biombo a que se chama um delírio, desde que sua mão havia tocado, com uma agressão não sem ferimento, uma das imagens de seu teatro, duplamente fictícia para ela, por ser de uma celebridade real, redobrava a conjugação de seu espaço poético com uma escansão de abismo. Assim, aproximávamo-nos da maquinaria da passagem ao ato [...][74].

Em 1970, na intervenção com Daumézon, a metáfora será aquela (ética? política?) da depuração. Reencontramos aí uma vizinhança entre cura e ato.

> O ponto do ato tem realmente, neste caso, uma função, já que tudo que era construção, delírio, manifestação psicótica, falando propriamente, caiu com este ponto de acabamento que é algo distinto e especificado com relação às outras psicoses. É raro que se observe este fenômeno singular: ver [sim, trata-se disso] o delírio se depurar de maneira absolutamente radical.[75]

Se houve, realmente, uma varredura do delírio e, nesse sentido, cura, não nos parece possível afirmar, a partir daí, que essa varredura tenha representado uma cura qualquer da psicose. Os elementos que acabamos de reunir nos mostram que essa varredura não descarregou Marguerite de um peso de um certo número de temas ideativos que, depois de sua cura, não se manifestavam mais, é certo, claramente, como temas de um delírio, mas que ainda assim guardam, nela, um peso específico. Todos podem, aliás, ter a experiência de que um biombo derrubado, num cômodo da casa, é um tanto incômodo!

Esta conclusão quanto à realidade da cura é aliás confirmada por Didier Anzieu:

> Nossos encontros se tornaram cada vez mais satisfatórios para ela e para mim — salvo quando sua desconfiança persecutória a retomava. Meu pai morreu em 1967. Minha mãe viveu até 1981. Aprendi a compreendê-la, a acalmá-la, a ajudá-la permanentemente a restabelecer um equilíbrio instável. Eu servia a ela de laço seguro com uma realidade que, sem isso, era temível e vacilante para ela.[76]

Que se trate essencialmente de uma cura do delírio, eis o que pode ser situado a partir da última definição do delírio que encontramos na tese. O delírio é então apresentado como

> a expressão, sob a formas da *linguagem* forjadas para as relações compreensíveis de um grupo, de tendências concretas cujo conformismo insuficiente às necessidades do grupo é desconhecido pelo sujeito[77]

O delírio exprimia uma tendência concreta, mas de uma maneira "desarmônica" em relação a um certo grupo cuja composição iremos detalhar. Em que se teriam transformado, para além da varredura do delírio, os temas,

---

[74] J. Lacan, *Écrits*, Paris, Seuil, 1966, p. 66.

[75] J. Lacan, "Intervention chez Daumézon", op. cit.

[76] D. Anzieu, *Une peau...*, op. cit., p. 13.

[77] T. p. 337.

as idéias que davam consistência a essa tendência? Lacan talvez nos dê uma indicação quanto a isso, indicação preciosa, quando, ao generalizar na sua tese os resultados do caso Aimée, chega a mencionar como um traço da paranóia de autopunição as "*oscilações* marcadas da *crença* delirante". Ele escreve então isso que, me parece, podemos legitimamente referir a Marguerite, à sua relação com suas idéias ex-delirantes, embora Lacan não o faça:

> Nas oscilações favoráveis, podemos ver ser reduzida a idéia delirante ao estado de simples assombração, que se observa no impulsivo-obsedado.[78]

Tal seria o estatuto daquilo que Marguerite, rompendo de uma vez com suas reservas, lhe confessa ao preço de perder seu olhar: assombrações.

Mas o delírio, exprimindo uma tendência concreta, digamos, com Lacan em 1970, um certo "ponto de ato", é também o que retém a sua execução (na tese, Lacan fala em "vencimento impulsivo[79]"do delírio). Além de sua função expressiva, o delírio tem, pois, uma função de contenção do ato, de suspensão. Pouco depois, exatamente em seu texto sobre o crime das irmãs Papin, Lacan vai definir mais uma vez o delírio como "uma superestrutura ao mesmo tempo justificadora e negadora da pulsão criminal[80]".

No episódio em dois tempos representado pelo atentado contra Huguette ex-Duflos e pela aventura da prisão, o que teria sido, pois, o ato de Marguerite para que se produzisse essa cura que foi o desvanecimento de seu delírio, para que ela pudesse, para além deste ato, se manter numa certa reserva[81]? Não somos capazes, por ora, de responder claramente. Já não é pouco que tenhamos podido observar de que maneira forçada a versão da autopunição vinha fazer obstáculo à própria formulação dessa questão, apresentando-se a nós como a sua resposta.

3 — *O que o diagnóstico deixa de lado*

O diagnóstico "paranóia de autopunição" depende estreitamente da versão da cura, tal como Lacan a elabora (inutilidade do delírio, a partir do momento em que o desejo de autopunição tenha sido realizado). Essa dependência, certamente notável, apresenta, no entanto, o inconveniente de suas vantagens: se, por uma razão ou por outra, se vê modificada a compreensão que podemos ter do que terá sido a cura, será possível tirar as conseqüências de uma tal modificação, no nível da discussão diagnóstica. O fato de que o

---

[78] T. p. 274.

[79] T. p. 236.

[80] J. Lacan "Motifs du crime paranoïaque", 1ª publicação *Le Minotaure 3*, retomada na segunda edição da tese pela Seuil. A citação se encontra à p. 393.

[81] Viu-se que o termo aparecia por duas vezes sob a pena de Lacan, desde que se tratasse da questão da relação atual de Marguerite com suas idéias ex-delirantes.

diagnóstico depende da cura faz a elegância da solução diagnóstica; mas essa dependência é também a sua rigidez.

Variações diagnósticas

Assim, não ficaremos muito surpresos de que Lacan tenha voltado, mais tarde, ao diagnóstico "paranóia de autopunição"; e, inicialmente, à entidade clínica que ele, no entanto, havia inventado a propósito do caso Aimée.

Em 1938, seis anos depois de sua tese, Lacan publica o texto mais ambicioso que jamais escreveu: *Os complexos familiares na formação do indivíduo*[82]. Não é possível, aqui, entrar na leitura tão difícil desse texto. Nós o chamamos, porém, de o mais ambicioso dos escritos de Lacan por uma razão, simples de formular: Lacan aí estabelece o processo dialético pelo qual se constituiria o que ele chama de uma "personalidade acabada"[83], o que lhe permite ordenar nada menos que o conjunto das entidades clínicas que se haviam distinguido pelo saber psiquiátrico e psicanalítico. Não se trata mais somente, como em Kraepelin, de fazer intervir o critério evolutivo como um dos elementos que permitem distinguir tal dessas entidades de tal outra, trata-se de situá-las umas com relação às outras segundo um critério evolutivo (a constituição da personalidade acabada). Isso se tornou possível, pois, no que diz respeito às psicoses:

> O progresso de nossa pesquisa nos devia fazer reconhecer, nas formas mentais que constituem as psicoses, a reconstituição de estágios do eu anteriores à personalidade; se caracterizarmos, com efeito, cada um desses estágios, pelo estágio do objeto que lhe é correlativo, toda a gênese normal do objeto na relação especular do sujeito a outrem, ou como pertinência subjetiva do corpo despedaçado, se encontra numa série de formas de estancamento nos objetos do delírio[84].

---

[82] J. Lacan, *Os complexos familiares na formação do indivíduo*, T. VIII da *Encyclopédie française*, 1938, 2ª edição, Paris, Navarin, 1984.

[83] "Todo o acabamento da personalidade exige este novo corte. Hegel formula que o indivíduo que não luta para ser reconhecido fora do grupo familiar jamais atinge a personalidade antes da morte. O sentido psicológico desta tese vai aparecer na continuação de nosso estudo. No que toca à dignidade pessoal, é somente àquela das entidades nominais que a família promove o indivíduo e ela só pode fazê-lo na hora da sepultura." J. Lacan, *Os complexos familiares...* , op. cit., p. 35. Damos essa citação integralmente pelo esclarecimento que ela lança sobre a figura última do movimento lacaniano antes da morte de Lacan, sobre a opção que ela manifesta quanto a um modo epiclero da transmissão do ensinamento de Lacan.

[84] J. Lacan, *Os complexos familiares...*, op. cit., p. 79. Pode-se esquematizar assim o ordenamento dessas psicoses:

narcisismo secundário	DELÍRIO DE REIVINDICAÇÃO	não há objeto substituto	↑ domínio do objeto
	DELÍRIO SENSITIVO DE RELAÇÃO	não há identificação com o duplo edipiano	↑ domínio do duplo
narcisismo primário	SÍNDROME DE PERSEGUIÇÃO INTERPRETATIVA	não há identificação especular ↓ não há intrusão narcísica	
	PSICOSE ALUCINATÓRIA		
	PARAFRENIA	não há identidade	↓ domínio do objeto

O processo dialético dos complexos vem aqui assumir o lugar que terá ocupado, na tese, o genetismo psicanalítico de Abraham e Anna Freud. Daí essa classificação das psicoses, aqui simplesmente indicada por uma esquematização do que Lacan escrevia às p. 80 e 81 desse texto:

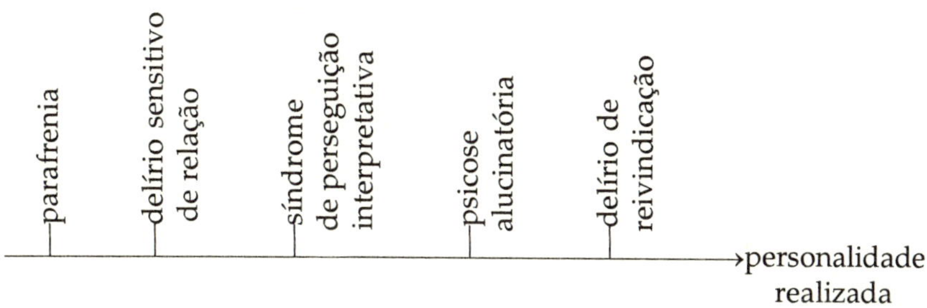

Ora, é muito notável que não encontremos, nessa classificação, qualquer traço da paranóia de autopunição, o que, por parte de seu inventor, decorre de uma modéstia ou de uma timidez um tanto excessivas. Para dizer a verdade, a razão para esta "ausência" não é psicológica; se a paranóia de autopunição não está compreendida na classificação das psicoses que se quer, no entanto, exaustiva, é que ela é considerada como não tendo lugar. Não é que ela não seja mencionada. Eis em que termos:

> Uma psicose, é certo, que isolamos sob o nome de paranóia de autopunição, não exclui a existência de uma semelhante personalidade [uma personalidade verdadeira que implica a comunicação do pensamento e a responsabilidade da conduta], que é constituída não somente pelas relações do eu, mas do supereu e do ideal do eu, mas o supereu lhe impõe seus efeitos punitivos os mais extremos, e o ideal do eu se afirma aí numa objetivação ambígua, propícia às projeções reiteradas[85];

À diferença de todas as outras psicoses, a paranóia de autopunição não excluiria a existência de uma personalidade acabada. Isso basta para não incluí-la na classificação ordenada das psicoses, para lhe atribuir uma posição fronteiriça entre neurose e psicose. O texto acima continua, pois, assim:

> ter mostrado a originalidade dessa forma, ao mesmo tempo que definido por sua posição uma fronteira nosológica, é um resultado que, limitado que seja, resta como um ganho do ponto de vista que dirigia nosso esforço.

Lacan entreviu, logo depois da publicação de sua tese, essa posição fronteiriça da paranóia de autopunição, a ponto mesmo de formular, é verdade que apenas por uma vez, que o caso Aimée seria originado não da psicose, mas da neurose. Podemos datar essa observação de 18 de fevereiro de 1935, dia em

[85] Idem, p. 78-9.

que o Dr. Schiff apresentou à *Société française de psychanalyse* uma comunicação intitulada: "Psicanálise de um crime incompreensível". Lacan, depois de ter dito que acreditava no valor desencadeante [da passagem ao ato] do incidente aparentemente absurdo, fez um paralelo entre o caso Aimée e aquele apresentado por Schiff:

> O caso Aimée está calcado sobre o de Schiff. Trata-se pois, realmente, de uma neurose paranóica, não de uma psicose onde a agressão assume a significação de um esforço para romper o círculo mágico, a opressão do mundo exterior.[86]

O caso Aimée poderia ser situado como neurose de autopunição? Certamente, três anos depois dessa observação, aborda-se essa neurose no texto sobre *Os complexos familiares*, e de uma maneira que não deixa de evocar certas formulações a propósito do caso Aimée: similaridade entre pais e filhos, reprodução de acidentes vitais, animação imaginativa da realidade. Não parece, porém, que seja necessário dar demasiada importância à intervenção de 1935 que define como neurose o caso Aimée, e que se deva ver, à parte seu estatuto de resposta a um comunicado, algo mais que um indício de que, para o próprio Lacan, o enceramento da tese não havia posto um ponto final no problema diagnóstico do caso. Não somente, com efeito, desde 1938, em *Os complexos familiares*, o caso volta a ser situado como psicose paranóica de autopunição, isso ao preço da marginalização dessa psicose, mas ainda, muitos anos mais tarde, Lacan, voltando mais uma vez ao diagnóstico do caso Aimée, manterá a psicose no próprio ato onde se recusa a autopunição.

Para quem lesse a monografia do caso Aimée sem levar muito a sério o diagnóstico ali exposto, esta última decisão diagnóstica de Lacan (datada de 24 de novembro de 1975) não pareceria nem como um gesto teatral, nem mesmo como um fato novo relativo ao caso. Encontramos, com efeito, na tese, exatamente entre as suas discussões que vão concluir pela paranóia de autopunição, uma página onde o diagnóstico de erotomania é explicitamente formulado sem ser, no entanto, retomado mais tarde (logo, com exceção da intervenção de 1975) como entrando em competição com aquele que será finalmente eleito.

> Ela [a srta. C. de la N.] dá até o fim seu *peso* afetivo ao delírio. Ainda assim, muito rapidamente, ela cede o primeiro plano a personagens de nível superior, essas grandes atrizes, essas mulheres de letras que fazem do delírio de Aimée uma verdadeira erotomania homossexual. Essas personagens, como vimos, simbolizam além disso o *ideal do eu* de Aimée (ou seu *supereu*), assim como a primeira perseguidora [C. de la N.] lhes fora por um instante identificada[87].

Um tal diagnóstico de erotomania sexual, se "explica" o deslizamento da perseguição do personagem de C. de la N. ao de Huguette ex-Duflos, só

[86] J. Lacan, "Intervenções de Lacan na Sociedade psicanalítica de Paris", *Ornicar* n° 31, inverno de 1984, Navarin, p. 9.

[87] T. p. 263.

pode ser mantido ao preço de um certo número de operações sobre o caso. Terá sido necessário dar um peso relativo a um certo número de dados do caso. Em particular, mas principalmente, esse diagnóstico supõe que aquilo que Lacan não pode deixar de chamar de "erotomania franca"[88], a de Marguerite com Pierre Benoit e depois com o Príncipe de Gales, seja secundarizada em proveito da ligação de Marguerite com suas perseguidoras femininas (encontramos a versão do caso "de A a Z", entre duas mulheres, como pólos principais do caso).

Essa discussão exige que tenhamos definido melhor o que terá sido a constituição da rede de perseguidores, avaliado, ao menos, a função respectiva de perseguidores e perseguidoras; ainda não chegamos a isso. Vamos notar, em compensação, até que ponto a observação diagnóstica de 1975 retoma tal e qual a indicação, já presente na tese, segundo a qual a erotomania está ligada ao nível, reconhecido socialmente como superior, do objeto persecutório:

> [...] falo ali [trata-se da tese] de um desses casos que me parecia exemplar, principalmente no sentido em que a pessoa em questão havia cometido numerosos... escritos. Ela cometera esses escritos sob a forma de numerosas cartas ultrajantes enviadas a uma porção de pessoas, quero dizer que ela era erotômana. Um certo número de pessoas aqui sabem, penso eu, o que é uma erotômana: a erotomania implica a escolha de uma pessoa mais ou menos célebre e a idéia de que essa pessoa está interessada somente em nós.[89]

A continuação dessa definição nos vai fazer encontrar a homossexualidade, mas, dessa vez, não mais colocada como essencial, e sim como acidental:

> O certo é que, uma vez o mecanismo em funcionamento, cada fato prova que a ilustre personagem (neste caso, uma mulher) está em relação amorosa, não com a personalidade, mas com a pessoa nomeada, designada por um certo nome. Nessa época, essa pessoa tinha seu nome nos jornais em seguida ao gesto que cometera contra uma atriz então célebre, de maneira coerente com a sua erotomania dirigida para essa atriz — assim como se dirigira, anteriormente, para outras celebridades (não é raro ver-se operar esse deslizamento de uma figura para uma outra).

Só se pode ficar impressionado com a insistência de Lacan, aqui, em sustentar que a ilustre personagem teria uma relação amorosa, não com a personalidade erotômana, mas com a pessoa nomeada, até mesmo com o nome desta pessoa. Sem revelar o nome de Marguerite Anzieu, ele indica aqui sua inscrição nos jornais como se, ao definir o caso como uma erotomania, o nome de Aimée não conviesse mais, realmente, para nomear o caso. Ou seria preciso dizer, ao contrário, que, inventado por seu psiquiatra para designar sua paciente erotômana, ele era demasiado conveniente? Isso se vê claramente

[88] "Quanto ao tema francamente erotomaníaco que se forma tardiamente (amor pelo Príncipe de Gales) [...]." T. p. 263. Lacan "esquece" aqui que Pierre Benoit, antes de ser um perseguidor de Marguerite, fora objeto dessa mesma erotomania; igualmente a aventura de Marguerite com o poetastro, a propósito da qual é possível se perguntar se já não se tratava de um amor erotomaníaco.

[89] J. Lacan, "Conferências e entrevistas nas universidades norte-americanas", op. cit., p. 9 e 10.

aqui, a questão diagnóstica não pode ser considerada fora da incidência da transferência.

Dois delírios

Mas essas restrições, essas reservas, essas mudanças não nos sugerem que, desde a própria tese, algo é escamoteado na discussão diagnóstica, seja devido ao ancoramento dessa discussão ligada, de modo demasiado exclusivo, à cura que é importante enquanto varredura do delírio, mas que nem por isso deixa de ser uma cura unicamente do delírio, seja porque esta cura não foi tomada de uma maneira pertinente, mas, ao contrário, mascarada pela tese de autopunição?

Consideremos essa segunda conjectura, pois ela fica mais próxima do procedimento de Lacan ligando cura e diagnóstico (uma leitura crítica deve, com efeito, dar sua chance máxima ao texto, a isso de que este se quis portador, ela não o contesta senão ali onde ele obriga a não poder deixar por menos). Encontra-se, com efeito, um aspecto decisivo, explicitamente associado por Lacan à cura de Marguerite, mas sem que lhe faça ocupar o mínimo papel na versão que ele nos propõe dessa cura. Trata-se de uma certa transformação, no momento mesmo dessa cura, do delírio da mãe de Marguerite. Vamos explicar essa transformação, acompanhando passo a passo o que a tese nos diz quanto a esse delírio.

Uma primeira vez, lendo o primeiro capítulo da exposição do caso, ficamos sabendo, mas sem que Lacan continue a insistir nesse ponto, que, na família, a mãe é reconhecidamente afetada pela mania de perseguição:

> Pai e mãe, camponeses, estão vivos atualmente. A mãe é reputada, na família, como sendo vítima da "mania de perseguição". Uma tia [irmã da mãe? Assim parece, dado o contexto] rompeu com todos e deixou uma reputação de revolta e desordem na conduta.[90]

Lacan relata esse diagnóstico familiar feito à mãe com todas as reservas que se impõem; as aspas nos indicam suficientemente que ele não toma essa informação como absolutamente certa. Quanto a essa tia, não viremos a saber mais do que o que é dito aqui. A continuação do relato parece atribuir, sempre na versão familiar das coisas, a um certo acontecimento, a responsabilidade pela loucura da mãe:

> A família insiste muito numa emoção violenta sofrida pela mãe durante a gestação de nossa doente: a morte da mais velha de suas filhas deve-se, com efeito, a um acidente trágico: ela cai, diante da mãe, na boca aberta de um forno aceso e morre, muito depressa, de queimaduras graves.[91]

---

[90] T. p. 174.

[91] Ibid., p. 174-5.

Uma versão familiar ligaria, pois, a loucura de perseguição da mãe à perda dessa criança, sobre a qual sabemos, por Didier Anzieu, que se chamava Marguerite.

Fato no mínimo espantoso, o relato desse acontecimento, tal como nos fazia, recentemente, Didier Anzieu, difere, em certos aspectos essenciais, do de Lacan. É possível, portanto, estabelecer o que terá sido o acontecimento em questão.

O relato de Didier Anzieu se apresenta como uma "lenda familiar"[92]; entretanto, isso não parece implicar que, aos olhos da família, não corresponda a uma realidade.

> Ela [sua própria mãe] era a terceira da prole, a terceira ou a quarta... Aí está o problema. Antes dela, com efeito, haviam nascido três meninas. A família vivia numa grande casa de pedra, perto do estábulo e dos campos. A peça comum tinha como aquecimento somente uma grande lareira onde queimavam grandes toros de madeira, onde se cozinhava, no interior da qual era possível sentar-se em bancos. A cena se passou antes do nascimento de minha mãe. Era um feriado. Para ir à missa, Marguerite, a mais nova das três filhas, tinha sido arrumada com um vestido de organdi. Deixaram-na por um momento sob a guarda da mais velha, aquela que seria minha madrinha. A pequena estava com roupas leves, fazia frio, ela se aproximou do fogo... e morreu queimada viva. Isso foi um choque atroz para os pais, para as duas irmãs. Minha mãe foi então concebida para substituir a defunta. E, como mais uma vez nasceu uma menina, deram-lhe o mesmo nome, Marguerite.[93]

Confrontados, os dois relatos, de Anzieu e de Lacan, não apresentam menos que quatro diferenças, sendo as três primeiras, pelo menos, decisivas.

1 — Qual foi a irmã que morreu? Lacan menciona "a mais velha das filhas", ao passo que Anzieu designa claramente a caçula.

2 — Data do acontecimento: segundo Lacan, isso foi "durante a gestação de nossa doente", logo, entre novembro de 1891 e junho de 1892. Ao escrever "antes do nascimento de minha mãe", e depois explicando "minha mãe foi então concebida para substituir a defunta", Anzieu nos indica que o fato se teria situado antes do mês de outubro de 1891.

3 — Quem presenciou o acidente? Lacan conta que o fato ocorreu sob os olhos da mãe; o relato de Anzieu afirma, ao contrário, que a mãe estava ausente e que o olhar fora o da mais velha das três irmãs, aquela que se tornaria sua madrinha.

4 — O que foi o acidente? Segundo o relato de Lacan, a criança cai na boca aberta de um forno; o de Anzieu apresenta o acidente talvez de modo mais simples: a criança se teria aproximado demais do fogo da grande lareira da fazenda.

---

[92] D. Anzieu, *Une peau...*, op. cit., p. 15-6.

[93] Ibid.

Assim, como nos sugeria Didier Anzieu, apenas o registro civil podia decidir a questão de saber, nesse acidente, qual das irmãs havia falecido. A consulta a ele forneceu os seguintes dados sobre a prole:
* 19 de outubro de 1885: nascimento de Marguerite Pantaine.
* 23 de setembro de 1887: nascimento de Élise P. (aquela que Lacan chama a mais velha).
* 15 de outubro de 1888: nascimento de Maria P.
* 10 de dezembro de 1890: morte acidental de Marguerite P.
* 12 de agosto de 1891: uma criança nascida morta.
* 4 de julho de 1892: nascimento de Marguerite P. (dão-lhe o nome da irmã mais velha morta).

A primeira Marguerite morre, pois, com a idade de cinco anos. O acidente, então, não se deveria ao forno, mas à lareira. Élise perde, assim, a irmã mais velha, quando ela própria conta três anos. Quanto a Marguerite, nasce depois de duas crianças mortas, Marguerite a mais velha, e também esta criança natimorta onze meses antes de seu nascimento.

Como explicar as transformações que a lenda familiar fez a história sofrer? Por que fazem morrer a caçula? Será por que isso permite situar o horrível acidente sob os olhos da irmã mais velha? Isso, evidentemente, está excluído, se for ela, essa irmã mais velha, quem morre naquele dia. O interesse dessa variante lendária do relato histórico seria, portanto, o de apresentar uma espécie de permutação entre o olhar e seu objeto: a irmã mais velha é, ou este corpo calcinado, ou o olhar horrorizado por esse corpo. Se esse olhar é o de uma mãe, como indica o relato de Lacan, em que o horror que o habita seria ainda maior do que se esta mãe fosse uma irmã? Aqui, lança-se uma ponte entre a loucura da mãe de Marguerite e a daquela tia, provavelmente sua irmã. Notamos, assim, que a lenda familiar, como o próprio acidente, promove Élise a irmã mais velha.

Aparece também, desta vez pelo lado de Lacan, um equívoco da mesma ordem sobre a "irmã mais velha". Seu relato do acidente é exato, ao menos quanto ao ponto de identificação da criança morta; mas, então, esse termo "irmã mais velha" só pode designar essa primeira Marguerite morta numa idade em que, numa família, e mesmo levando-se em conta a época, uma criança já ocupou um lugar não desprezível. Designando como "irmã mais velha" a segunda filha da prole, a saber, Élise, Lacan já promove essa báscula entre essa criança e "Marguerite" (báscula que não é a mesma que aquela sublinhada acima), que ele irá construir na sua versão do caso, fazendo daquela a quem designa como a "irmã mais velha" uma figura da "própria" Marguerite. A irmã mais velha da prole é realmente a própria Marguerite; mas Marguerite é essa irmã mais velha morta, tanto para Marguerite quanto para sua irmã "mais velha".

Assim, pois, se o que a própria família designa como a "mania de perseguição" da mãe data desse acidente, é-nos preciso admitir que essa loucura já se teria manifestado durante a sua gestação de Marguerite. Isso, que aliás não é desmentido por nenhuma das duas versões do acidente, ressoa curiosamente com o fato de que a loucura de Marguerite se teria desencadeado no instante em que ela mesma engravidou pela primeira vez; igualmente, soa curiosamente o fato de que ela devia perder um primeiro filho, se ligarmos essa perda à morte da primeira Marguerite criança.

O que, entre mãe e filha, resultou dessa morte, dessa concepção reparadora, depois deste nascimento de uma nova Marguerite, poderá parecer inesperado a quem esquecer que a primeira perseguidora de Marguerite foi inicialmente, para ela, uma grande amiga: essa resultante foi... uma amizade. Uma amizade entre mãe e filha não é algo evidente por si, nem mesmo tão espontâneo como se gostaria de imaginar, como se vê aqui no fato de que a existência dessa amizade coexiste com os poucos cuidados "maternais" que a mãe teria dedicado a Marguerite. Desde muito cedo ela deixa este papel à filha mais velha. No entanto, isso não impede que esta mãe intervenha para que se dê a Marguerite um tratamento especial em comparação com aquele reservado a suas duas irmãs.[94] Eis como Marguerite testemunha, diante de Lacan, essa amizade:

> Essa ligação é confessada: "Nós éramos duas amigas", diz a doente. Mesmo agora, ela não o evoca sem lágrimas, que a própria idéia da sua separação de seu filho jamais provocou em nossa presença.[95]

Completando, então, a observação do caso (capítulo 3), Lacan nos oferece mais detalhes sobre a loucura dessa mãe; ele agora toma uma posição quanto ao diagnóstico familiar:

> Ora, a mãe se apresenta há muito tempo como uma interpretativa, ou, para melhor situar os fatos, como manifestando nas relações da aldeia uma vulnerabilidade sobre um fundo de inquietude, logo transformada em suspeita.[96]

Nada, pois (a não ser para os constitucionalistas!), que evoque a mania de perseguição. Entretanto, ele não exclui que se possa tratar disso:

> Essa disposição [à suspeita], antiga e reconhecida, foi fixada há mais de dez anos num sentimento de ser espiada, escutada pelos vizinhos, temor que a faz recomendar a leitura em voz baixa das cartas que, analfabeta, tem que pedir que leiam para ela.

Lacan continua não se pronunciando quanto ao diagnóstico feito sobre a mãe, mas o movimento de seu texto nos mostra que ele está em vias de optar por uma confirmação deste:

> Enfim, em seguida aos recentes acontecimentos ocorridos com sua filha, ela se fechou num isolamento louco, imputando *formalmente* [o grifo é meu] à ação hostil de seus vizinhos diretos toda a responsabilidade pelo drama.

---

[94] T. p. 220.

[95] T. p. 221.

[96] Ibid.

A primeira idéia francamente delirante da mãe seria, portanto, o mais estreitamente possível ligada à loucura de sua filha Marguerite. E Lacan acrescenta aqui:

> Vamos esclarecer mais adiante nosso pensamento quanto à importância da similaridade de desenvolvimento psíquico entre a filha e a mãe.

Ele o fará, com efeito, sessenta páginas mais adiante, onde, desta vez, será explícito: a seus olhos, essa mãe era delirante.

> Essa mãe, como sabemos, retribuiu sua afeição; nem os anos, nem as "faltas" de nossa doente diminuíram o apego à sua filha. Além disso [mas por que esse "além disso"? Não existe, justamente, a nosso ver, um "além disso"], ela é presa há muitos anos de delírio em potencial, e este eclodiu plenamente a propósito dos acontecimentos recentes ocorridos com sua filha.[97]

Essa opinião assumida por Lacan vem "tardiamente" (vamos lembrar aqui que a tese foi escrita gradualmente, acompanhando as entrevistas); ela intervém na ocasião em que, tendo encerrado seu estudo monográfico, Lacan trata dos "métodos e hipóteses de pesquisa sugeridos por nosso caso". Entretanto, ele vai encontrar um viés de escrita para lançar, a partir daí, um novo esclarecimento sobre o caso:

> Mas existe um ponto que nos parece capital e que nenhum autor destacou, é a freqüência de uma *anomalia psíquica similar* àquela do sujeito, no genitor do mesmo sexo, que foi freqüentemente o único educador. A anomalia psíquica pode (como no caso Aimée) revelar-se apenas tardiamente no genitor. Nem por isso o fato deixa de ser significativo.[98]

Lacan vem então a discutir — mas em geral — o problema dos delírios a dois, dizendo-se impressionado com a freqüência daqueles que reúnem mãe e filha, e toma posição contra os que pensam a loucura a dois como uma loucura induzida, observa "a lei do reforço da anomalia psicótica no descendente", reevoca, enfim, a similaridade, notando, com Lange, "o quão freqüentemente se encontra, nos ascendentes diretos desses sujeitos, um delírio cuja similaridade é levada a ponto de reproduzir o conteúdo mesmo do delírio"[99].

Lacan não nos estaria dando um número suficiente de elementos para considerarmos o caso de Marguerite como sendo um caso de loucura a dois? Mas, ao mesmo tempo, ele não nos convida a reconsiderar a cura levando em conta este fato que isola, mas não integra à sua versão da cura como recompensa da autopunição, a saber, que Marguerite se teria curado de seu delírio no instante mesmo em que o de sua mãe eclodia plenamente?

---

[97] T. p. 282.

[98] T. p. 284.

[99] T. p. 285

CAPÍTULO TRÊS

As conseqüências do caso

Um certo número de fatos nos impede hoje de limitar o encontro de Jacques Lacan e Marguerite Anzieu às entrevistas regulares que tiveram durante quinze meses, nada nos permitindo pensar que elas se tenham interrompido com a publicação da monografia do caso Aimée. Porque existem esses fatos, porque eles têm uma ligação "orgânica" com o caso de Marguerite, dizemos que essa publicação não pôs um fim verdadeiro ao que se envolveu nesse encontro de Jacques Lacan e Marguerite Anzieu.

Para quem não era um protagonista direto do caso, essa atualidade, pouco tempo antes da morte de Lacan, foi manifestada inicialmente por ... um boato. "*Vocês sabiam*", dizia ele, "Didier Anzieu é o filho de Aimée". A informação, acreditada ou, ao contrário, recebida com ceticismo, deixava o ouvinte embasbacado. Ele bem percebia que ali podia haver alguma coisa surpreendente, mas uma certa prudência, ou pelo menos uma preocupação de tranqüilidade, impedia que tirasse qualquer conclusão desse "fato". Didier Anzieu, como se sabia, fora um dos alunos de Lacan, e depois um crítico agudo e discreto das teses lacanianas. Haveria algo mais em jogo além da doutrina no confronto Lacan/Anzieu (principalmente em 1953, quando esse confronto foi direto)? Ou ainda: como ler tal confronto, a partir do momento em que se o referisse ao caso Aimée? Ou ainda: que conseqüência a consideração de tal confronto doutrinário vai ter sobre nossa leitura do caso Aimée?

Entretanto, enquanto se tratasse de um boato, mesmo "bem fundamentado", como, aliás, todos são, era impossível deduzir dali o que quer que fosse. Tudo iria mudar em 1986, logo, depois da morte de Lacan, de Marguerite e de Huguette ex-Duflos, com a publicação do volume II da *História da psicanálise na França,* de Elisabeth Roudinesco. Passando à história, o boato vira verdade, uma daquelas verdades postas à prova pela crítica historiográfica.

A análise de Didier Anzieu com Lacan

Só quem se fizesse de cego poderia situar como obra do acaso o fato de que o filho de Marguerite viesse encontrar-se, um dia, no divã de Lacan. É um dado da experiência analítica que, quando um membro de um grupo familiar vem pedir uma análise a um psicanalista que já lidou (ou ainda lida) com outro membro do mesmo grupo, esse procedimento, para dizê-lo da forma mais ampla possível, apresenta uma ligação muito estreita com um certo ponto problemático da primeira análise. No entanto, isto ainda é demasiado geral para ser recebido como demonstrando a existência de um articulação efetiva entre a análise de Didier Anzieu com Lacan e o encontro de Lacan com sua mãe Marguerite. Além disso, nada nos é dito de preciso quanto a em que terá consistido essa articulação.

O filho de Marguerite, na monografia do caso Aimée, é aquele sobre quem pesam as ameaças de morte; aliás, é este aspecto, associado ao fato de se tornar psicanalista de Didier Anzieu, que causa o espanto de E. Roudinesco:

> Coisa espantosa, o filho de Aimée, aquele que ela tanto receava que fosse ameaçado pela atriz, iria tornar-se psicanalista depois de uma cura com Lacan.[1]

Vamos discutir essa formulação, que faz com que se torne psicanalista, não o filho de Marguerite, mas o de Aimée. Vamos observar apenas que ela já representa uma interpretação: será a título de filho de uma mulher que recebeu de Lacan seu nome de Aimée que Didier Anzieu se encontra em análise com Lacan?

Como situar, vista do lado de Lacan, essa chegada do "filho de Aimée" em seu consultório? Enquanto ameaçado pela atriz, esse filho é, como vimos, o ponto de objeção, notado como tal por Lacan, à sua versão do caso como paranóia de autopunição. Porque a ameaça é dirigida a Didier, e não diretamente a Marguerite, Lacan define como centrífugo o delírio de Marguerite, e isola esse traço como a principal objeção a sua versão mais manifesta do caso.

Entretanto, é esta a versão que vai prevalecer na publicação da tese. Desse ponto de vista, devemos então admitir que, em si — não "para Lacan", tampouco "para Didier", é isso mesmo que será todo o problema —, a chegada de Didier ao consultório de Lacan, dezessete anos depois da publicação da tese, tem o valor de um retorno, diante de Lacan, da principal objeção à sua versão explícita do caso de Marguerite.

Tal fato merece ser qualificado de enorme. Vamos precisar seu teor. Não se pode dizer que Didier tenha vindo explicitamente pedir uma análise a Lacan. Depois de ter feito uma demanda de análise a Daniel Lagache, que se recusou (não sem lhe ter indicado que o único caminho para tornar-se analista era empreender ele mesmo uma psicanálise), Didier, segundo o costume da época, começou a percorrer os didatas, procedimento previsto pela *Societé psychanalytique de Paris*. É com este fim que ele encontra Lacan, e este — esta é a fórmula que chega mais perto do que então se passou — toma Didier em análise:

> Quando encontrei Lacan em seu consultório, por ocasião do percurso de que acabo de lhe falar, e disse a ele que era normalista, professor e filósofo, ele me propôs

[1] E. Roudinesco, *Historie de la psychanalyse ...*, op. cit., p. 135.

> entrar logo em análise. Fiquei um pouco embasbacado, e muito fascinado com o fato de que um homem famoso desse importância à minha pessoazinha. Meu complexo paterno foi reativado. Deixei-me embarcar ...[2].

Tal teria sido, pois, o movimento: Lacan toma Didier em análise, Didier se deixa embarcar por Lacan.

> Nos primeiros dias de janeiro de 1949, comecei com ele, a três sessões por semana e uma tarifa muito razoável, adaptada aos meus modestos ganhos, uma análise que durou quatro anos.

Ora, um dos acontecimentos principais dessa análise terá sido o *trilhamento de uma ligação entre o caso Aimée e essa própria análise*; quando Didier Anzieu vem a saber que sua mãe teve uma certa relação com Lacan, e o faz saber a Lacan, este se vê como que intimado a escolher: não pode pretender ser ao mesmo tempo o psiquiatra de Marguerite e o psicanalista de Didier. Vamos estudar este ponto em detalhe num último capítulo deste livro. Notemos somente, aqui, que um tal trilhamento entre os acontecimentos de 1949-1953 e os de 1931-1932 prova que a cura de Didier Anzieu com Lacan é conseqüência do "caso Aimée", prova-o tanto mais claramente quanto essa articulação, no momento em que começa essa cura, teria sido desconhecida por seus dois protagonistas. Logo, concluímos que o caso de Marguerite deve hoje ser suplementado por essa cura de Didier Anzieu com Lacan, e portanto também pelo que terão sido as conseqüências dessa cura.

Mas isso, por menos que fiquemos atentos ao modo muito singular segundo o qual o boato foi confirmado para nós, nos conduz também a reconhecer a atualidade do caso de Marguerite. Com efeito, Didier Anzieu, depois de ter guardado consigo ou apenas com seus próximos, durante cerca de vinte e cinco anos, o segredo de sua ligação com a Aimée de Lacan, escolheria referir essa ligação às fontes batismais da história da psicanálise na França, reconhecendo assim, com razão, que essa ligação fazia parte importante dessa história. O caráter corajoso dessa "resolução" se vê marcado por sua própria enunciação na medida em que esta supera uma reticência em dizer, em desprivatizar o fato. Este movimento é, aliás, ainda mais sensível nas entrevistas de Didier Anzieu com Gilbert Tarrab, quando, evocando a loucura de sua mãe, Didier Anzieu usa termos ingleses. fala de um *breakdown*, depois acrescenta:

> Sejamos precisos, custe o que custar: uma depressão acompanhada de manifestações persecutórias, que tornava a vida com ela cada vez mais impossível.[3]

Entretanto, o fato de saudar aqui a coragem dessa declaração não nos impedirá de notar que esse movimento de superar uma reticência em dizer se realiza de uma maneira que permanece parcial. Isso se lê igualmente em seu

---

[2] D. Anzieu, *Une peau...*, p. 33.

[3] Idem, p. 11.

modo enunciativo e em alguns de seus enunciados. O relato onde o boato se verifica portar uma verdade histórica é feito na terceira pessoa:

> [...] empreendeu uma análise com Lacan, ignorando que Aimée o havia precedido em outras circunstâncias. Por sua vez, Lacan não reconheceu o filho da antiga pensionista de Sainte-Anne. Anzieu descobre a verdade numa conversa com a mãe, que lhe fala de suas recordações e de suas relações com os psiquiatras da época. Ele então se precipita para a biblioteca e descobre com emoção um passado que lhe pertence e cujo essencial ele ignora.

Este modo enunciativo poderia não nos surpreender: E. Roudinesco procede aqui como historiadora, como o faz em outros lugares; o relato é dela, mesmo que controlado por Didier Anzieu que também teria sido sua fonte. Entretanto, esse modo de proclamação da verdade histórica assume um relevo particular quando, prosseguindo nossa leitura da *História da psicanálise na França*, deparamo-nos com uma página (exatamente: p. 245-6 do original francês) onde Didier Anzieu toma a palavra na primeira pessoa. E. Roudinesco optou, dessa vez, por transcrever na íntegra alguns testemunhos sobre a prática analítica de Lacan, inclusive o de Didier Anzieu. Essa diferença enunciativa se origina, pois, de opções que são as de E. Roudinesco e não teríamos por que discuti-las aqui se não fosse a observação seguinte. O testemunho de Didier relatado na primeira pessoa fala de um certo número de aspectos da prática lacaniana que não lhe concernem especialmente (duração das sessões, convites para assistir seu seminário, sedução, pedido para não dizer nada sobre o encurtamento das sessões à comissão encarregada de validar a análise didática, etc.). Desses aspectos, outros além de Didier Anzieu podem também testemunhar, e o fazem. Entretanto, há um ponto extremamente particular onde só Didier Anzieu pode testemunhar sobre a prática analítica de Lacan, onde seu testemunho é insubstituível, inigualável a qualquer outro. Trata-se da resposta que lhe deu Lacan quando o interpelou "sobre o fato de não ter reconhecido a identidade de seu paciente". Como se vê, somos aqui obrigados a citar o relato na terceira pessoa de E. Roudinesco, pois não se fala dessa interpelação (nem da resposta que lhe teria sido dada) no testemunho na primeira pessoa. Há, pois, no relato na primeira pessoa, um furo, uma abstenção à qual somos tanto mais sensíveis na medida em que sentimos mais as lacunas do relato na terceira pessoa.

> Interrogado sobre o fato de não ter reconhecido a identidade de seu paciente, Lacan confessa a Anzieu que ele próprio reconstituíra a verdade durante a cura. Ele ignorava — disse — o sobrenome de Aimée, que fora admitida em Sainte-Anne sob seu nome de solteira.

Que identidade Lacan não reconheceu? Ignoramos a pergunta precisa formulada por Didier a Lacan! Ora, a resposta terá tido uma importância subjetiva muito diferente, conforme Didier tenha perguntado a Lacan "Por que o senhor não me reconheceu como sendo o filho de Aimée?" (formulação possível sugerida pelo relato de E. Roudinesco, principalmente pelo que ela nos diz do movimento de Didier indo ler, na monografia do caso Aimée, "um passado que lhe pertence"), ou então: "Por que o senhor não me reconheceu como o filho de Marguerite Anzieu?", ou não se sabe que outra formulação ainda.

O relato na terceira pessoa, bem como a não-retomada dessa interpelação no testemunho na primeira pessoa, deixando escapar a própria literalidade da interpelação, mantêm um certo não-dito, e testemunham, portanto, da atualidade do caso, da vivacidade, ainda hoje, do que poderia estar em jogo. Didier Anzieu, aliás, insistiu em marcar como tal o lugar desse não-dito:

> Talvez, um dia, eu diga o que ela [Marguerite] me contou, no fim da vida, sobre suas relações médicas com os jovens psiquiatras de então em Sainte-Anne, principalmente Jacques Lacan, Daniel Lagache, e depois sobre suas relações ulteriores de trabalho na casa do pai de Jacques Lacan[4].

Assim, vamos abster-nos de aderir, pura e simplesmente, por ora, à interpretação que E. Roudinesco nos propõe para essa interpelação e para a resposta de Lacan. Depois de ter observado, com razão, que Lacan não poderia deixar de ter escutado o nome de Anzieu, E. Roudinesco, não sem prudência, formula, no entanto, a seguinte hipótese:

> [...] em sua análise, Anzieu se confronta com um trabalho de recalque que vem de Lacan e que tem a ver com a relação transferencial que este mantém com o nome de casada de uma mulher cujo prenome, inventado por ele, se tornou mítico na história da formação do pensamento lacaniano[5].

Uma outra hipótese poderia invocar o peso do nome "Aimée", esclarecendo-se ulteriormente a que ele está ligado. É ainda como "Aimée" que Marguerite Anzieu é designada por E. Roudinesco, e não como a Sra. Anzieu, quando este nome já se tornara disponível pela revelação de Didier. Quanto ao nome "Marguerite", vamos encontrá-lo pela primeira vez tornado público, ao mesmo tempo que essa revelação, mas num outro livro, e essa dispersão, que se vem acrescentar à clivagem dos dois relatos na *História da psicanálise na França*, nos aparece como um viés suplementar pelo qual o ato declarativo de Didier Anzieu semidiz a verdade.

Qual terá sido, para o próprio Didier, o peso da nominação, por Lacan, de sua mãe como "Aimée"? A questão nos parece inevitável, a partir do momento em que ele nos diz, em seu testemunho na primeira pessoa sobre a prática analítica de Lacan, que

> a terceira ou quarta versão de minha autobiografia incessantemente inacabada começava, então, assim: "Sou um mal-amado, filho de mal-amados... ".[6]

Assim, vistos depois do ato de Didier Anzieu em 1986, dois fatos se destacam no que toca à ligação de sua análise com Lacan com o encontro entre

---

[4] Idem, p. 17.

[5] E. Roudinesco, *Histoire de la psychanalyse ...* , op. cit., p. 136.

[6] E. Roudinesco, idem, p. 246, e D. Anzieu, idem, p. 39.

Lacan e Marguerite. Em primeiro lugar, há o fato de que Lacan o tenha tomado em análise, e que ele se tenha deixado embarcar por Lacan num tal empreendimento. Há também esse momento em que esta ligação se torna explícita com a interpelação de Lacan. Fica claro, pois, que essa análise foi um *momento de identificação do caso* e portanto, sob este título, uma objeção levantada à versão do caso como "caso Aimée", a esta versão que abandonava, parcialmente, essa identificação.

No ato dessa objeção Marguerite teve sua parte, ela que soube, em um certo momento, intervir na análise de seu filho, provocando com suas confidências a interpelação de Lacan por este filho, fazendo assim com que fosse feita a Lacan uma pergunta que, segundo o relato de E. Roudinesco, seria precisamente uma questão de identificação. Esta questão incide, desta vez, sobre a identificação de Didier Anzieu, e tornamos a encontrar nela o caráter centrífugo do delírio.

Mas não se trataria antes de paternidade, ali onde a questão seria ser reconhecido como "filho de"? Didier Anzieu nos diz ter feito, para com Lacan, "uma transferência paterna positiva e intensa"[7], o que sugere que Lacan fosse interpelado naquele dia, por Didier, enquanto pai, ele que havia chamado Marguerite "Aimée", que tivera por ela uma afeição marcada, que publicara seus escritos e obtivera para eles um certo reconhecimento de seu valor literário. Como situar, sem essa conjectura, o fato de que Didier Anzieu se tenha precipitado para a biblioteca, a fim de ler, na monografia do caso Aimée, e segundo a fórmula de E. Roudinesco, "um passado que lhe pertence"? Se a interpelação de Lacan por Didier Anzieu nesse dia é portadora da questão de saber de que mãe Didier é filho, se não se trata — ao que parece — de paternidade no conteúdo dessa interpelação (mesmo quando se trata de ser reconhecido como "filho de'), seria por essa razão que a paternidade se veria, no caso, "atuada" na transferência? Didier Anzieu nos sugere isso, definindo sua transferência para com Lacan como "paterna", e não se vê por que ela seria menos paterna no instante em que azeda. Essa conjectura não seria, aliás, desmentida, mas antes confirmada pelo fato de Anzieu ter inicialmente pedido uma análise a Lagache, logo, a alguém que, como ele nos diz, ocupou-se também psiquiatricamente dessa mãe pela qual ele se tornou psicanalista, com o objetivo de cuidar dela.[8]

Entretanto, pode-se aqui duvidar de que a psicose se venha moldar tão facilmente nas redes da psicologia. Será apenas depois de ter estudado

---

[7] E. Roudinesco, idem, p. 245.

[8] "Tornei-me psicanalista para cuidar de minha mãe. Não tanto para cuidar dela na realidade, ainda que tenha conseguido, no último quarto de sua vida, ajudá-la a encontrar uma existência relativamente feliz e equilibrada. Quero dizer: cuidar de minha mãe em mim e nos outros. Cuidar, em mim, dessa mãe ameaçadora a ameaçada... ". Encontramos aqui um avatar dessa ameaça que pesava sobre a criança Didier. Cf. D. Anzieu, *Une péau...* , op. cit., p. 16.

detalhadamente o caso de Marguerite que ficaremos capazes de dizer de que se tratava nessa interpelação de Lacan de que seu filho foi o agente, a que título Lacan entrou, assim, no jogo, e com que conseqüências.

A intervenção de Marguerite, bem como a ligação entre a análise de Didier Anzieu e o caso Aimée, estão ainda extremamente manifestas no encerramento dessa análise. Poderíamos intitular esse encerramento: o riso da falsa promessa.

O riso da falsa promessa

Marguerite não se contentou em indicar a Didier que Lacan havia sido seu psiquiatra, e que era dela que tratava o caso Aimée. E. Roudinesco escreve também:

> Quanto à Aimée, ela conta a seu filho que nunca quis ler a história de seu caso. Ela censura amargamente Lacan por sua recusa de lhe devolver os manuscritos que lhe havia confiado e que ela destinava à publicação.

Se fosse necessária uma prova suplementar da atualidade do caso, nós a encontraríamos no fato de que, com exceção da conjectura de uma destruição desses manuscritos por Lacan (numa data ignorada por nós) ou da hipótese, pouco provável, de uma restituição desses manuscritos a Marguerite ou a seu filho, o texto dos dois romances de Marguerite se encontraria hoje, depois de ter permanecido nas mãos de Lacan, nas de ... seus herdeiros! Este não seria um fato menor por parte de alguém que iria escrever o texto que se conhece sobre *a carta desviada*[9].

O fato de Lacan se ter recusado a devolver os manuscritos a Marguerite se inscreve num contexto que só pode dar a esta recusa seu verdadeiro alcance. Isso remete, inicialmente, ao fato de Lacan publicar, em sua tese, um certo número de passagens dos dois romances de Marguerite. Mas também se liga ao fato de que Marguerite se recusava, enquanto estava hospitalizada, a escrever o que dizia, no entanto, desejar escrever, desejo cuja realização Lacan tentava forçar:

> Notemos ainda que a doente fala com freqüência, nós o anotamos, de projetos literários. Mas, embora certas facilidades de documentação lhe tenham sido dadas, ela adia tudo isso para o futuro: "O que eu não escreveria se estivesse fora daqui?" O saldo dessa atitude se traduz, praticamente, por uma produção que, apesar de nossos encorajamentos, permanece quase nula desde sua internação.[10]

A recusa de Lacan deve, pois, situar-se na série de trocas e desvios de cartas que teremos de estudar. Sem pretender, por ora, situar o estatuto e a importância exatos de tal recusa, vamos contentar-nos em observar que a

---

[9] J. Lacan, "O seminário sobre A Carta Roubada", *Écrits*, op. cit., p. 11 a 61.

[10] T. p. 241.

amargura suscitada em Marguerite jamais irá (tanto quanto se saiba) a ponto de fazê-la efetuar um procedimento eficaz para a recuperação de seus manuscritos. Apesar dessa amargura, ela terá aceito, de fato, que Lacan fique sendo seu detentor.

Terá Lacan prometido a ela devolver os manuscritos depois de tomar conhecimento deles e publicar alguns de seus trechos? Ou terá ele, no momento de tomá-los, deixado no ar o problema de sua restituição? Ou será que ele lhe disse, ao contrário, explicitamente, que tinha intenção de conservá-los? Mesmo que esta última hipótese seja improvável, devido à amargura persistente de Marguerite, não podemos excluí-la de todo.

Mas que ela não tenha feito nada mais para recuperar seus textos, isso indica, nela, uma certa relação com Lacan. E. Roudinesco nos dá um aspecto significativo dessa relação. Ela nos informa, com efeito, que Marguerite se viu um dia empregada como governanta em casa de Alfred Lacan, pai de Jacques. Não é impossível (dada a imprecisão do relato) que Marguerite tenha sido governanta de Alfred Lacan no momento mesmo em que Didier estava em análise com Jacques.

> Em 1953, Anzieu termina sua análise e se torna terapeuta. Durante esse tempo, Aimée continua a freqüentar as cozinhas de Boulogne. Logo é empregada por Alfred Lacan, que procura uma substituta para sua governanta. [...] Vivendo só, Alfred aprecia os talentos culinários de Aimée, que irá servi-lo durante dois anos. Um dia, Jacques Lacan visita seu pai e revê aquela que fez sua fortuna. Ela torna a lhe reclamar seus manuscritos, e ele se recusa a escutá-la [mas não deveríamos dizer, ao contrário, que, nessa recusa, ele, justamente, a escuta muito bem?]. Ela constata que pai e filho nada têm a dizer um ao outro e conta a Anzieu que Jacques faz "palhaçadas" para quebrar o silêncio.[11]

Este relato associa dois aspectos: a recusa da devolução dos manuscritos e a palhaçada do personagem que assume tal recusa. Ora, reencontramos esses dois aspectos ainda associados no que Didier Anzieu nos informa quanto ao fim de sua análise com Lacan. Didier Anzieu está longe de fazer um balanço totalmente negativo dessa análise; ele tem mesmo o cuidado de nos explicar que, a seus olhos, esta foi realmente uma análise:

> Minha cura foi uma análise, mas houve demasiada sedução nela. Meu medo de uma hereditariedade psicopatológica se dissipou. Pude escrever e ser pai. Mas minhas cóleras não foram analisadas. A complexidade da relação com a imagem materna clivada entre uma mãe ideal e uma mãe perseguidora permanecia inabordada[12].

Em suas entrevistas com G. Tarrab, Anzieu traz um esclarecimento que não encontramos em seu testemunho na primeira pessoa para a História da psicanálise na França:

---

[11] E. Roudinesco, *Histoire de la psychanalyse...* , op. cit., p. 135.

[12] Idem, p. 245.

> Por minha iniciativa, fiquei sentado nas minhas últimas sessões com esse mago que eu queria ver, finalmente, de frente, e a quem queria avaliar com exatidão antes de me despedir dele. Em casa, eu procedia por escrito ao balanço de minha psicanálise — "justifique seu desejo de acabar com ela", me tinha pedido ele —, e eu lhe dei, em seguida, para ler.[13]

Com a ajuda do livro de A. Freud sobre O Eu e os mecanismos de defesa, Didier Anzieu não somente faz o balanço de sua análise com Lacan, mas, no último momento dessa análise, se engaja numa "reflexão mais psicanalítica"[14] sobre si mesmo; sua análise vira auto-análise; sentado diante de Lacan, ele se limita a dar a este apenas os resultados obtidos (ele observa que um certo número de mecanismos de defesa perderam nele sua virulência). O lugar da análise não é mais para ele, agora, o consultório de Lacan. Os dois textos em que nos baseamos (as entrevistas com G. T. e o testemunho para E. R.) são então estritamente idênticos:

> Lacan acreditou que eu lhe devia essa tomada de consciência in extremis. Ele pediu minhas anotações: queria publicá-las. Fazendo-lhe a falsa promessa de trazê-las para ele assim que as tivesse passado a limpo, pela primeira e também pela última vez, em meu foro íntimo, ri dele.[15]

Este riso, bem como o outro indicado por Marguerite ao definir Lacan como palhaço, não é o do chiste, mas o riso do cômico, aquele da falência fálica a partir do momento em que a falofória se faz ostentatória, como o cavalheiro bem posto e de ar orgulhoso que um passo desajeitado faz escorregar numa casca de banana. A casca de banana, aqui, é a falsa promessa. Didier Anzieu concluiu sua análise com Lacan com uma privação: informado por sua mãe daquilo de que Lacan a privou, ele priva Lacan de um objeto suposto equivalente: faz a ele o que ele tinha feito a ela, com a vantagem não desprezível de poder, como ela, rir dele. Dizemos "privação" no sentido preciso que Lacan deu a este termo no seu seminário *A relação de objeto*: o agente dessa operação real é o pai imaginário, seu objeto é simbólico.

Assim, o riso da falsa promessa demonstra de que maneira extrema o encerramento da análise de Didier Anzieu com Lacan se vê ligado a um dos pontos mantidos em suspenso do encontro de Lacan e Marguerite. Fica claro, portanto, que a ocorrência desse encerramento deve ser situada como um acontecimento do caso de Marguerite. Formular o que, no caso, pôde convocar esse filho sobre quem pesava uma ameaça de morte a rir do psicanalista de sua mãe, tal é o problema em que vamos desembocar.

Este riso, no entanto, não é a última palavra da ligação de Didier Anzieu com Lacan. Talvez pela razão de não se tratar do riso próprio ao chiste, e sim do cômico, a separação que ele realiza só será um tempo evanescente dessa

---

[13] D. Anzieu, *Une peau...*, op. cit., p. 37.

[14] E. Roudinesco, *Histoire de la psychanalyse...*, op. cit., p. 245.

[15] Idem, p. 246. D. Anzieu, *Une peau...*, op. cit., p. 38.

ligação, um momento essencial, mas não cristalizável, de uma seqüência, que Didier Anzieu formula de uma maneira absolutamente explícita:

> Na minha reação que, progressivamente, foi uma reação de desilusão, depois de separação e enfim, de oposição a ele, na minha reação, pois, viam-se misturadas a pessoa de Lacan e as idéias de Lacan[16].

Desilusão/separação/oposição. O terceiro tempo ficará como a cristalização da ligação entre Didier Anzieu e Lacan.

A oposição

Esta oposição, ou pelo menos os traços que temos dela, será essencialmente, em seguida, na sua formulação pública, uma oposição doutrinária onde Didier Anzieu se revela, dentre todos aqueles a quem Lacan se dirige, um dos mais avisados quanto às tramas do ensinamento de Lacan. Isso é patente em 1953, e ainda em 1966, quando da publicação dos Écrits de Lacan.

S.I.R., a conferência decisiva de 8 de julho de 1953

Em 8 de julho de 1953, Lacan inaugura o trabalho "científico" da recém-criada Societé française de psychanalyse (fundada em junho) com uma conferência intitulada: "O simbólico, o imaginário e o real". Trata-se de uma inauguração, também, no sentido em que ele introduz, pela primeira vez, este ternário de que dirá, mais tarde, que o propõe como constituinte das três dimensões fundamentais da psicanálise. Em 6 de julho, ele recebeu uma carta de Eissler, informando-o de que, ao se demitir da Société psychanalytique de Paris, havia ipso facto deixado a International Psychoanalytic Association. No mesmo dia dessa conferência inaugural, Didier Anzieu faz trinta anos. Não sabemos precisamente se ele já pôs um termo à sua análise com Lacan, ou se ainda está rompendo com ele; em compensação, sabemos que essa ruptura é consumada em setembro de 1953, quando da reunião em Roma, onde Lacan devia pôr em discussão seu célebre "relatório".[17]

Lacan não publicou essa conferência, como tampouco publicou a intervenção inaugural sobre "o estágio do espelho", de 1936, em Marienbad. Com a distinção do simbólico, do imaginário e do real, Lacan, nesse 8 de julho de 1953, localizava num certo registro (o do imaginário) sua descoberta de 1936, corrigindo assim a espécie de generalização a que se submetera "o estágio do espelho" no texto sobre *Os complexos familiares.* Esta não-publicação da confe-

---

[16] D. Anzieu, *Une peau...*, op. cit., p. 48.

[17] E. Roudinesco, *Histoire de la psychanalyse...*, op. cit., p. 245: "Terminei minha análise no verão de 1953..." e p. 278: "Didier Anzieu, que terminou sua cura com Lacan há dois meses, toma a palavra [logo, em Roma no final de setembro de 1953] em tom combativo."

rência "S.I.R." exige um trabalho de estabelecimento do texto que nem sempre foi feito. Devemos, pois, contentar-nos com transcrições parciais, inclusive quanto à discussão que se sucedeu. De acordo com esses documentos, Didier Anzieu teria intervindo, formulando sua questão nos seguintes termos:

> Quando Freud fez a teoria clínica, ele tomou modelos emprestados aos teóricos de sua época. [...]. O que o senhor propõe hoje é uma mudança de modelo permitindo [corrigimos, a transcrição diz: "permanente"] pensar os dados clínicos adaptados à evolução cultural? Ou algo diferente?[18]

A formulação dessa pergunta mostra que Anzieu entendeu perfeitamente que essa conferência não era uma contribuição entre outras, um trabalho suplementar, uma nova pedra num edifício em construção, mas uma verdadeira proposição. Ela implicaria nada menos que uma mudança de "modelo", aquele proposto por Lacan substituindo os modelos freudianos.

Naquele dia, Lacan não responde a Anzieu (isso sempre sob as reservas impostas pela pouca confiabilidade de nossos documentos), fato tanto mais notável quanto ele responde a todas as outras intervenções, inclusive às mais mal formuladas. Mas, menos de três meses depois, em Roma, e depois de Didier Anzieu ter encerrado sua análise com Lacan, ele voltará à carga e, desta vez, Lacan lhe irá responder.

É muito surpreendente que, no "Relatório de Roma", não se trate em momento algum dessa distinção de três registros, prova suplementar, se alguma fosse necessária, de que Lacan põe em cena uma política da teoria. Esta abstenção é, aliás, coerente com a não-publicação da conferência "S.I.R.", inclusive em 1966, nos *Écrits*. Ora, a interpelação de Didier Anzieu, em Roma, vai obrigar Lacan a reintroduzir na discussão essas três categorias ausentes de seu relatório: isso, a nossos olhos, manifesta claramente a pertinência dessa interpelação.

À diferença das outras intervenções (e principalmente daquelas que denotam um "nada de entusiasmo" que Lacan mais tarde vai julgar, não sem razão, suspeito[19]), Anzieu começa a sua, não com elogios, mas com críticas. Como Lacan não evocou "S.I.R.", e sim a linguagem, Anzieu reformula sua questão de 8 de julho de 1953 a propósito da linguagem, do lugar que Lacan atribui à linguagem:

> A crítica pode resumir-se em duas fórmulas: não é certo que a linguagem esteja toda na análise, e não é necessário considerar, como o faz o Sr. Lacan, que a linguagem constitui a coisa, ao denominá-la.[20]

---

[18] J. Lacan, *Petit écrits et conférences*, edição pirata sem lugar, data e editor, mas com o mérito de existir, como prova o fato de não se encontrar em parte alguma traços da discussão que estudamos, p. 425.

[19] J. Lacan, *Écrits*, op. cit., p. 229. Lacan lamenta que o entusiasmo seja tão marcado no seu próprio relatório.

[20] Intervenção de D. Anzieu na discussão do relatório de Roma de Lacan. O conjunto das intervenções e respostas foi publicado em *La Psychanalyse* n° 1, Paris, PUF, 1956. A citação acima se encontra na p. 228.

Depois, tendo citado o modelo fisicalista de Freud (Helmholtz, Dubois-Reymond, Brücke), dito o seu valor heurístico e suas insuficiências, Anzieu reformula quase de modo idêntico sua questão de 8 de julho:

> O que eu queria saber é se, por sua vez [logo, depois de Freud], o Sr. Lacan pensa ter proposto um modelo para dar conta da experiência analítica. [...] ou se ele pensa, como sugere a leitura um tanto rápida de seu relatório, fazer mais que nos propor um modelo, e pensa alcançar a essência mesma das coisas [...][21].

Se é isso, realmente, o que Lacan sustenta, prossegue Anzieu, então Lacan "vai além do que é cientificamente possível afirmar", pois afirmar que a linguagem constitui a coisa tem conseqüências também sobre o discurso que sustenta essa afirmação; tal discurso aparece, assim, como fazendo mais do que propor um modelo. Ora, este mais é demais: pode-se, deve-se insistir numa teoria da linguagem-signo, na construção de modelos, à falta do que não é mais de ciência que se trata, e sim de magia.

> [...] ao fazer isso, pensando nos trazer mais que um modelo, pensando alcançar a essência mesma de nossa experiência, o Sr. Lacan vai além, pois, do que é cientificamente possível afirmar e, se vai além, é em virtude do prestígio mágico e mítico que conserva ainda sobre seu espírito toda essa tradição iluminista, cabalística e surrealista.

Aí está, pois, trazida por Didier Anzieu à praça pública, essa figura do "mago" que ele desejara encarar de frente no último momento de sua análise com Lacan. Assim se confirma o que ele nos dizia de sua reação a Lacan, onde se encontram "misturadas" a pessoa e as idéias de Lacan. Ainda assim, esta "publicidade" dá a seu debate um novo estatuto.

Lacan, desta vez, lhe responde e em termos que não deixam de ser calorosos; ele fala em "meu aluno Anzieu", dizendo também "Anzieu, meu amigo", o que não vai impedi-lo, é claro, muito pelo contrário, de contestar a interpelação. Como Anzieu, Lacan recusa uma concepção mágica da linguagem, que não é a sua, apesar do que diz Anzieu. Lacan não diz que uma mulher vai surgir ao enunciado da palavra "mulher", ao contrário, ela fugiria![22] Logo, se ele sustenta que a linguagem não é um signo da coisa, mas "vai ser a coisa mesma", é na medida, explicação decisiva, em que "ela abandona o sentido". Portanto, não se trata, como na magia, "de inserir o simbólico como meio na cadeia das causas", mas de distinguir o simbólico do real e observar, a partir daí, "o efeito mais real do simbólico", tal como se pode constatar na palavra de passe, a senha (uma palavra sem sentido, mas da qual depende, no entanto, a vida ou a morte) ou ainda na fala bíblica: "Eu digo ao meu servidor: "Vai!" e ele vai, "Vem!" e ele vem." Longe, pois, de inspirar-se num modelo fenomenológico ou surrealista, Lacan se apóia, muito mais, na ciência física que soube conter a confusão entre o simbólico e o real "reduzindo o simbólico

---

[21] D. Anzieu, in *La Psychanalyse* n° 1, op. cit., p. 230.

[22] J. Lacan, resposta às intervenções, idem, p. 244.

à função de utensílio para desmembrar o real".

Como se vê, a interpelação de Anzieu obriga Lacan a reintroduzir, na discussão do relatório de Roma, essa distinção de três registros, S.I.R., que ele optara por não apresentar; dizemos, pois, que ela é pertinente no sentido em que empurra Lacan nas suas últimas resistências, impondo-lhe ao mesmo tempo sustentar que não propõe um outro modelo (o conceito de modelo, como manifesta a intervenção de Anzieu, está ligado à teoria da linguagem-signo):

> E é justamente porque todo desconhecimento de si se exprime na projeção, Anzieu, meu amigo, que eu lhe pareço ser vítima desta ilusão. Pois, reconheça aquela a que você cede quando a linguagem lhe parece não passar de um dos modelos entre outros que me é dado escolher, para compreender nossa experiência na ordem das coisas, sem perceber que, se ouso dizer, ela mancha essa ordem, pois é com a sua tinta que essa ordem se escreve.[23]

Dado o que sabemos sobre o fim da análise de Didier Anzieu com Jacques Lacan, não será muito difícil concluir que de maneira alguma Anzieu poderia admitir que, com suas acusações a Lacan, ele projetava a si mesmo neste. Uma última vez, em seu discurso de Roma, Lacan vai-lhe estender a mão:

> Se estas declarações parecem ousadas [trata-se do poder da linguagem], pelo menos testemunham que não considero a contradição que me opõem como uma falha na resposta que posso alcançar — bem ao contrário, quando em Anzieu ela manifesta essa proximidade da verdade que só se obtém quando é a verdade que nos estreita. A ponto mesmo de que certos entusiasmos, por aprovadores que sejam, me podem inspirar alguma reserva [...][24]

Anzieu não aceitou essa mão estendida; mas opta, também, por dizer (como Ferenczi acusando Freud), primeiramente aos inquisidores da IPA, e depois aos leitores de suas entrevistas com G. Tarraba, o que este gesto, a seu ver, comportava, a saber, uma falta de análise, por parte de Lacan, da transferência negativa:

> Ela [a comissão de inquisição da IPA] me pediu a opinião sobre a técnica psicanalítica de Lacan. Respondi que em minha experiência esta pecava em três pontos: ausência quase total de interpretação; incapacidade de suportar a transferência negativa; desconhecimento das particularidades da relação precoce com a imagem materna.[25]

Será porque esta "boa relação, calorosa, amigável, prestativa[26]"servia a Lacan para não analisar a transferência negativa que Anzieu a rejeitou? Ou se trataria, antes, de uma rejeição dessa atitude como tal? Esta questão nos é

---

[23] J. Lacan, in *La Psychanalyse* nº 1, op. cit., p. 245. Vamos notar a referência à escrita que é, com efeito, o que só se constitui pelo caráter fora-do-sentido do significante, que revela, portanto, esse fora-do-sentido como tal.

[24] J. Lacan, idem, p. 251.

[25] E. Roudinesco, *Histoire de la psychanalyse ...*, op. cit., p. 336.

[26] D. Anzieu, *Une peau...*, op. cit., p. 49.

imposta pelo relato que nos dá Didier Anzieu do ponto de espanto provocado nele por Lacan e, consecutivamente, de sua recusa de Lacan. O acontecimento é anterior a seu debate público em Roma, e revela assim a inanidade, em Roma, do gesto de Lacan com direção a Anzieu.

> Uma tarde de 1953, entre a primeira cisão (ocorrida na *Societé Psychanalytique de Paris*) e a criação da *Societé Française de Psychanalyse,* Lacan havia reunido seus discípulos no sub-solo do café Capoulade, na esquina da rua Soufflot com o Boulevard Saint-Michel. Ele havia feito um pequeno *speech* [pode-se notar o anglicismo, que remete ao uso de termos ingleses quando, nessa obra, Anzieu evoca a doença de sua mãe] para dizer da sua alegria pelo fato de que uma nova sociedade estivesse a ponto de ser fundada. Ele iria, enfim, poder desenvolver suas idéias e terminara sua fala com: "Sigam-me, eu vou levá-los ao fim do mundo[27]".

Moreno, observa então pertinentemente o interlocutor de Didier Anzieu, teria dito a mesma coisa. Anzieu, em resposta, formula a impressão que lhe causou essa proposição:

> Essa frase me havia espantado muito, porque eu não via como um homem — mesmo que fosse analista — pudesse levar os outros ao fim do mundo. E o seminário, era justamente isso.

Este relato é essencial na medida em que levanta a questão de saber se não seria como tal, enquanto se prestando a uma certa conseqüência, que Anzieu recusa a calorosa mão estendida de Lacan. "Ser levado ao fim do mundo" poderia designar o ponto preciso de cristalização da sua oposição a Lacan. Mas em que Marguerite terá participado do estabelecimento desse ponto de cristalização e, portanto, dessa oposição?

Publicação dos Écrits
Janeiro de 1967, a posição de Didier Anzieu

O jornal *la Quinzaine littéraire* estabelece, em seu número de 15 a 31 de janeiro de 1967, um pseudodebate, "a favor" e "contra" Lacan. "Pseudo", pois seus protagonistas, Charles Melman e Didier Anzieu, não debatem de outra forma senão tendo cada um deles escrito um artigo no sentido indicado. O artigo "a favor" é lançado à conta do retorno a Freud; mais inventivo, o "contra" assinala em Lacan "uma doutrina herética".

Mais inventivo, mas também mais justo, mais informado. Assim, este "debate", depois de mais de dez anos passados, dá razão a Lacan quando dizia em Roma preferir, por sua proximidade da verdade, a contradição do oponente ao entusiasmo do discípulo[28]. Ainda assim, Didier Anzieu se declara um

---

[27] Idem, p. 49.

[28] "Acho indecente que discípulos, que permaneceram submissos a ele enquanto podiam nutrir-se de seu seminário, tenham esperado que ele ficasse sem forças e sem palavras para virar casaca e atacá-lo, decidindo rejeitá-lo e ir constituir outros grupos". Lacan teria subscrito plenamente a posição ética assim formulada. D. Anzieu, *Une peau...*, op. cit., p. 53.

oponente, agora não mais no seio dos cociliábulos psicanalíticos, mas em praça pública.

O que nos autoriza assim a acolher a justeza do artigo de Anzieu? Simplesmente, este próprio artigo que, por exemplo, ao definir como herética a doutrina Lacaniana, antecipa em quase dez anos essa posição com efeito herética que o próprio Lacan irá reivindicar, particularmente graças a sua leitura de Joyce. Por si só, semelhante antecipação assinala essa justeza; mas ela não é sua única testemunha. Igualmente, quando Anzieu objeta a Lacan que "existe uma distância radical entre a lingüística e a psicanálise", a antecipação não é menos nítida do que a designação por Lacan, precisamente para marcar essa distância, de sua "lingüisteria".

Anzieu, nesse artigo, lamenta que não se tenha retomado, nos *Écrits*, o texto intitulado *Some reflections on the ego*. E, de fato, se, como ele observa, Lacan "reconstrói toda a psicanálise", o ponto de partida de uma tal reconstrução é realmente, como ele o nota, a descoberta do *estágio do espelho* — do qual o texto inglês é um traço tanto mais importante quanto faz falta o de 1936. Quando Anzieu nota ainda que o esquema lacaniano da comunicação (onde o emissor recebe do receptor sua própria mensagem sob uma forma invertida) encontra a inversão da imagem especular e, portanto, remete ao simbólico o modelo do espelho, ele põe, com efeito, o dedo numa dificuldade que é a da distinção dos dois registros, simbólico e imaginário, ele antecipa ainda aqui o que Lacan irá trabalhar nos seus últimos seminários topológicos. A partir daí, por que não pede ele a Lacan que dê provas de que essa definição da comunicação *não mascara* essa dificuldade? Por que o que ele chama de "uma dissidência" seria condenável? Ela o seria como dissidência? É verdade que entre 1967 e hoje, com tudo o que nos veio da União Soviética, o valor do termo basculou.

A heresia lacaniana, segundo Anzieu, consistiria num privilégio excessivo atribuído à descoberta "exata, mas de menor importância", do estágio do espelho.

> Para ele, o destino humano começaria ali, mais do que no que se pudesse ter passado entre o pequeno e sua mãe. A mãe, aliás, é a grande ausente da obra de Lacan, e a ênfase dada mais tarde ao nome do pai não parece tê-lo sido tão fortemente senão para prevenir o retorno da imagem terrificante da malvada mãe arcaica.

O curioso é que nessas duas últimas linhas, com essa interpretação da função paterna, Anzieu apresenta como uma crítica do lacanismo exatamente o que o lacanismo pôde formular no que toca a essa função!

Quanto à ausência da mãe, é claro que a censura feita ao ex-analista vira aqui uma reprovação pública ao teórico dissidente. O estágio do espelho teria, nessa dissidência, tomado a dianteira sobre a relação mãe/filho. Se se tratasse apenas de doutrina, seria preciso admitir que essa leitura de Lacan quase não sustenta o choque da crítica; não é sem artifício que Anzieu opõe [cf. o "mais"] o estágio do espelho à ligação entre o "pequeno" e sua mãe, como se vê no fato de que essa mãe, longe de estar ausente da configuração do estágio do espelho, aí intervém no ponto absolutamente decisivo onde a criança, na sua jubilação, voltando-se para a genitora, encontra nela a validação simbólica do que ela descobriu como sendo sua imagem.

O artigo, aliás, se encerra com um toque pessoal, único indício para o leitor não avisado de uma outra ligação além da leitura dos *Écrits* que une Didier Anzieu a Lacan:

> O título do poema [*O Cemitério marinho*] nos convida a fazer a saudação *dolorosa* [o grifo é meu] que pede, quando não mais se pode impedir, o naufrágio dos capitães votados a serem grandes, se não tivessem perdido a rota.

O naufrágio da heresia, segundo Anzieu, se produz ou se produzirá por si mesmo, não é preciso atacá-la:

> Em nossos dias, não se queimam mais, graças a Deus, os heréticos: eles se consomem por si mesmos, depois que o próprio braseiro que acenderam produziu algumas chagas, à vista das quais alguns se deixam por um momento fascinar.

Esta metáfora, graças a qual Anzieu, não sem dor, manda Lacan se queimar no próprio braseiro, tal como um súbito e inesperado raio de luz, atinge diretamente o que vamos isolar, aliás com Anzieu, como sendo o principal acontecimento a propósito do qual ocorreu a loucura de Marguerite, junto com a de sua própria mãe. O fato de que Lacan esteja aqui metaforicamente no lugar dessa primeira Marguerite que deveria queimar-se viva num acidente espantoso, eis o que nos salta aos olhos como uma confirmação de que, decididamente, o debate teórico permanece, como diz Didier Anzieu, um debate extremamente pessoal.

Isso significaria que Anzieu, apesar dessa metáfora do braseiro e da saudação pública que lhe dirige em 1966, não teria ainda acabado com Lacan? Ele teve o cuidado de nos fazer saber, e nós o admitimos (cf. o "Talvez, um dia, eu diga... " de 1986). Isso significaria que lhe terá sido necessário declarar sua relação com o caso Aimée, dizer que esta oposição não era simplesmente doutrinária, para afirmar seu verdadeiro alcance? Isso nos parece dificilmente contestável. Mas que estatuto dar a essa oposição?

A idéia do "moi-peau", 1974

Em 1974, Anzieu publica, no *Nouvelle revue de psychanalyse*, um artigo que apresenta como *princeps* e intitula: "*Le moi-peau*" (o eu-pele, ou eu-casca)[29]. Em 1985, o eu-pele será objeto de uma obra[30] onde ele apresentará de maneira desenvolvida sua "descoberta". Não se trata, aqui, de discutir essa descoberta, tampouco de avaliar sua receptividade. Em compensação, inscreve-se em

[29] D. Anzieu, "Le moi-peau", NRP, nº 9, paris, Gallimard, 1974, p. 195-208.

[30] D. Anzieu, *Le moi-peau*, Paris, Dunod, 1985.

nosso estudo o fato de que, tendo feito uma descoberta importante, ou que ele julga como tal (e, no que diz respeito ao que indicamos, este julgamento basta), Didier Anzieu se vê, aos olhos do movimento psicanalítico, numa posição "lacaniana", neste sentido preciso em que, como Lacan em 1936, determina-se a afirmar um novo conceito do eu.

Dois aspectos comuns se devem distinguir aqui: o fato de ter feito uma descoberta, seja ela qual for, e o fato de ter uma nova teoria do eu.

A descoberta como tal, independentemente de seu conteúdo, vem logo deixar o psicanalista que com ela se deparou numa situação suspeita diante da ortodoxia freudiana, que vai imediatamente acusá-lo de heresia. Isso, aliás, não sem motivo, pois a tendência à heresia estará presente de maneira tanto mais franca quanto mais importante for a descoberta em questão, quanto mais se estenderem suas conseqüências e — quem sabe? — se ela vier a modificar o conjunto da doutrina até então balizada pela ortodoxia.

Sem prejulgar o valor teórico do eu-pele, podemos notar que esta descoberta é acompanhada, com efeito, de tais conseqüências. Assim, quando Didier Anzieu sustenta que hoje, diferente dos tempos de Freud, não é mais o sexo, e sim o corpo sensorial e motor que é o recalcado[31], esta idéia, com referência à qual o eu-pele encontraria sua pertinência, avaliada do ponto de vista freudiano, parece claramente herética. Tampouco nos surpreendemos de encontrar, sob a pena de Anzieu, certas frases que prevêem a acusação, conformando-se à regra que faz do ataque a melhor defesa:

> Sou tentado a dizer: ou a psicanálise sobreviverá, renovando-se e integrando tudo aquilo para o que essas terapias corporais chamam a atenção, e ela subsistirá, renovando-se, ou no ano 2000 ela vai estar nas prateleiras das lojas de artigos fora de moda, e só se falará dela nas aulas de história da medicina e das mentalidades[32].

Compare-se esta ameaça com aquela que Lacan escrevia em sua tese e que anuncia sua descoberta do estágio do espelho: as duas frases são formal e enunciativamente semelhantes; além disso, visam à ortodoxia no mesmo ponto, a saber, na teoria do eu:

> Aí está o problema mais atual [mesma invocação da atualidade que a de Anzieu] da psicanálise [trata-se do tratamento psicanalítico das psicoses — em Anzieu trata-se, mais modestamente, dos casos-limite] e devemos esperar que ele encontre sua solução. Pois uma estagnação dos resultados técnicos disponíveis atualmente acarretaria um rápido perecimento da doutrina [esta é a ameaça: depois vem a proposta de solução] [...]. O problema terapêutico das psicoses nos parece tornar mais necessária uma *psicanálise do eu* que uma psicanálise do inconsciente [...][33].

---

[31] Cf. D. Anzieu, *Une peau ...*, op. cit., p. 74: "[...] no tempo de Freud, o recalcado era o que, do psíquico, se referia ao sexo: é por isso que ele compreendeu que desejos a histérica fazia falar através de seus sintomas corporais. Agora que o sexual não é mais tabu, com a liberação dos costumes, o desenvolvimento da contracepção, o acesso à liberdade sexual das mulheres e dos jovens, o recalcado, hoje em dia, é o corpo, o corpo sensorial e motor." Cf. também D. Anzieu, *Le moi-peau*, op. cit., p. 21.

[32] D. Anzieu, *Une peau ...*, op. cit., p. 79.

[33] T. p. 279-80.

Parece, pois, que, a partir de 1974, Didier Anzieu, embaraçado como Lacan a partir de 1936 por uma descoberta que é preciso anunciar e mesmo aceitar, vê-se numa posição semelhante à de Lacan com relação à comunidade psicanalítica. O fato de que esta descoberta do eu-pele ocorra, por outro lado, exatamente ali onde interviera a do estágio do espelho (a teoria do eu), e com um fim prático que não é muito diferente (o tratamento das psicoses ou dos casos-limite), nos permite situá-la como, com efeito, estando teoricamente em oposição à de Lacan, mas esta oposição se verifica ser de uma natureza particular: ela é a dos semelhantes.

Gilbert Tarrab, com quem Anzieu se entrevista pelo tempo de um livro, não deixa de destacar isso, chegando mesmo a dizer a seu interlocutor que ele e Lacan têm "muitos pontos em comum[34]". Como não o perceberia ele, diante de quem Anzieu faz questão de assinalar seus "pontos de divergência[35]" de Lacan?

> G.T.: Mas vocês, no fundo, fazem o mesmo trabalho: interpretam o desejo. D.A.: Aqui, sou obrigado a me explicar. Certamente, eu interpreto o desejo. Mas vou pronunciar uma outra palavra, que causava horror a Lacan, e se compreende por quê: é o eu. Ele não parava de demolir o EU, como sendo um conceito alienante, falsificador, e isso a partir da análise que fizera do estágio do espelho[36].

Aqui, ainda, o erro da leitura de Lacan é evidente demais para que possamos situar este horror imputado ao que seria um terreno de leitura supostamente serena de Lacan. Anzieu, quase quarenta anos depois de Lacan, arrisca-se a introduzir uma nova teoria do eu na psicanálise e, porque existe este empreendimento de sua parte, podemos reconhecer sua oposição como sendo a de um semelhante. Haverá uma resultante do caso de Marguerite na medida em que aí se inclua a análise de Didier Anzieu com Lacan? Mas também, e talvez principalmente, o que nos ensina essa resultante do caso de Marguerite sobre o próprio caso, sobre a maneira como Lacan e Didier Anzieu se inscreveram no caso?

A insatisfação de Lacan

Ao mesmo tempo em que Didier Anzieu inventa o eu-pele, Lacan deixa republicar sua tese (segundo trimestre de 1975). Formulamos assim o acontecimento, pois era claro que Lacan se tornara o que se havia tornado, não tendo, pois, escolha: essa tese já publicada, e depois tendo circulado por algum tempo extra-oficialmente, mais dia menos dia seria republicada. No entanto, ele queria, claramente, marcar a diferença entre sua posição de então e aquela que fora a sua em 1932, o que teve esse efeito sintomático de uma quarta capa,

[34] D. Anzieu, *Une peau...*, op. cit., p. 65.

[35] "Eu fazia questão de assinalar esse ponto suplementar de divergência de Lacan", idem, p. 69.

[36] Idem, p. 65.

composta, não como de costume, por um texto de apresentação, mas por ... dois! O texto de autoria de Lacan é assim redigido:

> Tese publicada não sem reticência
> Como pretexto de que o ensinamento passe pelo desvio de semi-dizer a verdade.
> Acrescentando-se: sob a condição de que o erro retificado demonstre o necessário de seu desvio.
> Que este texto não o imponha, isso justificaria a reticência.
> J.L.

Lendo a primeira linha, acredita-se compreender que se trata da publicação do livro que se tem nas mãos. Entretanto, Lacan não escreve "tese republicada", e sim "publicada", o que deixa, ao menos como possível, uma leitura dessa frase que situaria a reticência à publicação no tempo mesmo da publicação primeira. Estudando a escrita gradual da tese e a permanência de uma articulação entre essa escrita e as entrevistas que prosseguiam, já revelamos a condição de possibilidade dessa reticência em publicar desde 1932. No jogo dialético que se instaurara entre a escrita do caso e o aprofundamento de sua exploração, publicar era um golpe de força, uma interrupção brutal, num certo momento, da tensão instaurada entre essas duas práticas de escrita e de estudo do caso.

O texto de 1975 dá razão à reticência em publicar, ao mesmo tempo em que aceita deixar-se inscrever "nas costas" da publicação. Lacan nos propõe uma certa hipótese que justificaria a publicação, mas somente para, em seguida, refutá-la como não receptível. Se apenas meu ensinamento justificasse esse desvio onde se semi-diz a verdade! Mas não, trata-se apenas de um pretexto. Para que ele o justifique, seria preciso que, retificando o erro, este ensinamento demonstrasse que esse erro e esse desvio foram necessários. Ora, o texto da tese não impõe que se possa assim situar esse desvio, que se possa ver nele um desvio que, por ser uma verdade semi-dita, nem por isso deixasse de ser um erro definido como necessário. Assim se justifica a reticência em publicar, na impotência em que ela permanece, no entanto, de bloquear a publicação.

Essa justificativa da reticência joga num só-depois; ela viria no só-depois daquilo que Lacan, num certo momento, definiu como sendo seu "ensinamento". Mas talvez possamos dar-lhe uma justificativa que se ligue a outro dado que não o ensinamento de Lacan, um dado mais diretamente ligado ao caso de Marguerite.

Esse texto nada diz quanto a em que teria consistido o erro que menciona. De fato, um esclarecimento sobre este ponto será reservado por Lacan aos ouvintes de seu seminário. Aí está, pois, o que Lacan declarou em 16 de dezembro de 1975:

> Houve um tempo em que eu avançava numa certa via, antes que eu estivesse na via da análise, é o tempo da minha tese, *Da* psicose paranóica nas suas relações, dizia eu, *com a* personalidade. Se resisti por muito tempo à republicação da minha

> tese, foi simplesmente por isso, porque a psicose paranóica e a personalidade como tal não têm relação, simplesmente pelo seguinte: porque são a mesma coisa.

Já na Universidade de Yale, exatamente três semanas antes dessa sessão do seminário *Le sinthome*, Lacan havia começado a explicitar seu "erro". Depois de dizer aos seus ouvintes norte-americanos que sua tese fora "uma coisa séria" e mesmo que ele havia "precisado, realmente, impô-la", acrescentou naquele dia:

> Eu era ingênuo, então. Acreditava que a personalidade era coisa fácil de se compreender. Não ousaria mais dar esse título ao que estava em questão ali, pois, de fato, não acredito que a psicose tenha alguma coisa a ver com a personalidade. A psicose é um ensaio de rigor.[37]

Já lidamos com essa intervenção de Lacan quando de nossa discussão do diagnóstico e da cura do caso Aimée; vamos lembrar que Lacan afirmava então se tratar de um caso de erotomania. Mas o erro não é tanto um erro diagnóstico quanto um erro de referência, até mesmo um erro constituído pelo ato mesmo de referir a psicose à personalidade. Em três semanas, entre a intervenção na Universidade de Yale e a do seminário, a posição de Lacan se define e mesmo se encerra: acrescentar, com efeito à primeira formulação de uma ausência de relação entre paranóia e personalidade a razão dessa afirmação (elas não têm relação porque são a mesma coisa) reduz-se a aferrolhar a afirmação primeira.

Ora, o erro assim definido verifica ser nada menos que o espinosismo da tese. Lacan havia escolhido, para exergo de sua tese, esta frase de Espinosa:

> *Quilibet unius cujusque individui affectus ab affectu alterius tantum discrepat, quantum essentia unius ab essentia alterius differt.*[38]

Ele só proporia uma tradução ao final de seu percurso:

> Uma afecção qualquer num dado indivíduo mostra, diante da afecção de um outro, tanto mais discrepância quanto mais a essência de um difere da essência de outro[39].

Respeitando a diferença dos dois verbos, *discrepare* e *differe* (o que não é feito na tradução francesa da Pléiade, mas que se encontra na recente tradução de B. Pautrat[40]), essa tradução vale como uma verdadeira bomba no saber psiquiátrico, já que Lacan encontra aqui, em Espinosa, um apoio para introduzir a discordância numa psicose, a paranóia, supostamente diferenciada da esquizofrenia justamente porque, à diferença da entidade bleuleriana, ela não

---

[37] J. Lacan, "Conférences et entretiens... ", op. cit., p. 9.

[38] T. p. 11.

[39] T. p. 342.

[40] Spinoza, *Éthique*, trad. franc. B. Pautrat, Paris, Seuil, 1988, p. 297. Pautrat traduz: "N'importe quel affect de chaque individu discorde de l'affect d'un autre, autant que l'essence de l'un diffère de l'essence de l'autre". A Pléiade trazia: "Tout sentiment d'un individu diffère du sentiment d'un autre autant que l'essence de l'un diffère de l'essence de l'autre".

seria, em si, discordante[41]. Esta operação lacaniana é absolutamente clara no que Lacan acrescenta a sua tradução de Espinosa, no que ele quer dizer graças a ela:

> Queremos dizer com isso que os *conflitos determinantes, os sintomas intencionais e as reações pulsionais* de uma psicose discordam das *relações de compreensão*, que definem os desenvolvimentos [dois termos jaspersianos], as estruturas conceituais e as tensões sociais da personalidade normal, segundo uma medida determinada pela *história* das afecções do sujeito[42].

A discordância, pois, não é situada por Lacan como sendo a de dois indivíduos, cada um diferente do outro em sua essência, isto é, espinosianamente, em seu desejo, mas de uma maneira que a torna interna: em sua doença, o paranóico discorda de si mesmo, de sua própria personalidade. Assim, essa concepção espinosista do paralelismo permite a Lacan diferenciar o conhecimento verdadeiro, objetivo e que encontra assentimento social, do conhecimento delirante, do qual ele pode, ao mesmo tempo, dar sua última definição:

> [O delírio será definido como] a expressão, sob as formas da linguagem forjadas para as relações compreensíveis de um grupo, de tendências concretas cujo conformismo insuficiente às necessidades do grupo é desconhecido pelo sujeito.[43]

O conhecimento delirante é desarmônico com relação às concepções do grupo, mas ainda assim "paralelo" a uma tendência concreta:

> Os sintomas mentais não têm, portanto, valor *positivo* senão segundo seu paralelismo a tal ou tal tendência concreta, isto é, a tal comportamento da unidade viva diante de um objeto dado.[44]

O papel do psiquiatra se deixa definir a partir daí: ele vai ser aquele que, por captar esse paralelismo, por saber relacionar a positividade dos sintomas à tendência concreta que eles exprimem, por ver na psicose um ciclo de comportamento (isto é, a realização de um desejo), ajudará seu doente a encontrar um modo de expressão que não seja mais desarmônico com o grupo, mas conforme à sua personalidade (que supõe, senão o assentimento do grupo, pelo menos o conhecimento objetivo que implica ele mesmo na comunicabilidade social). O psiquiatra, pois, terá como tarefa relacionar paranóia e personalidade.

Entrevemos, desde essa lembrança do espinosismo da tese, a importância da correção que lhe é infligida por Lacan em 1975. Com a afirmação de que não há relação entre paranóia e personalidade, e depois a declaração de que paranóia e personalidade são uma só e mesma coisa, é nada menos que sua

---

[41] Cf. Georges Lanteri-Laura, Martine Gros, *Essai sur la discordance dans la psychiatrie contemporaine*, seguido de Philippe Chaslin, "Quelques mots sur la psychologie de la mathématique pure", Paris, EPEL, 1992.

[42] T. p. 343.

[43] T. p. 337.

[44] T. p. 338.

própria posição diante do caso que Lacan recusa. Ele terá situado a psicose de Marguerite como um ciclo de comportamento, como a realização de um certo desejo; terá também mostrado que esse desejo, na sua realização psicótica, era discordante em relação àquilo com que ele a relacionava, a saber, uma expressão desse desejo que teria sido harmônico com a personalidade de Marguerite, e, portanto, comunicável, compreensível, pois responderia, não a um conhecimento delirante, mas a um conhecimento verdadeiro.

Em 1975, Lacan nos diz que este ato de referir a paranóia de Marguerite à sua personalidade foi um erro injustificável, que não se pode relacionar paranóia e personalidade na medida em que esses dois termos são uma só e mesma coisa. Temos aí, pois, um exemplo do que ele deveria reconhecer, muito depois da sua tese, e que denotava nele uma mudança decisiva no seu posicionamento da compreensão, a saber, que o psicanalista erra o caso no ponto preciso em que acredita compreendê-lo. Tal teria sido o que ele chama de seu erro. Este incidiria exatamente sobre a compreensão do caso (sobre o que chamamos aqui de sua "versão" do caso, a saber, a identificação por ele da irmã mais velha de Marguerite como sendo sua verdadeira, mas desconhecida perseguidora). A rejeição dessa versão se vê, aliás, confirmada pela mudança de diagnóstico, concomitante à explicitação do erro. Não se trata mais, com o diagnóstico de erotomania, senão da relação de Marguerite com a Sra. Huguette ex-Duflos como personagem célebre. Ora, o traço da "celebridade" não é de modo algum atribuível à irmã mais velha de Marguerite. Haveria algo mais, no delírio de Marguerite e depois no atentado contra Huguette ex-Duflos, além do evitamento de uma questão sustentada pela irmã mais velha?

Conclusão

O caso de Marguerite teria sido encerrado com a publicação da tese de Lacan em 1932? Chegados, com os dois capítulos que acabamos de ler, ao fim do estudo dos problemas deixados em suspenso apesar dessa publicação, nossa resposta, sem ambigüidades, é negativa. Vamos resumir em algumas frases as razões que nos impõem uma tal conclusão.

1 - Falta, na tese, uma volta na escrita: a escrita da tese fica até o fim ligada ao prosseguimento das entrevistas exploratórias de Lacan com Marguerite, o que tem por efeito um relato do caso modulado em dois tempos sem que seja sempre explicitada a concordância entre o que foi recolhido e depois reunido nesses dois tempos. Assim, alguns fatos ficam por estabelecer.

2 - A isso vem-se acrescentar a intervenção da censura que também é a de sua própria inventividade. Daí a suspeita de que essas criações da censura, para além de sua função, transportam com elas uma certa versão do caso onde Lacan tem sua parte, não desprezível.

3 - Essa versão se ligaria à sua transferência com Marguerite, sua nomeação por Lacan como "Aimée" devendo situar-se como a intervenção de um significante eleito por Lacan como significante dessa transferência, como esse significante com o qual Lacan interroga Marguerite como sujeito-suposto-saber. Como demonstra um certo número de fatos posteriores à publicação do caso, essa transferência ficou à espera de sua efetuação.

4 - A cura, que definimos como sendo a do delírio, mas que nem por isso perde seu caráter surpreendente, permanece um fato inexplicado a partir do momento em que a compreensão que dela tem Lacan verifica não se sustentar: a autopunição não é a chave.

5 - Correlativamente, o diagnóstico se torna problemático, sendo o último proposto por Lacan (a erotomania) de uma maneira pouco demonstrada e passível de aparecer como uma nova figura de sua transferência para com "Aimée". O fato importante da precipitação num delírio da mãe de Marguerite no momento mesmo em que sua filha vê o seu ser "varrido" nos sugere considerar o caso como um caso de loucura a dois. Esta hipótese está por se discutir.

6 - O caso terá dado lugar a um certo número de repercussões posteriores à sua publicação e que, mostramos, fazem realmente parte do próprio caso. Assim a análise do filho de Marguerite com Lacan; retornava então, diante dele, esse filho que ele havia observado como sustentando a principal objeção à sua versão do caso (o inexplicado caráter centrífugo do delírio). Alguma coisa, aliás mal definida, resta em suspenso no prolongamento dessa primeira repercussão, e nosso estudo mesmo não pode de modo algum pretender uma posição de extraterritorialidade; antes, apresenta-se como uma repercussão suplementar do caso.

7 - Vamos mencionar, para concluir, este outro sinal do não-fechamento do caso por sua publicação em 1932, que é a insatisfação manifestada publicamente por Lacan por ocasião da segunda edição de sua tese. A retificação do que ele designa como seu erro, certamente, não a justifica a seus próprios olhos; mas essa retificação nos convida a reconsiderar o caso, já que opera nada menos que a subtração dessa noção de "personalidade" que servia de ponto de referência para a versão lacaniana do caso em 1932.

Mas eis que, desde 1932, uma voz, frágil mas ainda assim precisa, se faz escutar, começa a abrir caminho. Um caso, uma tese e no entanto... duas interpretações?

CAPÍTULO QUATRO

A outra interpretação

Esta outra interpretação cabe em algumas linhas e dados, melhor ainda, simplesmente numa nota! Antes de estudar essa nota, convém situá-la em seu lugar, pois sua importância depende de seu lugar na tese. Com efeito, dado o modo de escrita do caso, uma escrita gradual, o lugar de cada asserção permanece determinante para avaliar sua importância, destacar o que está em jogo. Isso será particularmente verdadeiro no que concerne a essa nota. Esta outra interpretação intervém logo depois que Lacan pôde considerar como suficientemente apresentada e mesmo como encerrada sua versão do caso. Isto reforça, pois, o mais possível, a importância dessa nota, já sensível à leitura: trata-se de uma objeção à versão manifesta do caso, aquela mesma que acaba de ser elaborada.

O fechamento do caso

Como será realizado esse fechamento? Lacan, na segunda parte deste quarto capítulo da monografia, faz intervir um objetor, pondo em sua boca uma certa reserva quanto à sua versão do caso; depois, tendo respondido à objeção de uma maneira que julga satisfatória, pode, daí por diante, admitir sua versão como válida. Eis, pois, em primeiro lugar a entrada em cena do objetor:

> Mas, nos irão objetar: que faz o senhor aqui além de dar um nome teórico, o de *autopunição*, aos traços puramente clínicos que já nos foram revelados por sua análise do caráter e da personalidade do sujeito? Concordamos que o senhor tenha demonstrado que a psicanálise encontra seu determinismo essencial numa *anomalia da personalidade*, e que sua descrição dessa anomalia dá uma imagem desta bastante aproximada. Quanto ao termo "autopunição", este é apenas um nome para designá-la. Ele indica, no máximo, sua relação com uma função psicológica normal, mas isso só serve para que o desafiemos ainda mais, já que não explica a sua especificidade.[1]

A objeção seria dupla: a explicação do caso pela autopunição é "verbal", até mesmo "verbosa"; a autopunição, sendo uma função psicológica normal,

[1] T. p. 254-5.

não pode explicar um fato gerado pela anormalidade. Bastará a Lacan responder à segunda crítica para, ao mesmo tempo, reduzir ao silêncio a primeira.

À leitura da citação acima, vamos ter reparado que Lacan já "obteve" alguma coisa de seu objetor: o reconhecimento da relação entre a psicose e a personalidade, e até mesmo mais, o reconhecimento do fato de que a anomalia da personalidade determinaria, realmente, a psicose, assim como ele o dizia.

Essa determinação da psicose pela anomalia da personalidade representa a aquisição da primeira parte desse capítulo. Lacan ali discute pela última vez a questão do diagnóstico, esclarecida pela da cura (cf. aqui mesmo no capítulo 2), afirmando que Aimée teria castigado a si mesma e, portanto, o sentido de seu delírio teria sido a autopunição[2]. Passando por cima, como vimos, do fato de que o castigo visava a Didier, e não diretamente Marguerite, ele prossegue assim:

> Ora, não nos parece que haja identidade entre o mecanismo fundamental do delírio e os traços salientes da personalidade da doente?[3]

Mais do que psicastênico (Janet) ou sensitivo (Kretschmer), o caráter de Marguerite se deveria classificar entre os "tipos muito belos de *Heautontimoroumenos*[4]" onde prevalecem os mecanismos de autopunição. O idealismo de Marguerite, seus escrúpulos obsessivos, suas inquietudes éticas convidam a caracterizar sua própria personalidade como "autopunição"[5]. A autopunição é uma anomalia no sentido em que atua como um ponto de apelo; ela seria um verdadeiro turbilhão na personalidade. Existe, nessas personalidades, uma tendência a fixar tudo o que pode vir favorecer a autopunição, isso não sem efeito de acréscimo:

> O desequilíbrio primitivo aumenta, assim, sempre no mesmo sentido, e compreende-se a passagem da anomalia, traduzida no caráter, à psicose.[6]

Entende-se melhor, a partir daí, a intervenção do objetor. Com efeito, o tipo de explicação aqui desenvolvida é análogo ao que foi promovido por um Génil-Perrin com sua noção de constituição paranóica tão vivamente combatida por Lacan.[7] Dizer que alguém se torna paranóico porque tem uma constituição, um caráter paranóico, esta é uma explicação que permanece puramente verbal. Mas Lacan, aqui, não estaria sugerindo, de uma maneira absolutamente semelhante, que a paranóia de Marguerite teria sido de autopunição pela razão de sua personalidade ser autopunitiva? Esta explica-

---

[2] "[uma tal hipótese] explica o *sentido* do delírio. A tendência à autopunição aí se exprime, de alguma maneira, diretamente". T. p. 252.

[3] T. p. 253.

[4] T. p. 154. O *heautontimoroumenos*: literalmente, "aquele que dá a si mesmo a sua própria recompensa", logo, tanto "honrar a si mesmo" quanto "castigar a si mesmo" — belo exemplo do "sentido antitético das palavras primitivas" (Freud). Cf. aqui mesmo em anexo a "Nota sobre o *heautontimoroumenos*".

[5] Ibid.

[6] T. p. 254.

[7] Génil-Perrrins, *Les paranoïaques*, Paris, Maloine, 1926.

ção não é menos "verbal" que a de Génil-Perrin, e é isso o que ele faz seu objetor dizer.

Como lhe responderá? Dando corpo ao que ele acaba de dizer, a essa relação entre a paranóia e a personalidade, que o objetor admite estar demonstrada, mas cujo valor explicativo recusa. Dar corpo a essa relação será demonstrar que essa relação não é uma palavra vã, mas designa realmente um certo número de correlações clínicas que são "as mais importantes que se apresentam em nossa doente"[8].

Neste ponto preciso, a problemática lacaniana da paranóia se distancia da referência jaspersiana (que, no entanto, vai permanecer determinante, como veremos mais adiante) para escolher uma outra referência, nomeadamente Freud e seus discípulos Jung, Anna Freud, e principalmente Abraham. Imediatamente depois de dar a palavra a seu objetor, Lacan escreve:

> É aqui que iremos demonstrar o alcance científico da doutrina freudiana [...]. A evolução da *libido* na doutrina freudiana nos parece corresponder muito precisamente, em nossas fórmulas, a essa parte, considerável na experiência, dos *fenômenos da personalidade*, cujo fundamento *orgânico* é dado pelo *desejo sexual.*[9]

Lacan vai sublinhar ainda, em 1966, num dos breves textos suscitados pela publicação dos *Écrits*, que foi realmente a autopunição que o fez voltar-se para Freud:

> Assim, aproximávamo-nos da maquinaria da passagem ao ato e, não nos contentando com o cabide da autopunição que nos era oferecido pela criminologia berlinense pela boca de Alexander e Staub, desembocamos em Freud.[10]

Em que Freud é decisivo para a abordagem das psicoses? Ao ler a resposta de Lacan em 1932, seus detratores de hoje deverão rever suas críticas:

> A inovação de Freud nos parece capital na medida em que traz para a psicologia uma noção energética, que serve de medida comum a fenômenos muito diversos[11].

Diga o que disser A. Green, é mesmo a energética freudiana, na medida em que serve de "medida comum", que terá posto Lacan na dependência de Freud. De que ordem é esta medida comum? Freud a chama de libido. A libido, escreve Lacan,

> [...] acarreta, em todo caso, este benefício imediato de impor a pesquisa sistemática dos distúrbios do comportamento sexual até nos estados psicopatológicos, tais como nossas psicoses, onde por muito tempo a negligenciaram. Com efeito, é bastante notável que esses distúrbios, embora evidentes, tenham permanecido por muito tempo, nos domínios que estudamos, confinados a uma espécie de segundo plano teórico e mesmo clínico, fato em que se é tentado a reconhecer a intrusão de "interdições" de natureza pouco científica.[12]

---

[8] T. p. 260.

[9] T. p. 255.

[10] J. Lacan, *Écrits*, op. cit., p. 66.

[11] T. p. 256.

[12] Ibid.

Lacan era um pouco otimista ao dizer que a noção freudiana da libido iria impor, no estudo das psicoses, a tomada em consideração da sexualidade. O fato de que as psicoses sejam um distúrbio da sexualidade ainda hoje está longe de ser indisputado, mediante o que, cegos pelo caráter trágico de certas situações vitais, não cessamos de ignorar até que ponto as psicoses derivam do cômico fálico, da farsa, muito mais radicalmente que da tragédia, desse cômico que Kierkegaard soube reconhecer como mais fundamental que o trágico.

Vamos situar, por nossa vez, de modo diferente daquele feito por Lacan, essa incidência do sexual na psicose de Marguerite. Mas, por ora, estudemos de que maneira Lacan se serve aqui da teoria da libido. Ele sublinha de saída, com Jung e Bleuler (sua análise da demência precoce[13]), "o papel capital das fixações libidinais na elaboração do mundo dos objetos[14]". Este papel é tal que a função janetiana de "contato com o real" entra, a partir daí, "na energética geral da libido". Logo, Freud separa Lacan de Janet. Essa incorporação, mas também relativização de Janet, é coerente com o fato de Lacan não se poder contentar aqui com uma referência à psicastenia de Marguerite para elucidar a relação de sua psicose com a anomalia de sua personalidade.

A libido atua como medida comum, em particular no fenômeno de compensação entre fixação narcísica e objetal, nos diferentes níveis de seus estágios evolutivos.[15] Esta concepção, admite Lacan, traz "incontestáveis luzes à compreensão do conjunto das psicoses"[16]. Ela lhe permite, com efeito, situar a paranóia de autopunição como fixação no estágio sádico anal primário que havia sido isolado por Abraham. Ele pode assim, não sem coerência teórica, ligá-lo à constituição do supereu e à erotização dos objetos fraternos. Diferente, nesse ponto, da noção de constituição, a de fixação dá "lugar à hipótese de um determinismo traumático, historicamente revelável, e evocável subjetivamente por uma técnica apropriada". Isso interessa vivamente Lacan e justifica seu método histórico de exploração do caso.

Graças a este apoio que lhe é oferecido pela doutrina psicanalítica, Lacan poderá agora dar corpo à sua afirmação da relação da paranóia com a personalidade:

> Lembrados estes pontos teóricos, parece-nos manifesto que eles permitem apreender as correlações clínicas mais importantes que se apresentam em nossa doente.[17]

---

[13] No *curriculum studiorum psychiatricum* da edição original de sua tese, Lacan relata sua "visita à clínica de Burghölzli" em agosto-setembro de 1930, e a tese é dedicada, entre outros mestres em psiquiatria, "ao Sr. Professor Hans Maier de Zurich, em homenagem pela amável acolhida que me ofereceu em seu serviço do Burghölzli nas férias de 1930". Por seu interesse histórico, só podemos lamentar a desaparição do conjunto destas dedicatórias nas edições do Seuil.

[14] T. p. 257.

[15] T. p. 158.

[16] Ibid.

[17] T. p. 260.

Um certo número de elementos clínicos do caso podem, então, ser mencionados como ligados a essa fixação libidinal:

- a incerteza do pragmatismo sexual,
- a impotência para experimentar o orgasmo,
- a prevalência manifesta de ligações femininas,
- a discordância entre as desordens da conduta sexual e os pretextos éticos que as encobriam,
- mas também a própria gênese da psicose, já que o conflito com a irmã mais velha ainda se deixa agora apreender como fixação afetiva no complexo fraterno.

Entretanto, mesmo se favorecem a tese que Lacan desenvolve aqui, esses aspectos clínicos não são decisivos. A verdadeira prova decisiva será a seguinte:

> Enfim, acreditamos poder encontrar a regressão libidinal típica na estrutura mesma do delírio de Aimée. É isso que vamos demonstrar agora.[18]

Para fazer isso, Lacan se refere à célebre análise onde Freud engrena gramaticalmente os diferentes temas do delírio graças às diversas "denegações"[19] que podem ser sofridas pela frase: Eu o amo. Depois de tê-las mencionado, Lacan reintroduz a seu respeito a acusação de "verbalismo", o que lhe permitirá matar dois coelhos de uma só cajadada, demonstrar que se pode ver aí algo mais "que um jogo de palavras"[20], afirmando seu valor explicativo sobre o caso Aimée, e demonstrar igualmente que sua versão do caso encontra, nessas fórmulas freudianas, sua base teórica. A correlação entre clínica e teoria funda a análise clínica e justifica a teoria.

A erotomania homossexual de Marguerite: Segundo Freud, tal como o apresenta aqui Lacan, a erotomania resulta da transformação seguinte: não é ele que eu amo, é ela, que, projetada secundariamente, dá: ela me ama. Isso daria conta do fato de a primeira perseguidora ter sido a amiga mais íntima da doente, mas também do fato de que a primeira sistematização do delírio seguiu-se ao fracasso da primeira maternidade. Este fracasso teria suscitado, em Marguerite, um recalcamento de seu voto "de realizar de maneira aprimorada, no duplo ponto de vista sexual e social, seu destino de mulher[21]", e assim reativado a componente homossexual. Aí residiria igualmente a explicação

---

[18] T. p. 261.

[19] Ibid. Não se trata, em Freud, de "denegação", como Lacan diz aqui, demasiado aproximativamente, mas, conforme a escolha que se fará para traduzir o verbo *widersprechen*, de "replicar" ou "contradizer". No seminário sobre *As estruturas freudianas das psicoses*, de 1955, Lacan, sempre a propósito dessa gramática freudiana das psicoses, vai falar em "três maneiras de negar" (cf. *Les psychoses*, Paris, Seuil, 1981, p. 52). Essa transformação de "denegar" em "negar" mantém a aproximação: contradizer não é denegar, mas tampouco, exatamente, negar. Vamos notar mais adiante até que ponto, na tese, a tradução de *widersprechen* por "denegar" é necessária para sustentar a versão do caso como paranóia de autopunição.

[20] T. p. 262.

[21] T. p. 263.

para o delírio ir procurar, como perseguidoras, mulheres de uma situação social superior, plenamente realizadas como mulheres, segundo o próprio critério representado pelo ideal de Marguerite.

O ciúme delirante: Sua fórmula freudiana é: Eu não o amo, é ela quem o ama. A demonstração freudiana segundo a qual este ciúme "traduz uma atração sexual inconsciente pelo cúmplice incriminado [...] se aplica inteiramente ao delírio de Aimée[22]". Assim, ela censura seu marido por ter tido relações com atrizes.

Os temas de grandeza: Segundo Freud, resultam de uma negação global da frase-matriz: *Eu não o amo, eu não amo ninguém, eu só amo a mim.* É a sua ausência, como temas delirantes, que Lacan julga significativa; sua manutenção num estatuto de devaneio e o caráter altruísta das ambições que lhes eram ligadas explicam-se pela fragilidade do processo regressivo neste caso, e, portanto, confirmam "a *benignidade* relativa e a *curabilidade* da psicose em nosso caso[23]".

Logo, houve realmente regressão, como prevê a teoria freudiana, mas uma regressão menor, onde a fixação narcísica e a pulsão homossexual se vêm focalizar no estágio tardio da gênese do supereu. Isso dá conta igualmente dos traços positivos da psicose (perseguição, erotomania, ciúme delirante) e daquilo que não se encontra (delírio de grandeza). Com essa análise do caso, Lacan pode doravante pretender haver respondido à objeção:

> Acreditamos, pois, neste parágrafo, haver respondido a nossos supostos contraditores: relacionando aos mecanismos de *autopunição* o determinismo da psicose em nosso caso, não nos referimos somente às instâncias psíquicas normais da "consciência moral", do "imperativo ético", ou, se quiserem, do "demônio de Sócrates"[24];

A regressão fraca aparece, portanto, como a verdadeira resposta à objeção segundo a qual uma consciência moral normal não pode explicar uma anormalidade. Não é esta consciência, de fato, que dá conta da anormalidade, responde Lacan, mas sua regressão ao estágio onde ela se estabelece. Compreende-se, portanto, aqui, a razão do caráter decisivo da última discussão: somente a regressão responde à objeção de uma maneira que lhe cala a boca.

Mas, em última instância, essa própria regressão se funda num conjunto de correlações clínicas que lhe dão sua consistência, correlações essas que respondem, pois, à primeira objeção de "verbalismo". A citação acima, então, prossegue assim:

> nós precisamos [trata-se da autopunição] a sua significação mórbida por toda uma série de *correlações clínicas* [as que acabam de ser explicitadas] previstas pela teoria. É supondo esse controle dos fatos que a teoria assume seu triplo valor de

[22] T. p. 264.
[23] Ibid.
[24] T. p. 264-5.

classificação natural, de indicação prognóstica e de sugestão terapêutica [vem aqui um "14" que remete à nota que iremos estudar].

Há um fechamento da versão do caso como paranóia de autopunição graças a essas correlações clínicas. Uma teoria, a teoria freudiana, as prevê, e a clínica, ou seja, essas próprias correlações, confirma a justeza dessa predição. Em matéria de ciência, é difícil esperar coisa melhor!

No entanto, algo soa falso nessa bela harmonia teórico-clínica. Neste mesmo capítulo, já destacamos que Lacan apresentava como permanecendo ainda misterioso o fato de que o castigo visava ao filho de Marguerite, e não Marguerite. Ele testemunha que a explicação segundo a qual a criança seria visada para punir a mãe não o satisfaz plenamente. Como compreender de outra maneira o fato de que esta pergunta tenha sido feita a Marguerite pela centésima vez?

> [...] Não podemos evitar repetir à doente a mesma pergunta, aparentemente vã: "Por que" — perguntam-lhe um dia pela centésima vez em nossa presença — "mas por que você acreditava que seu filho estivesse ameaçado?[25]"

Ora, é disso, precisamente, que se vai tratar na nota quatorze, que intervém então, como acabamos de mostrar, no ponto preciso onde seria fechada a versão do caso como paranóia de autopunição.

Pequeno suplemento de retificação

A primeira parte do capítulo quarto da monografia afirmara a psicose de Marguerite como paranóia de autopunição na sua relação com sua personalidade definida como *heautontimoroumenos*. A segunda parte havia fechado a análise do caso sobre as correlações clínicas de que davam conta os mecanismos autopunitivos considerados freudianamente. A terceira e última parte deste capítulo vai generalizar, apesar das reservas de Lacan no que toca a um tal procedimento, esses resultados do estudo monográfico:

> Se nos pedissem para resumir, agora, o balanço deste estudo [...].

Assim começa a escrita dessa terceira parte. Aos olhos de Lacan, o próprio estudo está, pois, bem fechado, como demonstra ainda o título dessa terceira parte:

> O *protótipo* "caso Aimée", ou a paranóia de autopunição. Frutos de seu estudo: indicações de prática médica e métodos de pesquisa teórica[26].

O que designamos aqui como pequeno suplemento de retificação se encontra em nota, intercalado entre o fim da segunda parte desse capítulo e o começo da terceira. Aí está o começo dessa nota:

> Uma outra forma de perversão instintiva poderia ser posta em causa por um exame muito atento do nosso caso: a saber, essa perversão do instinto materno

[25] T. p. 252.

[26] T. p. 265.

> como pulsão de morte, colocada como problema somente por alguns sintomas da psicopatologia humana, mas que se permite afirmar por fatos manifestos da psicologia animal[27].

Trata-se, para Lacan, de indicar uma possibilidade (cf. "poderia ser"). Dizer, como ele faz agora, isto é, depois de ter fechado "definitivamente" sua versão do caso, que "uma outra forma de perversão instintiva poderia ser posta em causa" reduz-se a pôr em causa nada menos que sua versão do caso, sua definição dele como um caso de paranóia de autopunição. Esta versão, com efeito, como ele acaba de mostrar e concluir acima, dá como causa (cf. o "pôr em causa") da paranóia de autopunição uma regressão da libido ao estágio da gênese do supereu onde se vêm cristalizar a fixação narcísica e a pulsão homossexual:

> *Fixação narcísica* e *pulsão homossexual* são, pois, neste caso, saídas de pontos evolutivos muito vizinhos da *libido*. Elas são quase contíguas no estágio da gênese do supereu[28].

Lendo esta nota, ficamos sabendo, em primeiro lugar, que se trataria ali de uma perversão (cf. "Uma outra forma de perversão instintiva... "). Na escrita do caso, este termo é novo. Ele é provavelmente empregado, nesta nota, porque ela introduz uma "perversão do instinto materno", e vemos que, se nos ativermos simplesmente a este ponto, essa outra possibilidade introduzida pela nota interfere com a versão manifesta do caso. Mas suas conseqüências vão muito além dessa nova problematização.

É precisamente o próprio rigor da demonstração que dá seu fechamento à versão manifesta do caso que se volta contra esta versão, a partir do momento em que poderia pôr em causa uma outra forma de perversão instintiva. Com efeito, existe solidariedade entre toda a série de correlações clínicas e os dados teóricos (freudianos) que delas dão conta, e solidariedade ainda entre este conjunto e "a *benignidade* relativa e a *curabilidade*"[29] do caso. Esta solidariedade terá mesmo constituído o fechamento da versão manifesta do caso. Mas, justamente porque existe um uma tal solidariedade, invocar "uma outra forma de perversão instintiva" não pode ser considerado como uma modificação de detalhe que deixaria inalterada esta versão como tal. A correção aqui introduzida visa não somente ao que retifica diretamente (a fixação narcísica e a pulsão homossexual como causa), mas também aquilo a que se vê ligada essa perversão (a série de correlações clínicas, a interpretação da cura). Igualmente, como podemos esperar depois de ter feito essa observação, encontramos efetivamente, na continuação desta nota, e ligado a esta outra perversão que ela relata, um outro conjunto de correlações clínicas e uma outra versão da

---

27 Ibid.

28 T. p. 264.

29 Ibid.

cura, logo, uma outra explicação do caso. Vamos mostrar que tal é realmente o que está em jogo nessa nota, lendo-a passo a passo.

I - O caráter centrífugo do delírio

> Uma tal pulsão [a pulsão de morte à criança] explicaria a organização "*centrífuga*" do delírio que faz a atipia de nosso caso.

A *perversão do instinto materno* permite, pois, a Lacan, dar conta, em primeiro lugar, do caráter centrífugo do delírio que escapava a sua versão do caso. Ele fala disso, agora, como de um fato atípico com referência ao quadro da paranóia de autopunição; mas a existência mesma da nota demonstra que classificar este fato sob uma rubrica que seria a dos dados "atípicos" não o satisfaz realmente.

2 - O sentido do delírio

> Seu recalcamento [o da pulsão assassina] permitiria compreender uma parte do comportamento delirante como uma *fuga* para longe da criança. Algumas prevalências de imagens que destacamos em seus escritos (v. p. 191), alguns temores obscuros sentidos pelos seus (v. p. 171) viriam apoiar esta hipótese.

A primeira referência remete ao fim do romance *Le Détracteur*, escrito por Marguerite em julho-agosto de 1930 (oito meses antes do atentado contra Huguette ex-Duflos) e cuja heroína é Aimée. Lacan estabeleceu que, longe de ser o feito de uma ilhota de personalidade que teria escapado ao domínio da psicose (como queriam muitas doutrinas psiquiátricas, entre as quais a de Clérambault), as produções literárias de Marguerite são criações de sua própria psicose:

> Poderemos dizer que a psicose privou a doente dos *meios de expressão* socialmente *eficazes* desses sentimentos? [Trata-se da compreensão que Marguerite prova ter dos sentimentos da infância, seu entusiasmo pelo espetáculo da natureza, seu platonismo no amor, seu idealismo social.] Como prová-lo? Este gosto pela escrita, pelo qual ela faz apelo — como tantos outros, do meio limitado onde ela fracassa — a uma coletividade maior, que a compensaria por esse fracasso — este gozo quase sensível que lhe é dado pelas palavras de sua língua —, este caráter de necessidade pessoal que reveste nela a obra literária, tudo isso se deve menos à sua psicose que os traços precedentes? Certamente que não, pois ela não conseguiu levar a cabo o que escreveu de melhor, e de mais importante, senão no momento mais agudo da sua psicose e sob a influência direta das idéias delirantes.[30]

Notemos, entre parênteses, que o fato aqui sublinhado por Lacan coloca um problema árduo para o que será mais tarde apresentado de uma maneira simplista como sendo a sua teoria da psicose, a saber, o que ele observou e designou, em 1955, como a foraclusão do Nome-do-Pai, e que representa apenas, para dizer a verdade, um momento de seu questionamento das

---

[30] T. p. 289.

psicoses. Se essa teoria repousa, de fato, na ausência da dimensão da metáfora nas psicoses (ele observa então essa ausência em Schreber), sobre o que se poderia designar como metaférias, já que férias da metáfora, será preciso convir que as criações literárias de Marguerite, tais como Lacan situa aqui, isto é, como sendo realmente criações de sua psicose, trazem-lhe um desmentido de fato.

Nas obras literárias de Marguerite as metáforas estão longe de serem ausentes. Assim, na passagem a que Lacan nos remete nessa nota, ela fala da criança morta e embalsamada como de um "camafeu branco". Lacan interrompe nessa metáfora as citações do *Détracteur*, a menos que esta seja a última palavra da obra. Logo antes, Marguerite escrevera:

> Ó criança, ó meninas que morrem, flores brancas que uma foice surda abate, fonte risonha exaurida, afastada pelo negro e sublime mistério do globo, pomba caída do ninho e que tece seu sudário no solo assassino, frágil peito de pássaro expirando no bico sangrento do gavião, negra visão, que amem vocês!

A criança morta o foi por sua mãe, como nos indica a segunda referência dessa nota. Por ocasião de uma cena feita à sua irmã mais velha, datada de janeiro de 1931, Marguerite, não sem uma violência verbal que aterroriza a irmã, lhe declara:

> É preciso que você esteja pronta a testemunhar que René [retificação para "André", inventado por Lacan, invenção que, sob o homem (*andros*), esconde o significante "rené" (renascido), que remete diretamente ao que está em questão] me bate e no menino. Estou pronta a tudo, senão vou matá-lo."

A própria família não deixa de escutar o equívoco gramatical, e Lacan registra este fato:

> É de se notar que os parentes da doente receiam tanto as suas ameaças [note-se a formulação no presente] no que toca à criança quanto ao marido.

Mais do que apoiar a hipótese de Lacan em sua nota, essas duas referências a exprimem diretamente, isso de acordo com o que dizia Lacan então sobre o delírio que, diferente do sonho, não precisa de interpretação, já que é, ele mesmo, uma interpretação[31]. O delírio não seria a expressão da tendência à autopunição, como notara Lacan no fechamento do caso[32], mas alguns de seus temas revelariam, sem mascarar, a pulsão de assassinato na mãe. Além dessa função de expressão, o delírio provocaria um comportamento de fuga diante da criança, isto é, diante do ato assassino: ele seria, então, ao mesmo tempo, o lugar de expressão da pulsão mortífera e o modo segundo o qual ela é mantida à distância de sua realização. Aqui já se entrevê que o delírio é posto em tensão por dois vetores contrários: *realizar o ato* (manifestá-

---

[31] "Este primeiro caráter do delírio vale ser notado: a evidência da significação do delírio. Bem diferente da obscuridade simbólica dos sonhos, ela leva a dizer que "no delírio o inconsciente de exprimia diretamente no consciente" [...]. Pode-se dizer que, contrariamente aos sonhos, que devem *ser interpretados*, o delírio é por si mesmo uma atividade *interpretativa* do inconsciente. E aí está um sentido absolutamente novo que se oferece ao termo "delírio de interpretação" ". T. p. 293.

[32] T. p. 252.

lo é parte disso) / *não realizar o ato*. Somente um estudo preciso e detalhado do jogo das diferentes componentes do delírio (erotomania, grandeza, ciúme, reivindicação), umas com relações às outras, vai-nos permitir resolver essa contradição (cf. cap. onze).

3 - A cura

A nota continua assim:

> Além disso, ela [esta hipótese] nos daria uma nova explicação da cura, que aliás só se pode admitir na dependência da primeira: a satisfação autopunitiva, que está na base da cura, teria sido determinada em parte pela "realização" da perda definitiva de seu filho.

O mesmo esquema da cura é aqui posto em jogo por Lacan, só muda o tema. A cura permanece uma realização, mas o que ela teria realizado varia: não seria mais o desejo de autopunição, mas a pulsão de morte ao filho sob a forma de sua perda "definitiva". Este definitivo da perda explicaria a manutenção de Marguerite no hospital?

Teremos observado que Lacan apresenta esta nova interpretação da cura como dependente daquela já forjada por ele, e que permaneceria "basal". Vamos objetar-lhe, porém, aquilo mesmo que foi marcado por ele como a principal objeção à sua versão do caso. Com efeito, há um equívoco, na citação acima, sobre a palavra "determinada". Poderia tratar-se de uma das determinações da autopunição, no sentido em que uma variável determina uma função, f(x) sendo possivelmente f(a), f(b), etc., mas então permanece intacta a objeção do caráter centrífugo do delírio; ou então, a pulsão de morte determina a realização da autopunição no sentido em que ela vale, no tocante à tendência autopunitiva, como uma de suas causas, senão a sua causa (o que é sugerido pelo uso do termo "pulsão"), mas a autopunição não pode mais, então, ser considerada como basal.

Esta tentativa de integração da "outra forma de perversão" na versão manifesta do caso incide sobre apenas um dos três remanejamentos que distinguimos. Isso reduz, portanto, o seu alcance. De fato, falta aqui uma discussão aprofundada da relação que pode ser mantida entre a versão manifesta do caso e sua outra interpretação (não se pode admitir que a afirmação aqui de uma "dependência" da segunda sobre a primeira baste para resolver o problema). Essa tentativa de integração nos parece denotar o fato de que Lacan, ao escrever essa nota, entreviu realmente a dificuldade, mas se absteve de enfrentá-la diretamente.

As duas interpretações

Duas interpretações do caso Aimée são, pois, apresentadas na tese. Uma delas, a mais manifesta, lê a psicose como realização de uma tendência autopunitiva, e a outra a situa como realização de uma pulsão de assassinato do filho.

Essas duas interpretações diferentes permanecem distintas. Um traço é o suficiente para nos permitir afirmar essa distinção, aquele que nos é dado pela tese, a saber, o caráter centrífugo do delírio — que a versão manifesta não consegue integrar. A este traço, porém, vêm-se acrescentar um certo número de outros elementos, estes não explícitos na tese, mas que nossa leitura foi capaz de destacar.

A versão manifesta não dá conta das conseqüências do caso. Vai-se responder: "e com razão!" Decerto, mas se essas conseqüências fazem realmente parte do caso, o que demonstramos, basta simplesmente a sua ocorrência para nos indicar que essa versão não terá representado um efetivo fechamento do caso. A partir do momento em que uma outra interpretação nos é proposta, no instante mesmo desse fechamento, coloca-se a questão de saber se essas conseqüências devem ser articuladas a essa outra versão, por não poderem ser remetidas à versão manifesta.

O problema do diagnóstico continua a se manter como problema em Lacan, para além da publicação da tese. A última definição do caso como de erotomania ainda deixa em suspenso a questão de sua consideração como um caso de loucura a dois. O fato de que a mãe de Marguerite se tenha revelado delirante no próprio momento em que Marguerite se teria curado, eis o que não é integrado e nem é, sem dúvida, integrável à versão do caso como paranóia de autopunição.

A permanência forçada de Marguerite no hospital para além de sua "cura" tampouco é explicada na versão do caso como paranóia de autopunição. Vimos que este diagnóstico dependia de uma certa leitura da cura. A parcialidade dessa cura, manifestada pela manutenção de Marguerite no hospital, deve, pois, encontrar uma outra explicação que aquela formada a partir desse diagnóstico. Seria ela explicável a partir da outra interpretação do caso?

Enfim, para continuar aqui a descer essa ladeira que subimos nesta primeira parte de nosso estudo, a parte desempenhada por Lacan na escrita do caso, uma parte que mostramos não ser negligenciável, tampouco é levada em conta na versão manifesta do caso. Mais uma vez, vai-se responder: "e com razão!", embora esta fórmula já não tenha aqui o mesmo alcance que antes. Com efeito, revelamos essa tendência de Lacan a levar o caso "de A a Z" como um agrimensor faz um traçado entre dois pólos, aqui entre duas mulheres, quase caricaturadas por ele como figuras do amor (sua nomeação de Marguerite como "Aimée") e o ódio (C. de la N. e, por trás dela, a irmã mais velha de Marguerite). Que lugar ocupava ele no caso para assim medi-lo? Em que este lugar poderia "convir" a Marguerite? Teria sido, à sua revelia, atribuído por ela? Entrevemos que o partido assumido por Lacan com relação ao caso, no caso, não seria integrável à sua versão manifesta do caso pela simples razão de que seria a sua causa. Mas, se isso se revelasse exato, seria então colocada a questão da avaliação da capacidade da outra versão do caso de dar conta deste.

Distintas, as duas versões do caso de Marguerite o são, tanto quanto díspares: *formalmente*, uma versão se apresenta como manifesta, explícita, sustentada o máximo possível, ao passo que a outra é simplesmente indicada; *historicamente*, uma se vem alojar no ponto preciso onde a outra teria sido fechada. Esta última observação nos parece decisiva. Depois do instante de ver, e do tempo para compreender (onde se reencontra o termo jaspersiano), é no momento de concluir que surge a outra interpretação; isso lhe dá um alcance específico quanto à sua versão manifesta, a de um indicador de que, conforme o funcionamento do sofisma do tempo lógico, ter-se-á concluído "atravessado"[33].

Como iremos resolver o problema colocado pela existência dessas duas interpretações ao mesmo tempo rivais e díspares? Caberá certamente à clínica resolver o problema ali onde haveria incompatibilidade. Ela ainda deverá não negligenciar a incidência da transferência de Lacan para com Marguerite para dar conta da disparidade das duas interpretações. O critério ao mesmo tempo freudiano e lacaniano desta clínica será o das "correlações clínicas" que, com a autopunição, foi outro ponto de acordo de Lacan com Freud:

> Singularmente, mas acreditamos que necessariamente, fomos levados a Freud. Pois a fidelidade ao invólucro formal do sintoma, que é o verdadeiro traço clínico de que tomávamos o gosto, nos levou a este limite onde ela se inverte em efeitos de criação. No caso de nossa tese (o caso Aimée), efeitos literários — e mérito suficiente por terem sido recolhidos, sob a rubrica (reverente) de poesia involuntária, por Eluard.[34]

Dar conta do caso seria dar conta de suas correlações clínicas. Correlações entre o que e o quê? Correlações de fatos de estrutura[35] que ele nos

---

[33] "Eu havia feito, outrora, um negócio que se chamava *O tempo lógico*. E é curioso que eu tenha posto no segundo tempo o "tempo para compreender" [vê-se aqui como o tempo lógico integra numa lógica temporal esta "compreensão" jaspersiana tão axial na tese; ela permanece axial aí, mas, espremida entre "o instante de ver" e "o momento de concluir", não tem mais razão em si mesma.] Esta é a única coisa, nessa forma que fiz o tão depurada quanto possível, a única coisa que havia ali a se compreender, é que o tempo para compreender não funciona se não houver três, a saber, o que chamei de o instante de ver, depois a coisa a compreender e depois o momento de concluir — de concluir, como creio tê-lo sugerido o bastante naquele artigo, de concluir atravessado". J. Lacan, *Les non-dupes errent*, seminário inédito, sessão de 9 de abril de 1974. Toda a nossa argumentação terá mostrado que a escrita da monografia do caso Aimée se origina desses três tempos.

[34] J. Lacan, *Écrits*, op. cit., p. 66.

[35] Por ocasião das "Jornadas da E.F.P.", em Paris, em 29 e 30 de setembro e 1° de outubro de 1973, Alain Didier apresentou uma exposição muito interessante sobre as entrevistas preliminares, ou, mais precisamente, sobre o que leva alguém a empreender uma psicanálise. Ele mencionou dois casos: 1 - "Um homem de idade madura, professor de francês, sofre de uma impotência sexual desde seu casamento. Vem um dia consultar um psicanalista, não por seu sintoma, mas porque acaba de descobrir que o amante de sua mulher comete erros de ortografia", e 2 - O segundo caso apresenta "um padre cuja perversão consistia em ir procurar prostitutas e, depois de consumado o ato, dizer à mulher: 'Sabe com que você acaba de fazer amor? Com um padre!' E todo seu prazer era proporcionado pela cara que fazia a moça naquele momento — porque deve-se acreditar que este é um meio onde um padre é considerado importante, até mesmo sério". Lacan, que assistia à exposição, respondeu assim: "Tanto num caso quanto no outro, nos seus dois exemplos, trata-se, falando propriamente, de fatos de estrutura. Aliás,

apresenta, mas sem nos dispensar, no entanto, de distingui-los como tais. A entrada de Marguerite no delírio quando está grávida pela primeira vez, o desenvolvimento de seu delírio como necessário, sua passagem ao ato quando agride Huguette ex-Duflos e a "cura" que se segue, a ocorrência de um delírio em sua mãe, a inscrição de Lacan no caso, a análise de Didier Anzieu com Lacan surgem, a uma primeira leitura, como outros tantos fatos de estrutura do caso, que só uma nova leitura, atenta a seu "invólucro formal", permitirá pôr em correlação. Assim, vamos decifrar o caso de Marguerite. O que não se fará sem que se proponha uma cifração que tentará dar conta das correlações clínicas de uma maneira estrutural.

alguns de vocês o indicaram. Isso pode ser mesmo precisado de maneira estrita. São fatos de estrutura. Há, com efeito, uma estrutura exigível — não exigível como limite, mas uma estrutura exigível no sentido em que é a mais desejável para deslanchar uma análise" (cf. *Lettres de l'école freudienne*, nº 11, set. 1973, p. 207 e 214 para as citações de Didier e 215 para a de Lacan, não divulgado nas livrarias). Aqui não é o lugar onde teríamos de formular os meios e fins dos "fatos de estrutura". Vamos proceder mais empiricamente: os fatos que isolamos, designando-os por antecipação como "fatos de estrutura" vão-se revelar como tais só-depois, a partir do que conseguirmos — ou não — produzir como sendo uma cifração pertinente da estrutura do caso de Marguerite.

Segunda Parte

Dados históricos

CAPÍTULO CINCO

Histórico do caso de Marguerite

Estabelecimento crítico

Não nos poderíamos fazer de narrador do caso. A razão de tal recusa, pois é disso que se trata, é o caráter, a nosso ver, a partir de agora, inapropriado de tal empreendimento. O caso foi escrito, isto é fato, é mesmo um acontecimento que faz parte legítima do caso. Reescrevê-lo por outra mãos, além das confusões que não deixariam de ocorrer, consistiria, de nossa parte, em reocupar este lugar de onde a loucura de Marguerite se dá a saber, lugar que foi inicialmente o de Marguerite na sua passagem ao ato (ela é uma notificação, participa da página da escrita), depois o de Lacan no ato de publicação do caso, e depois o de alguns outros depois dele (Didier Anzieu, E. Roudinesco).

Certamente, nosso estudo não deixará de participar de uma tal notificação. Entretanto, seu movimento não é o da sua reiteração; tampouco se trata de uma duplicação da notificação sobre o caso, possivelmente melhor, mais sintonizada com o caso, mais a seu gosto. Admitimos que isso exige que se lhe sacrifique toda veleidade de reescrita narrativa. E, se o acolhimento não deixa de ter efeito de notificação, resta o fato de que não é esta a sua intenção essencial.

Isso valerá, pois, como diferença entre a posição de Lacan no caso e a nossa. Para dizer a verdade, será somente ao termo de nosso estudo que seremos capazes de precisar essas diferença; sua observação implica, com efeito, que tenhamos visto de perto qual terá sido a posição de Lacan no caso, sua transferência para com Marguerite, na medida em que esta o levou a publicar seu caso de uma maneira que não exclui uma certa narratividade.

Assim, vamos apresentar agora, não um relato do caso, mas uma "simples" trama histórica. Um segundo capítulo estudará o que foi a primeira publicação do caso (a dos jornalistas, consecutiva ao atentado). O terceiro capítulo desta parte histórica apresentará alguns dados, até hoje desconhecidos ou mal conhecidos, a que o caso de Marguerite se refere explicitamente (o assassinato de Philippe Daudot, os dois processos de Huguette ex-Duflos, mas também o ambiente daqueles anos durante os quais eclodiu a loucura de Marguerite, e que foram chamados "os anos loucos".

Todos os dados históricos concernentes ao caso de Marguerite, apresentados em ordem dispersa na tese de Lacan, são aqui retomados e cronologicamente ordenados. Acrescenta-se a eles um certo número de outras informações tornadas disponíveis desde que foi suspensa, por Didier Anzieu, a censura do nome de Marguerite Anzieu.

Fontes documentárias: RC = registro civil; T = tese de Lacan; PP = Didier Anzieu, *Une peau pour le pensées;* HPF = Elisabeth Roudinesco, *La bataille de cent ans, Histoire de la psychanalyse en France,* T. II. As outras referências são dadas explicitamente quando de sua primeira menção.

Optamos por marcar como CO aquilo que permanece atualmente uma conjectura apenas provável e CE uma conjectura que nos pareça poder ser considerada como "certa".

Uma separação tipográfica distingue, a propósito de cada acontecimento relatado, por um lado, o próprio acontecimento, por outro lado, suas discussão crítica, que pode dizer respeito à sua datação ou a qualquer outra das suas características.

Pais, irmãos, infância

15-09-1832 (CE) - Nascimento de Marguerite Maisonneuve, mãe de Jeanne Donnadieu e avó materna de Marguerite, em Chalvignac (Cantal).

RC

16-12-1833 (CE) - Nascimento de Jean Donnadieu, pai de Jeanne Donnadieu, avô materno de Marguerite, em Lagraffouillère (comuna de Soursac/Corrèze).

RC

xx-xx-1833 (CE) - Nascimento de Marguerite Martin, avó paterna de Marguerite.

RC

14-07-1856 (CE) - Nascimento de Jean-Baptiste Pantaine, pai de Marguerite, em Rilhac-Xaintrie (Corrèze).

RC

12-02-1861 (CE) - Casamento de Jean Donnadieu e Marguerite Maisonneuve, avós maternos de Marguerite, em Chalvignac.

RC

02-09-1865 (CE) - Nascimento de Jeanne Donnadieu (dita Anna), mãe de Marguerite, em Chalvignac.

RC

01-06-1877 (CE) - Morte de Marguerite Donnadieu (nascida Maisonneuve), avó materna de Marguerite; Jeanne, sua mãe, fará 12 anos.

RC

20-12-1878 (CE) - Nascimento de Guillaume Pantaine, irmão de Jean-Baptiste Pantaine. Ele se casará com sua sobrinha Élise, irmã de Marguerite.

RC

04-02-1885 (CE) - Casamento de Jean Baptiste Pantaine e Jeanne Donnadieu em Chalvignac, ele com 29 anos, ela com 20.

RC

19-10-1885 (CE) - Nascimento de Marguerite Pantaine, filha de Jean-Baptiste Pantaine e Jeanne Donnadieu.

RC. A criança poderá ter nascido prematura, concebida depois do casamento, ou terá nascido a termo e concebida logo antes do casamento.

A fazenda familiar, hoje em dia reformada

Uma fazenda semelhante, que permaneceu no estado

23-09-1887 (CE) - Nascimento de Élise Pantaine, dita Eugénie ou Nène, aquela que a tese de Lacan designa como sendo a irmã mais velha.

RC e carta de Didier Anzieu a Jean Allouch (para o apelido Nène).

15-10-1888 (CE) - Nascimento de Maria Pantaine, dita Clotilde, outra irmã de Marguerite, aquela que irá acolhê-la por algum tempo, em 1941, quando sair do Hospital Sainte-Anne.

RC, carta de Didier Anzieu (para o nome Clotilde) e HPF p. 135 (para a ação dessa irmã em 1941).

10-12-1890 (CE) - Morte acidental de Marguerite Pantaine.

RC para a data, T. p. 175 e PP. p. 16 para o acidente. A data fornecida pelo RC desmente a versão de Lacan, quando afirma que o acidente teria ocorrido "durante a gestação de nossa doente", bem como a de Didier Anzieu, ao afirmar que foi "a mais nova das três filhas" a morrer no acidente.

12-08-1891 (CE) - Uma criança natimorta na família de J. B. Pantaine.

RC e T. p. 174. Lacan menciona um aborto "depois" do nascimento de sua paciente Marguerite. Seria esta criança nascida morta? Ou seria um aborto situado na data que ele diz? Se houve apenas oito gestações, como ele precisa, deve-se admitir que este aborto corresponde a essa criança natimorta e, portanto, corrigir a data que ele nos propõe: o acontecimento deve ser situado, não depois, mas antes do nascimento de Marguerite.

XX-XX-1891 (ČE) - Nascimento de Hermance Hert, futura Huguette Duflos, em Túnis. Ela irá lidar com a faca de Marguerite.

04-07-1891 (CE) - Nascimento de Marguerite Jeanne Pantaine em Chalvignac, Cantal.

RC. Ao Sr. Evrard, comissário do distrito de Saint-Georges, logo depois do seu atentado contra Huguette ex-Duflos, Marguerite dirá ter nascido em Mauriac (jornais). Lacan faz Aimée nascer em R., na Dordonha (T. p. 154).

1893/1902 (CE) - Élise, irmã mais velha de Marguerite, toma-a a seus cuidados, "maternalmente".

T. p. 220.

21-08-1894 (CE) - Nascimento de Guillaume Pantaine, irmão de Marguerite, primeiro menino da família.

RC e T. p. 174.

XX-09-1898 (CE) Marguerite inicia com sucesso seus estudos primários.

T. p. 222.

11-04-1899 (CE) - Nascimento de Abel Marcel Pantaine (dito "Marius"), segundo irmão de Marguerite; será ele quem herdará a fazenda da família.

RC e T. p. 174.

XX-09-1901 (CE) - Élise deixa a casa paterna aos 14 anos, provavelmente para ir viver como empregada em casa de seu tio paterno Guillaume Pantaine.

T. p. 220 (para a data) e 223-4 (no que concerne a sua instalação em casa do tio).

27-09-1902 (CE) - Nascimento de Guillaume Clovis Pantaine, o mais jovem dos irmãos de Marguerite, aquele que iria tornar-se professor primário graças à ajuda de Marguerite, quando ela mesma estava destinada "entre todas" a ascender a essa situação "superior" (Lacan); é também este o irmão que viria a encontrar-se com Lacan.

RC e T. p. 220 (para a data de nascimento), 154, 222 e 239 para a indicação de que este seria o mais jovem dos irmãos e sua posição de professor.

junho 1904 (CO) - Marguerite obtém o certificado de estudos primários.

Quem pôde mais (conseguiu o diploma) foi quem menos pôde.

setembro de 1904 - junho de 1905 (CO) - Marguerite na escola secundária.

Não se sabe se ela fez este curso (dependente do primário) em Chalvignac ou já em Mauriac, num internato (ver abaixo).

XX-10-1905 (CO) - Marguerite deixa pela primeira vez o domicílio familiar, e é a primeira a ser enviada para a escola secundária leiga da cidade vizinha de Chalvignac (provavelmente Mauriac).

Esta partida teria ocorrido no máximo nessa data.

28-08-1906 (CE) - Élise Pantaine casa-se com seu tio Guillaume Pantaine, em cuja casa estivera empregada.

RC para a data do casamento e para o fato de Élise ter-se casado com o tio paterno. Lacan (cf. T. p. 223 e 230) situa este casamento quando Élise teria quinze anos, logo, em 1902, o que é errôneo. Deve-se também corrigir sua afirmação pela qual este tio seria um "velhote" no momento do casamento (fazendo assim de Élise uma "Ruth de um Booz merceeiro"); Guillaume tinha 28 anos ao se casar com a sobrinha, esta então com 19 anos. A família dos pais de Guillaume, François Pantaine e Marguerite Martin, foi numerosa; há vinte e dois anos de distância, logo, o equivalente a uma geração, entre Jean-Baptiste, que talvez seja o mais velho dos filhos, e que seria o pai de Marguerite, e seu irmão Guillaume, que poderia ser o mais moço.

Antes de 1907 (CE) - Marguerite: devaneios solitários, expansão de si mesma num sentimento da natureza.

T. p. 222.

XX-XX-1907 (CE) - Primeiras regras de Marguerite.

T. p. 222: "a puberdade ocorreu aos quinze anos".

junho de 1908 (CE) - Marguerite é aprovada nos exames finais da escola e reprovada no concurso de entrada para a escola normal.

T. p. 175 e 222. As indicações dadas por Lacan se esclarecem se as referirmos ao fato de que, naquela época, as mesmas provas decidiam quanto à aprovação no exame de conclusão do curso ginasial e, corrigidas mais severamente, à admissão (por concurso) à escola normal. A obtenção do diploma simples abria para Marguerite o caminho para o ensino (seja em escolas particulares, seja no magistério público, caso em que a titularidade vinha depois de três anos de exercício como mestre auxiliar).

XX-XX-1909 (CE) - Primeiros sinais de "deficiência psíquica" em Marguerite, segundo Lacan: abulia profissional, ambição inadaptada, indocilidade, necessidade de direção moral; a atividade imaginativa atuaria como derivativo da energia vital.

T. p. 222. Cf. imediatamente abaixo.

XX-XX-1909 (CO) - Desenvolvimento de uma ligação de amizade de Marguerite com uma colega de infância, que se apresenta junto com ela para os exames, e, em seguida, o falecimento brutal desta amiga. O evento vai inspirar o romance L'Idylle.

T. p. 223.

XX-XX-1909 (CO) - Volta de Marguerite, por algum tempo, ao domicílio familiar.

T. p. 223.

Um grande número de dados acima mencionados podem ser aqui reagrupados num quadro. Optamos por: 1) - distinguir nele os fatos e pessoas diretamente envolvidas no caso de Marguerite (por exemplo, o casamento de Élise e Guillaume Pantaine); 2) - marcar com um * a existência de certas pessoas que não intervêm especialmente no caso; 3) - indicar com um [?] o lugar de uma tia de Marguerite de quem nos é dito, na tese, que apresentava certos distúrbios psicopatológicos (cf. Tese p. 174). Neste quadro, quando o traço que subsume uma prole é interrompido, isso indica que a pesquisa não nos permitiu estabelecer essa prole na sua completude.

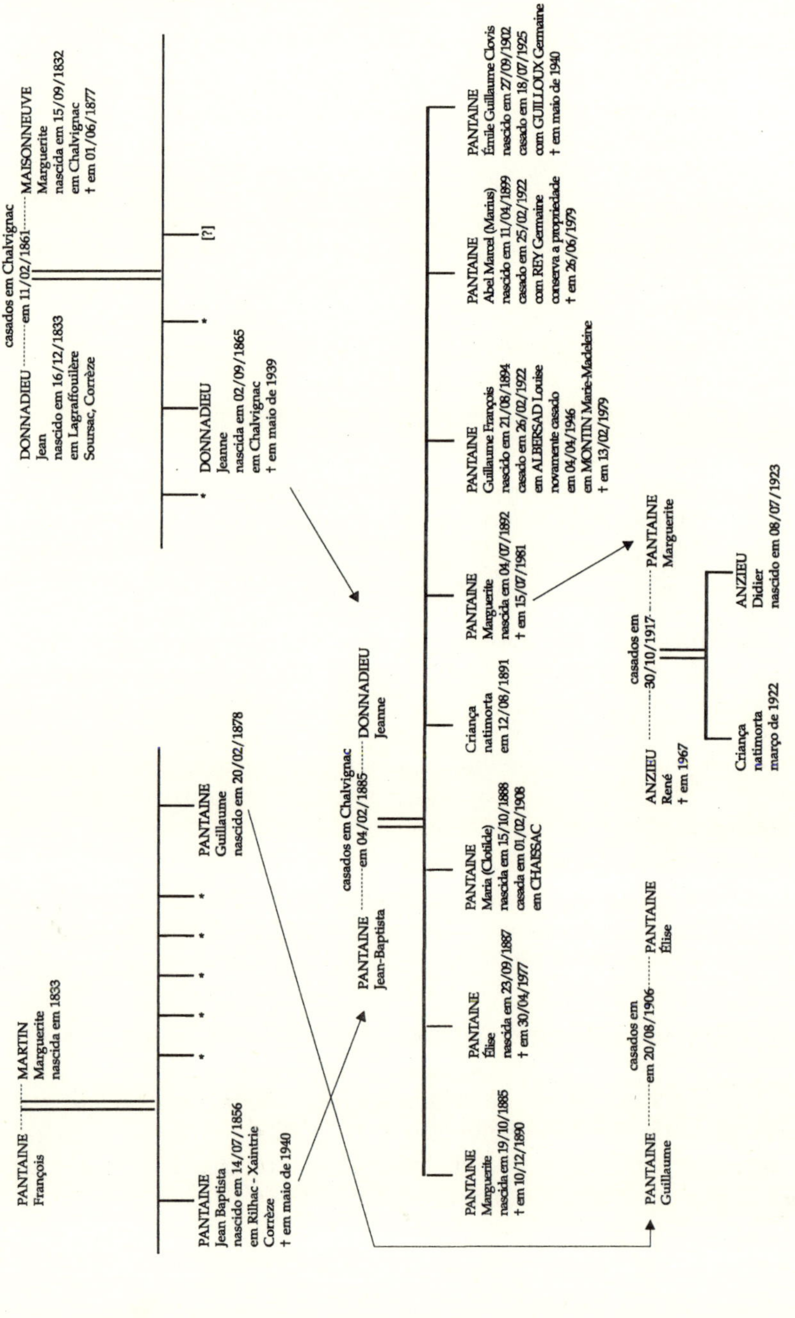

Três meses em casa da irmã

XX-XX-1910 (CE) - Trabalhando em período de experiência na administração do PTT*, Marguerite deixa a casa dos pais: tem 18 anos. Ela vai viver, longe de casa, na cidade principal de seu departamento, em casa de sua irmã mais velha Élise, casada há cerca de quatro anos com seu tio Guillaume Pantaine.

T. p. 154, 220 (para a datação dos "18 anos") e 223-4 (para o resto). A correção de "companhia ferroviária" (T. p. 54) em "PTT" é requerida pelas informações biográficas dadas pelos jornais no momento do atentado e confirmadas por PP p. 8.

XX-XX-1910 (CE) - Marguerite é aprovada, "entre os primeiros lugares" no seu exame de titularidade no PTT e logo se vê transferida para uma comuna bastante retirada. Terá passado três meses em casa da irmã mais velha e de seu tio e cunhado.

T. p. 224 À página 175, a tese data de 1913 o exame de titularidade, com essa mesma referência a uma "classificação muito boa", mas sem as aspas que se encontram à p. 224 e que aliás não explicam quem está sendo citado, se Marguerite ou alguém de seu meio. É verdade que se poderia tratar de dois exames diferentes, por exemplo, um primeiro de admissão e um segundo de titularidade como diz a p. 175. Resta que os detalhes que acabamos de destacar sugerem ter havido confusão, nesse ponto da titularidade, na pesquisa de Lacan. Privilegiamos aqui os dados fornecidos à p. 224 (admitindo uma titularidade desde 1910) pela razão de serem posteriores e que a tese, como se demonstrou, foi escrita gradualmente, na medida do prosseguimento das entrevistas e da pesquisa).

XX-XX-1910 (CE) - Durante sua permanência em casa da irmã mais velha: primeiro amor de Marguerite por aquele a quem Lacan se refere como o "poetastro". Alguns encontros. Diz-se que essa ligação escapa à espionagem da cidadezinha.

T. p. 224.

XX-XX-1910 (CE) - Primeira relação sexual de Marguerite. Seu parceiro é o poetastro. Ela tem 18 anos.

T. p. 224. Para datar essa primeira relação sexual em 1910, baseamo-nos essencialmente na seguinte afirmação da T.: "Tudo se limita ao último mês (no singular) de sua permanência na pequena cidade".

Afastada por três anos

1910-1913 (CE) - Marguerite vive só durante dois ou três anos no vilarejo afastado para onde foi transferida. Correspondência com o poetastro;

---

* *Postes, Télécommunication e Télédiffusion, órgão da administração pública que tem o monopólio dos serviços de correspondência na França (NT).*

Marguerite mantém secreta esta ligação diante de sua segunda amiga; recusa partidos convenientes em nome deste amor.

T. p. 224 e 225.

XX-XX-1912 (CE) - Huguette Duflos entra para a Comédie-Française; tem 21 anos.

Biografia de Huguette ex-Duflos

Huguette Duflos

Melun

XX-XX-1913 (CE) - Transferência para Melun. Encontro com C. de la N.

T. p. 224-5. Para a localização de Melun, referimo-nos a PP (p. 7 e 8), que dá Melun como lugar de nascimento de Didier. Localização confirmada por T. p. 155, mesmo que Lacan censure, aliás em toda a obra, o nome da cidade.

1913 ou 1914 (CO) - Inversão sentimental da relação com o poetastro.

T. p. 225 - Fica-se sabendo que é em [Melun] que se produz essa inversão, mas não exatamente em que momento. A frase, porém, sugere que é pouco depois da chegada de Marguerite a Melun.

1914 a 1917 (CO) - Série de aventuras onde a virtude de Marguerite é "freqüentemente salva". Ela as dissimula "bastante bem" de seu meio.

T. p. 228.

XX-XX-1914 (CE) - Élise: histerectomia total.

T. P. 230: ela se submete a essa operação com a idade de 27 anos.

fim de 1917 (CO) - Pouco antes do casamento de Marguerite, transferência para outra cidade de C. de la N., sua melhor amiga durante três anos.

T. p. 160 e 229.

XX-XX-1917 (CE) - Publicação de *Koegnismark*, de Pierre Benoit. Imenso sucesso. Em 1952, *Koegnismark* virá a ser o primeiro livro de bolso editado na França.

Laffont-Bompiani, *Dictionnaire des auteurs* (de agora em diante referido por DA,, R. Laffont, Paris, 1988, p. 288.

XX-XX-1917 (CE) - Pouco antes de seu casamento, Marguerite contrai uma congestão pulmonar de origem gripal.

T. p. 174.

outubro de 1917 (CE) - Revolução na Rússia.

30/10/1917 (CE) - Casamento de Marguerite Pantaine e René Anzieu em Chalvignac. A família de Marguerite se opõe ao casamento. Sintomas diversos, frigidez, confissões recíprocas, ciúmes de projeção.

RC. T. p. 159 dá 24 anos como idade do casamento, quando Marguerite tem 25. Cf. T. p. 228 para o desacordo da família (que aceita, no entanto, que o casamento se realize em sua casa), 159, 229-30 para os sintomas.

XX-XX-1918 (CO) - Marguerite volta ao vício da leitura.

T. p. 229.

30/06/1918 (CE) - A irmã mais velha vem morar em casa de Marguerite e René em Melun.

T. p. 230: "oito meses depois".

11-11-1918 (CE) - Armistício franco-alemão.

fim de 1918 ou começo de 1919 (CO) - Morte de Guillaume Pantaine, marido/tio da irmã mais velha de Marguerite, por seqüelas de seus ferimentos de guerra.

T. p. 230: considerou-se que este falecimento deveria ter ocorrido pouco antes da instalação da irmã mais velha em casa de Marguerite. PP. p. 11 confirma essas datas e dá a causa da morte.

Koenigsmark

Pierre Benoit

XX-04-1919 (CE) - Pierre Benoit publica *L'Atlantide.* Marguerite acredita se reconhecer no personagem da Antinéa.

DA p. 288 e *le Petit Parisien* de 19 de abril de 1931.

16/11/1919 -Aparição, nos muros de Paris, do homem com a faca entre os dentes, figura do bolchevique que Marguerite vai integrar a seu delírio.

O célebre cartaz do homem com a faca entre os dentes, representando um bolchevique hirsuto tendo entre os dentes a arma ensangüentada com a qual acaba de degolar um burguês, é uma das peças principais da propaganda do Bloco nacional, a fim de dissuadir o eleitorado de votar na esquerda. O cartaz fez maravilhas em 16 de novembro de 1919.

XX-07-1921 (CE) - Marguerite grávida (de uma menina).

O mês é dado pela data do parto (cf. T. p. 159 e 233); considerou-se que o parto deve ter sido a termo. O ano é estabelecido pela indicação segundo a qual "uma criança vem a termo em julho do ano seguinte" (T. p. 160).

entre 04-07 e 30-10-1921 (CE) - Começo dos distúrbios psiquiátricos, segundo Lacan: acusações delirantes (crítica de suas ações, calúnias à sua conduta, previsão de desgraças), tristeza, pesadelos (sonhos com caixões), brigas e cenas com o marido, perseguições, primeira passagem ao ato: "- Por que fazem isso comigo? Eles querem a morte de meu filho. Se esta criança não viver, eles serão responsáveis".

T. p. 159: "... casada há quatro anos, ela então engravida".

25 e 26-02-1922 - Casamentos de Guillaume Pantaine com Louise Albersad (25) e de Abel Pantaine com Germaine Rey (26), ambos irmãos de Marguerite.

RC.

XX-03-1922 (CE) - Marguerite dá à luz uma criança do sexo feminino natimorta.

T. p. 159.

XX-03-1922 (CE) - Primeira sistematização do delírio. Marguerite interrompe seus hábitos religiosos. Designação de C. de la N. como sendo sua perseguidora (ela telefona a Marguerite pouco depois do parto). Ruptura dos laços epistolares de Marguerite com C. de la N. Em seu meio, Marguerite permanece hostil, fechada, muda durante longos dias.

T. p. 160, 233 e 240 (para a ruptura epistolar).

XX-03-1922 (CO) - O delírio da mãe de Marguerite, Jeanne Pantaine, é agora atestado.

T. p. 174 e 221. Contamos os dez anos desde a entrevista que Lacan teve com Marguerite, para nós datada de março de 1932 (cf. esta data, aqui mesmo). A precisão do mês (março de 1922) permanece entretanto um pouco factícia, já que Lacan fala em "mais de dez anos".

XX-XX-1922 (CE) - Publicação de *La Garçonne* de Victor Margueritte (Flammarion, Paris); escândalo suscitado por este livro.

XX-XX-1923 (CE) - Lançamento do filme *Koegnismark*, baseado no romance de Pierre Benoit, com H. Duflos no papel da grã-duquesa Aurore. Pierre Benoit publica *Mademoiselle de la Ferté*.

Dictionnaire du cinéma e DA p. 288.

08-07-1923 (CE) - Nascimento de Didier Anzieu em Melun (Seine-et-Marne).

PP. p. 7 (Lacan diz que naquele momento Marguerite tem 30 anos. T. p. 160; na verdade ela tem 31).

24/11/1923 (CE) - Assassinato/suicídio de Philippe Daudet (artigos ainda em 1926).

fim de 1923 (CE) - Marguerite deixa de se ocupar sozinha de Didier.

T. p. 160 e 235.

fim de 1923 (CO) - Começo dos distúrbios psiquiátricos em Marguerite, segundo o Dr. Chatelin.

T. p. 155: no seu certificado de internação (que datamos de janeiro de 1925) o Dr. C. se refere aos distúrbios como tendo iniciado "há mais de um ano".

XX-07-1924 (CE) - Incidente da graxa (Didier — ora empanturrado, ora esquecido por Marguerite — lambendo a graxa de seu carrinho à revelia da mãe). Isso determina Élise a assumir o papel de mãe junto a Didier.

T. p. 230 (para a data) e PP. p. 12 (para o incidente da graxa).

XX-09-1924 (CE) - Durante este período, Marguerite é interpretadora, hostil a todos, querelante. Adivinhação do pensamento. Marguerite sente que ela e seu marido são estranhos um para o outro. Incidentes com automobilistas (passagem ao ato). Não há organização delirante, segundo Lacan, naquele momento. Carta de demissão do PTT, pedido de passaporte para a América, onde pretende ser romancista.

T. p. 160 e 208.

XX-10-1924 (CO) - Marguerite posta em disponibilidade pela administração do PTT devido a distúrbios mentais.

T. p. 154: "posta em disponibilidade por dez meses".

23-10-1924 (CE) - O pedido de passaporte é transmitido com orientação favorável.

23-10-1924 (CE) - Marguerite deixa o domício conjugal (ver abaixo).

24-20-1924 (CE) - Carta da Dra. Servais-Legendre, médica generalista consultada por René Anzieu, ao Dr. Tarrius, psiquiatra, chefe da clínica de Épinay-sur-Seine:

> Caro senhor e honorável colega, o portador desta vem de minha parte solicitar sua orientação para sua mulher, que está obcecada por uma idéia de fuga, e que saiu de casa ontem à noite. Há alguns meses ela vinha apresentando sinais de indiferença para com os seus e até mesmo para com seu filho, e estava com a idéia fixa de partir para o exterior. Funcionária dos Correios, ela pediu sua demissão sem motivo, privando marido e filho de uma contribuição financeira importante na comunidade. Mentiu duas vezes para obter um passaporte. Não se interessa absolutamente por mais nada e quer fugir. Saiu de casa ontem à noite, mas prometeu voltar esta noite. Que conduta deve ter seu círculo familiar? Peço-lhe que diga o que deve ser feito para tratá-la. Queira dar seu acordo [...]

25-10-1924 (CO) - Marguerite deve ter voltado para casa na véspera, à noite, e consultado a Dra. Servais-Legendre naquele dia. O certificado abaixo testemunha, com efeito, em favor de tal consulta:

> Abaixo-assinada Sra. Marie Servais-Legendre, doutora em Medicina pela Faculdade de Paris, certifica que a Sra. Anzieu, residente em Melun, 23 bis, rua Saint-Barthélémy, está afetada de melancolia com idéias de fuga. Seu estado necessita um tratamento de emergência numa casa de saúde. Melun, 25 de outubro de 1924.

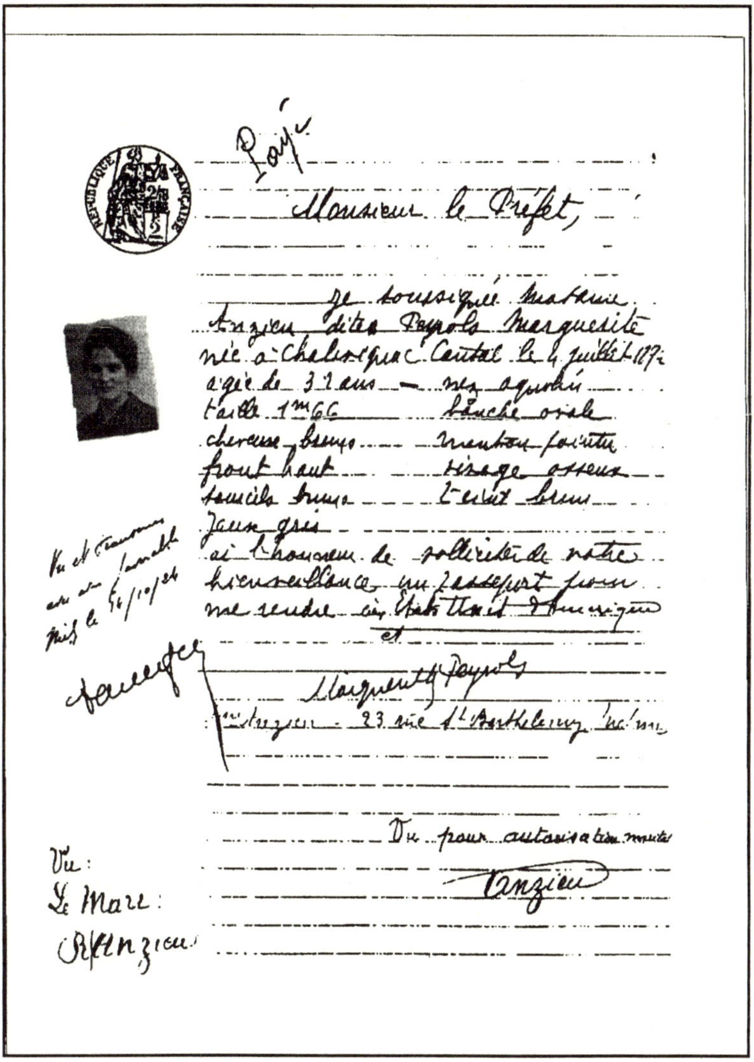

Fac-símile do pedido de passaporte

28-10-1924 (CE) - Marguerite hospitalizada na casa de saúde de Épinay-sur-Seine, a pedido de seu marido René Anzieu. Fim da amamentação de Didier.

Cf. T. p. 160. Marguerite afirma que amamentou Didier até o momento de sua internação.

O certificado de internação do Dr. Chatelin é reproduzido por Lacan (T. p. 154). Por outro lado, a versão do certificado imediato que vemos transcrita no "livro da lei" da casa de saúde de Épinay difere daquela dada nessa mesma página da tese. Aí

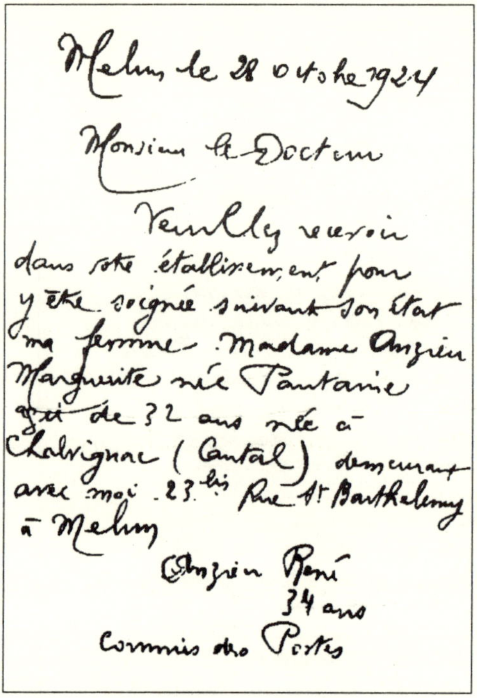

Melun le 28 octobre 1924

Monsieur le Docteur

Veuillez recevoir dans votre établissement pour y être soignée suivant son état ma femme Madame Anzieu Marguerite née Pantaine âgée de 32 ans née à Chalvignac (Cantal) demeurant avec moi 23 bis Rue St Barthélemy à Melun

Anzieu René
34 ans
Commis des Postes

Carta de René Anzieu — fac-símile

está, pois, este certificado: "Eu, abaixo-assinado, certifico que a Sra. Anzieu encontra-se afetada por distúrbios intelectuais caracterizados por idéias de perseguição, à base de alucinações auditivas e de interpretações: é insultada nas ruas, zombam dela no escritório onde trabalha, etc. Alguns projetos ambiciosos. Projetos de fuga para os Estados Unidos. Exaltações a intervalos. Estimo que este estado requer cuidados especiais. /28x24/ Dr. Jean Tarrius".

A indicação, dada por Didier Anzieu, pela qual este teria 18 meses de idade quando dessa hospitalização, deve ser, pois, corrigida: 13, e não 18.

12-11-1924 (CE) - Atestado de quinzena

Eu, abaixo-assinado, certifico que a Sra. Anzieu encontra-se afetada por distúrbios intelectuais caracterizados por idéias de perseguição à base de interpretações delirantes e alucinações auditivas, que seu estado é estacionário e que ela deve ser mantida em internação. Épinay, 12 de novembro de 1924. Dr. Jean Tarrius.

22-03-1925 (CE) - Marguerite sai da clínica de Épinay "melhor, mas não curada, calma, levada por seu marido para Melun" (Assinado pelo Dr. Jean Tarrius).

T. p. 154 e 156, e documentos da clínica.

18-07-1925 - Casamento de Émile Pantaine, irmão caçula de Marguerite, com Germaine Guilloux.

RC.

março/agosto de 1925 (CE) - Marguerite repousa junto à família em Chalvignac, para onde foi com Didier. Ocupa-se do filho "de forma suficiente".

T. p. 161 e 235. A aproximação das indicações dadas nessas duas páginas mostra que "sua família" da p. 161 só pode designar a família de origem de Marguerite em Chalvignac. É provável que a família, bem como a própria Marguerite, tenha desejado que ela assistisse ao casamento de seu irmão, em julho, em Chalvignac.

Paris

XX-08-1925 (CE) - Marguerite, reintegrada na administração do PTT, é transferida, a seu pedido, para um outro posto em Paris.

T. p. 162, "cerca de seis anos antes de seu atentado", o qual data de 18-04-1931, dá como ponto de referência abril de 1925. Como o mês de agosto é precisado nesta mesma página, só pode tratar-se de agosto de 1925. Esta data, aliás, é confirmada pela indicação (T. p. 162) segundo a qual, pouco depois de sua chegada a Paris, ocorreu o processo ruidoso de Huguette Duflos (ver abaixo).

XX-08-1925 (CE) - Marguerite declara a Lacan ter visto várias vezes, desde que chegou a Paris, a imagem e a pessoa da Sra. Huguette Duflos, uma vez no teatro, outra na tela.

T. p. 162 e 293.

De 08 a 10 de 1925 (CE) - Marguerite visita regularmente Didier (para quem começa a economizar dinheiro) e sua casa. Depois de dois meses, ocorre um rápido declínio na sua assiduidade.

T. p. 236.

Antes de XX-08-1926 (CE) - Entrevista com Pierre Benoit (pede-lhe explicações).

T. p. 170: esta entrevista se situa "no primeiro ano de sua estada em Paris".

28-06-1926 (CE) - Huguette Duflos manda sua carta de demissão à Comédie-Française. Escândalo nos jornais.

Biografia de H. D. e jornais (*L'Oeuvre* de 27 e 29 de junho).

04-11-1926 (CE) - Lacan propõe sua primeira apresentação de doentes.
Entre 1926 e 1930 (CO) - Huguette Duflos se torna Huguette ex-Duflos.

L'Écho de Paris de 20-09-1930.

Verão de 1927 (CO) - Retomando, por ocasião das férias, seu papel de mãe, as crenças delirantes de Marguerite se resolvem em idéias obsessivas.

T. p. 236. Escolhemos uma data mediana, dado que essa férias poderiam ter-se situado tanto em 1926 como em 1928 (o limite superior resulta da indicação dada pela T. p. 238).

XX-XX-1927 (CE) - Marguerite teria lido um artigo em *Le Journal*, assinado por um de seus perseguidores, onde era anunciado que matariam seu filho. O artigo estaria acompanhado de uma foto da casa de Chalvignac, onde se veria Didier criança.

T. p. 163 e 212.

XX-XX-1927 (CO) - Dois meses depois Marguerite vai à redação de *Le Journal* para procurar o artigo que havia lido. Em vão.

T. p. 213.

18 a 24-11-1927 (CE) - A Comédie-Française ganha seu processo contra Huguette ex-Duflos.

Jornais *Le Journal, Le Figaro, Comédie, Le Temps, Le Petit Parisien, L'Avenir, Excelsior.*

XX-XX-1927 (CO) - Segundo uma declaração de Marguerite logo depois do atentado contra Huguette ex-Duflos, esta teria feito um escândalo em Melun, em 1927.

Le Matin, citado por Silvia Helena Tendlarz, p. 323 de sua tese.

1927-1928 (CE) - Marguerite se prepara para o *baccalauréat*. Fracassa por três vezes nele. Fracasso, igualmente, no mesmo período, num exame do PTT que lhe teria permitido ascender a um posto mais alto.

T. p. 175 e 238. PP (p. 18) dá a entender que ela teria preparado o *baccalauréat* no hospital de Sainte-Anne.

junho/agosto de 1928 (CE) - Marguerite vive o que ela chama de um (breve) "período de dissipação".

T. p. 167. Este período se situa três anos antes da internação em Sainte-Anne.

Verão de 1928 (CO) - Marguerite decide não mais passar as férias com sua família, e consagrá-las inteiramente à sua atividade intelectual.

T. p. 238. Contamos os "três anos" a partir de sua chegada a Paris. Esta conjectura poderia ser confirmada pela indicação de PP (p. 11), segundo a qual Didier foi separado da mãe em torno dos 4 ou 5 anos de idade.

27 a 29-11-1928 (CE) - Huguette ex-Duflos ameaçada de penhora de bens pela Comédie-Française. O problema se irá resolver por um acordo amigável.

Jornais *La Dépêche, Le Journal, Le Soir, L'Intransigeant.*

XX-10-1929 (CE) - Marguerite assedia um jornalista comunista para obter dele a publicação dos artigos onde ela expõe suas queixas contra Colette. Investigação da polícia judiciária.

T. p. 156 e 170.

XX-04-1930 (CO) - No dizer de uma de suas colegas, Marguerite testemunha, naquela época, que há uma ameaça contra seu filho. Marguerite é confinada num emprego onde trabalha só, depois de haver formulado queixas caluniosas contra alguns colegas e adotado uma atitude injuriosa para com seus superiores.

T. p. 163 e 237 (Datamos essa mudança de posto no trabalho desse momento, pois a indicação da p. 163 é confirmada pelo "ao fim" da p. 237, que designa um momento bastante próximo do atentado contra Huguette ex-Duflos.).

XX-08-1930 (CE) - Ansiedade crescente em Marguerite. Pedido de um revólver a seu senhorio. As cartas ao Príncipe de Gales passam a ser assinadas.

T. p. 170.

08-09-1930 (CE) - Marguerite escreve seu primeiro romance, *Lé Détracteur*, que Lacan qualifica de idílio. Período de três semanas onde ela fica sem escrever.

T. p. 178 e 189 para o "engavetamento" de seus escritos e 289 para a explicação de Lacan.

XX-09-1930 (CO) - Marguerite tem seu delírio suplementado por traços paranóicos (reivindicação familiar [o divórcio] e social [vingar-se com sua pena]). Ela declara a seu irmão mais novo que pretende vingar-se das injúrias que lhe foram feitas (a ele).

T. p. 239. A conversa com este irmão se situa no momento da escrita do primeiro romance.

13-09-1930 (CE) - Marguerite entrega seu manuscrito do *Détracteur* na editora Flammarion. O romance é assinado por "Jeanne Fontaine (nome de solteira da louca)", dirá a empregada da editora interrogada logo depois do atentado contra Huguette ex-Duflos.

Le Petit Parisien, citado por Silvia Helena Tendlarz, p. 330 de sua tese (ver aqui mesmo, cap. VI).

10-11-1930 (CO) - Cartas de Marguerite ao comissário de seu bairro registrando queixa contra Pierre Benoit e a editora Flammarion.

T. p. 156 e 170. Essas cartas se situam "pouco antes" do atentado contra a funcionária da editora G. (ver abaixo)

18-11-1930 (CE) - Atentado de Marguerite contra a empregada da editora Flammarion que lhe transmite a recusa de publicação do *Détracteur*. Multa de 375 francos, e admoestação do comissário de polícia. Para os seus, Marguerite inventa uma "história de incêndio" a fim de justificar a indenização que deve pagar.

T. p. 156, 170 e 239 (para a história inventada).

XX-XX-1930 (CO) - Marguerite rouba, de sua casa e à revelia de todos, objetos do patrimônio da família.

T. p. 239. Situamos esses furtos nessa data com base somente no texto de Lacan que os menciona logo depois de falar na história inventada.

XX-12-1930 (CE) - Marguerite acaba de escrever seu segundo romance: *Sauf votre respect*, que Lacan qualifica de sátira.

T. p. 178 para a data e 191 para o título.

XX-01-1931 (CE) - Marguerite decide se divorciar e partir com o filho. Cena de Marguerite com Élise: que esta esteja pronta a testemunhar que René bate nela e na criança. Ela diz sua intenção de divorciar-se e ficar com o filho... "senão, eu o matarei!" Visitas diárias a Melun, temor constante e iminente de atentado contra a criança. Cenas, não "conjugais", mas "de família".

T. p. 171-2.

15-03-1931 (CE) - Marguerite compra uma grande faca de caça com seu salário.

T. p. 171, "um mês antes do atentado"; a determinação do dia 15, portanto, é aproximativa.

13-04-1931 (CE) - Lacan faz trinta anos.

15-04-1931 (CO) - Pouco depois da estréia de *Tout va vien* (onde a Sra. Huguette ex-Duflos desempenha o papel principal, nesta peça de Henri Jeanson) no teatro Saint-Georges. Marguerite teria sido vista rondando o teatro. Aparecem inscrições nos muros informando Pierre Benoit de que, se continuar, será punido.

Data escolhida *a minima*. Investigação policial relatada do *Paris-Soir* de 20 de abril de 1931. De acordo com uma informação da Sociedade de Autores e Compositores Dramáticos, a peça foi criada em abril de 1931 (não se precisou a data exata). Para as inscrições: T. p. 168.

17-04-1931 (CE) - Na véspera do atentado, Marguerite exerce sua atividade profissional como de costume.

T. p. 200.

18-04-1931 (CE) às 19 h.: neste sábado, Marguerite se prepara para visitar sua família em Melun; às 20.15 h, atentado contra Huguette ex-Duflos na entrada dos artistas do teatro Saint-Georges. Marguerite teria golpeado C. de la N. se a houvesse encontrado então. À noite, ela é presa.

T. p. 172 e 263 (para a indicação relativa a C. de la N.). *L'Écho de Paris, Paris-Soir* e *Le Temps* de 20 e 21 de abril de 1931; confirmado por uma carta da Sociedade de Autores e Compositores Dramáticos datada de 19 de janeiro de 1987 no que se refere ao fato desta peça ter sido criada em 18 de abril. Esta mesma Sociedade, bem como o teatro Saint-Georges, que não conservou arquivos, nos assegura de que *Tout va bien* jamais foi publicada. T. p. 153 não dá o ano exato, conserva o mês, o dia de sábado e a hora, mas modifica o dia do mês (o 10 em vez do 18). Lacan censura igualmente o nome da atriz, chamando-a inicialmente de Sra. Z. Para a noite na prisão, cf. T. p. 154.

19-04-1931 (CE) - No dia seguinte ao atentado, Marguerite tem suas regras.

T. p. 209.

20-04-1931 (CE) - Marguerite encarcerada em Saint-Lazare e nomeada pelo PTT para um cargo mais elevado.

T. p. 154, 175 e 237.

21-04-1931 (CE) - Publicação por *Le Temps* de uma declaração de Pierre Benoit relatando as investidas de Marguerite.

Lacan (T. p. 153) censura apenas parcialmente o nome de Pierre Benoit, designando-o, acrofonicamente, por "P.B.".

22-04-1931 (CE) - A clínica de Épinay produz um atestado médico referente à saída da Sra. Anzieu a pedido de seu marido.

O atestado médico, sua retomada na tese de Lacan: estudo comparativo

A julgar pelo "sic no relatório", um sic ausente do documento que temos em mãos, sem dúvida Lacan teve acesso a uma outra versão de suas citações de Marguerite além da que foi dada a René Anzieu em 22 de abril de 1931. Este documento deveria, no entanto, ficar muito próximo daquele, e, além disso, é provável que Lacan tenha tido em mãos a peça reproduzida na página 173. Não obstante esta reserva, numeramos as frases do atestado de modo a facilitar a confrontação com sua transcrição por Lacan (T. p. 155):

1 - Em primeiro lugar, o que querem de mim? Que eu construa para vocês grandes frases, que eu me permita ler com vocês este cântico: "Ouçam do alto dos céus o grito da Pátria, católicos e franceses sempre."

2 - "Há pessoas que constroem currais para melhor me tomar por uma vaca leiteira".

3 - "É o mal que há em vocês que faz todo o mal que há em mim".

4 - "Não creiam que eu inveje as mulheres que não dão o que falar, as Princesas que não sentiram na pele a covardia e não sabem o que é uma afronta."

5 - "Julgam-me, com muita freqüência, diferente do que sou".

6 - "Existem coisas muito vis, remotas a meu respeito que são verdadeiras, verdadeiras, verdadeiras, mas a planície está a favor do vento".

7 - "Há também os falatórios das comadres das casas de prostituição e de certos estabelecimentos públicos".

8 - "É por esta razão que não respondo ao Sr. X., o Cavaleiro da Burguesia, e também para um outro".

Deste confronto, decorrem três observações:
I - Parece que Lacan logo alterou a ordem das frases:
Ordem do atestado: 1/2/3/4/5/6/7/8.
Ordem de Lacan: 4/2/5/6/7/8/1.
A frase 4 é promovida ao primeiro lugar,
a 2 está em seu lugar,
4, 6, 7 e 8 são mantidas na ordem (isso, bem como o conteúdo delas, sugere que se trataria de um texto acompanhado e não de frases colhidas lá e cá. Será isso verdadeiro para todas as frases? Se for, a primeira é realmente uma introdução, o que esclarece um pouco o deslocamento feito por Lacan.)
II - Falta, na transcrição de Lacan, a frase 3.
III - Lacan traz algumas modificações às frases do atestado.
Frase 4: Lacan optou por escrever "princesas", quando a transcrição corrigiu o "p" minúsculo superpondo um P maiúsculo.
Frase 5: Lacan acrescenta um "ne" expletivo!
Frase 6: Lacan acrescenta um "também", suprime a vírgula depois de "vis". Assinala um "sic" (cf. seu "sic, no relatório") que não encontramos.

CERTIFICAT MEDICAL
concernant Madame Anzieu , Marguerite,
délivré sur la demande de son mari.

Je soussigné, Médecin Directeur de la Maison de santé d'Epinay-sur-Seine, certifie que Madame Anzieu, Marguerite, née Pantaine, le 4 juillet 1892, à Chalvignac (Cantal), a été en traitement à l'établissement, comme malade internée sous le régime de la loi du 30 juin 1838, du 28 octobre 1924, au 22 mars 1925.

A cette date, cette dame est sortie non guérie, emmenée par son mari.- Durant son séjour à l'établissement elle a présenté des troubles intellectuels caractérisés,-sur un fond de débilité mentale,- par des idées délirantes de persécution et de jalousie, illusions, interprétations, propos ambitieux, hallucinations auditives, exaltation incohérente par intervalles.
Elle croyait qu'on se moquait d'elle, que l'on proférait à son égard des ingures, qu'on l'accusait de mauvaises moeurs et qu'on lui reprochait sa conduite.
Elle parlait de quitter la ville pour fuir aux Etats-Unis, et avait formulé, à cet effet, une demande de passeport.

Elle tenait ou écrivait des propos comme ceux-ci: d'abord que voulez-vous de moi, que je vous fasse de grandes phrases, que je me permette de lire avec vous ce cantique: "Entends du haut du ciel le cri de la Patrie, catholiques et Français toujours" - " -Il y en a qui bâtissent des étables pour mieux me prendre pour une vache à lait" - "-C'est le mal que vous avez en vous qui met tout le mal que j'ai en moi " - -"Ne croyez pas que j'envie les femmes qui ne font point parler d'elles, les Princesses qui n'ont pas trouvé la lâcheté en culotte et qui ne savent pas ce que c'est que l'affront " - "-On me juge trop souvent autrement que je suis -" -" Il y a de fort vilaines, lointaines choses sur moi qui sont vraies, vraies, vraies, mais la plaine est au vent-" -"Il y a aussi des propos de commères, de Maisons closes et certain établissement public-" -"C'est pour cette raison que je ne réponds pas à Monsieur X, le Chevalier de la Roture et aussi pour un autre.

EPINAY-sur-Seine
Le 22 Avril 1931.

Fac-símile do atestado fornecido pela clínica d'Épinay

Frase 7: Lacan suprime a vírgula depois de "comadres", põe uma maiúscula em "Closes". O mesmo que com a frase 6, não existe aqui um sic.*
Frase 8: Lacan muda "Roture" (Plebe) / para "Nature" (Natureza)! Transforma também "um outro" em "uma outra"!

27-04-1931 (CE) - Cartas delirantes de Marguerite ao Príncipe de Gales e ao gerente do hotel onde se hospedava.

T. p. 172.

04-05-1931 (CE) - Carta delirante de Marguerite ao perito médico, indicando-lhe que os jornais prejudicam sua futura carreira ao publicar que ela é "neurastênica".

T. p. 172.

19-04 a 03-06-1931 (CE) - Marguerite na prisão. Ela recebe ali a carta de recusa do secretário do Príncipe de Gales (datada de 17 de abril, véspera do atentado).

T. p. 154 e 171 (para a carta).

XX-XX-1931 (CO) - Jeanne Pantaine imputa a seus próprios vizinhos a responsabilidade pelo drama recente vivido por sua filha. Segundo Lacan, o delírio de Jeanne "eclodiu plenamente" a propósito desses últimos acontecimentos.

T. p. 221 e 282.

08-05-1931 às 19 h. (CE) Queda do delírio. Espanto dos que a cercam (companheiras de cela e guardas). Marguerite é logo posta em observação na enfermaria penitenciária.

T. p. 173 e 250. A conta dos "vinte dias depois" do atentado se deve à própria Marguerite.

O Hospital Sainte-Anne

03-06-1931 (CE) - Internação de Marguerite na clínica do Hospital Sainte-Anne depois da perícia feita pelo Dr. Truelle. Começo das entrevistas com Lacan.

T. p. 154 e 159 (é dito que ela envia a Lacan uma carta datada de junho de 193., por ocasião de sua entrada na clínica, logo, de junho de 1931). A data precisa, 3 de junho, corresponde aos 45 dias (20+25) depois do atentado que se relata à p. 173. Lacan diz que ela permaneceu dois meses na prisão (T. p. 154). Escolhemos a segunda indicação da tese, posterior e mais precisa.

18-06-1931 (CE) - Lacan redige o *certificado de quinzena.*

T. p. 204 (Lacan o transcreve integralmente).

XX-08-1931 (CE) - Carta de Marguerite a Lacan

T. p. 176 e 177 para o conteúdo da carta.

---

* De *maisons closes*, literalmente, casas fechadas, ou casas de tolerância (NT).

XX-XX-1931 (CE) - Pierre Benoit ingressa na Academia Francesa.

D.A. p. 288.

08-09-1931 (CE) - Marc-François Lacan, irmão caçula de Jacques, pronuncia seus votos, mudando então seu nome para "François", homenagem a São Francisco de Assis.

02-03-1932 (CE) - Neste dia, durante sua entrevista com Marguerite, Lacan descobre que o que ela havia lido em 1927, em *Le Journal,* era uma ilusão de memória. Ele corrige, então, esta "descoberta" no momento de fechar a escrita de sua tese.

T. p. 213, e 293-4 para a correção.

Entre março e junho de 1932 (CO) - Pela primeira vez em seu trilhamento, Lacan toma como referência o espelho. Origem dessa referência: Kretschmer. O espelho é o modelo da relação de Marguerite com C. de la N.

T. p. 226.

Entre março e junho de 1932 (CO) - Entrevista de Lacan com Élise. Só depois desta é que Lacan poderia situar a irmã mais velha como sendo a verdadeira perseguidora.

T. p. 230-1 para o conteúdo da entrevista. Propomos situá-la neste período admitindo que ela é posterior à entrevista de Marguerite datada por Lacan de 2 de março de 1932 e que não pode ter ocorrido muito tempo depois, devido ao lugar que ocupa seu relato na escrita por Lacan da tese.

XX-06-1932 (CE) - Lacan pede a Olesia Sinkiewicz que datilografe sua tese.

XX-06-1932 (CO) - Marguerite confia a Lacan seus devaneios.

T. p. 166. Data aproximativa, pois Lacan indica "cerca de um ano depois de sua entrada nesse serviço".

XX-06-1932 (CO) - Entrada em análise de Lacan com Loewenstein.

HPF p. 132, confirmada por C. Girard, R.I.H.P., Paris, PUF, 1989, p. 312.

XX-06-1932 (CO) - Carta de Marguerite à sua irmã mais velha. Lacan intercepta a carta-resposta, contentando-se em transmitir a Marguerite a "substância" dessa carta.

T. p. 240. Conjecturamos a intercepção, o desvio da carta-resposta com base no seguinte: se Lacan comunica a Marguerite a substância, e não o texto dessa resposta, só pode ser porque ele poderia ter entregue o texto, logo, por se tratar mesmo de uma resposta por escrito, e não de um telefonema.

XX-XX-1932 (CO) - Breves encontros de Marguerite com seu marido, depois dos quais ela se recusa a qualquer novo encontro.

T. p. 240. O relato de Lacan apresenta essas entrevistas, depois de haver falado da recusa da irmã mais velha em rever Marguerite (ver acima).

XX-XX-1932 (CO) - Lacan encoraja Marguerite em seus projetos literários. Não obtém resultado algum. Marguerite se dedica a trabalhos manuais, bordados.

T. p. 241.

XX-XX-1932 (CO) - Lacan observa, em Marguerite hospitalizada, uma atividade imaginativa correspondente a um defeito de adaptação ao real.

T. p. 239.

fim de 1932 (CO) - Lacan ouve de Marguerite que foi através de C. de la N. que ela ouviu falar pela primeira vez em Huguette ex-Duflos.

T. p. 226 e 234 (onde é dito que essa reminiscência foi "tardia").

07-09-1932 (CE) - Tese de Lacan encerrada. É defendida diante de cerca de oitenta pessoas.

T. p. 350 e E.R., *Jacques Lacan*, p. 87.

XX-10-1933 (CE) - Viagem de Lacan a Prangins, onde assiste a uma reunião da Sociedade Suíça de Psiquiatria sobre alucinação. Encontra Carl Gustav Jung.

E.R., *Jacques Lacan*, p. 110.

XX-05-1934 (CE) - Lacan passa no concurso médico. "Este rapaz nos aborrece", dizem os examinadores.

E.R., *Jacques Lacan*, p. 114.

XX-XX-1936 (CE) - Começo da prática analítica de Lacan.

HPF p. 143.

08-08-1936 (CE) - Lacan em Marienbad: "O estágio do espelho. Teoria de um momento estruturante e genético da constituição da realidade, concebido em relação com a experiência e a doutrina psicanalítica".

Ville-Evrard

29-03-1938 (CE) - Marguerite é hospitalizada em Ville-Evrard.

Cf. J. Chazaud, "Vestiges du passage à Ville-Evrard d'une aliénée devenue illustre". *L'évolution psychiatrique*, T. 55, fasc. 3, Toulouse, Privat, julho-setembro 1990, p. 633-5. No *Livro da lei*, o Dr. Mignot escreve: "apresenta-se atualmente como uma antiga doente, retificando seu delírio ao mesmo tempo em que se mostra hiperemotiva. Em observação".

14-04-1938 (CE) - Certificado de quinzena assinado pelo Dr. Mignot:

Apresenta-se e comporta-se normalmente, retifica nas suas afirmações seu delírio antigo e declara que perdeu a razão durante todo um período de sua existência. Entretanto, resulta da observação direta e dos fatos contidos no dossiê que a Sra. P. é uma paranóica com tendências erotomaníacas, e que já por duas vezes atravessou fases paroxísticas, durante as quais entregou-se a atos perigosos de violência. Deve-se, pois, pensar que esta mulher seja afetada por uma psicose intermitente, doença essencialmente recidivante, e que seria imprudente não manter internada esta desequilibrada constitucional.

XX-12-1938 (CE) - Lacan encerra sua análise com Loewenstein.

XX-05-1939 (CE) - Morte de Jeanne Pantaine.

PARQUET
DE
PONTOISE
----

9 AOUT 1943

REQUETE
-:-:-:-:-

A Messieurs les Président et Juges composant la Chambre du Conseil du Tribunal Civil de PONTOISE,

Le Procureur de la République soussigné agissant d'office en vertu de l'article 29 de la Loi du 30 Juin 1838, expose :

Attendu que la dame PANTAINE Marguerite femme ANZIEU est internée à l'Asile de VILLE EVRARD depuis le 30 Mars 1938 pour psychose paranoïaque;

Attendu que par jugement du 18 Mars 1943, une demande de mise en liberté présentée par la malade a été rejetée sur le vu du rapport de 3 médecins experts en date du 29 Août 1942 - A cette date deux solutions avaient été proposées par les experts:

1°) Maintenir purement et simplement Mme PANTAINE à l'Asile-

2°) La mettre en liberté sous condition que sa soeur, Mme CHAISSAC à BLAISY-BAS (Côte d'Or) prenne, à la demande du Tribunal, l'engagement écrit de la recueillir chez elle, de la surveiller de façon constante et de prévenir sans délai les autorités compétentes au cas où Mme PANTAINE, tenterait de se soustraire à cette surveillance'-

Attendu que depuis le jugement du Tribunal, la sortie de la dame PANTAINE a été demandée administrativement par un parent par alliance de la malade qui s'engage à la recevoir en se conformant aux conditions exposées au rapport,

Attendu que le médecin traitant dans un rapport du 4 Juin 1943, fait connaître qu'il se range à l'avis de ceux des experts qui, dans le rapport du 29 Août 1942, proposaient la mise en liberté sous surveillance familiale,

Que le médecin Inspecteur de l'Asile émet un avis conforme,

Attendu qu'il convient dans ces conditions de faire procéder à une nouvelle mesure d'expertise et d'ordonner, si les experts se prononcent dans ce sens, la sortie immédiate de l'aliénée,

PAR CES MOTIFS,

Vu l'article 29 de la loi du 30 Juin 1838,

Requiert qu'il plaise au Tribunal,

fac-símile da requisição de 19 de agosto de 1943

Dire qu'il sera procédé par un ou plusieurs experts de son choix à l'examen de la susnommée, aux fins de rechercher si son état mental contânue de nécessiter son maintien dans un Etablissement d'aliénées;

Ordonner s'il y a lieu sa sortie immédiate de l'Asile de Maison Blanche;

Dire que la présente requête, la jugement et les autres actes auxquels la réclamation pourrait donner lieu seront visés pour timbre et enregistrés en débet-

AU PARQUET DE PONTOISE, le 19 Août 1943

LE PROCUREUR DE LA REPUBLIQUE,

LE TRIBUNAL, Vu la requete qui précède et les pièces à l'appui , après avoir entendu Monsieur Rolland Juge Commissaire en son rapport , ensemble le Ministere Public aussi en ses conclusions et apres en avoir délibéré co,formément à la loi

Commet Messiseurs les Docteurs CENAC demeurant à Paris 4 Rue de Babylone, MICOUD ; demeurant à Paris 55 Bd Saint Jacques et Paul ABELY demeurant à Paris, avec mission de voir et visiter Madame PANTAINE Marguerite femme ANZIEU internée à l"Asile de Ville Evrard commune de Neuilly sur Marne, décrire son état mental , et dire si elle peut sans danger pour elle meme et pour autrui etre remise en liberté, de ces opérations dresser un rapport qui sera déposé au Greffe de ce Tribunal pour etre statué ce qu'il appartiendra

Fait et Jugé en la Chambre du Conseil du Tribunal Civil de Premiere Instance de Pontoise le dix neuf Aout mil neuf cent quarante trois par Messieurs Rolland, Juge remplissant les fonctions de Président aux lieu et place de Monsieur Baudat Président du Siege et de Monsieur Laidet Vice Président en congé; Baures, Juge, Vieilleville, Juge de Paix du Canton de Pontoise appelé-à-compes délégué à composer le Tribunal a défaut de Magistrats, En présence de Monsieur Coisnac, Substitut de Monsieur le Procureur de la République assistés de M. Ducuing, Greffier.

fac-símile (continuação)

1939 (CE) - Marguerite é mantida internada em Ville-Evrard. O *livro da lei* menciona, sob o título de "modificações ocorridas no estado mental": J[aneiro]: psicose paranóica; F[evereiro], M[arço], A[bril]: calma. M[aio], J[unho]: ocupa-se J[ulho], A[gosto]: reticência provável. S[etembro], O[utubro]: calma. N[ovembro], D[ezembro].

1940 (CE) - Ville-Evrard. J: mesmo estado. F.M.A.: ocupa-se. M.J.J.: Excelente trabalhadora. A.S.: possibilidade de reticência. O.N.: hiperemotividade.

XX-05-1940 (CE) - Morte de Jean-Baptiste Pantaine.

1941 (CE) - Ville-Evrard. J: bócio. Será operada antes de sua saída? F.: tremores nas extremidades. M.: pulso em 104. A.: reclama sua saída. M.: pedido de perícia. J.: calma. J.: ocupa-se. A.: permanece muito hiperemotiva. S.: boa trabalhadora. O.:P. a 512-600.

N.D.

1942 (CE) - Ville-Evrard. J.: muito melhor. F.M.: reclama insistentemente sua saída. A.M.: calma. J.J.: pedido de perícia. Audiência judiciária concedida.

29-08-42 (CE) - Relatório dos peritos ao tribunal de Pontoise.

(Cf. documentos anexos)

1942 (CE) - A.: muito calma. S.O.: reticente. N.D.

1943 (CE) - Ville-Evrard. J.F.M.: calma. A.M.J.

18-04-1943 (CE) - O tribunal civil de Pontoise rejeita o pedido de liberdade formulado por Marguerite. Pouco depois, sua saída será pedida por sua irmã, a Sra. Chaissac, que se compromete a acolhê-la e vigiá-la. A família se divide sobre sua libertação.

04-06-1943 (CE) - Certificado do Dr. Chanès:

> Psicose paranóica. Possibilidade de reticência numa hiperemotiva. Nos relatórios de 29 de agosto de 1942 os peritos não chegaram a um acordo quanto à redação de uma conclusão comum e se dividiram entre duas opiniões. Opto pela opinião B: pô-la em liberdade, sob a condição de que sua família assuma, a pedido do tribunal, o compromisso por escrito de recolhê-la em sua casa, e vigiá-la de maneira constante, prevenindo sem demora as autoridades competentes no caso da Sra. P. tentar subtrair-se a esta vigilância.

21-07-1943 (CE) - Novo certificado do Dr. Chanès dando parecer favorável à saída.

19-08-1943 (CE) - Requisição do procurador da República de que se procedam a novas medidas periciais ou se pronuncie a saída imediata do hospital.

23-08-1943 (CE) - Os doutores Cénac, Micoud e Abély são encarregados pelo tribunal de proceder a uma nova perícia.

18-11-1943 (CE) - Julgamento do tribunal civil de Pontoise pronunciando a saída de Ville-Evrard.

> O tribunal, tendo em vista a requisição que precede e as peças de suporte, depois de ter ouvido o Sr. Pelletier, juiz comissário, em seu relatório, o ministério público também em sua conclusão, e, depois de ter deliberado conformemente à lei: Diz que é possível ordenar a saída imediata da Sra. Pantaine, casada Anzieu, internada

no asilo de Maison Blanche, comuna de Neuilly-sur-Marne, mas sob a condição de que ela permaneça sob a vigilância de sua irmã, a Sra. Chaissac, em Blaisy-Bas (Côte-d'Or), ficando esta última encarregada de avisar as autoridades competentes se ela tentar extrair-se a esta vigilância. Assim julgado ... [o julgamento é datado de 8 de novembro, embora o texto mencione o 18. A publicação do registro é datada de 24 de novembro].

24-11-1943 (CE) - Marguerite deixa o asilo de Ville-Evrard. *Livro da lei:* saída depois da cura, dirigindo-se à casa do Sr. Chaissac em Blaisy-Bas (Côte-d'Or).

Prolongamentos

XX-11-1943 (CE) - Marguerite acolhida na casa de sua irmã Maria Chaissac.
XX-06-1944 (CO) - Marguerite é empregada pela família Debost em Trouhau (aldeia vizinha de Blaisy-Bas). Depois da guerra, ela irá trabalhar para eles em Paris, alojada num quarto de empregada na avenida Mozart.

Entrevista de Debost por Marie-Magdeleine Chatel (*Littoral* n° 37, Paris, EPEL, abril de 1993).

XX-XX-1944 (CO) - Lacan oferece um exemplar de sua tese com dedicatória a Suzanne-Merleau-Ponty, mulher de Maurice: ali ela poderá aprender nosologia.

E.R., *Jacques Lacan,* p. 281.

XX-XX-1945 (CE) - Didier Anzieu aluno da ENS; conferência de Lacan na ENS.

HPF p. 135; PP p. 28 e 33 para a conferência (também HPF p. 245).

XX-XX-1947 (CE) - Casamento de Didier Anzieu com Annie Péghaire.

E.R., *Jacques Lacan,* p. 255.

XX-XX-1948 (CE) - Didier Anzieu: formatura em filosofia, estudos de psicologia.

PP p. 12, 29-30 e 23 para o *lapsus calami*: "professeur abregé" (professor resumido), por "professeur agregé" (professor adjunto).

XX-XX-1948 (CO) - Durante este período, amizade de Marguerite por uma cortesã, ou cantora de cabaré, maquilada, com um cãozinho, chamada Damia (ou Florès, ou Maggy).

Entrevista com Debost.

21-11-1948 (CE) - Morte da mãe de Jacques-Lacan.
01-01-1949 (CE) - Começo da análise de Didier Anzieu com Lacan.

HPF p. 245 e PP p. 33.

XX-05-1951 (CE) - Marguerite deixa os Debost por sua vontade e se instala sozinha em Boulogne. Ali ela logo recolhe uma sobrinha que tivera um filho não reconhecido pelo pai. Marguerite arranja para a sobrinha um cargo de doméstica, e cria por algum tempo o bebê, uma menina.

Entrevista Debost.

1952-1953 (CO) - Marguerite trabalha como governanta em casa de Alfred Lacan, pai de Jacques, durante dois anos (Émilie, esposa de Alfred Lacan, morreu em 1948). Ali, Marguerite reencontra Lacan e fala a Didier de suas "palhaçadas".

HPF p. 135. Esta proposta de data decorre da análise que se encontra aqui mesmo, no capítulo 16.

entre 1952 e 1953 (CO) - Didier Anzieu, que retomou o contato com ela, fica sabendo pela mãe que a tese de Lacan apresenta a história de seu caso. Ele lê a tese, depois interpela Lacan.

HPF, p. 135 e nosso capítulo 16.

verão de 1953 (CO) - Fim da análise de Didier Anzieu com Lacan depois de lhe fazer a "falsa promessa" de lhe dar as notas que fizera sobre uma reflexão analítica a respeito de si mesmo; Lacan se propunha a publicar essas notas.

HPF p. 245 (para a data) e PP p. 38 (para a falsa promessa). Paralelismo possível com a falsa promessa de fim de análise de Lacan com Loewenstein (HPF p. 137).

08-07-1953 (CE) - Conferência de Lacan: *O simbólico, o imaginário e o real.* Didier Anzieu, que assiste a ela e intervém na discussão, tem exatos 30 anos, completados naquele dia. Ele não se considera mais "lacaniano".

Sobre este último ponto: HPF p. 297.

26-09-1953 (CE) - Relatório de Roma, Lacan responde às objeções de Anzieu.

Cf. *La Psychanalyse* nº 1, PUF, Paris, 1953. A discussão também está publicada numa edição pirata da conferência "S.I.R." disponível atualmente.

15-10-1960 (CE) - Morte de Alfred Lacan.

XX-05-1961 (CE) - Interrogado pelo Comitê sobre a técnica de seu ex-analista, Anzieu a desaprova, mas reconhece que um trabalho analítico foi realizado.

HPF p. 335-6.

03-03-1962 (CE) - Morte de Pierre Benoit.

DA p. 288.

11-07-1963 (CE) - Didier Anzieu aprova a *moção dos mocionários* (sustentando que não existe nenhuma contradição entre o ensinamento de Lacan e a normalização desejada pela IPA-sic!) mas prefere não assiná-la: sendo conhecida sua hostilidade a Lacan, sua assinatura atuaria contra os objetivos moderadores da moção.

HPF p. 357-8.

XX-XX-1964 (CE) - Elogio de Pierre Benoit por Jean Paulhan em seu discurso de recepção na Academia Francesa: "São muitos que governam seus romances. [...] Um mito não é um acontecimento inacreditável, mas um acontecimento em que não se pode evitar acreditar".

4º trimestre de 1966 - Publicação dos *Écrits*. Sylvia Lacan faz campanha para que seja republicada a tese de 1932: "Vocês não imaginam até que ponto ela contou para a minha geração" (citado por E.R., *Jacques Lacan*, p. 430).

15-01-1967 - Artigo de Didier Anzieu explicitamente apresentado "contra" Lacan: "Uma doutrina herética" em *La Quinzaine littéraire.* (Cerca de dez anos depois Lacan será capaz de reivindicar, com efeito, uma posição de herético).

XX-XX-1967 (CE) - Morte de René Anzieu.

PP p. 13.

23-03-1972 (CE) - Intervenção de Jacques Postel junto a Lacan para que seja republicada sua tese na coleção "Rhadamanthe", pela ed. Privat. Resposta: "Muito tocado por sua carta. Sou contra. O senhor calculou bem ao imaginar que tenho algo a ver com fato de que ela não tinha voltado a ser publicada. Para dizer-lhe os motivos disso, seria preciso que o encontrasse."

E.R., *Jacques Lacan,* p. 430.

XX-XX-1974 - Primeiro artigo de Didier Anzieu sobre o "eu-pele".

Nouvelle revue de psychanalyse, nº 9, p. 195-208.

XX-XX-1975 (CE) - Carta de Marguerite a Alix Debost em resposta ao anúncio do nascimento do filho desta: "A Oração me salva de tudo".

Entrevistas Debost.

XX-XX-1975 - O número de homenagem a Lacan, criado por mulheres para a revista *L'Arc,* começa com uma republicação parcial do caso Aimée.

2º trimestre de 1975 - Publicação da tese de Lacan pela editora Seuil. François Wahl escreve que esta obra não é nem freudiana nem lacaniana.

30-04-1977 (CE) - Morte de Élise Pantaine.

RC.

13-02-1979 (CE) - Morte de Guillaume Pantaine, irmão de Marguerite.

RC.

26-06-1979 (CE) - Morte de Abel Pantaine, irmão de Marguerite.

RC.

15-07-1981 (CE) - Morte de Marguerite Anzieu.

RC, PP p. 13 e HPF p. 679.

09-09-1981 - Morte de Jacques Lacan.

20-04-1982 - Morte de Huguette ex-Duflos.

XX-08-1985 - Livro de Didier Anzieu sobre *Le Moi-peau* (Paris, Dunod).

XX-02-1986 - Livro de Didier Anzieu *Une Peau pour les Pensées,* entrevistas com Gilbert Tarrab. Didier Anzieu dá, aí, os nomes de seu pai e sua mãe. O livro é publicado em outubro de 1986, mas a indicação da gráfica dá como término da impressão fevereiro de 1986.

PP p. 188.

XX-10-1986 - Lançamento do segundo volume da *História da Psicanálise na França* de Elisabeth Roudinesco. Didier Anzieu é apresentado nele como sendo "o filho de Aimée".

14-12-1986 (CE) - Carta de Didier Anzieu a E. Roudinesco: "A idéia mais discutível, a meu ver, é o seu exagero e embelezamento do papel do caso Aimée na evolução não apenas intelectual mas "psicanalítica" de Lacan. Ela não foi seu Fliess, nem seu Loewenstein".

Citado por E.R., *Jacques Lacan*, p. 256.

XX-04-1994 - Artigo de Didier Anzieu, "Fragments autobiographiques", in *La voix de la Psyché, Hommage à Didier Anzieu*, Paris, Dunod.

Capítulo Seis

A primeira publicação

A Sra. Huguette ex-Duflos foi uma atriz apreciada como tal e conhecida de um grande público. Falava-se dela, no escritório dos correios em Melun, quando Marguerite trabalhava ali:

> Um dia, disse ela, enquanto eu trabalhava no escritório, procurando, como sempre, em mim mesma, de onde poderiam vir essas ameaças contra meu filho, escutei meus colegas falando da Sra. [Huguette ex-Duflos]. Compreendi então que era ela quem nos queria mal. Outrora, no escritório de E., eu havia falado mal dela. Todos concordavam em considerá-la elegante, distinta ... Eu protestei, dizendo que era uma puta. É por isso que ela devia me querer mal.[1]

Os jornais relatavam, certamente, as atuações de Huguette ex-Duflos tanto no teatro quanto no cinema; também não poupavam novas relativas à sua "vida de artista", em particular aquelas relativas aos múltiplos avatares dos processos em que ela se havia envolvido; aquele que lhe foi movido pela Comédie-Française em 1926, o que ela moveu contra seu marido para poder conservar o nome que, a seu ver, era um traço inalienável de sua celebridade. Esta celebridade da atriz foi, aliás, aos olhos de Marguerite, um dos dados essenciais que cristalizavam sua indignação e sua revolta morais:

> As cortesãs são a escória da sociedade, elas minam seus direitos e a destroem. Elas fazem das outras mulheres hilotas da sociedade e arruínam suas reputações. [...] uma cabra saída do teatro francês com uma rosa úmida e pegajosa toda aberta, e um topete louro entre os cornos, os jornalistas fizeram-na pastar as mais lindas flores do jardim de Paris, ela espalhou suas virtudes por toda parte. É caso de fugir! Os poetas, cada um por sua vez, falam com ela, o público segura as coxas complacentemente, o patrão do jornal se serve dela diante do auditório.[2]

Mais que com uma Huguette ex-Duflos isolada, Marguerite lida com a relação como tal da atriz com os jornalistas ou homens de letras, com essa cumplicidade entre eles que chega mesmo, depois de tê-la conquistado e até suscitado, a incorporar-se à do público. Quanto a ela, Marguerite permanece cheia de "terror" diante do "Reinado da Vergonha"[3], do qual Paris, tanto para ela como para Emma Bovary, era o lugar privilegiado entre todos:

---

[1] T. p. 162.
[2] T. p. 198 e 199.
[3] T. p. 199.

> Se existe uma ilha que só é habitada por animais monstruosos e horríveis, é ela, é a própria cidade com suas prostitutas às centenas de milhares, seus rufiões, suas pocilgas, suas casas de prazer a cada cinqüenta metros, enquanto a miséria se empilha no único cômodo do pardieiro.[4]

A indignação incide contra um ponto absolutamente preciso da relação da atriz-puta com os homens de letras, contra o fato de que a sexualidade da atriz, tal como a da puta, é uma sexualidade pública, tornada pública por essa cumplicidade. Trata-se de um fazer sexual, publicamente ostentado e no entanto inconfessado:

> É demasiado cru, senhora! Mas você prefere fazê-lo a confessá-lo, eu lhe falei como no bordel volante vendido nas livrarias especiais.[5]

A passagem ao ato visa cortar rente tanto essa indignação quanto esse terror. Depois da lembrança desta visão da atriz, talvez fiquemos menos surpresos que o jornalista de *L'Écho de Paris* com a afirmação de Marguerite logo depois de sua passagem ao ato visando Huguette ex-Duflos, afirmação segundo a qual ela não tivera em absoluto intenção de matar a atriz, "mas simplesmente de fazê-la falar". Se a atriz falasse, ela confessaria sua sexualidade, rompendo, assim, sua cumplicidade com os homens de letras, cumplicidade que é, ela própria, uma exibição sexual evidente por si.

Mas a relação cúmplice também pode ser rompida de outro modo que não dando a palavra à atriz: por um apelo ao público que libertaria este público de sua própria participação cúmplice nessa relação, que iria subverter a fascinação que essa mostração sexual exerce sobre ele. Isto também é visado pela passagem ao ato.

A passagem ao ato vai jogar com a celebridade da atriz, beneficiando-se dela para sua divulgação, será tornada célebre por essa celebridade mesma; poderá, assim, esperar afirmar o caráter terrível dessa sexualidade anunciada. Ali onde o público se tornava cúmplice, insensível ao terror, inapto para a indignação, o ato interviria, devolvendo ao público sua posição terceira, provocando-o a partilhar o terror e a indignação daquela só para quem, até segunda ordem, esses termos ainda tinham um sentido.

Ora, em certa medida, a passagem ao ato realiza este objetivo; de fato, vai-se falar disso nos jornais; mediante o que, Marguerite poderá dizer (graças

---

4 - T. p. 195. Evocando a sociedade citadina parisiense, Flaubert - Emma Bovary escreve: "Era uma existência acima das outras, entre céu e terra, nas tempestades, algo de sublime [...] o imenso país das felicidades e das paixões. Ela confundia, no seu desejo, as sensualidades do luxo com as alegrias do coração"(p. 91). "Ela desejava, ao mesmo tempo, morrer e morar em Paris" (p. 93). Mais adiante ainda: "Vocês não sabem a vida que levam estes farsantes, no quartier latin, com as atrizes [...]. E depois, a água de Paris, vejam só! os pratos dos restaurantes, todas essas comidas condimentadas acabam esquentando o sangue" (p. 168 e 169). Eco ao que Marguerite escreve, aliás não sem precaução: "Embora haja nuances, as mulheres da província são mais potáveis que as das cidades, a ambiência as preserva" (citado por Lacan, T. p. 197).

5 - T. p. 199.

à passagem ao ato, enfim... vai-se perguntar-lhe!) o que aconteceu com seu terror:

> O que me levou a atacar a Sra. Huguette ex-Duflos? Vocês vão saber. Devo dizer-lhes em primeiro lugar [...][6].

A publicação do caso "Aimée" por Lacan participará dessa comunicação. Mas isto não nos pode permitir negligenciar o fato de que este apelo a um público terceiro e suscetível de ... compreender (ainda Jaspers!) já foi engajado pela passagem ao ato e as declarações que ele ocasionou de imediato. Também apresentamos aqui o que situamos como sendo a primeira publicação do caso. Optamos por reproduzir em primeiro lugar, na íntegra, os artigos jornalísticos mais completos. Depois, iremos suplementar os dados que eles nos transmitem recolhendo aqueles que não são relatados, mas que nos são comunicados por outros jornais. Isso nos permitirá estabelecer o que terá sido a primeira versão da passagem ao ato de Marguerite.

Todavia, antes de empreender esta tarefa, diremos em que se engajava Huguette ex-Duflos no momento do atentado, a saber, a peça *Tout va bien* de H. Jeanson. Com efeito, uma declaração de Huguette ex-Duflos depois do atentado nos diz que, na véspera da agressão, Marguerite assistiu à representação. Não seria, pois, sem interesse, tomar conhecimento desta peça. Infelizmente, ela jamais foi publicada. Assim, ficamos reduzidos ao testemunho dos críticos para entrever o que estava em jogo. Escolhemos o relato do jornal *Le Journal,* que podemos conjecturar ter sido lido por Marguerite.

A documentação

Tout va bien no teatro Saint-Georges

Ao assistir *Tout va bien,* do Sr. Henri Jeanson, eu pensava em *La vie est belle,* esta pecinha, também excelente, do Sr. Marcel Achard. O mesmo otimismo, o mesmo desdém pelo dinheiro, a mesma fantasia jovem. No entanto, talvez exista mais sonho na peça de Achard, mas a de Jeanson é mais bem feita. Como os Srs. Henri Jeanson e Marcel Achard pertencem realmente à mesma geração!

A vida é bela! É isto o que proclama também o despreocupado Riquet; mas ele exprime esta opinião declarando: "Tudo vai bem!" Ele ama Brigitte e é amado por ela. Formam um jovem casal que vive da maneira mais despreocupada, demasiado despreocupada mesmo; pois Riquet não faz nada além de dívidas. Este homem jovem que paga seus credores com chistes não é, certamente, um exemplo a ser dado às novas gerações, mas como ele é mais simpático que o jovem arrivista ambicioso que nos é apresentado a toda hora como sendo o jovem de hoje! Ora, eis que Riquet recebe, como o sapateiro da fábula, a visita de um financista, o Sr. Fortuné Tranquille que não lhe vem oferecer cem escudos para que ele pare de cantar, mas ao contrário, convida-o a sua

6. *L'Écho de Paris* de 19 de abril de 1931.

casa para lhe levar a alegria. Nosso Riquet, assim, logo se torna íntimo do financista, a quem presta serviços e que o interessa em seus negócios, enquanto Riquet o converte à opinião de que nada tem importância.

Esta participação de Riquet nos negócios do financista vem bem a calhar, pois Brigitte, cheia de comer irregularmente, de se debater nas dificuldades com as contas de gás e de luz, estava decidida a abandonar seu amante despreocupado demais. É necessária esta mudança na existência de Riquet para que ela renuncie a seu projeto de fuga.

Riquet, então, fica rico. Como o financista da fábula, ao ficar rico, ele deixa de ser alegre. Em breve, Riquet não é mais Riquet. Ele engana Brigitte com a mulher de Fortuné Tranquille, que acreditava encontrar na sua companhia a alegria, a fantasia ausente da existência plena de preocupações de negócios de seu marido. Ora, é Fortune Tranquille quem agora negligencia seus negócios e adota os hábitos da despreocupação. Riquet o converteu a uma filosofia que ele mesmo não pratica mais. Fortuné Tranquille proclama, por sua vez, que nada tem importância.

Assim, ao surpreender sua mulher na cama com Riquet, ele aceita com a maior alegria do mundo essa desventura, para grande furor de Brigitte que, chegando naquela hora, não se mostra tão satisfeita por ser enganada. Para se vingar de Riquet, ela até mesmo o substituiria de boa vontade por Fortuné Tranquille, que parece ter adotado os antigos hábitos fantasísticos de seu amigo, tanto que ela crê reconhecer nele seu antigo Riquet. Mais eis que Fortuné Tranquille descobre que acaba de perder 750 mil francos. Não é preciso mais para fazê-lo pensar que está na hora de voltar a ser sério. Ele arrasta a mulher, duramente, de volta para casa e deixa Brigitte com Riquet. Este faz como o sapateiro de La Fontaine que devolveu seus cem escudos ao financista para voltar a ter o direito de cantar. Riquet manda ao diabo os assuntos financeiros de Forturné Tranquille, e volta a ser o antigo Riquet amado de Brigitte.

Tudo isso, evidentemente, não é desprovido de artifício, mas é acompanhado também dos mais brilhantes fogos de artifício do espírito. Os dois últimos atos, principalmente, são encantadores.

A Sra. Huguette ex-Duflos é uma encantadora Brigitte, mas que preferiríamos menos lacrimosa, com uma atuação mais nuançada; a Sra. Germaine Delbo está excelente no papel de Isabelle, a mulher de Fortuné Tranquille; ela exprime com inteligência os sentimentos mais diversos.

O Sr. Debucourt é um Riquet de uma elegante fantasia: ele é todo finura. O Sr. Lucien Baroux representou como grande comediante o personagem do financista Fortuné Tranquille. Ele sabe conservar a naturalidade com plena força cômica. Citamos ainda as Sras. Lily Sand, Christiane Derval, e os srs. Edmond Carius Clarina e André Béart.

Georges Le Cardonnel

L'Écho de Paris de 19 de abril de 1931.

Num corredor do teatro Saint-Georges uma louca tenta apunhalar a Sra. Huguette ex-Duflos

Tentando desarmar a energúmena a artista se fere na mão direita

O abuso da leitura pode ter às vezes, sobre certos espíritos fracos, uma estranha influência. Disso testemunha o drama surpreendente de que a Sra. Huguette ex-Duflos foi a vítima inocente ontem à noite.

Chegada recentemente de volta de Hollywood, a Sra. Huguette ex-Duflos fora contratada pelo teatro Saint-Georges para interpretar o papel principal da peça *Tout va bien*, estreada nos últimos dias.

Ontem à noite, como de costume, a estrela chegava ao teatro de automóvel, às 8h 15 precisas. Entrava sozinha no corredor da entrada dos artistas quando, de repente, uma mulher, parecendo superexcitada, que já se encontrava no corredor, parecendo esperar por alguém, abordou-a, interpelando-a violentamente com frases incoerentes que, naturalmente, a estupefata Sra. Huguette ex-Duflos não compreendeu. A desconhecida, no paroxismo da cólera, tirou subitamente de sua bolsa uma comprida faca de ponta que ali estava guardada e lançou-se sobre a artista brandindo sua arma. A Sra. Huguette ex-Duflos pôde segurar a tempo o braço assassino e fez todos os seus esforços para dominar a irascível mulher. Felizmente para ela, seus gritos de "Assassina!" foram ouvidos por seu motorista e por um passante. Estes acorreram vivamente, detiveram a desconhecida e a desarmaram. Foi então que se percebeu que a Sra. Huguette ex-Duflos tinha na mão direita uma ferida profunda que sangrava abundamente, que sofrera na luta corpo-a-corpo que teve de empreender para salvar a vida, pois a facada que lhe era destinada visava-a no seio.

Enquanto a assassina, desgrenhada e de olhos esbugalhados, era conduzida ao comissariado, a Sra. Huguette ex-Duflos era transportada ao hospital Lariboisière. O ferimento apresenta uma certa gravidade, tendo sido cortado o tendão do dedo mínimo da mão. Foi necessário, de imediato, uma operação dolorosa. Privada de sua estrela, o teatro Saint-Georges esteve fechado ontem à noite.

Quando a assassina foi conduzida — enfim acalmada e toda lacrimosa — à presença do Sr. Evrard, comissário do distrito de Saint-Georges, este compreendeu imediatamente que se tratava de uma louca. É uma mulher de altura acima da média, de aparência modesta, de pele corada e gestos bruscos.

Eis as declarações que o magistrado, assistido por seu secretário, o Sr. Boujoulat, pôde recolher:

"Eu sou a Sra. Marguerite-Jeanne Pantaine, Anzieu de casada, nascida a 4 de julho de 1892, em Mauriac (Cantal). Casei-me em outubro de 1917. Meu marido é empregado nos Correios e mora em Melun, 23 bis rua Saint-Barthélémy. Temos uma filha que tem atualmente 8 anos. Recebi alguma instrução, que me permitiu obter um diploma secundário. Há cinco anos, deixei o domicílio conjugal e vim morar só em Paris, na rua Saint-André-des-Arts, nº 30. Trabalho no escritório de ordens de pagamento da rua do Louvre.

O que me levou a atacar a Sra. Huguette ex-Duflos? Vocês vão saber. Devo dizer-lhes em primeiro lugar que eu não conhecia em absoluto a Sra. ex-Duflos. Só havia assistido a uma ou duas representações de que ela participava, mas tenho contra ela numerosas queixas. Devo lhes dizer que sou leitora assídua dos romances de Pierre Benoit e percebi há muito tempo que eu era a heroína do escritor. Em todos os seus livros, encontro passagens de minha vida privada, e ele sempre me põe em causa, sob nomes inventados, é claro. Percebi também que a Sra. Huguette ex-Duflos, que interpreta suas peças, me ridicularizava, em conivência com o autor, principalmente na peça *Les Suppliantes*. Foi isso que me decidiu à vingança, e foi com este objetivo que deixei meu marido.

Há três ou quatro meses, comprei uma faca de ponta, e vim, ontem à noite, esperar minha rival (sic) em frente ao teatro Saint-Georges, mas não a encontrei. Querendo golpear a Sra. Huguette ex-Duflos, eu não tinha em absoluto a intenção de matá-la, mas simplesmente de fazê-la falar (sic)".

Esta declaração confirmando a impressão inicial do comissário, este mandou que conduzissem a assassina desconhecida à enfermaria especial do comissariado.

O relato do atentado em *Le Journal*, jornal que era lido regularmente por Marguerite, encontra-se também na primeira página. Foi reproduzido integralmente aqui por comportar um bom número de detalhes não mencionados na versão do *L'Écho de Paris*.

Le Journal de 19 de abril de 1931

Funcionária dos Correios com mania de perseguição tenta apunhalar a Sra. Huguette ex-Duflos

Que fenômeno do subconsciente poderia revelar os motivos deste gesto criminoso de que quase foi vítima, por parte de um pobre demente, a Sra. Huguette ex-Duflos?

Um gesto de loucura , deveríamos escrever, pois aquela que quis "assassinar" nossa princesa dos palcos e dos filmes, ao tentar explicar seu ato, parece ter perdido sua razão.

Eram 20h 30. O possante veículo da Sra. Huguette ex-Duflos acaba de estacionar junto à calçada diante deste teatro do distrito da Trinité, onde a artista interpreta atualmente o papel principal. Com passos miúdos e rápidos, ela atravessou a porta. Mal havia caminhado dois metros no corredor de acesso quando uma mulher barrou-lhe o caminho:

- A sra. é mesmo a Sra. Huguette ex-Duflos?

- Sim.

E a desconhecida se expandiu num extravagante falatório onde voltava incessantemente o nome do Sr. Pierre Benoit, o famoso romancista.

- Deixe-me, disse a Sra. Duflos, que apressou o passo.

A mulher, então, a perseguiu, ameaçando-a com uma faca na mão.

Um passante, o Sr. Jean Dathis, 31 anos, negociante, morador na rua de l'Abreuvoir, nº 13, em Meaux, que havia acompanhado a cena, lançou-se sobre a desconhecida, segurando-a. A artista [palavra ilegível: possivelmente "quis"] desarmar a louca. Mas, assustada, fez isso de tal maneira que, aparando com a própria mão o golpe, cortou profundamente o dedo mínimo da mão direita.

A Sra. Duflos foi rapidamente conduzida, em primeiro lugar a uma farmácia próxima, em seguida ao hospital Lariboisière, onde se constatou que o tendão fora seccionado.

No teatro, depois de um instante de hesitação, anunciava-se: Em conseqüência de..., a representação está suspensa.

Enquanto isso, o Sr. Dathis não havia deixado a assassina. Com a ajuda do agente Glanardi, ele a arrasta, pela rua de la Rochefoucauld, até o comissariado.

- Há muito tempo que esta atriz me fazia sofrer, dizia ela, repetidas vezes.

Trata-se de uma mulher de Auvergne obstinada, de traços duros, de colarinho engomado sob a malha que acentua seu aspecto masculino. Interrogada em seguida pelo Sr. Evrard, é com uma estranha história que a Sra. Anzieu, nascida Jeanne Pantaine, 38 anos, empregada nos Correios, moradora da rua Saint-André-des-Arts, nº 30, em Paris, tenta explicar seu gesto homicida:

- Ora, pois - diz ela - eu vivia tranqüilamente há cinco anos atrás, em Melun, entre meu marido, supervisor no mesmo escritório onde eu trabalhava, e meu filho de oito anos. Mas "o que fazer em Melun a não ser ler ?".

A Sra. Anzieu lia. Demais. Assim, acreditou perceber que as aventuras das heroínas de seu autor favorito — Pierre Benoit — tinham uma analogia com certos episódios de sua própria vida particular. Inicialmente, sentiu-se lisonjeada, depois ficou furiosa. "Ele me ridiculariza", pensava. Acreditava também que seu marido lia nas entrelinhas do romance "suas confissões e vergonhas". Deixou o domicílio conjugal, à rua Saint-Barthélémy, 23 bis, e veio instalar-se em Paris, num hotel modesto da Rive Gauche.

Por que fenômenos psíquicos imaginou ela que o autor abominado "fazia escândalo com a Sra. Huguette ex-Duflos" e que esta artista a estaria "arremedando", por sua vez, nos papéis que representava?

- Eu havia resolvido chamá-la, enfim, a se explicar sobre o assunto, terminou ela, e, por via das dúvidas, levara na minha bolsa essa faca de ponta ...

O comissário não acreditava no que ouvia. Foi mandado um investigador ao hotel da Rive Gauche onde vivia a assassina.

- É uma cliente "comportada", disseram, de hábitos regulares. Trabalha no escritório de cheques postais, na central do Louvre, e ganha bem sua vida, 18 mil francos por ano, nos disse ela. Recebe poucos amigos, duas professoras com quem prepara seus exames, e faz música. Era mesmo um pouco estranha, mas não parecia acreditar-se perseguida.

Ainda assim, o magistrado enviou a pobre demente para a cadeia.

Le Petit Parisien de 19 de abril de 1931

[...] ela acrescentou: "Atinéa, vocês sabem, a Atinéa do Sr. Pierre Benoit, o romancista, sou eu. E é por isso que eu quis ter com a sra. Huguette uma explicação" [na verdade, Antinéa; esta menção da heroína de *Atlantide* é confirmada pelo l'Intransigeant de 20 de abril]. Embora isso fosse extremamente preciso, o secretário do comissariado quis saber mais, e então veio uma chuva de palavras que se resumem no seguinte: o Sr. Pierre Benoit é o amigo (sic) da Sra. Huguette, o romancista jamais escreveu um livro sem me expor a todos os seus leitores, sob nomes diferentes, é claro, mas sempre me ridicularizando. O Sr. Benoit e a Sra. Huguette fazem escândalo (sic). E um dia, não sei mais em que peça, vi a Sra. Huguette me arremedando. [...] De repente, acreditando ver jornalistas, ela exclamou em tom bem alto: Mas eu não tenho a menor intenção de entregar essa história à imprensa! [...] Será que ela queria apunhalar a Sra. Huguette? Ela nega [...]. Lançaram-se sobre mim. E foi nessa hora que nós duas nos ferimos, cada uma numa mão.

Um certo número de jornais apresenta uma versão ligeiramente diferente do atentado ou das investigações geradas por ele. Isolamos, nesses artigos, essas variantes, bem como os elementos suplementares.

Le Temps de 20 de abril de 1931

[...] quando foi abordada por uma mulher corretamente vestida. Esta, depois de ter reconhecido a Sra. Huguette ex-Duflos, dirigiu-lhe uma torrente de ameaças incoerentes, seguindo-a pelo corredor dos artistas. Tomada por um pressentimento, a artista voltou-se justo no momento em que a mulher levantava uma faca contra ela.

[...] A assassina, interrogada pelo comissário de polícia, recusou-se inicialmente a responder.

[...] Ela havia percebido, declarou, que as aventuras das heroínas de seu autor favorito não deixavam de ter analogia com certos episódios de sua vida particular.

[...] No hotel da rua de Saint-André-des-Arts, responderam que Jeanne Fontaine levava uma vida muito regular. O comissário, assim mesmo, enviou a demente para a cadeia.

Paris-Sois de 20 de abril de 1931

Ela explicou que precisara deixar, há cinco anos, seu marido, o Sr. Alzeu, supervisor dos Correios [...] para escapar ao escândalo provocado em torno de sua pessoa pelo Sr. Pierre Benoit, que contava sua vida particular em seus romances. Ela se reconhece como a heroína de todos o seus escritos, e afirma que é a Sra. Huguette ex-Duflos quem leva o romancista a persegui-la, já que a própria artista, no palco, só pensa em arremedar a Sra. Alzeu. Ela quis perguntar à estrela as razões para essa dupla perseguição.

A verdade é que a Sra. Alzeu manifestou sinais de desequilíbrio mental desde o dia em que deu à luz uma menina que conta hoje oito anos de idade.

Le Petit Parisien de 20 de abril de 1931

A funcionária demente dos Correios havia tentado estrangular o secretário de um comitê de leitura

Em setembro último, ela se entregara a este ato na livraria Flammarion, a pretexto de terem recusado o manuscrito de seu romance.

Nenhuma queixa foi registrada contra a "romancista", que, desde então, preparava uma outra obra dedicada ... ao Príncipe de Gales.

Ao saber do atentado contra a Sra. Huguette, o Sr. Max Fischer, diretor literário da livraria Flammarion, lembrou-se muito bem de que o nome Alzeu (sic) era o de uma demente que tentara estrangular sua secretária, a Srta. Kirsch, o que teve a amabilidade de logo nos comunicar.

Quisemos ter da srta. Maryn Kirsch mesma os detalhes desta agressão, que damos aqui:

- A 13 de setembro último, a Sra. Alzeu entregou à editora Flammarion o manuscrito de um romance intitulado le Détracteur. Este romance, lembro-me muito bem, começava assim: À sombra de seus cílios, bem como à sombra das árvores ..." [este começo não é o transcrito por Lacan à p. 181 de sua tese. Seria uma falsa recordação da Srta. Kirsch? Ou seriam versões diferentes?]

A 17 de novembro, o comitê de leitura recusou essa obra, que era assinada por Jeanne Fontaine (nome de solteira da louca). No dia seguinte, a Sra. Alzeu voltava a nosso escritório, e pedia para ver o secretário geral. Como ele estava muito ocupado, eu a recebi.

Tive que informá-la de seu fracasso. É penoso, senhor, mesmo quando o autor não é louco nem louca. Ela me perguntou se era eu quem tinha assinado a carta que informava a recusa de seu manuscrito. Respondi que não. Então ela começou a ler alto a tal carta, depois se interrompeu bruscamente para me assegurar que eu não valia mais do que os outros. Com um pulo, jogou-se sobre mim, atirando-me ao chão e, com o joelho em meu peito, tentou me estrangular. Simplesmente. Por sorte pude dar um grito. O Sr. Marcel Berger e o Sr. Aubière, que estavam na sala ao lado, correram e me livraram, não facilmente, da fúria. Precisei ficar de cama durante oito dias.

Enquanto me atacava, a demente gritava: "Bando de assassinos! Bando de acadêmicos!"

A Srta. Kirsch cometeu o erro de não registrar queixa do atentado de que foi vítima.

O Paris-Soir do dia seguinte relata testemunhos recolhidos por seu repórter e os resultados da investigação policial.

Paris-Soir de 21 de abril de 1931

[...] estamos em presença de um caso de demência muito curioso. A Sra. Alzeu parecia muito sensata a seu senhorio: — Havia mesmo alguma vivacidade nos modos dessa senhora, mas nada realmente anormal. Por outro lado ela trabalhava muito. Ocupada toda a manhã no seu trabalho na administração dos correios, ela consagrava todas as tardes ao estudo. Recebia, várias vezes por semana, uma senhora que lhe dava aulas de inglês. Não via mais ninguém e nunca saía à noite.

Seu chefe de serviço, na rua do Louvre, também declara jamais ter observado algo de suspeito em suas maneiras: — Ela só se fazia observar por uma grande reserva com relação a seus colegas. Era distante. Não confiava a ninguém as criações de sua imaginação, no entanto fértil.

A romancista quase não lia

É verdade que, contrariamente ao que se teria podido acreditar, a busca no quarto só revelou algumas páginas endereçadas ao rei da Inglaterra, com a promessa de lhe dedicar seu próximo romance. É provável que a recusa de seu primeiro manuscrito pelo comitê de leitura da livraria Flammarion tenha calado a sua verve. [...]

Desde domingo à noite às 18 h, a Sra. Alzeu medita na enfermaria especial à espera de ser hospitalizada à rua Cabanis.

Outros jornais *Le Figaro, Le Temps,* no mesmo momento, relatam o incidente com a funcionária da editora, sem trazer outros elementos além daqueles aqui mencionados.

Desde 22 de abril, a imprensa publica uma declaração de Pierre Benoit. Vamos encontrá-la tanto em *Le Temps* quanto em *L'Écho de Paris* e *Le Journal.* Reproduzimos esse comunicado na apresentação que lhe é dada por Le Temps.

Le Temps, 21 de abril de 1931

A louca que feriu a Sra. Huguette ex-Duflos era bem conhecida do Sr. Pierre Benoit

Túnis, 21 de abril — O Sr. Pierre Benoit, que se encontra atualmente em Túnis, fez as seguintes declarações quanto ao atentado de que acaba de ser vítima a Sra. Huguette ex-Duflos: — A criminosa perguntou por mim, com efeito, várias vezes, na minha editora (trata-se da editora Albin Michel), onde ia regularmente na esperança de me encontrar. Pude mesmo vê-la um dia. Trata-se, com certeza, de uma exaltada. A infeliz pretendia estar sendo visada em várias de minhas obras, cujo tema me teria sido aconselhado, afirmava ela sem cessar, pela Sra. Huguette ex-Duflos. Talvez os golpes desferidos contra a simpática atriz fossem destinados a mim? ... (Radio)

O atentado deveria também gerar uma declaração da Sra. Huguette ex-Duflos:

Eu não conhecia esta mulher. Entretanto, meu motorista e o pessoal do teatro afirmam que há uma semana ela rondava a rua Saint-Georges. Na sexta-feira mesmo, ela assistiu ao espetáculo, e depois esperou por muito tempo na saída dos artistas. Enfim, cansada de esperar, foi embora.

Vamos mencionar, para concluir, a inevitável declaração do psiquiatra de serviço assim que se soube — e isso, no mesmo instante — que o atentado era obra de uma "pobre demente".

Uma opinião do doutor Toulouse sobre o caso da funcionária dos Correios

Fiquei surpreso, disse-nos o eminente psiquiatra, com o fato de que a Sra. Anzeu tinha deixado, há quatro anos, seu filho e seu marido, porque pensava que este último reconheceria, nas aventuras de algumas heroínas dos livros de Pierre Benoit, seu autor favorito, certos episódios de sua própria vida.

Na minha opinião, trata-se de um caso muito claro de mania de perseguição, provavelmente manifestada antes por irregularidades de vida ou bizarrices que o círculo imediato da Sra. Anzieu deve ter percebido.

Aliás, a meu ver, todo criminoso é mais ou menos tarado, manifestando-se em geral a sua anomalia por extravagâncias, por gestos ou palavras estranhas, que despertam a atenção dos seus próximos ou seus vizinhos.

Quanto a isso, não me arrependo do que digo todos os dias: a importância de que tais doentes tivessem seus casos assinalados para nós. A profilaxia criminal não é só possível: é fácil.

Uma primeira reconstrução do atentado

Os elementos que acabam de ser reunidos permitem-nos agora reconstituir o que terá sido a cena do atentado, bem como o que se terá de imediato observado como sendo seus antecedentes (notamos, entre parênteses, a fonte ou as fontes do dado publicado: J = *Le Journal*, F = *Le Figaro*, EP = *L'Écho de Paris*, PS = *Paris-Soir*, T = *Le Temps*.

Oito anos antes do atentado — Marguerite teria manifestado "sinais de desequilíbrio mental desde o dia em que deu à luz uma filha". (PS)

Cinco anos antes — Marguerite deixa o domicílio conjugal (PS, EP).

Novembro de 1930 — Recusa da livraria Flammarion e atentado de Marguerite contra sua funcionária (J, PS, T).

Janeiro de 1931 — Marguerite compra uma faca de ponta (segundo a tese, essa compra ocorreu bem mais tarde, exatamente um mês antes do atentado). (EP)

Durante uma semana a partir do sábado, 11 de abril — Marguerite é vista rondando o teatro Saint-Georges pelos empregados do teatro e pelo motorista de H.D. (J).

Sexta-feira, 17de abril de 1931 — Marguerite assiste à representação de *Tout va bien*, depois espera H. D. na saída dos artistas. Em vão. (versão de H. D. em J.). Marguerite, por sua vez, não menciona o fato de ter assistido ao espetáculo; ela veio esperar sua "rival" diante do teatro Saint-Georges e não a encontrou (EP).

Sábado, 18 de abril de 1931, às 20:30 h. — Paris, distrito de Trinité, teatro Saint-Georges. O carro de Huguette ex-Duflos deixa-a diante da entrada dos artistas. H. D. cruza a porta. Marguerite a espera no corredor. Ela tem na bolsa e já desembainhada uma faca de ponta. (J, EP).

Marguerite barra a passagem da atriz. Um diálogo se inicia:

— A sra. é mesmo a Sra. Huguette ex-Duflos?

— Sim.

— xxxxxxxxxxxxxxxxx (Discurso de Marguerite não relatado literalmente).

— Deixe-me (J).

H. D. retoma seu percurso; ela é perseguida por Marguerite que, com a faca na mão, a ameaça (J).

H. D. grita: — "Assassina!" (EP).

Um passante, o sr. Jean Dathis, segura Marguerite (J).

O motorista de H. D., alertado por seus gritos, teria também intervindo (T).

Tentando desarmar Marguerite, H. D. fere a mão (J).

H. D é conduzida a uma farmácia vizinha, depois ao Hospital Lariboisière (J). Depois de uma intervenção cirúrgica que dura duas horas, H. D. volta para casa (PS).

O teatro Saint-Georges anuncia a suspensão das representações de *Tout va bien*. (J).

Com a ajuda do agente Glanardi, o sr. Dathis conduz Marguerite ao comissariado, na rua de la Rochefoucauld. (J).

Marguerite interrogada pelo Sr. Evrard:

> VERSÃO J: Pierre Benoit a "ridiculariza". Seu marido lê em P.B. "suas confissões e suas vergonhas". Ela deixou Melun. P. B. "fazia escândalo com a Sra. Huguette ex-Duflos"; a artista a "arremedava". "Eu havia resolvido, chamá-la, enfim, a se explicar sobre o assunto, e, por via das dúvidas, levara na minha bolsa esta faca de ponta".
>
> VERSÃO EP: Marguerite é acalmada e está em lágrimas na hora do interrogatório. Depois de declinar sua identidade, sua situação familiar e profissional, diz só ter assistido a uma ou duas representações com H. D., mas tem contra ela numerosas queixas. Ela é a heroína de P.B. que a expõe. H. D., que interpreta suas peças, a ridiculariza. Ela decidiu vingar-se e deixou o marido com este fim. Não queira matar H.D., mas fazê-la falar.
>
> VERSÃO PS: Marguerite deixou Melun para escapar ao escândalo provocado por P. B. em torno de sua pessoa, ao revelar sua vida privada.

É H. D. quem leva P. B. a persegui-la, já que só pensa em imitá-la em cena. Ela quis perguntar à artista as razões dessa dupla perseguição.

O magistrado decide enviar Marguerite à detenção naquela noite. (J).

Domingo, 20 de abril — O Sr. Evrard estabeleceu que, em novembro de 1930, Marguerite lançou-se ao pescoço da funcionária que lhe veio comunicar a recusa de seu manuscrito (F). Segundo PS, tratar-se-ia da livraria Flammarion.

20 de abril — Declaração de H. D. ao Sr. Boujoulat, secretário do comissariado Saint-Georges.

20 ou 21 de abril — Busca no quarto de Marguerite. Encontra-se ali uma carta dirigida ao rei da Inglaterra com a promessa de dedicar-lhe seu próximo romance, e uns poucos livros. (PS).

21 de abril — Declaração de Pierre Benoit em Túnis (EP, T. J).

21 de abril — O estado de H. D. não é mais considerado inquietador. O cirurgião fará o impossível para salvar seu dedo mínimo. Ela voltará ao palco em oito dias (PS).

Conclusão

Quem tomou conhecimento do caso de Marguerite em primeiro lugar através da tese de Lacan não pode deixar de se surpreender com um certo número de traços característicos dessa primeira publicação que acabamos de exumar.

Uma primeira observação: como ocorre com freqüência em Freud, o bom senso (aqui, jornalístico) mais banal une-se diretamente às conclusões do estudo científico mais sofisticado.

O diagnóstico, a começar por ele, não traz dúvidas para ninguém. Certamente, os termos permanecem imprecisos, mas para todos os interessados fica evidente de saída que o atentado é o ato de uma louca, o que implica irresponsabilidade. Huguette ex-Duflos não registra queixa; Pierre Benoit fala de Marguerite como de uma "demente"; o comissário de polícia considera imediatamente uma hospitalização; os jornalistas, por sua vez, desenvolvem toda a gama de reações que podem ser suscitadas pela loucura; estranheza ("A estranha assassina" — EP), a recusa de crer ("o comissário não podia acreditar no que escutava" — J), dúvida quanto aos motivos ("Que fenômeno do subconsciente poderia revelar os motivos deste gesto criminoso..." — J), compaixão ("uma pobre demente" — J, uma "infeliz" segundo Pierre Benoit), tentativa de domínio da loucura por uma nomeação pseudo-erudita ("uma desequilibrada" — T, "a insensata" — PS, um "distúrbio mental " — PS, uma "demente" — F e J, uma "funcionária dos correios com mania de perseguição" — J).

Mas, mais notável, julgando-se do ponto de vista da pertinência, é o fato de que o atentado contra Huguette ex-Duflos se vê rapidamente inserido numa rede da qual seria apenas um dos pontos nodais. Assim, menciona-se a entrada no distúrbio mental no momento em que Marguerite se torna mãe (PS), depois se evoca, como também denotando essa loucura, um outro atentado (a agressão contra a empregada da livraria Flammarion), bem como o ato que terá sido a partida de Melun e as tentativas de interpelação de Pierre Benoit. Esses acontecimentos são tanto mais anunciados como patológicos quanto a pesquisa feita junto ao empregador e ao senhorio revela uma vida "comportada".

Marguerite não falará mais da agressão contra a funcionária do editor Flammarion. Em compensação, dará um certo número de explicações quanto a sua saída de Melun, o atentado que acaba de cometer e a relação que supõe existir entre Pierre Benoit e Huguette ex-Duflos. Essas explicações não são nem muito claras nem unívocas. Precisamos, portanto, a fim de sermos capazes de discuti-las, começar por expô-las.

A saída de Melun

De acordo com sua declaração dada entre aspas por EP, foi ela quem "deixou o domicílio conjugal", e que "veio morar sozinha em Paris". Ela teria percebido que era a heroína de Pierre Benoit, que este a "expunha" em seus romances, e percebera também que Huguette ex-Duflos, intérprete das peças de Pierre Benoit, a "ridicularizava" em conivência com o autor. Teria deixado o marido com a intenção de ir se vingar.

Segundo J., a vida burguesa em Melun entediava Marguerite: "o que fazer em Melun a não ser ler?" declarou ela, de maneira bovarista. Marguerite, pois, lia, e em especial Pierre Benoit. Encontra-se, nesta versão, a idéia de ser "ridicularizada", atribuída não a Huguette ex-Duflos e sim a Pierre Benoit. Ao mesmo tempo, um outro motivo vem causar a saída de Melun: o fato de que seu marido, como que por sobre seu ombro, "lia nas entrelinhas do romance 'suas confissões e suas vergonhas'". Não se trataria tanto, nesta versão, de ir para Paris de modo a ali cometer um certo ato de vingança, senão de fugir a uma divulgação que cessaria a partir do momento em que ela não mais morasse com o marido, este que, como ela, sabe ler como convém o que Pierre Benoit escreve.

Uma terceira versão desta partida se encontra em PS. Marguerite teria deixado Melun "para escapar ao escândalo provocado em torno de sua pessoa pelo sr. Pierre Benoit". Aqui, não seria mais seu marido apenas quem poderia escandalizar-se; o escândalo teria uma dimensão não mais somente familiar, mas social.

Três versões, portanto, não necessariamente contraditórias, já que não se exclui que as três esbocem uma certa configuração. Esta, verdadeiro nó social, comportaria Pierre Benoit, o divulgador, ela mesma enquanto dividida, já que se trata dela nos romances de Pierre Benoit mas também se põe em jogo quando observa o ato de divulgação, e seu marido, ou, de modo mais amplo, seu meio familiar, na medida em que são informados, por Pierre Benoit, dessa parte dela própria que deveria permanecer oculta. Esta configuração tripolar é isomorfa àquela que analisamos no começo deste capítulo, a qual também comporta três pólos: a atriz-puta, seus cúmplices, jornalistas e homens de letras e ela mesma, Marguerite.

Distinguimos, porém, essas três versões, pois cada uma delas acentua um certo ponto dessa configuração: o ponto fonte da divulgação (Pierre Benoit com Huguette ex-Duflos), fonte que se deveria calar com a vingança; o ponto destinatário da divulgação, não tanto a própria Marguerite, senão seu marido, ou, de modo mais amplo, seu meio social; tratar-se-ia então, ao deixar Melun, de impedir que a divulgação alcançasse aquele lugar onde o escândalo seria patente.

Em nenhum caso, vamos notar, Marguerite põe em dúvida a veracidade do que Pierre Benoit escreve. Ela não o acusa de espalhar, a seu respeito, boatos falaciosos, nem pretende processá-lo por difamação, mas sente-se ultrajada com o fato de que ele divulgue uma certa verdade que ela reconhece como sua, mas que deve permanecer insabida. Esta verdade não deve alcançar o saber. É fundamental para ela que esta verdade não seja produzida como um "dizem que", que ela não se torne, para dizê-lo em termos pongianos, "um lugar-comum". Qual é, pois, esta verdade que Pierre Benoit conheceria paranoicamente? Fica claro, depois que acabamos de apontar seu estatuto, que nada sabemos dela. A seu respeito, uma única coisa nos é indicada: ela faz de Marguerite uma ridicularizada.

O atentado contra Huguette ex-Duflos

Este atentado foi "dramático". Munida de uma faca guardada aberta em sua bolsa, Marguerite, depois de ter falhado uma primeira vez, aguarda a chegada de Huguette ex-Duflos no corredor do teatro Saint-Georges. Mas com que intenção?

Le Journal diz que ela queria "assassinar" (as aspas estão no artigo) "nossa princesa dos palcos". Certamente, "assassinar" quer dizer "matar" e os jornais, antecipando uma ação que, no entanto, não ocorreu, vão designá-la como sendo "a assassina".

O relato dramático pelo qual Lacan inicia sua monografia vai no mesmo sentido: ele omite a narrativa de que, entre a pergunta relativa à identificação feita à atriz e depois a resposta positiva desta e o golpe desferido que se seguiu ao gesto de Huguette ex-Duflos de passar ao largo da interpelação, Marguerite dirigiu à atriz todo um discurso que, por mais incoerente que parecesse, talvez reclamasse outra coisa que não ser, pura e simplesmente, ignorado por Huguette ex-Duflos. Com este impasse sobre esse discurso, o relato de Lacan sugere que a intenção de Marguerite era simples e monolítica, que Marguerite sabia o que queria, o que queria fazer, que estava claramente decidida a fazê-lo, a saber, golpear mortalmente Huguette ex-Duflos.

O que teria dito Marguerite a Huguette ex-Duflos no corredor do teatro Saint-Georges? *L'Écho de Paris* evoca o único aspecto formal deste discurso:

> [ela] a interpelou violentamente com frases incoerentes que, naturalmente, a estupefata Sra. Huguette ex-Duflos não compreendeu. A desconhecida, no paroxismo da cólera [...]

O relato do *Journal* é um pouquinho mais explícito:

> [...] a desconhecida se expandiu num extravagante falatório onde voltava incessantemente o nome do Sr. Pierre Benoit, o famoso romancista. — Deixe-me, disse a Sra. Duflos, que apressou o passo. A mulher *então* [o grifo é meu] a perseguiu, ameaçando-a com um faca na mão.
>
> [depois, Marguerite já tendo sido contida fisicamente, mas antes de suas respostas ao comissário Evrard]: Há muito tempo que esta atriz me fazia sofrer, dizia ela repetidas vezes.

Quanto ao jornal *Le Temps*, escreve simplesmente:

> Esta, depois de ter reconhecido a Sra. Huguette ex-Duflos, dirigiu-lhe uma torrente de ameaças incoerentes.

O estudo da primeira publicação nos impõe acolher com uma certa reserva esta versão que quer que a intenção a animar Marguerite neste atentado fosse a de matar a atriz. Marguerite nos diz algo bem mais nuançado, quando nos declara:

> Eu havia resolvido chamá-la, enfim, a se explicar sobre o assunto [trata-se do fato de que Huguette ex-Duflos a "ridicularizava" em cena], terminou ela, e, *por via das dúvidas*, [o grifo é meu] levara na minha bolsa essa faca de ponta ... (J)

O campo semântico deste verbo "*meurtrir*" empregado por Marguerite faz dele, potencialmente, um significante portador do equívoco. *Meurtrir*, nos ensina o dicionário *Robert*, é primeiramente "assassinar, matar". Mas ele nos oferece duas outras significações: prejudicar e marcar. Em torno de *meurtrir* há, certamente, *meurtre*, assassinato, mas também *meurtrissure*, maceração. Quando Marguerite quis *meurtrir* Huguette ex-Duflos, tratar-se-ia de matá-la? De fazê-la sofrer um dano? De marcá-la, dada a falta, na atriz, de uma certa marca?

Vai-se dizer que a faca aberta na bolsa fala francamente pela intenção de matar, ou mesmo, mais moderadamente, de "golpear", como diz Lacan retomando um termo de Marguerite? Isso seria negligenciar o "por via das dúvidas" que nos indica que o que iria ocorrer não estava em absoluto predeterminado no espírito de Marguerite. Seria também não reparar no que ela iria dizer logo depois do atentado, e que nos é narrado em diferentes versões:

> "Querendo golpear a Sra. Huguette ex-Duflos, eu não tinha em absoluto a intenção de matá-la, mas simplesmente de fazê-la falar" (EP)

Marguerite fala mesmo, aqui, em "golpear", mas trata-se de uma declaração posterior ao atentado. Certamente, ela quis golpear Huguette ex-Duflos, mas num certo momento, precisamente aquele em que a atriz, detida por um instante pela "desconhecida", resolveu continuar seu caminho sem mais fazer caso do que lhe dizia sua exaltada interlocutora.

O que teria acontecido se Huguette ex-Duflos tivesse tomado um tempo para falar com ela? Para responder ao que ela lhe dizia, nem que fosse sob a forma de questioná-la, de intimá-la a justificar o que dizia, até mesmo desmentir furiosamente suas acusações? Com certeza, jamais saberemos. Mas qualquer pessoa que, profissionalmente ou por outras razões, encontrou-se algum dia na posição de Huguette ex-Duflos, sabe que as coisas não são necessariamente decididas por antecipação, que, ao menos em alguns casos, a ocorrência ou não da agressão depende do acolhimento dado ao discurso que o agressor potencial formula num tempo de suspensão última de seu ato (as "chances" de Huguette ex-Duflos de entabular ali mesmo um diálogo com Marguerite e assim evitar o ato não eram, sem dúvida, nulas, podemos conjeturá-lo a partir do que se iria produzir bem mais tarde, a saber, depois da saída de Marguerite do hospital psiquiátrico, a instauração de sua amizade com uma *demi-mondaine*, que também era atriz). Seja como for, as coisas não se deram assim.

Marguerite passou ao ato depois que Huguette ex-Duflos decidiu, em ato, interromper sua conversa. Tendo-lhe dito: "Deixe-me", ela se põe em marcha, pondo fim, assim, ao encontro. Isso é um fato, que nos foi transmitido por essa primeira publicação do caso. O ato de Marguerite responde a uma certa esquiva, atuada como tal, de Huguette ex-Duflos.

Se nos referirmos agora ao que Marguerite irá dizer logo depois do atentado, deveremos admitir que ela jamais admitiu ter querido matar Huguette ex-Duflos. *Le Journal* nos relata que ela havia "resolvido chamá-la, enfim, a se explicar"; *Paris-Soir* diz que ela "quis perguntar à estrela as razões para esta dupla perseguição". Notemos, por outro lado, que matando Huguette ex-Duflos, isto é, tornando-a definitivamente incapaz de responder, Marguerite teria continuado com sua questão insolúvel.

Assim, vamos concluir provisoriamente este ponto, optando pela via baixa. A interpelação de Huguette ex-Duflos visava "mortificá-la", no sentido de obter dela uma certa confissão, uma palavra que, ao ser proferida, teria mortificado a atriz. Pois uma confissão arrancada vale, com efeito, como uma mortificação. Que palavra? Ainda neste ponto, não somos capazes de estabelecer. Fica claro, em compensação, que essa interpelação faz eco à divulgação. Esta é um dizer que deveria ser calado, aquela é um silêncio que deveria ser dito.

Mas a relação entre interpelação e divulgação é ainda mais "torcida" (utilizamos este termo no sentido da torção de uma superfície topológica — ver abaixo). Entrando na lógica do delírio, isto é, supondo que a divulgação atinja a quem de direito (o marido de Marguerite, seu círculo, as comadres da região), restaria ainda, para que a verdade se fizesse saber, obter de Marguerite a confissão daquilo que teria sido divulgado. Sem o seu assentimento, este saber do divulgado permanece não estabelecido como saber. Poderiam, então, dirigir-se a ela exatamente da mesma maneira que ela própria faz ao seu dirigir a Huguette ex-Duflos, interpelando-a. A interpelação, portanto, não faz eco simplesmente à divulgação, como o avesso ao direito: ela está também no seu prolongamento com a diferença de que, no ponto mesmo onde Marguerite seria convocada a confirmar a divulgação, intervém uma substituição decisiva: não é mais ela quem tem de responder, mas sim sua "rival" (EP), Huguette ex-Duflos. Escrevamos, pois, essa dupla relação de continuidade e de oposição que liga a divulgação e a interpelação com essa figura topológica que é suscetível de sustentar essa dupla relação, a saber, a banda de Moebius. A "diferença" corresponderia a um corte da banda. Mas essa escrita permanece possível já que sabemos que, justamente, a banda de Moebius se deixa identificar a seu corte.

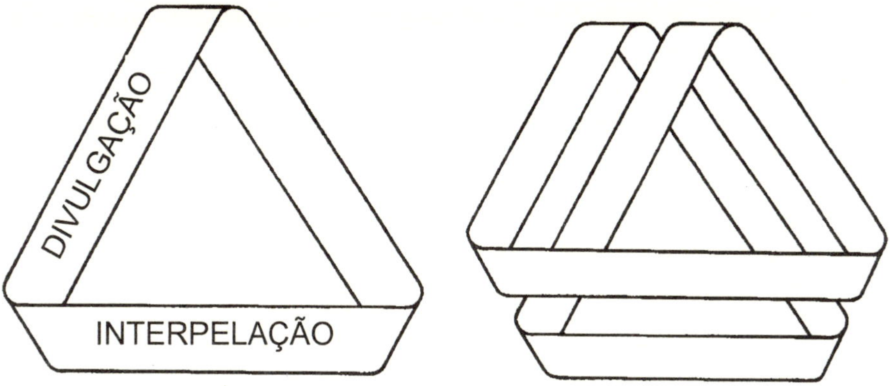

Este desenho da banda de duas faces, obtida pelo corte da banda de Moebius, torna tangível a equivalência da banda de Moebius a seu corte.

Pierre Benoit com Huguette ex-Duflos

Nas suas declarações imediatamente posteriores ao atentado contra Huguette ex-Duflos, como Marguerite apresenta as relações da atriz com Pierre Benoit? Esta pergunta é importante, pois a resposta a ela nos deveria permitir uma melhor compreensão do que "levou" (EP) Marguerite a essa passagem ao ato.

Infelizmente, a resposta não nos é dada sem um embaralhamento. Na sua declaração, reproduzida entre aspas em EP, Marguerite começa por afirmar que ela "não conhecia em absoluto" Huguette ex-Duflos. Depois, tendo dito que tinha contra esta numerosas queixas, introduz Pierre Benoit em seu discurso sem que se possa compreender de imediato a razão. Sob nomes fantasísticos, Pierre Benoit divulga sua vida privada. Ela pode, então, apresentar Huguette ex-Duflos como uma intérprete das peças de Pierre Benoit, a qual, em conivência com o autor, a ridiculariza. Tal seria o motivo, se não a razão, de seu ato.

Alguma coisa, no entanto, confunde esta versão, a ponto de extrair do jornalista um "sic" de surpresa: Marguerite designa Huguette ex-Duflos, como sendo sua "rival". Não se vê, com efeito, o que permitiria ligar esta cumplicidade entre o autor e a atriz, toda centrada na intenção de ridicularizar Marguerite, e a identificação da atriz como rival.

Além disso, essa declaração parece sugerir que Pierre Benoit teria sido o iniciador da empresa, inscrevendo-se nela Huguette ex-Duflos apenas em caráter secundário, como cúmplice. Por que, então, ter atacado a atriz e não Pierre Benoit? O próprio Pierre Benoit, por sua vez, se formula essa pergunta, como testemunha seu comunicado de 21 de abril:

> Talvez os golpes desferidos contra a simpática atriz fossem destinados a mim? ...

O relato de J confirmaria essa anterioridade de Pierre Benoit na perseguição. No entanto, o jornal traz uma declaração suplementar de Marguerite:

> Há muito tempo que esta atriz me fazia sofrer, dizia ela, repetidas vezes.

Este relato transcreve também a ação da atriz: ela a teria "arremedado" [aspas no texto], *por sua vez* [grifo meu], nos papéis que representava". Arremedar Marguerite no palco não é exatamente igual a imitá-la num escrito. A imitação da atriz é da ordem do *acting-out*, a do autor é uma passagem ao ato. Será a esta diferença que se deve o fato de Marguerite atacar Huguette ex-Duflos e não Pierre Benoit?

Uma outra conjetura, aliás não contraditória com esta, se apresenta à leitura do relato de PS:

> Ela se reconhece como a heroína de todos os seus escritos, e afirma que é a sra. Huguette ex-Duflos quem leva o romancista a persegui-la, já que a própria artista, no palco, só pensa em arremedar a Sra. Alzeu.

O "já que" é certamente curioso, mas não será uma razão para que negligenciemos a implicação por ele indicada. Do fato de que a atriz a arremeda em cena, Marguerite teria concluído que ela incitava Pierre Benoit a persegui-la. A atriz, portanto, teria sido eleita para o ataque a faca como incitadora do crime. É a ela, pois, que convém "perguntar as razões para essa dupla perseguição". (PS)

As duas versões dos motivos do atentado não são contraditórias. Pierre Benoit pode muito bem ter sido um primeiro perseguidor, divulgando a vida secreta de Marguerite, mas esta anterioridade em nada teria sido obstáculo para que Huguette ex-Duflos se viesse instalar nessa perseguição, tomando nela o lugar de quem induz o perseguidor à perseguição, até mesmo a intensificar seus ataques. Mais realista que o rei, a "princesa dos palcos" participaria, ela mesma, dessa intensificação, imitando Marguerite em cena; O intolerável não seria tanto a insuportável perseguição (Marguerite a suporta há cinco anos), mas o fato de que o perseguidor terminaria sendo, em seu próprio ato, o joguete de uma mulher.

"Ser levado(a) a..." se encontra em duas ocorrências no discurso de Marguerite logo depois do atentado: "O que me levou a atacar a Sra. Huguette ex-Duflos?" (EP), e "É a Sra. ex-Duflos quem leva o romancista ..." (PS). Tratando-se de Marguerite, o verbo está na voz passiva; ele está na ativa quando define a posição de Huguette ex-Duflos. Exposta por uma certa divulgação, Marguerite teria, na sua passagem ao ato, visado produzir a atriz Huguette ex-Duflos como causa confessada de sua mortificação, desta mortificação que não passaria de um outro nome para definir a feminilidade? Relendo a segunda publicação do caso, teremos que dizer como as coisas puderam chegar a este ponto.

CAPÍTULO SETE

Alguns casos dos "anos loucos"

Digo que, na sociedade, se um homem é livre é porque os outros não o são.

M. Anzieu, *Sauf votre respect.*

A loucura de Marguerite irrompe em agosto de 1921, quando ela engravida pela primeira vez, gravidez que se irá concluir pelo parto de uma criança natimorta em março de 1922. Essas datas são também as do período dito "os anos loucos" (1918-1927).

Sobre o laço que poderia ser mantido entre o delírio paranóico e a instância do grupo social como tal, aqui está o que Lacan escrevia em 1932:

> [...] é pela via mesma de seus distúrbios afetivos e mentais que a doente soube fazer com as idéias, os personagens e os acontecimentos de seu tempo um contato muito mais íntimo e mais amplo ao mesmo tempo que o que seria comportado por sua situação social. As próprias concepções da psicose, por mais descrédito que lhes traga sua motivação radicalmente individual que é o próprio fato do delírio, traduzem no entanto, curiosamente, certas formas, próprias a nossa civilização, da participação social. Com efeito, nada menos que um tal papel é o que é assumido, junto às massas humanas características desta civilização, pela imagem da *vedette*, seja a do jornal ou a da tela. [...] é evidente que o tema principal do delírio de nossa doente nada mais é que esta imagem que designamos como uma forma moderna da participação social, a saber, a da vedete do teatro ou do livro; para o homem, do esporte ou da exploração. A situação vital de nossa doente, camponesa desenraízada, nos faz conceber que uma tal imagem tenha podido servir de motivo comum a seu ideal e a seu ódio[1].

Assim, Lacan qualificava o delírio de interpretação como delírio "do patamar, da rua, do foro"[2]. Ele se caracterizava por sua "abertura para a participação social"[3].

Trata-se, no entanto, de uma "abertura" de um modo tal que não consegue (com exceção do excepcional, exemplificado por um Rousseau) encontrar verdadeiramente este "assentimento social" que Lacan eleva à

[1] T. p. 317-8.

[2] T. p. 212.

[3] Cf. nota 1, p. 183.

dignidade de um "critério de objetividade"[4] do julgamento. Mais exatamente, ela encontra pouco, muito pouco dele. Com efeito, quem dirá hoje junto a que grupo literário, de que maneira e por que aspectos Marguerite conseguiu fazer admitir como pertinentes as imputações de seu delírio que acusavam Pierre Benoit e Colette de divulgar sua vida privada? Lacan, por "razões de discrição"[5], se abstém de nos dizer mais sobre isso e não vemos, até prova em contrário, de que maneira tal discrição poderia ser suspensa.

Logo, há disparidade entre essa participação no grupo como tal que é a psicose paranóica e este próprio grupo que não participa, ou participa pouco, dessa loucura. Esta, porém, e até mesmo no fracasso, só encontra sua importância na relação a ele (portanto, no céu depurado e intemporal das idéias platônicas, como sugeriria uma clínica ao universalismo enganador). Porque existe este laço, esta articulação dissimétrica, parece-nos pertinente indicar aqui, pelo menos um pouco, o que foram esses "anos loucos" que deram seu solo à loucura de Marguerite.

Acabamos de ver, para Lacan, o ponto de encontro potencial dessas duas loucuras (coletiva e individual) reside na imagem da celebridade que, desde então, praticamente não foi deflacionada. Não o contestamos; antes, ressaltamos que ao dar uma imagem masculina dessa celebridade (o esporte, as aventuras do explorador), Lacan sublinha que uma bipartição homem/mulher vem atingir a imagem da celebridade. Ora, sem ser um eminente sociólogo ou historiador de patente universitária, não parece ser demasiado ousado afirmar que, ao sair de uma Primeira Guerra Mundial, que permanecia um problema de homens, os anos loucos questionavam o que aconteceria com a feminilidade e, portanto, com a relação sexual, forjando uma imagem inédita da mulher como vedete, encarnação da mulher livre ou, dizendo melhor, tendo conquistado sua liberdade.

Os anos loucos inauguraram as primeiras *"surprise-parties"*, nome de uma convenção pela qual todos, homens ou mulheres (mas o escândalo está do lado dessas últimas) podem ir a uma festa vestidos ao sabor de sua fantasia, mas não sem uma garrafa na mão. Os institutos de beleza florescem, Mistinguett faz um sucesso estrondoso com *Moi j'en ai marre*, Coco Chanel lança "o vestidinho simples". No teatro de revistas, Josephine Baker, quase nua, se requebra ao som dos gemidos do sax de Sidney Bechet. Todas as mulheres "por dentro" escolhem o penteado "Joana D'Arc" (o Vaticano acaba de canonizar a Donzela), adotam, como ideal, a figura da Amazona, inscrevem-se numa das 180 sociedades feministas que agrupam 160 mil aderentes, e não encontram nada melhor para fazer do que se reunir, depois de uma noite dedicada ao charleston, num dos botequins da beira do Marne, lado a lado com o populacho

[4] T. p. 337: "O verdadeiro conhecimento se define aí, com efeito, por uma *objetividade* da qual o critério de assentimento social, próprio a cada grupo, não está, de resto, ausente".

[5] T. p. 318.

(mendigos e catadores de papel) e seu copinho matinal. A Sra. Jules Siegried, uma eminência do feminismo, assegura ter sido um homem numa vida passada enquanto a Sra. Pankhurst, rainha das *suffragettes* inglesas e que, por isso mesmo, passa vários anos na prisão, deixa o país desanimada com seus contatos parisienses. "O feminismo na França", escreverá ela, com um moralismo que poderia ser o de Marguerite, "não passa de um jogo de mulheres ricas e ociosas".

Mas são estes também os anos de Landru (4 mil votos em seu nome nas eleições de novembro de 1919!), das mulheres que caem na sua armadilha como moscas no açúcar posto de propósito para paralisá-las. Mas são também os anos em que, depois de ter inaugurado em Moscou uma escola de dança a convite dos soviéticos, Isadora Duncan virá suicidar-se (1924). E os jornais citam mil histórias que, por serem extravagantes, nem por isso deixam de ter todo o peso dos incidentes do quotidiano: um marido seqüestra sua mulher, um pai mata a filha porque esta cortou os cabelos.

Não é tanto Marguerite, e sim sua própria loucura, que está em ressonância com a loucura dos anos loucos. Omitir sua "atmosfera" nos poderia levar a um erro de avaliação da importância exata de numerosos detalhes deste caso. Assim, o aspecto *garçonnier* (de rapaz) de Marguerite, observado por seus familiares desde a infância, muda de sentido com a publicação do livro de V. Marguerite *La Garçonne*. Será com este "romance de costumes", com o escândalo que ele provocou, que vamos tentar aqui sintonizar o que foi esta loucura dos anos loucos. Assim, vamos relatar dois casos que deveriam interessar Marguerite diretamente: a morte acidental de Philippe Daudet e o processo em que se envolveu Huguette ex-Duflos, essa estrela da tela e do teatro que foi também, enquanto celebridade, a perseguidora de Marguerite.

Victor Marguerite e *La Garçonne*

Semelhante batalha publicitária jamais fora desencadeada com o lançamento de um livro. Na capa, uma faixa anuncia:

> Jamais a emoção dos primeiros contatos, o despertar da virilidade foram descritos com tanta arte e tanta verdade.

Na mesma época (julho de 1922), anúncios invadem os jornais:

> Ao ler o romance apaixonante, cativante, que é *La Garçonne*, que, em muitas de suas passagens, talvez os escandalize, irão perceber que, de tanta baixeza, se destaca uma pura e exaltadora beleza.

No mesmo dia em que o livro é lançado, o voto feminino é recusado pelo Senado; seu relator haveria declarado: "Não queremos selar a pedra sepulcral da República", enquanto um jornalista escreve, em *Le Temps*, que resta às mulheres "aprender seu papel social, e em particular que uma mulher está subordinada, pelas leis naturais, a uma escravidão moral e física cujas leis não pode negar". Que ela se revolte, apesar de tudo, não deixará de ser confrontada com a opinião dos homens, como ilustra a recusa, na mesma época, da corporação dos jornalistas em admitir a candidatura de mulheres ao cargo de repórter.

Mas a nota feminista não é isolável, no romance de V. Marguerite, a partir de uma intransigência moral, de um radicalismo moral que faria da heroína uma emancipada; com efeito, o moralismo de Monique Lerbier está longe de ser esvaziado por sua emancipação, já que é, ao contrário, o grau de emancipação, com referência a convenções sociais julgadas moralmente inaceitáveis, que designará o grau de moralismo. Assim, o percurso de Monique, passando da revolta moral à orgia erótica que realiza o moralismo (assim como outros franceses, por pureza moral, irão aderir às SS), vai terminar nas autoacusações com as quais ela encontrará, enfim, o amor e o desejo tais como sempre desejou. Monique será amada também por sua consciência:

> Oh, eu bem sei ... É minha culpa, também! Menos absoluta, menos orgulhosa, eu não teria, numa noite como esta ... Sinto tanta, tanta vergonha! Tarde demais! O que quer? Uma vez no lamaçal, a gente afunda... A gente quer sair. Não consegue! ... Então se chafurda...
>
> Ela escondeu o rosto nas mãos. [...] Louca, suplicava Georges ao mesmo tempo, querida louca, se alguma coisa pudesse torná-la ainda mais cara a meus olhos, seria o próprio excesso dos seus escrúpulos. O passado, quem poderia censurá-la por ele quando lhe arranca uma queixa assim tão dolorosa![6]

O escândalo suscitado por este romance de costumes não consistia tanto numa relação de ultraje provocada por certas passagens de uma pornografia insípida, quanto na conivência entre um certo exercício de gozo sexual e a exigência moral de uma dissidência que o apregoa. Em *Les Débats*, Jean de Pierrefeu escreveu:

> *La Garçonne* possui um poder de aviltamento que jamais encontrei em algum livro. Eis uma enciclopédia de pouca-vergonha, com instruções sobre como praticá-la... Mas o mais cômico é ver toda essa pornografia cuidadosamente alinhada, detalhada, nuançada, passar por moralizadora e refreadora dos vícios da sociedade.

Gustave Tery escreve, na primeira página de L'OEuvre:

> [...] folheei La Garçonne. "Romance admirável", dizia a publicidade. Acrescentavam: "É o romance mais audacioso que jamais se escreveu..." Isso, sim! — "Esta obra-prima exala uma pura e exaltadora beleza..." Isso não! Esta pretensa obra-prima não passa de um LIXO. [...] Vão-me dizer que, falando assim, estarei contribuindo para a venda de mais cinqüenta ou cem mil exemplares. É possível. Mas...

Tal é, com efeito, o paradoxo: quanto mais a obra for denegrida, mais será lida. Este paradoxo foi bem observado na época, já que chegou-se a pensar

---

[6] Victor Margueritte, *La Garçonne*, Paris, Flammarion, 1922, p. 308.

que algumas cartas recebidas pela Liga dos Pais de Família, pedindo aos tribunais a apreensão do livro, haviam sido escritas pelo próprio V. Marguerite (por medo do ridículo, não se deu seguimento ao processo — lembramos os precedentes: Baudelaire e Flaubert). Este filho de general, presidente da Sociedade Victor-Hugo, presidente honorário da Sociedade dos Homens de Letras, condecorado pela Legião de Honra, este antigo representante do Estado na América do Sul, onde foi fazer uma série de conferências sobre "a família francesa no teatro e no romance contemporâneos", ficou muito contente com o escândalo, que pouco o abalou. Quanto maior a indignação moral causada por La Garçonne, maior o seu gozo dos bens terrenos que a venda do livro lhe proporciona.

Victor Margueritte e sua "rapariga" expulsos do paraíso da Legião de Honra.

Seu sucesso é imenso: o livro gera um filme, uma peça de teatro, um penteado, um perfume, um modelo de bonecas, um corte de vestido e, com certeza, um número de exemplares vendidos (20 mil no primeiro mês, 70 mil um mês depois, 750 mil mais adiante) e de traduções que superava a imaginação. A Igreja ataca violentamente o romance. A chancelaria da Legião de Honra decide retirar de V. Margueritte sua condecoração, o que é o cúmulo do absurdo, já que, em seguida a esta decisão, os meios literários, inclusive o velho Anatole France, vêem-se obrigados a defender o livro, apesar do que possam pensar de sua importância como obra de arte. Em fórmulas que nos evocam o Genet do Balcão, V. Margueritte, desdenhando a interpelação da chancelaria, tem uma oportunidade de se demonstrar tão moral quanto sua heroína; aí está ele, denunciando as acusações de seus adversários:

> ... uma farsa, quando se pensa nas manias eróticas de alguns dignitários, grandes e pequenos; quando se sabe, em especial, a que práticas sucumbiu, no próprio Elysée, Sua Excelência o galante Félix Faure; quando se poderia designar um certo antigo guardião dos Selos, cliente notório de prostitutas, ou um falecido presidente do Conselho, que acabou em Rueil sua existência de maníaco; quando lembramos, enfim um certo velho presidente do Senado, encontrado morto na rue des Martyrs, numa casa "de encontros"... Grandes honras de uma sociedade que eu certamente não fustiguei tanto quanto o merecia.[7]

O moralismo desta linhas não destoaria dos escritos de Marguerite. Se é cristalizada, graças ao escândalo, uma imagem inédita da feminilidade, isso não se deve ao valor literário de uma obra cuja característica mais notável é a

[7] O panfleto de V. Margueritte é citado por Anne Manson, que escreve o capítulo intitulado "O escândalo de *La Garçonne*", do livro de Gilbert Guilleminault *Les Années folles*, Paris, Denoël, 1938. Esta obra me terá fornecido a maioria dos dados mencionados no presente capítulo.

nulidade, mas liga-se a uma performance com relação à qual esta própria nulidade não intervém como obstáculo. A performance consiste no seguinte: V. Margueritte se mostra feito da mesma massa que sua heroína: como esta, ele acede ao gozo por via da moralidade. Tal terá sido a cilada que o autor de La Garçonne armou para seus críticos: eles poderiam perfeitamente denunciar esse escândalo de uma pornografia moralmente justificada, e isso pouco importaria ao autor, já que essa denúncia é gerada pelo próprio moralismo que sua heroína rejeita e que justifica o seu (do autor e da heroína) como superior. A denúncia confirma, pois, V. Margueritte, quando este declara revelar, em sua obra, La femme en chemin, *A mulher a caminho*, a mulher de amanhã, emancipada, intransigente, idealista, que aprecia Freud, que goza como bem entende, enfim, a garçonne.

Desta descoberta metafórica, único traço literário, mas traço decisivo por efetuar uma nomeação, dizem que ela foi soprada a V. Margueritte por sua jovem amante, a Srta. Acezat. "Garçonne" vale como diminutivo de "garçon", menino ou rapaz; a personagem, portadora de toda a revolta feminina, devolve ao homem sua imagem de rapaz diminuído, revolta que se manifesta ainda por uma prática sexual onde a mulher se liberta prematuramente, deixando o homem desconcertado. A "garçonne" é, pois, também, a "rapariga"[8], não a seus próprios olhos, certamente, mas aos de seus parceiros ocasionais, com os quais ela faz suas farras, com os quais leva "uma vida de rapaz". Porque ela tem, como Margueritte, em certos momentos, a curiosidade dos homens, a se entender tanto no genitivo objetivo como no subjetivo.

No momento em que eclode a loucura de Marguerite, o caso da Garçonne denota que, no grupo social, levantou-se realmente uma questão que tem a ver com o que chamamos de costumes sexuais. O que nos funda moralmente? Existiria — Sade com Kant — um fundamento moral para os costumes desregrados? Será com a imagem da atriz que a loucura de Marguerite irá tratar, à sua maneira delirante, dessa questão.

A morte acidental de Philippe Daudet

Vimos até que ponto o caráter centrífugo do delírio de Marguerite, o fato de ser ela ameaçada, não em sua própria pessoa, mas na de seu filho, constituía, aos olhos de Lacan, uma objeção à sua versão do caso. Uma das manifestações dessa inquietude quanto à vida de seu filho consistia no interesse dedicado por ela a um fato da atualidade, o assassinato de Philippe Daudet. Eis o que a tese, muito elipticamente, nos diz desse interesse:

> Todos os elementos problemáticos da atualidade são utilizados pelo delírio. O assassinato de Philippe Daudet é evocado com freqüência pela doente. Ela alude a isso em seus escritos.[9]

8 - V. Margueritte, *La Garçonne*, op. cit., p. 142.

9 - T. p. 163.

Infelizmente, esses escritos sobre o assassinato de Philippe Daudet não nos são relatados por Lacan: assim, não podemos estudar convenientemente a importância que Marguerite deu a este assunto, que versão dele foi por ela guardada, quais os pontos que a interessaram em particular, e tampouco, *a fortiori*, de que maneira e até que ponto seu delírio integrou os dados dessa atualidade.

Entretanto, existem algumas chances de que essas três linhas da tese não façam sentido ao leitor de hoje. Assim, damos aqui algumas indicações sobre este caso, mesmo que elas se verifiquem insuficientes para nos permitir responder às questões colocadas pelo interesse que Marguerite lhe atribuiu.

Muito mais que neto de seu avô Alphonse, Philippe Daudet, que tinha quinze anos no momento da ocorrência que vamos relatar, era filho de seu pai Léon, diretor da Action française, médico e filósofo, amante das artes, jornalista feroz ligado às doutrinas do neomonarquismo de Maurras, mas também, ocasionalmente, e contra sua própria clientela, defensor de Proust e de Céline. O dia 28 de novembro de 1923, dia do enterro de seu filho Philippe, foi um breve momento de reconciliação. Podia-se ver, lado a lado com os militantes do movimento realista e da delegação do Liceu Louis-le-Grand, personalidades do Tout-Paris político e literário: Paul Bourget, Maurice Barrès, Bernanos, Morand, Mauriac, Kessel, Cocteau. O próprio presidente Poincaré veio assistir aos funerais. Mas o enterro só fez inaugurar o caso: não se sabia de que morrera a criança.

Seria necessário, para ter direito ao ofício religioso, descartar a hipótese de suicídio, apresentar um atestado médico de irresponsabilidade. Pois Philippe dava algumas provas de desequilíbrio, inclusive fugia com freqüência, errando por horas na cidade e voltando para casa perturbado. Foram feitas consultas, e chegou-se a uma resposta satisfatória. No dia 20 de novembro, Philippe não voltou para casa; durante três dias intermináveis, seus pais se recusaram a alertar a polícia, na qual não tinham a menor confiança, e a qual Léon acusava incessantemente de maquinações. No dia 24, uma nota no jornal chama a atenção da mãe: um jovem se matou com um tiro na cabeça dentro de um táxi. Feita a verificação, tratava-se realmente de Philippe. No entanto, os pais ainda se recusam a pedir a abertura de um inquérito judiciário.

Quem pôs fogo à pólvora foi George Vidal, administrador do jornal anarquista Le Libertaire. Fica-se sabendo que durante três dias Philippe foi acolhido entre os anarquistas, a quem se apresentara sem dizer sua identidade, mas manifestando sua vontade de cometer um atentado anarquista que poderia visar Poincaré, Millerand, ou ainda ... Léon Faudet! Os anarquistas dissuadiram o garoto, mas ao saber quem era ele publicaram uma feroz diatribe acusando Léon Daudet de ter disfarçado a morte do filho e Maurras, que havia escrito o artigo de anúncio desta morte, de haver mentido. Léon replicou acusando-os de impostura. Ele próprio, o pai, bem sabia que Philippe era um ardente monarquista. O bilhete escrito por Phillippe, clama ele, é falso, composto por encomenda sob as instigações de seus inimigos mortais, os anarquistas. Sua tese, pois, é a de que Philippe foi assassinado. Finalmente, registra queixa.

Instala-se então um diálogo de surdos, embora público. Segundo os anarquistas, Philipe foi uma criança mártir, perseguido pelo pai; de acordo com o pai e seus amigos, os assassinos são seus acusadores. As investigações policiais não conseguem interromper este inútil debate, muito pelo contrário. Em breve os próprios policiais são também envolvidos, acusados por Léon de haverem matado seu filho e depois disfarçado esta morte como um suicídio, um sinal a mais, a seu ver, da colusão anarcopolicial que ele denuncia desde sempre. O juiz, porém, conclui pela improcedência dessa acusação. O que será confirmado em 1925.

Mas Léon Daudet tratou o motorista de táxi de "falsa testemunha", e este último registra queixa contra seu acusador, o qual será condenado a cinco meses de prisão. Em 1927, tendo falhado todos os recursos contra esta condenação, é preciso aprisionar, efetivamente, o diretor da Action française. Caso complicado, e mais ruidoso ainda na medida em que Léon Daudet declara em alto e bom som que não se apresentará à polícia. Tranca-se, então, na rua de Rome, nos escritórios de seu jornal. Prevê-se que o jornal será sitiado (provisões de alimentos, armas, etc.) e os repórteres ficam de sobreaviso; a multidão também, esperando o assédio. Intimado pelo Chefe de Polícia a render-se para evitar um massacre, Léon Daudet tenta suicídio. É levado para a Santé... de onde continua a escrever na Action française, assinando seus artigos, daí por diante, como "Um pai de família". Dali ele se irá evadir alguns dias mais tarde. Déon Daudet passa a viver escondido até ser anistiado em 1° de janeiro de 1930.

Não é difícil imaginar que a história de um filho assassinado ou suicidado tenha sido tocante para Marguerite. O caso é ao mesmo tempo familiar e político, tão eminentemente político e familiar quanto seu delírio (ela concebe o assassinato potencial de Didier como um assassinato político). O caso Philippe Daudet se inicia, aliás, três meses depois do nascimento de Didier, e só será encerrado, com a anistia concedida ao pai, alguns meses antes do atentado contra Huguette ex-Duflos. Marguerite vê em sonhos Didier morto pela G.P.U.[10]; ela retoma este sonho em seu delírio, acreditando que será informada deste assassinato por um telegrama (Léon Daudet recebeu um telegrama informando-o do que Philippe fizera nos três dias que precederam sua morte).

Entretanto, com exceção deste último aspecto, que permanece uma conjectura, nada nos permite, com os elementos de que dispomos hoje, avaliar de que maneira precisa Marguerite incorporou o caso Philippe Daudet a seu

10 - Ibid.

delírio. Talvez possamos estudar de mais perto esta incidência, quando tivermos podido esclarecer o que foi, historicamente, a composição da rede de seus perseguidores e a articulação dos diversos temas delirantes.

Um processo movido contra Huguette ex-Duflos

> A doente nos observa com exatidão que os jornais, pouco tempo depois de sua chegada a Paris, estavam cheios dos ecos de um processo ruidoso que trazia à baila sua futura vítima.[11]

Marguerite confia este dado a Lacan quando este a interroga sobre a entrada de Huguette ex-Duflos em seu delírio. Como chegou ela a pensar que a vedete queria mal a ela e à criança? Ela fica indignada, como diz a ele, pela importância dada aos artistas na vida pública. De que "processo ruidoso" se tratava? A própria Huguette ex-Duflos resumiu o assunto em algumas linhas no seu livro *Heures d'actrice*, publicado em 1929:

> Deixar a Comédie-Française pode parecer uma tentativa bastante audaciosa. Mas permanecer nela, para quem não tem rendas nem exerce outra profissão, é um luxo. Em um mês, três papéis me foram retirados. É em vão que protesto.

Em fins de junho de 1926, enviei meu pedido de demissão. Alguns meses mais tarde, houve o processo. Desde os primeiros ensaios no teatro da Porte-Saint-Martin, recebi a visita de um oficial de justiça que me intimava a voltar à Comédie-Française. Recusei. Foi dada a palavra, então, aos advogados e ao tribunal.

> Condenada a pagar 150 mil francos de indenização em novembro de 1928, a Comédie-Française decide me executar. O oficial de justiça se apresentou em minha casa, catalogou e numerou meus móveis para penhora.

Isso acabou se resolvendo, pois tudo acaba por se resolver.

Hermance Hert nasceu em Túnis, em 1891. Foi aluna do Conservatório de Paris, na turma de Raphael Duflos, casando-se mais tarde com ele. Foi eleita associada da Comédie Française em 1924, e obrigada a cumprir um contrato de trabalho exclusivo para este teatro durante vinte anos. Mas um tal contrato não era feito para se impor a uma tal mulher.

As datas coincidem, permitindo-nos afirmar que se tratava realmente desse processo. Marguerite chega a Paris em agosto de 1925 (cf. nosso histórico do caso), e a atriz se demite da Comédie-Française em junho de 1926. Segue-se um caso ruidoso, que se irá estender até setembro de 1930. Como ocorreu no assassinato de Philippe Daudet, o caso se prolonga durante todo o período da fomentação delirante de Marguerite. O atentado contra Huguette ex-Duflos sobrevém no momento mesmo em que, entre a associada demissionária e a eminente instituição, tudo acaba por "se resolver".

---

11 - T. p. 162.

Junho de 1926: primeiro episódio, a demissão

Eis como *L"OEuvre* de 29 de junho anunciava essa demissão:

> Era a representaçãozinha quase diária a que nos convida a Comédie-Française, fora de seu programa habitual. Ontem, a Sra. Huguette Duflos não estava se demitindo. Hoje, a loura artista se demite. As mulheres mudam de opinião com freqüência...
>
> [...] Em vão o sr. Émile Fabre tentou "ser razoável" com a amável associada. Nada adiantou. O administrador viu-se, então, obrigado a dar a conhecer à Sra. Huguette Duflos as conseqüências, sem dúvida muito onerosas para ela, que sua decisão acarretaria. A Sra. Huguette Duflos foi inabalável. Ela opôs aos argumentos do Sr. Émile Fabre razões "de ordem moral" e declarou-lhe claramente que entregaria no dia seguinte sua carta de demissão.
>
> [...] À parte as razões "de ordem moral" invocadas para deixar a casa pela mais fotogênica de nossas artistas, e que não precisamos conhecer, ninguém ignora que está em suas intenções criar, no mês de outubro próximo, a "Revista" do teatro da Porte-Saint-Martin, com a colaboração dos srs. Maurice Donnay e Henri Duvernois, ao lado de seu ex-colega da Comédie-Française sr. Maurice Escande. Esta é outra razão, de ordem material.

Novembro de 1927: segundo episódio, o processo

Em *Le Journal*, lido por Marguerite, o tom é irônico e a tendência a favor de Huguette ex-Duflos francamente marcada:

> Nada mais lisonjeiro para a encantadora artista que esta aventura judiciária. A Comédie-Française se dirige à justiça dos homens — a hora da justiça de Deus soará mais tarde —, por meio do mais ilustre de nossos advogados, para obter a reparação material e moral do dano gravíssimo que lhe causou a demissão da mais loura de nossas comediantes; ela exige uma indenização formidável e parece não se consolar facilmente com essa saída catastrófica, não mais que Calipso com a partida de Ulisses.
> Naturalmente, todo este tititi fez a artista dizer:
> — Eles têm mais é que se agarrar a mim, os da Comédie-Française!
> [...] Mas eu fico pensando [comenta o jornalista], será que vocês não acham tudo isso um pouco ridículo?
> Bem sei que um contrato ligava a amável artista ao Théâtre-Français, mas sua ruptura não causou prejuízos a ninguém, nem mesmo ao público, que pode agora ir aplaudir Huguette Duflos em outro lugar que não na rua Richelieu.
> [...] O simples bom senso talvez fizesse o Sr. Fabre declarar à bela demissionária:
> — Que ir embora? Então vá... Só que fique bem entendido que a senhora não voltará para cá sob pretexto algum.
> [...] Existem embaixadores, generais, altos funcionários e até mesmo pequenos empregados que pedem demissão... Não se suplica a eles que fiquem, nem se considera sua saída uma catástrofe nacional...
> [...] Os "Vou-me embora!" desses senhores e senhoras não me parecem ter qualquer espécie de importância, apesar de todos os decretos de Moscou e de todos os tratados do mundo.

O "decreto de Moscou" foi editado por Napoleão, em Moscou, em seguida aos distúrbios gerados entre os associados por uma outra atriz, a srta. Raucourt que, irritada também com a recusa de um pedido de folga, operou uma cisão numa companhia, o que iria resultar na criação de uma concorrente: o Second Théâtre-Français. Depois de diversas reuniões tempestuosas, problemas e escândalos, esta companhia foi fechada e a Srta. Rancourt retomada pela Comédie-Française. Ele tornou a ter, porém, numerosas cenas com seu diretor, na época da campanha da Rússia. Napoleão, que conhecia a atriz e a tinha libertado da prisão onde arriscava sua vida por suas opiniões monarquistass, forjou então um estatuto para os membros da Comédie-Française, visando conter as conseqüências de seus maus humores, seus caprichos e seus apetites de glória e dinheiro (jornal *Le Gaulois,* de 17 de novembro de 1937).

Seis dias depois, os jornais anunciam a vitória da Comédie-Française. Huguette ex-Duflos e o sr. Lehman (empresário que já a havia contratado para sua revista teatral no teatro da Porte-Saint-Martin) são condenados a pagar 150 mil francos, cada um, de indenização à Comédie-Française. A vedete não se assusta. Declara ao jornalista do *Petit Parisien* (data de 24 de novembro de 1927):

> Evidentemente, 150 mil é uma soma... Mas eu sabia muito bem, ao deixar a Comédie, que isso me custaria alguma coisa... Certamente, não esperava uma cifra como esta... Agora que ela foi fixada, é importante que eu me habitue a ela... Tenho que pagar... Vou pagar... Eu pagaria caro pelo direito de trabalhar com plenos rendimentos... Mas será que fiz um mau negócio? ... Sou otimista, por razão e por gosto. Deixem que lhes diga que joguei tipo "quem perde, ganha". Veremos...

Homem da ordem, o Sr. Fabre está satisfeito com o julgamento:

> Se ficou, com efeito, bem estabelecido, que não é possível evadir-se de um contrato livremente assinado e que as cumplicidades são passíveis de punição, o associado que o assina saberá que são mesmo vinte anos de sua vida que ele deverá passar com seus colegas... Talvez então ele ponha, nas suas relações com estes, um pouco mais de indulgência, de confraternização sincera... E, nesse dia, muitos dos pequenos aborrecimentos que perturbam a vida da Casa terão desaparecido.

Da virtude do contrato, do contrato como criador de virtude: dir-se-ia ler uma eminência da International Psychoanalytical Association gabando os méritos do contrato analítico! A menos que este seja, precisamente, o principal argumento a poder ser formulado explicitamente sem ridículo. Como se algum dia o contrato matrimonial houvesse assegurado a paz doméstica. Como se um contrato pudesse regrar as relações de um grupo de atores. A propósito deste processo movido contra Huguette ex-Duflos, e sob o título "um julgamento a ser lembrado", um outro jornalista escreve a coisa claramente (*Comedia* de 24 de novembro de 1927):

> Se todos ficássemos para sempre solidários dos regulamentos que constituem a ordem das coisas e secretam suas virtudes, umas e outras se manteriam melhor.

Junho de 1928: terceiro episódio, a confirmação do primeiro julgamento

Somente o sr. Lehman apelou da decisão judicial, alegando que não era em nada responsável pelo rompimento de Huguette ex-Duflos com a Comédie-Française, que sua própria responsabilidade, se alguma, não poderia ser reconhecida como sendo da mesma natureza e origem daquela da atriz. Portanto, a pena não poderia ser partilhada.

Esta tentativa de dessolidarização não deu certo; em 21 de junho, a corte de apelação confirmava o primeiro julgamento. O sr. Lehman recorre da sentença.

Novembro de 1928: quarto episódio, a ameaça de penhora

Le Journal, depois de haver anunciado a visita do oficial de justiça à casa de Huguette ex-Duflos, produz uma declaração da vedete:

> Vocês podem imaginar qual não foi meu estupor e minha emoção.
> Naquela hora, o oficial de justiça cumpriu o dever de proceder a um inventário metódico e detalhado de todos os móveis e objetos que guarnecem meu apartamento. [...] Tanto rigor brutal seria desculpável ou, pelo menos, compreensível, se eu me recusasse a pagar. Mas eu só pedi um adiamento do prazo...
> Então, por que tanto ódio, tanta brutalidade para me obrigar a pagar sem demora? [...] Nessas condições, só posso esperar o pior! Estou resignada a tudo! Mesmo a ver partir os objetos, preciosos por sua lembrança, que me rodeiam. A tudo, eu lhes digo!

Dois dias depois, o jornal dá a razão dessa brutalidade:

> Diante da assembléia geral do mês de junho último, os três encarregados de contas [...] propuseram uma moção pela qual a Casa de Molière se comprometia a agir, doravante, como um "homem de negócios" em face de seus devedores.
>
> Em outras palavras: a Comédie-Française, decidida a romper em definitivo com sua política de eternas concessões, prometia exigir o pagamento integral das indenizações que lhe fossem concedidas por julgamentos pronunciados a seu favor.

Em *Le Soir* de 29 de novembro, um dos mais antigos administradores da Casa toma partido:

> [...] se eu estivesse no comitê, defenderia Huguette... Antigamente a Comédie se mostrava mais amável com uma mulher... Mas a Casa de Molière tornou-se uma casa comercial: isso vem antes de tudo... [...] Porém, todo mundo quer entrar nela e, uma vez lá dentro, todos estão descontentes. Tudo muda, é o que lhes digo.

Relatada por *L'Intransigeant*, uma declaração de Huguette ex-Duflos é particularmente importante para nós, pois ali a atriz menciona, entre outros precedentes ao seu próprio problema com a Comédie-Française, o caso de Sarah Bernhardt. Ora, este é *um dos raros laços que podemos estabelecer entre Huguette ex-Duflos e Sarah Bernhardt*, ou seja, entre as duas principais perseguidoras de Marguerite. Conjeturamos, pois, que essa declaração de Huguette ex-

Duflos teria sido uma das vias pelas quais Marguerite haveria integrado Sarah Bernhardt ao lote de seus perseguidores. Isso nos daria, de imediato, uma referência para a data de entrada de Sarah Bernhardt no delírio. Seria também de se notar que essa designação de Sarah Bernhardt por Huguette ex-Duflos sobrevém num contexto em que esta última, longe de fazer-se de orgulhosa ou continuar a declarar que fez um bom negócio ao se demitir, vê-se, senão perseguida, pelo menos maltratada pelo comercialismo da Casa de Molière. Aqui está, pois, o texto dessa declaração:

> [...] A atitude da Comédie-Française é sem precedentes. No passado, como eu, Sarah Bernhardt, e depois Coquelin e muitos outros, abandonaram a Casa. Como eu, foram condenados a pagar indenizações, mas concederam-lhes, para o pagamento, longos prazos, quando não se lhes fez presente de uma boa parte da soma.
>
> Eu poderia citar uma de minhas antigas colegas que jamais foi incomodada...
>
> [...] Disseram-me que a severidade da Comédie tinha o objetivo principal de advertir os que ameaçam deixá-la.
>
> [...] Não creio que semelhante procedimento seja eficaz.

Apesar de sua dor, a Sra. Huguette se mostra valente. A execução de uma tal ameaça não iria quebrar seu élan... Mas, mesmo assim, é de se desejar que essa triste história se resolva amigavelmente, se ainda houver tempo para isso.

Quinto período: setembro de 1930, confirmação do julgamento em instância superior

Em 20 de setembro de 1930, a Corte de Cassação reconhecia que o sr. Lehman não ignorava o compromisso anterior de Huguette ex-Duflos ao assinar um contrato com ela; tendo assim contribuído para os prejuízos, devia realmente indenizar a Comédie-Française. Além disso, ficava obrigado a pagar integralmente os 300 mil francos, no caso da associada rebelde não cumprir sua parte!

Deve-se, pois, deduzir que, ainda naquela data, a parte em questão não fora paga. Para concluir, esta questão deveria ser objeto de um acordo amigável cujos detalhes desconhecemos.

Um outro processo para Huguette ex-Duflos?

L'Écho de Paris de 20 de novembro de 1930 inicia seu relato do último episódio da questão entre Huguette ex-Duflos e a Comédie-Française da seguinte maneira:

> Em 29 de junho de 1926, a Sra. Huguette Duflos — mais tarde, "ex-Duflos" e hoje, simplesmente, Huguette — endereçava ao sr. Fabre, administrador geral da Comédie-Française, sua demissão como associada, título que lhe havia sido conferido em 1924.

Esta variação na identidade é certamente notável. Três nomes são aqui apresentados como tendo sido três nomes próprios sucessivos da atriz: Huguette Duflos, depois Huguette ex-Duflos, e em seguida Huguette.

Hermance Hert (seu nome de solteira) chamou-se Huguette Duflos graças a seu casamento com Raphael Duflos, seu professor de teatro. Entretanto, não foi este casamento, mas muito provavelmente uma decisão sua que promoveu a troca do nome de Hermance por Huguette. Seja o que for que motivou esta transformação, cuja data (não necessariamente a de seu casamento), assim como os motivos, também ignoramos, ela conquistou o estrelato sob este nome de Huguette Duflos, que foi, portanto, além de seu nome de casada, o da sua celebridade como artista.

Assim, ela fez questão, em seguida a seu divórcio, de conservar este nome. Confrontada com a recusa de seu ex-marido, se teria dirigido à Justiça para dela obter o que este lhe recusava. O julgamento (sensível à pressão do feminismo ambiente?) forjou um compromisso: ela se chamaria, daí por diante, Sra. Huguette ex-Duflos. Nota-se que este nome próprio, portador de uma marca de divórcio, se vê anulado como nome próprio a partir do momento em que a leitura desse "ex" lhe dá este valor de indício do divórcio.

Houve uma apelação? Por iniciativa do ex-marido ou dela mesma? A seqüência de *L'Écho de Paris* sugere que tal poderia ter sido o caso: um novo julgamento a teria obrigado a passar a chamar-se Sra. Huguette.

Seja como for, constatamos, realmente, uma certa flutuação na designação da atriz. Em junho de 1926, os jornais que relatam sua briga com a Comédie-Française chamam-na de Huguette Duflos, mas isso não prova muita coisa quanto ao que nos importa, a saber, o interesse dedicado por Marguerite a tudo o que se referia à vedete, e portanto, em especial, a determinação da data desse processo contra o ex-marido. Com efeito, encontra-se ainda este nome, Huguette Duflos, no cartaz que anuncia uma peça de Marcel Achard, *Noix de Coco,* que ela interpreta, com Raimu, em 1936.[12] Uma base mais sólida nos será dada, para datar este processo, se considerarmos quais as primeiras ocorrências do novo nome, Huguette ex-Duflos. Nós o encontramos, em novembro de 1927, nos jornais *Le Petit Parisien, Excelsior, Le Journal.* Vamos, então, admitir que a primeira mudança do nome de Huguette Duflos seja anterior a esta data.

E no que se refere à modificação de Sra. Huguette ex-Duflos para Sra. Huguette? A partir desta mesma data de novembro de 1927, encontramos este nome nos jornais (*Le Journal* de 24 de novembro, mas também *Le Petit Parisien* e *Excelsior* o mencionam nas manchetes). Entretanto, isso não impede, na mesma data, que outros jornais (*L'Avenir, Comedia, Le Gaulois, Le Figaro, Les Temps*) continuem a designar a atriz por seu nome de Huguette Duflos,

12 - *La Petite Illustration*, nº 773, maio de 1936.

enquanto outros periódicos a nomeiam Huguette ex-Duflos (*Le Journal, Le Petit Parisien, Excelsior*). Como constatamos, estes são os mesmos que a designam simultaneamente como Huguette Duflos e como Huguette. E já notamos que, ainda em 1936, uma apresentação da atriz era anunciada sob o nome de Huguette Duflos.

Logo, se não podemos datar exatamente o hipotético segundo processo entre a atriz e seu ex-professor-marido, podemos, em compensação, constatar que as duas decisões judiciais não tiveram força de lei, mas introduziram uma pluralidade de nomes próprios, cada um usando como bem lhe parecesse, a partir de novembro de 1927, um dos três postos à sua disposição. É provável que Raphael Duflos não tenha gostado muito desses usos, mas ao que parece, nada pôde fazer.

Dessa flutuação na maneira de nomear a perseguidora principal de Marguerite, temos ainda um sinal, com o cartaz que anuncia *Koegnismark*. Este cartaz é posterior ao lançamento do filme em 1923, pois menciona um sucesso de "quatro meses consecutivos". Não é datado, mas podemos pensar, depois do que acabamos de expor, que tenha sido composto depois de novembro de 1927. A escolha dos caracteres tipográficos para a escrita do nome de Huguette ex-Duflos é certamente notável: os caracteres em grandes maiúsculas, escolhidos para os nomes próprios dos atores, promovem HUGUETTE como nome próprio, com a curiosa conseqüência de que o "EXDUFLOS" (sem traço de união, mas distinguindo EX e DUFLOS por um corpo diferente) viria como que em lugar de prenome — embora a tipografia faça uma diferença entre a escrita de DUFLOS e a dos outros prenomes (Marcya, Ivan, Jacque); ao tamanho diferente dos caracteres se acrescenta outra diferença, uma primeira letra maiúscula que não encontramos em EXDUFLOS. Contatamos: dificilmente se poderia, na escrita de um nome próprio, fazer algo mais complexo, mais sobredeterminado, mais sintomático.

Em nossa reconstrução da primeira publicação do atentado de Marguerite contra Huguette ex-Duflos, estabelecemos que a primeira pergunta feita por aquela foi: "A senhora é mesmo a Sra. Huguette ex-Duflos?", ao que a atriz teria simplesmente respondido: "sim". Vê-se, agora, a que ponto semelhante resposta não apenas seria sumária, mas principalmente seria um impasse numa questão que estava longe de ser resolvida, tanto para Huguette ex-Duflos quanto para todos os que a tinham de nomear.

Como teria reagido Marguerite se a atriz lhe houvesse dito, não somente que este nome não era mais o seu (conjectura de um segundo processo, intimando-a a fazer-se chamar doravante Sra. Huguette), mas ainda que, de fato, chamavam-na por três nomes diferentes? E que, portanto, ela permanecia, por isso mesmo, inominada?

Com a resposta "Sim", a atriz aceita ser chamada pelo nome que lhe é dado por Marguerite, onde Huguette vale como prenome e o "ex" marca o lugar de um divórcio e de sua recusa de perder o "Duflos" de sua celebridade. Optamos aqui por chamá-la assim, pela razão de ter sido este o nome eleito por Marguerite. Mas isso não nos impede de observar o que esta eleição implica de uma escolha. Se ex-Duflos não é mais, nesse dia 18 de abril de 1931, o nome legal da atriz, e sim um nome artístico, um nome extraído de seu ex-marido e contra o consentimento deste, um nome que, além disso, teria sido proibido de usar por um novo julgamento, avaliamos até que ponto a resposta "sim" vai ao encontro do delírio de Marguerite. Marguerite ataca Huguette ex-Duflos a atriz, uma atriz até neste nome próprio, uma mulher que, ao responder "Sim" à interpelação de Marguerite, sinaliza-lhe até onde está disposta a ir, na sua rejeição da vontade daquele que fizera sua celebridade, para defender esta celebridade, uma vez conquistada sua independência, isto com a cumplicidade, com efeito, como diz o delírio de Marguerite, dos jornalistas e dos homens de letras que, apesar da justiça, persistem em nomeá-la Huguette ex-Duflos, até mesmo Huguette Duflos.

Em um mesmo cartaz,
Pierre Benoit e Huguette ex-Duflos,
os dois principais perseguidores
de Marguerite

Terceira Parte

A interpretação sororal como fomentação

CAPÍTULO OITO

A imputação, ponto de vista de Lacan

A tese de Lacan designa a irmã mais velha de Marguerite, Élise Pantaine, como sendo sua verdadeira perseguidora. Tal é, pelo menos, o que ali se promove de maneira mais manifesta, mas também o que guardamos dali.

> Na gênese histórica da psicose, nossa análise (capítulo precedente) nos deu seu núcleo no conflito moral de Aimée com sua irmã.[1]

Ou ainda, mas sempre como conclusão do estudo monográfico:

> Relevamos, em nossa doente, o papel manifesto desempenhado, na gênese do delírio, pelas relações com sua irmã mais velha. Este papel se deveu em parte aos aspectos pessoais dessas relações: ele não seria compreensível se não conhecêssemos a distribuição dos caracteres das duas irmãs, as situações morais recíprocas que lhes foram dadas pelo passado, as anomalias psíquicas manifestas da irmã mais velha, enfim, a preparação psicológica sofrida por Aimée nas suas dependências amistosas anteriores. Mas, nas reações de Aimée, resistências especiais surgem com evidência (v. p. 232-233), com referência a essa pessoa precisa; não apenas, com efeito, ela abandona a luta direta, mas renuncia a toda reivindicação moral de seus direitos. Ela não tem outra reação senão se sentir inferior e mais culpada. Mais ainda, na própria psicose onde esse conflito a precipita, ela não ousa, ao que parece, usar os recursos da interpretação delirante para fornecer objetos mórbidos a sua reivindicação recalcada. Todo o delírio de Aimée, como mostramos, pode, ao contrário, compreender-se como uma transposição cada vez mais centrífuga de um ódio cujo objeto direto ela quer desconhecer. Curada, ela nega formalmente toda culpa que seria atribuída a essa irmã, apesar da atitude plenamente desumana que esta revela então para com ela.[2]

Como explicar, pergunta-se então Lacan, um "paradoxo tão constante de atitude?" Se Aimée não recuou em acusar inicialmente sua amiga mais querida, a saber, C. de la N., por que se absteria ela de acusar a irmã mais velha? Ele responde:

> Ela se detém diante da irmã, porque é sua irmã, sua irmã mais velha, que foi por algum tempo a substituta de sua mãe.[3]

O motivo de uma tal suspensão da luta de Marguerite contra Élise seria, pois, duplo. Ela não ataca sua irmã mais velha porque é a sua irmã mais velha:

---

[1] T. p. 261.

[2] T. p. 282.

[3] Ibid.

trata-se aqui de um pleonasmo. Ela não a ataca porque esta foi um substituto materno; trata-se, desta vez, de um deslocamento.

Ao ler esta página 282 da tese, onde Lacan apresenta o caso de Marguerite como um caso de loucura a dois, fica-se surpreso com o fato de que depois de haver mencionado as "anomalias psíquicas" da mais velha, Lacan conclui, de uma maneira aliás mais precisa, com o delírio da mãe. Se é mesmo um caso de loucura a dois, quais são os parceiros? Como se situam eles, uns com relação aos outros, nessa loucura coletiva? Esta questão não é tratada de modo aprofundado numa tese onde, para terminar, irá prevalecer a paranóia de autopunição. Esta "reviravolta" não deixa de incidir, também, sobre a discussão da "resistência especial" que teria beneficiado Élise. Será esta poupada por ser a irmã mais velha? Ou como mãe? Se podemos concordar com Lacan sobre o fato de que os dois motivos podem ter atuado, gostaríamos no entanto de que fosse precisado o peso respectivo de cada um deles, e também como se articulam entre si. Isso é reforçado pelo fato de que Lacan não deixa de indicar, logo em seguida, até que ponto as observações dos clássicos são sucintas no tocante aos casos de loucura a dois. Ele mesmo, por sua vez, chega a declarar que todos os casos de paranóia, e mesmo de parafrenia, com que lidou revelaram-se casos de loucura a dois[4]. Um tal clarividência só torna ainda mais estranho, a nossos olhos, o caráter "sucinto" de sua problematização do caso Aimée como um caso de loucura a dois.

Por que nos diz ele tão pouco no que diz respeito às "anomalias psíquicas" destacadas em Élise? Por que não levou adiante sua pesquisa sobre o delírio de Jeanne Pantaine? Por que concluiu sua tese pela loucura a dois[5], mas mantendo este diagnóstico individual de paranóia de autopunição que reintroduz um dois (aquele que castiga, aquele que é castigado) numa pessoa?

Mas talvez fiquemos menos espantados com essa abstenção se verificarmos que a designação de Élise como sendo a verdadeira perseguidora de Marguerite não ficou tão bem estabelecida quanto ele pôde acreditar num certo momento. Vamos mostrar, neste capítulo, que esta designação de Élise tem o estatuto do que iremos nomear como uma imputação. Vamos estudar como foi construída esta imputação que, ao mesmo tempo, nos irá aparecer como forçada.

Isso significaria que Lacan se teria enganado, pura e simplesmente, ao afirmar essa interpretação "sororal"[6] do caso? Isto seria concluir

---

[4] T. p. 283: "Quanto a nós, nunca vimos faltar as anomalias assinaladas, tanto nos casos de paranóia quanto nos de parafrenia".

[5] T. p. 341-2.

[6] Permitimo-nos este termo, na medida em que está a ponto de entrar para a língua francesa. Cf. M. Yourcenar, *Anna, soror*, Paris, Gallimard, 1981. Sob a pena de M. Tounier, podia-se, recentemente, ler o seguinte: "Ela: — ... e havia neste sorriso [de uma mulher, e dirigido a outra mulher] um modo de fraternidade calorosa. E quando digo fraternidade, deveria dizer "sororidade", se a palavra existisse. Ele: — Talvez a própria coisa seja rara demais para merecer ser nomeada." Depois, uma página adiante, M. Tounier usa, agora sem mais aspas, o nome sororidade e o adjetivo sororal. Cf. M. Tournier, *Le Médianoche amoureux*, Paris, Gallimard, 1989, p. 37 e 38.

intempestivamente. Com efeito, não convém descartar, antes de um exame, a possibilidade de ter ele próprio sido enganado, neste ponto decisivo, e nomeadamente por Marguerite. Assim, dedicaremos o segundo capítulo que reservamos à discussão da interpretação sororal a mostrar de que forma Lacan pôde ser enganado por Marguerite. Essa imputação não deixava de convir à paciente: ela lhe evitava ter que declarar sua loucura como *folie à deux* onde sua parceria privilegiada não era tanto sua irmã, Élise Pantaine, quanto sua mãe, Jeanne Pantaine. Vamos chamar de "preservação" esta relação entre Marguerite e sua mãe. Imputação e preservação unem-se para contornar um aspecto não formulado, que implica a maternidade como tal, e sobre o qual vamos mostrar que, formulando-o explicitamente, descobrimos atingir a outra versão do caso (cf. cap. 3 de nossa primeira parte), aquela que faz do impulso à morte da criança o centro desta loucura coletiva.

A introdução de Élise

Como Lacan chegou a identificar em Élise a verdadeira perseguidora de Marguerite? A questão se faz tanto mais incisiva na medida em que ele não obtém essa identificação da boca de sua paciente, não se tratando, pois, de uma transcrição do que esta lhe teria dito explicitamente. Muito pelo contrário, essa identificação da perseguidora é conduzida de tal maneira que implica que Lacan a sustente, à revelia de sua paciente. Como, então, foi ele levado a sustentá-la quase contra tudo e todos?

E, em primeiro lugar, como foi introduzida na escrita do caso a irmã mais velha de Marguerite?

Desde o primeiro capítulo da monografia, é-nos dada uma indicação que, por seu caráter um tanto abstrato, permanece enigmática, mas que não deixa de marcar o lugar onde se virá inscrever a irmã mais velha como perseguidora:

> Aliás, há certos fenômenos que não se deve confundir com a reticência: algumas amnésias e alguns desconhecimentos que, como veremos, incidem de maneira absolutamente sistematizada sobre suas relações com alguns atores do drama delirante[7].

Já encontramos a amnésia a que esta frase faz alusão: trata-se com efeito, muito provavelmente, da "descoberta" feita por Lacan a 2 de março de 1932: neste dia ele se teria dado conta de que Marguerite, longe de ter lido em *Le Journal* o que lhe teria permitido designar aqueles que ameaçavam a vida de Didier, só teria acreditado ter lido; ela teria sido vítima de uma ilusão de memória. Também já notamos que Lacan deveria, em seguida, corrigir esta definição, lendo doravante, no fenômeno em questão, um distúrbio, não mais

[7] T. p. 158.

da memória, mas da crença. Isso nos permite agora observar que a frase acima foi escrita entre 2 de março de 1932 e uma certa data que ignoramos, mas que corresponde ao momento da escrita do quarto capítulo da sua monografia. Foi ao escrever este quarto capítulo que Lacan modificou sua descoberta (cf. aqui mesmo, p. 29). Assim, a frase acima teria sido escrita posteriormente ao 2 de março de 1932, e anteriormente à escrita do final deste capítulo quatro.

Esta discussão nos dá um primeiro ponto de referência para a identificação de Élise como perseguidora. Se é exato que se trata realmente desta identificação na indicação, aqui, de "desconhecimentos sistematizados", o que não parece duvidoso, segue-se que a identificação de Élise como perseguidora já estava feita, aos olhos de Lacan, nessa data de 2 de março de 1932. O "como veremos" é feito para sugerir ao leitor da tese que o autor já tem na manga uma carta que não considera pertinente relevar por ora.

Fala-se em seguida de Élise, a qual, ficamos sabendo, em concordância com René, haveria suplicado a Marguerite que renunciasse a seu projeto de instalar-se na América, o que implicaria no abandono do filho[8]. Apesar dessa súplica, Marguerite pensa então que Élise e René conspiram para lhe roubar a criança. Entretanto, essa idéia está longe de dominar seu delírio: Marguerite, escreve Lacan, "[...] guardava uma profunda inquietude. Quem eram os inimigos misteriosos que pareciam persegui-la[9]?" Estamos no período que precede a primeira hospitalização, entre julho e setembro de 1924. Não se pode dizer, naquele momento — e Lacan não o diz — que Élise fosse a verdadeira perseguidora de Marguerite.

Uma cena entre Marguerite e Élise, análoga à que acabamos de recordar, sobrevém muito mais tarde, exatamente em janeiro de 1931, quatro meses antes do atentado contra Huguette ex-Duflos:

> A partir daí ela toma a resolução de se divorciar e deixar a França com a criança. No mês de janeiro anterior ao atentado, ela manifesta suas intenções à irmã, numa cena em que demonstra uma agitação interior e uma violência de termos de que esta última ainda guarda uma lembrança de medo. "É preciso", lhe diz ela, "que você esteja pronta a testemunhar que [René] me bate e no menino. Quero me divorciar e ficar com a criança. Estou pronta a tudo, senão vou matá-lo". É de se notar que os próximos da doente não receiam menos suas ameaças pela criança que pelo marido[10].

É difícil passar dessa demanda de testemunho dirigida por Marguerite a Élise à identificação de Élise como perseguidora, e Lacan, aliás, apesar do que anunciou quinze páginas antes, não o faz. Não parece pertinente supor que Élise ameaçasse então Marguerite, e a idéia de uma ameaça que Élise faria

[8] T. p. 160.

[9] T. p. 162.

[10] T. p. 171.

pesar sobre a criança, de que tem, de fato, a guarda, tampouco parece fundada. Lacan descreve assim o estado de espírito de Marguerite naquele momento: "ela vivia então no perpétuo e iminente temor do atentado que deveria atingir seu filho[11]", mas os agentes em potencial de semelhante ato não parecem fazer parte do círculo familiar de Marguerite, e Lacan não o diz.

Mas, vamos prosseguir nosso percurso da escrita do caso, destacando, à medida em que forem mencionadas, as ocorrências da irmã mais velha. Encontramos, então, a seguinte menção, nos escritos de Marguerite, pelo menos nos seus extratos publicados por Lacan. A irmã mais velha, vamos constatar, se ocupa maternalmente de criança, sem que jamais a menor sombra de agressão venha marcar os ternos cuidados que lhes prodigaliza:

> • p. 181: "Barulho em casa, à mesa, as irmãs maiores estão vigilantes; o pai diz: "David voltou do regimento esta noite". A maior pára de comer, furtivamente, ela escuta.
> Ela deita as crianças, os pequenos adormecem tão logo os põe na cama. Será isso o que a faz sorrir? Ela sorri. Senta-se por trás da janela sem lâmpada. Sonha com o noivo desconhecido. Ah! se houvesse um que a amasse, que a esperasse, que desse seus olhos e seus passos a ela!"
>
> • p. 192: "Ponho meu vestido coral, meu gorro basco, *pego a minha adaga* e minha irmã mais velha me estende a capa para usar sob a chuva miúda. Digo adeus aos que amo; somos muito unidos e com eles só conheci devotamento, amizade e deferência."

Nada, até então, nos permite identificar Élise como perseguidora. Reencontramos Élise, vinte páginas mais adiante, num relato que Lacan nos traz de uma outra disputa entre as duas irmãs. Esta nova cena não se deixa situar como uma simples repetição das cenas anteriores, pois, desta vez, Élise é tomada, não como testemunha, mas como parte, e precisamente pelo viés de uma imputação. Lacan acaba de descobrir a ilusão mnésica e esta descoberta lhe permite situar "numerosos fatos[12]", dentre os quais o que nos conta agora:

> [...] um dia, muito animada pela contradição, ela veio ao encontro de sua irmã mais velha e lhe apresentou um sachê de perfume intato, que ela mesma lhe havia dado e que era destinado ao armário de roupa branca. Mostra-lhe que o sachê está intato, e ao mesmo tempo a repreende por ter suposto — erradamente, portanto — que ele estivesse rasgado. Sua irmã afirma, sobre isso, que jamais proferiu algo semelhante ou aproximado. E nossa doente que, há algum tempo, sofre incessantemente tais desmentidos dos fatos, retira suas imputações e fica profundamente inquieta com seu próprio estado[13].

Reiterando aqui o anúncio que fizera de saída, mas de maneira velada, quanto ao que iria dizer a propósito dessa irmã mais velha, Lacan comenta assim o acontecimento:

[11] Ibid.

[12] T. p. 215.

[13] Ibid.

> O caráter eletivo do distúrbio, ligado à contradição no que toca a sua irmã, nos vai aparecer ainda mais quando soubermos do papel afetivo desempenhado por esta[14].

O desmentido dos fatos, nesta cena feita a Élise, está ligado à palavra de Élise: para Marguerite, que acusa Élise de haver pretendido que o sachê estivesse rasgado, esta palavra de Élise terá sido, naquele dia, de um peso suficiente para que ela possa tomar sobre si, retirando sua imputação, ou, em outras palavras, admitindo que se tratava realmente de uma imputação e uma imputação sem fundamento. O reconhecimento da imputação como infundada equivale, em Marguerite, à inquietude sobre seu próprio estado mental, ou seja, equivalente ao reconhecimento de seu estar doente.

Vamos concluir, de nossa parte, com esta última cena entre as duas irmãs, notando que quando se trata de Élise, existe, no mínimo, uma imputação no ar.

Antes de abordar o fato, o que ele vai construir como tal, Lacan, uma terceira vez anuncia sem explicitar a identificação de Élise como perseguidora de Marguerite. Estabelecendo o histórico do caso, ele é levado a evocar a estadia de Marguerite em casa de Élise e seu marido. Ele escreve:

> Ela é hospedada por um tio, cuja mulher não é outra senão a irmã mais velha de Aimée, tornada, aos quinze anos, esposa do velhote, depois de ter sido sua empregada. Esta pessoa, que já exerceu sua autoridade sobre a primeira infância de Aimée, vai reaparecer mais tarde em sua vida para aí desempenhar um papel que, como veremos, será decisivo.[15]

O erro sobre o tio "velhote" é tanto mais surpreendente quanto Lacan diz e rediz ter verificado em diversas fontes os dados que sua pesquisa ia descobrindo. Sabemos hoje, graças às informações confluentes de Didier Anzieu e do Registro Civil, que Élise se casou com um de seus tios paternos, Guillaume Pantaine, em 11 de agosto de 1906. Por ocasião deste casamento, Élise tinha 19 anos (e não 15) e Guillaume 28. Assim, parece um tanto intempestivo designá-la como uma "Ruth de um Booz merceeiro[16]". Em contrapartida, Lacan não fará caso do caráter incestuoso do casamento de Élise com seu tio paterno Guillaume Pantaine, nem do fato de que o primeiro dos irmãos de Élise a nascer chamava-se, ele também, Guillaume Pantaine (será em razão dessas eponímia que ele era chamado, em família, não por Guillaume e sim por François? — O último dos irmãos, chamado Clovis, tinha também Guillaume como segundo nome).

---

[14] Ibid.

[15] T. p. 224.

[16] T. p. 230.

A instalação de Élise

Histerectomizada em 1914, com a idade de 27 anos, Élise fica viúva de guerra em 1918; tem então 31 anos. Ela vem morar em casa de Marguerite e René oito meses depois do casamento destes, logo, por volta de 30 de junho de 1918. Quase seis anos se passaram antes que ela se ocupassse maternalmente do filho deles, Didier. Portanto, ela está presente, em 1921, quando das primeiras manifestações de distúrbios psiquiátricos em Marguerite. Vamos observar que não é sua vinda como tal para o lar da irmã que desencadeia estes distúrbios, mas, três anos mais tarde, a primeira gravidez de Marguerite e a ocorrência de uma criança natimorta.

Entretanto, ao intitular estas linhas "a instalação de Élise", não nos referimos tanto à sua inserção no lar de Marguerite e René quanto à inscrição de Élise na escrita do caso. Já que foi através de Lacan que tivemos um primeiro acesso à loucura de Marguerite, seria no mínimo curioso que negligenciássemos a maneira como Lacan chega a instalar Élise como perseguidora, ao mesmo tempo verdadeira e sistematicamente desconhecida. Existe aí um modelo de apresentação que nos importa, já que por ele se engaja a versão manifesta do caso. Por três vezes, como vimos, Lacan anuncia o que será esta versão. Depois desses três avisos, será necessário que ele o explicite. Ora, ele só virá designar Élise como perseguidora graças ao relato que fará de seu encontro com ela. Daí a conceber que este encontro tenha tido, para ele, o valor de um instante de ver (de ver sua versão manifesta do caso), não há mais que um passo, que seremos levados a dar, e ao qual já nos convida todo o primeiro anúncio do papel imputado a Élise. Com efeito, essa identificação de Élise como perseguidora tem seu lugar demarcado a partir das primeiras linhas da monografia; pode-se, pois, admitir que Lacan se teria lançado à escrita do caso no instante mesmo em que teria percebido qual seria a sua versão do caso, isto é, pouco depois do 2 de março de 1932. Ele se engaja então num tempo para compreender, que vai resultar num momento de concluir que será, como deve, e como já indicamos, um momento de concluir felizmente enviesado.

O encontro de Lacan e Élise foi, sob muitos aspectos, estranho. Marguerite não assistiu a ele, o que não quer dizer que ela não o tenha, senão provocado, ao menos suscitado. René, sim, estava presente. Teria sido ele, como Élise, "convocado"[17] por Lacan? Ou teria ido ao encontro por sua própria iniciativa? Ou por instigação de Élise? Lacan nos diz simplesmente havê-la convocado

> para uma entrevista, cujo objetivo declarado era não apenas o de nos informar quanto ao estado de sua irmã, mas também sobre as medidas a serem consideradas eventualmente quanto ao seu futuro [este "seu" é equívoco].

Algumas páginas antes do relato desta entrevista, Lacan, narrando a aventura de Marguerite com o poetastro, escrevia o seguinte:

[17] Ibid.

> Uma análise como a que tentamos está dedicada ao fracasso se o observador não recorrer à ajuda de todo o seu poder de simpatia[18].

O mínimo que se pode dizer, como veremos, é que este poder de simpatia que ele tão bem soube pôr em obra em sua acolhida de Marguerite faz-se estranhamente ausente na maneira que se iria impor a ele de receber Élise.

> Ela nos chegou, por isso, num estado de extrema emoção, não parando de se exaltar durante a entrevista, na verdade um puro monólogo, onde ficamos estritamente passivos[19].

A marca enunciativa constituída por este "nós" é notável. Tiremos o traço da majestade, imposto a uma tese universitária, afastemos também a leitura desse "nós" como denotando o par Lacan-Marguerite (interpretação excluída pela palavra *resté* — ficamos — escrita sem o "s" final), e a frase se escreverá: "Ela me chegou", escrita que, à diferença da simples constatação: "Ela chegou", revela toda a familiaridade contida nesse "nós". Vamos aceitar aqui um breve desvio pela associação de idéias. Esse "nós" ou esse "me", com efeito, é da mesma natureza que o daquela mãe que, abrindo a porta de um quarto de hospital onde se encontrava sua filha, em seguida a uma tentativa de suicídio, foi logo declarando à moça deitada, recebendo soro, em mal estado, com um tom ultrajado e perpassado pela impressão de escândalo: "Fazer isso comigo! A mim!" Existe aí uma nítida discordância, entre a familiaridade desses "nós" e o mutismo em que se encerra Lacan por ocasião de sua entrevista com Élise — a menos que, ao contrário, esse mutismo só venha confirmar a familiaridade.

Desde o primeiro segundo deste encontro, Lacan se mantém numa estrita posição de observador frio, não manifestando a menor simpatia pelas súplicas que lhe são dirigidas, a ponto de Élise se encontrar, na presença desses dois homens mudos, fazendo uma "cena" a Lacan sobre a cena que ele constituía pelo simples fato de se manter, "estritamente", numa postura de observador. O relato que ele nos vai dar disso revela claramente a ausência de simpatia:

> O sujeito nos apresentou, durante cerca de uma hora, sem oscilações, um estado de agitação extrema. O eretismo verbal e gestual com que se exprimia nos pareceu traduzir um fundo de estenia autenticamente hipomaníaca. Espasmos glóticos, esboços de soluços sempre iminentes revelavam, além disso, o caráter essencial de paroxismo emotivo; acompanhavam-se por sinais neuropáticos manifestos, tiques faciais, mímica caricata cuja existência habitual nos foi confirmada pelo marido de Aimée, presente à cena.[20]

Lacan não entra no clima da cena de Élise, e nos faz saber disso:

---

[18] T. p. 224.

[19] T. p. 230.

[20] T. p. 231.

> A irmã de Aimée nos exprimiu antes de tudo um temor desmesurado de uma eventual liberação de nossa doente, onde ela teria visto nada menos que uma ameaça imediata a sua própria vida, bem como às vidas do marido e da criança. Chegou, assim, a súplicas, que aliás eram desnecessárias, para que fossem evitados tão grandes males.[21]

Essa exaltação de Élise, nessa demanda ao psiquiatra de sua irmã de que mantenha esta irmã internada, não é tão desmesurada assim, se julgada à luz do estado de espírito de Marguerite nos dias anteriores ao atentado. Élise não crê que Marguerite esteja curada: ela gritaria mais ainda se houvesse entrevisto que o médico com quem está lidando a considera como tal — não, aliás, sem essa reserva que dá esperanças ao seu pedido de que ela seja mantida hospitalizada já que, por ora, é a isto que o psiquiatra se resolve. Por outro lado, a agitação de Élise responde à demanda que Lacan lhe dirigira e que motivara sua entrevista, demanda de considerar com ela que medidas adotar para o "seu" futuro. Uma tal demanda não deixava de evocar uma saída possível do hospital, e é somente deixando-a entre parênteses que Lacan pode escrever aqui que eram "desnecessárias" as súplicas que Élise dirigia a ele. É exato que ele poderá mais facilmente colocar esta demanda entre parênteses na medida em que se trata de uma demanda destinada a encobrir uma outra demanda, esta não declarada (ele fala do "objetivo declarado" de sua entrevista).

> Ela terminou suas declarações com um quadro apologético de seu devotamento para com a doente, da vigilância sem tréguas de que teria [note-se o condicional] dado provas junto a esta, enfim, das angústias que tinham sido as suas. O conjunto, com seu tom de defesa lacrimosa, não deixava de revelar alguma incerteza da consciência.[22]

A identificação de Élise como perseguidora se terá atido, inicialmente, a este último traço, observado em Élise por Lacan quando de sua entrevista. Desde antes do relato deste encontro, ele havia anunciado:

> As mais nobres intenções, unidas a esta imunidade temível de que goza, tanto para si mesma quanto diante dos outros, a virtude atingida pelo infortúnio, tais são as armas irresistíveis com que este novo ator intervém na situação.[23]

Esta "intervenção" é a instalação de Élise em casa de Marguerite e René, instalação que Lacan vai nomear, depois de nos ter feito o relato de seu encontro com Élise, uma "intrusão"[24]. Entrevemos, depois do que acabamos de observar no tocante a este encontro, que, se intrusão existe, trata-se em primeiro lugar, seja como for, da intrusão de Élise no casal constituído por Lacan e sua Aimée. Para ele, sim, ela terá sido uma intrusa. Como não ouvir ressoar, na frieza da acolhida muda que ele reserva a Élise, o que lhe vem

[21] Ibid.

[22] Ibid.

[23] T. p. 230.

[24] T. p. 231.

à mente ao escutá-la, algo como: "Que mulher irritante com seu devotamento!"?

Mas, seria possível situar de modo diferente do que acabamos de fazer a intrusão de Élise? Os traços que destacamos, relativos à maneira de ser de um ouvinte por ocasião de uma entrevista, permanecem sujeitos à caução. O caráter intrusivo, mas para Lacan, do personagem de Élise seria melhor estabelecido se um ato de Lacan, e não mais somente uma postura sua, viesse atestá-lo. Ora, ele com efeito realizou um tal ato, e o narrou para nós. Aí está:

> A irmã mais velha se opõe formalmente à simples idéia de entrever nossa [nossa!] doente... A um apelo epistolar desta, respondeu em termos tais que acreditamos dever poupá-los à nossa doente, e lhe relatar apenas sua substância. Nossa doente, depois de breves entrevistas com seu marido, se opõe ela própria, desde então, a qualquer novo encontro. Seria preciso, nos afirma ela, "vestir-lhe uma camisa de força para arrastá-la até lá". Ela conserva um contato apenas com um irmão que a visita regularmente; e vive na esperança de reencontrar seu filho[25].

Assim como vamos encontrar, na descrição por Lacan da relação entre as duas irmãs, a primeira ocorrência, nele, de uma relação especular, também encontramos aqui a primeira ocorrência de uma carta desviada, de uma *purloined letter*, de uma carta, como o traduz Lacan, *misé à gauche* (desviada)[26]. Dos três olhares que desenham a configuração estrutural do relato de E. Poe, é no lugar do terceiro que se encontra Lacan, desviando a carta de Élise a Marguerite, deste olhar que vê que os dois outros deixam a descoberto o que deve ser escondido, "a descoberto para quem quiser se apoderar dela"[27]. Desviando esta carta, Lacan se apodera daquilo que, segundo sua versão manifesta do caso, deve ser escondido no caso, a intrusão persecutória de Élise. Ele se apodera dela e portanto se defende dela. E a conseqüência é infalível: enquanto Marguerite escrevia a Élise, para dirigir-lhe uma demanda qualquer, mas sempre uma demanda, ei-la agora sintonizada de certa forma ao diapasão de Lacan, declarando a este que se recusa, doravante, a qualquer encontro com Élise (situamos a intervenção do marido, relatada por Lacan, como um acontecimento encobridor, destinado a velar a importância do ato do desvio).

Assim, Élise aparece realmente como uma intrusa aos olhos de Lacan, e a ponto de levá-lo a evitar, em ato, a sua paciente, tal manifestação dessa intrusão. Fazendo isso, ele no entanto só pode tornar-se mensageiro de Élise (ele transmite a Marguerite a substância da carta por ele desviada), signo do que terá sido sua resposta à intrusão de Élise: endossar ele próprio a intrusão de que a acusou.

---

[25] T. p. 240.

[26] J. Lacan, *Écrits*, p. 29. Será que se deve situar o desvio desta carta como uma *pars por toto*? O fato é que aqueles que tentaram, talvez timidamente, encontrar o dossiê psiquiátrico esbarraram numa dificuldade e nem mesmo puderam precisar de que dificuldade se tratava.

[27] Idem, p. 15.

A instalação de Élise como intrusa desconhecida, como tal, por Marguerite, implica uma apresentação da relação entre as duas irmãs que manifeste a oposição entre elas. De que tipo seria essa oposição? É neste ponto preciso que encontramos, pela primeira vez na obra de Lacan, uma referência, não ao estágio do espelho — já que se trata, ao contrário, aqui, do ponto na psicose a partir do qual lhe vai aparecer na sua pertinência a descrição de Wallon —, mas ao espelho como tal. Entretanto, este espelho, como veremos, não é, em absoluto, um qualquer.

Antes de relatar seu encontro com Élise, Lacan já nos apresentou como opostos os caracteres de Marguerite e de sua amiga e primeira perseguidora, C. de la N.. Adotando a classificação de Kretschmer, bem como a terminologia deste autor, ele definia Marguerite como sendo uma *sensitiva*, enquanto C. de la N. seria uma *intrigante refinada*[28].

> Isto significa que sua atividade e suas reações, como Kretschmer escreve sobre tipos correspondentes, se opõem às de nosso sujeito, "como ao objeto sua imagem invertida no espelho"[29].

Logo, estava demarcado o lugar onde se alojaria Élise. À sua "estenia autenticamente hipomaníaca", Lacan opõe o caráter "sensitivo e psicastênico" de Marguerite.[30] A intrusão seria aquela, narcísica, da imagem de si mesmo no espelho.

Todos os elementos estão agora em seus lugares, para a explicitação da versão manifesta do caso. E será logo depois de nos ter trazido seu encontro com Élise que Lacan, pela primeira vez, formulará claramente o que por três vezes anunciou. "A intrusão" de Élise no lar de Marguerite e de René, seu "domínio"[31]nos assuntos domésticos, seu "devotamento" julgado por Lacan como mal-intencionado, valendo como uma "humilhação moral"[32] de Marguerite; e

> esta humilhação se objetiva [o termo é muito forte] na reprovação, muito real, que sua irmã lhe impõe incessantemente por seus atos, por suas palavras e até em suas atitudes.[33]

Imediatamente depois, o núcleo da versão manifesta do caso Aimée:

> Mas a personalidade de Aimée não lhe permite reagir diretamente por uma atitude de combate [...] Aimée reconhece em seu valor as qualidades, as virtudes, os esforços de sua irmã. Ela é dominada por esta, que lhe representa, sob um certo ângulo, a própria imagem do ser que ela é impotente para realizar, como o foi, ao que parece em menor grau, pela amiga com qualidades de liderança.[34]

---

[28] T. p. 226-7 e 243.

[29] T. p. 226.

[30] T. p. 231.

[31] Ibid.

[32] T. p. 232.

[33] Ibid.

[34] Ibid.

Temos ao mesmo tempo a perseguição real, o conflito moral na origem da loucura persecutória, e o primeiro elo da cadeia dos perseguidores sucessivos: Élise, C. de la N., ... Huguette ex-Duflos. Teríamos também o motivo do "desconhecimento sistemático" de que se beneficiaria a perseguidora principal:

> Se não é em sua irmã que Aimée reconhece sua inimiga, é porque intervêm resistências afetivas cujo poder permanece a ser explicado. Voltaremos a isso no próximo capítulo. Mas, desde já, a natureza familiar do laço que a une à sua inimiga mais íntima dá a compreender o desconhecimento sistemático em que Aimée se refugia.[35]

Uma denegação que não o é

Se para Lacan já ficou estabelecido que Élise é mesmo a verdadeira perseguidora, resta-lhe no entanto demonstrar que esta verdade não é uma verdade em si, mas também uma verdade para ela, para Marguerite. Este ponto é decisivo para a versão manifesta do caso já que, sem estabelecê-lo, esta versão valeria apenas o que vale uma elucubração de alguém sobre alguma coisa, um delírio, possivelmente. Ora, o fato de que a tese demonstre que os sintomas mentais da psicose são *fenômenos do conhecimento*[36] não impede, muito pelo contrário, e é este todo o interesse do apelo a Espinosa, de se distinguir conhecimento verdadeiro, objetivo e que obtém assentimento, e conhecimento delirante.[37]

Mas mostrar que Élise é realmente, para Marguerite, sua verdadeira perseguidora permanece um assunto muito delicado; trata-se de estabelecer a existência de algo que não poderia ser um objeto de observação: mais difícil, trata-se de estabelecer a existência, em alguém, de alguma coisa que, neste alguém, é objeto de um desconhecimento sistemático! De que maneira proceder?

Será preciso, mesmo, contentar-se com um signo. Vai-se tratar, portanto, de obter de Marguerite um signo daquilo que ela teria sistematicamente desconhecido: que sua verdadeira perseguidora era sua irmã Élise. Uma confissão seria certamente mais conclusiva; mas trata-se, precisamente, de um desconhecimento sistemático e, apesar da "cura", exigir uma tal confissão equivaleria a ser mais realista que o rei. Tal será, pois, o ponto decisivo a propósito do qual Lacan não se poderá manter na compreensão jaspersiana, mas deverá apelar para Freud e, especialmente, para a denegação. A denegação viria, muito freudianamente, dar a prova, ali onde seria insensato exigir uma confissão.

---

[35] T. p. 233.

[36] T. p. 338.

[37] T. p. 337.

No momento de se referir, assim, à denegação freudiana, Lacan começa por constatar que Marguerite jamais confessa o que ele lhe quer fazer confessar:

> Mas o ponto notável é que Aimée não emite jamais tais confissões, a não ser nos momentos em que sua atenção, voltada para outro objeto, lhe permite, de certa forma, deslizar espontaneamente para fora de seu controle[38].

Que confissões estão em questão aqui? Se nos referirmos àquelas que Lacan acaba de mencionar, constatamos que se trata do fato de Marguerite jamais ter podido suportar os direitos tomados por Élise na educação de Didier, ou ainda o fato de que Élise era demasiado autoritária, mas também de que, nos confrontos de Marguerite com René, ela estava sempre do lado deste. Simultaneamente, Marguerite diz também a Lacan que aprecia a presença de Élise pois, graças a ela, seu filho escapa à dureza de René. Lacan nota bem o "tom gelado"[39] dessa homenagem, mas tudo isso não basta para confirmar sua versão do caso. Portanto, ele vai insistir:

> Tentamos, ao contrário, atacar ativamente o enigma desta irmã que há vários anos ocupou tão completamente o lugar de Aimée que a opinião de sua cidadezinha é a de que ela a suplantou —, e então nos chocamos com uma reação de denegação (*Verneinung*) do mais puro tipo, cujas características e valor a psicanálise nos ensinou reconhecer[40].

Descartemos de saída uma leitura dessa passagem que, com certeza, não é a de Lacan em sua tese, mas que sua versão do caso talvez não exclua com clareza suficiente, em particular devido à escrita gradual do caso. Com efeito, não se poderia tratar de um desses cenários de *vaudeville* que todos conservam no espírito de maneira bem mais pregnante do que se crê. Marguerite e René, depois de se terem encontrado, amado, casado, amado ainda para além do casamento, depois de terem assim passado por dias felizes, teriam tido a bondade de acolher em sua casa a infeliz Élise; mas a irmã malvada, tão logo chegou, desde o instante de sua intrusão na casa dos pombinhos, se teria dedicado incessantemente a transferir em seu benefício toda a felicidade de que gozava sua irmã: ser a dona de uma casa, a mulher de um marido, a mãe de um filho. O sucesso de suas maquinações acarretava os comentários da cidade: todos se espantavam de ver como ela suplantava sua irmã. E o problema se tornaria psiquiátrico pela ausência de reação desta.

Esta leitura é enganosa. O casamento de Marguerite e René estava muito longe de ser a cristalização, socialmente admitida, dos arrulhos de dois pombinhos. Ele parece muito mais, em Marguerite, ter sido o objeto de um certo cálculo. Depois de algumas aventuras dissimuladas de seu meio familiar, e nas quais se manteve sexualmente frígida, ela decidiu ter "chegado o

---

[38] T. p. 232.

[39] Ibid.

[40] T. p. 232-3.

momento em que a vida lhe impunha uma escolha"[41] e calcula que a eleição de René, colega de escritório, não seria má, pois lhe traria "equilíbrio moral" e "segurança prática"[42]. C. de la N. exerce sua influência e consegue mesmo dos noivos que dêem mais brilho do que pretendiam aos festejos do casamento.[43] Entretanto, a família Pantaine (a "sabedoria da família", escreve mesmo Lacan) se opõe a isso: "Você nunca será exata. Os cuidados domésticos não são para você, etc.[44]" Marguerite lhes responde, então, com uma frase de que se pode avaliar o caráter eminentemente premonitório:

Se não o tomo, outra o tomará.[45]

Esta é, exatamente, a fórmula do que ela iria fazer, e do que iria acontecer! Toda uma sintomatologia se vem manifestar, em Marguerite, uma vez revelada a inutilidade de seus esforços para satisfazer os deveres da vida a dois[46]: frigidez, confissões recíprocas, mas cuja importância Lacan situa interpretando-as como armas suplementares para o "desentendimento que se comprova"[47], negligência do lar, mutismos que duram semanas, impulsos bruscos, fobias à sujeira, lavagens intermináveis[48].

É nesse lar que sobrevém a instalação de Élise. Esta chegada, como se vê, não é a de um desmancha-prazer: seria preciso, para isso, que prazer houvesse, e este não era, manifestamente, o caso. Não se pode, pois, situar o fato de que ela "suplante" Marguerite como da ordem de um "saia daí que estou chegando": quando Élise chega, Marguerite já "saiu dali" ou, mais exatamente, nunca esteve ali, naquele lugar e naquela função que Élise iria ocupar. Marguerite não pegou René, o caráter calculado, e depois forçado, de seu casamento testemunha disso, como testemunha também aquela sua fórmula acima relatada. E é porque ela não tomou René que uma outra, Élise, poderá tomá-lo e irá mesmo "tomá-lo". As coisas, aqui, se passam como na tomada do poder, segundo um *bon mot* do general De Gaulle: o poder não se toma, dizia ele, ele se apanha.

Logo, não é essa leitura vaudevillesca de "suplantar" que vai ser feita por Lacan. Se, mediante a presença de Élise sob o teto conjugal, Marguerite acaba por se dar conta de que nada mais representa para René[49], se, então, essa presença de Élise acentua a decadência do laço conjugal, exclui-se, no entanto,

---

[41] "Na medida em que suas pesquisas sentimentais não parecem desprovidas de um bovarismo onde desempenham seu papel os sonhos ambiciosos. A influência da amiga não é feita, em absoluto, para acalmar sua imaginação. Pelo menos, diversos fracassos de seu amor-próprio a reconduziram à realidade. Ela sente chegado o momento em que a vida lhe impõe uma escolha". T. p. 228.

[42] Ibid.

[43] T. p. 228-9.

[44] T. p. 228.

[45] Ibid.

[46] T. p. 229.

[47] Ibid.

[48] T. p. 229-30.

[49] T. p. 231.

fazer dessa presença o motivo ou causa daquilo que não merece ser designado como um fracasso. Assim, Lacan dá um valor particular ao "suplantar", escrevendo, a propósito de Marguerite, que Élise representa para ela "a própria imagem do ser que ela é impotente para realizar"[50].

Será porque Élise realiza essa imagem que ela humilha Marguerite? Seria esta humilhação o que estaria na origem de um ódio cujo objeto seria transferido sempre para mais longe de seu objeto verdadeiro? Vamos discutir mais adiante esta vetorização da transferência do ódio proposta por Lacan. Por ora, trata-se do que vem comprovar, aos olhos de Lacan, a pertinência de sua versão, não mais apenas para ele, mas também e sobretudo para Marguerite. Isso já foi anunciado: a denegação será o critério decisivo. Vamos agora dar a continuação da citação:

> ... então nos chocamos com uma reação de denegação (*Verneinung*) do mais puro tipo, cujas características e valor a psicanálise nos ensinou a reconhecer.
> Esta reação é marcada por sua violência afetiva, suas fórmulas estereotipadas, seu caráter de oposição definitiva. Ela é redibitória em qualquer livre exame e põe fim, regularmente, à série de proposições.
> Devemos reconhecer aí a confissão daquilo que é tão rigorosamente negado, a saber, no presente caso, da queixa que Aimée imputa a sua irmã de lhe ter arrebatado o filho, queixa onde é surpreendente reconhecer o tema que sistematizou o delírio. Ora, é a este ponto que devemos chegar, essa queixa, no delírio, foi afastada da irmã com uma constância cujo verdadeiro alcance nos será mostrado pela análise[51].

Em 1954, colaborando com Jean Hyppolite, Lacan enfatizava, como nunca se fizera até aquele momento, a importância do texto de Freud sobre a *Verneinung*[52]. Lacan sublinhava a originalidade dessa forma freudiana de negação: trata-se de uma negação específica, especificada. Assim, só se pode falar em denegação quando um sujeito supõe que aquele a quem se dirige vai interpretar de certa maneira o que ele acaba de lhe dizer (é a imputação ao outro do que é afirmado, a título de uma *Bejahung*) para em seguida negar a justeza daquela interpretação que ele terá, pois, num primeiro tempo, emprestado ao outro.

As coisas não estão assim tão claras, para Lacan, em 1932. Assim, vemo-lo aqui usar de maneira errônea este conceito freudiano. Para que se tratasse de uma denegação "freudiana", teria sido necessário que Marguerite atribuísse a Lacan a idéia de ser Élise a sua verdadeira perseguidora, para em seguida lhe declarar que tal não era, certamente, o caso. Mas nada há de semelhante no que Lacan nos relata sobre este episódio em suas entrevistas. Ele diz a Marguerite: "Sua irmã a suplantou junto a seu filho e a seu marido, Melun

---

[50] T. p. 232.
[51] T. p. 232-3.
[52] J. Lacan, *Écrits*, op. cit., p. 369-99 e p. 879-87 (para o comentário de J. Hyppolite).

inteira admite isso", e Marguerite lhe diz que não. Ela vai atuar sua oposição a essa afirmativa de Lacan interrompendo as entrevistas a partir do momento em que ele resolve insistir nessa afirmativa. Semelhantes interrupções, ele tem o cuidado de nos dizer, se produzem "regularmente". Mas nem a intensidade do desmentido de Marguerite, nem a reiteração dessas interrupções são o signo de denegação. E Lacan se engana ao nos apresentar esses signos como índice de uma denegação "do mais puro tipo". Ele pode, a partir daí, acreditar ter a prova da confissão, mas como suas premissas são errôneas, sua conclusão será, para nós, inaceitável. Ora, o que estava em questão era nada menos que aquilo que, vindo de Marguerite, teria sancionado a pertinência da versão manifesta do caso. E, à falta disso, se nos ativermos à própria lógica da afirmação de Lacan em sua tese, fica a cargo de Lacan a invenção dessa versão. O que não quer dizer, e voltaremos a este ponto, que ele seja o único implicado nessa invenção.

"Mas o ponto notável", escrevia Lacan logo antes deste apelo à *Verneinung*, "é que Aimée não emite jamais tais confissões [...]" (já comentamos isso). Este "ékemên'emite"* soa com um peso que frisa a derrisão, produz uma mancha nítida numa escrita freqüentemente bela e sempre cuidada. Mas depois de ter observado este deslize de Lacan na dita *Verneinung*, a homofonia entre "Aimée" e "emét" nos vem parecer notável. O nome "Aimée", por essa homofonia, se faz portador do voto: "Emite!", para o qual Lacan pensará haver encontrado uma certa maneira de satisfação com a denegação.

Talvez não haja um deslizamento não assinalado. Seja como for, vamos ver que tal é o caso, aqui, e isso nos vai remeter diretamente à imputação. Consideremos, com efeito, a frase:

> Devemos reconhecer aí ia confissão daquilo que é tão rigorosamente negado, a saber, no presente caso, a queixa que Aimée imputa à sua irmã de lhe ter arrebatado o filho [...].

Mesmo acompanhando Lacan em sua demonstração, não se poderia admitir essa frase — a não ser que lhe imputássemos uma característica de estilo hiperlacaniano que levaria a entender a "queixa que Aimée imputa" como equivalente, semanticamente, à "queixa [que consiste no seguinte:] que Aimée imputa", leitura que descartamos pela razão de que ninguém poderia ler Lacan assim em 1932. Assim, vamos formular que Aimée, na versão mesma que Lacan está em vias de construir, *não imputaria esta queixa à sua irmã*: ela teria uma queixa contra a irmã, mas uma queixa a ser lançada à sua própria conta, e não a ser imputada à irmã, ou seja, a ser lançada à conta da irmã. Para ser coerente com sua versão, Lacan deveria ter escrito:

---

* No original, "cékéménémété", como soa, em francês, "é que Aimée não emite". (NT)

> Devemos reconhecer aí a confissão daquilo que é tão rigorosamente negado, a saber, no presente caso, da queixa que Aimée faz contra sua irmã, de lhe ter arrebatado o filho [...].

Assim, vemos a imputação, desconhecida por Lacan na sua importância constitutiva da denegação, reaparecer sob sua pena numa ocorrência que, semanticamente, perturba seu estilo, mas que situa a imputação lá onde ela nos parece dever, com efeito, se situar, no lugar de Élise, que é também, como já indicamos, o de Lacan.

A versão manifesta do caso é realmente uma imputação de Lacan, de que Lacan terá sido o agente. Isso significa que ele terá tido a iniciativa? Vamos mostrar, no próximo capítulo, como Marguerite pôde enganar Lacan neste ponto preciso desse sororato.

CAPÍTULO NOVE

A preservação, ponto de vista de Marguerite

Que a relação de Lacan com Élise Pantaine tenha sido problemática, cremos tê-lo estabelecido. Ali onde Lacan pensa ter mostrado que aos olhos da própria Marguerite essa irmã mais velha era sua verdadeira perseguidora, reconhecemos um deslizamento que, longe de ser isolado, se acompanha por outros mal-entendidos: a definição de Élise como uma "Ruth de um Booz merceeiro", a afirmação um tanto intempestiva de sua "intrusão" em casa de Marguerite e René, a de uma relação "em espelho" entre as duas irmãs, a falta de simpatia de que ele dá provas com referência a Élise, mas também, *last but not least*, o ato do desvio de uma carta de Élise a Marguerite. Este deslizamento constitui, certamente, o que aqui designamos como sendo a versão manifesta do caso. E ter isolado esse deslizamento abala as próprias bases dessa versão.

Mas isto não impede que esta versão tenha ocorrido, que o caso, em outras palavras, tenha dado lugar a esta versão. Deverá ela ser "imputada" unicamente a Lacan, que faria aqui a figura do "regador regado"? Por mais encanto que ofereça tal figura, parece-nos um bom método só avançar depois de ter descartado a outra possibilidade, francamente mais que provável, aquela segundo a qual Marguerite teria contribuído, de certa maneira, para que Lacan promovesse esta versão sororal de seu caso.

Uma tal contribuição de Marguerite não é, certamente, coisa fácil de demonstrar. Vamos afirmar, inicialmente, que o tipo de intervenção que seria implicado por esta participação de Marguerite na fomentação da versão sororal é extremamente considerável, pois ela soube, ao que parece, deixar advir, até mesmo provocar um outro deslizamento no que tange a um outro aspecto do caso, igualmente decisivo. Poderemos, a partir daí, discutir mais precisamente a questão de sua participação na construção da versão sororal.

A morte acidental da primeira Marguerite

Devemos, aqui, relatar não apenas os resultados de nosso estudo, mas também seus avatares, até mesmo uma de suas errâncias que foram levadas até o erro. Este erro vai surgir claramente para aqueles que, durante os dois anos de seminário, assistiram-me com suas presenças e suas reações no estudo do caso Aimée. Com efeito, estes irão encontrar aqui corrigido o que fora indevidamente "demonstrado" quando de uma sessão daquele seminário, exatamente em 5 de março de 1987:

Tratava-se da morte "acidental" da primeira Marguerite: comparávamos, naquele dia, as duas diferentes versões deste acontecimento, a primeira sob a pena de Lacan em sua tese, a segunda, muito mais recente, dita por Didier Anzieu a Gilbert Tarrab e publicada na obra *Une peau pour les pensées*. Aqui está, em primeiro lugar, a versão de Lacan:

> A família insiste muito numa emoção violenta sofrida pela mãe durante a gestação de nossa doente: a morte da mais velha de suas filhas deve-se, com efeito, a um acidente trágico: ela cai, diante da mãe, na boca aberta de um forno aceso e morre, muito depressa, de queimaduras graves.[1]

O relato que vamos encontrar em *Une peau pour les pensées* é assim redigido:

> Ela [Marguerite] era a terceira da prole, a terceira ou a quarta... Ai está o problema. Antes dela, com efeito, haviam nascido três meninas. A família vivia numa grande casa de pedra, perto do estábulo e dos campos. A peça comum tinha como aquecimento somente uma grande lareira onde queimavam grossos toros de madeira, onde se cozinhava, no interior da qual era possível sentar-se em bancos. A cena se passou antes do nascimento de minha mãe. Era um feriado. Para ir à missa, Marguerite, a mais nova das três filhas, tinha sido arrumada com um vestido de organdi. Deixaram-na por um momento sob a guarda da mais velha, aquela que seria minha madrinha. A pequena estava com roupas leves, fazia frio, ela se aproximou do fogo ... e morreu queimada viva. Isso foi um choque para os pais, para as duas irmãs. Minha mãe foi então concebida para substituir a defunta. E, como novamente nasceu uma menina, deram-lhe o mesmo nome, Marguerite. Uma morta-viva, de certa maneira... Não é por acaso que minha mãe passou a vida multiplicando os meios de escapar às chamas do inferno ... A isso se chama sofrer seu destino, um destino trágico. Minha mãe só me falou abertamente sobre isso uma única vez. Mas eu já sabia, pela lenda familiar. Sua depressão provém, penso, deste papel insustentável. Ela o havia adiado depois do nascimento de sua filhinha morta, implacável repetição do destino. E meu nascimento, bem sucedido, reativou a ameaça insuportável [...].[2]

Tendo optado por tomar como relato de referência o de Didier Anzieu, destacávamos, no de Lacan, não menos de quatro erros em quatro linhas:

1 - O acontecimento não se teria dado durante a gestação de sua doente,

2 - Não foi a mais velha das crianças, e sim a mais nova quem morreu assim,

3 - O acidente não teria ocorrido sob os olhos da mãe, mas na ausência

---

[1] T. p. 175.

[2] D. Anzieu, *Une peau...*, op. cit., p. 15-6.

desta,

4 - A criança não teria caído na boca aberta de um forno (aliás, não se via muito bem como um tal evento seria possível), mas, mais simplesmente, teria sido queimada viva por se ter aproximado demais do fogo da lareira.

Se os pontos 1 e 3 permaneciam discutíveis, era difícil — observávamos então — admitir que o relato de Didier Anzieu estivesse errado quando ao ponto 2, mesmo levando-se em conta que ele nos apresentava o acontecimento sob a capa de uma "lenda familiar". Assim, corrigíamos Lacan nesse ponto, sem perceber que era o corretor que merecia a correção ali onde pretendia corrigir. Portanto, foi somente mais de dois anos depois, e após consulta ao registro civil, que pudemos saber, não a verdade, pois a lenda está presente, mas o que foi o acontecimento exatamente. Para dizer com exatidão, verificava-se que nem o relato de Lacan nem o de Anzieu transcreviam fielmente a ocorrência!

Vamos recordar o que é atestado pelo Registro Civil no que toca à prole:

- Marguerite, nascida em 19-10-1885.
- Élise, nascida em 23-09-1887.
- Maria, nascida em 15-10-1888.
- Falecimento de Marguerite, em 10-12-1890.
- Uma criança natimorta, em 12-08-1891.
- Marguerite, nascida em 04-07-1892.

A primeira criança, chamada Marguerite, morreu, pois, acidentalmente, com a idade de 5 anos. Élise tinha então 3 anos, Maria 2 anos, e a mãe recém iniciara uma quarta gravidez, que se iria concluir com uma criança natimorta. Marguerite nasceria dezenove meses depois do trágico acontecimento.

A versão de Lacan

Lacan, portanto, transcrevia o acontecimento com exatidão, ao notar que fora a mais velha das meninas quem morrera. Em compensação, este evento não se deu "durante a gestação de nossa doente", mas durante uma gestação que resultaria numa criança natimorta (ele situa, erradamente, este "abortamento"[3] depois do nascimento da segunda Marguerite).

Chegaríamos a dizer que esta criança, há pouco no ventre da mãe, sofreu plenamente a ponto de ser morta, a incidência, na mãe, da morte trágica de sua irmã mais velha? Podemos dizer que ela não podia nascer, pois tratava-se de substituir a criança morta, de levar o nome desta, caso seu sexo permitisse, e isso não seria possível pela razão de que fora "contemporânea" da criança morta? Certamente, é só no medo e no terror que tais conjecturas nos podem vir habitar; e só as introduzimos aqui para sublinhar um ponto que não se nota

[3] T. p. 174.

à leitura da tese de Lacan (devido ao erro na data do "abortamento"). Marguerite, certamente receberá o nome de Marguerite por causa dessa irmã mais velha, e podemos, com Didier Anzieu, ver aí a marca de um destino trágico. Mas isso não impede de observar que Marguerite se iria encontrar num lugar distinto daquele ocupado pela criança natimorta que a precedera no ventre materno; ela era nomeável, e até mesmo nomeável com o nome que fora o da mais velha. Se estudamos essa nominação avaliando-a de acordo com a conjectura que formulamos, a saber, o caráter inominável, para além do acidente, da criança que irá nascer morta, o destino, do qual uma das marcas é constituída por essa nominação de "Marguerite", vai-nos parecer ao mesmo tempo mais e menos trágico que o daquela criança. Ao mesmo tempo, este nome de Marguerite, seja qual for a tragédia que veicula, vai-nos aparecer como um nome efetivamente nomeador, no sentido em que valia, fosse como fosse, como um nome possível, como "seu" nome, aquele que a iria designar ao longo de toda a sua longa vida.

Recordemos aqui que a psicose de Marguerite se deveria desencadear quando ela estava grávida pela primeira vez, gravidez que deveria resultar no nascimento de uma criança natimorta. Teria sido preciso, também para ela, como para sua mãe, "matar" uma criança *in utero* para aceder novamente à maternidade? Essas duas crianças natimortas teriam sido objeto de não se sabe que sacrifício? E dirigido a quem?

Os dados do Registro Civil nos permitem igualmente outra observação, decerto mais razoável (mas, em se tratando da loucura, podemos ater-nos a essa razão?). Sabemos, com efeito, a partir de agora, que "Marguerite" era, realmente, o nome da irmã mais velha. Por menos que aceitemos levar em contar este traço, vamos perceber que ele nos concede um ponto de acordo entre a versão manifesta do caso e aquela que já empreendemos formular, designando-a como a outra interpretação (cf. cap. 3 da nossa 1ª parte). Quando Lacan designa a irmã mais velha como sendo a verdadeira perseguidora, podemos efetivamente acompanhá-lo nessa indicação, na medida em que saberemos identificar essa irmã mais velha como sendo a verdadeira irmã mais velha, Marguerite, portanto, e não Élise. Com este deslocamento, a versão manifesta se vê como que voltando a sustentar-se. Esta versão, podemos agora admitir, semi-diz a verdade. Será esta a razão pela qual Marguerite deixou que ele a escrevesse?

Mas o fato de haver observado esse deslocamento não deixa de ter conseqüências. A perseguição, com efeito, nos parece daí por diante se dever, não tanto a um agente personificado, um perseguidor (aqui, uma perseguidora), mas a um acontecimento: *o que teria sido perseguidor, falando propriamente, seria o acontecimento da morte acidental da irmã mais velha*, de Marguerite.

E a primeira a ser atingida pelo alcance persecutório desse acontecimento teria sido, não Marguerite, mas sua mãe, Jeanne Pantaine. Logo antes de nos relatar o acontecimento, não, aliás, sem precisar que "a família insiste muito" nesse acontecimento, como uma "emoção violenta sofrida pela mãe[4]", Lacan narrava um outro rumor familiar: "a mãe é reputada, na família, como sendo vítima — escreve ele entre aspas — de 'mania de perseguição'." Se não é Lacan (que no entanto menciona, em seguida um do outro, esta reputação e o acontecimento trágico) parece claro que a família, por sua vez, sugere a existência de uma certa relação entre a morte de Marguerite e a perseguição da mãe.

Marguerite teria sido, assim, duplamente perseguida: pelo acontecimento que terá sido o falecimento acidental de sua irmã mais velha, e pelo efeito persecutório deste acontecimento sobre a mãe. Não esperaram por nós para inventar a pertinente noção de perseguido-perseguidor.

Em se tratando da perseguição "direta" que teria sido a do acontecimento, vamos notar, por outro lado, que, se Élise, como veremos, não pode mais ser considerada uma figura idealizada da "própria" Marguerite, em contrapartida, a Marguerite morta queimada viva, em outras palavras, a verdadeira irmã mais velha, pode perfeitamente, para Marguerite, estar neste lugar de "si mesma", de onde parte a perseguição.

Como se articula esta dupla perseguição com a "pulsão de morte"[5] à criança, como "perversão do instinto materno[6]"? A morte de duas crianças natimortas (a de Jeanne e a de Marguerite) seria originária dessa pulsão de morte na mãe? Mas existe também uma outra questão, tornada inevitável para nós pela função que o delírio de Marguerite faz as atrizes desempenharem: que relação liga esta pulsão à sexualidade da mãe? Isso é o que teremos que determinar ao estudar de perto o delírio e as passagens ao ato de Marguerite.

A "lenda familiar"

Julgada do ponto de vista da exatidão, a lenda familiar se verifica ocultando um erro e uma omissão. A omissão passa em silêncio a morte da criança natimorta antes da concepção — e, em seguida, o nascimento de Marguerite. Ela sublinha, assim, a função de substituição reservada à criança por nascer, tanto mais que chega a fazer deste voto de substituição um motivo para a concepção (a versão de Lacan impede que se admita um tal motivo para esta concepção).

Quanto a nós, contrariamente a este rebatimento de uma Marguerite sobre a outra, fizemos questão de notar que a morte da criança natimorta separava, de saída, Marguerite e Marguerite. Como significante, como todo

[4] T. p. 175.
[5] T. p. 265.
[6] Ibid.

significante, o nome Marguerite, em suas duas ocorrências, não é idêntico a si mesmo; sem que se leve em conta esta diferença de si mesmo do significante Marguerite, não é viável que a criança por nascer depois dessas duas crianças mortas possa ser nomeada com o nome da criança acidentalmente falecida (concordaríamos de boa vontade com quem observasse que esta notação se origina em linha direta da definição lacaniana do significante).

O erro veiculado pela lenda familiar poderá parecer maior ainda. A lenda, com efeito, faz morrer não a mais velha, mas a caçula das três irmãs. Entretanto, ela permanece chamada Marguerite. Talvez este erro histórico deva ser acolhido pelo que ele permite, a saber, a introdução deste traço segundo o qual a criança que deveria morrer acidentalmente fosse guardada, no momento do acidente, não pela mãe e sim pela irmã mais velha, em outras palavras, por Élise — pois Élise, com efeito, se torna a mais velha, no mesmo movimento em que Marguerite passa da posição de mais velha para a de caçula.

Como Didier Anzieu, Lacan precisa que sua versão do acidente trágico foi obtida da família. No entanto, em sua versão, o acidente ocorreu "sob os olhos da mãe", e não na ausência desta. Como, a partir daí, entender a versão de Didier Anzieu, ou, mais precisamente, a substituição comportada por ela, que faz de Élise, no lugar de sua mãe, a pessoa que tinha a guarda de Marguerite e que seria, portanto, culpada pelo acidente?

Esta versão "acusa" Élise, inocentando um pouco a mãe. Mas o mais espantoso, a nosso ver, é o fato de que, engajando assim a responsabilidade de Élise num acontecimento em que esta, no entanto, não tomou parte alguma, *a lenda familiar, tal como nos é relatada por Didier Anzieu, vai no mesmo sentido* da versão manifesta construída por Lacan. Fica claro, com efeito, que, segundo essa versão de Lacan, Élise não é simplesmente uma figura de perseguidora que só teria consistência no espírito de Marguerite. Vamos ler:

> As mais nobres intenções, unidas a esta imunidade temível de que goza, tanto para si mesma quanto diante dos outros, a virtude atingida pelo infortúnio, tais são as armas irresistíveis com que este novo ator intervém na situação.[7]
> [Marguerite] é dominada por ela [...][8].
> Se não é em sua irmã que Aimée reconhece sua inimiga [...][9]
> Mas logo, apoiando-se em certas inexperiências de Aimée, a irmã impõe sua direção para educar a criança. Grandes reações interpretativas (disputas, escândalos, idéias delirantes) multiplicam-se então [...][10].
> A potência afetiva do protótipo é dada por sua *existência real* [o gripo é meu] na vida da doente. Mostramos acima que ele era representado por essa irmã mais velha, pela qual Aimée sofreu todos os graus de humilhação moral e reproches de sua consciência[11].

[7] T. p. 230.
[8] T. p. 232.
[9] T. p. 233.
[10] T. p. 235.
[11] T. p. 253.

> [...] o papel manifesto desempenhado, na gênese do delírio, pelas relações com sua irmã mais velha[12].

A primeira citação, pela qual a versão manifesta se estabelece, permanece a mais falante: "imunidade temível", "armas irresistíveis" são termos muito fortes; mas, sobretudo, parece que este gozo de Élise — primeira figura daquilo que Lacan irá designar bem mais tarde como sendo o gozo do Outro, J(A) — é reconhecido como gozo efetivo, tão efetivo que é real o conflito das duas irmãs, e real a reação de Marguerite a este conflito moral que tem por nome paranóia de autopunição.

Assim, vemos esta versão acusar Élise de uma maneira que é confluente com a versão da lenda familiar relatada por Didier Anzieu. Assim, vemos também que ao adotar, durante todo um momento, esta última versão do terrível acidente, engajamo-nos por nossa vez nessa mesma vertente. Tornava-se claro, assim, que não se poderia agir a partir daí, conforme a indicação gideana, senão percorrendo ao contrário esta tendência.

A parte de Marguerite

Embora tendo relatado o trágico acidente, Lacan não acreditou dever articulá-lo a outros dados do caso; seu relato é um hápax; igualmente permanece pouco explorada, por ele, a perseguição da mãe (genitivo objetivo e subjetivo). Esta abstenção se veria, aliás, duplicada, ao se tratar de Marguerite como mãe na análise de seu filho Didier. Ainda que o balanço de sua cura com Lacan seja nuançado, a censura que o ex-analisando faz a Lacan é precisa:

> A complexidade da relação à imagem materna clivada entre uma mãe ideal e uma mãe persecutória permanecia inabordada.[13]

Na escrita da monografia, nada indica que Lacan tenha podido, nem por uma só vez, falar da morte acidental de Marguerite, a mais velha, com sua paciente. Ele precisa que era "a família" que insistia muito no acontecimento, o que, no contexto de uma hospitalização psiquiátrica, designa o círculo familiar do paciente, não este próprio. Uma tal insistência do círculo familiar contrasta com a discrição de Marguerite neste ponto, discrição de que testemunha igualmente Didier Anzieu:

> Minha mãe só me falou abertamente sobre isso uma única vez. Mas eu já sabia pela lenda familiar.[14]

Concluímos que esta posição de hápax que é a do relato deste acontecimento na escrita do caso é também devida a Marguerite, e que Lacan, na escrita

[12] T. p. 282.

[13] D. Anzieu, citado por R. Roudinesco, *Histoire de la psychanalyse...*, op. cit., p. 245.

[14] D. Anzieu, *Une peau...*, op, cit., p. 16.

do caso, só faz ratificar, reproduzindo-a, uma posição que é em primeiro lugar a de sua paciente.

Entretanto, as coisas não são assim tão simples. Se não existe, no relato monográfico, uma abordagem direta deste acontecimento, os dados para uma abordagem indireta não faltam. São mesmo numerosos, se todavia aceitarmos considerar que o fogo e a água sejam dois signos antinômicos e que, por essa razão, convocam um ao outro. Ora, parece que estamos autorizados, por certo dados internos ao caso (logo, não por simples referência ao estruturalismo de Lévi-Strauss) a pôr em jogo esta antonomia. Lendo a monografia clínica, isso aparece claramente desde a primeira entrevista, com um dado que se pode remeter ao trágico acidente.

Marguerite está grávida pela primeira vez, e este momento (julho de 1921) é o do desencadeamento de sua psicose. A rica sintomatologia que floresce então comporta passagens ao ato:

> Um dia, ela fura, a golpes de faca, os dois pneus da bicicleta de um colega. Uma noite, levanta-se para jogar um jarro d'água na cabeça do marido; outra vez, é um ferro de passar que serve de projétil[15].

Além da faca que irá reaparecer na passagem ao ato contra Huguette ex-Duflos, vai-se notar que as duas agressões de que seu marido é objeto põem em jogo água e fogo. O gesto de atirar um jarro d'água sobre alguém, se aceitarmos ligá-lo ao trágico acidente da morte de Marguerite, a mais velha, surge como sendo um ato cifrado, e mesmo codificado, o ato de apagar o incêndio que está devorando alguém. Se lembrarmos aqui que este alguém se chama René (o renascido), ficaremos legitimados na interpretação dessa passagem ao ato como tentativa de apagar o incêndio que destruiu Marguerite, a mais velha, e Marguerite, "a própria", igualmente, como já a facada nos pneus do colega de escritório, através de René, ele também colega de escritório de Marguerite, visava ao ventre intumescido de Marguerite, ela própria.

Anos mais tarde, um sonho de Marguerite onde ela vê seu filho afogado[16] irá confirmar essa significação da água, cuja valência pode, aliás, se inverter: antinômica do fogo, a água é ao mesmo tempo o que pode anular a ação mortífera do fogo, mas também o que pode, como o fogo, provocar a morte da criança.

Estes dois signos, e nessa mesma relação ambígua, estão ainda presentes nos escritos de Marguerite, onde seu estatuto de metáfora é patente:

> Depois de ter ingerido água turva, sua mãe tomba no campo, num verão quente onde os peixes morrem no leito reduzido da torrente.[17]

---

[15] T. p. 159.

[16] T. p. 163.

[17] T. p. 183.

> Vestido para vencer o céu, aqueço esses náufragos, eles vivem, eu os salvo porque amo o furacão com sua vinda perturbadora, seus segredos, seus frêmitos, seu terror e, em sua partida, seus eflúvios de pólen espalhado.
> Eu os preveni quando o incêndio estourou no bosque. Era de se ouvir o crepitar!
> As bagas de genebra estalavam seco e as fagulhas me seguiam, o terror me dera asas e o pilriteiro esporões [...][18].
> Cores brancas e azuis de minha inocência que invadiam minha alma, que serão vocês amanhã?
> Estarão mudadas no verdor sombrio do Oceano? Serão atravessadas por este bólido de fogo que se esmaga por terra para não mais reviver?
> Ela já não pode mais se rebelar contra seu corpo.[19]
> O que são esses flocos leitosos na água, estes restos cutâneos nas folhas mortas, estas plumas esparsas[20]?
> Ó vocês, cuja maldade é imunda, pensem no calvário insensato de uma mãe cujo sopro de seu corpo o vento comprime e extingue, cuja vaga humana afoga o pequeno grumete que luta com a face violeta de dor ou branca de esgotamento.[21]
> Uma adulta geme pela morte de seu filho na guerra e pergunta se não haveria meio de evitá-la.
> Certamente, sente-se na beira do caminho, não se mexa, espere que a água do rio torne a subir a corrente.[22]

Como dizer melhor, metaforicamente, uma impossibilidade? Mas os signos da água e do fogo, que acabamos de ver o quanto se ligam, pela escritora Marguerite, ao tema da morte da criança, estão também associados ao da sexualidade, ao das cortesãs, das putas. Eles são como que uma placa giratória entre esses dois temas:

> [...] os aldeões não olham mais para as outras mulheres. Ela sabe como manipular os homens! Ela passa os dias na sua banheira, depois a se enfeitar; ela se mostra, intriga, maquina.[23]

> Embora haja nuances, as mulheres provincianas são mais potáveis que as da cidade, a ambiência as preserva.[24]

Ocasionalmente, a metáfora sexual se faz crua:

> ... depois uma cabra saída do teatro francês com uma rosa úmida e pegajosa toda aberta, e um topete louro entre os cornos [...][25].

Estes textos esclarecem um dos sintomas que deveriam habitar Marguerite a partir do momento em que ela teve, "notoriamente" (já que oficializadas por seu casamento), relações sexuais. É de René que Lacan obtém

[18] T. p. 186.
[19] T. p. 188.
[20] T. p. 189.
[21] T. p. 190.
[22] T. p. 192.
[23] T. p. 187.
[24] T. p. 197.
[25] T. p. 199.

a enumeração desses sintomas:

> Ele nota, aliás, sintomas ainda mais surpreendentes, que sobrevêm por acessos. Impulsos bruscos à marcha, à corrida, risos intempestivos e imotivados, acessos paroxísticos de fobia à sujeira, lavagens intermináveis e repetidas das mãos.[26]

A água possivelmente anula a violência mortífera do fogo, ela lava também as marcas da sujeira.

Lacan não se detém no "invólucro formal"[27] desses sintomas de aspecto neurótico e cuja aparição, notemos aqui, precedia a chegada de Élise em casa de Marguerite e René, bem como o desencadeamento da psicose em Marguerite. Tampouco ligará ao trágico acidente tudo o que possa referir-se a ele nos escritos de Marguerite. Isto, certamente, está de acordo com sua decisão de não praticar a análise com Marguerite. Poderemos concluir daí que Marguerite nada teria a ver com essa omissão?

Parece bem mais fácil de mostrar, senão demonstrável, que no momento de suas entrevistas com Lacan, mas também anteriormente à sua "cura", nas suas relações com os outros, tudo o que pudesse concernir diretamente ao incêndio que matou Marguerite — a mais velha — era nela objeto de um cálculo, esse tipo de cálculo que a sagacidade dos confessores isolou nomeando como mentira por omissão. Como somos capazes de afirmar isso? Pois bem, justamente, graças a uma mentira de Marguerite: quando seria o caso de evocar diretamente o incêndio, ela mente por omissão; em contrapartida, ao se acreditar em situação de dever mentir, então o incêndio retorna... naquilo que sua mentira inventa.

Este caso pequeno, mas muito sério, vem no decorrer de uma de suas passagens ao ato. Em novembro de 1930

> a doente recebe da editora G., onde apresentou um manuscrito, uma recusa da publicação. Ela pula ao pescoço da funcionária [uma mulher, portanto] que lhe transmite essa recusa machucando-a o bastante para que uma indenização de 375 francos lhe seja reclamada posteriormente, pela incapacidade temporária de trabalho sofrida por sua vítima.[28]

Como irá Marguerite justificar, junto aos seus (Élise, René) sua necessidade de tal despesa?

> Para pagar a indenização que ela deve aos representantes da funcionária que machucou (v. p. 156), ela forja, para uso dos seus, uma história de incêndio provocado por sua distração.[29]

A família teria descoberto a mentira[30], mas, como Lacan, deixa de frisar a verdade. No que toca a Lacan, a coisa é tanto mais espantosa quanto ele

---

[26] T. p. 230.

[27] J. Lacan, *Écrits*, op. cit., p. 66.

[28] T. p. 156. Cf. também p. 170.

[29] T. p. 239.

[30] T. p. 238.

escreve, logo depois de haver mencionado a descoberta desta mentira:

> Em tais doentes, dissimulação e reticência não passam do avesso de uma crença delirante, cujo caráter incompleto assinalam.[31]

Logo, Lacan estaria aqui prestes a entrever que esta mentira, onde Marguerite diz ter provocado, por distração, um incêndio que deve, conseqüentemente, reparar, valeria como o avesso de uma crença delirante. Que crença? Ao roçar esta questão, como testemunha seu lamento de que não se tenha, em seguida ao incidente, internado Marguerite, (cf. p. 170), Lacan não pode, no entanto, formulá-la explicitamente. É que, a nosso ver, em se tratando do trágico incêndio como objeto de um delírio, a "reticência" de Marguerite fica tão pregnante que ele chega a obter de quem a interroga que faça sua esta reticência, que deixe este traço delirante inabordado. Lacan, já o notamos, não teria tido conhecimento do acidente a não ser pela "família". Didier Anzieu testemunha igualmente ter lidado com essa mesma reticência. Ele só falou sobre isso, "abertamente sobre isso uma única vez" com sua mãe, é o que nos diz, sublinhando assim, ele próprio, a dificuldade, e também a insuficiência dessa abordagem. E com efeito. Mas o mais surpreendente, no que toca a esta insuficiência, é o que podemos acrescentar a propósito dessa conversa entre Marguerite e seu filho, a partir do momento em que não mais ignoramos o erro comportado por essa versão da lenda familiar. Ela afirma a morte, não da mais velha, e sim da caçula. Logo, Marguerite, quando desta conversa, deixou passar este erro.

Formulamos, assim, como neutra, esta posição de Marguerite, pois ela levanta uma dificuldade no tocante à diferença entre essas duas versões da lenda familiar (às quais talvez seja preciso acrescentar a mentira de Marguerite a seu círculo, a título de terceira versão). A versão de Élise, relatada por Lacan, é exata: Marguerite, a criança morta, era realmente a filha mais velha. Como, então, foi construída a versão que faz morrer, erradamente, a mais nova, e responsabiliza Élise? Diversas possibilidades se apresentam, aliás sem que sejamos capazes de decidir entre elas:

1 - Trata-se de uma invenção de Didier e, por ocasião da conversa, Marguerite não o teria desenganado,

2 - Trata-se de uma invenção de Marguerite, dita uma só vez a Didier e visando enganá-lo, particularmente quanto à responsabilidade de Élise,

3 - Trata-se de um dos traços do delírio de Marguerite, que Didier teria levado a sério.

Certamente, esta incapacidade de decidir é mais que lamentável. No entanto, vai-nos bastar observar que são essas, exatamente, as mesmas possibilidades que podemos pôr em discussão a propósito da versão sororal

[31] T. p. 239.

formulada por Lacan para responder à questão que expúnhamos neste capítulo, ou seja, para ficarmos seguros de que Marguerite teve sua parte no fomento dessa interpretação. Quanto a este problema, o fato de escolhermos as soluções 1, 2 ou 3 não é decisivo, já que cada uma delas, embora de modo diferente, implica uma certa parte desempenhada por Marguerite. A conversa com Didier confirma, pois, que Marguerite não pôde deixar de tomar parte na formulação, por Lacan, da versão sororal.

Élise, a mais velha, encobrindo Jeanne, a mãe

Ao deixar que Didier acredite na responsabilidade de Élise (fórmula mínima, talvez ela tenha sugerido esta responsabilidade a ele, o filho que fora educado por Élise), ao permitir que Lacan construa uma versão sororal de seu caso, Marguerite, vamos dizê-lo agora, preserva sua mãe, Jeanne Pantaine. Ou será melhor dizer que ela preserva o delírio de sua mãe?

Notemos que somente a versão de Élise para o trágico acidente remete à mãe e apenas a ela. Mas essa pista não será realmente percorrida por Lacan. Esta abstenção torna ainda mais preciosas, a nossos olhos, as poucas indicações que ele nos dá no que concerne a esta loucura de Jeanne Pantaine, deixada, quase que de comum acordo, nos bastidores, e que aparentemente só pode ser abordada de forma indireta. Assim, a primeira ocorrência onde o leitor da tese encontra o tema da mãe doente lhe é dada entre aspas; Lacan, naquele momento de sua escrita do caso, deixa a responsabilidade do diagnóstico de "mania de perseguição" à família.

Prosseguindo sua leitura da monografia, será nos escritos de Marguerite que o leitor vai encontrar de novo este tema da mãe doente. Desta vez, a doença em questão vai assumir alguma consistência. David, o namorado de Aimée, aquele que "envia seus pensamentos a Aimée"[32], é um órfão. O relato da morte de sua mãe surpreende, pelo equívoco que veicula; a mãe morre como morrem os peixes, isto é, as crianças:

> Depois de ter ingerido água turva, sua mãe tomba no campo, num verão quente onde os peixes morrem no leito reduzido da torrente.[33]

Depois do que Lacan designa como "a chegada dos representantes do mal"[34], a saber, as cortesãs, o amor de David e Aimée se desfaz por um "trabalho de esfriamento"[35] — invenção de Marguerite que mereceria, decerto, tanto consideração como conceito quanto o "trabalho de luto" freudiano. O outono é o tempo do infortúnio, que é, ao mesmo tempo, o fim do amor e a doença da mãe. Lacan cita apenas brevemente esta passagem do *Détracteur* (e

---

[32] T. p. 183.

[33] Ibid.

[34] T. p. 186.

[35] T. p. 187.

no corpo que é o da escrita de sua monografia, não naquele escolhido para a transcrição do romance de Marguerite):

> "A coalisão desfez o que os dois noivos fizeram" [e logo em seguida, novas aspas:] "a mãe está doente, as crianças nervosas, lá fora chovem os sarcasmos", "a multidão adora o mal, aclama-o, maravilha-se com ele"[36].

Aimée se deixará morrer e o romance termina, nota Lacan, "especialmente com o tema dos sentimentos da mãe diante da morte da criança[37]":

> Ó vocês, cuja maldade é imunda, pensem no calvário insensato de uma mãe cujo sopro de seu sopro o vento comprime e extingue, cuja vaga humana afoga o pequeno grumete que luta com a face violeta de dor ou branca de esgotamento.[38]

A frase seguinte é notável pela passagem do plural ao singular e o fechamento que se segue, onde Aimée, de certa maneira, reúne seu nome ao amor de sua mãe, este amor que a mãe dedica à criança morta:

> Ó criança, ó meninas que morrem, flores brancas que uma surda foice abate, fonte risonha exaurida, afastada pelo negro e sublime mistério do globo, pomba tombada do ninho e que tece seu sudário no solo assassino, frágil peito de pássaro expirando no bico sangrento do gavião, negra visão, que amem vocês![39]

Aimée só encontra o amor de sua mãe como criança morta, graças a esta passagem ao ato final cujo horror só se iguala à sua simplicidade:

> [...] um dia ela não se levanta mais.[40]

Mas o que se passa com esta fascinação da mãe por este objeto, pela criança morta? Se a morte da mãe de David sublinha a equivalência entre a morte da mãe e a da criança, a morte de Aimée vem, por sua vez, designar, figurar, até mesmo metaforizar o agente dessa morte. Será a "vaga humana", será ainda "o gavião" cuja figura fará um contraste antinômico com a da pomba, assim como "Aimée" (amada) se opõe, na escrita de Lacan, à Srta. "c'est de la haine" (é o ódio). A pomba que expira no bico sangrento do gavião, eis a negra visão que a mãe ama. Como não ver que, neste escrito de Marguerite, o gavião vem metaforicamente nomear o incêndio assassino, e assim personificar o agente perseguidor da mãe?

Embora não prossiga na exploração desta veia, Lacan não pode deixar de ligar certas passagens dos escritos de Marguerite com certas afirmações de sua psicose. Ele nota que a frase "realmente, o mal está em torno dela, mas não nela", extraída do *Détracteur*, "reproduz uma das declarações da doente anotadas quando de sua primeira internação[41]": "as pessoas de seu círculo dizem dela todo o mal possível, e toda a cidade de Melun está a par de sua

---

[36] T. p. 188.
[37] T. p. 190.
[38] Ibid.
[39] Ibid.
[40] Ibid.
[41] T. p. 187-8.

conduta, que consideram depravada", mas também: "Há pessoas que constroem currais para melhor me tomar por uma vaca leiteira"[42].

Antes, ainda, em seu estudo, Lacan atesta o diagnóstico familiar feito sobre a mãe. "Interpretativa", a mãe se diz espiada pelos vizinhos, persuadida das intenções nocivas de uma vizinha.

> Enfim, em seguida aos recentes acontecimentos ocorridos com sua filha, ela se fechou num isolamento desvairado, *imputando* [o grifo é meu] formalmente à ação hostil de seus vizinhos diretos toda a responsabilidade do drama[43].

Sessenta páginas adiante, Lacan vai reiterar: o delírio da mãe "eclodiu plenamente a propósito dos recentes acontecimentos sobrevindos a sua filha[44]". Segundo a doutrina que ele então defende a propósito da loucura a dois, existe uma "anomalia psíquica similar" entre mãe e filha, com a "lei do reforço da anomalia psíquica no descendente"[45]. Concluindo seu estudo com uma descrição geral da paranóia de autopunição, ele escreve ainda:

> O *perseguidor* principal é sempre *do mesmo sexo* que o sujeito, e é idêntico, ou pelo menos representa claramente, a pessoa do mesmo sexo à qual o sujeito se liga mais profundamente por sua história afetiva. [Frase suplementada pela nota seguinte:] Este traço, tanto mais surpreendente na medida em que os autores freqüentemente desconhecem sua importância, aparece em numerosas observações de casos[46].

Por que, a partir daí, e levando-se em conta os elementos que acabamos de recordar, não identifica ele o "perseguidor principal" de Marguerite como sendo sua mãe, Jeanne Pantaine? Marguerite não lhe diz, numa espécie de cativante resumo onde designa o que teria causado a infelicidade de sua vida: "Eu devia ter ficado junto de minha mãe[47]"? Não é isto também o que ela lhe indica quando, falando com ele sobre um livro de Pierre Benoit onde este autor teria descrito sua vida (trata-se, provavelmente, de *Alberte*), ela explica: "Ao ler este livro, *eu era ao mesmo tempo aquela mãe e aquela filha*" [grifado por Lacan][48]?

A tese não comporta nenhuma discussão direta do problema aqui levantado. Mesmo quando ela nos fornece dados suscetíveis de orientar para o personagem da mãe a identificação do principal perseguidor, ela persiste em designar Élise como sendo aquela que desempenharia esta função junto a Marguerite. Pelo menos, ela o faz até o reviramento final, que já estudamos e que faz da pulsão à morte da criança, da perversão do instinto materno, o elemento constituinte dessa loucura que, ao mesmo tempo, aparece claramente como loucura a dois.

---

[42] T. p. 155.
[43] T. p. 221.
[44] T. p. 282.
[45] T. p. 284.
[46] T. p. 273.
[47] T. p. 241.
[48] T. p. 295-6 (a nota).

Se a loucura da mãe, como indica *Le Détracteur*, tem realmente a ver com o gavião, com a morte de Marguerite — a mais velha —, na medida em que esta morte, longe de ser admitida por essa loucura como acidental, seria originada pelo ato de um personagem "vizinho" qualquer que ali encontraria seu gozo, então se explicaria que a loucura da mãe tenha podido expandir-se plenamente a propósito daquela de Marguerite. A versão sororal do caso não leva em conta este fato da maior importância. Menos ainda se vê ela capaz de dar conta dele. Por esta razão ela nos aparece como uma versão de encobrimento: a imputação a Élise deixa ao abrigo da investigação o delírio de Jeanne.

A mãe, como todos sabem, é um objeto sagrado. Não se toca nela. O fato de que uma mãe delire iria torná-la menos sagrada? Muito pelo contrário, ela, em seu próprio delírio, só será ainda mais sagrada. Concluímos assim, plagiando uma fórmula de Freud: Marguerite ama seu delírio, o seu, mas igualmente o de sua mãe, como a si mesma. Apesar de certas veleidades de sua parte, ela terá feito de modo que a esta verdade Lacan não tenha acesso, senão reconsiderando sua versão do caso no instante mesmo do fechamento da escrita da sua tese.

Quarta Parte

Loucura a dois
e
declaração de sexo

Que problema temos a tratar?

Eis-nos chegados ao ponto onde se tornou possível abordar a loucura de Marguerite com esta conjectura, introduzida *in extremis* por Lacan na escrita da sua monografia, segundo a qual esta loucura exporia uma questão, a do assassinato da criança. Deste assassinato a mãe seria a agente. Tal deveria ser (imperativamente) o seu ato, este ato que, na sua horrificante simplicidade, viria resolver um certo problema e como que reduzir a loucura a nada (com exceção deste próprio ato), já que, sendo de certa maneira o seu objeto, ele a tornaria sem objeto.

Teria sido, aqui, mais justo, até mesmo menos intempestivo, falar em "a propósito", mais que em objeto, em se tratando dessa articulação da loucura ao ato? O impulso assassino seria isso *a propósito* de que ocorreu a loucura, isso cuja realização teria um efeito dissipador das manifestações da loucura já que, por esta realização, a loucura se tornaria caduca por falta de a propósito? Uma tal maneira de dizer se origina, no entanto, da falsa prudência. Designando o ato (aqui, infanticídio) como "objeto" da loucura, damos a este objeto uma estrutura que é aquela situada pela psicanálise e da qual encontramos uma referência no artigo de Lacan "*Introduction théorique aux fonctions de la psychanalyse en criminologie*"[1]. Nesse estudo, datado de 29 de maio de 1950 e nomeadamente a propósito de Aimée e das irmãs Papin[2], Lacan faz uma correspondência entre o homicídio paranóico e uma certa tipificação do objeto que permite designar o próprio objeto como "criminogênico":

> [...] essa estrutura [do objeto] responde a um tipo de realidade que determina os atos do sujeito[3].

Certamente, nem todo o objeto pode adquirir este valor criminogênico, o que é privilégio de um certo tipo de objetos que Lacan virá subsumir sob o termo de objeto *a*. E a estrutura, aqui, conta, pois que somente ela nos pode permitir pensar como o ato paranóico criminoso, ao destruir o objeto criminogênico, só é criminoso por aquilo que já é criminoso. Existe realmente, mas tratando-se precisamente deste tipo de objeto, uma equivalência possível

---

[1] J. Lacan, *Écrits*, op. cit., p. 125 a 149.

[2] Idem, p. 142.

[3] Ibid.

entre o ato e o objeto. Teríamos, com esta equivalência, uma definição da paranóia? Por ora, ainda não estamos no momento de concluir.

Desde sua tese, Lacan havia observado a insistência de uma certa articulação das manifestações da loucura com aquilo que ele irá designar, uma vez construída sua doutrina sobre o ato psicanalítico, como sendo um "ponto de ato". Esta nominação nos parece a mais feliz dentre aquelas que ele pôde formular no que concerne a essa articulação, essencialmente pela razão de ser ela portadora de um equívoco: o "ponto" designa, com certeza, um lugar marcado de uma certa maneira, mas este significante também vale, em francês, como marca de uma negação. Ora, vai-se tratar disso também. Vai-se tratar de um ato, certamente, e localizável a partir das manifestações da loucura, mas também de um ato suspenso, de um ponto de ato no sentido de um ato que não cessa de não se efetuar. Aí está, pois, de que maneira e em que termos Lacan introduz, em 1970, por ocasião da pequena reunião de trabalho organizada no Hospital Sainte-Anne sobre o tema "contribuições da psicanálise à semiologia psiquiátrica", este *point d'acte**:

> Minha paciente, chamei-a Aimée, era realmente muito tocante. Entre a maneira como procedi com ela, e aquilo que ensino agora, não vejo, em absoluto, qualquer espécie de diferença.

Esta frase, a nosso ver, é de capital importância. Lacan caminha aí no sentido contrário ao da questão bem intencionada que motiva a reunião. Quando se trataria de pôr em jogo a diferença psicanálise/psiquiatria, de avaliar a contribuição da primeira à segunda, Lacan afirma, pelo menos no tocante a si, uma identidade de método, posta em jogo por ele na sua posição de psiquiatra, e depois de psicanalista. Logo, ele não recebeu de Freud este método (ele dirá em que sentido este lhe deveria parecer, só-depois, "freudiano"), e seu retorno a Freud o deixou inalterado.

> Tudo o que articulo em minha tese, como semiologia, tem algo que tentarei dizer agora, de alguma maneira relacionado com o que constitui o auge desta observação, isto é, o que fez com que eu a chamasse de autopunição, uma certa relação com um ponto que vamos chamar de "ponto de ato", que tem realmente, no seu interior, uma certa função — já que é absolutamente claro que tudo o que, nesta paciente, são construções, delírio, manifestações psicóticas, falando propriamente, combina com este ponto de acabamento que é algo de específico e de distinto daquilo que é realizável, se assim podemos dizer, nas outras psicoses. É raro observar-se essa manifestação, este fenômeno singular, ver o delírio se depurar assim, de modo absolutamente radical, isso é muito raro por uma razão que se pode [aqui, uma linha pulada pela fotocópia] foi, falando propriamente, da ordem do impossível, ao passo que, num caso como este, digamos, particular, para não falar em simplicidade, neste caso via-se que era possível. É bem evidente que ao descrever as coisas assim, a propósito de minha paciente de então, eu não tinha as categorias

* Termo de duplo sentido, como já explicou o autor, e que pode ser lido ao mesmo tempo como "ponto de ato" e "nenhum ato". (NT)

> que tenho agora, eu não tinha nenhuma idéia do objeto *a*, naquele momento; mas é absolutamente fascinante que quando fiz este trabalho, que foi publicado em 1932, eu tinha então trinta anos, procedi com um método que não é sensivelmente distinto daquilo que fiz desde então; se relerem minha tese, verão essa espécie de atenção dada ao que foi o trabalho, o discurso da paciente. A atenção que lhe dediquei é algo que não se distingue do que pude fazer desde então.[4]

Nessa intervenção, Lacan articula "todas as manifestações" da psicose de Marguerite a este ponto de ato; referindo-se expressa e particularmente à cura de Marguerite, ele designa uma certa articulação cujos termos nos fornece: ponto de ato, manifestações psicóticas.

Isso não nos vai impedir de notar que, desde a tese, o problema desta articulação estava exposto, embora de uma maneira mais parcial, já que se tratava principalmente do delírio de Marguerite como ligado a um ato, um ato que, na qualidade de ato, ao mesmo tempo ocorria e não se realizava.

A versão sororal do caso situa esse ato como sendo o ato suspenso que teria sido a agressão de Élise:

> Mas a personalidade de Aimée não lhe permite reagir diretamente por uma atitude de combate [...] Sua luta surda com aquela que a humilha e que toma seu lugar só se exprime na ambivalência singular das declarações que faz a respeito dela.[5]
> Desde então Aimée não cessará de derivar seu ódio sobre objetos cada vez mais afastados de seu objeto real, mas também cada vez mais difíceis de atingir. [...] Durante anos o delírio aparece, pois, como uma *reação de fuga* diante do ato agressivo; da mesma maneira, a partida de Aimée para longe de sua família, do filho que ama[6].
> Ela se detém diante de sua irmã, porque é sua irmã, sua irmã mais velha, que foi por algum tempo a substituta de sua mãe[7].
> Nas *psicoses autopunitivas*, [...] as energias autopunitivas do *supereu* se dirigem *contra* as pulsões agressivas saídas do inconsciente do sujeito, e *retardam, atenuam e desviam* a execução.
> Pode-se dizer que o próprio delírio não passa de um *epifenômeno* de uma tal conduta[8].
> Vê-se, enfim, que na medida mesma em que a reação assassina vai atingir um objeto que só porta a carga de um ódio muitas vezes transferido, a própria execução, embora preparada, é com muita freqüência ineficaz por falta de estenia[9].

Esta indicação de uma "estenia" do ato, uma vez destacada essa estenia do domínio "janético" que era o seu, em 1932, vem marcar a existência de uma dificuldade da versão sororal, até mesmo uma contradição própria desta versão. Com efeito, se o objeto atacado por Marguerite é portador de um ódio muitas vezes transferido e que, além do mais, por essas transferências suces-

---

[4] J. Lacan, "Intervention chez Daumézon", op. cit.
[5] T. p. 232.
[6] T. p. 234.
[7] T. p. 282.
[8] T. p. 299.
[9] T. p. 300.

sivas, sempre mais distanciado do objeto primitivo e determinante desse ódio, não se vê, com efeito, como o ato que viria concluir essas transferências atacando o objeto mais distanciado, mas também o mais indiferente, como um tal ato poderia ter um valor resolutivo das manifestações da psicose. Quanto mais se obtém o afastamento daquilo que Lacan chama "o objeto real", mais o ato se torna possível (já que se exclui que o objeto real seja atacado); mas, por essas transferências sucessivas que se devem ao delírio, o ato irá perder em eficácia o que ganhará em possibilidade. Uma tal lógica impede, pois, que se lhe atribua todo valor resolutivo.

É a afirmação de uma permanência do protótipo, uma permanência independente das sucessivas transferências que, na versão sororal, vem explicar o caráter resolutivo da agressão contra Huguette ex-Duflos. A questão que se vê assim levantada é do tipo daquela da faca, cuja lâmina foi inicialmente trocada, e em seguida o cabo: continua ela a ser a mesma faca? Constatar o caráter resolutivo do ato implica responder afirmativamente uma tal questão. Tal resposta é nada menos que evidente. Há todo um mundo entre a figura de Élise, *Nêne* da casa, como era apelidada[10], e a da atriz sexualmente liberada, mulher de letras, ainda por cima, independente, gozando dos favores do público e de seu estatuto de celebridade. Se Huguette ex-Duflos é uma figura que encarna o ideal feminino de Marguerite, tal não poderia ser o caso do personagem de Élise, cuja ambição não superava o âmbito doméstico da felicidade da família.

Tendo estabelecido que a versão sororal era um deslocamento da outra versão, poderemos pôr em jogo esse deslocamento na nossa leitura dessas asserções de Lacan concernentes à relação entre o ato e a psicose, e assim resolver essas aporias da versão sororal; o ato não é aquele, designado, visando Élise, mas o do assassinato da criança.

---

[10] A figura da *Nêne* (NT: a babá, a *nanny* inglesa, a governanta que se ocupa das crianças) foi promovida na literatura por Ernest Pérochon num romance intitulado com este nome e que obteve o prêmio Goncourt em 1920 (nova edição pela editora Rocher, Paris, 1988). Nêne é empregada como governanta em casa de um morador do campo, jovem viúvo cuja esposa se chamava... Marguerite. Um episódio decisivo da aventura que se deveria encerrar com o suicídio de Nêne foi um acidente trágico: uma das crianças de que elas se encarregava e cujo amor tinha conquistado quase morre... queimada viva. São as crianças que a chamam de "Nêne", por não poder chamá-la de "mamãe". No romance de Pérochon, "Nêne" é ao mesmo tempo uma abreviatura de seu nome, Madeleine, e de "marraine", madrinha, e sob este título, é um nome usurpado, pois que a madrinha das crianças não é a empregada, Madeleine, e sim ... uma irmã de Marguerite, que tentou em vão ocupar o lugar desta ao lado de seu marido, depois da morte de sua irmã. Nêne-Madeleine por sua vez opta por ocupar o lugar de Marguerite, não junto ao marido, mas como guardiã das crianças, pronta a sacrificar a este cuidado das crianças toda ambição de casamento. Ela é "a alma ativa da casa", e acaba sendo desalojada dali pela ambição de uma... cortesã, Violette, de mal disfarçada respeitabilidade. As duas figuras, de Nêne e da cortesã, são antitéticas, como demonstra ainda o fato de que a chegada da cortesã à fazenda familiar provoca não somente a partida, mas também o suicídio de Nêne. Nêne, pois, é essencialmente aquela que se encarrega da casa e em especial das crianças que justificam seu papel, ao menos a seus próprios olhos, com este grito infantil: "Nêne! Nêne! Estou com dodói... Me cura, Nêne!... Nêne!" (cf. p. 148 e 196 da edição Rocher).

A articulação entre o ato e o delírio será constantemente reafirmada por Lacan. Em "Motivos do crime paranóico: o crime das irmãs Papin", ele escreve que

> A pulsão agressiva, que se resolve pelo assassinato, aparece assim como a afecção que serve de base à psicose[11].

Em seguida, depois de ter dito que esta pulsão pode identificar-se ao "ato acabado da moralidade"[12], ele vem a mencionar o caso Aimée, repetindo que, neste caso,

> [...] o delírio se dissipa com a realização dos objetivos do ato[13].

Já citamos o texto de 1950: citemos ainda aquele de 1966, sempre a propósito de Aimée, e teremos assim unido a intervenção de 1970 e sua nomeação do "ponto de ato":

> Por outro lado, o efeito como que de varredura que em nosso sujeito havia derrubado esse pára-vento a que se chama um delírio, desde que sua mão havia tocado, com uma agressão não sem ferimento, uma das imagens de seu teatro [...][14].

Qual terá sido, no caso de Marguerite, essa articulação entre o ponto de ato e as manifestações da psicose? Deslocar a versão manifesta, reabsorvê-la, de certa forma, na outra versão, vai modificar o debate dessa articulação.

Talvez se tenha observado que, ao listar "todas as manifestações da psicose" de Marguerite, em 1970, Lacan se abstém de incluir nessa lista as passagens ao ato que, no entanto, marcaram com seu selo a construção do delírio. Essa abstenção, injustificada no que diz respeito a todas as passagens ao ato com exceção da última, é coerente com a ênfase dada a esta última passagem ao ato e à função resolutiva da psicose que lhe é dada pela versão manifesta do caso. Mas deslocar essa versão, considerar que a irmã mais velha não foi Élise, e sim Marguerite a mais velha, a criança morta, nos impõe incluir todas as passagens ao ato, dentre elas, portanto, a última, na lista das manifestações da psicose.

Esta inclusão não deixará de ter conseqüências, em especial no prosseguimento de nossa discussão da "cura". Chegaremos a este ponto. Por ora, notemos sobretudo que o ato basal da psicose, o ato infanticida, não ocorreu, se todavia nos ativermos ao fato de que este ato em potencial ameaçava a vida de Didier, ou seja, ao fato que não entra, que objeta, mesmo, à versão manifesta do caso. O ato não se deu, e no entanto não se pode descartar que tenha havido realmente, na prisão, depois do atentado contra Huguette ex-Duflos, uma certa cura no sentido de "varredura" do delírio. Como dar conta de um tal fato?

---

11 T. p. 392.

12 Ibid.

13 T. p. 393.

14 J. Lacan, *Écrits*, op. cit., p. 66.

Se esta cura tem a ver com o atentado contra Huguette ex-Duflos, o que parece não se poder ignorar, que articulação podemos estabelecer entre essa figura da atriz, da vedete, da mulher sexualmente liberada que vem atingir Marguerite e o ato infanticida que, este, não ocorreu? Parece que esses dois dados estão muito afastados um do outro! O problema que se coloca, uma vez admitindo o caráter basal do infanticídio na psicose de Marguerite, é, pois, o de articular esses dois dados.

Vamos mostrar que a própria psicose foi esta articulação. Isso implica admitir que Élise não podia ser, para Marguerite, como acabamos de constatar, uma figura suporte de seu próprio ideal feminino. Isso implica também inverter a afirmação de Lacan segundo a qual a construção delirante afastava cada vez mais Marguerite do objeto de seu ódio, isto implica também inverter a afirmação e admitir, ao contrário, que a construção delirante ia como que de encontro a este objeto encarnado por Huguette ex-Duflos. Se tal fosse o caso, restaria preencher a lacuna que separa o atentado destruidor dessa figura feminina amaldiçoada e a realização do ato infanticida. O fato de que tenha havido "cura" designa, realmente, uma certa relação entre o ato que terá ocorrido (o atentado) e o que não terá ocorrido (o infanticídio) — com exceção, todavia, da questão levantada pela morte acidental da verdadeira irmã mais velha. Qual foi essa relação? Vamos mostrar, estudando de perto as manifestações da psicose de Marguerite, que, se elas não nos fornecem esta relação na íntegra, permitem-nos, no entanto, estabelecê-la. Vamos mostrar, em outras palavras, que falta um traço, e mesmo um traço decisivo, ao seu delírio.

Capítulo 10

O desencadeamento da psicose

O fato de haver desconstruído a versão sororal do caso de Marguerite, e depois situado esta versão como sendo um deslocamento da outra versão, aquela que Lacan simplesmente indica no momento de concluir a escrita de sua monografia, notando que um ato, não fratricida, mas infanticida, poderia ser posto "em causa"[1], teve por resultado permitir-nos formular um problema, até mesmo o problema que seria o caso de Marguerite.

Será de admirar que nos tenha sido necessário todo este percurso para chegar a esta formulação? Isso seria desconhecer até que ponto, em toda abordagem racional, senão científica, das manifestações da loucura, é a confusão, até a absoluta obscuridade, que prevalece, desconhecer também que, via de regra, é ela que subsiste, o traço de luz tendo apenas um estatuto de exceção. Não é verdade que não se compreende nada daquilo que teria, pela via de Jaspers, promovido a compreensão como fundamental? Há um abuso em quem pretende calibrar em algumas entrevistas o que foi fomentado em várias gerações — pelo menos três, dizia Lacan. E não é este o menor mérito do método monográfico, eleito por Lacan em sua tese, como abordagem psicanalítica das psicoses, o de dar-se o tempo necessário para compreender o que poderia estar em questão em semelhante caso, seu a propósito, seu objeto.

O problema a que chegamos agora, com efeito, se deixa explicitar da seguinte maneira: se é possível adotar, como causa da psicose de Marguerite, o ato infanticida, como terá sido que a agressão contra uma vedete dos palcos tenha tido uma importância resolutiva, se não da psicose, pelo menos da maior parte de suas manifestações, e notadamente do delírio? Que relação poderia haver, realmente, entre este ato e esta imagem? Com Lacan, dizemos que a questão advém do fato da cura: a cura nos impõe admitir que a agressão contra Huguette ex-Duflos concerne, por algum viés, ao ato infanticida, que ela toca mesmo nele, modificando sua posição e sua função no caso, que ela seria, esta agressão, um certo avatar, até mesmo uma certa realização desse ato.

Isto parece, como se diz, superar a imaginação. E buscaríamos em vão, na profusão do que nos é fornecido pelo caso, o traço que faria a articulação entre a

---

[1] T. p. 265.

imagem da vedete e o ato infanticida. Logo, cabe-nos fazer desta falta o lugar mesmo de nossa intervenção, de nosso envolvimento no caso, e, precisamente, suplementando o caso com este traço mantido em reserva mesmo por e no delírio, e que no entanto não deixa de ser delirante. Tudo no caso — se podemos falar em "tudo" e "nada" — o designa, mesmo quando nada o revela: ele é aquilo sem o que o caso permanece inexplicável, mas também aquilo graças a que se articulam os dois conjuntos de traços que concernem, respectivamente, à imagem da vedete (e, com ela, a rede de perseguidores) e à criança (na medida em que sua vida está em jogo).

Esta questão que incide sobre a vida da criança ficava inexplicada na versão sororal e motivou a introdução da outra versão.

> "Por que" — perguntam-lhe um dia pela centésima vez em nossa presença — "mas por que você acreditava que seu filho estivesse ameaçado?"[2]

"A centésima vez", bem como a reiteração do "Por que, mas por que", indicam uma insistência marcada do interrogador, até mesmo uma certa impaciência. Marguerite, decididamente, não responde. Nós o fazemos, pois, agora, aqui, certamente que não em seu lugar mas no nosso, suplementando seu delírio com este traço, também ele delirante: a criança está ameaçada, dizemos, na medida em que ela é considerada um traço da relação sexual. É por ser identificada como traço da relação sexual que a criança é ameaçada; matar a criança seria apagá-la (na gíria, os dois verbos são sinônimos) enquanto vestígio da relação sexual.

O termo "relação sexual" é tomado aqui, com Lacan, no sentido preciso de uma escrita que ligaria os seres falantes sexuados homem e sexuados mulher. "Não há relação sexual", deveria enunciar Lacan, muito tardiamente em seu percurso, não há conector lógico que associe um signo homem e a um signo mulher, não há lei universal da atração dos corpos sexuados. Esta asserção de Lacan, por mais sofisticada ou mesmo estranha que possa parecer, une-se, no entanto, como um bom número de afirmações de Freud, ao senso mais comum, o qual não ignora que o ato sexual não deixa vestígios. E tentei, por minha parte, afirmar esta confluência entre o senso comum e a asserção do psicanalista Jacques Lacan, mostrando que seria o apagamento do traço do ato sexual que escreveria a relação[3]. No ser falante, a sexualidade tem a ver com o que seria a impossibilidade de apagar um traço que não existe.

A concepção da criança como traço da relação sexual pode chegar a ponto de desconhecer sistematicamente a inexistência da relação sexual. Tal seria o caso em Marguerite. O ato sexual, nela, valeria como relação, e exatamente no ponto de ato que seria o do apagamento-assassinato da criança-traço da relação sexual.

---

[2] T. p. 252.

[3] Cf. Jean Allouch, *Lettre pour Lettre*, op. cit., p. 312 a 320.

O efeito propriamente curativo da agressão contra Huguette ex-Duflos surge, a partir daí, como menos estranho à questão do infanticídio. A atriz encarna, aos olhos espantados de Marguerite, a figura de uma mulher que apregoa sua sexualidade. Nisso sua existência vale, como a da criança, por uma declaração de sexo, isto é, como aquilo mesmo a que se atém, em ato, o ser falante, na falta da relação sexual[4]. A atriz, portanto, vai ser, como a criança, suscetível de ser apagada e até mesmo deve ser apagada.

Um primeiro e importante indício do que acabamos de formular nos é dado pelo desencadeamento da psicose de Marguerite. A exigência do assassinato da criança por vir, e depois vinda, se apresenta, de fato, como tendo sido o elemento determinante de sua entrada na psicose.

A psicose como rebelião contra a maternidade

Marguerite é hospitalizada uma primeira vez em 28 de outubro de 1924. Em seu certificado de internação, o Dr. Chatelin escreve que seus distúrbios mentais "evoluem há mais de um ano"[5]. Naquela data, Marguerite, então com 31 anos, está casada há seis, Élise mora em sua casa e de René há cinco anos; ela já perdeu uma primeira criança há um ano e meio e estaria no momento de cessar a amamentação de Didier, seu segundo filho.

Não há qualquer traço, no que Lacan nos relata do dossiê psiquiátrico constituído quando dessa primeira hospitalização, tampouco no que pudemos encontrar deste dossiê (cf. nosso histórico), da idéia segundo a qual uma ameaça pesaria sobre a vida de Didier — nem no que é escrito pelos médicos, nem nas declarações de Marguerite que eles transcrevem, nem mesmo na carta que Marguerite escreve então a um romancista não identificado, carta que nos vai aparecer como a primeira manifestação do que vamos designar como sendo o recurso erotomaníaco. As interpretações e idéias delirantes estão centradas

---

[4] Lacan introduz seu conceito de "declaração de sexo" com base numa certa transcrição da experiência psicanalítica, cujos termos são os seguintes (*Petit discours de Jacques Lacan aux psychiatres*, 1967, inédito — mantivemos as barras oblíquas introduzidas pelo transcritor, provavelmente como marca do caráter escandido da enunciação de Lacan): "A experiência/ da análise/ nada mais é/ que/ realizar/ o que vem a ser/ esta função como tal do sujeito. Acontece/ que isso abre/ a[um] certo efeito/ que nos mostra/ que naquilo que está interessado principalmente nessa função do significante predomina/uma dificuldade, uma falha, um furo, uma falta,/dessa operação significante/ que é muito precisamente ligada/ à confissão, [à] articulação/ do sujeito/ na medida em que ele é afetado por um sexo. É porque o significante/ mostra manifestar/ falhas eletivas/ nesse momento em que se trata / de que aquele que diz "eu"/ se diga como macho ou como fêmea./ [É porque] acontece que ele não pode dizer isso sem que isso acarrete o surgimento, no nível do desejo, de alguma coisa bem estranha, de alguma coisa que representa, nem mais nem menos, que o *escamoteamento simbólico* (entendam que não se o encontra em seu lugar) [ ] de uma coisa absolutamente singular, que é, muito precisamente, o órgão da copulação, a saber, aquilo que, no real, é o melhor destinado a dar a prova de que existe um que é macho e outro que é fêmea [ ]. Esta é a grande descoberta da psicanálise [...]." Podemos reportar-nos aos trabalhos publicados em *Littoral* n° 23/24, "La déclaration de sexe", Toulouse, Erès, out. 1987.

[5] T. p. 155.

principalmente na "conduta" de Marguerite, conhecida de toda a cidade de Melun, que lhe censuram, de que zombam, de que dizem mal, "que consideram como depravada[6]":

> Não creiam que eu inveje as mulheres que não dão o que falar, as princesas que não sentiram na pele a covardia e não sabem o que é uma afronta[7].
> Há também os falatórios das comadres das casas de prostituição e de certo estabelecimento público"[8].

Não há dúvida de que essa acusação quanto a sua conduta tinha por objeto o engajamento de Marguerite na sexualidade. O tema da afronta (logo, da perseguição) é associado às "princesas que não sentiram na pele a covardia"; essas princesas, que não dão o que falar porque optaram por se abster, "não sabem o que é uma afronta".

Como é que ela sabe que Melun inteira sabe que ela sabe o que é a afronta, a zombaria? Que ela teria, portanto, enfrentado a covardia? A pergunta, ao que parece, não lhe foi feita. A resposta, entretanto, nos será dada pela retificação que Lacan opera na história da doença, tal como era apresentada pelo Dr. Chatelin, retificação que reintroduz a criança tão curiosamente ausente das discussões mantidas quando da primeira hospitalização. Melun sabe, por esta razão muito simples: ela tem o ventre crescido e não tem nenhum meio de disfarçar.

Com efeito, corrigindo Chatelin, Lacan desloca a data do início dos distúrbios psiquiátricos, fazendo-nos remontar ao período da primeira gravidez, ou seja, dois anos antes, em julho de 1921. Esta retificação, a nosso ver, é decisiva, pois permite isolar um fato que é de reiteração, do qual se pode deduzir o caráter necessário das manifestações sintomáticas da psicose. Vamos nos explicar.

Parece inicialmente estabelecido, dados os elementos que ele nos traz, que esta retificação operada por Lacan é perfeitamente fundamentada. Grávida de sua primeira criança, Marguerite é perseguida. As interpretações e intuições delirantes são numerosas: "caluniam sua conduta", "criticam suas ações", "anunciam-lhe infortúnios", e também a entristecem.[9]

> Pesadelos atormentavam seu sono. Ela sonha com caixões, e os estados afetivos do sonho se misturam às perseguições diurnas.
> Múltiplas reações são notadas por seu círculo familiar alarmado. Um dia, ela fura, a golpes de faca, os dois pneus da bicicleta de um colega. Uma noite, levanta-se para jogar um jarro d'água na cabeça do marido; outra vez, é um ferro de passar que serve de projétil.[10]

---

[6] Ibid.

[7] Ibid.

[8] Ibid.

[9] T. p. 159.

[10] Ibid.

As acusações de que, notoriamente grávida, Marguerite se torna o objeto não vêm dela, mas de seu meio familiar, profissional, social; e seria um tanto intempestivo atribuí-las a ela (esta é a hipótese psicologista). Isso seria, particularmente, negligenciar o estado de perplexidade em que a lançam (o delírio de suposição, em alguns casos, deixa indefinidamente as perguntas sem respostas). Marguerite se interroga: "Por que me fazem tudo isso?"[11] E a resposta já está lá, resposta em que ela não acredita plenamente, que decerto julga parcialmente insatisfatória, mas que parece ter mesmo guardado para si nos seus primeiros contatos com os psiquiatras (sinal de que talvez creia nela mais do que pensa): "Eles querem a morte de meu filho. Se esta criança não viver, eles serão os responsáveis"[12].

Como vemos, não se trata, para Marguerite, de fazer seu o sonho do caixão, de reconhecer, nela, um voto de morte à criança, muito menos de ligar tais votos às interpretações delirantes que a perseguem.

Será somente depois da vinda da filha natimorta que Marguerite irá suplementar esta primeira resposta, que suspende parcialmente sua perplexidade, fornecendo-lhe um motivo para as perseguições que sofre. Ela identifica então, na sua antiga colega de escritório e incentivadora de seu casamento, sua primeira e provisória perseguidora, depositando, assim, a primeira pedra de sua construção delirante:

> Em março de 192[2], ela dá à luz uma criança do sexo feminino, natimorta. O diagnóstico é de uma asfixia por circular de cordão. Uma grande confusão se instala na doente. Ela imputa sua infelicidade a seus inimigos: bruscamente, parece concentrar toda a responsabilidade numa mulher que foi, durante três anos, sua melhor amiga.[13]

O caráter psicótico dessa sintomatologia não deixa dúvidas. E sua gravidade é ainda atestada pelo fato de que Marguerite acabará fugindo de seu lugar de vida e de trabalho, Melun, onde tantos horrores lhe haviam sido proferidos.

Tendo assim adotado a retificação proposta por Lacan no que concerne à datação e circunstâncias do início da sintomatologia psiquiátrica, podemos também notar, com ele, o caráter reiterado deste engajamento da psicose:

> Uma segunda gravidez acarreta a volta de um estado depressivo, de uma ansiedade, de interpretações análogas. [...] Todos ameaçam seu filho. Ela provoca um incidente com automobilistas que teriam passado perto demais do carrinho do bebê.[14]

Lacan é ainda mais explícito cinqüenta páginas adiante:

---

[11] Ibid.

[12] Ibid.

[13] T. p. 159-60.

[14] T. p. 160.

> Em nosso caso, o papel dos *estados puerperais* é clinicamente manifesto e parece ter sido desencadeante. Às duas gestações responderam os dois surtos iniciais do delírio[15].

Esta reiteração prova a necessidade. Com a gravidez, vem necessariamente uma certa rebelião contra a maternidade. Mas o que designa, aqui, o termo "maternidade"? Digamos que não é enquanto tal que a maternidade é tomada à parte pela psicose, mas como signo demasiado abertamente manifesto do envolvimento de uma mulher na sua sexualidade. Exclui-se que um tal envolvimento seja sabido e esta exclusão faz retorno na sintomatologia psicótica sob a forma de acusações que significam que todo mundo sabe disso.

Mas o insustentável desse saber sabido no lugar do Outro não nasce, quando das gestações de Marguerite, como o faria uma geração espontânea. Existe uma história desse insustentável e a reserva que observávamos, por ocasião da primeira hospitalização, o não-dito da ameaça que pesava sobre Didier (mesmo quando Marguerite já havia identificado essa ameaça), bem como o isolamento dos dois temas que são, por um lado, uma ameaça, e por outro, a condenação da sexualidade feminina, não passa da ponta mais visível de uma reserva muito viva, incidindo sobre o que a própria Marguerite nomeia seu "jardim secreto".

Fazer jardim secreto do sexual

> Ela já não pode mais se rebelar contra seu corpo. Na estrada, um casal vai com um grande ruído de sapatos ferrados, tão grandes que os seus vazios ressoam. O marido é orgulhoso e forte, ele tem um filho, ele o olha, a mulher carrega a criança que se agarra a seu pescoço e às suas mamas caídas, a criança sorri, a mãe tem um rosto de animal feliz, eles se amam. Aimée inveja o casal.[16]

Jamais Marguerite conseguirá realizar em sua vida essa imagem do casal com a criança que ela forjava, em seu primeiro romance, como uma fugitiva aparição que só faz ressaltar a infelicidade da heroína. A rebelião contra seu corpo vai permanecer para ela um traço necessário e, como acabamos de enfatizar, constitutivo das primeiras manifestações da sintomatologia psicótica. A rebelião contra seu corpo intumescido dá o pontapé inicial na psicose. Será ainda preciso observar que, longe de intervir como um relâmpago em céu sereno, ela vem selar uma certa relação de Marguerite com seu corpo como corpo sexuado. De que maneira teria ela engajado sua declaração de sexo?

Lacan nota, em Marguerite, o que ele chama "a incerteza do pragmatismo sexual"[17], sua "impotência para experimentar o orgasmo sexual", "permanente

---

[15] T. p. 209.

[16] T. p. 188.

[17] T. p. 260.

e confessada"[18], a "prevalência manifesta das ligações femininas", mas também "as desordens da conduta, tão singulares por sua gratuidade quanto por sua discordância dos pretextos éticos de que se cobriam", desordens onde ele vê "o caráter de pesquisa inquieta de si mesmo sobre uma base de insatisfação sexual[19]". Na sua construção de uma descrição padronizada da paranóia de autopunição, e a propósito da personalidade anterior do sujeito, ele fala em "inacabamento das condutas vitais", especialmente aquelas da "realização das relações da personalidade que se referem à esfera sexual[20]". E a inovação de Freud lhe parece fundamental, na medida em que a noção energética da libido impõe, na psiquiatria,

> a pesquisa sistemática dos distúrbios do comportamento sexual até nos estados psicopatológicos, tais como nossas psicoses, onde por muito tempo a negligenciaram. Com efeito, é bastante notável que estes distúrbios, embora evidentes, tenham permanecido por tanto tempo, nos domínios que estudamos, confinados a uma espécie de segundo plano teórico e mesmo clínico, fato em que se é tentado a reconhecer a intrusão de "interdições" de natureza pouco científica[21].

Marguerite designa como "dissipação[22]" as desordens de sua conduta sexual. Que o orgasmo, também aqui, falte, é certamente um traço que não se deve negligenciar; mas isso não nos poderia dispensar de interrogar quanto ao que estava positivamente em jogo nesses atos de dissipação, em outras palavras, quanto ao que vem no lugar mesmo que seria o de uma sexualidade acabada, aquilo a que o inacabamento sexual dá lugar. O que procurava ela nessas aventuras, que não era um gozo orgástico? Que satisfação, pois, ela esperava disso, que não era genital? Sob que condições e a que preço?

A questão dessa dissipação, vamos notar de saída, não está ausente do começo da psicose. Os dois esposos, Marguerite e René, fizeram "confissões recíprocas"[23] sobre seus passados, confissões cuja função, escreve Lacan, era essencialmente a de alimentar "o desentendimento que se comprova"[24]. Ele acrescenta: "Trata-se apenas, ainda, deste tipo de ciúme qualificado por Freud como ciúme de projeção". Vai-se tratar, em contrapartida, de ciúme delirante a partir do momento em que Marguerite virá repreender René "por ter relações com atrizes"[25], mediante o que, Lacan escreve:

---

[18] T. p. 261.

[19] Ibid.

[20] T. p. 269.

[21] T. p. 256.

[22] T. p. 167.

[23] T. p. 229.

[24] Ibid.

[25] T. p. 264.

> As amantes que Aimée imputa sucessivamente a seu marido são, na medida do progresso do seu delírio, aquelas mesmas que seu amor inconsciente designa a seu ódio delirante.[26]

René, embora sob um outro modo, mas desde o começo da psicose, não fica sossegado. Numa carta dirigida a Lacan em junho de 1931, Marguerite escreve:

> Durante minhas gestações eu ficava triste, meu marido me repreendia por minhas melancolias, vieram as brigas e ele me dizia que se ressentia por eu ter saído com outro antes de conhecê-lo. Isso me doeu muito.[27]

De que "outro" poderia tratar-se? A monografia não diz. Ela nos apresenta, em compensação, um certo personagem, único parceiro masculino que tem alguma consistência e cujo encontro fica claro que foi importante para Marguerite. Conjecturamos daí que poderia ser dele que se tratava nos ressentimentos de René, daquele que Lacan chama de "poetastro"[28]. O que foi essa aventura de Marguerite com o poetrastro nos importa, aqui, pela razão essencial de que apenas ela nos fornece, de maneira um tanto detalhada, algumas das coordenadas do que teria sido a declaração de sexo de Marguerite.

Situamos em 1910 essa aventura com o poestrato[29], sobre a qual Lacan escreverá mais tarde que foi, para Marguerite, um "fracasso doloroso[30]". Marguerite tem 18 anos, mora com Élise e o marido desta, Guillaume Pantaine: logo, acaba de sair da casa dos pais e inicia sua carreira na administração dos Correios, depois de se ter retirado dos estudos mais prolongados, que poderiam ter feito dela uma professora. É provável que tenha sido o acaso de uma primeira transferência administrativa que a conduziu a viver em casa de Élise e Guillaume. Sua estada com eles dura três anos, mas a aventura amorosa, que se concretiza durante o terceiro mês, vai ultrapassar amplamente esse período.

Logo, ela ocorreu onze anos antes da entrada na doença. Encontramos aí, no entanto, numerosos elementos que viriam a ser decisivos, mas sem que nenhum valor de indício de uma psicose lhe possa ser então atribuído. Os dados que acabamos de recordar já nos permitem observar que, pondo sob o mesmo teto Élise e René, a psicose vai recriar uma situação próxima daquela que Marguerite teria conhecido durante o tempo em que morou com Élise e Guillaume. É a existência da criança que vai tornar francamente disparatadas essas duas situações; já vimos seu efeito desencadeante.

Quem foi este "primeiro amor de Aimée[31]"? Eis em que termos Lacan apresenta este parceiro:

---

[26] Ibid.

[27] T. p. 159.

[28] T. p. 224. Com efeito: poetastro.

[29] Cf. nosso histórico.

[30] T. p. 228.

[31] T. p. 224.

> Don Juan de aldeia e poetastro da igrejinha "regionalista", este personagem seduziu Aimée pelos encantos malditos de um ar romântico e de uma reputação bastante escandalosa[32].

Marguerite diz a Lacan que ela foi "seduzida a um ponto extraordinário", enquanto ele nota "a desproporção" entre aquilo que ela testemunha e "a importância real da aventura"; alguns encontros, Marguerite cede, enfim, e descobre subitamente que não passara, para seu sedutor, de "objeto de uma aposta". A desproporção aparece sobretudo no fato de que, tendo conhecido por um mês seu poetastro, Marguerite, afastada dele por uma nova transferência de posto, "alimentará seu sonho"[33] durante três anos, sem, no entanto, jamais tornar a encontrá-lo. Ela afasta, em nome de seu amor, "todos os que se ofereceram como partidos convenientes"[34], dedica-se a um "ação moral"[35] voltada para seu ídolo, mesmo estando "consciente de ter sido enganada"[36].

> Seu desinteresse é, então, completo e se expressa de maneira tocante num pequeno traço: ela declina as satisfações de vaidade que lhe são oferecidas pela colaboração literária nas folhas da paróquia a cargo de seu amante.[37]

Aqui está a primeira indicação que temos de Marguerite escritora: ela tem 18 anos. O fato de que sacrifique, então, sua escrita a seu amor não a impede, no entanto, de escrever de outra maneira, e em especial a seu amante (ele também literato, portanto um conhecedor), com quem mantém "uma correspondência assídua". Ela vai prolongá-la durante três anos, até o momento em que, em Melun, se produz a "inversão sentimental"[38] que afeta a aventura. O poetastro passa a ser objeto de uma hostilidade e de um desprezo que ainda são atuais no momento em que Marguerite evoca, com Lacan, essa ligação:

> Passo bruscamente do amor ao ódio.
> [...] Ele pode morrer. Não me fale mais deste cafetão... deste grosseiro.[39]

Não sabemos a que, precisamente, se deveu esta inversão sentimental, qual terá sido o traço que terá funcionado como interruptor. Em compensação, é importante notar que o delírio dará uma amplitude máxima aos novos sentimentos assim instalados:

> Todos esses personagens, com efeito, artistas, poetas, jornalistas, são detestados coletivamente como grandes causadores dos infortúnios da sociedade. "Trata-se de uma ralé, uma raça"; eles "não hesitam em provocar, com suas bazófias, o

---

[32] Ibid.

[33] T. p. 225.

[34] Ibid.

[35] Ibid.

[36] Ibid.

[37] Ibid.

[38] Ibid.

[39] Ibid.

assassinato, a guerra, a corrupção dos costumes, para obter um pouco de gloria e de prazer".

Depois, esta frase, da pena de Marguerite, verdadeiro aforismo, para se meditar:

> Eles vivem da exploração da miséria que provocam.[40]

Lidamos com este mesmo problema da inversão sentimental com a figura de Pierre Benoit. Desde que ela ocorreu, o que existia de apelo a um recurso no amor de Marguerite pelo poetastro, depois por Pierre Benoit, se viu deslocado. Marguerite — tal será a encruzilhada de onde ela fará apelo ao príncipe de Gales — como sua heroína Aimée, "responde *Príncipe* quando lhe dizem *Poeta*[41]". E também:

> *Os poetas são o inverso dos Reis,* estes amam o povo, os outros amam a glória e são inimigos da felicidade do gênero humano[42].
> Eu poderia enumerar, desde a guerra na França e mesmo no estrangeiro, o que as agitações celeradas dos poetas desencadearam.
> *Eles me matam in effigie* e os bandidos matam [...]. Não há escândalo que não tenha sido sugerido pela conduta ou manobras desenvoltas de alguns amantes das letras ou do jornalismo.[43]

A chegada de uma criança terá feito virar ódio delirante da ralé dos poetas, doravante tomados no coletivo, o ódio do poetastro. Os reis e príncipes, e não mais os homens de letras, passarão a ser possíveis protetores. Simultaneamente, os homens de letras caem ao nível de "cafetões", e Marguerite não percebe que, com este insulto, é como puta que ela se situa com o poetastro. Mas isso não impede que tenha sido inicialmente com um poeta que Marguerite se terá engajado, ainda que parcialmente, na sua declaração de sexo, localizando, assim, sua sexualidade em um livro marcado pela letra, admitindo, assim, uma essencial codeterminação do literário e do sexual que seu delírio, certamente, não irá desmentir.

A aventura de Marguerite com o poetastro é marcada pela letra, como são todas as aventuras eróticas de Emma Bovary. Não somente seu parceiro é poeta, chegando a espalhar este perfume de escândalo que um Oscar Wilde soube tão bem reivindicar; não somente se trata, agora, de que ela também o seja, e a ponto de fazer dom a seu amante de seu ser poeta (ela lhe dá o que não tem — definição lacaniana do amor), mas sua correspondência com o amante, que decerto não devia carecer de ambição literária, é ela mesma, na sua simples existência, um traço cultural patognomônico de uma ligação "literalizada". Trata-se da letra, do fato de que letra e sexo estão do mesmo lado — o da dissipação —, quando Lacan define a aventura de Marguerite com o poetastro como sendo "antes de tudo, de

[40] T. p. 166.
[41] T. p. 194.
[42] T. p. 195.
[43] T. p. 195-6.

um deleite sentimental todo interiorizado"[44]. Ele fala, além disso, referindo-se a este outro fracasso amoroso que terá sido a ligação de Aimée com David, numa "sensibilidade essencialmente bovarista"[45] em Marguerite, autora do *Détracteur*, e mesmo, a propósito de seu segundo escrito, de uma "intoxicação de literatura[46]". Suas pesquisas sentimentais, escreve ainda,

> não parecem desprovidas de um bovarismo onde desempenham seu papel os sonhos ambiciosos[47].

Esta conjugação do literário e do sexual se vê metaforizada na monografia de Lacan, no próprio nome, escolhido para designar o primeiro amante de Marguerite, o nome de "poetastro" (*poétereau*), a ser lido, de imediato: poeta-touro (*poète-taureau*). Isto não passaria de um jogo de palavras referido ao caso se não fosse, por um lado, a importância do "poeta" para Marguerite, e, por outro lado, o fato de que a única coisa concreta que nos é dita no tocante a sua sexualidade de criança e adolescente põe em cena um "touro perseguidor"[48]. A evocação do episódio em questão provoca, em Marguerite, uma emoção "ainda viva"[49]. É de se notar também que, tanto quanto uma lembrança pessoal, trata-se também aí de um "quase-mito"[50] familiar (a ser aproximado da "lenda"?).

> Todos os traços característicos da conduta de Aimée se encontram nesta história: ela se atrasou ao vestir-se, quando dos preparativos para uma saída em grupo; tendo ficado para trás dos seus, resolve encontrá-los cortando caminho pelo campo; tem a inabilidade de irritar um touro, do qual só escapa por pouco. Este tema do touro perseguidor volta freqüentemente nos sonhos de Aimée (em companhia de um sonho com víbora, animal que pulula em sua região), e é sempre de augúrio nefasto. Reencontra-se este tema em seus escritos.

E Lacan acrescenta, o que assinala a abstenção em que ele se mantém a propósito desta história, e talvez também sua preocupação de não lhe dar demasiada importância, conforme uma sugestão que lhe teria sido feita por Marguerite (cf. a precisão sobre a víbora, tão curiosa sob sua pena quanto indicadora, na boca de Marguerite):

> Talvez o psicanalista conseguisse penetrar mais no determinismo deste acontecimento, nas suas seqüelas afetivas e imaginativas, e destacar entre esses elementos relações simbólicas sutis.[51]

---

[44] T. p. 224.
[45] T. p. 180.
[46] T. p. 191.
[47] T. p. 228.
[48] T. p. 223.
[49] Ibid.
[50] Ibid.
[51] Ibid.

Se é exato que a nominação "poetastro" se deve a Lacan, deveremos admitir que ele terá feito mais do que pretende, aqui, já que esta nominação faz laço simbólico entre a lembrança-lenda de infância e a primeira aventura amorosa de Marguerite. A pertinência desse laço vê-se, aliás, confirmada, se notarmos que, em ambos os casos, as coisas se invertem bruscamente, Marguerite "escapa por pouco" ao touro perseguidor.

Longe de estar em contradição com essa estranha conjugação do sexo e da letra a que se chama bovarismo, um outro traço da aventura com o poetastro deve ser sublinhado. Trata-se do fato de que a ligação devia permanecer oculta. "[...] os encontros", escreve Lacan, "raros o bastante para terem escapado à espionagem de uma cidadezinha[52]". Espionagem, o termo é forte. Ele é confirmado, no entanto, pelo fato de que durante os três anos em que ela mantém com seu amante uma relação simplesmente epistolar, Marguerite

> sabe nada contar sobre ele, nem mesmo à colega, mais ou menos sua conterrânea, que é, então, a segunda grande ligação de amizade de sua vida.[53]

Seria errôneo ver aí um traço circunstancial; antes, tratar-se-ia de uma determinação de estrutura que se manifesta ainda, a partir do momento em que Marguerite reitera, ainda que de maneira um pouco diferente, seu engajamento na declaração de sexo.

Marguerite tem, então, entre 21 e 24 anos. Mora em Melun, para onde foi transferida. A inversão sentimental de sua ligação com o poetastro já ocorreu. Ela é amiga de uma mulher, C. de la N., que será sua primeira perseguidora. Vive, então, uma série de aventuras que Lacan transcreve nestes termos:

> [...] e quando ela nos conta suas singulares impulsões à desordem: o sentimento de uma afinidade psíquica pelo homem, inteiramente diverso da necessidade sexual: "Tenho tamanha curiosidade", nos diz ela, "sobre a alma masculina, sinto por ela tanta atração." Este caráter de jogo na atitude sexual parece ter-se afirmado na época a que nos referimos, numa série de aventuras que ela dissimula muito bem de seu círculo. Nesta moça desejável, o gosto da experiência se acomoda a uma frieza sexual real. Sua virtude, pelo menos no sentido farisaico, vê-se, além disso, freqüentemente a salvo. Não podemos, no entanto, evitar fazer a ligação entre a nova atitude amorosa de Aimée e o fracasso doloroso de sua primeira aventura.[54]

Este tipo de aventuras tão particulares será re-atuado uns doze anos mais tarde (em 1928), mesmo quando a psicose já é patente e conduziu Marguerite a vir habitar Paris.

> Durante um período, aliás, curto, essa mulher, sobre a qual as investigações irão relatar costumes regulares, acredita "dever ir aos homens". Isto quer dizer que ela aborda passantes ao acaso, entretendo-os com seu vago entusiasmo: ela nos confessa que buscava também, dessa maneira, satisfazer a "grande curiosidade"

---

52 T. p. 224.

53 T. p. 225.

54 T. p. 228.

que sentia "pelos pensamentos dos homens". Mas os pensamentos dos homens não lhe permitem parar no meio do caminho; ela se vê levada, diversas vezes, a hotéis, onde, querendo ou não, é preciso que ela se resolva. Este período, que ela chama de "dissipação", é curto: ela o situa em 192[8] (três anos antes de sua internação). Seu alcance psicológico exato, de resto, é complexo; numa carta, ela escreve que procurava assim esquecer P[ierre] B[enoit] (?)[55]

Em 1928, a questão da dissimulação não mais se coloca, a psicose tendo posto fim a qualquer laço amigável com outra mulher. É importante, porém, estudar de perto o que faz a particularidade dessa dissimulação, mas também a particularidade daquilo que a impõe. Se nos faltam elementos relativos à dissimulação à segunda grande amiga do amor pelo poetastro, em contrapartida as coisas são bastante explícitas no que concerne à dissimulação, diante de C. de la N., das aventuras que acabamos de recordar.

É a própria modalidade da amizade de Marguerite e C. de la N. que obriga Marguerite a essa dissimulação, à falta da qual sua amizade não se poderia manter. Esta amizade, com efeito, se verifica constitutiva, para Marguerite, daquilo que ela mesma chama de seu "jardim secreto":

> "Com essa amiga", diz-nos ela, opondo-a às suas duas primeiras amizades, [mas vimos que isso era falso, pelo menos para a segunda amiga], eu mantinha sempre um jardim secreto; é o reduto onde se defende a personalidade sensitiva contra as investidas de seu contrário[56].

Esse "contrário" corresponde, em Kretschmer, ao caráter expansivo; e Lacan identifica C. de la N. como representante de uma subvariedade desse caráter, a saber, a intrigante refinada.[57] Nobre e sem tostão, C. de la N. freqüenta, por necessidade, um meio que não é o seu e onde goza de um prestígio que lhe permite governar as opiniões de suas companheiras, reger seus lazeres, mas também iniciá-las nos usos do mundo, se não submetê-las a seu rigorismo moral. Uma tal posição determina a da amiga Marguerite: ela será a "sombra" de sua amiga.[58]

O ponto notável consiste no fato de que sua amizade se produz com base na exclusão das outras moças desta microssociedade que é um posto dos Correios. Uma tal exclusão não teria nada de excepcional, e, portanto, não seria de se notar, se não fosse o valor aqui atribuído às outras moças, o de representantes de seu sexo.

Marguerite já não se sentia em termos de igualdade com elas, isso na linha direta da particularidade de sua posição entre seus irmãos, onde seus ares "de menino" se acompanhavam de ambições intelectuais e profissionais que ela fizera suas, ao mesmo tempo em que delas era objeto.[59] Assim, ela se dirige a C. de

---

[55] T. p. 167-8.
[56] T. p. 227.
[57] T. p. 226.
[58] T. p. 227.
[59] T. p. 220, 221 e 222.

la N., afirmando sua diferença das outras moças (o jogo de réplicas abaixo pode ser considerado como o pacto fundador de sua amizade):

> "Você tem sorte [diz ela a C. de la N.]. Sempre adivinha tudo o que elas vão dizer. Quando alguém emite uma opinião qualquer, a minha é sempre diferente?"[60]

E Lacan, notando que C. de la N. "encoraja", em sua resposta, esta diferença:

> Tanto quanto me lembre, você não se parece com as outras. Quando se discute, você tem opiniões absolutamente inesperadas.

Assim, esse "desacordo" de Marguerite com as outras moças, longe de ser combatido, se vê acentuado, e depois ratificado por sua amizade com C. de la N.:

> [...] a doente sofre com isso, inicialmente. Depois, transforma este sentimento num desprezo por seu sexo: "As mulheres só se interessam pelas intriguinhas, pelas fofoquinhas, pelas pequenas transgressões dos outros." Ela acrescenta a isso, por outro lado, um sentimento da sua superioridade.[61]

Uma vez estabelecida essa amizade, as coisas basculam daí por diante, e aquilo a que chamamos o diálogo fundador dessa amizade pode então se redizer em termos onde Marguerite reencontra a posição "de menino" de sua infância:

> "Eu me sinto masculina". A palavra lhe escapou. A amiga conjuga: "Você é masculina"[62].

Compreende-se que Marguerite nada mais poderia fazer senão manter ao abrigo da borrasca dessa amizade seu questionamento atuado dos "pensamentos dos homens". Sua "dissipação" não era somente condenável pelo rigor moral e pelos preconceitos de C. de la N.; ela era aquilo que essa amizade excluía (as outras moças), mas também, e mais ainda, a dissipação encarnava essa exclusão enquanto fundadora dessa amizade.

C. de la N., ao lhe dar sua amizade, terá encorajado em muito Marguerite a fazer um jardim secreto da sua sexualidade. Talvez se compreenda melhor, agora, por que ela viria a ser sua primeira perseguidora designada, a partir do momento em que uma gravidez viesse ostensivamente revelar a todos que Marguerite se tinha realmente engajado, em ato, na sua declaração de sexo, a partir do momento em que, ao mesmo tempo, a psicose se desencadeava como rebelião contra o caráter demasiado avançado dessa declaração. A psicose sobrevém no ponto preciso onde se verifica ser insustentável a política do jardim secreto.

---

[60] T. p. 227.

[61] Ibid.

[62] Ibid.

Casamento e sintomatologia pré-psicótica

Como as outras moças, Marguerite não pode, qualquer que seja a pregnância de sua amizade por C. de la N., quaisquer que sejam as satisfações para o amor próprio que encontra nesta, deixar de ficar curiosa quanto aos pensamentos dos homens. Ela não chega a se proibir absolutamente qualquer atuação dessa curiosidade. Seu desprezo pelas outras moças, o que ela compartilha com C. de la N., permanece, no entanto, ativo, até nessas atuações; ela não é a última a condená-las. Entretanto, o jardim secreto desempenha seu papel: ele mantém a clivagem entre esses dois pólos incompatíveis que são o exercício de sua curiosidade pelos homens, julgada detestável, mas incapaz de ser extirpada, e a manutenção de uma imagem de si mesma, senão amável a seus próprios olhos, pelo menos apreciada, ainda que apenas por sua amiga, tanto mais apreciada por essa amiga na medida em que esta lhe aparece como a realização quase completa dessa imagem (Marguerite é a "sombra" dessa mulher "que se destacava no meio de todas essas moças feitas em série[63]", que sabe governar, que goza de um prestígio intelectual e moral, que faz parte, ainda que um pouco decadente, do grande mundo).

Existe uma incompatibilidade, como mostramos, entre esses dois pólos. Apenas a psicose "resolverá", se ousamos dizer, essa incompatibilidade, conjugando, na figura da perseguidora, a da mulher de letras que conquistou prestígio e autoridade e a da mulher de sexualidade declarada (é verdade que sob um modo específico, que não é o "confessar", e sim o "mostrar"). A instância do jardim secreto implicava uma partição do gênero feminino (existem as outras moças e as moças que não são como as outras, principalmente Marguerite e C. de la N.); com a psicose, essa partição não mais ocorre, como demonstra esta frase extraída do *Détracteur*, onde se pode entender como a existência das cortesãs "molha" as outras mulheres, onde se pode observar essa lógica inexorável que só a passagem ao ato poderá dissolver, lógica segundo a qual o ato de uma só mulher engaja a todas:

> As cortesãs são a escória da sociedade, elas minam seus direitos e a destroem. Elas fazem das outras mulheres hilotas da sociedade e arruínam suas reputações.[64]

Em que prato da balança o ato do casamento será pesado? Será que ele engajará Marguerite na via comum, a das outras moças, ou, pelo contrário, acusará, como o fazia a amizade com C. de la N., a posição de exceção? Ou então deveremos admitir, outra suposição, que o casamento atuaria como uma subversão dessa oposição? Para dizer a verdade, essa terceira possibilidade, no caso, praticamente não tem sentido, fora o fato de sua menção aqui, como demonstra suficientemente a florescência dos sintomas que se produz quase imediatamente

---

[63] Ibid.

[64] T. p. 198.

depois do ato do casamento. Não se pode dizer que, de seu casamento, Marguerite tenha esperado grande coisa, nem mesmo o que, ilusoriamente, Emma Bovary esperava do seu.

Sua escolha, escreve Lacan, incide num "de seus colegas que lhe oferece, como esposo, as melhores garantias de equilíbrio moral e de segurança prática[65]". A personalidade de René Anzieu em nada é portadora daqueles traços que eram os do poetastro e que atuavam como pontos de apelo, de suscitação da declaração de sexo de Marguerite. René não tem outra relação com a literatura além de seu trabalho no PTT, e sua seriedade é antípoda do romantismo e do perfume de escândalo que tornava tão atraente o poetastro. Lacan o descreve assim:

> É um homem muito ponderado em seus julgamentos, e muito provavelmente em sua conduta, mas em quem nada dissimula a orientação estreitamente positiva dos pensamentos e desejos, e a repugnância por toda atitude vãmente especulativa; ao contrário, uma exuberância do verbo bem meridional vem dar a esses traços um caráter agressivo, feito para ferir nossa doente.[66]

Esta descrição é confirmada por Didier Anzieu:

> René, meu pai, era um homem prático, ativo, materialista. Minha mãe, Marguerite, tinha gostos e dons intelectuais que eu, certamente, herdei. Em contrapartida, a realidade cotidiana só a interessava superficialmente. Seu desacordo com meu pai surgiu aí, por sua atitude negligente, fantasística, desproporcional com relação às tarefas materiais.[67]

Uma certa oposição entre Marguerite e René se vê, então, instalada desde seu casamento (Didier Anzieu fala em "desacordo", Lacan em "ferir".). Ela só vem tornar mais enigmático o ato do casamento, ao qual, aliás, se opõe "a sabedoria da família"[68] Pantaine, que não ignora que Marguerite não é de molde a assim "se comportar", mas que acabará se submetendo à decisão desta. Mas o fato de que esta decisão tenha sido tomada apesar da família só faz acentuar o enigma. Uma parte de sua solução nos é dada, no entanto, por Lacan, que escreve:

> A influência da amiga *prossegue ainda* [grifo meu] nas sugestões suntuárias que ela consegue, por intermédio de Aimée, impor aos noivos.[69]

Assim, tratar-se-ia de um casamento sob a influência da amiga. Lacan não escreve "suntuosas", mas "suntuárias": C. de la N. decidiu as despesas. O que mais teria ela decidido se sua influência não houvesse terminado "por este aspecto memorável para todos, pelo feliz acaso de uma transferência administrativa!" O fato de Marguerite ter aceito suas sugestões contra a família (e notadamente sua mãe) nos dá a medida de sua influência, uma medida tal que não podemos

---

[65] T. p. 228.

[66] T. p. 229.

[67] D. Anzieu, *Une peau...*, op. cit., p. 11.

[68] T. p. 228.

[69] T. p. 228-9.

deixar de nos perguntar se esse casamento ditado pela razão não valia, essencialmente, aos olhos de Marguerite, como uma prova de amor dada ... a sua amiga. A partir daí não nos pareceria, ainda neste ponto, tão aberrante a identificação desta amiga como perseguidora, quando o primeiro fruto deste casamento que ela haveria fomentado é uma criança morta.

Assim também nos parece lógica a frigidez sexual que, escreve Lacan, "priva o conflito [com René] de todo elemento refreador[70]". A influência de C. de la N. não podia, ainda assim, ir a ponto de obter de Marguerite que ela encontrasse nesse casamento forçado o lugar de sua declaração de sexo. "Comporte-se como as outras moças", diz de certa forma a incitação urgente ao casamento, negando assim os fundamentos dessa amizade em nome da qual essa incitação ocorreu. A frigidez sexual permanece, então, o lugar onde Marguerite se apega à sua diferença das outras moças, onde ela não cede quanto a seu desejo.

Testemunha disso a sintomatologia que então se manifesta, e tanto mais imperiosamente quanto as confissões feitas a René de suas aventuras passadas tornaram um tanto caduca a função do jardim secreto. Marguerite "retorna a esse vício, a leitura, nem sempre tão 'impune' quanto acreditam os poetas[71]". René observa, e dirá a Lacan, que Marguerite "se isola em mutismos que duram semanas", se serve "do mais fútil pretexto para ficar em casa se, por exemplo, convidam-na para um passeio, mas, uma vez tendo saído, só sabe criar obstáculos à volta para casa".

Ele nota, aliás, sintomas ainda mais surpreendentes, que sobrevêm por acessos. Impulsos bruscos à marcha, à corrida, risos intempestivos e imotivados, acessos paroxísticos de fobia à sujeira, lavagens intermináveis e repetidas das mãos [...][72].

Em conformidade com sua decisão de não praticar a análise, Lacan não interpreta esses sintomas, contentando-se em catalogá-los nas *agitações forçadas* de Janet[73]. Entretanto, é difícil ignorar a que outros aspectos do caso eles remetem. O "negativismo", como o chamava Kraepelin, aparece como um "dizer que não" que não cessa de não encontrar seu objeto. Mas sabemos, desde Freud, que o "por exemplo" deve ser lido como designando a própria coisa de que realmente se trata. Ora, trata-se de um passeio, o que reúne, pois, as impulsões bruscas à marcha e à corrida e que remete, diretamente, à lembrança infantil com um touro que nada tinha de poeta. Fobia da sujeira e lavagens repetidas das mãos caminham juntas: esses dois sintomas designam também essa posição paradoxal em que se vê engajada, com o casamento, a declaração de sexo de Marguerite, que, aceitando relações sexuais que não lhe convêm, ao mesmo mantém tempo seu

[70] T. p. 229.

[71] Ibid. Trata-se, muito provavelmente, de uma alusão à fórmula de V. Larbaud: "*Ce vice impuni, la lecture*"; cf. V. Larbaud, *Domaine français*, Paris, Gallimard, 1941.

[72] T. p. 230.

[73] Ibid.

desejo por sua frigidez e se comporta como uma cortesã, não sem condenar este comportamento, não sem tentar apagá-lo.

A sintomatologia que dizemos pré-psicótica pela simples razão de preceder a psicose concerne exatamente ao mesmo problema que será abordado de outra maneira pela psicose. Esta vem manifestar que, mesmo querendo, não se desvia tão facilmente do poeta a partir do momento em que sua figura é portadora dos traços que suscitam o desejo, tampouco do personagem da puta, quando se está realmente engajado, "não sem coragem", escreve Lacan[74], nas vias da honestidade.

A psicose virá revelar de que é feito um tal engajamento que, de fato, merece ser nomeado com o nome daquela que dá as cartas, momentânea mas resolutamente, este nome que podemos, com efeito, transliterar, escrevendo: é o ódio*.

Sem amiga e sem Deus

A partir do momento em que engravida pela primeira vez, a sintomatologia que habita Marguerite desde seu casamento muda de aspecto. Nós a identificamos, a partir de então, como psicótica. Isto significa que um novo "personagem" intervém, então, na sua história — se é que se pode assim qualificar este algo que, como os deuses do hinduísmo, se apresenta a ela sob diversas encarnações, ou melhor, avatares, e que irá permanecer para ela, antes do nascimento da criança natimorta, pouco ou mal identificado. Uma lista desses avatares pode ser estabelecida; ela comporta:

— seus colegas de escritório, cujos comentários a visam,

— os passantes, que murmuram contra ela, marcam-lhe seu desprezo,

— os jornalistas, que escrevem contra ela alusivamente.

Saber se René se inclui ou não nessa lista (o interesse de fazer lista é, precisamente, o de poder expor tais questões) se verifica um problema difícil de resolver. As agressões de que ele é objeto por parte de Marguerite podem situar-se na linha direta das cenas domésticas anteriores a essa primeira gravidez; mas não se pode negligenciar que a passagem ao ato durante a qual ela fura os pneus da bicicleta de um colega tem a importância de uma agressão deslocada a René, ele que é também um colega, ele que, sobretudo, tem uma predileção marcada pela bicicleta, que a praticou como esporte, como nos informa Didier Anzieu[75]. Se esta leitura desse passagem ao ato fosse justa, seria preciso incluir René na lista que estabelecemos. Mas talvez seja melhor notar que é o próprio fato de formularmos

[74] T. p. 228.

[75] D. Anzieu, *Une peau...*, op. cit., p. 9-10.

**C'est de la haine,* homófono de C. de la N. (NT)

a questão de sua inclusão ou não nessa lista que é aqui significativo de que esta questão se colocava para Marguerite, sem que ela então conseguisse respondê-la.

De uma maneira mais geral, a noção de avatar deixa sempre pairar esse tipo de questão, e o hinduísmo joga com isso, fazendo concluir certas aventuras dos *avatares* pela revelação de que, de fato, não se tratava do deus que se pensava, mas de um outro que assumira sua forma. Talvez seja este o caso do "eles" indeterminado (aquele pelo qual o povo designa às vezes a misteriosa, mas ativa, instância que o governa) que nomeia, aproximadamente, este novo personagem que evocamos, e cuja introdução é consubstancial à sintomatologia psicótica.

"Por que me fazem *eles* tudo isso?", pergunta-se então Marguerite. Não existe, então, nesses primeiros meses em que ela está grávida, um delírio, falando propriamente, não há identificação, além daquela que acabamos de mencionar, da instância persecutória. E as perseguições de que é objeto não impedem Marguerite, ao mesmo tempo em que continua a trabalhar, de se consagrar à confecção do enxoval da criança por vir.

A primeira pedra do delírio será colocada a propósito de um acontecimento absolutamente preciso, que Lacan relata nos seguintes termos:

> Em março de 192[2] ela dá à luz uma criança do sexo feminino, natimorta. O diagnóstico é de uma asfixia por circular de cordão. Uma grande confusão se instala na doente. Ela imputa sua infelicidade a seus inimigos: bruscamente, parece concentrar toda a responsabilidade numa mulher que foi, durante três anos, sua melhor amiga. Trabalhando numa cidade distante, essa mulher lhe telefonou pouco depois do parto, para saber notícias. Isso pareceu estranho a Aimée; a cristalização hostil parece datar daí.[76]

Vamos formular a idéia delirante basal, provocada por esse telefonema de C. de la N., nessa situação trágica, onde a parturiente se vê ainda numa proximidade quase física da criança morta. A propósito de sua antiga amiga, Marguerite teria então pensado qualquer coisa como: *ela quer saber se a criança está realmente morta... conforme seu voto, de acordo com seu ato.* Perseguidora, C. de la N. o é a título de ser inteiramente (cf. o "toda" na citação acima) responsável pela morte da criança. A morte da criança não é um fato do acaso, mas um infanticídio.

Como se vê, este tema do infanticídio não é somente um dos temas do delírio, aquele que lhe dá seu caráter centrífugo, mas é também aquele que deu corpo à primeira identificação caracterizada de um perseguidor. Por que essa identificação não se manteve, de certa forma... sem mais? Por que foi preciso que o delírio se construísse, absorvendo um certo número de personagens, desenvolvendo certas problemáticas, pondo em jogo certas contradições, levando a certos atos?

---

[76] T. p. 159-60.

Tentaremos responder, estudando, num próximo capítulo, a história do delírio, a constituição da rede de perseguidores. Trata-se, por ora, de avaliar um pouco a dupla ruptura constituída, não pelo desencadeamento da psicose, mas pelo primeiro passo da construção delirante, a ruptura da amizade, decerto, mas também, de uma maneira para nós mais inesperada, a ruptura com a religião.

Marguerite na amizade

Há uma incompatibilidade, no caso de Marguerite, entre fomentação delirante e amizade; e o delírio rompe a amizade tanto mais nitidamente quanto faz virar perseguidora a amiga do momento.

A primeira amiga de Marguerite, falando historicamente, foi sua mãe. Evocando o fato de que Marguerite se beneficiava, na infância, de certos privilégios "tais como roupa de baixo mais fina que a de suas irmãs", Lacan escreve o seguinte:

> O autor, responsável por essa diferença de tratamento, parece ter sido sua mãe. O laço afetivo muito intenso que uniu [note-se o passado] Aimée particularmente à mãe nos parece dever ser ressaltado.
>
> Essa ligação é confessada: "Nós éramos duas amigas", diz a doente. Mesmo agora, ela não o evoca sem lágrimas, que a própria idéia da separação de seu filho jamais provocou em nossa presença. Nenhuma reação nela se compara àquela desencadeada pela evocação do desgosto atual de sua mãe: "Eu devia ter ficado junto dela", tal é o tema constante dos remorsos da doente.[77]

Não é evidente por si, é claro, que uma mãe e uma filha sejam duas amigas. Aqui, uma tal amizade repousa na desistência de Jeanne Pantaine, em "proveito" de Élise, de ser maternal, senão maternizante com Marguerite. Esta parece aceitar este jogo sem sofrer — as vantagens da cumplicidade entre mãe e filha se sobrepõem ao que poderia ser a dor de uma tal desistência: Jeanne dá a Marguerite roupas de baixo mais finas que as de suas irmãs, nessa configuração onde, "única em toda a casa"[78], Marguerite ousa se contrapor, e com sucesso, à autoridade "um tanto tirânica" do pai, notadamente no nível "simbólico" de sua toalete ("porte de um penteado, nó de um cinto"). O caráter cúmplice dessa amizade mãe-filha, uma amizade erigida de certa forma contra a tirania do pai, é confirmado, aliás, por Lacan, quando este sublinha "a similaridade do desenvolvimento psíquico entre a filha e a mãe[79]".

Esta primeira amizade de Marguerite foi claramente rompida: disso testemunham seu remorso por não haver permanecido junto a Jeanne, a intensidade

[77] T. p. 220.

[78] Ibid.

[79] T. p. 221.

de seu desgosto por lhe haver causado desgosto. De quando datar essa ruptura? Não temos nenhum sinal que o diga explicitamente. Mas talvez possamos apostar que o fracasso escolar (e, portanto, profissional) de Marguerite, não satisfazendo as ambições projetadas nela (e que lhe valiam seus privilégios), foi uma desistência marcando a ruptura com a amiga-mãe. Esta datação da ruptura nos anos 1907-1909, quando Marguerite é uma adolescente, se veria confirmada se aceitássemos considerar que a adoção por Marguerite de uma nova amiga, sua segunda amiga, pois, assinala uma certa distância, doravante tomada de sua amiga primeira.

Quase nada sabemos desta segunda amizade, a não ser o seguinte:

> É nessa época que se situa o espalhamento, depois o final infeliz da primeira ligação amigável marcada na vida da doente. Uma colega de infância, candidata, com ela, aos exames para o magistério, sucumbe em alguns anos à evolução de uma bacilose pulmonar. Este fim precoce que Aimée liga, segundo a ótica da adolescência, a algum drama sentimental, a comove profundamente e inspira, como vimos, seu melhor escrito.[80]

Essa referência ao *Détracteur* nos convida a sublinhar que a morte da amiga, assim figurada pelo personagem de Aimée, é ali apresentada essencialmente como vivida pela mãe, isto é, como a morte de uma criança. Não é David, o noivo, que se desespera com esta morte, nem tampouco as irmãs de Aimée, ausentes elas também da narração dos efeitos do acontecimento, mas somente a mãe. Esta morte é o seu "calvário"[81], mas também o único momento em que se trata dela neste romance que, de súbito, aparece como dedicado à dor de ter perdido um filho. Se aceitarmos a ligação estabelecida por Lacan (mas certamente sugerida a ele por Marguerite) entre a morte da amiga de infância de Marguerite e o romance *Le Détracteur*, podemos condensar essa ligação na fórmula: Aimée perde uma amiga, é uma mãe que a chora. Confirmação: a amiga de infância morreu de bacilose pulmonar; e é um desenho de propaganda antituberculose que, muitos anos mais tarde, irá ameaçar Didier.

Sobre a terceira amizade de Marguerite, aquela que ela teve, entre 1910 e 1913, com uma colega "meio sua conterrânea"[82], nada sabemos a não ser o fato de que esta foi "uma grande ligação de amizade", mas que Marguerite nada revelará, a essa amiga, sobre seu amor, que era, no entanto, atual, pelo poetastro.

A quarta amiga, pois, foi C. de la N., colega, ela também, de Marguerite. Já notamos como a transformação dessa amiga em perseguidora, por mais delirante que seja, não era desprovida de pertinência, não deixava de corresponder à realidade. Instando Marguerite a se casar, C. de la N. cometia um pecado capital

---

[80] T. p. 223.

[81] T. p. 190.

[82] T. p. 225.

contra sua amizade. Esta, com efeito, fundava-se no reconhecimento, por C. de la N., de Marguerite como diferente das outras moças, diferença que chegava mesmo a se formular por um "você é masculina". Nesse reconhecimento encontraria Marguerite essa posição de privilegiada que sua mãe já lhe outorgara?

Vai-se observar, sobretudo, apesar da doxa freudiana que quer fazer da homossexualidade o fundamento da paranóia, que não foram as palavras "você é masculina" a criar a tensão em que intervirá o estado de gravidez, verdadeira fagulha desencadeando a psicose. Certamente, enquanto dejeto da sexualidade feminina, a amizade de Marguerite e de C. de la N. cria uma situação tensa, e onde a solução do jardim secreto é, ao mesmo tempo, cômoda e insatisfatória. Mas somos forçados a admitir que a situação realmente explosiva foi instalada *a partir do momento em que C. de la N. não mantém essa palavra*, rompendo assim sua amizade com Marguerite, empurrando-a a tomar o caminho comum, aquele mesmo que era excluído por sua amizade. Alguns falariam, aqui, em *double bind*. Nós nos contentamos em notar que, designando C. de la N. como responsável pela morte da criança, como sua perseguidora, Marguerite reagiria à traição de sua amizade que foi o encorajamento de seu casamento operado por C. de la N.: ela satisfaria assim, na sua psicose, por sua psicose, a ética psicanalítica tal como formulada por Lacan em sua lei: não tolerar de maneira alguma a traição[83]. Mas vamos citar Marguerite, seu apelo a uma intervenção do Príncipe de Gales:

> Que sua Alteza me permita
> Que eu lhe diga tudo isto
> Tenho enorme preocupação
> Com a traição destes animais[84].

A psicose se verifica, assim, ser o fim da amizade apenas porque a traição dessa amizade já terá estabelecido as condições de possibilidade da própria psicose.

---

[83] J. Lacan, *L'Éthique de la psychanalyse*, Paris, Seuil, 1986, p. 370: "Alguma coisa se dá em torno da traição, quando se a tolera, quando, levado pela idéia do bem — entendo o bem de alguém que traiu nesse momento —, cede-se a ponto de reduzir suas próprias pretensões e dizer: "Pois bem, já que é assim, renunciemos à nossa perspectiva, nem um nem outro, mas sem dúvida eu não, não valemos mais, voltemos à vida comum. Aí, podem estar certos que se encontra a estrutura que se chama *ceder sobre um desejo*". Pouco antes dessas frases, Lacan situou o objeto da culpa como consistente no fato de "haver cedido sobre seu desejo" (Idem, p. 368). Como se vê, a análise que formulamos aqui da instalação do delírio de Marguerite situa essa instalação nos antípodas da culpa e, portanto, da punição. Marguerite, é um truísmo dizê-lo, se regra, então, por algo diferente do serviço do bem de C. de la N.

[84] T. p. 169.

O abandono da religião

Logo depois de ter mencionado a ocorrência da designação de C. de la N. como perseguidora, Lacan escreve:

> A partir de então, os hábitos religiosos, conservados até ali, são bruscamente interrompidos por Aimée[85].

Como sublinha a repetição, a três linhas de distância, da palavra "bruscamente" (cf. "bruscamente" ela concentra a responsabilidade de seus infortúnios em C. de la N.), há uma concomitância entre o abandono da religião e essa acusação a C. de la N. *O primeiro passo do delírio é também aquele pelo qual Marguerite recusa a religião.* Que importância se deve dar a esta recusa?

Vamos observar inicialmente que a amizade entre Marguerite e C. de la N. confirma a possibilidade dessa concomitância, já que C. de la N. faz, notoriamente, profissão de fé. Lacan constata que "ela sabe impor respeito por meio de um recato e de hábitos religiosos não desprovidos de afetação[86]". Essa afetação parece sugerir, se não uma falta de sinceridade da crença, pelo menos uma mais-valia em prestígio, em autoridade, obtida por meio da religião. De que tipo foi o engajamento religioso de Marguerite? Teria ele sido da mesma têmpera que o de sua amiga? Ou diferente? Dada a incompatibilidade delírio / religião, responder a esta pergunta nos importa; trata-se, com efeito, de avaliar, na medida do possível, a incidência da recusa da religião na instauração do delírio.

Falando com Lacan, Marguerite liga seu fracasso escolar à sua ambição, já afirmada, de "vias mais livres e mais elevadas"[87] que aquela, socialmente já traçada numa família de camponeses, oferecida pela carreira de professora primária. Se nos referirmos ao que ela dirá, sustentada por seu delírio, e, portanto, bem mais tarde, ao irmão que ela teria ajudado a se tornar professor, vamos concluir que a ambição que ela não quis então sacrificar era propriamente literária. Alguns meses antes do atentado contra Huguette ex-Duflos, exaltada, fora de si, ela aborda Guillaume

> e lhe dirige mais ou menos estas palavras: "Não é verdade que você vai abandonar sua carreira? Que vai se vingar com a pena? Que vai publicar todas as injúrias a que o fizeram se submeter?"[88]

A escola não dá, realmente, acesso à pena, a qual só é eficiente fora da escola. Ora, essa recusa da escola, claramente atuada por Marguerite no momento em que se trata de que ela passe nos exames, é explicitamente referida por ela aos professores leigos, na medida em que são diferentes dos religiosos, em outras palavras, a uma falta, sentida como tal, de domínio religioso.

---

[85] T. p. 160.

[86] T. p. 226.

[87] T. p. 222.

[88] T. p. 239.

> Em correlação com sua indocilidade, ela parece manifestar este outro sintoma reconhecido que é a *necessidade de direção* moral. Deixemos, no entanto, a este sentimento o valor apenas retrospectivo e talvez justificativo que ele tem, quando a doente nos confia ao mesmo tempo sua desaprovação decepcionada das educadoras leigas "que dão suas lições e não se preocupam com você", e seu lamento por não ter tido professoras religiosas que, "estas sim, formavam as meninas, viam longe, etc."[89]

Como o delírio, a religião vê longe. Ela forma, e não se contenta em instruir; ela propõe, não um ofício, mas uma missão, e nisso satisfaz essa necessidade de direção moral tão pregnante em Marguerite (como testemunha seu fracasso escolar, que se compreende aqui até que ponto se origina de uma recusa). Ser "missionária" é comum, aqui, ao delírio e à religião.

> "[...] mas por que você acreditava que seu filho estivesse ameaçado?" Impulsivamente, ela responde "Para me castigar." "Mas de quê?" Aqui ela hesita: "Porque eu não estava cumprindo minha missão[90]...

Isso nos permite compreender como a religião pode dar lugar ao delírio: não há duas missões para um só sujeito. Esta antinomia é claramente indicada no próprio delírio:

> Enquanto a religião a mantém assim em seu domínio soberano, não confiem na sua candura, as injúrias se acumulam à sua porta e quando acordar não poderá mais abri-la, ficará surpresa, *a religião não é uma garantia contra as lutas da vida.* [o grifo é meu]. Os milagres não estão todos nos cristãos.[91]

Citemos, ainda, essa crítica do pseudo-engajamento cristão e de seus benefícios, que Lacan "saboreia":

> O sermão continua. Case-se na igreja para ter o direito de contar com uma segunda vida, para fazer-se perdoar por ter sido rude com seu marido, por lhe ter feito cenas a propósito de uma fita, por tê-lo feito virar bicho. Assim, poderá se arrepender diante do altar, mergulhar em reconhecimento, abrir seu coração ao céu e fechá-lo a seu esposo, deixar-se levar a fazer besteiras para ter o direito de visar pedir graças diante do altar e deixar para mais tarde o pagamento do tributo que você deve em bondade, em inteligência.
> [...] Implore ao mesmo tempo às valentes coortes do céu e admire tudo o que é indigno sobre a terra[92].

Marguerite, com certeza, não era mulher de se satisfazer com tais arranjos com o céu. Seu engajamento cristão não foi nem do tipo preconceituoso nem do tipo hipócrita, nem apresentava este caráter de ostentação que marcava o de sua amiga C. de la N. Já o seu texto, acima citado, nos assegura disso. Por outro lado,

---

[89] T. p. 222-3.
[90] T. p. 252.
[91] T. p. 198.
[92] T. p. 197.

isso nos é confirmado pelo que sabemos de seu cristianismo, aquele que ela encontrou, ou reencontrou, depois da queda de seu delírio. Eis o que nos diz seu filho sobre isso:

> Ela levou uma vida enfim independente, depois de doze anos de confinamento. Trabalhou ativamente para completar as duas magras pensões que lhe eram pagas por meu pai e o PTT. Dedicou-se, em seguida, a obras de caridade, onde foi muito amada e às vezes bastante suscetível. Até seu declínio, conservou uma curiosidade intelectual insaciável. Aos oitenta anos, decidira escrever um longo poema de feitio clássico sobre as mulheres da Bíblia.[93]

A Elisabeth Roudinesco, Didier Anzieu dirá que, por vezes, Marguerite atravessava crises místicas.[94] Caridade, misticismo, estes termos dão a marca do que terá sido o cristianismo de Marguerite, um engajamento muito pessoal, pouco dócil às exigências dos costumes paroquiais. Ela reencontrava, assim, uma missão socialmente tolerável, dando razão a Lacan quando este propunha em sua tese, como "fórmula de atividade mais desejável para esses sujeitos", que ele descreve como "desinteressados, altruístas, menos ligados aos homens que à humanidade, facilmente utopistas", "seu enquadramento numa comunidade laboriosa, à qual os liga um dever abstrato[95]".

Em que momento Marguerite teria podido inscrever sua missão e seus ideais no quadro da fé cristã? Ignoramos. Notemos simplesmente que não se trata de nada disso em seu diálogo com Lacan, que este engajamento se deveria, pois, situar depois de 1932, até mesmo depois de 1941 (ano de sua saída do hospital). Em contrapartida, tanto pelo que se passou antes da instalação do delírio, quanto durante o delírio e depois de sua extinção, encontramos a indicação de uma incompatibilidade delírio/religião, de uma coexistência impossível. A fórmula desta impossibilidade seria a seguinte: ninguém pode simultaneamente consagrar-se a duas missões.

Mas há uma outra antinomia, mais difícil de compreender, não menos decisiva, no entanto, e da qual um dos pólos permanece o engajamento cristão. São essencialmente os escritos de Marguerite que nos propõem essa pista. O outro pólo não é senão o homem, aquele com o qual uma mulher se poderia envolver. Existe antinomia a partir do "fato" de que, para uma mulher, Deus e um homem não podem coabitar.

Já se pôde ler, na diatribe contra a mulher de cristianismo hipócrita acima citada, como uma tal mulher, no mesmo movimento, abria seu coração para o céu, e o fechava ao marido. Mas, pode-se retorquir, isso pode ser válido para as mulheres que Marguerite condena, sem, no entanto, referir-se àquelas que ela

---

[93] D. Anzieu, *Une peau...*, op. cit., p. 13.

[94] E. Roudinesco, *Histoire de la psychanalyse...*, op. cit., p. 135.

[95] T. p. 269 e 277.

apreciaria. O romance *Le Détracteur* responde a esta objeção, recusa-a. Aimée acaba de dizer seu segredo às brancas florezinhas da cerejeira, bem como às estrelas "que o espalharam no mundo esquecido"[96]: ela ama David, ela acha mesmo que não o ama bastante. De manhã, ao alvorecer, a aurora lhe parece "doce como um amor". Vem então, sob a pena de Marguerite, o poema seguinte:

> Tome minha mão, eu a dou a você,
> Pois desde que o vi
>
> Não amo mais Deus como antes,
> Amo-o mais, amo-o menos,
> Será a você ou a ele que eu amo?
> Sem dúvida, vocês são o mesmo!

Como não há duas missões, não há dois amores. Mas Aimée não tem "o direito de amar"[97] já que lhe é preciso "conquistar" este direito. A chegada dos representantes do mal irá tornar essa conquista impossível. A partir daí, no refluxo do amor de um homem, confirmando a antinomia que indicamos, ressurge o de Deus:

> Ela eleva seu coração para os céus, ele está lá no alto, bem no alto, rumo às regiões solitárias. Cores brancas e azuis de minha inocência que invadiam minha alma, o que serão vocês amanhã?[98]

Certamente, o "ele" não é marcado pela maiúscula que daria a esta frase um outro sentido além do que ela apresenta explicitamente. Entretanto, a elevação (presente no enunciado, mas também, e principalmente, sensível no estilo), bem como os outros termos (os céus, lá no alto) presentificam este outro sentido, mediante o qual uma equivocação se indica: este coração solitário bem lá no alto, será mesmo o de Aimée ou o de Deus? Ou então, de uma maneira tão indiferenciada quanto o são o homem e Deus, tratar-se-ia indissoluvelmente do coração de Aimée e do de Deus?

A mãe de Marguerite, com cuja dor acaba o romance, chamava-se em solteirona Donnadieu, ou seja, "mulher Deus" (a *Donna* Deus), mas também aquela que "dá a Deus". Esta referência a Deus neste nome de família, assim como o coração elevado em direção aos "céus" que citávamos há pouco (essa impossível diferenciação entre o homem eleito e Deus) nos convidam a ler "re-nascido nos céus" (*re-né en cieux*), o nome do marido que Marguerite escolhe, e "dedicado aos céus" (*dedié en cieux*), o de seu filho.

Assim, acreditamos, vê-se confirmada nossa interpretação do desencadeamento da psicose. Se o amado é Deus, como poderia Marguerite realizar uma união conjugal com Aquele que se mantém nos céus? Para uma

---

[96] T. p. 183.
[97] T. p. 184.
[98] T. p. 188.

religiosa, semelhante união passa pelo voto de castidade, portanto, pela renúncia a se declarar mulher com um homem. "Marguerite" contém "Maria" (*Marie*), este nome de uma mulher que certamente dedicou seu filho a Deus, mas não sem ser bendita entre todas as mulheres por não ter tido, raríssimo privilégio, que se declarar sexualmente. "Não é Maria quem quer", vem dizer a perseguição sofrida por Marguerite.

CAPÍTULO ONZE

Rede de perseguidores, razão do delírio

Tal como na ópera wagneriana, diferentes "motivos" compõem o delírio de Marguerite, reiterando-se, entremisturando-se, mais ou menos, chamando e respondendo uns aos outros. Não se terá avançado muito na explicitação de sua(s) razão(ões) ao se observar que eles correspondem muito de perto à classificação definitiva dos chamados "delírios sistematizados", que eram repertorizados segundo seus temas: erotomania, delírios de perseguição, de grandeza, de ciúmes, de reivindicação. Uma tal prolixidade também constitui problema no caso que nos ocupa.

Lacan trata este problema abordando-o sob dois ângulos. Ele tenta, numa primeira abordagem, ao mesmo tempo permanecer o mais próximo da diversidade temática e reduzir essa diversidade à unidade, fazendo-a valer como correspondente às variações da fórmula freudiana básica: eu o amo, a ele (o objeto do amor homossexual). Parece-lhe que essas variações, enumeradas por Freud, "explicam de maneira luminosa a estrutura do delírio[1]" de Marguerite. Esta explicação elegante, mas um pouco artificial, à qual ele consagra quatro páginas[2], no entanto não o satisfaz verdadeiramente: em particular, ela não dá conta, em detalhes, do entrelaçamento histórico dos diferentes temas. Com efeito, ele escreve, algumas páginas adiante:

> Nada mais difícil de compreender que o encadeamento *temporal, espacial e causal* das intuições iniciais, dos fatos originais, da lógica das deduções, no delírio paranóico[3].

Mas há, na tese, uma segunda abordagem deste problema que merece ser considerada como mais pessoal a seu autor, como mais original e inovadora (mesmo quando parece voltar à velha classificação dos delírios segundo seus temas), mas também como melhor ajustada ao caso. Trata-se da sua versão manifesta:

> *Uma vez sistematizado, o delírio* merece um estudo atento. Nos casos que descrevemos, ele *significa*, com efeito, de maneira muito legível, ao mesmo tempo o *conflito afetivo* inconsciente que o engendra e a atitude de *autopunição* que nele adota o sujeito.[4]

---

[1] T. p. 262.
[2] T. p. 261 a 264.
[3] T. p. 293.
[4] T. p. 272.

Os diversos motivos apresentados pelo delírio encontrariam sua razão uma vez reconhecido o fato de que a psicose é um "ciclo de comportamento"[5], logo, um certo modo de realização de um desejo:

> [...] inexplicáveis isoladamente, todos os episódios de seu desenvolvimento se ordenam naturalmente com relação a este ciclo[6].

E ainda:

> Reconhecer, pois, nos sintomas mórbidos, um ou vários *ciclos de comportamento* que, por anômalos que sejam, manifestam uma tendência concreta que se pode definir em *relações de compreensão*, tal é o ponto de vista que trazemos ao estudo das psicoses.[7]

Assim, não seria tanto no estudo do delírio em si mesmo que se encontraria a razão da pluralidade de seus motivos e de sua composição. Esta razão seria observável no ciclo de comportamento onde o delírio e suas variações desempenham um certo papel, mas que é também o que lhe dá seu peso (como demonstra a espetacular cura do delírio). Como atuação de um certo desejo, o ato é a razão do delírio. Logo, de suas variações.

Já apresentamos a questão da articulação delírio/ato. O delírio, concluímos, tem a ver essencialmente com o "ponto de ato". A psicose de Marguerite, vimos também, se desencadeia com sua primeira gravidez, e o delírio toma corpo com o nascimento da criança morta. A partir daí, a questão que se coloca é a do ato infanticida. Em seu passo inicial, o delírio vem significar que a amiga C. de la N. terá sido seu agente. Deve-se crer, no entanto, que esta resposta delirante não terá sido plenamente satisfatória aos próprios olhos de Marguerite, pois ela inventará outras respostas, e testemunhará também de que a questão não cessava de se re-colocar. Com efeito, primeiramente, a amiga tornada perseguidora não permanece muito tempo só nesta função, passando mesmo a um segundo plano nos inimigos de Marguerite; e o delírio no fim vai-se empregar, não sem múltiplos desvios, em encontrar uma outra figura de perseguidora, esta suscetível de ser honrada como se deve, em outras palavras, por uma facada (a figura da Sra. Huguette ex-Duflos, objeto criminógeno, suscita a passagem ao ato). Mas, em segundo lugar, a imputação de responsabilidade a C. de la N. mostra também sua ineficácia parcial, na medida em que esta questão infanticida vem-se recolocar, para Marguerite, com a vinda de uma segunda criança que vive, e viverá; esta insistência da questão mostra, pois, também, a inconveniência da designação de C. de la N. como perseguidora.

A partir dessas indicações, entrevê-se que a questão levantada pela luxuriância dos temas delirantes, a de sua razão, prova ser indissociável das

[5] T. p. 311.
[6] Ibid.
[7] T. p. 312.

operações múltiplas e não necessariamente idênticas que o delírio põe em jogo no reconhecimento de tal personagem público como protetor, de tal outro como perseguidor. Em que medida, até que ponto o delírio terá sistematizado o que designamos como sendo a rede de perseguidores? Existe uma história possível da entrada em cena desses personagens? Que lugar, que função cabe a cada um deles? Que modificações sofrem esses lugares e funções? Uma única razão dá conta disso tudo?

Longe de dissociar história e estrutura, esperamos, estudando inicialmente a constituição histórica da rede de perseguidores, chegar a situar as relações que mantêm entre si os diferentes motivos desenvolvidos no delírio: erotomania, perseguição, grandeza, ciúme. Esperamos, desse modo, situar, com a estrutura do delírio, nada menos que aquilo que seria sua razão. Assim, talvez seja confirmada a asserção que começamos a perceber que teria sido a da loucura de Marguerite: o assassinato da criança valendo como ato de escrita da relação sexual.

A reconstituição histórica da rede de perseguidores, de sua instalação, de sua evolução, dos graus variáveis de sua pregnância em Marguerite, do entrelaçamento de seus temas, tudo isso parece uma tarefa quase utópica, tão grande permanece a imprecisão, ao que se acrescenta a incidência da preocupação de censurar, na publicação de seu caso, tudo aquilo que permitiria facilmente identificar a doente.

Confrontados com esta dificuldade, diremos uma palavra sobre nosso método. Ele consiste em fazer-se crédulo de tudo o que nos diz Marguerite a propósito de seu delírio, e, portanto, a considerar, segundo a palavra do poeta, que "tudo é bom nela, nada há a ser lançado numa ilha deserta, é preciso tudo aproveitar". Nosso problema atual, pois, não será tanto o de separar o joio do trigo, o dado certo do hipotético (o que não nos proibimos em absoluto, desde que uma contradição ou uma impossibilidade nos leve a isso) mas sim situar, na medida do possível, cada um dos dados em seu lugar histórico — método cuja pertinência foi manifestada pelo estudo de Didier Anzieu sobre os sonhos do jovem Freud.[8]

C. de la N.

Já mostramos como a modalidade própria à sua amizade com Marguerite continha, como que em potencial, essa virada onde ela passaria do estatuto de amiga ao de perseguidora. Isso é datável de março de 1922:

> É com o trauma moral da criança natimorta que irá aparecer em Aimée a primeira sistematização do delírio em torno de uma pessoa, a quem são imputadas todas as perseguições sofridas por ela. Esta espécie de cristalização do delírio se produziu

---

[8] D. Anzieu, *L'auto-analyse de Freud et la découverte de la psychanalyse*, Paris, PUF, 1975, p. 2 e 11.

> com um caráter súbito sobre o qual o testemunho espontâneo da doente não deixa dúvidas: e ela se realizou sobre a amiga de outrora, a Srta. C. de la N., cuja ação sobre a vida de Aimée já conhecemos. Decerto, um elemento fortuito é posto pela própria doente em primeiro plano nessa descoberta iluminadora: a amiga, por telefone, pede notícias, logo depois do infeliz desfecho do evento. Mas não deveríamos ver uma relação mais profunda entre a pessoa da perseguidora e o conflito moral secreto em que vive Aimée há longos anos?[9]

Duas questões se colocam a propósito dessa "primeira sistematização", dessa "cristalização", dessa "descoberta iluminadora": elas têm a ver, respectivamente, com sua relação ao que precedeu e ao que se seguiria.

O desencadeamento da psicose é anterior em alguns meses: ele se situa no momento em que se declara a gravidez. Durante esses meses entre gravidez e parto, multiplicam-se as interpretações e intuições delirantes, a que já respondem certas passagens ao ato. Entretanto, não existe então, segundo Lacan, mas também segundo o dr. Chatelin, um delírio propriamente dito. Por que, pois, não situar simplesmente como uma entre outras já sobrevindas essa "descoberta iluminadora"? Em que consiste essa particularidade que lhe daria esse "privilégio" de valer também como primeira sistematização do delírio?

Por três vezes na sua monografia (e ele o repetirá ainda em seu seminário sobre *As Psicoses*, Lacan descarta uma certa concepção da relação entre fenômenos elementares e delírio que, baseando-se principalmente no fato de que o delírio é construído secundariamente, algum tempo depois dos fenômenos elementares, como notamos aqui, faz do delírio uma tentativa do sujeito para explicar estes misteriosos fenômenos que o habitam. O delírio seria, pois, de uma outra natureza que a dos fenômenos elementares; e um Clérambault chegaria a quase excluir do campo da sua disciplina o delírio, considerando-o como uma reação, afinal de contas, sadia, daquilo que restava de razão num ser habitado pela loucura. Notando que a cristalização do delírio tem o estatuto de uma "descoberta iluminadora", Lacan, em oposição a essa concepção, põe num mesmo plano delírio e fenômenos elementares. Assim, ele distingue conceitualmente "fenômenos primitivos" e "fenômenos primários". Os fenômenos primitivos, mesmo que sejam historicamente primários, não o são essencialmente:

> Os fenômenos ditos primitivos, por serem primários no tempo, e mesmo, admitimos, desencadeantes, nem por isso explicam a fixação e a organização do delírio. Diremos mesmo que eles trouxeram à construção todo o material, ou seja, esse elemento novo, heterogêneo à personalidade, que permitiria definir nossa psicose como um processo? [Desconfiamos que a resposta será negativa; a rejeição de Clérambault é patente aqui, embora não explicitada][10].
>
> Estaríamos absolutamente errados em considerar a priori como puramente secundárias a estes fenômenos [elementares] as primeiras identificações sistemáticas

---

[9] T. p. 233.

[10] T. p. 217.

> do delírio. Ainda que essas identificações explicativas ou mnésicas sejam posteriores aos fenômenos ditos primários e ao período de inquietude que os acompanha, elas têm com freqüência a relação mais direta com o conflito e com os complexos realmente geradores do delírio[11].

Ter observado esta relação direta autoriza Lacan a recusar o conceito de fenômeno primário, isto é, a suposição segundo a qual tais fenômenos explicariam o delírio. Trata-se de dar conta de sua fixação, de sua sistematização, de sua manutenção. Mas o que disso daria conta deve também se encontrar desde a ocorrência da primeira "identificação sistemática", e assim distinguir essa identificação de todas as iluminações que possuíram Marguerite. Lacan não recusa todo caráter explicativo a essa primeira identificação sistemática: ele chega mesmo a escrever o sintagma "identificação explicativa". Mas rejeita a idéia segundo a qual o motivo do delírio se ligaria essencialmente à necessidade de explicação.

> Se os processos agudos que estudamos deixavam dificilmente explicáveis a fixação e a sistematização das idéias delirantes, a permanência, ao contrário, do conflito, ao qual se referem os eventos traumáticos, dá conta tanto melhor da permanência e do crescimento do delírio na medida em que seus próprios sintomas parecem refletir a estrutura desse conflito[12].

Assim, portanto, a identificação de C. de la N., descoberta iluminadora de que esta portaria "toda a responsabilidade"[13] pelo que sucede a Marguerite desde que engravidou e pela vinda de uma criança morta, deixa-se situar como uma dentre outras descobertas que Marguerite faz há alguns meses. Mas essa descoberta vale também como "identificação sistemática", em outras palavras, como uma dessas identificações que vão sistematizar o delírio, que vão tecer uma rede bastante estreita das sucessivas designações de personagens perseguidores. A designação de C. de la N. terá sido mesmo a primeira dessas identificações sistemáticas. O que, pois, lhe confere esse estatuto onde se marca sua diferença das outras descobertas iluminadoras?

A resposta é simples: consiste na observação de que essa descoberta iluminadora se apresenta como uma imputação que subsume o conjunto das imputações postas em jogo nas interpretações ou intuições delirantes precedentes e atuais. A C. de la N., Marguerite "imputa *todas* [grifo meu] as perseguições que ela sofre". Ela não é, como nas interpretações ou intuições delirantes anteriores ao delírio, uma daquelas ou daqueles que falam mal de Marguerite, criticam suas ações, caluniam, sua conduta: colegas de escritório, passantes, jornalistas. Ela é aquela por quem tudo isso acontece, a responsável por tudo.

---

[11] T. p. 272.

[12] T. p. 244.

[13] T. p. 160.

Com efeito, esta identificação sistemática de C. de la N. é bem explicativa, pelo menos no sentido em que toda perseguição poderá ser atribuída a ela (saber "de onde vem isso" é realmente um começo de explicação); mas Lacan recusa (com razão, a nosso ver) aceitar que a explicação seja colocada como o que é visado pela sistematização, que esta seja dita a serviço daquela, que aquela seja dada como sendo a razão desta. A explicação seria antes, para retomar aqui uma de suas fórmulas célebres, o benefício obtido em acréscimo por uma sistematização cuja razão deve ser buscada alhures. Quanto ao teor dessa identificação sistemática, ela nos é dada por isso mesmo que a qualifica: C. de la N. é o objeto de uma identificação sistemática, no sentido, inicialmente, de que será a ela, sistematicamente, que toda a perseguição se irá referir. O conceito lacaniano de identificação sistemática nos aparece aqui como corolário daquele, tão importante, de "desconhecimento sistemático". Será somente com a constituição de uma rede de perseguidores que se poderá ler também o termo "identificação sistemática" como denotando o fato de que esta identificação deve ser incluída num sistema: o próprio delírio.

Quais foram as seqüelas dessa identificação de C. de la N. como principal perseguidora?

É notável, para começar, que Marguerite não manifeste de outro modo, além de romper toda a correspondência com ela, sua hostilidade pela antiga amiga:

> Assim, a primeira pessoa a quem ela fará uma visita depois de sua liberação será a Srta. C. de la N. Com essa antiga amiga ela pretende desculpar-se por todo o mal que, erradamente, lhe desejou, o qual certamente não lhe disse, *a não ser por romper a correspondência com ela* [grifo meu], mas que poderia ter tido enormes conseqüências [alusão ao fato de que Marguerite, como veremos, poderia tê-la matado com a facada que atingiu Huguette ex-Duflos][14].

Subsiste um equívoco: notemos que o futuro aqui empregado não é o da narração de um evento que ocorreu, mas marca uma espécie de promessa que Marguerite faz então a Lacan, no momento em que este iria liberá-la de seu confinamento hospitalar. Mas, para nossa presente discussão, o interesse dessa citação está ligado ao fato de aprendermos que Marguerite, depois de ter reconhecido C. de la N. como sendo sua perseguidora, não lhe envia nenhuma carta incendiária, muito menos tenta um ajuste de contas. Ela opta, mesmo quando se engaja em seu delírio, nele implicando sua ex-amiga, por não dar a saber realmente a esta que figura reconheceu nela. Esta discrição notável merece ser saudada, o que Lacan faz com o "decerto", mas também notando que, se o delírio comporta "toda a gama" dos temas paranóicos (com exceção da hipocondria[15]), os temas de reivindicação por sua vez só aparecem tardiamente:

---

[14] T. p. 240.

[15] T. p. 158 (onde Lacan constrói uma primeira classificação).

> Igualmente, é apenas no último período de uma tal evolução que surgem os traços "paranóicos" de reivindicação familiar — o divórcio — e de reivindicação social.[16]

Teremos que situar essa espécie de aumento de volume (como se aumenta o som de um aparelho de alta fidelidade) que o delírio manifesta em seu último período. Notemos, por ora, que Marguerite não adverte plenamente C. de la N. quanto a sua nova posição: romper uma relação tornada epistolar não equivale a comunicar o parceiro desta relação que doravante ele é considerado como responsável pelas perseguições sofridas, inclusive a morte de um filho.

Esta discrição de Marguerite torna inevitável a questão seguinte: isso significaria que, elegendo outros perseguidores, Marguerite revelaria, posteriormente, ter posto em jogo no seu delírio C. de la N. como faria com um coringa, introduzido pelas necessidades da causa, e retirado do jogo tão logo esta causa encontrasse uma carta melhor (caso do décimo oitavo camelo, na célebre partilha em forma de recreação matemática)? De modo algum.

> Esta perseguidora, decerto, jamais será esquecida (a doente a teria atacado em lugar de [Huguette ex-Duflos] se fosse ela quem houvesse podido encontrar). Ela dá até o fim [comenta Lacan] seu *peso* afetivo ao delírio. Ainda assim, muito rapidamente, ela cede o primeiro plano a personagens de nível superior, essas grandes atrizes, essas mulheres de letras que fazem do delírio de Aimée uma verdadeira *erotomania homossexual*.[17]

O fato que sublinhamos agora tem um alcance geral. A partir do momento em que tal pessoa ou personagem é reconhecido como perseguidor, ele permanece sendo-o, pelo menos até a cura brutal e global do delírio. Um perseguidor não persegue o outro, e nisso todos terminam por formar uma rede; no máximo, um substitui outro, vindo ocupar um certo lugar nesta rede, lugar marcado, na citação acima, pela noção de "primeiro plano" que Lacan utiliza aí. Vamos situar melhor a que responde este lugar depois de ter estudado o que terá sido a passagem da testemunha de perseguidor dominante de C. de la N. a Huguette Duflos. Mas, antes de chegar aí, a história do delírio nos obriga a estudar um breve, mas significativo momento do delírio que Lacan designa como momento meditativo.

Meditação delirante e decisões

A primeira pedra do delírio dá o pontapé inicial do que Lacan designa como sendo sua "fase aguda"[18]. Se algum apaziguamento é dado a Marguerite pela identificação de sua perseguidora, uma segunda gravidez (em novembro

[16] T. p. 239.

[17] T. p. 263.

[18] T. p. 209.

de 1922, logo, oito meses depois) vem dar um novo impulso ao delírio[19]. Esta fase aguda culmina no momento da amamentação de Didier e dá lugar à primeira hospitalização em outubro de 1924. Segundo Lacan, a saída de Marguerite, cinco meses mais tarde, corresponde a uma nova fase do delírio que ele qualifica inicialmente de "meditação afetiva"[20], e depois de "meditação delirante"[21]. A terceira fase, "de organização do delírio", de sistematização, se inaugura quando Marguerite "vai para Paris", em agosto de 1925. Logo, a segunda fase se teria estendido por alguns meses apenas, de março a agosto de 1925.

Durante esse período, mas também a partir da segunda gravidez e por ocasião do aleitamento de Didier, a questão colocada permanece a mesma: uma ameaça pesa sobre a vida da criança, mas por que razão? E vinda de quem? Um incidente demonstra a acuidade dessa questão no tempo em que Marguerite amamenta Didier:

> Durante seu aleitamento, ela se torna cada vez mais interpretativa, hostil a todos, querelante. Todos ameaçam seu filho. Ela provoca um incidente com automobilistas que teriam passado perto demais do carrinho do bebê. Múltiplos escândalos eclodem com os vizinhos. Ela quer mover processos judiciais.[22]

Tais fatos demonstram que a designação de C. de la N. como perseguidora não forneceu a Marguerite a razão do complô que visa a Didier e a ela mesma como que por tabela. Não apenas existem outros perseguidores, mas estes (eles "todos") não são explicitamente designados como sendo agentes de C. de la N., como seres manipulados por ela. Com efeito, haverá lugar para uma meditação delirante.

Na fase aguda do delírio, a ameaça é de uma presença e de uma intensidade tais que é preciso fazer alguma coisa. Marguerite decide partir para a América (ela forja uma falsa autorização de seu marido) onde será romancista e fará fortuna. Teria sido ainda "por seu filho que ela se lançaria em tal empresa"[23]. De fato, nada nos diz que ela não a teria realizado se Élise e René, que tiveram de ser prevenidos, mesmo que no último minuto, não a houvessem adjurado a não fazer nada disso. Mas, para terminar, a súplica não teria bastado, teria sido preciso uma hospitalização na clínica de Épinay-sur-Seine para impedir Marguerite de pôr o projeto em execução. Em 23 de outubro de 1924, quando seu pedido de passaporte lhe é devolvido com parecer favorável, Marguerite deixa o domicílio conjugal, provocando, assim, uma intervenção de René e Élise; no dia 24, eles consultam um médico generalista que, no dia seguinte, lhes fornece um certificado para que Marguerite seja

---

19 Ibid.

20 Ibid.

21 T. p. 271.

22 T. p. 160.

23 Ibid.

internada (cf. nosso histórico). Com Lacan, ela evoca o acontecimento nos termos seguintes:

> "Então", acrescentou ela, "eles fizeram uma conspiração para me arrancar meu filho, que eu amamentava, e me fizeram trancar numa casa de saúde."[24]

A idéia de ser romancista na América, e assim afortunada e poderosa, corresponde à primeira ocorrência, no delírio, deste recurso ao literário que Marguerite não cessará de pôr em ação em seguida, inclusive para além de sua cura. Com a hospitalização, este recurso bascula: ela apela a um escritor para tirá-la da situação em que se encontra. Da clínica, ela lhe escreve:

> Minha família não podia compreender que eu pudesse deixar [Melun] e minha casa, daí armarem um complô, um verdadeiro complô, e eis-me numa casa de vigilância [...]. Santa virgem, que história a minha! O senhor a conhece, todo mundo, mais ou menos, a conhece, tanto falam mal de mim, e como sei por seus livros que o senhor não gosta de injustiça, peço-lhe que faça alguma coisa por mim.[25]

Este complô nos coloca a questão de seu estatuto. Deve ser incluído no delírio? Neste caso, seria preciso contar Élise e René no número de perseguidores de Marguerite explicitamente designados por ela. Vamos observar que a versão manifesta de Lacan objeta a que contemos assim. Élise é ali designada como a verdadeira perseguidora, mas sistematicamente desconhecida, e toda a fomentação delirante representa, então, um afastamento cada vez maior dessa perseguidora. Nossa crítica a essa versão não nos impedirá de sublinhar que Lacan não a teria podido sustentar por um só instante se Élise estivesse marcada como perseguidora no delírio de Marguerite. Esta última não ignora, como atesta sua carta acima citada, que o complô familiar que, com efeito, visa contê-la, responde à sua tentativa de se instalar na América.

Quanto à René, se houve realmente alguma manifestação de ciúme delirante em sua direção, e nós o notamos, seria forçar demais as coisas utilizar este pretexto para incluí-lo na rede de perseguidores (com exceção do ciúme das atrizes que ele freqüentaria, nenhum outro traço do caso indica isso). Didier, igualmente, mesmo que uma das idéias delirantes sobrevindas quando da primeira hospitalização se refira a ele (ela fará dele um embaixador[26]), jamais foi vivenciado como perseguidor. Assim, pois, o delírio poupa o círculo familiar imediato de Marguerite. Se este é concernido, é muito mais na medida em que Marguerite tenta fazer-se entender por ele, como faz com seu círculo profissional, conduta que, observa Lacan, só faz aumentar seu isolamento:

> Tudo, dissemos, levou-a a realizar progressivamente um isolamento quase completo. Parece que tentativas de expansão delirante junto a seus novos colegas só fizeram com que a rejeitassem.[27]

---

[24] Ibid.

[25] T. p. 161.

[26] T. p. 235.

[27] T. p. 237.

Marguerite, como numerosos psicóticos em sua conduta tão particular, vai-se chocar inúmeras vezes com tais rejeições. Sua família não pode compreender, escrevia ela, a importância exata, para ela, de uma tentativa como a de deixar Melun.

Duas decisões marcam os limites do período de meditação delirante. Esta começa com a volta ao domicílio familiar de Melun depois da primeira hospitalização, momento em que Marguerite decide não retomar seu cargo nos Correios, e acaba com a partida de Melun, com a escolha de Paris como lugar de vida e de trabalho. Em que baseia ela tais decisões?

> Mais tarde ela dirá ao perito médico que seus perseguidores a obrigaram a deixar aquela cidade. Diante de nós, ela invoca que não queria reaparecer diante de seus colegas com a vergonha de uma internação. Em entrevistas mais densas, confia-nos que na realidade guardava uma profunda inquietação. "Quem eram os inimigos misteriosos que pareciam persegui-la? Não tinha ela que realizar um destino elevado?" Foi para procurar a resposta a essas perguntas que quis sair de casa, e ir para a cidade grande.[28]

A partir desse momento, parece, pois, que a designação de C. de la N. como perseguidora, embora mantida, não suspende a inquietação que habita Marguerite. Seus inimigos continuam não identificados — o que convoca sua meditação delirante. Mas a partida para Paris assinala o fato de que esta meditação não chega a termo, permanece sem conclusão senão esta própria decisão de ir "procurar a resposta" em Paris. A decisão de ir viver em Paris não é, portanto, somente uma fuga dos perseguidores mal identificados que acossavam Marguerite em Melun; ela se origina de uma escolha positiva, e Marguerite espera alguma coisa de sua efetuação. Por que Paris? Vamos aproximar-nos do que Marguerite espera disso com a observação de que o valor atribuído a Paris é idêntico nela e em Emma Bovary.

> Embora haja nuances, as mulheres provincianas são mais potáveis que as das cidades, a ambiência as preserva.[29]

Esta frase de Marguerite não seria discrepante na obra de Flaubert. O movimento de ir a Paris (Para Emma, será, mais modestamente, Rouen), se origina do que Lacan designa como "uma procura inquieta de si mesma com base numa insatisfação sexual"[30], em outras palavras, uma pesquisa de si mesma como sexuada. Paris, isso significa ruas e lojas iluminadas, teatros, bailes de máscaras, comidas finas nos restaurantes, champanha a rodo. "Vocês não sabem", diz Homais, "a vida que levam esses farsantes, no quartier latin, com as atrizes", "e depois a água de Paris, vejam só!, os pratos dos restaurantes, todas essas comidas condimentadas acabam esquentando o sangue[31]". A água

---

[28] T. p. 161-2.

[29] T. p. 197.

[30] T. p. 261.

[31] Gustave Flaubert, *Madame Bovary*, Paris, Gallimard, "Folio", p. 168-9.

torna a mulher "potável" na província, e é um afrodisíaco em Paris! A janela provinciana é um substituto bem triste para o luminoso teatro parisiense.[32] Emma entra em Rouen como em uma Babilônia, "como se as cento e vinte mil almas que palpitavam ali lhe houvessem enviado, todas ao mesmo tempo, o vapor das paixões que ela lhes supunha"[33]. E quando Léon, seu poetastro, quer obter de Emma que ela ceda, o argumento irresistível será: "isso se faz em Paris", ponto de suspensão que inaugura a cena do fiacre.[34]

Mas Flaubert é ainda mais preciso, se isso é possível. Na corte que faz a Emma, enquanto se desfiam os sórdidos discursos dos comícios agrícolas, Rodolphe estabelece uma teoria dos dois mundos. Aquele onde eles se encontram, pela pequenez de suas opiniões, seu caráter convencional, terra-a-terra, representa uma verdadeira "conjuração" que interdita, calunia e até mesmo "persegue"[35] todo encontro possível de duas almas nobres. O outro mundo é aquele que o delírio de Marguerite irá desenhar, o dos embaixadores (ela vê Didier nesse papel), das duquesas (Aurore, grã-duquesa em *Koegnismark*, de Pierre Benoit), das pessoas de letras (Pierre Benoit, Colette, os jornalistas), das atrizes (Huguette ex-Duflos, Sarah Bernhardt), aquele onde se pode levar "uma existência acima das outras, entre céu e terra, nas tempestades, algo de sublime", "O imenso país das felicidades e das paixões"[36]. Uma noite, a Sra. Bovary mãe surpreende a criada de sua nora com um homem; fica embaraçada diante de Emma, que logo lhe replica: "De que mundo é a senhora?", para em seguida concluir sua tirada: "Ah, que jeito de viver! Que camponesa!"[37] Há um mundo onde se sabe viver e um outro onde não se o sabe, mas que condena o primeiro, notadamente na figura da (justamente nomeada) "mulher do mundo", "o eterno espantalho das famílias, isto é, a vaga criatura perniciosa, a sereia, o monstro que habita fantasticamente as profundezas do amor"[38].

O delírio de Marguerite não situa Paris de outra maneira. Ele é mais crítico, em contrapartida, que Emma Bovary, que parece engolir este valor literário dado à cidade grande, referir-se a isso em seus atos, sem o menor recuo a não ser aquele, final, onde se motiva sua passagem ao ato suicida. Este recuo crítico é articulável com a teoria dos dois mundos acima sublinhada. Marguerite e Emma dão o mesmo valor a Paris, mas, enquanto a última se apóia nele para rejeitar o mundo provinciano que permanece o seu, Marguerite, em seu delírio, adota a condenação que este mundo faz incidir sobre o outro:

---

[32] Idem, p. 176.
[33] Idem, p. 344.
[34] Idem, p. 320.
[35] Idem, p. 199.
[36] Idem, p. 91.
[37] Idem, p. 256.
[38] Idem, p. 375.

> Eu chego a Paris, e não acredito em meus olhos; o tumulto da rua me impede o descanso. Olho os altos fornos com suas goelas, seus ventres, suas chaminés e as mulheres todas enfeitadas com vestidos de seda. Jamais vesti um deles, digo-lhes isso e elas tagarelam muito.[39][...] as nações se deixam riscar da história do mundo, e se houvesse somente Paris na França, logo o seríamos. Se existe uma ilha que só é habitada por animais monstruosos e horríveis, é ela, é a própria cidade com suas prostitutas às centenas de milhares, seus rufiões, suas pocilgas, suas casas de prazer a cada cinqüenta metros, enquanto a miséria se empilha no único cômodo do pardieiro.[40]

Um conselho irônico e raivoso que, em seu delírio, Marguerite dirige às mulheres, dá exatamente o itinerário de Emma Bovary:

> Assim, poderá se arrepender diante do altar, mergulhar em recolhimento, abrir seu coração ao céu e fechá-lo a seu esposo, deixar-se levar a fazer tolices para ter o direito de visar pedir graças diante do altar e deixar para mais tarde o pagamento do tributo que você deve em bondade, em inteligência.[41]

Para além de sua passagem ao ato, Emma poderá, com efeito, depositar, enfim, no Homem-Deus presentificado pelo crucifixo, "o maior beijo de amor que ela jamais tinha dado"[42].

Apresentando *Le Détracteur*, Lacan escreve que ali "se exprime uma aspiração amorosa, cuja expressão verbal é tanto mais tensa quanto é, na realidade, mais discordante da vida, mais votada ao fracasso"[43]. E é nesse sentido que ele fala da "sensibilidade bovarista" de Marguerite. A decisão de ir para Paris nos aparece como uma atuação dessa própria discordância. Sua efetuação põe fim ao período de meditação delirante. Paris será o lugar que convém para que Marguerite possa reatar o fio da primeira sistematização de seu delírio.[44]

Huguette ex-Duflos

Parece verossímil, mesmo que não se possa ser mais afirmativo, que Huguette ex-Duflos tenha sido incorporada ao delírio de Marguerite no momento que se segue a sua chegada a Paris (em agosto de 1925).

> Um dia, enquanto eu trabalhava no escritório, procurando, como sempre, em mim mesma, de onde poderiam vir essas ameaças contra meu filho, escutei meus

[39] T. p. 193.

[40] T. p. 195.

[41] T. p. 197.

[42] G. Flaubert, *Madame Bovary*, op. cit., p. 416.

[43] T. p. 179-80.

[44] T. p. 162: "É lá [em Paris] que ela construirá progressivamente a organização delirante que preludiou o ato fatal". Mais adiante em sua tese (p. 236), Lacan sublinhará o isolamento e mesmo a reclusão que representava para Marguerite sua instalação em Paris: "Ela fingirá ignorar o marido por ocasião de suas visitas, depois irá rareá-las e cada vez mais se fechará nas atividades compensadoras e quiméricas que criou em seu isolamento parisiense".

> colegas falando da Sra. [Huguette ex-Duflos]. Compreendi então que era ela quem nos queria mal.
>
> Outrora, no escritório de [Melun], eu havia falado mal dela. Todos concordavam em considerá-la elegante, distinta... Eu protestei, dizendo que era uma puta. É por isso que ela devia me querer mal.[45]

No fim de 1925 ou começo de 1926, Marguerite teria visto, por duas vezes, Huguette ex-Duflos representando no teatro e no cinema. Lacan conjectura que bem se poderia tratar de *Koegnismark*, filme tirado do célebre romance de Pierre Benoit, onde Huguette ex-Duflos é a princesa Aurore.[46] Mas, como este filme é de 1923, isso não nos esclarece quanto à data precisa da incorporação de Huguette ex-Duflos ao delírio. A alusão a seu processo[47] é mais interessante. Se nos referirmos a esta data, não seria antes de junho de 1926 que se teria produzido a incorporação. Isso não seria desmentido, mas, ao contrário, confirmado, pela conduta com Pierre Benoit que datamos do mês de agosto de 1926.

A propósito desse acontecimento no escritório dos Correios, Lacan emite uma reserva. "Não se pode deixar de se surpreender", escreve ele, "com o caráter incerto de uma tal gênese"[48]. Menos preocupados que ele, aqui, admitimos a autenticidade do testemunho de Marguerite, nem que seja por apresentar duas cenas cuja aproximação parece verdadeiramente constitutiva da identificação de Huguette ex-Duflos como perseguidora, ambas as cenas tendo ocorrido no escritório dos Correios, a primeira em Melun, a segunda em Paris. Esta localização, "comum" aos dois acontecimentos, assinala a nossos olhos a validade da aproximação. Além disso, é notável que, quando Lacan lhe assinala suas reservas, Marguerite logo encontra uma resposta rápida: ela relata o processo em que Huguette ex-Duflos esteve envolvida.

O fato de haver duas cenas (tanto no sentido de "lugar" quanto no sentido de um acontecimento isolado como tal na escrita teatral, logo, no sentido de "texto"), que, por outro lado, a primeira, historicamente, seja lida do ponto de vista oferecido pela segunda, isso sugere que a identificação de Huguette ex-Duflos como perseguidora foi construída da mesma maneira "só-depois" que a lembrança traumática segundo Freud. Não se trata aqui de abordar teoricamente o problema que se indica. Vamos limitar-nos a tomar nota desse fato eminentemente teórico que a clínica, tão logo se tente estreitar o que ela nos oferece, nos apresenta como que de bandeja: uma identificação construída como uma lembrança traumática. Não é demasiado levar em conta um tal fato na discussão, tão espinhosa, do problema da identificação.

---

[45] Ibid.

[46] T. p. 163.

[47] T. p. 162.

[48] T. p. 62.

O fato de ter analisado como fizemos a amizade de Marguerite e C. de la N., e de haver notado que ela se fundava inteiramente numa rejeição da feminilidade, nos permite agora situar o que terá sido a discussão primeira, em Melun (logo, provavelmente, anterior a outubro de 1917, data da partida de C. de la N.). Tratando Huguette ex-Duflos de "puta" enquanto as outras moças louvavam a atriz, admiravam-na, invejavam-na, Marguerite se distingue das outras. E é, então, exatamente no papel que lhe é atribuído por sua amizade com C. de la N., o de alguém que diz coisas inesperadas:

> — Marguerite: Você tem sorte. Sempre adivinha tudo o que elas vão dizer. Quando alguém emite uma opinião qualquer, a minha é sempre diferente?
>
> — C. de la N.: Tanto quanto me lembre, você não se parece com as outras. Quando se discute, você tem opiniões absolutamente inesperadas.[49]

"É uma puta": imagine-se com que dar de ombros Marguerite pôde proferir isso, com que ligeiro desdém pôde soltar essa "evidência", falando para ninguém em especial. Esta tirada aparece como uma dessas respostas inesperadas que faziam o charme de Marguerite aos olhos de C. de la N.. Mas não se trata mais de charme quando, cerca de nove anos depois, volta-se a falar de Huguette ex-Duflos no escritório dos Correios. Entrementes, C. de la N. foi eleita perseguidora. E se, dessa vez, Marguerite se abstém de toda intervenção na discussão, ela compreende que esta Huguette ex-Duflos "queria mal" a ela e a Didier.

Logo, existe realmente uma via de passagem entre C. de la N. e Huguette ex-Duflos, o que, por si só, testemunha da consistência da rede delirante. E mesmo duvidando de que o acontecimento inicial, no escritório dos Correios de Melun, tenha mesmo ocorrido (o que não fazemos, já que, ao contrário, acabamos de sublinhar até que ponto ele se deixa inscrever na estrutura da amizade que liga Marguerite a C. de la N.), um outro traço do caso viria indicar este laço entre as duas principais perseguidoras. Vamos ler:

> Foi através desta amiga [C. de la N.], notamos agora [...], que pela primeira vez chegam aos ouvidos [de Marguerite] o nome, os hábitos e os sucessos da Sra. [Huguette ex-Duflos] que era então vizinha de uma tia da narradora, e também o nome de Sarah Bernhardt, que sua mãe teria conhecido no convento, ou seja, as duas mulheres que a doente irá designar mais tarde como suas perseguidoras principais.[50]

Dado o que Lacan nos desenha como sendo o personagem de C. de la N., não é preciso muita imaginação para supor que a narradora partilhasse a opinião de Marguerite sobre as atrizes, que as duas amigas fossem coniventes quanto a este julgamento, que a amizade se fundasse nisso, e mesmo se alimentasse disso. Este outro traço do caso confirmaria, pois, nossa conjectura

[49] T. p. 227.
[50] T. p. 226-7.

acima, aquela pela qual a primeira discussão no escritório dos Correios de Melun seria anterior à partida de C. de la N.

Chegando a Paris com a questão que se sabe, Marguerite teria visto Huguette ex-Duflos no teatro e no cinema; ela também teria tido sob os olhos os relatos jornalísticos de suas aventuras judiciais com a Comédie-Française. Mas seria apenas no momento em que se teria falado dela no escritório dos Correios, isto é, no momento em que se evocava, para Marguerite, a discussão em Melun com as outras moças e C. de la N., que ela teria eleito Huguette ex-Duflos como sua perseguidora principal. Mas, se podemos avaliar ter assim isolado, ao mesmo tempo que seu momento, a via de passagem de C. de la N. a Huguette ex-Duflos (como numa corrida de revezamento, ela lhe passa seu bastão, no caso o de perseguidora principal), isso ainda não nos diz nada quanto à dinâmica dessa passagem, de sua razão. Em que C. de la N. não convinha? O que motiva então a eleição da Sra. Huguette ex-Duflos?

Em sua monografia, Lacan responde assim:

> O nome da Sra. [Huguette ex-Duflos] [...] veio a seu conhecimento pelos relatos da própria amiga que se transformou em sua perseguidora. Desde então a pessoa que "mexe os pauzinhos" de toda a conspiração é a Sra. [Huguette ex-Duflos] transmitida pela amiga; é, com efeito, uma pessoa "mais poderosa", mas também mais inatingível.[51]

Como vimos, a perseguição estava em primeiro lugar no delírio, principalmente marcada pela ameaça que pesa sobre Didier. Mas este primeiro tema delirante abre para Marguerite uma questão, a de saber quem lhe quer assim tanto mal e por que, questão a que não responde, realmente, a identificação de C. de la N. como perseguidora. Ela vai a Paris com o fim de encontrar uma resposta. Com a citação acima, temos uma fórmula desta questão pela boca da própria Marguerite: Quem mexe os pauzinhos? E a passagem do revezamento para Huguette ex-Duflos viria responder a uma constatação estreitamente ligada à exigência de uma resposta. C. de la N. não é poderosa o bastante, nota Marguerite, para ser capaz de lhe infligir tudo o que ela sofre. Quem pode, então? A identificação de Huguette ex-Duflos viria responder a esta questão (seremos levados a notar que esta identificação não satura a resposta, que subsiste, portanto, a questão, e que esta dará um de seus motivos para a entrada de Pierre Benoit na rede de perseguidores).

A entrada de Huguette ex-Duflos no delírio corresponde à adjunção de um tema de grandeza ao da perseguição. Huguette ex-Duflos tira seu poder, bem superior ao de C. de la N., de sua posição social de celebridade reconhecida. Por ter esta posição, ela é, ao menos por algum tempo, suscetível de mexer os pauzinhos. Ela pode fazer isso, pois C. de la N. a mantém informada sobre os fatos e gestos da vida de Marguerite. Mas, ao mesmo tempo, a natureza

---

[51] T. p. 234.

dessa situação se modifica um pouco: a perseguição, que no delírio visava principalmente Didier, vai também abater-se sobre a própria Marguerite. Ela agora não é mais perseguidora somente como mãe: ela o é, não menos ferozmente, como mulher.

"Zomba dela e a ameaça"[52], escreve Lacan. Mas em quê? De que maneira? Certamente, ela teria, como C. de la N., ameaçado a vida de Didier. Mas ela ameaça também Marguerite com aquilo que faz e aquilo que é. O que faz está ligado à sua cumplicidade com Pierre Benoit. Pierre Benoit fala mal dela[53], revelando sua vida privada.[54] Ele não o faz apenas em seus livros, mas também dirigindo "contra ela escândalos, em cumplicidade com as atrizes"[55]. O que Marguerite declarou logo depois do atentado é mais preciso:

> [...] ele sempre me põe em causa, sob nomes inventados, é claro. Percebi também que a Sra. Huguette ex-Duflos, que interpreta suas peças, me ridicularizava, em conivência com o autor, principalmente na peça *Les Suppliantes* (cf. *L'Écho de Paris* de 19-4-1931). Por que fenômenos psíquicos imaginou ela que o autor abominado "fazia escândalo com a Sra. Huguette ex-Duflos" e que esta artista a estaria "arremedando", por sua vez, nos papéis que representava? (cf. *Le Journal* de 19-4-1931).
>
> [...] ela se reconhece como a heroína de todos os seus escritos, e afirma que é a Sra. Huguette ex-Duflos quem leva o romancista a persegui-la, já que a própria artista, no palco, só pensa em arremedar a Sra. [Anzieu]. Ela quis perguntar à estrela as razões para essa dupla perseguição (cf. *Paris-Soir* de 20-4-1931).

Este "arremedo" é por demais eloqüente para que duvidemos da autenticidade de sua criação. Arremedando-a, Huguette ex-Duflos revela a vida privada de Marguerite, digamos melhor e em seus próprios termos, o seu "jardim secreto". A incorporação de Huguette ex-Duflos ao delírio permite, assim, que se venha formular uma nova ameaça, mas também que se efetue uma nova perseguição: a revelação do jardim secreto. Ora, tal é precisamente a figura da atriz, da puta, aquela de alguém cuja sexualidade é apregoada. Assim, é tanto pelo que é quanto pelo que faz que Huguette ex-Duflos persegue Marguerite.

> Vê-se, desde então, o valor mais representativo que pessoal da perseguidora que a doente reconheceu. Ela é o tipo da mulher célebre, adulada pelo público, realizada, vivendo no luxo. E se a doente faz em seus escritos o processo vigoroso contra essas vidas, os artifícios e a corrupção que lhes imputa, deve-se sublinhar a ambivalência de sua atitude; pois, ela também, como veremos, queria ser uma romancista, levar uma vida importante, ter uma influência sobre o mundo.[56]

---

[52] T. p. 153.

[53] T. p. 170.

[54] T. p. 153.

[55] T. p. 165.

[56] T. p. 164.

Com a entrada de Huguette ex-Duflos no delírio, a perseguição torna público o jardim secreto, o envolvimento de Marguerite na sua declaração de sexo. A ameaça se faz dupla, ela não incide mais somente sobre o "apagamento" da criança, traço da relação sexual, mas diretamente sobre a mulher, que deve tê-lo sido, realmente, supõe-se, a partir do momento em que terá sido mãe.

O escândalo, aos olhos de Marguerite, está ligado em particular ao fato de que a puta parece exercer sem remorsos nem vergonha a sua sexualidade. Ora, tais sentimentos não cessarão de habitar Marguerite, mesmo nos momentos mais agudos de seu delírio. Eles ocorrem desde que é revelada a sua intimidade, mesmo se acontece de ser René, a quem no entanto ela faz confissões, quem, lendo por sobre seus ombros os escritos de Pierre Benoit, sabe reconhecer ali o jardim secreto de Marguerite, as "incessantes alusões à sua vida privada"[57]. René permanece "o remorso em pessoa"[58] — notação onde encontramos uma confirmação de que seu lugar não é o de um perseguidor. Essa vergonha e esses remorsos mereceriam ser sublinhados, pois fazem disparidade entre a imagem ideal que Marguerite tem de si mesma e a imagem da atriz; esta, certamente, representa aquela, mas sob a condição de enucleá-la dessa característica de ser fêmea sem vergonha, pronta a tudo, inclusive sexualmente, para chegar a seus fins.

Assim, a identificação de Huguette ex-Duflos como perseguidora nos aparece como um viés pelo qual se estabelece, no delírio, um laço entre a ameaça de morte que pesa sobre Didier e uma certa ameaça que pesa sobre sua mãe, na medida em que está engajada num questionamento em ato da relação sexual. "É uma puta", esta primeira palavra de Marguerite visando à atriz é também a verdadeira, aquela que diz seu valor representativo para Marguerite. Mas a importância dessa definição se vê transformada no delírio: no fracasso do jardim secreto, o delírio vem sinalizar que, para Marguerite, todo engajamento na relação sexual só poderia valer, para uma mulher, como revelação de seu estatuto de puta. Já observamos, basta que exista uma única puta para que toda mulher seja atingida. Nisso, a psicose de Marguerite nos parece séria, não no sentido médico de gravidade, mas no sentido em que ela não negligencia uma questão que se apresenta para toda mulher, isto é, para cada uma.

É claro que C. de la N. não podia em caso algum ser representativa da puta. Assim, situamos a passagem, o revezamento de Huguette ex-Duflos como este tempo de sistematização do delírio que lhe permite dar consistência ao questionamento da relação sexual como tal. Este seria o motivo principal presidindo à eleição da vedete como perseguidora principal.

---

[57] T. p. 165.

[58] T. p. 238.

Como se vê, nossa abordagem nos obriga a sublinhar o que diferencia essas duas perseguidoras, mais que o que as homogeniza. Nesse sentido, ela entra em contradição com a idéia, presente na tese de Lacan, segundo a qual as perseguidoras são "os duplos, triplos e sucessivas "tiragens" de um *protótipo*".[59] Lacan não ignora que essa noção de tiragens sucessivas, que implica a de uma iteração do idêntico, faz dificuldade. É-lhe realmente necessário, com efeito, diferenciar um pouco as perseguidoras de Marguerite (nem que seja por sua posição no delírio) para estabelecer que este delírio se compreende como "uma transposição cada vez mais centrífuga de um ódio do qual ela quer desconhecer o objeto direto"[60]. Mas há mais. Tendo admitido o caráter prototípico dos perseguidores, ele não pode fazer menos que dar um valor "duplo, afetivo e representativo" ao protótipo. Ora, percebe-se, ao ler essa página 253 onde ele apresenta e põe em jogo essa distinção, que o valor afetivo do protótipo se refere a Élise (protótipo real e desconhecido) e a C. de la N., enquanto seu valor representativo reagrupa as mulheres de letras, atrizes e mundanas. Embora inscrita ao lado de Élise pela humilhação que inflige a Marguerite, C. de la N. constitui, de certo modo, a junção entre valor afetivo e representativo: como as atrizes e afins, enquanto representativa da "adaptação e superioridade sobre seu meio" C. de la N. suscita a inveja de Marguerite. Mesmo assim, esta partição do protótipo em duas categorias marca bem uma diferença que não é unicamente de posição entre C. de la N. e Huguette ex-Duflos. Assim, é somente a propósito das atrizes e mulheres de letras que Lacan é levado a notar que "eclode a identidade imaginária dos temas de grandeza e dos temas de perseguição".

Evocando esta passagem de C. de la N. para Huguette ex-Duflos, Lacan escreve:

> Ainda assim, muito rapidamente, ela cede o primeiro plano a personagens de nível superior, essas grandes atrizes, essas mulheres de letras que fazem do delírio de Aimée uma verdadeira *erotomania homossexual*. [...] Mas parece, por outro lado, na gênese das perseguidoras, que este traço da situação superior do objeto, longe de ser atribuível, como se disse, ao "orgulho sexual", não passa da expressão do voto inconsciente de não-realização sexual e da satisfação encontrada num *platonismo* radical.[61]

Lacan, em 1932, não podia significar melhor, senão com este "voto inconsciente de não-realização sexual", até que ponto estava em jogo, na eleição de Huguette ex-Duflos, no nível de perseguidora principal, a declaração de sexo. O voto de não-realização sexual instaura um platonismo cuja radicalidade está na medida daquela de uma realização prostituída da sexualidade.

---

[59] T. p. 253.

[60] T. p. 282.

[61] T. p. 263-4.

Pierre Benoit

Se o sexo fazia sua entrada no delírio de Marguerite com a incorporação de Huguette ex-Duflos à rede de perseguidores, será essencialmente do poder da letra que vai-se tratar com Pierre Benoit. Outros, sensivelmente, serão os problemas com que teremos que lidar, outra também será nossa maneira de abordá-los.

Uma primeira dificuldade se liga à datação da entrada de Pierre Benoit no delírio. Bem no fim da monografia, Lacan observa ainda que Marguerite

> [...] não pode situar a época nem as causas da introdução de P.B. em seu sistema delirante, mas ela se lembra com precisão de que essa introdução se produziu como um traço de luz. "Isso fez como que um ricochete na minha imaginação"[62].

Mas uma outra dificuldade, correlacionada à primeira, incide sobre o estatuto de Pierre Benoit no delírio. Com certeza, é facilmente demonstrável que ele teve uma função de perseguidor. Para convencer-se disso, basta reportar-se às declarações feitas por Marguerite logo depois do atentado contra Huguette ex-Duflos. Interrogada sobre o que a levara a agredir a atriz, ela responde: "Devo lhes dizer que sou leitora assídua dos romances de Pierre Benoit [...]" (cf. *L'Écho de Paris*, de 19 de abril de 1931). Tudo se passa aqui como se ela não pudesse afirmar todo o mal que sofreu de Huguette ex-Duflos senão mencionando aquele que lhe vem de Pierre Benoit. O fato de ter registrado queixa contra Pierre Benoit[63], em setembro de 1930, confirma, se necessário, que Pierre Benoit foi, para ela, realmente, um perseguidor. Nossa questão, pois, não é tanto de saber se ele o foi, e sim de determinar se o foi de saída, como foi o caso de Huguette ex-Duflos. Um certo número de dados nos obrigam, com efeito, a perguntar: não foi ele inicialmente um recurso erotomaníaco? Se tal foi o caso, ele não teria basculado, mesmo quando já incorporado ao delírio, de uma posição de amado para a de perseguidor detestado? Teríamos, então, que determinar não uma, mas duas datas, a de sua entrada no delírio e a do momento dessa báscula. A imprecisão dos dados é tal que nos parece aqui de bom método remontar no tempo, contrariamente ao que fizemos no caso, historiograficamente mais simples, de Huguette ex-Duflos perseguidora.

Na noite de 18 de abril de 1931, na declaração que segue imediatamente o ato de agressão contra Huguette ex-Duflos e tentando justificá-la, Marguerite dizia:

> Devo lhes dizer que sou leitora assídua dos romances de Pierre Benoit e percebi há muito tempo que eu era a heroína do escritor. Em todos os seus livros, encontro passagens de minha vida privada, e ele sempre me põe em causa, sob nomes inventados, é claro. Percebi também que a Sra. Huguette ex-Duflos, que interpreta suas peças, me ridicularizava, em conivência com o autor, principalmente na peça

---

[62] T. p. 293 e já à p. 165.

[63] T. p. 156.

> *Les Suppliantes*. Foi isso que me decidiu à vingança, e foi com este objetivo que deixei meu marido (*L'Écho de Paris* de 19 de abril de 1931).

O relato do *Journal* difere ligeiramente, mas também menciona outros elementos, notadamente a partida de Melun (em agosto de 1925):

> Mas, "que fazer em Melun a não ser ler?" A Sra. Anzieu lia. Demais. Assim, acreditou perceber que as aventuras das heroínas de seu autor favorito — Pierre Benoit — tinham uma analogia com certos episódios de sua própria vida particular. Inicialmente, sentiu-se lisonjeada, depois ficou furiosa. "Ele me ridiculariza", pensava. Acreditava também que seu marido lia nas entrelinhas do romance "suas confissões e vergonhas". Deixou o domicílio conjugal.

Uma certa ambigüidade paira sobre esse relato, e faz todo o seu interesse. Com efeito, não é evidente, ao lê-lo, que Marguerite tenha deixado Melun porque Pierre Benoit a perseguia revelando sua vida privada. O fato de que ela se tenha sentido lisonjeada por esta revelação vem-nos indicar que poderia tê-la acolhido como uma espécie de apelo amoroso vindo deste homem de letras. E que este apelo a tenha deixado furiosa, isso não implica necessariamente Pierre Benoit como perseguidor: enfurecer-se por dever ceder ao amor não é um traço patognomônico de uma perseguição. O mesmo se dá com o sentimento de se deixar levar a um certo ridículo do amor. Em contrapartida, o fato deste amor se originar da psicose, logo, ser erotomaníaco, devido a este traço decisivo: René sabe ler entre as linhas escritas por Pierre Benoit. Esta certeza do saber, não no sujeito, mas colocado no lugar do Outro, é, com efeito, um signo que não engana, cujo valor de verdade se indica claramente na célebre anedota do louco que se tomava por um grão de trigo (cf. cap. 14).

Vamos aprofundar, mais adiante, esta discussão da partida de Melun. Um outro jornal parece ligar mais claramente esta partida às perseguições de Pierre Benoit:

> Ela precisara deixar, há cinco anos, seu marido, o sr. Alzeu [...] para escapar ao escândalo provocado em torno da sua pessoa pelo Sr. Pierre Benoit, que contava sua vida particular em seus romances. Ela se reconhece como a heroína de todos os seus escritos, e afirma que é a Sra. Huguette ex-Duflos quem leva o romancista a persegui-la, já que a própria artista, no palco, só pensa em arremedar a Sra. Alzeu. Ela quis perguntar à estrela as razões dessa dupla perseguição. (*Paris-Soir* de 20 de abril de 1931).

Na sua declaração dada em Túnis, Pierre Benoit, lembrando-se de seu encontro com Marguerite, confirma o papel dominante de Huguette ex-Duflos:

> A infeliz pretendia estar sendo visada em várias das minhas obras, cujo tema me teria sido aconselhado, afirmava ela sem cessar, pela Sra. Huguette ex-Duflos.

O escândalo suscitado pelos feitos de Pierre Benoit nem por isso faz dele um perseguidor. Um apelo erotomaníaco pode perfeitamente ter este alcance. Quem o recebe pode não ignorar o que há de escandaloso, para seu círculo, no fato de responder a ele.

Mas vamos ater-nos ao método escolhido, de tal modo é difícil levar em conta as interpretações delirantes retrospectivas. Em abril de 1931, Pierre Benoit é um perseguidor, essencialmente na medida em que comete um abuso, o de tornar público o jardim secreto de Marguerite. As outras acusações, ou melhor, imputações de que ele é objeto parecem, com efeito, secundárias a esta: ele se aproveita, como escritor, dos dados da vida de Marguerite, plagia também as obras desta para seu maior benefício e às expensas dela.

Voltando atrás no tempo, encontramos Pierre Benoit no romance *Sauf votre respect*, escrito em dezembro de 1930. Chamado "o flibusteiro", Pierre Benoit é aquele que atiça a multidão contra a heroína, no momento em que esta chega àquela Paris de que se falou:

> Em todos os lugares onde vou sou observada, olham-me com um ar de suspeita, a tal ponto que a multidão à minha porta não tarda em me apedrejar. O flibusteiro a incita. Quero sair e investem, obrigando-me a recuar, e pago um direito de ancoragem.[64]

Pierre Benoit, neste momento, não é, em absoluto, objeto de uma erotomania. Isso pela simples razão de que a heroína "responde *Príncipe* quando lhe dizem *Poeta*"[65], em outras palavras, pela razão de que doravante é ao Príncipe de Gales que Marguerite dirige seu recurso erotomaníaco. Com efeito, o Príncipe de Gales e Pierre Benoit ocupam duas posições antagônicas:

> Ela disse ao perito médico que, pouco antes do atentado, havia grandes cartazes em Paris que anunciavam a P. B. que, se continuasse, ele seria punido. Logo, ela tem protetores poderosos, mas parece que ela os conhece mal.[66]

Pouco antes do atentado contra a funcionária da editora, Marguerite escreveu à polícia, registrando queixa contra Pierre Benoit.[67]. Isso nos permite ganhar alguns meses, fazendo remontar a setembro de 1930 a posição estritamente perseguidora de Pierre Benoit.

Entretanto, as coisas se tornam menos claras a partir do momento em que nos afastamos uns oito meses no período precedente ao atentado contra Huguette ex-Duflos. Entre junho e agosto de 1928, Marguerite vive seu período "de dissipação", a propósito do qual escreve numa carta (a Lacan?) que ali ela "tentava esquecer"[68] Pierre Benoit. O uso da língua francesa indica que se tenta esquecer alguém que se ama. Baseados nisso, deveríamos concluir que o ricochete na cabeça de Marguerite, sua descoberta iluminadora de que Pierre Benoit era um perseguidor se situaria entre agosto de 1928 e setembro de 1930. Este resultado bastante insatisfatório (poderemos diminuir um pouco esse

[64] T. p. 193.
[65] T. p. 194.
[66] T. p. 168.
[67] T. p. 156.
[68] T. p. 168.

período?) seria desmentido por algum traço referente a Pierre Benoit, e que seria situável anteriormente a este mês de agosto de 1928?

A nota erotomaníaca não nos parece excluída no e pelo relato que temos do encontro entre Marguerite e Pierre Benoit, no máximo em agosto de 1926. Aí está ele:

> Eu ia ao livreiro perguntar se podia vê-lo, este me disse que ele vinha todas as manhãs apanhar sua correspondência, fiquei esperando na porta, apresentei-me a ele, que me propôs dar uma volta de carro pelo bosque, o que aceitei; durante esse passeio, acusei-o de falar mal de mim, ele não me respondeu, finalmente me chamou de mulher misteriosa, depois de impertinente, e não tornei mais a vê-lo.[69]

A declaração de Pierre Benoit confirma essas acusações, mas explica que o tema das obras incriminadas era aconselhado a Pierre Benoit por Huguette ex-Duflos. Isso modera um pouco a responsabilidade do escritor. E Lacan nota que, por ocasião dessa entrevista, Marguerite estava "longe de ter chegado ao estágio das violências". Ele fala do "embaraço intrigado" do escritor, sentimento que não é especialmente o de um perseguidor perseguido. Há um galanteio em jogo, inclusive aos olhos bovaristas de Marguerite, quando Pierre Benoit a trata de "mulher misteriosa", e até mesmo de "impertinente" (pensa-se, aqui, em sua posição com relação a seu pai). Acrescentemos que não temos qualquer traço, nos anos que se seguiram a este acontecimento, de uma tentativa de aproximação de Pierre Benoit. Logo, se o caráter delirante da acusação frontal de Pierre Benoit naquele dia não dá margem a dúvidas, seria um tanto intempestivo excluir que essa conduta, incluindo o que nela foi abortado, comportasse alguma dimensão erotomaníaca.

Mas é principalmente a propósito da entrada de Pierre Benoit no delírio que Lacan discute a questão da erotomania de que este seria objeto. Tentemos mostrar que, se a erotomania, com efeito, não pode, como ele afirma, ser considerada como diagnóstico, ela tem, no entanto, o estatuto de um componente essencial do delírio de Marguerite. Em outras palavras, estaríamos deixando de lado um número excessivo de dados do caso se não a considerássemos como tal.

> Poderíamos pensar, a partir de certas expressões da doente, que a relação delirante tenha sido aqui, inicialmente, de natureza erotomaníaca, e tenha passado ao estágio do despeito. Foi P. B., com efeito, pode-se ler no relatório do Doutor Truelle, "quem a teria obrigado a deixar seu marido"; "dava-se a entender que ela o amava, dizia-se que eles eram três". Olhando mais de perto, pode-se ver que desde o início tratou-se de uma relação ambivalente, com apenas uma nuance de diferença daquela que liga a doente à principal perseguidora. "Eu acreditava", escreve-nos a doente, "que me obrigariam a tomá-lo como numa ligação espiritual: achava isso odioso e, se pudesse, teria deixado a França.[70]"

---

[69] T. p. 170.

[70] T. p. 164.

A tentativa de deixar a França é de setembro de 1924. Naquele momento Marguerite, que ainda amamentava Didier, já seria, pois, uma leitora assídua de Pierre Benoit; isso é confirmado pelo seu "que fazer em Melun, a não ser ler?". *Koegnismark* é de 1918, *L'Atlantide* de 1919, *Les Suppliantes* de antes de 1921, *Mademoiselle de la Fierté* de 1923, bem como o filme tirado de *Koenigsmark*; quando *Alberte* é publicado, em 1926, Marguerite está instalada em Paris. Os dois testemunhos, de Truelle e de Lacan, as frases de Marguerite que eles nos relatam, convergem para essa indicação de que a partida para Paris estaria relacionada a uma ligação amorosa e espiritual com Pierre Benoit. Não existe aí qualquer traço de um Pierre Benoit perseguidor. Aliás, Marguerite irá sustentar diante de Lacan que Pierre Benoit só teria tido um lugar em seu delírio (o que lemos: enquanto perseguidor) depois de sua chegada a Paris.[71]

É de se notar, a propósito dessa decisão de ir a Paris e do papel que nela desempenha Pierre Benoit, que Marguerite, se é que se tratava de reunir-se a ele, de "tomá-lo como numa ligação espiritual" (pensamos no poetastro), responde a um apelo que não vem do objeto de seu amor, mas de uma instância terceira. Ela não diz que ele a obrigaria a tomá-lo (traço da iniciativa emprestada ao objeto em certos casos de erotomania, embora — Lacan insiste nisso — não em todos), mas que *se* a obrigaria a tomá-lo. Do mesmo modo, dizia-*se* que ela o amava. A incidência dessa terceira instância não é, para nós, uma novidade. Mesmo assim, esta é a grande diferença quanto à aventura com o poetastro, o traço que nos autoriza a qualificar aquela com Pierre Benoit de delirante (a partir desse momento), quando a aventura com o poetastro não o era.

Em que momento podemos situar o ponto de báscula, a iluminação onde Marguerite identificou Pierre Benoit como perseguidor? Um dos marcos possíveis nos é dado pelo pareamento de Huguette ex-Duflos e Pierre Benoit.

> Eu pensei, diz Marguerite a Lacan, que a Sra. Huguette ex-Duflos não podia ser a única a me fazer tanto mal impunemente. Era preciso que ela fosse sustentada por alguém importante.[72]

Terá sido necessário, para Huguette ex-Duflos, o suporte do "poder da celebridade literária". Pierre Benoit não pôde ser eleito perseguidor senão depois que a atriz houvesse atuado por algum tempo, se não só, ao menos sem este apoio de um homem de letras. Referindo-nos à nossa discussão anterior, só pode ser depois de começado o processo de Huguette ex-Duflos, logo, em julho de 1926, no máximo. A escolha do mês de agosto de 1926 como data-limite da entrevista com Pierre Benoit, quando Marguerite o chama de agente de Huguette ex-Duflos, não contradiz essa suposição. Depois de ter sido, por um tempo, um recurso erotomaníaco imposto, Pierre Benoit, de agosto de 1926

---

[71] T. p. 165.

[72] Ibid.

(data da entrevista) a agosto de 1928 (data do período de dissipação em que Marguerite o esquece) teria visto sua posição de amado contrabalançada pela de perseguidor, ao mesmo tempo em que a posição de perseguidor seria contrabalançada pela de amado.

Esta solução em três tempos, correspondente a três posições diferentes de Pierre Benoit no delírio de Marguerite, permanece bastante insatisfatória. Nada vem confirmar — nem, aliás, desmentir — que a iluminação que um dia invadiu Marguerite e a fez reconhecer Pierre Benoit como sendo um puro e simples perseguidor tenha ocorrido depois de agosto de 1928, ou durante esse período de dissipação. Em contrapartida, o fato de que o principal perseguidor masculino tenha sido inicialmente objeto de uma demanda erotomaníaca nos parece, a partir de agora, estabelecido.

O fato de que este amor tenha basculado em ódio por "ricochete", como diz Marguerite, ou seja, como uma pedra caindo na água, isso nos remete ao prenome de Pierre (pedra, em francês) Benoit, com o qual sabemos que Marguerite jogou, já que lhe deu o nome, como perseguidor, de "Robespierre"[73]; mas isso também nos remete, em *Le Détracteur*, à ligação poética da pedra e da torrente como metáfora do amor. Diversas passagens desse romance de Marguerite poderiam ser citadas. Vamos nos limitar a duas, primeiramente a esta:

> O amor é como a torrente, não tente detê-la em meio a seu curso, anulá-la, barrá-la; vai acreditar que ela foi subjugada, e ela o afogará.[74]

Depois esta, onde se lê claramente o ricochete (a seu propósito, Lacan fala de uma "curiosa fantasia da metamorfose de seu sexo", e lemos aí, mais simplesmente — não explicitada, mas isso mesmo faz parte da convenção — uma convenção de escrita onde Marguerite dá a palavra a David, o noivo de Aimée):

> Serei recebido como rapaz, irei ver minha noiva, ela estará sempre em pensamentos, ela terá filhos nos olhos, eu a desposarei, ela será muito triste, ninguém escutará suas canções.
> Se ela se lamentar, vou insultá-la junto à porta, eu lhe direi que estou partindo nas águas, ela deixará cair seu dado, olá! ao voltar eu lhe contarei histórias épicas.
> Conheço todas as pedras de meu país, as azuis, as brancas, as castanhas; são minhas amigas, falo com elas. O que faz você aí?
> Sirvo de escada para freqüentar o bosque, se eu te atrapalho, empurre-me, dê-me um impulso, aos pulos eu iria tudo pisotear, a torrente me receberá.[75]

Desde que Pierre Benoit é reconhecido como perseguidor, o tema da divulgação do jardim secreto é duplicado pelo do roubo da carta, mediante o que o primeiro tema muda de sentido. Com efeito, a divulgação podia ser

---

[73] Ibid.

[74] T. p. 182.

[75] T. p. 185.

recebida por Marguerite como a indicação, dirigida a ela por Pierre Benoit, de que ele, o romancista, o homem de letras, sabia a que se referia o seu jardim secreto, estando mesmo disposto a correr o risco de revelar este saber a terceiros (notadamente a René) para fazê-lo saber que sabia. A divulgação pode, assim, ter atuado como apelo antes de aparecer como desejo de revelação a terceiros. Somente esta última significação será mantida, desde que Marguerite tem sua iluminação de que Pierre Benoit é um perseguidor. A questão, com efeito, na fase erotomaníaca com Pierre Benoit — e que não podia deixar de se colocar — era a de saber como Pierre Benoit sabia, e sua qualidade de homem de letras permanecia uma resposta insatisfatória, mesmo que aquilo que a erotomania repetia da aventura com o poetastro lhe desse algum corpo. Em contrapartida, a idéia delirante do roubo de carta diz de que maneira Pierre Benoit sabe: através de sua cúmplice e inspiradora, Huguette ex-Duflos, a quem C. de la N. informa. Tal como o ilusionista que diz o que faz, e que o faz tanto melhor na medida em que o diz, Pierre Benoit, ladrão de cartas, tem a petulância de sinalizar a Marguerite que é isso mesmo que ele faz. Aqui, com efeito, não há metalinguagem: o roubo das cartas não é somente atuado, é também um sinal onde Marguerite pode ver confirmada sua idéia do roubo da carta: "Não roubam cartas da heroína? Pois a mim também me roubaram, etc."[76]. O fato de que a carta seja roubada é significado no traço do roubo da carta como signo que valida a asserção segundo a qual a carta foi mesmo roubada. Mas o primeiro amor não é em absoluto apagado, como testemunha a única frase de Pierre Benoit citada textualmente por Marguerite como prova de que Pierre Benoit zomba dela com sua ironia: "Que andar, que graça, que pernas"[77]!

Notemos que, nomeando sua própria heroína "Aimée", Marguerite não deixa de situá-la na linhagem simbólica das heroínas de seu perseguidor preferido, cujos nomes têm sistematicamente por inicial a letra A. Como a iluminação, isso vem lançar uma luz viva sobre o que será a decisão de Lacan de designar Marguerite, na medida em que ele relata sua psicose usando o nome da heroína do *Détracteur*. O fato de que Lacan tenha feito aqui mais do que pensava, que tenha havido de sua parte um ponto cego, é confirmado quando, ao nos contar a *Alberte*, de Pierre Benoit, que ele deve ter lido para ver se Marguerite tinha razão de se reconhecer no personagem, comete o erro de chamar de "genro" aquele que Alberte irá amar, o noivo de sua filha.[78] A mão

---

[76] T. p. 165.

[77] Ibid.

[78] Cf. a nota p. 295 da tese. O resumo dado por Lacan do livro que leu só pode designar *Alberte*, salvo erro de nossa parte. O homem por cuja conquista a mãe mata a filha não é o marido desta, mas seu noivo. Notemos a resposta dada por Marguerite a Lacan a propósito deste livro: "Eu era ao mesmo tempo aquela mãe e aquela filha". Esta observação vem diretamente confirmar nossa versão do caso de Marguerite como de loucura a dois.

de Pierre Benoit chegará a ponto de marcar com seu selo, este selo que vale quase por uma assinatura, através da escrita de Marguerite, a escrita de Lacan.

Alberte deveria, aliás, ser assinada por "Alberte", pois é ela que, na ficção, escreve sua confissão e somente a menção do nome de Pierre Benoit na capa vem manifestar que se trata, realmente, de um livro dele. Esta menção faz deste livro inteiro uma carta roubada. Ao publicar em sua tese extratos dos dois romances de Marguerite, Lacan procede do mesmo modo que Pierre Benoit nessa ficção. Certamente, ele usa aspas, explica o que se deve a quem, e isso muda tudo: mas, mesmo assim, esses romances serão publicados num livro cuja capa menciona Jacques Lacan como sendo o nome de seu autor.

Vamos resumir, com a ajuda de um esquema elementar, nossa reconstrução da mudança de posição e de valor de Pierre Benoit no delírio:

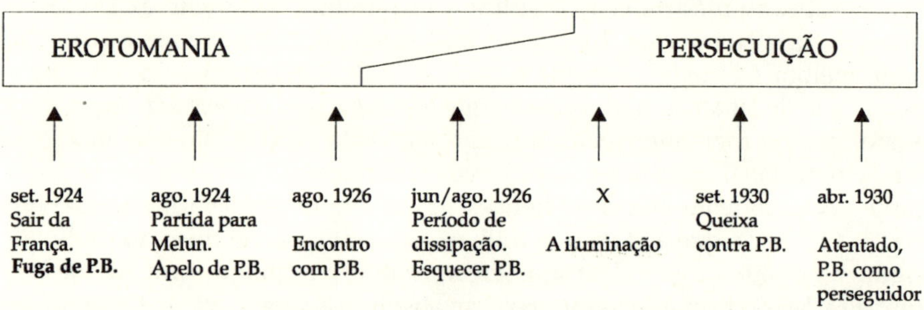

No que diz respeito ao aspecto erotomaníaco, nossa análise se deverá prolongar com o estudo da entrada em cena do Príncipe de Gales. Em contrapartida, a função de perseguidor propriamente dita, mantida por Pierre Benoit, já pode ser melhor demarcada a partir daí. Com efeito, se não é perseguidor sob o mesmo título que sua cúmplice Huguette ex-Duflos (mencionamos os sinais deste fato), ainda não foi explicitado em que consiste esta diferença.

Pierre Benoit perseguidor é objeto de diversas acusações: 1 - ele revela a vida privada de Marguerite; 2 - ele encontra sua inspiração de escritor nesta vida; 3 - ele plagia seus romances e até seu diário íntimo. O traço do roubo da carta reúne as acusações 1 e 2 (a 3 pode ser incorporada à 2, considerada como uma de suas variantes). Observando mais de perto este roubo da carta, vamos engajar-nos na via de uma diferenciação de perseguições vindas de Pierre Benoit e de Huguette ex-Duflos.

Lacan aborda a questão dessa diferenciação pelo viés da interrogação seguinte: como Marguerite concebe os laços que ligam Huguette ex-Duflos a Pierre Benoit?

> Quanto às relações que ela imagina entre esses dois perseguidores principais, elas não nos esclarecem mais. Ela não pensava que os dois fossem amantes, "mas eles fazem como se fosse... eu achava que havia intrigas, como na corte de Luís XIV[79]".

---

[79] T. p. 164-5.

É de se notar a reserva com que Lacan acolhe esta declaração, confirmada umas cem páginas mais adiante quando Lacan fala dos "laços indiscerníveis"[80] a propósito dessa maneira de aparentar serem amantes. Diante deste impasse, optamos por retomar a questão por um outro viés, quando, chegado quase ao termo da escrita do caso Aimée, ele se decide a ler, ele mesmo, o romance de Pierre Benoit "incriminado" por Marguerite. Ele já havia mencionado o assunto uma primeira vez:

> Em diversos romances de Pierre Benoit ela acreditou se reconhecer. Neles, ela vê incessantes alusões à sua vida privada. Ela se crê visada pela palavra "cólera" surgida na virada de uma linha, atingida pela ironia do escritor quando vêm em alguma parte, sob sua pena, essas exclamações: "Que andar, que graça, que pernas!"
> Essas interpretações parecem tão fragmentares quanto imediatas e intuitivas. Para responder a uma amiga que, pressionada por ela, teve que ler um de seus romances ("exatamente", disse-lhe ela, "a minha história") e que se espanta por nada encontrar ali de semelhante, sua argumentação não é menos descosida: "Não roubam cartas da heroína? Pois a mim também me roubaram, etc.[81]"

Decerto, é lamentável que Lacan tenha achado por bem truncar esta citação (admitimos que o "etc." é dele), pois o problema, como veremos, não é fácil de deslindar. É de se acreditar que Marguerite tenha terminado por pressionar Lacan, como pressionara sua amiga, a ler Pierre Benoit. Feita a leitura, ele volta ao que escrevia, na passagem citada acima: as interpretações de Marguerite lhe parecem agora menos fragmentares, imediatas e intuitivas do que pensou inicialmente.

Notemos, também, que Lacan escreve numa nota essa leitura de Pierre Benoit e seus resultados. Ora, esta nota é atribuída, como aquela, a nosso ver decisiva, onde ele introduz a outra interpretação do caso, a uma "pesquisa atenta". Haveria uma convergência observável entre as duas notas assim situadas?

Embora se queira explicativa, e ainda que, por outro lado, traga um elemento novo e decisivo, a nota da página 295 não deixa de ser obscura. Aí estão seus dois últimos parágrafos (acabamos de dar, acima, uma condensação do primeiro):

> Tivemos o escrúpulo de ler, nós mesmos, o romance incriminado. É a história de um a mãe que suplanta sua filha diante de seu genro. Esta encontra a morte, num atentado montado pelo marido infiel; mas, dez anos depois, a mãe, decepcionada em seu amor, descobre o crime cometido por ela, e se pune por ele, ao mesmo tempo em que pune seu amante, entregando-se à justiça. Parece-nos difícil *denegar* [grifo meu, depois de nossa desconstrução da versão sororal, isso não causa espanto] a relação direta dos temas fundamentais deste romance com os complexos e conflitos principais que pretendemos ter revelado na base do delírio de Aimée.

[80] T. p. 263.
[81] T. p. 165.

> Além disso, a doente nos pudera exprimir espontaneamente a origem de sua crença delirante, sob um modo mais feliz que na sua resposta de defesa dada à amiga: "Ao ler este livro", disse-nos ela um dia, *"eu era ao mesmo tempo aquela mãe e aquela filha"*.

O ponto mais notável, e observado por Danièle Arnoux, com base em cujo trabalho me apóio aqui[82], é que esta última notação de Lacan (a conformidade do romance incriminado com os complexos e conflitos na base do delírio) se aplica também à outra versão do caso, aquela da outra nota, aquela que dá o valor basal à pulsão infanticida. Com efeito, só pode tratar-se de *Alberte*, que Pierre Benoit publica em 1926 e onde está em jogo o assassinato de uma jovem, morta por seu noivo, com a cumplicidade de sua mãe (a da moça).

Em sua narração deste romance, Lacan comete três erros: não se trata de um genro, e sim de um futuro genro; não é um marido infiel, mas um noivo infiel que comete o atentado, e o recurso ao julgamento ocorre oito, e não dez anos depois de sua execução.

Com certeza encontram-se, em *Alberte,* numerosos traços que seriam diretamente referíveis ao caso de Marguerite, nos quais ela se teria podido reconhecer. Mencionemos, na ordem em que aparecem no romance, os traços seguintes:

• Mas eu jamais tive a idéia de confrontar meu destino com o dessas heroínas (p. 21).

• Amá-lo? Só faltava isso. (p. 23)

• [...] e hoje que aprendi, enfim, o que significa falar, posso bem confessar que, mesmo naquele instante, [meus sentidos] jamais haviam sido despertados. (p. 26)

• Camille, falando de sua mãe a Franz, esta mãe que ela incitou a se declarar como mulher diante deste noivo: "Mas isto é ridículo, mas isto é impossível. Vamos, Franz, olhe bem para ela. Dir-se-ia minha irmã". (p. 83)

• [...] essa mania que têm as mulheres, na província, de tudo complicar. (p. 94)

• [...] hoje em dia não é preciso temer ter um genro um pouco mau. (p. 95)

• Alberte, dizendo de sua descoberta da feminilidade: deliciosa e mortal perturbação. [...] Quer-se rever todos os lugares por onde se passou, reler todos os livros que se leu, pois agora se sabe que jamais se os viu nem compreendeu. (p. 117)

• p. 135 *et sq*: a caçada de Alberte e Franz, metáfora da relação sexual.

• p. 140 *et sq*: o tema do touro perseguidor.

• Você acredita que não cochichem a nosso respeito? (p. 168)

---

[82] Danièle Arnoux, "Pierre Benoit, Marguerite Anzieu, Jacques Lacan: un transfert d'écriture", *Fragments,* Boletim interno da École Lacanienne de Psychanalyse, nº 6, abril de 1988.

• Paris se estendia a meus pés. [...] Entrei por etapas, insensivelmente, no mundo novo que me inspirava tão selvagens apreensões e pelo qual eu logo viria a sentir um amor tão louco. (p. 243-4)

Outras "analogias", ainda, como as chama prudentemente D. Arnoux, que as revelou, podem ser observadas: certas datas parecem fazer nó entre *Alberte* e a história do caso de Marguerite (outubro de 1917, data prevista do casamento de Camille e Franz, e também do casamento de Marguerite e René), alguns lugares parecem ser lugares comuns (Mauriac). Nada nos prova, porém, que Marguerite tenha lido isso como dizemos que poderia fazer, como ressonante com sua própria experiência (poderíamos colher outras tantas analogias a partir de *Koegnismark*, até mesmo a partir de um romance qualquer de qualquer autor). Assim, o que recobre o "etc." de Lacan, com efeito, faz cruelmente falta.

Mas existe mais, existe o fato de que não se fala em parte alguma, em *Alberte*, de uma carta roubada. Assim, D. Arnoux pôde formular a suposição segundo a qual não se trataria de um único romance de Pierre Benoit, naquilo a que Lacan chama de romance "incriminado", e sim de dois, não somente *Alberte*, mas também *Mademoiselle de la Fierté* (publicado no mesmo ano do nascimento de Didier), onde, desta vez, intervém a função da carta roubada e onde, por outro lado, a vítima dos jornalistas se chama David, como o herói do *Détracteur*. Entretanto, a adjunção dessa referência suplementar não suspende as reservas que formulamos, estas continuam pertinentes, quer se trate de um romance, do outro, ou mesmo dos dois. Nada de propriamente significante, nem num nem noutro caso, vem homologar a justeza de nossas conjecturas (não encontramos, em Pierre Benoit, nem a palavra "cólera", nem a frase textualmente citada por Marguerite).

Logo, é somente no plano temático que Marguerite nos incumbe (por muito descontentes que estejamos com este estado de coisas, e confessamos que é grande o nosso descontentamento, precisamos realmente nos resolver). *Mademoiselle de la Fierté* conta a história de uma mulher que põe outra mulher, sua rival, à sua mercê; *Alberte*, a de uma mulher que só efetua sua declaração de sexo no assassinato da filha. Em ambos os casos, o assunto é de mulher para mulher, o homem desempenhando, mal ou bem, um papel de pretexto para um acerto de contas onde ele não está pessoalmente envolvido (a não ser, justamente, sob este título de não estar envolvido, o que certamente não é pouco).

Isto sempre desqualifica um pouco a função do perseguidor masculino. Como negligenciar, por outro lado, o fato de que a única frase de Pierre Benoit que Marguerite cita "textualmente" para apoiar suas acusações ("que andar, que graça, que pernas!") valha como um elogio? E que, como tal, tem o alcance de uma solicitação sexual?

Assim, aproximamo-nos do que diferencia a perseguição de Pierre Benoit daquela proveniente de Huguette ex-Duflos. E vai ser ainda Marguerite quem nos fornecerá o traço desta diferença. Publicando sua vida privada, plagiando seus romances, Pierre Benoit, certamente, torna-se gravemente culpado. Mas mais escandalosa, mais odiosa ainda parece ser a ação de Huguette ex-Duflos. Esta atividade persecutória é superior à de Pierre Benoit, mas também avaliza a de Pierre Benoit, essencialmente concentrada em sua atividade de escritor. É superior, pois Huguette ex-Duflos é a inspiradora, ao mesmo tempo informante e musa. Mas é principalmente como um aval dessa escrita que a ação de Huguette ex-Duflos se faz demasiado venenosa: como atriz, ela interpreta papéis escritos por Pierre Benoit, ela imita, assim, Marguerite em cena. Ora, isso é de uma natureza inteiramente distinta da divulgação de sua vida num escrito.

Para nos fazer entender, façamos um breve desvio pela abordagem lacaniana do *acting-out*. Lacan explicava que, quando alguém lê, o *acting-out* começa, não no tempo em que ele se pusesse a ler em voz alta (durante séculos, esta foi a própria forma de leitura), mas no momento em que, cessando de ler assim, este alguém se pusesse a encenar o texto. Este franqueamento, falando propriamente, seria constitutivo da cena do *acting-out*. Huguette ex-Duflos podia ser leitora dos romances de Pierre Benoit e até mesmo, como René, saber ler nas entrelinhas o que estava realmente em jogo, a saber, a vida privada de Marguerite. Mas, que ela se faça, não mais leitora e sim atriz dessa vida privada, eis o intolerável. Aqui o simbólico (no sentido de Lacan) vem em nosso socorro, confirmando nossa leitura. *Le Détracteur*, título escolhido por Marguerite para seu primeiro romance, deixa-se com efeito, transliterar: *"le d'être acteur"* (o ser ator). Notável é o achado poético, a condensação, a metáfora. O detrator é aquele que lança seu adversário para baixo (do latim: *detrahere)*, aquele que rebaixa o outro, que afirma, se possível, publicamente, a falha do outro, que se apóia nessa falha para denegrir o outro. A falha, aqui, é claramente a do sexual, aquela constitutiva da sexualidade feminina. Detratora de Marguerite em cena, Huguette ex-Duflos revela ao público essa falha de maneira incomparavelmente mais violenta do que poderia fazer Pierre Benoit.

Arremedando, macaqueando Marguerite no palco, Huguette ex-Duflos trata-a de macaca (exatamente o que diz Marguerite sobre a sexualidade da atriz), e isso, não por um traço qualquer de sua história ou de sua vida, mas exatamente a propósito desse próprio traço que Marguerite condena em sua vida de atriz, a saber, sua declaração de sexo. Há um gozo nesse macaquear, há um gozo em quem atua essa macaquice, um gozo tanto mais capaz de ferir, tanto mais mortífero, na medida em que atinge a outra mulher no lugar mesmo de sua fraqueza, em outras palavras, de sua feminilidade. E a questão deste gozo, decerto, não é atenuada, antes exacerbada, quando, como em *Alberte*, uma dessas mulheres é a mãe e a outra é a filha. Leitora de *Alberte*, Marguerite diz a Lacan: eu era ao mesmo tempo essa mãe e essa filha. Como mãe e filha podem enfrentar-se, desde que se trate deste gozo? Seria esta a crueldade despreocupada das mães frívolas (cf. p. 167 da monografia)?

Aqui o homem, mesmo perseguidor, é desqualificado: simplesmente, não se trata de que ele goze deste gozo, que é o do Outro.

Aqui, deixa-se situar como *acting-out* a declaração de sexo de Marguerite. Sua aventura com o poetastro? Exatamente isso: uma macaquice atuada.

Mas estaríamos elucubrando? Parece-nos, ao contrário, que é isso o que nos indica Marguerite quando diferencia, da maneira mais nítida possível, a posição do autor e a do leitor:

> Os que lêem livros não são tão burros quanto os que os fazem, eles lhes acrescentam.[83]

A atriz é, exemplarmente, esta leitora que "lhe acrescenta". Este suplemento (de gozo criminoso) diferencia a perseguição sofrida por parte de quem goza com aquilo (uma Huguette ex-Duflos) e de quem não pode em caso algum pretender ter acesso àquilo (um Pierre Benoit). Preso à sua masculinidade, Pierre Benoit se inquieta: talvez eu estivesse ameaçado de levar uma facada, sussurra ele aos jornalistas. Vamos responder-lhe: "Pode ficar tranqüilo, não se preocupe tanto, isso realmente não lhe diz respeito".

Agredir Huguette ex-Duflos logo antes que esta entre em cena nos surge agora como uma tentativa que vem exatamente na hora certa (este "logo antes"), e cuja visada terá sido de pôr um fim ao gozo desse suplemento, a este suplemento de gozo que dá, com efeito, à atriz seu estatuto de perseguidora principal.

O Príncipe de Gales

Não há nada de aberrante em classificar este personagem público que é o Príncipe de Gales na rede de perseguidores. Decerto, ele não persegue Marguerite; mas o fato de que ele seja para ela um recurso efetivo diante de seus perseguidores é suficiente, por si só, para nos impedir de isolar sua ligação com ele de todas aquelas em que ela está presa no seu delírio.

O Príncipe de Gales praticando esportes a bordo do *Alcântara* durante sua viagem

A efetividade desse recurso nos parece demonstrada pelo seguinte traço do delírio: quando o príncipe viaja pela América do Sul, Marguerite lhe escreve para dizer que "desconfie das emboscadas do Sr. de W."[84], redator do *Journal*, que a ameaça em seus artigos e cujo

[83] D. Arnoux, "Pierre Benoit...", op. cit.

[84] T. p. 169.

nome ela cobre de invectivas em seus papeizinhos.[85] Nesta carta, não assinada, ela lhe assinala que o Sr. de W. "dá a palavra de ordem aos revolucionários nos jornais com termos em itálico"[86].

Sua Alteza voltou em meados de abril de 1931; *L' Illustration* de 18 de abril faz o relato.

Se o príncipe já não estivesse engajado, em fevereiro-março de 1931, ao lado de Marguerite, no seu combate contra seus inimigos, e se estes, por outro lado, já não estivessem informados deste engajamento, não se compreenderia por que Marguerite estaria preocupada com seu príncipe, com os perigos que também a ele espreitavam.

E um dos dados que permite afirmar que esses perigos se fizeram mais presentes, mais urgentes, mais opressores no momento imediatamente anterior à passagem ao ato contra Huguette ex-Duflos consiste no fato de que Marguerite acaba se declarando ao príncipe, assinando com seu nome as cartas que lhe dirigia.[87] São da mesma ordem dedicatória e o envio ao príncipe de seus dois romances.

Marguerite agride Huguette ex-Duflos no próprio momento em que seu protetor está a bordo do navio que o traz de volta à Europa. Mas existe, mais fascinante ainda, essa troca de lugares que faz com que ela receba na prisão, ao mesmo tempo em que seus livros lhe são devolvidos, a carta do príncipe rejeitando seu "presente", escrita na véspera do atentado. Tudo se passa como se este atentado antecipasse essa recusa, cuja violência não se pode minimizar (vamos lembrar da aqui da agressão contra a funcionária da editora, referente a estes mesmos manuscritos). Pela pena de seu secretário particular, o Príncipe de Gales lhe faz saber que ela faz parte dessas pessoas com as quais ele não está ligado pessoalmente, da quais ele não poderia aceitar, tampouco, o mínimo presente: *it is contrary to Their Majesties' rule to accept presents from those with whom they are not personally acquainted*[88]. Tudo se passa como se ser confrontada com esta recusa fosse pior que enfrentar as conseqüências da atuação da agressão contra a atriz. Lacan qualificava de nada menos que "último recurso"[89] o envio dos manuscritos ao Príncipe de Gales. E, ainda na prisão, muito provavelmente antes de ter recebido a carta do secretário particular, igualmente antes da sua cura, Marguerite escreve ao príncipe para dizer-lhe que as atrizes e pessoas de letras lhe faziam coisas graves.[90] Que parte terá tido, nessa cura, o recebimento dessa carta de recusa? A cura acusaria o recebimento dessa recusa?

---

[85] T. p. 165.
[86] T. p. 169.
[87] Ibid.
[88] T. p. 171.
[89] T. p. 170.
[90] T. p. 172.

Datemos de 28 de janeiro de 1931 (poderia ter sido 1930) o poema que Marguerite escreve por ocasião de uma visita do Príncipe de Gales a Paris. Lacan parece indicar que a erotomania já estava constituída naquele momento, o que é confirmado pela dedicatória ao Príncipe do *Détracteur,* escrito em agosto de 1930. Não existe nenhuma indicação, na monografia, de que o Príncipe de Gales houvesse intervindo no delírio muito tempo antes dessa data de agosto de 1930. E se levarmos em conta, agora, nossa discussão precedente no que concerne a Pierre Benoit da datação a que chegamos dessa virada que, de amado, viria fazer deste um perseguidor, percebemos que as datas conferem, que o momento dessa virada é também o da entrada em cena do príncipe como objeto erotomaníaco, e que, portanto, o fio erotomaníaco, no delírio, se deveria mudar de objeto, não foi, no entanto, jamais rompido. O esquema abaixo se deixa superpor ao esquema precedente:

EROTOMANIA

Em *Le Détracteur,* Marguerite faz alusão a seu amor pelo príncipe identificando-o ao rouxinol, *Nightingale*[91], tal como os enamorados que se tratam por diversos nomes, cada um mais terrível que o outro. Aqui, é claramente o significante *gale* que preside à escolha do apelido. Infelizmente, Lacan não transcreve a passagem em questão. Mas aqui está a imediatamente anterior:

> Eu os preveni quando o incêndio estourou no bosque. Era de se ouvir o crepitar! As bagas de genebra estalavam seco e as fagulhas me seguiam, o terror me dera asas e o pilriteiro esporões, eu parecia o pássaro aviador, em torno de minhas hélices o ar roncava, mais rápido que as nuvens eu vencia o vento[...][92].

O incêndio metaforiza a coorte de inimigos; mas ele também remete, muito diretamente, embora sem que o príncipe saiba, à morte de Marguerite, a mais velha. Tocamos aqui, de perto, a articulação entre a erotomania e a perseguição: as asas do amor erotomaníaco são uma maneira de lidar com o terror. Se, com Lacan, sublinhamos inicialmente que o Príncipe de Gales foi, para Marguerite, um recurso efetivo, seria errôneo, no entanto, concluir daí que o amor de que ele é objeto se deixa reduzir a essa demanda de ajuda em face dos inimigos. Há dom de si nesse amor, há altruísmo, como já era o caso com o poetastro. O príncipe é o senhor de Marguerite, designado como tal no poema que ela escreve quando ele se encontra em Paris.[93] E se este poema comporta realmente duas estrofes (em nove) onde Marguerite confessa a seu senhor sua preocupação com "a traição desses animais", trata-se, nas sete

[91] T. p. 186.
[92] Ibid.
[93] T. p. 168.

outras quadras, de um puro canto de amor erotomaníaco. Encontramos aí o vôo do pássaro como metáfora do amor:

> Com sua Alteza, a distância
> Permanece sempre imensa
> Para vencê-la com asas
> O coração não é rebelde.

A vitória do amor — pois o amor é aqui uma vitória — liga indissociavelmente a realização do amor, a da grandeza e o fim das perseguições. O poema termina assim:

> Pelos montes da cordilheira
> Quando as águias planarem
> Ao nível dos Grandes da terra
> Os Windsor se irão medir.

A erotomania é estar no vento (*wind)* do amor. Não é de outra forma, mas nisso mesmo que ela vale como recurso. O amor erotomaníaco *responde* à perseguição (cf: "Ela responde *Príncipe* quando lhe dizem *poeta*", já citado). Marguerite sonha com este amor que seria mais forte que a perseguição, ela sonha com isso, falando propriamente, e incorpora esse sonho igualmente ao seu delírio (uma "objetivação dos conteúdos do sonho[94]", escreve Lacan a esse propósito) e a seus escritos:

> [...] *eu durmo muito mal*, caço as feras na floresta com Sua Alteza. Lê-se isso em meus olhos.[95]

A família real espanhola desembarcando em Paris.

É verdade que a Alteza em questão não é aqui o Príncipe de Gales, mas Jaime I. No momento em que Marguerite escreve estas linhas, a atualidade política o propõe como um duplo do Príncipe de Gales. Com efeito, a semana em que Marguerite agride Huguette ex-Duflos será também a da queda da realeza na Espanha, quando a família real, desembarcando em Paris, encontra ali um primeiro lugar de exílio. Ao lado, a imagem do infante que, além de sua qualidade de futuro rei, que partilha com o Príncipe de Gales, oferece a Marguerite esse estimável valor de portar, em seu nome, o da heroína de *Détracteur*.

---

[94] T. p. 210.
[95] T. p. 194.

Neste sonho de uma caçada com Sua Alteza (a princesa Aurose de *Koegnismark* também adora a caça), não falta esse traço que poderíamos esperar, esse traço em seus olhos que "se" pode ler, marca da impossibilidade de guardar secreto este amor. Mas essa impossibilidade não tem a mesma importância subjetiva que no tempo anterior ao da construção do delírio. A intempestiva revelação era algo de exorbitante que se tratava de reabsorver; a erotomania permite agora uma tal reabsorção. Marguerite sonha com a revelação, o que já é diferente de recebê-la de seu meio ambiente; ela pode, ao mesmo tempo, transpô-la em sua escrita, fazê-la sua, assim, dirigindo-a ao príncipe de seu coração. Ela dispõe agora da resposta "Príncipe".

Esta resposta está presente com mais vivacidade no que Lacan designa como sendo suas "declamações reivindicatórias"[96].

> Enlaço uma criança que treme à minha porta,
> Formamos um só, de tal modo o abraço é forte.
> A velha, com muco no nariz, segura o varal da carroça.
> Infecta, sórdida, me acabrunha com troças.

Seguem-se alguns versos onde se exibe a perseguição: a multidão de mulheres arrancando-lhe as roupas para nelas se envolverem — fórmula oposta à do amor, que lhe permitiria estar "Nua, toda nua, ela que um gesto vulgar mortifica"[97]. Mais eis que ela encontra a resposta:

> De repente, eu vejo, na praça no Trono,
> Ondulando sobre o chão, os brasões, as espadas,
> Os mantos, os escudos, as colmeias

A heroína se apossa, então, dos ornamentos da realeza:

> Tomo a bandeira branca de flores-de-lis
> A criança, empurrando meu braço, levanta sua haste
> Flutuam sobre Paris, longe das serpentes que rastejam
> Elas vão, vencedoras, as flores-de-lis.

A erotomania aparece aqui nitidamente como sendo isto graças a que a mãe pode levar a criança, mas também isto de que a criança participa, ajudando mãe a sustentar o estandarte real. Os dois, que formam apenas um, estão a serviço de uma causa, aquela, anti-revolucionária, da realeza, aquela que recusa a razão deificada que não passa da "razão do mal"[98]. Criança e mãe se mantêm juntas só por levantarem juntas o pendão da realeza. A erotomania faz barragem contra a pacificação que seria esperada do infanticídio.

Esta função da erotomania vem esclarecer o que estará em jogo numa das entrevistas de Marguerite com Lacan, e dela recebe alguma luz em troca.

---

[96] T. p. 194. O segundo verso do poema ("Desça, é para você a carroça") evoca a imagem de Épinal de Maria Antonieta e seu célebre: "Faço apelo a todas as mães", um apelo homólogo ao de Marguerite quando foi objeto de uma apresentação de doentes, a propósito da qual Lacan nota que sua "plástica altamente expressiva [...] invoca a simpatia devida a uma mãe que defende seu filho". (T. p. 157-8).

[97] T. p. 189.

[98] T. p. 195.

Por diversas vezes, Lacan notou a reticência de Marguerite em abordar com ele certos temas de seu delírio, cuja simples evocação suscitava nela sentimentos de vergonha ou de ridículo. Estes temas, notadamente erotomaníacos e megalomaníacos, "não perderam todo o valor de evocação emocional no sentido de crenças antigas"[99]. Mas naquele dia, em junho de 1932, portanto, ao cabo de um ano de entrevistas seguidas, Marguerite, escreve Lacan,

> confessou-se a nós, sob a condição de que evitássemos olhá-la enquanto fazia sua confissão. Ela nos revela então seus devaneios que tornam tocantes [qualificação que Lacan irá retomar uns quarenta anos mais tarde], não apenas a sua puerilidade, mas uma certa franqueza entusiasta: "Este devia ser o reinado das crianças e das mulheres. Eles deveriam se vestir de branco. Era o desaparecimento do reinado da maldade sobre a Terra. Não devia haver mais guerra. Todos os povos deviam estar unidos. Isso devia ser belo, etc.[100]"

Poderíamos nos surpreender de que não se trate de erotomania nessa imagem de criança e mulheres vestidas de branco que representam aquilo pelo que Marguerite combate, isso a cuja chegada ela consagra sua missão. Esta objeção, no entanto, será suspensa se notarmos, por um lado, que esta confissão, por tocante que seja, pode não estar isenta de reserva, sendo oferecida a Lacan num momento em que Marguerite está curada de seu delírio, mas, principalmente, por outro lado, se não negligenciarmos a condição que ela impõe a seu interlocutor. Que ele evite seu olhar. Como marcar melhor do que Marguerite faz aqui, isto é, na sua transferência para Lacan, que ela deposita esta confissão, precisamente, sob o olhar deste? No ponto em que parece tocante, Marguerite subverte a posição que Lacan teria querido manter com ela, a de lançar sobre seu caso um olhar tão cru e objetivo quanto possível. Ela inventa, desta vez, um novo dispositivo de troca: este olhar, Lacan não pode lançá-lo, pois ele se transformou nele. Esta função, dizemos, era mantida pelo Príncipe de Gales quando seu delírio habitava Marguerite. Era sob seu olhar que se suspendia o pendão da realeza pela mulher e pela criança. E Lacan, discreta mas precisamente, nos vai dizer que assumiu este lugar:

> Aliás, suas relações com seu médico não são isentas de um eretismo imaginativo vagamente erotomaníaco.[101]

O "vagamente" remete ao fato da queda do delírio, mas também à emoção que a evocação desses temas suscita em Marguerite. Quando, ao falar de sua cura, ela diz a Lacan que tudo caiu ao mesmo tempo, "tanto o bom quanto o mau"[102], podemos apostar que este "bom" designa a própria erotomania.

---

[99] T. p. 157.

[100] T. p. 166.

[101] T. p. 158.

[102] T. p. 173.

Lacan aproxima a erotomania "franca"[103] pelo Príncipe de Gales da aventura com o poetastro:

> O elevado devotamento, a fidelidade prolongada que ele inspirou em Aimée contrastam, com efeito, estranhamente, com a brevidade e a mediocridade dos encontros onde ela [essa primeira ligação amorosa] se forjara, com a importância, sem esperanças e mesmo sem reciprocidade, das relações que ela acredita manter de longe com seu amante, sem jamais empreender nada para voltar a vê-lo.[104]

Numa e noutra ligação se encontram "o caráter de *utopia* transcendental e a atitude mental do *platonismo puro*[105]". Mas esses dois traços não têm a mesma importância no que foi uma paixão "normal"[106], depois uma "forma simples"[107] da erotomania (onde está ausente a determinação da iniciativa atribuída ao objeto). Para além do desencadeamento da psicose devido ao intolerável acesso à maternidade, e em seguida a primeira sistematização do delírio, a báscula de Pierre Benoit de objeto erotomaníaco para perseguidor, reiteração no delírio do amor e depois da rejeição do poetastro, vai estabelecer as condições de um apelo ao príncipe contra os poetas; a partir daí parece poder ser indefinidamente mantida a erotomania de que o Príncipe de Gales é objeto, sem que seja jamais necessário chegar a uma fase de desprezo: a erotomania não é perseguidora, pois ela é aquilo com que Marguerite luta contra uma perseguição localizada noutra parte. Por se compor com ela, o delírio de perseguição estabiliza a erotomania num platonismo radical.

Entretanto, esta composição não é, como tal, um elemento de estabilização do conjunto do delírio. Onde, pois, situar a falha da erotomania? Como explicar que ela não tenha conseguido contrapor-se eficazmente à perseguição? Mais uma vez é Marguerite quem, em seus escritos, nos dará a resposta. Em seguida à sua declamação reivindicatória, aquela mesma em que nos apoiamos, depois que a mãe e a criança se fazem sustentáculos da realeza e, graças a isso, a multidão de perseguidores recua, decerto, mas não cessa, no entanto, de espreitar:

> A multidão impedida conspira e, fugindo,
> me lança uma espada de brilho rebelde.
> Tornamos a partir sós, e a multidão suspeita
> Oculta nas janelas nos espreita ao passar.
> O deserto, o silêncio está mais longe
> As trincheiras, as oficinas, as bruxas operando
> E ninguém quer ser testemunha
> Fundo de madeira, eis a guilhotina.

---

[103] T. p. 263.

[104] Ibid.

[105] Ibid.

[106] Ibid., as aspas são de Lacan.

[107] Ibid.

Lacan notava que quanto mais se aproximava o prazo fatal, mais se explicitava o recurso erotomaníaco[108], mas também surgiam, então, os traços paranóicos de reivindicação[109]. A erotomania respeita a multidão, o que não é pouco; mas esta multidão está do lado dos perseguidores e ninguém se distingue nela como podendo testemunhar a validade do combate "realista" de Marguerite, "ninguém quer ser testemunha". A erotomania não tem em si mesma sua própria legitimidade, *a fortiori* ela não tem valor legitimador. Por outro lado, na oposição entre príncipe e poeta, o poder permanece do lado deste, o lado da letra; e a autoridade moral do príncipe, que se origina de um tempo pré-revolucionário acabado, certamente não basta para contrabalançá-

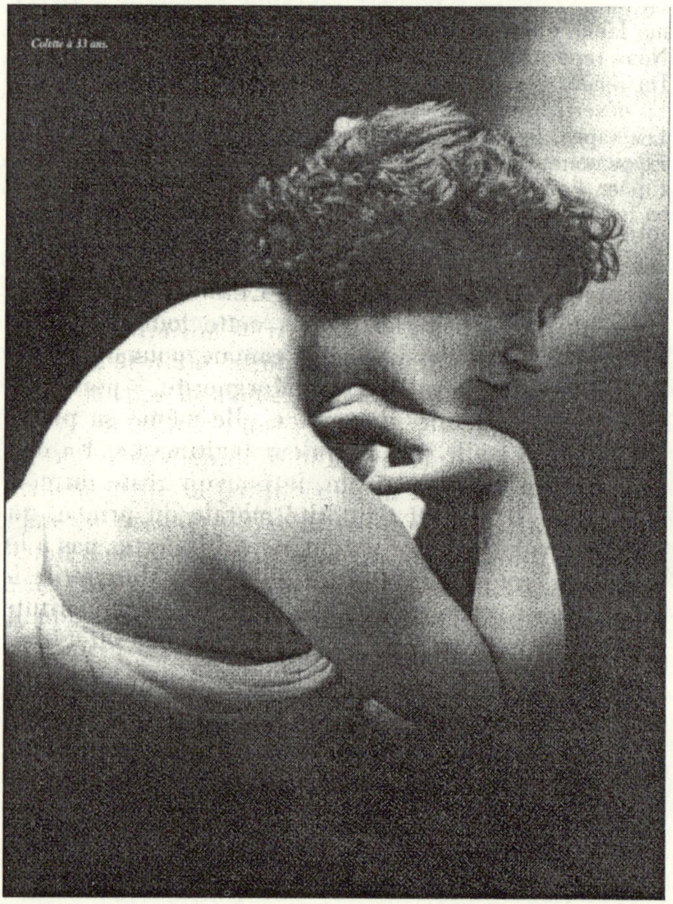
Colette à 33 ans.

[108] T. p. 168.
[109] T. p. 239.

lo. Assim, a erotomania não oferece a Marguerite meios de vingar-se. Deste modo, ela vai-se voltar para seu irmão professor reclamando vingança, e também fará uso, com esses mesmos fins, de seu próprio talento literário. O fracasso da erotomania em dissolver o delírio de perseguição prepara o caminho do delírio de reivindicação.

Os outros perseguidores

C. de la N., Huguette ex-Duflos, Pierre Benoit, mas também, embora de modo diverso, o Príncipe de Gales, estes nomes designam os principais pontos de nodulação da rede de perseguidores composta pelo delírio de Marguerite. Entretanto, esta rede não se limita a esse esqueleto; outras figuras entram em conta. Algumas delas são designadas por seus nomes, outras apenas pelos viés de sua profissão, outras, enfim, permanecem impessoais. Vamos começar pelas primeiras.

Sarah Bernhardt: como no caso de Huguette ex-Duflos, Marguerite terá ouvido falar dela em primeiro lugar por C. de La N.[110]. Ela a "estigmatiza" em seus escritos, nota Lacan[111]. No entanto, nada mais sabemos a seu propósito.

Colette: Marguerite parece ter sido mais ativa em sua luta contra esta mulher de letras do que contra Sarah Bernhardt. Será por que, à diferença de Sarah Bernhardt, Colette é, ao mesmo tempo, escritora e ocasionalmente atriz? Um ano e meio antes do atentado, Marguerite pede a um jornalista comunista, não sem insistência, que ele publique um artigo seu onde ela expõe suas queixas contra Colette.[112] Sua insistência é tamanha que a polícia é levada a intervir, exercendo com Marguerite uma "intimidação bastante rude"[113].

Marguerite não inventa o perfume de escândalo que envolve o personagem de Colette, nem a espécie de perversidade que emana de seus escritos e de sua vida, e de que o retrato acima dá uma idéia bastante justa.[114]

Um exemplo entre mil desse perfume de escândalo: em julho de 1923 (que é também a data de nascimento de Didier), o jornal *Le Matin* começa a publicar, em folhetim, *Le Seuil*. Neste romance, Colette conta a iniciação às coisas do amor de um jovem por uma mulher madura, e depois de uma mocinha por esse jovem. A reação dos leitores é tal que *Le Matin* deve interromper a publicação. Mesmo problema e mesmas reações, em 1931, com a publicação de *Ces plaisirs*, em *Gringoire*.

---

[110] T. p. 227.

[111] T. p. 164.

[112] T. p. 156.

[113] T. p. 170.

[114] Vamos reportar-nos ao número especial que *Le Magazine littéraire* dedicou a Colette (nº 266, junho de 1989), de onde foi extraída esta foto. Cf. também Michèle Sarde, *Colette libre et entravée)*, Paris, Stock, 1978, 2ª ed., 1984.

Além de condensar em sua pessoa as duas figuras malditas da mulher de letras e da atriz, Colette, fato notável, sofreu por parte de um homem o que Marguerite diz ter sofrido de Pierre Benoit, este roubo de carta que, decerto, não afeta Colette como a Marguerite, mas cuja incidência é tal, em Colette, que ela chegará a publicar, depois da morte de Willy (Henry Gauthier-Villars, seu primeiro marido e seu plagiário desavergonhado), um livro consagrado ao ajuste de contas com ele (*Mes apprentissages*, abril de 1936).

Em fins de 1929, no momento em que Marguerite se volta para Colette, esta atinge o auge de sua glória: escreve romances, mas também se ocupa de fazer crítica, desempenha comédias, faz viagens dando conferências, vive com um homem dezesseis anos mais moço, recebe a Legião de Honra. A personagem de sua mãe, Sido, assume cada vez maior importância para ela. *Sido* ou *Les Points cardinaux* é lançado em 1929. A esta mãe, que não cessava de se queixar da ausência da filha, Colette faz dizer:

> Sim, sim, você me ama, mas você é uma menina, um animal fêmea, minha igual e minha rival[115].

Quanto a ela, apesar de todo o jogo de "fingimentos filiais" que soube conduzir para esconder dessa mãe sua vida desregrada, ela irá confessar, afinal:

> Não consegui enganá-la, pois ela via através de muralhas[116].

Podemos perguntar-nos, depois desta breve evocação de Colette, como é que Marguerite não a perseguiu mais claramente, mais assiduamente, mais resolutamente do que o fez. Muito mais que Sarah Bernhardt, muito mais que Huguette ex-Duflos, Colette encarna essa imagem ideal de si mesma que Marguerite rejeita na figura de suas perseguidoras. Ora, parece que a intimidação policial desempenhou seu papel, que Colette nada chegou a saber da condenação de que era objeto. E, no final, será Huguette ex-Duflos, e não Colette, quem irá encarar a faca de Marguerite.

Talvez Colette, embora sendo ao mesmo tempo autora, leitora e atriz, tenha sido relativamente poupada graças a uma conivência que Marguerite poderia ter estabelecido com ela. Ambas vêem sua obra plagiada, suas cartas roubadas. Mas há mais, a saber, o fato de que, em *Claudine à l'école*, romance publicado em 1900 sob a assinatura de Willy, apenas, Claudine viverá uma experiência de decepção amorosa, pois sua "Aimée" prefere a ela a diretora da escola. Saberemos jamais se Marguerite tomou emprestado a Colette o nome da heroína desta? Aimée seria, assim, o nome de uma mulher que venceu outra mulher numa rivalidade cujo objeto era, ainda, uma mulher. Marguerite se

---

[115] In *Mes Apprentissages*, citado por M. Sarde, "Sido, Colette, portraits croisés", *Magazine littéraire*, op. cit., p. 30-3.

[116] Colette, *Mes apprentissages*, op. cit., p. 30-3.

teria sentido um pouco em dívida com Colette, o que teria feito com que a poupasse?

Certamente, o privilégio de que goza Huguette ex-Duflos se deve amplamente aos acasos e às necessidades de determinações particulares, locais, segundo cujas vias se constrói o delírio. E o fato de Huguette ex-Duflos estar acoplada a Pierre Benoit não deve ser negligenciado, como vimos, nos motivos que fizeram dela a eleita pela faca. Mas este tipo de determinação parcialmente simbólica não é exclusivo, muito pelo contrário, de uma outra ordem de determinação, esta real, e sensível na incidência da multiplicidade como tal dos perseguidores e perseguidoras. O fato de que os perseguidores de Marguerite sejam realmente *vários* tem como efeito que cada um deles participe do *qualquer*. Isso constitui limite à questão da representabilidade, torna esta questão inoperante para além deste limite. Em outras palavras: o fato de Colette ser mais representativa que Huguette ex-Duflos do ideal feminino de Marguerite não é um traço absolutamente decisivo. Essa representação imaginária conta, mas pode ser dispensada no superlativo. Já que cada perseguidor permanece qualquer, nenhum pode representá-lo absolutamente.

Discutiremos mais adiante este ponto decisivo. Notemos, pois, simplesmente, por ora, que a passagem em revista dos diversos perseguidores a que nos entregamos sublinha, precisamente, a marca deste qualquer, que se vê explicitada como tal em alguns.

Em último lugar da nossa lista de perseguidores personificados, encontramos dois jornalistas, R. D. e M. de W., ambos redatores do *Journal*. Marguerite lê "alusões e ameaças" naquilo que eles escrevem,[117] e previne o Príncipe de Gales das maquinações de M. de W.

Mas os jornalistas também são acusados, senão em bloco, pelo menos como grupo corporativista, assim como, aliás, os "colegas" e os "homens de letras". Note-se o plural na citação abaixo:

> Não há escândalo que não tenha sido sugestionado pela conduta ou atuações desenvoltas de alguns amantes das letras ou do jornalismo[118].

E ainda o plural nessa notação de Lacan:

> Guardamos, por outro lado, os rascunhos de panfletos febris, nos quais ela intimava aqueles que, "ela compreendia, queriam mal a seu cetro". [...] Todos esses personagens, com efeito, artistas, poetas, jornalistas, são detestados coletivamente como grandes causadores dos infortúnios da sociedade. "Trata-se de uma ralé, uma raça"; eles "não hesitam em provocar, com suas bazófias, o assassinato, a guerra, a corrupção dos costumes, para obter um pouco de glória e de prazer". "Eles vivem", escreve nossa doente, "da exploração da miséria que provocam."

---

[117] T. p. 165. Tratar-se-ia de Robert Dieudonné, jornalista de *L'OEuvre*?

[118] T. p. 196.

> Quanto a ela, sabia-se convocada a reprimir esse estado de coisas. Esta convicção repousava sobre as aspirações vagas e difusas de um idealismo altruísta. Ela queria realizar o regime do bem, "a fraternidade entre os povos e as raças"[119].

Como vemos, há solidariedade entre o delírio de grandeza e essa propriedade da rede de perseguidores que sublinhamos presentemente, a saber, ele comporta em seu seio esta figura que não é vaga, e sim não personificada, daquilo que Marguerite chama seus inimigos.

> A doente sente a necessidade de "fazer alguma coisa". Mas, ponto notável, essa necessidade se traduz em primeiro lugar pelo sentimento de uma falta aos deveres desconhecidos que ela refere aos comandos de sua missão delirante. Sem dúvida, se ela conseguir publicar seus romances, seus inimigos recuarão aterrorizados.[120]

> [...] mas por que você acreditava que seu filho estivesse ameaçado? [...] "Porque meus inimigos se sentiam ameaçados por minha missão[121]..."

> A doente não hesitou em acusar sua amiga mais querida (C. de la N.) de ser sua perseguidora, depois a informante principal de seus inimigos.[122]

Além dos perseguidores tomados à parte por seus nomes, e dos quais alguns parecem ter mais peso que outros, a rede de perseguidores comporta, pois, algumas corporações, mas também inimigos (nome dados, às vezes, no feminino, mas nem sempre, nem sistematicamente) que não são melhor localizados nem melhor definidos, a não ser por este termo, inimigos. Designa-os também o pronome "eles" ou "se". Marguerite se preocupa com essa pluralidade de perseguidores, que é também uma diversidade; prova disso é o fato de que ela chega mesmo a estabelecer, como acabamos de fazer aqui, uma lista (incluindo nomes e endereços) daqueles que pôde identificar:

> Encontramos, anotados em folhas, os endereços de seus principais perseguidores.[123]

Decerto, uma tal lista é antes de mais nada uma arma; graças a ela, Marguerite saberá encontrar Fulano ou Fulana se necessário. Entretanto, este "fazer lista", gesto que se origina da escrita como tal, tem também o valor de um ato de formalização da rede de perseguidores. Como notou J. Goody, compor uma lista permite interrogar-se sobre o critério a partir do qual se decide incorporar tal elemento à lista ou dela excluir tal outro, logo, formular um certo número de perguntas que não se formularia de maneira tão explícita sem a escrita da lista[124]. Essa lista de perseguidores, que Lacan não publica por razões de censura, por sua simples existência nos testemunha que

---

[119] T. p. 166.

[120] T. p. 170.

[121] T. p. 252.

[122] T. p. 282.

[123] T. p. 170.

[124] J. Goody, *La Raison graphique*, Paris, ed. Minuit, 1979, e J. Allouch, *Lettre pour lettre*, op. cit., p. 96.

Marguerite tinha uma certa preocupação, não apenas com seus perseguidores tomados um a um, mas com a rede que eles constituíam tomados em conjunto.

O estatuto de perseguidores não definidos em sua identidade, não personificados, mostra ser diferente do dos outros. Eles se devem situar como um dos termos da lista que estabelecemos. Mas já que Marguerite, ao falar de seus inimigos, designa igualmente aqueles que ela identificou e os outros, o termo "inimigos", ou ainda o pronome "eles", denota igualmente os primeiros. A existência de perseguidores não definidos vem marcar o estatuto dos outros. Por serem um componente de uma rede que comporta um elemento não definido, estes, por mais personificados que sejam, participam dessa determinação ou dessa ausência de determinação. Assim, explicamos que o delírio de Marguerite não se tenha jamais cristalizado a ponto de designar, por exemplo, um perseguidor-mor, um grande responsável pela conspiração que se trama contra ela. O delírio, certamente, é organizado, não se trata de alguma coisa vaga. Mas nenhum dos perseguidores pode pretender ser *o* perseguidor, ou *a* perseguidora. Se tal foi o caso, por um breve momento, no passo inaugural da construção delirante, quando *toda* a responsabilidade pelos trágicos acontecimentos é imputada a C. de la N., a própria organização do delírio, que intervém sobretudo quando Marguerite vem morar em Paris, terá por efeito, precisamente, dessituar essa responsabilidade. A função persecutória doravante é a da rede de perseguidores como tal, que aparece, pois, como um bando, como um exército sem chefe.

Com certeza, a questão de "quem mexe os pauzinhos" não deixa de se colocar, e Marguerite designa Huguette ex-Duflos. No entanto, essa convicção permanece local, Marguerite não tira dela todas as conseqüências que se poderiam extrair; prova disso é o que ela dirá a Lacan, a propósito do atentado; ela teria atingido C. de la N. em vez de Huguette ex-Duflos "se fosse ela que eu tivesse podido encontrar"[125]. Deve-se crer que este lugar, portanto, não era ocupado por Huguette ex-Duflos de maneira tal que tornasse inviável esta substituição. Mas Marguerite é ainda mais precisa. Várias vezes ela dirá a Lacan:

> No entanto em que então me encontrava, [...] teria atacado *qualquer um* [grifo meu] dos meus perseguidores, se tivesse podido alcançá-lo ou se o houvesse encontrado por acaso.[126]

O que é confirmado pela continuação imediata deste trecho da monografia:

> Freqüentemente, e não sem um frêmito, ela se detém, diante de nós, à idéia de que foi capaz de atentar contra a vida de *um qualquer* [grifo meu] desses inocentes.

[125] T. p. 263.

[126] T. p. 172.

Com certeza, Huguette ex-Duflos será o objeto do que Lacan chama de "o ato último do delírio"[127]. E existem razões para essa eleição, que já ressaltamos, notadamente diferenciando as perseguições vindas de Huguette ex-Duflos e de Pierre Benoit. Mas isso não nos deve fazer negligenciar que foi também como suporte do "perseguidor qualquer" que Marguerite chegou a agredir a atriz. Tal parece ser a incidência desse qualquer na estrutura da rede: atacar um perseguidor qualquer é atingir a rede como tal. O ato não se liga tanto ao objeto que distingue quanto ao fato de distinguir um deles.

É que, como o delírio, a passagem ao ato tem um valor demonstrativo. E esta não será a coisa menos importante que Marguerite terá ensinado a Lacan, não sem surpresa de seu interlocutor. Citemos os termos mesmos dessa constatação, que só se encontram, é claro, nas últimas páginas da monografia:

> [Trata-se dos delírios interpretativos, a propósito dos quais Lacan escreve o seguinte:] Podemos observar que aí se acentuam certos caracteres que tendem a atenuar o perigo da psicose: recalcamento e derivação do ódio, importância puramente demonstrativa da perseguição delirante. Igualmente, as reações que eles acarretam são muito menos *dirigidas*, muito mais *demonstrativas*, que na forma precedente [o delírio de reivindicação].[128]

Mesma ênfase na importância demonstrativa, dessa vez a propósito da passagem ao ato:

> [...] as *reações* são freqüentemente muito tardias em nossos sujeitos (dez anos, em nossa doente, entre o começo do delírio e sua reação maior). Elas podem ter inicialmente o caráter de *demonstrações*, nem sempre inofensivas, por onde o doente visa atrair para seu caso a atenção das autoridades.[129]

O fato de ter havido demonstração levanta, com efeito, a questão de saber a quem se dirigia. E vamos mostrar que, em se tratando do caso de Marguerite, é precisamente para sua mãe, Jeanne Pantaine, reclusa em Chalvignac, delirante também, que se dirige a demonstração.

Mas, antes de chegar a esse ponto, um exercício nos aguarda. É-nos possível agora, com efeito, responder à questão que formuláramos, a da composição dos diferentes temas do delírio, não mais a partir dos perseguidores tomados um a um e em seu conjunto, mas considerando esses temas em si mesmos, e também e sobretudo, na sua articulação à questão que motivou o delírio desde que Marguerite ficou notoriamente grávida: como não matar esta criança, traço da relação sexual?

---

[127] T. p. 249.
[128] T. p. 300.
[129] T. p. 274.

Perseguição, erotomania, grandeza, reivindicação, ciúme

Essas cinco temáticas compõem o delírio de Marguerite; este, no entanto, permanece um delírio sistematizado:

> O que domina de modo bem evidente o quadro é o delírio. Este delírio merece ser dito *sistematizado* em toda acepção que davam a este termo os antigos autores. Por mais importante que seja considerar a inquietação difusa que está na sua base, o delírio surpreende pela organização que liga seus temas diversos.[130]

Em que terá consistido essa ligação de temas diversos? Responder implica em primeiro lugar renunciar a pôr o delírio no quadro (nos dois sentidos dessa fórmula: pô-lo num quadro e considerá-lo, a ele mesmo, como quadro, já que parte de um quadro). Com efeito, este procedimento, se pode ter algum interesse do ponto de vista descritivo, apresenta o inconveniente maior de negligenciar a história do caso, senão de torná-lo a-histórico. Mais que chamar de "sistematizado" o delírio de Marguerite, parece ao mesmo tempo mais justo e mais preciso, inclusive descritivamente, usar uma forma progressiva: ele terá sido sistematizando-se. O delírio de Marguerite não foi nunca um objeto terminado, composto por várias peças ajustadas umas às outras, permanecendo tal e qual, do dia de sua aparição ao de sua destruição, objeto que teríamos agora de decompor para apreciar seu teor. Trata-se, ao contrário, de algo que não cessa de estar sendo composto, que irá aceitar tal elemento novo, rejeitar tal outro, dará uma outra posição a outro ainda, que, subitamente, mudará de cor, variará de intensidade, provocará tal ato que, em troca, modificará o teor do delírio. Dizer que tal delírio que ele é sistematizado é, antes de mais nada, transcrever o fato de que a atividade constituinte do delírio não é pura e simplesmente aleatória, que o objeto por ela construído não é insensato, quando o prosseguimento desta atividade mesma demonstra que o delírio jamais se estabiliza com a descoberta de um sentido último. O delírio se vai sistematizando, por não ser jamais absolutamente sistematizado. Ele jamais alcança um saber absoluto.

Além disso, não se pode compreender o que faz organização entre os diversos temas do delírio destacando este último do solo onde nasceu e que, em grande medida, dá conta de suas variações históricas, tanto em teor quanto em intensidade. O sistema do delírio tampouco é hegeliano no sentido em que as figuras que ele desenha seriam ordenadas como aquelas da realização do Espírito, uma nascendo da outra segundo, simplesmente, a lei de uma composição interna que faz, por si só, necessidade. Por ser sistematizado, o delírio de Marguerite está longe de ser fechado a tudo o que não é ele. Muito pelo contrário, a incessante sistematização tem a ver com toda uma série de dados que não são produzidos por ela, mas dos quais ela deve dar conta (sonhos,

130 - T. p. 199.

acontecimentos da atualidade política ou literária, reações de tal pessoa do círculo mais próximo, respostas a uma demanda formulada anteriormente, mímica de um passante, leituras de jornais ou de romances, etc.), apossando-se de alguns, replicando a outros, até mesmo se interrompendo por um tempo, como se a incidência daquilo com que o delírio tem a ver pudesse chegar a ponto de reduzir, momentaneamente, este mesmo delírio.

Essa relação do delírio com alguma coisa que lhe permanece exterior aparece mesmo como o que mais irá surpreender Lacan na sua abordagem do caso de Marguerite e, ao mesmo tempo, como aquilo a partir do que ele vai conceber sua tese referindo a paranóia à personalidade, como aquilo que o convencerá da justeza dessa tese e que deve convencer todo leitor de boa fé. É a propósito do romance *Sauf votre respect* que, pela primeira vez, Lacan nos relata o que o interessou assim. A constatação, inicialmente, parece ser um feito de leitura:

> Quanto aos temas explorados, estes são os próprios temas do delírio que aqui se exibem livremente; mas o escrito permite apreender melhor a coerência com a personalidade da doente.[131]

O elemento exterior ao delírio e com o qual este está engajado como num jogo de réplicas (no sentido de "responder", mas também no sentido de "duplicar") é aqui nomeado "personalidade". Entretanto, este termo permanece demasiado amplo: e sabe-se que, para concluir, e com Espinosa, é o conjunto da psicose e não o delírio, apenas, que Lacan vai situar em seu paralelismo com a personalidade. Assim, vamos ver designado de outra maneira isso com que o delírio tem a ver. E, em primeiro lugar, no seguinte anúncio:

> Veremos que nosso caso demonstra as relações coerentes dos temas do delírio com a afetividade do sujeito.[132]

O traço mais deslumbrante, deslumbrante a ponto de engajar Lacan numa nova e inesperada convicção relativa às psicoses (com efeito, ele tinha a intenção, inteiramente contrária, de demonstrar que a psicose era um processo, o que estudamos no capítulo quinze); não é tanto, aliás, aquele de uma conformidade temática, de uma coerência semântica entre o delírio e X (personalidade, afetividade), a propósito da qual um Wittgenstein não teria grande dificuldade em demonstrar que não prova muita coisa. O que Lacan constata é de uma ordem diferente e bem superior, do ponto de vista de seu valor probatório. Salta-lhe aos olhos que as *variações* do delírio são articuladas de uma maneira compreensível às *variações* desse elemento exterior a que o delírio responde e que, a partir daí, será designado como sendo o "conflito vital" em que Marguerite está engajada. Aí está esta conclusão:

---

[131] T. p. 191.

[132] T. p. 201.

> Aqui, no entanto, certamente nos parece termos feito um progresso. Se os *processos agudos* que estudamos deixavam dificilmente explicáveis a fixação e a sistematização das idéias delirantes, a permanência, ao contrário, do *conflito*, ao qual se referem os *eventos traumáticos*, dá conta tanto melhor da permanência e do crescimento do delírio na medida em que seus próprios sintomas parecem refletir a estrutura deste conflito.[133]

Como vemos, a coerência temática, aqui, é somente suplementar a uma constatação que é de outro teor, que concerne, não aos temas do delírio, mas a sua fixação, seu crescimento, e — acrescentemos — seu desmanche, que não está menos significativamente ligado a um certo estado do conflito moral. O que é que, no caso de Marguerite, justifica o que diz aqui Lacan? É, como indicamos, o estudo das variações do delírio.

1 — Está estabelecido que a primeira sistematização do delírio satisfaz essa constatação. A designação de C. de la N. como perseguidora responde a um acontecimento traumático, ele próprio ligado a um conflito moral vivido por Marguerite.

2 — Mas são, principalmente, as variações do delírio durante os dez anos em que este ocorreu que revelam melhor até que ponto sua articulação com este conflito permanece estrita. Vamos mencionar: — o fato de que o segundo surto delirante corresponde à segunda gravidez; — o fato de que as desordens e inquietações são então menores, isto em razão da sistematização (que tem, pois, uma função de temperança[134]); — o fato de que o delírio cresce na proporção do domínio de Élise no lar de Marguerite[135] (no que nos concerne, contestamos aqui a observação, e pensamos, antes, que é o inverso o verdadeiro); — o fato de que a reclusão de Marguerite em Paris faça aumentar a criação delirante[136]; o fato de que o delírio seja sensível ao ritmo menstrual[137], mas, talvez mais importante que tudo aos olhos de Lacan, — o fato da acalmia do delírio quando Marguerite, durante alguns meses, fica em Chalvignac com Didier, período a propósito do qual Lacan chega a escrever:

> Nos períodos em ela reencontra seu papel materno, onde sua estafa habitual se interrompe (férias de 192...), as crenças delirantes se reduzem ao estado de simples crenças obsessivas.[138]

---

[133] T. p. 244.

[134] T. p. 235.

[135] T. p. 236.

[136] Ibid.

[137] "No período ulterior do delírio, o *ritmo menstrual* determinava regularmente recrudescimentos ansiosos e a doente teve suas regras na véspera de sua agressão", T. p. 209.

[138] T. p. 236. Na página 274, Lacan corrige o termo "idéia obsessiva", preferindo o de *hantise* (obsessão, idéia fixa), sublinhada com itálico por ele: "Pode-se observar, a propósito dessas diversas ações intercorrentes, *oscilações* marcadas pela *crença* delirante. Nas oscilações favoráveis, pode-se ver reduzir a idéia delirante ao estado de simples *hantise*, que se observa no impulsivo-obsedado." Prova de que existe, como ele escreve algumas linhas acima, uma *reatividade* do delírio.

3 — A queda do delírio corresponde à efetiva realização daquilo contra o qual o delírio era dirigido. Trata-se aqui da definição do delírio como "fuga diante do ato agressivo".[139]

Assim, embora contestando tal ponto da observação de Lacan, ou ainda situando de outra maneira, diferente da dele, tal ou tal ponto, vamos admitir como estabelecida a conclusão que se impõe a ele, e que assim transcreve:

> São também as variações da "situação vital" tomada em seu conjunto que parecem determinar em cada ponto do tempo as flutuações da convicção de realidade, do caráter de iminência que a doente confere às ameaças de seu delírio.[140]

Vamos concluir essas preliminares em nossa discussão presente: historicidade da sistematização delirante, bifididade da lei de composição do delírio (que leva em conta ao mesmo tempo exigências próprias à sistematização e dados da situação vital), estas duas características não poderiam ser negligenciadas tão logo se trata de estudar as composições dos temas do delírio.

Vamos observar inicialmente que as cinco temáticas delirantes deixam-se distinguir, historicamente, em três mais duas. Com efeito, as duas últimas aqui mencionadas no subtítulo, a saber, reivindicação e o ciúme delirantes, só vão aparecer no delírio muito tardiamente. No que diz respeito à reivindicação, Lacan nota este fato explicitamente:

> Igualmente, é apenas no último período de uma tal evolução que surgem os traços *"paranóicos"* [estas aspas e este itálico valem como uma estocada no constitucionalismo de um Génil-Perrin] de reivindicação familiar — o divórcio — e de reivindicação social, tal como aparece no traço seguinte [segue-se a menção da demanda de Marguerite a seu irmão professor de que ele se vingue com sua pena][141].

Quanto ao ciúme delirante, fora a acusação a René segundo a qual ele freqüentaria atrizes, acusação da qual não temos nenhum traço de que Marguerite lhe houvesse dado prosseguimento, e que merece, portanto, ser considerada como errática, o ciúme está inteiramente condensado na identificação de Huguette ex-Duflos como rival, identificação esta que, vamos lembrar, só é formulada no momento do atentado contra a atriz.

Logo, convém estudar a composição histórica dos temas delirantes, em primeiro lugar a partir da perseguição, da erotomania e das idéias de grandeza. Ora, esses três temas, historicamente os primeiros, têm por denominação comum a eventualidade do assassinato da criança.

Essa eventualidade, notemos de saída, não se manifesta somente no delírio. Ela é igualmente ativa nos sonhos de Marguerite (e Lacan anota que estes sonhos de morte da criança "prosseguem no período mórbido que

---

[139] T. p. 234: "Durante anos o delírio aparece, pois, como uma *reação de fuga* diante do ato agressivo".

[140] T. p. 236.

[141] T. p. 239.

responde a sua estadia em Paris[142]", que é também o da sistematização do delírio), nas suas passagens ao ato (grávida pela primeira vez, Marguerite fura com uma faca os pneus da bicicleta de um colega[143]; amamentando Didier, ela agride automobilistas que teriam arriscado a vida de seu filho[144]), mas também nas decisões que ela toma ou se propõe a tomar sem chegar a executá-las:

- grávida de Didier, ela planeja ir se instalar na América a fim de "defender seu filho"[145];
- pouco antes do atentado, em janeiro de 1931, ela manifesta sua intenção de divorciar-se e de deixar a França com Didier[146];
- ela escreve seus dois romances no sentimento de uma ameaça iminente contra seu filho[147]e a fim de anular essa ameaça graças à publicação destes.

No que toca ao delírio de perseguição, seu laço com a eventualidade do assassinato da criança é patente. Esta eventualidade é manifestada desde antes da cristalização do delírio, e esta sobrevém, como vimos, exatamente neste ponto: C. de la N. é responsável pela morte do primeiro filho de Marguerite. Também Huguette ex-Duflos ameaça a vida da criança[148], e sua entrada no delírio se produz neste mesmo ponto: Marguerite compreende que ela quer mal a este "nós" que, como mãe, constitui com Didier: "Compreendi então que era ela quem nos queria mal[149]". Também os jornalistas lhe sinalizaram que querem matar a criança[150], igualmente os cartazes na rua[151] e ainda os conflitos políticos principais: ela "vê, em sonhos, seu filho 'afogado, morto, levado pela GPU'[152]". A perseguição parece, pois, bastante descentralizada. Sua fórmula mais condensada poderia ser: querem matar meu filho. Ou ainda, para retomar desta vez um termo de Marguerite: há um projeto de atentado contra Didier ("Ela diz que vivia então no perpétuo e iminente temor do atentado que deveria atingir seu filho[153]").

A partir deste elemento basal do tema persecutório, uma lógica se desenvolve, não sem designar assim um certo ponto paradoxal. Com efeito, se a faca dos perseguidores de Marguerite e de Didier deveria atingir este último, então Marguerite seria uma "mãe criminosa", pelo simples fato de não ter

---

[142] T. p. 210.
[143] T. p. 159.
[144] T. p. 160.
[145] Ibid.
[146] T. p. 171.
[147] "Sem dúvida, se ela conseguir publicar seus romances, seus inimigos recuarão aterrorizados", T. p. 170.
[148] T. p. 162.
[149] Ibid.
[150] T. p. 163.
[151] Ibid., e T. p. 216.
[152] T. p. 163.
[153] T. p. 171.

sabido "defender"[154] seu filho. Marguerite formula explicitamente essa implicação, escrevendo:

> Eu temia muito pela vida de meu filho, escreve a doente; se não lhe acontecesse algum infortúnio agora, seria mais tarde, por minha causa, eu seria uma mãe criminosa[155].

O fato de que se queira matar Didier levanta, é claro, a questão do motivo de tal projeto, questão cem vezes colocada para Marguerite, e cuja simples insistência demonstra que não encontrou resposta. Como veremos, a resposta, no entanto, estava ali mesmo, aparente demais para ser vista, no ataque a Huguette ex-Duflos. Mas, já nesta declaração, traço extremamente notável, Marguerite indica que este projeto de atentado contra Didier tem seu motivo em sua mãe. Isto é confirmado por esta declaração:

> [...] ela havia lido no jornal *Le Journal* um artigo de um de seus perseguidores, que anunciava que mataria seu filho porque sua mãe era maledicente, que se vingaria dela, etc.[156]

E ainda:

> É a suas "burrices", a suas faltas que se faz alusão. É para puni-la de sua conduta irritante que a ameaçam.[157]

Vê-se como a punição, aliás mais hetero que autopunição, não poderia ser a palavra final do caso de Marguerite. Existe, realmente, uma punição em jogo, cuja eventualidade paira, como paira a do assassinato da criança. Mas a punição, longe de ser motivo, é ela mesma motivada, e precisamente por uma certa maledicência cujo teor teremos que supor. O caráter centrífugo do delírio objeta, como notava Lacan, à redução do caso a um caso de autopunição.

Confrontada com esta ameaça contra Didier, que é também uma ameaça dirigida ao par mãe-criança que ela forma com ele, que, portanto, ameaça a ela mesma, tanto mais que suas faltas estão na origem da dita ameaça, Marguerite encontra duas defesas, que têm por nomes erotomania e delírio de grandeza. É dela, aliás, que obtemos aqui este termo, "defesa", que irá empregar para explicar o atentado contra Huguette ex-Duflos:

> Que pensará ela de mim — ela se diz, com efeito — se eu não me mostrar para defender meu filho? Que sou sua mãe covarde.[158]

A erotomania e o delírio de grandeza surgem como duas defesas visando contrabalançar o que seria a passagem ao ato da fórmula "existe um projeto de atentado contra Didier", onde pudemos condensar o tema persecutório.

---

[154] T. p. 172.
[155] T. p. 163.
[156] T. p. 212. Cf., igualmente, p. 163.
[157] T. p. 237-8.
[158] T. p. 172.

A erotomania replica a esta fórmula, como se pode fazê-lo numa ação de recurso: poderosos protetores saberão realmente anular a ação dos perseguidores. Já se frisou como Marguerite só podia fazer um com a criança, a ponto mesmo em que ela e a criança brandiam em conjunto a bandeira do príncipe. Se nossa análise de sua ligação com Pierre Benoit é exata, segue-se que esta réplica erotomaníaca à perseguição ocorreu desde o período em que ela amamentava Didier. Conjeturamos que foi este o viés que lhe tornou possível, durante alguns meses, tal ato materno.

O delírio de grandeza aparece como uma réplica de outro teor. Sua temática, como vimos, é a instauração do reinado das mulheres e das crianças, instauração de que Marguerite recebera a missão. Com este tema, ela inverte, de certa maneira, a relação com os perseguidores. É claro que uma tal realização do reinado do bem, "a fraternidade entre os povos e as raças"[159], não deixa mais o mínimo lugar para perseguidores. Assim, ela observa que estes se sentiriam ameaçados por sua missão:

> "[...] mas por que você acreditava que seu filho estivesse ameaçado?"
> [...] "Porque meus inimigos se sentiam ameaçados por minha missão[160]..."

O tema do delírio de grandeza, que faz Marguerite governante do mundo, ameaça aqueles mesmos que a ameaçam na pessoa de seu filho.

Assim, os temas erotomaníacos e de grandeza provam estar explicitamente ligados ao tema propriamente persecutório do assassinato da criança. Ambos se contrapõem ao projeto deste assassinato e conjeturamos (quase sem elementos para expor essa conjetura, a não ser o conjunto da composição do delírio que estabelecemos presentemente) que o segundo pôde começar a se desenvolver no momento em que a figura de Pierre Benoit basculava de uma posição de amado para a de perseguidor.

Como, munida de uma tal dupla defesa, Marguerite não pôde, no entanto, manter seu lugar junto a Didier? Não somos capazes de responder, por ora, a esta difícil questão. Sua abordagem implica, com efeito, que tenhamos previamente situado os dois outros temas do delírio, a saber, os de reivindicação e o de ciúme, que se originam de uma outra estratégia em face da perseguição.

Perseguição, erotomania e grandeza não se estabilizam, não criam um ponto de equilíbrio, o que demonstra suficientemente a entrada em cena, tardiamente, da reivindicação. Concluímos daí que a questão colocada pela perseguição e à qual replicam tanto a erotomania quanto as idéias de grandeza, não é exatamente aquela que se coloca, ou, mais precisamente, que a questão assim colocada e tratada é apenas uma parte daquilo com que lida Marguerite. No par mãe-criança, é a criança que está visada pela perseguição, e a mãe aqui

---

[159] T. p. 166.

[160] T. p. 252.

só seria atingida por tabela. Mas ela não é mãe sem ter sido mulher, sem se ter declarado tal (ao menos parcialmente) com um homem. A sobrevinda da reivindicação, e a do ciúme, introduzem como tal a questão da feminilidade que permanecia esquecida na composição dos temas de perseguição, erotomania e grandeza.

Esta apresentação, no delírio, da questão "integral" da feminilidade aparece, por outro lado, como o que irá suspender as duas aporias constituídas pela composição dos três primeiros temas. Já lidamos com a primeira dessas aporias: se o delírio é "reação de fuga diante do ato agressivo"[161], ainda é necessário explicar como ele deveria terminar, precisamente, numa reação agressiva, que Lacan não hesita — com razão, a nosso ver — em situar como sendo "o ato último do delírio"[162], o que exclui a possibilidade de referir a passagem ao ato final a um dado heterogêneo à construção delirante. Mas já consideramos os elementos constitutivos de uma outra aporia: se a sistematização delirante tem uma importância de apaziguamento (Lacan observou isso discretamente), resta explicar como ela se pôde concluir por um gesto que não tinha nada de apaziguador. Assim, a reivindicação e o ciúme nos parecem denotar uma mudança da função do delírio na sua relação com o ato suspenso. Os três primeiros temas se afastam do ato, e os dois últimos o aproximam. Mas com este benefício final, o fato de que o ato não será mais o mesmo que aquele cuja eventualidade por tanto tempo pesara: não será mais a criança a ser atingida, mas esta figura de mãe que Freud soube decifrar por trás da figura da prostituta.

A temática reivindicadora, "de revolta e de ódio", aparece estreitamente ligada à perseguição. Lacan constata o caráter secundário desses dois temas unidos, mas também o fato de que Marguerite "lhes consegue dar uma forma literária"[163]. A reivindicação leva em conta a perseguição de uma maneira diferente daquela posta em jogo tanto pela erotomania quanto pelas idéias de grandeza, que relativizavam, minimizavam a perseguição. Decerto tenho perseguidores, diz a erotomania, mas tenho também protetores poderosos. Decerto, tenho perseguidores, dizem as idéias de grandeza, mas sua ação será reduzida a nada tão logo reine o bem no mundo. Erotomania e idéias de grandeza ao mesmo tempo admitem a perseguição, mas não a situam como implacável. Inteiramente diferente vai ser a posição da reivindicação em face da perseguição. Vai-se tratar, agora, para Marguerite, de se "vingar"[164] de seus perseguidores, usando para com eles, principalmente, a mesma arma com que a perseguem, a saber, a pena. O laço perseguição/reivindicação apresenta,

---

[161] T. p. 234.

[162] T. p. 249.

[163] T. p. 239.

[164] Ibid.

pois, a estrutura do par perseguidor/perseguido: a reivindicação ataca abertamente a perseguição, sem de modo algum minimizar a incidência desta. A reivindicação integra ao delírio a necessidade, experimentada como urgente, de "fazer alguma coisa": ela leva à incandescência a relação perseguidor/perseguido, e prepara, assim, a passagem ao ato.

> Alguns meses antes de sua agressão, por ocasião de um descanso em comum, ela o aborda [Marguerite está então com seu irmão mais novo, Clóvis, que ajudou a tornar professor primário, depois de ter ela mesma renunciado a isso] de repente num estado de exaltação onde parece fora de si, e lhe dirige mais ou menos estas palavras: "Não é verdade que você vai abandonar sua carreira? Que vai se vingar com a pena? Que vai publicar todas as injúrias a que o fizeram se submeter?"[165]

É isso, exatamente, o que ela própria irá fazer, querendo publicar seu romance *Sauf votre respect*, do qual Lacan isola uma passagem como formulando a declamação reivindicatória[166]. Ora, os perseguidores, nessa passagem, são única e explicitamente mulheres:

> A velha, com muco no nariz, segura o varal da carroça.
> Infecta, sórdida, me acabrunha com troças.
> Segue-se a multidão de mulheres embriagadas
> Caras sangrentas ou línguas assassinas
> Com coxas de inscrições cifradas
> Seguem as sufragetes, peripatéticas
> As advogadas, burocratas, mundanas
> Tirando minhas roupas para nelas se envolverem.

A injúria dessas línguas femininas assassinas, que motivam a reivindicação, remetem, como para além de dez anos de construção delirante, ao desencadeamento da psicose, quando Marguerite dizia:

> Há também coisas distantes, muito más, sobre mim que são verdadeiras, verdadeiras, verdadeiras, mas a planície está a favor do vento.
> Há também os falatórios das comadres das casas de prostituição e de certo estabelecimento público.[167]

A reivindicação aparece, pois, como visando pôr um fim às afirmações caluniosas de que sua conduta é objeto[168]. Aqui, não é mais tanto a criança que é atacada, e sim a própria Marguerite, diretamente, como mulher. Mais exatamente, na medida em que é tratada de puta por putas, desnudada por elas (cf. o último verso citado acima), como se a intenção delas não passasse de apresentá-la como corpo sexuado feminino, oferecido a quem quisesse.

Já destacamos aqui esta lógica do delírio que quer que a existência de uma única puta baste para pôr em causa todas as mulheres, designando sua

---

[165] Ibid.

[166] T. p. 194.

[167] T. p. 155.

[168] T. p. 159.

declaração de sexo como sendo da ordem daquela da puta. Frisamos também que Huguette ex-Duflos será agredida como tal.

Por mais estreito o abraço que faria a unidade do par mãe-criança, este não consegue, no entanto, confundi-las a ponto de torná-las indiscerníveis. Se o tema persecutório é centrífugo, a reivindicação, por sua vez, denota uma perseguição da qual Marguerite, como mulher, é o objeto diretamente visado. A reivindicação desloca metonimicamente a perseguição da criança para a mãe, e revela, assim, que esta não pode ter sido mãe sem ter sido mulher. E será uma mulher puta, condenada a este título, que Marguerite acabará agredindo.

Não será fácil a Marguerite decidir-se a passar ao ato. A reivindicação, com efeito, lhe oferece uma solução cuja execução será contrariada pela família (o que Lacan chama de reivindicação familiar):

> A partir daí ela toma a resolução de se divorciar e deixar a França com a criança. No mês de janeiro anterior ao atentado, ela manifesta suas intenções à irmã, numa cena em que demonstra uma agitação interior e uma violência de termos de que esta última ainda guarda uma lembrança de medo.[169]

Aqui, ainda, há uma continuidade com o tempo de entrada na psicose, onde Marguerite fizera essa mesma tentativa. O fato de ter aceito, no entanto, a recusa que sua família lhe opôs denota que, a seus próprios olhos, essa solução não convinha. Era-lhe realmente necessário responder àquelas que, por seu estatuto de peripatéticas, acusavam sua sexualidade, subvertiam seu jardim secreto.

O tema do ciúme não é, como já notamos, realmente explicitado no delírio. Ele é como que condensado na fórmula de Marguerite que define Huguette ex-Duflos como sua rival no instante mesmo da passagem ao ato. Esta focalização concisa vem confirmar, parece-nos, nossa análise da composição do delírio na sua articulação ao ato suspenso, e em seguida efetuado. Diremos, com efeito, que Marguerite não cessa de não poder dizer até que ponto sua declaração de sexo é atribuída à figura da puta? Isto seria supor que as coisas seriam ditas com maior justeza numa palavra que num ato. Ora, tal não é, precisamente, o caso. Pelo contrário, o ato, com sua vertente demonstrativa, diz melhor o que está em jogo do que o poderia fazer uma palavra qualquer; a passagem ao ato está em conformidade com o que se trata de dizer, seu modo de enunciação transmite ao máximo o enunciado de que é portador. É isso, exatamente, o que Marguerite escreve naquilo que Lacan chama de sua "principal invectiva contra seus inimigos":

> É demasiado cru, senhora! Mas você prefere fazê-lo a confessá-lo, eu lhe falei como no bordel volante vendido nas livrarias especiais[170].

---

[169] T. p. 171.
[170] T. p. 199.

Esta frase deve ser aproximada da declaração de Marguerite, dita na excitação do atentado, e onde ela sustentava que visava fazer com que Huguette ex-Duflos "confessasse". Assim como sua rival não diz, mas encena, também não se trata para ela de dizer, mas de pôr em cena, em ato, o que nenhum dizer poderia formular. Uma simples palavra não poderia corrigir o que há de "imundície"[171] implicada no exercício do sexual. Marguerite, em seu ato, diz seu "ciúme", *jalousie,* termo a ser também entendido no sentido de *gelosia,* janela: a figura da puta é sua janela para a sexualidade feminina — como nos confirma o fato de que ela tenha tratado seu poetastro de "cafetão", sem reparar que ela se situava, nessa aventura, por sua vez, no lugar mesmo que iria atacar com uma faca acusadora.

O desenvolvimento do tema do ciúme fica reduzido a quase nada no delírio de Marguerite, não acidentalmente, mas por essa razão importante de que seu lugar adequado não é tanto o delírio, e sim o ponto de ato da psicose.

Conclusão

Assim, acreditamos haver elucidado, tanto quanto possível, a composição da rede de perseguidores e a razão do delírio. Seu caráter inicialmente centrífugo liga-se ao motivo principal da perseguição: existe um projeto de morte contra Didier. A partir daí, dois temas delirantes se virão compor com a perseguição para atenuar sua incidência e suspender o ato por ela convocado; a erotomania tornava possível a constituição do par mãe/criança, e as idéias de grandeza tornavam inoperante a ameaça sobre a criança. Entretanto, a composição desses três temas não basta para trazer a Marguerite o apaziguamento que ela pode esperar de sua sistematização. Tendo formulado que o assasssinato da criança não a visava como tal, mas como traço da relação sexual, demo-nos os meios de compreender a articulação dessas três primeiras temáticas delirantes com aquelas que só irão aparecer tardiamente, a reivindicação e o ciúme. A reivindicação desloca a perseguição da criança para a mãe, a partir daí questionada como mulher — o que será homologado pelo ciúme manifesto da atriz, no ato mesmo de agredi-la. Com a entrada da reivindicação e o deslocamento da perseguição realizado por ela, muda também a função do delírio na sua relação com o ato. O delírio, doravante, leva ao ato, quando sua função era inversa no tempo precedente.

Fato notável, este ponto de junção que introduzimos no delírio e que por si só, em nossa opinião, nos pode permitir explicitar sua razão, jamais é explicitado como tal. Existe o que Lacan chama de uma "ausência eletiva"[172] no delírio; tudo se passa como se a composição delirante se fundasse num

[171] T. p. 230.
[172] T. p. 319.

"desconhecimento sistemático"[173] deste traço ausente ou, para dizer melhor, ausentificado. Mas tudo se passa também como se o delírio nunca cessasse de lidar com este traço e, portanto, de designá-lo. Ora, trata-se de nada menos que a própria razão do delírio. Logo, vê-se que não existe oposição simples, binária, entre delírio e razão. O delírio não é uma desrazão mas uma construção onde a razão está ausentificada. Como tal, ele a designa. O delírio é designação de sua razão.

Mas, para quem? Quem saberá ler, graças ao delírio, e depois ao ato que ele acarreta, esta razão que, no caso, se apresenta também como uma acusação? Quem poderá acusar seu recebimento? Para quem o delírio, e também a passagem ao ato, terão um valor demonstrativo?[174]

Mostramos que, dentre os perseguidores mencionados no delírio de Marguerite, nenhum poderia pretender o estatuto de perseguidor verdadeiro; que cada um deles, apesar das posições diversificadas quanto à eminência do estatuto de perseguidor, permanecia um qualquer, mesmo que fosse alguém. Mas, em se tratando do destinatário da psicose, as coisas são de um teor inteiramente outro. O fato de nenhum perseguidor designado ser plenamente o perseguidor já sugere, por si só, que bem poderia ser que o verdadeiro perseguidor não estivesse entre aqueles distintos pelo delírio, mas fosse alguém a quem o delírio se dirigisse, alguém diante de quem, passando ao ato, ele devesse fazer demonstração.

Vamos mostrar que este alguém não é qualquer, já que se trata da mãe de Marguerite, Jeanne Pantaine. As variações de seu delírio, que devemos agora estudar, demonstram a nosso ver da maneira mais convincente, que ela terá realmente recebido a mensagem endereçada por Marguerite ao preço da sua psicose, esta constituindo, ela mesma, essa mensagem. Mais exatamente, uma mensagem de um certo tipo, um aviso.

A figura clínica que veremos assim se desenhar apresenta esta particularidade notável de ser um caso de loucura a dois, nem exatamente simultânea nem exatamente induzida, mas onde a cura de um dos dois protagonistas sobrevém no tempo mesmo em que o outro acusa o recebimento da mensagem, recebe o aviso e o faz saber, deixando eclodir seu "próprio" delírio.

---

[173] Ibid.

[174] T. p. 300.

CAPÍTULO DOZE

O "ponto de ato" da psicose

O ponto onde a psicose de Marguerite tem o valor de um ato se deixaria localizar na última passagem ao ato, na medida em que esta faz demonstração para Jeanne Pantaine, mãe de Marguerite. Mas demonstração de quê? E com que conseqüências, para Jeanne e para Marguerite? Mas também: haverá um efeito de retorno dessa demonstração sobre nossa própria leitura da passagem ao ato? E como situar, a partir dessa releitura do atentado contra Huguette ex-Duflos, a cura de Marguerite?

Não se poderá compreender o alcance demonstrativo para Jeanne Pantaine do delírio, e depois da passagem ao ato em que este desemboca, senão estudando inicialmente em que problemática, presentificada por Jeanne Pantaine, se deveria inscrever essa demonstração em ato que sua filha Marguerite, de certa maneira, lhe reservava (e em primeiro lugar no sentido em que ela não cessava de mantê-la em reserva). Explicitar essa problemática nos deverá permitir melhor situar o atentado contra Huguette ex-Duflos, mas também a queda do delírio de Marguerite.

Loucura a dois

Jeanne Donnadieu teria nascido em 2 de setembro de 1865, em Chalvignac, quatro anos depois do casamento de seus pais, Jean Donnadieu e Marguerite Maisonneuve, que contavam respectivamente vinte e oito e vinte e nove anos no momento das núpcias. Ignoramos a composição exata dos irmãos de Jeanne e, portanto, também não sabemos seu lugar exato nessa prole. Jeanne porta, feminizado, o prenome de seu pai; ela se casará com um Jean, Baptiste, é verdade, e dará à primeira filha o prenome de sua mãe Marguerite. O costume é bastante para explicar que uma menina leve o nome de uma avó.

Aos vinte anos, Jeanne se casa com Jean-Baptiste Pantaine, que é nove anos mais velho que ela e cuja mãe se chama Marguerite. O casamento ocorreu em Chalvignac a 4 de fevereiro de 1885. Marguerite, a mais velha, muito provavelmente concebida nesse momento, nasce a 19 de outubro do mesmo ano; em seguida vem Élise, dois anos depois, e um ano mais tarde Maria (dita Clothilde).

Dois acontecimentos importantes se seguem, de articulação dificilmente situável; o falecimento acidental de Marguerite, a mais velha, a 10 de dezembro de 1890, e o nascimento de uma criança natimorta em 12 de agosto de 1891. De acordo com a suposição menos provável, do ponto de vista médico, a gravidez teria sido levada a termo e, neste caso, Jeanne deveria ter simplesmente suspeitado de uma nova gravidez no momento do acidente. Em contrapartida, segundo uma conjetura mais provável, a criança natimorta teria sido prematura (mas não a ponto de não ser objeto de um registro em cartório). No caso de uma prematuridade avaliada em quatro semanas, Jeanne teria concebido esta criança logo depois do acidente. Isso seria confirmado pelo voto, que sabemos que ela formulou, de substituir aquela Marguerite. O que será realizado com o nascimento de Marguerite, menos de um ano depois da vinda ao mundo da criança natimorta.

Aqui mesmo (cf. cap. 9) ousamos tirar alguma conclusão, certamente hipotética, no tocante a esta seqüência: morte da Marguerite mais velha — parto de uma criança morta — nascimento de Marguerite. A criança natimorta teria sido, sugerimos, morta por sua mãe *in utero* pela razão de que teria sido inominável, e, portanto, não viável. Não desconhecíamos a loucura de uma tal suposição que é a de uma réplica machista à perda de um filho. Devemos crer, no entanto, se aceitarmos seguir este caminho, que esta réplica onde a mãe, duplicando-a, faz-se desta vez o agente daquilo que só pôde sofrer passivamente, não teria bastado para encerrar o assunto, mesmo se permitiu que Marguerite nascesse, como substituta da irmã mais velha falecida. Testemunharia essa insuficiência do sacrifício consentido nada menos que a psicose de Marguerite.

Não pudemos expor essa leitura da seqüência acima a não ser de modo indireto, referindo-lhe um certo número de dados apresentados na psicose de Marguerite (a importância da água e do fogo, o fato de que *Le Détracteur* termina com os sentimentos de uma mãe diante da morte da criança). Mais significativo ainda nos parece ser o erro veiculado pela lenda familiar que, fazendo morrer não a mais velha, e sim a caçula das três meninas, afasta a eventual responsabilidade da mãe no trágico acidente. Todo o peso desse erro salta aos olhos tão logo se observa que a versão sororal, forjada por Lacan, participa igualmente dessa mesma preservação da mãe.

Disporíamos de uma confirmação mais direta da validade de nossa suposição? O que sabemos, em especial, quanto à loucura de Jeanne Pantaine? Mais uma vez, aqui, vamos levar em conta não tanto o que nos relatam quanto ao seu delírio quanto as variações deste. Serão elas, essas variações, que a nosso ver darão a prova de que o caso de Marguerite é mesmo um caso de loucura a dois, mãe e filha, que valerão também como prova de que a psicose de Marguerite é realmente dirigida à sua mãe. Com efeito, as variações do delírio de Jeanne verificam-se estar estreitamente relacionadas aos principais acontecimentos da psicose de sua filha.

Segundo a família, Jeanne seria afetada por uma "loucura de perseguição"[1]. A família sugere, mas sem dizê-lo explicitamente, que esse estado se ligaria à morte de Marguerite mais velha, queimada viva "diante da mãe"[2]. Se tal fosse realmente o evento desencadeante dessa perseguição, estaríamos na presença de uma primeira e decisiva articulação entre a loucura da mãe e aquela que será a da filha substituta da filha morta. A própria idéia de uma substituição da morta se deveria inscrever na perseguição sofrida por Jeanne. Marguerite, desse ponto de vista, teria sido perseguida desde antes de seu nascimento.

Marguerite iria dizer a Lacan que devia ter ficado junto da mãe; ela evoca o desgosto atual dessa mãe, diz a seu interlocutor dos seus "remorsos"[3], *regrets*, termo que, pode-se notar, é o mesmo empregado usualmente quando se trata de dar condolências. O relato dessa entrevista com Lacan não deixa de nos sugerir que a ruptura de Marguerite com a mãe, que é, como vimos, um rompimento da sua amizade, digamos mesmo, um golpe sofrido por seu amor, tem o valor de uma condição de possibilidade para a psicose de Marguerite. De quando dataríamos este rompimento? Muito provavelmente, do momento em que Marguerite renuncia a tornar-se professora primária e logo deixa o domicílio familiar. Ao fazer isso, Marguerite recusa ser tratada de modo diferente de suas irmãs, e em especial pela mãe, como explica Lacan.[4] Ela fará de modo que seja um de seus irmãos, Clovis, quem se tornará professor, satisfazendo assim um voto de Jeanne que só lhe podia aparecer, ao privilegiá-la, ligado a seu estatuto de substituta da morta. Esta recusa de Marguerite, este rompimento com o que sua mãe espera dela, nos aparece como inaugural do jogo de réplicas que se irá construir entre mãe e filha, entre filha e mãe, na sua loucura a dois.

O pouco que sabemos no que toca à loucura de perseguição de Jeanne está reunido num parágrafo da monografia do caso Aimée, imediatamente em seguida à apresentação desse rompimento.

> Ora, a mãe se apresenta há muito tempo como uma interpretativa, ou, para melhor situar os fatos, como manifestando nas relações da aldeia uma vulnerabilidade sobre um fundo de inquietude, logo transformada em suspeita. Citemos um fato que nos é relatado: uma vizinha, por exemplo, lhe prediz que um de seus animais doentes não se irá curar; ei-la, de saída, sensível à ameaça destas palavras, que sentimos serem percebidas como uma ameaça mágica, depois persuadida da vontade de fazer mal da vizinha, e enfim suspeitando que esta teria envenenado o animal, etc. Esta disposição, antiga e reconhecida, foi fixada há mais de dez anos num sentimento de ser espiada, escutada pelos vizinhos, temor que a faz recomendar a leitura em voz baixa das cartas que, analfabeta, tem que pedir que leiam para ela.

---

[1] T. p. 174.

[2] T. p. 175.

[3] T. p. 220.

[4] Ibid.

> Enfim, em seguida aos recentes acontecimentos ocorridos com sua filha, ela se fechou num isolamento louco, imputando formalmente à ação hostil de seus vizinhos diretos toda a responsabilidade pelo drama.[5]

Ter-se-á observado o cuidado com que Lacan escreve essas linhas, em particular na descrição clínica, sabiamente graduada, das diversas e sucessivas posturas subjetivas de Jeanne (há uma referência, antes de se chegar à consideração propriamente psiquiátrica, ao que pode comportar de magia a cultura camponesa daquela época). Diversos pontos merecem ser destacados.

Com a família Pantaine, fazemos remontar ao momento da morte de Marguerite, a mais velha, esta "disposição antiga e reconhecida". O exemplo dado a Lacan, provavelmente por essa mesma fonte familiar, irá aliás confirmar essa escolha. Uma vida está ameaçada, aqui a de um animal, no delírio de Marguerite a de uma criança (ela chama de "animais" os seus perseguidores). Tratando-se de Jeanne, não parece que seja excessivo afirmar que o animal vale, neste exemplo, como uma metonímia da criança (cf. Marguerite: "Há pessoas que constroem currais para melhor me tomar por uma vaca leiteira".). Como Marguerite, Jeanne não pode conhecer que um infortúnio ocorra sem localizar em alguma figura (para ela, esta vizinha) uma vontade expressa de prejudicá-la. Apostamos que tal terá sido o caso no acidente ocorrido com sua mais velha.

Um segundo traço, aqui mencionado, liga essas loucuras de Jeanne e de Marguerite. Trata-se da carta roubada, da impossibilidade do segredo. Roubam as cartas de Jeanne, como as roubam de Marguerite. Mas não se trata somente de uma correspondência entre dois traços idênticos num e noutro delírio, não é simplesmente uma homologia. Querendo fazer de Marguerite uma professora primária, Jeanne recusa seu estatuto de iletrada; ela ama a filha mais que a si mesma, desejando assim pô-la ao abrigo daquilo de que ela sofre, a saber, não poder ler suas cartas a não ser apelando para um terceiro, em outras palavras, expondo-se de saída a que roubem suas cartas. Quanto a si, Marguerite só poderia recusar entrar no jogo de recusa de Jeanne, não apenas pela razão que foi dita (é como ocupante do lugar da irmã mais velha morta que ela é assim privilegiada), mas também porque esta recusa do seu analfabetismo faz parte da loucura de Jeanne, loucura que Marguerite criança só pode, inicialmente, recusar. No entanto, uma tal recusa permanece parcial: abandonando o projeto de se tornar professora, Marguerite se vai encontrar num cargo administrativo, encarregada de expedir cartas a seus destinatários. E se vai casar com um carteiro.

Mas, ainda mais surpreendente, um terceiro ponto desse breve texto deve ser sublinhado. Existe loucura a dois, certamente, pelo fato de duas temáticas principais nos delírios de Jeanne e Marguerite: a morte da criança,

[5] T. p. 221.

o roubo da carta. Mas a verdadeira prova da existência dessa loucura a dois nos é dada pelas variações próprias ao delírio de Jeanne. Lacan distingue três tempos: um período, antigo, em que Jeanne está convencida de que sua vizinha quer lhe fazer mal; um tempo, datado com precisão, em que Jeanne se diz espiada por esta vizinha, e onde Lacan nota que "se define" sua disposição a se crer objeto dessa vontade de fazer mal e, enfim, um tempo, este também precisamente datado, onde Jeanne se isola e imputa a seus vizinhos a responsabilidade pelo que acaba de acontecer a Marguerite. Ora, *esta pontuação temporal corresponde precisamente aos dois tempos fortes da psicose de Marguerite.* O "há mais de dez anos" nos remete exatamente a 1921, ano do desencadeamento da psicose de Marguerite; e a referência aos "recentes acontecimentos" nos remete ao atentado contra Huguette ex-Duflos. Não se pode dizer melhor a que ponto as variações da posição de Jeanne com relação à sua loucura replicam aos acontecimentos daquela de sua filha Marguerite. É nesse sentido que o caso de Marguerite nos parece indubitavelmente ser um caso de loucura a dois.

Sessenta páginas mais, Lacan escreve:

> Mostramos, em outra parte, de que ligação *exclusiva* [grifo meu] com sua mãe fora marcada a infância da doente. Essa mãe, como sabemos, retribuiu sua afeição; nem os anos nem as "faltas" de nossa doente diminuíram o apego à sua filha. Além disso [Mas por que este "além disso" não justificado, como demonstra a seqüência da frase? - Se não porque, como estabelecemos, Marguerite terá conseguido desviar Lacan da acusação que sua própria psicose faz incidir sobre sua mãe], ela é presa há muitos anos de delírio em potencial, e este eclodiu plenamente a propósito dos acontecimentos recentes ocorridos com sua filha.[6]

É curioso saber que Lacan, no entanto centrado, na sua versão manifesta do caso, na punição, não tenha destacado aqui que Marguerite se dizia ela mesma em falta (cf. as aspas) *diante da mãe.* Que laço materno é este, que jamais alguma falta da filha será capaz de questionar a afeição que o constitui? Decerto, a morte de Marguerite mais velha pesa aqui, com todo o seu peso. Mesmo assim, uma tal afeição é provavelmente intolerável para a filha. E terá sido necessária a Marguerite nada menos que sua psicose para manifestar em ato a sua mãe que ela não tolerava semelhante laço.

Existe, realmente, como notava Lacan, uma *"anomalia psíquica similar"*[7] em Marguerite e Jeanne, mesmo que essa anomalia "possa" (como no caso Aimée) "revelar-se apenas tardiamente no genitor [8]". Existe, realmente, *uma* loucura a dois, já que uma só questão se vê tratada, a da mãe criminosa. Tanto em Jeanne quanto em Marguerite, o voto ordenador da loucura se deixa assim formular: "Que não pensem que eu seja uma mãe criminosa". É exatamente

[6] T. p. 282.
[7] T. p. 284.
[8] Ibid.

isso que pensaria Huguette ex-Duflos se, porventura, Marguerite (ela mesma é quem nos diz) persistisse em se abster de fazê-la confessar. Se alguém, na família Pantaine (nome homófono ao de *putain*, prostituta), fosse capaz de fazer confessar a Jeanne a responsabilidade que esta poderia ter na morte acidental de Marguerite, a mais velha, seria certamente sua substituta, que foi atingida em cheio pelo fato de, em sua loucura, Jeanne desviar-se dessa eventual responsabilidade, fazendo-a endossar por sua vizinha, e de também se esquivar, embora de outra maneira, dessa possível responsabilidade, privilegiando Marguerite a substituta, procedimento graças ao qual ela cobre, com um inalienável amor por sua filha, a não-identidade entre as duas Marguerite.

Avaliados a partir dessa loucura a dois, certos temas delirantes formulados por Marguerite assumem uma importância inteiramente outra. Perseguida? Sim, ela o é realmente, em especial pela perseguição que habita Jeanne, por esse delírio "potencial" que a psicose da filha fará deslanchar. Encarregada de uma missão? Sim, ela o é realmente, em especial por Jeanne, e a ponto de estar em falta se não aceitar ser essa substituta esperada, cuja própria vida seria um apagamento intempestivo da substituída. Reivindicadora? Como poderia não sê-lo, em face de Jeanne que, atribuindo-lhe um lugar bastante preciso, impede-a de existir, espera dela o sacrifício de sua vida, na medida em que não poderia haver para ela uma vida diferenciada daquela de Marguerite, a mais velha?

Como alcançar a loucura de Jeanne? Mas também como pôr um fim à perseguição que ela sofre e faz, ao mesmo tempo, todos sofrerem? Marguerite teria concebido que podia, com um só e mesmo movimento, afastar sua mãe e a si mesma da loucura a dois? No entanto, não foi esta a solução encontrada por ela já que, ao contrário, foi instalando sua mãe na loucura desta que ela pôde renunciar à sua própria. Estranha figura de loucura a dois, não repertorizada pelos clássicos. Ainda foi preciso haver a passagem ao ato, esse atentado contra Huguette ex-Duflos, que podemos reconsiderar agora à luz desta loucura a dois.

O atentado como advertência

Abordamos agora o atentado contra Huguette ex-Duflos e o conjunto de atentados que o acompanham (sua publicação na imprensa, o aprisionamento de Marguerite, sua cura e depois sua hospitalização) com uma questão que resulta de nossas análises precedentes. Como este atentado terá podido constituir acontecimento na loucura de Jeanne a ponto de seu delírio vir a "eclodir plenamente" a seu propósito? O delírio de sua filha já era, para ela, algo de importante, como nos revelou uma primeira variação do seu próprio, no momento em que Marguerite entra na psicose. O que é introduzido, então, pelo atentado, a ponto de provocar uma nova variação? Responder a isso implica um estudo detalhado dessa passagem ao ato, em primeiro lugar de sua fomentação e depois dos traços particulares de sua execução, onde ela prova falar.

A fomentação do atentado contra Huguette ex-Duflos

A erotomania nos surgiu como uma figura suscetível de possibilitar a aliança mãe-criança; ela seria este recurso que, protegendo a criança das ameaças de que é objeto, fornece sua condição de possibilidade a uma maternidade assim tornada praticável. O quadro erotomaníaco, composto por mãe e filho elevando, juntos, a haste da bandeira branca real, fazendo-a assim flutuar sobre Paris, manifestaria a vitória do Príncipe. Mas uma vitória conquistada sobre que inimigo? Sobre a "velha, com muco no nariz" que acabrunha Marguerite com "troças", em outras palavras, sobre as mulheres cuja vida sexual apregoada é um insulto. O êxito da erotomania, e temos aí a razão pela qual ela não pode ter pleno êxito, seria constituinte da rejeição da sexualidade feminina. O que é confirmado pelo quadro, onde a faloforia (cf. a haste) é indistintamente atribuída à mãe e à criança, mas não ao Príncipe, este castrado pela erotomania. a ereção sobre Paris do falo principesco é obra do par mãe-criança. Outra confirmação: a cor branca da bandeira é também a da inocência de Marguerite. Mais próxima, aqui, de Joana D'Arc que de Charlotte Corday, Marguerite se coloca, na erotomania, como uma virgem a serviço da realeza. O quadro erotomaníaco que ela nos dá em seu poema surge assim como aquele, mil vezes pintado, da virgem com o menino. "Marguerite", já notamos, contém "Marie", Maria. Se há, incontestavelmente, amor, não há em compensação, na erotomania, a imaginarização de uma relação sexual entre Marguerite e o príncipe. Detentora do falo principesco, Marguerite o erige univocamente na direção das mulheres de Paris. Ao clamor incessante dessas mulheres, responde a ereção não menos incessante desse falo que, certamente, goza, mas ao qual está interdito o acesso à satisfação, a que jamais se poderia infligir uma humilhante e perigosa detumescência.

Está na lógica da erotomania que jamais o falo principesco virá golpear as prostitutas da cidade: neste ato ele cessaria de ser uma arma, no próprio tempo em que o seria. No máximo ele lhes pode impor respeito, o que, aliás, toca num ponto extremamente pertinente. Todos sabem, com efeito, até que ponto as putas são respeitosas aos falos principescos. A erotomania prova ter, pois, seu próprio limite a partir de si mesma. Ela não leva ao ato. E o ato, como vimos, será tornado possível pela intervenção tardia de uma outra temática delirante, a saber, a reivindicação.

A reivindicação desloca a perseguição da criança para a mãe. É esta quem fica acabrunhada por injúrias, como mulher, e que deve fazer algo para que isso cesse. A reivindicação, graças a este deslocamento, torna possível suspender a inibição própria à erotomania.

> Decerto, nos últimos anos, alguns sinais de alerta se produzem. A doente sente a necessidade de "fazer alguma coisa". Mas, ponto notável, essa necessidade se traduz em primeiro lugar pelo sentimento de uma falta aos deveres desconhecidos que ela refere aos comandos de sua missão delirante. Sem dúvida, se ela conseguir publicar seus romances, seus inimigos recuarão aterrorizados[9].

A própria publicação não pode fazer mais que a erotomania, não destrói seus inimigos, mas simplesmente os faz recuar. Ela não deixará Marguerite ás voltas com sua necessidade de fazer alguma coisa.

Nos oito meses que precedem o atentado, o delírio assume uma amplitude até então inigualada, enquanto se fecham numerosas portas cujo possível franqueamento aparece, só depois, como outras tantas tentativas de recuar ainda sua realização na passagem ao ato. Esses dois dados têm um efeito de afunilamento, o tema reivindicatório dominando agora todos os outros como réplica adequada a uma perseguição que nem o tema de grandeza nem o erotomaníaco conseguem mais relativizar. A "explicação"[10] de Marguerite com seus inimigos não poderá deixar de ocorrer.

> Nos oito últimos meses antes do atentado, a angústia vai crescendo. Ela sente então, cada vez mais, a necessidade de uma ação direta.[11]

O motivo explícito para esta agitação é aquele, centrífugo, constituído pelo "temor perpétuo e iminente do atentado que deveria atingir seu filho"[12]; e, como veremos, só a passagem ao ato, que responde "atentado por atentado", como se devolve "olho por olho", irá sancionar este deslocamento da perseguição da criança para a mãe que realiza o tema reivindicatório.

Diante desta ameaça contra Didier, uma primeira solução consistiria em tentar explicar este tormento. Marguerite se abre com os seus, René, Élise. Mas esta saída se vê barrada:

> [suas iniciativas] não podiam ser acolhidas com o discernimento de que necessitariam. Tentativas de explicação dos seus tormentos foram brutalmente rejeitadas.[13]

Este "brutalmente" que vem, assim, sob a pena de Lacan é um termo muito duro. Mas que vontade é essa de não saber de nada (do que acontece com Marguerite) que afeta, então, sua família? Pois ela não alerta apenas com palavras, mas também em ato: ela rouba "de sua casa", ou mais valeria escrever: "da casa deles", certos objetos do patrimônio sem que pareça que se dêem conta.[14] A família não apura mais os ouvidos quando ela inventa uma história de incêndio para justificar a indenização que deve pagar à funcio-

---

[9] T. p. 170.

[10] Ibid.

[11] Ibid.

[12] T. p. 171.

[13] Ibid.

[14] T. p. 239.

nária da editora que agrediu. Marguerite... falando de incêndio! E sem que ninguém se toque! Sim, existe certamente uma brutalidade nessa surdez.

Este fracasso da explicação familiar convida-a à ação. Marguerite projeta, então, divorciar-se, e depois sair da França com Didier. A família, ainda neste ponto, barra seu projeto. Isto dá lugar a uma violenta cena com Élise, que decerto lhe recusa o testemunho que ela lhe pede (que diga que René bate nela — em Marguerite — e na criança), mas que, por outro lado, se opõe à realização de seu projeto.[15] Marguerite vem, então, quase todos os dias, ver Didier (até aí suas visitas eram espaçadas).

> Ela não deixa mais o filho, acompanha-o até a escola e vem buscá-lo na saída desta, o que o menino, evidentemente, acha pouco a seu gosto.[16]

Durante essas visitas, ela insiste em fazer admitir seu projeto de divórcio e de ex-patriação, o que dá lugar a novas cenas familiares:

> Sua família, por sua vez, nada mais vê em sua nova atitude além de um zelo intempestivo e lhe pede, sem muito tato, para acabar com essas importunações que só prejudicam o menino.

A partir daí a doente fica cada vez mais perdida.

Quem, escritor ou poeta, denunciará a maldade profunda desses protetores de crianças, essa coorte de pais, de juízes, de psicólogos, psiquiatras, assistentes sociais, organismos estatais, todos os protetores que querem — como duvidar disso? — o bem das crianças, sórdido exército de consciências tranqüilas remuneradas? Quem? Mas, justamente, ao preço de sua loucura, alguém como Marguerite.

E que abominável mal-entendido entre Marguerite, protetora de Didier, e este menino que acha sua proteção — trata-se de uma metonímia — "pouco a seu gosto"! Como dizer o sofrimento de Marguerite confrontada com o gosto manifestado, então, pelo filho, a seu respeito?

Todas as saídas familiares parecem então trancadas. Mas, já ao fim do ano de 1930, outras soluções tiveram o mesmo destino. A queixa contra Pierre Benoit não teve conseqüências[17], a publicação do *Détracteur* foi recusada, e Marguerite condenada por haver agredido a pessoa que veio lhe transmitir esta recusa. A inutilidade do convite feito a Clovis para que este se vingue com sua pena não terá escapado a Marguerite. E se ela, a partir de agora, assina com seu nome suas cartas ao Príncipe de Gales, não pode desconhecer, em absoluto, o impasse da solução erotomaníaca. Quanto à sua posição profissional, sua atitude foi tal que decidiram confiná-la num trabalho onde ficará isolada. Marguerite está "perdida".

---

[15] T. p. 171.

[16] Ibid.

[17] T. p. 156 e 170.

Única solução que se oferece a ela: a ação direta, sintagma que vem sob a pena de Lacan muito antes de sua hora de celebridade na França. Perdida, Marguerite faz-se ameaçadora:

> É de se notar que os parentes da doente receiam tanto as suas ameaças no que toca à criança quanto ao marido.[18]

Ela se dá, então, os instrumentos para suas ameaças:

> Ela solicita a seu senhorio que lhe empreste um revólver e, diante da recusa deste, pelo menos uma bengala "para amedrontar aquelas pessoas", ela quer dizer, os editores que a ridicularizaram.[19]

Datamos essa iniciativa do fim do ano de 1930. Uma segunda iniciativa será para valer:

> Um mês antes do atentado ela vai "à fábrica de armas de Saint-Étiene, na praça Coquillère" e escolhe uma grande faca de caça que vira na vitrine, com uma bainha.
> Entretanto, em seu estado de emoção extrema, ela forja para si verdadeiros raciocínios passionais. É preciso encarar seu inimigo de frente. "O que pensará ela de mim", diz-se ela, com efeito, "se eu não me mostrar para defender meu filho? Que sou uma mãe covarde[20]".

Esta passagem sugere que o momento em que Marguerite se arma é também aquele em que elege Huguette ex-Duflos como sendo, no conjunto aberto que compõe a rede de seus perseguidores, aquela com quem ela deve ter uma explicação. Esses raciocínios passionais não fazem dela, no entanto, uma "passional" no sentido psiquiátrico do termo, como demonstra o fato de que nenhum consolo, nenhuma cura espontânea segue imediatamente o ato agressivo.[21] Isto não impede que esses raciocínios focalizem a atenção de Marguerite sobre as ações de Huguette ex-Duflos em sua direção. Ora, a atriz, sobre a qual já observamos o quanto sua ação perseguidora, encenada no palco, era mais incisiva do que qualquer outra, no tempo em que todas as saídas se verificam fechadas para Marguerite, volta mais uma vez ao palco para afirmar que "tudo vai bem".

O atentado de 18 de abril de 1931, às 19 horas

Um de seus motivos, mas que é também um voto, se vê formulado no raciocínio passional: que Huguette ex-Duflos não vá imaginar que sou uma mãe covarde! Situado em seu contexto, este voto parece equivaler ao seguinte: que ela não vá imaginar que eu seja uma mãe criminosa. Com efeito, dada a ameaça que pesa sobre Didier, qualquer covardia da mãe equivale a um crime.

---

[18] T. p. 171.
[19] T. p. 170.
[20] T. p. 171-2.
[21] T. p. 250.

> Eu temia muito pela vida de meu filho, escreve a doente; se não lhe sucedesse algum infortúnio agora, seria mais tarde, por minha causa, eu seria uma mãe criminosa.[22]

Huguette ex-Duflos ameaça a vida de Didier. Se ela conseguir realizar sua intenção assassina, Marguerite, ipso facto, será definida como um mãe criminosa. Ter uma explicação com a atriz significa, pois, prevenir-se contra essa eventualidade. Que seja dito, enfim ("enfim", já que a questão se colocou desde que Marguerite entrou na psicose por ocasião de sua primeira gravidez, ou seja, há mais de dez anos), que Marguerite não é, de jeito nenhum, uma mãe criminosa.

Esta temática nos remete diretamente à morte "acidental" de Marguerite, a mais velha. Este mesmo voto — que seja dito que a mãe não é criminosa — pode, com efeito, se referir também a Jeanne Pantaine, a propósito de quem vimos como seu delírio o constituía. E o erro veiculado pela lenda familiar, fazendo morrer, não a mais velha, e sim a mais nova das três filhas então vivas, parece-nos aqui uma confirmação decisiva de nossa afirmação. A faca, arma do atentado, (couteau), deixa-se ler, assim, "jato de água" (coup d'eau), ou seja, o próprio gesto que Jeanne Pantaine não terá podido fazer para salvar Marguerite. O atentado contra Huguette ex-Duflos (ex-du flot, do fluxo?), efetuando o gesto faltoso, o gesto que, se tivesse ocorrido eficazmente, teria feito com que Marguerite não fosse Marguerite, o gesto à falta do qual Marguerite teve de ser o que foi, acusa, como que ressoando, Jeanne Pantaine, dizendo-a (possivelmente) responsável pela morte de sua filha mais velha. A passagem ao ato de Marguerite afirma o traço ausente do delírio de Jeanne, aquele que este delírio não cessa de contornar, aquele em torno do qual não cessa de girar.

Mas Huguette ex-Duflos persegue Marguerite ainda de outra maneira, além de atentar contra a vida de Didier. Ela revela, em cena, seu jardim secreto, ela a diz mulher publicamente — dizer a propósito do qual, muitos anos mais tarde, Lacan deveria frisar o que ele contém de difamação. Como o atentado de 18 de abril terá encenado esta sobredeterminação da perseguição de que a atriz era o agente?

Durante os oito dias anteriores ao atentado, Marguerite é vista rondando em torno do teatro Saint-Georges. A 17 de abril, ela teria assistido à representação de *Tout va bien*, depois esperado Huguette ex-Duflos na saída dos artistas. Entretanto, no dia seguinte, 18 de abril, já tendo posto a faca em sua bolsa "por via das dúvidas", ela hesita ainda:

> Ainda uma hora antes deste infeliz acontecimento, eu ainda não sabia onde iria, e se não iria visitar, como de costume, meu garotinho[23].

---

[22] T. p. 163.

[23] T. p. 172.

Esta hesitação nos parece decisiva. Marguerite renuncia, nesse instante, a se consagrar, como fazia desde sua entrada na psicose, à proteção da criança, à sua função de guarda-costas do menino (cf. a repetição do "ainda"), a fim de se voltar diretamente para aquela que ameaça a vida da criança, esta figura da puta, da mãe. Existe realmente, pois, em ato (no ato que corta a hesitação) o deslocamento já notado aqui: o ato agressivo será tornado de execução, graças a este deslocamento do objeto criminogênico que, inicialmente situado no personagem da criança, passa a ser o da mãe. Este deslocamento localiza em seu lugar de origem a pulsão ao assassinato da criança.

Reconstituímos em detalhe a cena entre Marguerite e Huguette ex-Duflos (cf. cap. 6: "A primeira publicação"). Lembremos que a intenção de Marguerite era a de ter uma explicação da atriz e, mais precisamente, fazê-la confessar, e que uma tal confissão a mortificasse. E que ela só passa ao ataque depois que Huguette ex-Duflos se decide a interromper a troca de palavras. "Ela a atacou porque a viu fugir"[24], nota Lacan. O ato agressivo foi uma réplica a esta esquiva, uma recusa a esta esquiva. Marguerite sustenta, aliás, até o absurdo, sua intenção de fazer confessar Huguette ex-Duflos, já que chega a declarar que não tinha outra intenção, ao golpear a atriz, senão a de fazê-la falar.

No entanto, é a ela, Marguerite, benefício não negligenciável do atentado, que se vai interrogar, a quem seu ato dará a palavra. Ora — e isso é notável — *não se trata em absoluto da ameaça de morte contra Didier naquilo que Marguerite declara naquele momento.* Certamente, a dissimulação mais ou menos intencional não está excluída aqui: Marguerite está longe de Didier naquele instante em que fala, como saber se seus inimigos não se vão aproveitar de sua ausência de Melun, onde protege seu filho, para ir matá-lo? Mais vale, pois, não falar disso... de modo a não lhes sugerir uma ação que eles talvez tenham esquecido de considerar. Entretanto, assim como a mentira diz a verdade (o que é exemplificado pela invenção da "história de incêndio"), também o dizer que viria encobrir o que deve ser dissimulado não é menos decisivo que aquilo mesmo que se dissimula.

A queixa formulada contra Huguette ex-Duflos põe Didier, portanto, é o caso de dizê-lo, "fora da jogada". Marguerite declara que, em conchavo com Pierre Benoit, a atriz torna pública a sua vida privada, revela "suas confissões e suas vergonhas", arremedando no palco esta vida, a partir daí privada de seu caráter privado. Em que consiste, no caso, o sofrimento de Marguerite, e também, mais socialmente, o escândalo por ela denunciado? Marguerite diz que, assim procedendo, Huguette ex-Duflos a ridiculariza. Mas o ridículo não mata, diz o provérbio e, se confirma a vergonha, esta não pode por si só explicar a passagem ao ato. O escândalo é mais que a vergonha: na vergonha, o sujeito,

---

[24] T. p. 154.

enrubescendo, trai a si mesmo; é a atriz quem trai aquilo de que Marguerite se envergonha, o escândalo reside aí. Como situar a tensão que o constitui?

O fazer de Huguette ex-Duflos é um fazer sem confissão; isso empurra Marguerite ao ato: que Huguette ex-Duflos confesse que, em seu fazer de atriz, ela torna público o que Marguerite foi capaz de fazer com os homens, sua declaração de sexo. Mas, deste fazer, Marguerite tampouco faz uma confissão. Nesse sentido, quanto a este traço, Huguette ex-Duflos prova ser, como notava Lacan, "a própria" Marguerite: e é ela mesma que terá sido atacada. No entanto, trata-se aí somente de uma determinação dessa tensão que vale por escândalo aos olhos de Marguerite. Com efeito, há um outro traço que não é comum às duas protagonistas: Huguette ex-Duflos decerto não confessa o que faz, mas o que faz vale como confissão da sexualidade da *outra mulher*, a saber, a de Marguerite. Nisso, a atriz "desafia" Marguerite: ela declara, a propósito desta, aquilo que esta evita confessar, atribuindo-a a si mesma. O comportamento da atriz, graças a essa componente, se deixa identificar como uma provocação. Ele convoca uma reação por parte de quem se vê assim desafiada. A composição dos dois traços que acabamos de distinguir, um fazendo comunidade, outro disparidade entre as duas mulheres "rivais", é constituinte da tensão propriamente escandalosa que a passagem ao ato visa resolver.

Marguerite não contesta a verdade desse testemunho de sua sexualidade exibido por Huguette ex-Duflos, assim como não recusa como falsas as alegações de Pierre Benoit; tampouco discute o fato de que esse arremedo de Huguette ex-Duflos seja recebido, por terceiros, como tal, isto é, como revelador daquilo que ela, Marguerite Anzieu, desejaria manter em segredo. Não há dúvida, para ela, de que esses terceiros sabem que é dela que se trata quando a atriz a imita em cena.

Isso aparece tanto mais "assegurado" no delírio e pelo delírio, na medida em que vemos Marguerite, em suas declarações imediatamente depois do atentado, dar uma interpretação bastante verossimilmente retrospectiva de sua partida de Melun. Ela teria — diz então — deixado Melun com o fim de se vingar (*L'Écho de Paris* de 19 de abril). Como se vê, depois da passagem ao ato, não se trata mais de motivar essa partida de Melun pelo voto de unir-se a Pierre Benoit, recurso erotomaníaco para ajudar Marguerite a assumir sua maternidade. O delírio de reivindicação estendeu agora seu domínio até o momento da saída de Melun. Ora, vamos lembrar-nos de que, no momento dessa partida, René, entre outros membros do círculo de Marguerite, era reconhecido como suscetível de ler os romances de Pierre Benoit da mesma maneira que Marguerite, reparando, como ela, que era dela mesma que se tratava, mesmo que com palavras encobertas, nesses romances.

A julgar pelo que Marguerite declara logo depois do atentado, teremos que admitir que a primeira palavra de Marguerite definindo Huguette ex-Duflos como puta terá sido a certa. Agredir "a puta da atriz" (forma de gíria cuja pertinência, aqui, nos leva a empregá-la) visa pôr fim a essa maneira de dizer que não diz, a esse dizer paranóico que formula a propósito da outra, da outra mulher, aquilo que permanece inconfessado, até mesmo sistematicamente desconhecido enquanto concernente ao sujeito. É também, indissociavelmente, tentar estancar aquilo que faz com que a sexualidade feminina não possa ser senão mostrada, e mostrada como sendo a da prostituta. Marguerite escolhe uma arma *branca* (cor de sua inocência e da realeza) e *de ponta*, como um voto para pôr um fim a tudo isso.

Em *Le Détracteur*, desde antes da intrusão dos representantes do mal, enquanto parece estar em jogo apenas o encontro amoroso, a primavera, Aimée se arma:

> *Curvo-me para pegar um gládio, encontrei-o em meu caminho; é preciso conquistar o direito de amar!*[25]

Também a heroína de *Sauf votre respect:*

> Ponho meu vestido coral, meu gorro basco, *pego a minha adaga* [sublinhado por Lacan] e minha irmã mais velha me estende a capa para usar sob a chuva miúda.[26]

Lacan reconhece aqui "a imagem obsedante, que determinará, sem dúvida, a escolha da arma branca"[27]. Esta arma, Marguerite explica mesmo que a recebeu da "multidão de mulheres embriagadas", mantida à distância por algum tempo pela erotomania:

> A multidão impedida conferencia e, fugindo, me lança uma espada de brilho rebelde.[28]

Não é somente a conjugação de detalhes da escolha de uma arma com bainha e do ato que consiste, para Marguerite, logo antes do atentado, em carregá-la aberta, logo, desembainhada, em sua bolsa, que merece ser destacada como cifrando aquilo que realiza a passagem ao ato. É, com efeito, logo antes do atentado, a bolsa que serve então de bainha, mas que permite que a arma branca esteja pronta para o uso. Não haverá dificuldade em reconhecer o ventre feminino na bolsa então portada por Marguerite se nos lembrarmos que ela fica menstruada no dia seguinte ao atentado, se nos lembrarmos igualmente da menção inaugural feita à faca na história de sua psicose, daquela primeira passagem ao ato quando, grávida, ela fura a facadas os pneus da bicicleta de um substituto de seu marido. Essa primeira passagem ao ato visava ao touro genitor (aos olhos do esportivo René, a bicicleta era um objeto precioso), ao ventre que ele havia inchado (sem que Marguerite houvesse realmente consentido nisso, mesmo quando se prestava ao ato), mas visava também à criança (primeira indicação em ato do impulso ao assassinato da

---

[25] T. p. 184. Sublinhado (itálico) por Lacan.

[26] T. p. 192.

[27] T. p. 193.

[28] T. p. 194.

criança). Já era uma faca que Marguerite grávida levava no ventre; é ainda uma faca que tem no ventre quando avança, ameaçadora, para cobrar uma explicação de Huguette ex-Duflos.

Há uma equivalência que nos faz dizer: a criança e a faca, e acrescentar: a faca que a ameaça.

> Ela nos diz, por exemplo, lembrar-se de ter visto, sem prestar atenção, inicialmente um desenho de propaganda antituberculose, representando uma criança ameaçada por uma espada suspensa acima dela. Foi somente alguns meses depois (disso ela tem uma lembrança, distinta do primeiro fato) que compreendeu que esse desenho visava ao destino de seu filho.[29]

Mas vamos desenvolver a cadeia resumida por nossa fórmula acima: a criança é sua existência (isso nada tem de exagerado, a julgar pelo critério do voto de substituição de uma Marguerite por uma outra), sua existência está ameaçada, a criança é aquilo que escapa à ameaça, logo, ela é também a ameaça, ela é, pois, a faca, o jato d'água, como transliteramos*, ou seja, aquilo mesmo que teria tornado Marguerite inexistente (e isso já é dizer muito), deixando a vida a Marguerite, a mais velha: enquanto substituta de sua irmã mais velha morta pelo fogo, Marguerite é este jato d'água.

Surge assim, por este viés de Marguerite, a criança, que faz junção entre a irmã mais velha morta e sua substituta tornada mulher, que a faca é também a mulher. A faca tem sua bainha, a mulher tem vestimentas que lhe servem de segunda pele:

> Querem diamantes [ditos amantes] para suas coroas? Eles estão no alto dos ramos, a seu alcance, sob seus passos. Tomem cuidado ao andar! Se os encontrarem, não o digam. As beatas iriam querê-los para seus rosários, a cortesã em seu quarto cheio de espelhos até o teto se cobriria com eles, a milionária em seu camarote no espetáculo faria deles seu único ornamento, pois ela não está em absoluto vestida, seu traje colante é da cor de sua carne, não se vê onde ele começa.[30]

Despir a mulher equivale a desembainhar a faca. E neste grito de Aimée, formulado quando tudo já está perdido entre ela e David: "Nua, toda nua, ela que um gesto vulgar motificaria"[31], encontra-se nada menos que o "mortificar" em jogo na passagem ao ato. A passagem ao ato quer mortificar a puta da atriz que não faz mais que a vulgaridade do ato sexual, já que se orna de homens como uma coroa se enriquece de diamantes (cf. a observação de Marguerite a propósito da ligação entre Huguette ex-Duflos e Pierre Benoit: eles fazem como se fossem amantes[32]; igualmente, a erotomania primeira de Marguerite com Pierre Benoit: dava-se a entender que ela o amava[33]). Esses ditos amantes não

---

[29] T. p. 216.
[30] T. p. 186-7.
[31] T. p. 189.
[32] T. p. 164-5.
[33] T. p. 164.
* Trata-se de um jogo de palavras entre *couteau*, faca e *coup d'eau*, jato d'água, de som semelhante. (NT)

têm outra função senão desafiar a outra mulher. Marguerite nunca pôde (exceto, talvez, com seu poetastro) superar essa vulgaridade do ato sexual a que sua passagem ao ato tenta pôr um termo. Como simulacro de ato sexual, essa passagem ao ato será para ela o único ato sexual vivido sem vergonha, sem marca de vulgaridade, o único em que ela teria consentido, e que não será, de sua parte, o objeto de uma condenação ética. Mesmo mais tarde, quando, falando com Lacan, sobrevêm a vergonha e o sentimento do ridículo a propósito de certas idéias delirantes então evocadas, esses sentimentos jamais se irão referir ao atentado, apenas à erotomania e às idéias de grandeza.

A passagem ao ato, tanto no nível dos motivos invocados para dar conta dela de maneira imediata quanto no tocante a sua própria execução, nos aparece portanto, depois da leitura que acabamos de fazer, como cristalizando, não tanto o delírio de Marguerite, tomado em seu conjunto, e sim o tema, chegado tardiamente, da reivindicação. Focalizada na passagem ao ato, a reivindicação desmancha o caráter centrífugo do delírio. Não se trata mais tanto do apagamento da criança como traço da relação sexual, mas do próprio ato sexual, ou mais exatamente, de uma certa versão deste ato na medida em que ele é objeto, para Marguerite, de uma inalienável rejeição, de uma rejeição em ato, manifestada como tal. A realização simulada (mas um simulacro representa algo) dessa modalidade prostituída e sádica do ato sexual na passagem ao ato surge como o viés necessário da formulação atuada dessa rejeição (a prática erótica do Marquês de Sade se dá, realmente, com prostitutas; mas notemos esse traço distintivo: o sadismo consiste aqui no fato de ser a puta a gozar e a desafiar a outra mulher). Ninguém, dizia Freud, pode ser morto *in absentia aut in effigie*. O que é verdadeiro para alguém também o é para alguma coisa, uma coisa como a relação sexual cuja questão resta, a cada vez, a ser colocada, e segundo vias a cada vez particulares, a questão de saber se ela existe ou não. A passagem ao ato de Marguerite, na particularidade dos traços de sua execução, interroga essa (in) existência da relação sexual; ela é uma versão em ato, re-ativa, do que passaremos a entrever como tendo sido a "cena primitiva" da própria concepção de Marguerite.

A impossível confissão da relação sexual

A problemática de Marguerite, a partir do momento em que, grávida, ela se vê efetivamente engajada na sua declaração de sexo (mesmo com seu corpo se defendendo, como testemunham sua escolha de um marido que não lhe convém e também frigidez) se desenrola entre duas impossibilidades: a de uma volta para trás, pois seu ventre cresceu, isso é inelutável, e vai nascer uma criança que constituirá o signo, que já constitui o signo de que ela se prestou ao ato sexual; é a impossibilidade de apagar esse traço personificado, não apenas porque um tal ato seria criminoso, mas por uma razão, a nosso ver, estrutural, a saber, que um tal apagamento teria a importância de uma escrita da relação sexual. Esta problemática é aquela a partir da qual se desencadeia a psicose, se constrói o delírio. Mas esta solução pelo delírio não é uma solução: oferece, no entanto, a vantagem de permitir a Marguerite "fugir para longe da criança", como formula Lacan na nota em que nos transmite sua outra versão do caso. Essa fuga não resolve, no entanto, o problema; para o delírio, o traço da relação sexual encarnado pela criança permanece oferecido ao "apagamento"; a criança não cessa de ser ameaçada pelos perseguidores.

Mas isso deu consistência a uma outra batalha, esta também tendo a ver com o ato sexual. Como pôr um termo à intempestiva revelação do jardim secreto de Marguerite? Aqui, a mulher é interrogada como tal e não mais segundo a via indireta que constitui seu acesso à maternidade. A intempestiva revelação, vamos notá-lo, permanece uma injunção à confissão. Não anula, decerto, essa injunção, ao contrário, vai constituí-la. É inicialmente Marguerite quem a faz sua, dirigindo-a à "cabra saída do teatro francês" (alusão ao processo movido pelo dito teatro contra Huguette ex-Duflos) que a imita em cena:

> É demasiado cru, senhora! mas, você prefere fazê-lo a confessá-lo, eu lhe falei como no bordel volante vendido nas livrarias especiais.[34]

Mas vamos admitir por um instante que a atriz houvesse confessado ter imitado em cena a vida secreta de Marguerite. O que teria acontecido? Infalivelmente, ter-se-ia então voltado para Marguerite a fim de lhe perguntar se era realmente o seu jardim secreto que a atriz então revelava. Ela, então, é que se teria confrontado plenamente com a injunção a confessar. De certa maneira, aliás, ela confessa ao denunciar a imitação. Mas, além do fato de que confessa inicialmente e, em especial, de não confessar, há um outro fato: *procuraríamos em vão o que ela confessa assim.* A confissão indireta parece não se referir a nenhum traço específico, não mais que aquilo que Pierre Benoit escreve e o que Huguette ex-Duflos representa no palco. Já se o ... confessou, nossas pesquisas visam isolar algum traço que dê corpo ao que teria sido assim confessado pelo viés da revelação e chegam a um espaço em branco. Não estaria na hora de se admitir que existe aí um dado de estrutura, que *este branco de nossa pesquisa, longe de constituir uma falta, é precisamente o que está em questão,* que, em suma, é procurando que não encontramos e cessando de procurar que encontramos? O que vem a ser este branco? Ou, para dizer de outra maneira, aquilo que a injunção a confessar se obstina em querer obter não é, falando propriamente, um inconfessável no sentido de algo que em caso algum é suscetível de ser objeto de uma confissão?

É tempo de explicitar mais o que entendemos, com Lacan, pela expressão "declaração de sexo". Lacan inventa essa fórmula em 1967, no pequeno

---

[34] T. p. 199.

discurso (não publicado até hoje) que dirige então aos psiquiatras. Eis um trecho deste *pequeno discurso* que nos é importante agora:

> A experiência/ da análise/ nada mais é/ que/ realizar/ o que vem a ser/ esta função como tal do sujeito. Acontece/ que isso se abre/ a [um] certo efeito/ que nos mostra/ que naquilo que está principalmente interessado nessa função do significante, predomina/ uma dificuldade, uma falha, um furo, uma falta,/ dessa operação significante/ que é muito precisamente ligada/ à confissão, [à] articulação/ do sujeito/ na medida em que ele é afetado por um sexo. É porque o significante/ mostra manifestar/ falhas eletivas/ nesse momento em que se trata/ de que aquele que diz "eu"/ se diga como macho ou como fêmea./ [É porque] acontece que ele não pode mais dizer isso sem que isso acarrete o surgimento, no nível do desejo, de alguma coisa bem estranha, de alguma coisa que representa, nem mais nem menos, que o *escamoteamento simbólico* (entendam que não se o encontra em seu lugar) [ ] de uma coisa absolutamente singular, que é, muito precisamente, o órgão da copulação, a saber, aquilo que, no real, é o melhor destinado a dar a prova de que existe um que é macho e outro que é fêmea [ ]. Esta é a grande descoberta da psicanálise [. . .][35].

Nessa conferência, Lacan desmembra a noção geral de sexualidade. Freud, observa ele, descobriu que a sexualidade era o que estava em questão, e em especial onde não se esperava, mas não se trata da sexualidade em geral. A descoberta dos cromossomas sexuais, por exemplo, nada trouxe de contribuição à psicanálise. Acrescentemos que, ao contrário, ela parece levar os cientistas a acreditarem ter escrito a relação sexual (um certo Ruffié chega a pretender que a sexualidade faz relação, já que tem como objetivo perpetuar a espécie! O benefício é imediato, já que então a vida e a morte de um indivíduo têm um sentido, a saber, essa perpetuação. Nada mais resta ao indivíduo senão aceitar sacrificar-se. Estamos longe da sutileza de um Diógenes o Cínico, que, interrogando assim: "Se ninguém se casar, a espécie não irá desaparecer?", respondia: "Supondo-se que a raça humana venha a faltar, seria isso de se lamentar mais que a extinção das moscas e das vespas?"[36] Eis alguém que, diferente neste ponto do pseudo-sábio, estava a par do caráter eminentemente religioso do sacrifício). Em psicanálise, trata-se, não da sexualidade em todos os seus aspectos, noção obscurantista, e sim da "confissão do sujeito como afetado por um sexo". E Lacan introduz então este sintagma que sublinhamos, o da declaração do sexo.

Isso soa como "declaração de guerra" ou "declaração de amor"; mas se a primeira, em todo caso, pode parecer um discurso manifestamente performativo, o mesmo não se dá no que diz respeito à declaração de sexo; existe aí, se ousamos dizer assim, um osso, indicado pela citação acima. Em psicanálise, não se trata de sexo, mas da subjetivação do sexo. Ora, quem diz subjetivação diz representação por um significante para um outro significante.

---

[35] J. Lacan, *Petit discours aux psychiatres*, op. cit.

[36] Cf. M. O. Goulet-Cazé, *L'ascèse cynique*, Paris, Vrin, 1986, p. 56.

Mas, no que toca ao que chamamos de castração, nome freudiano da subjetivação do sexo, é preciso "que seja como faltoso que seja representado o órgão, precisamente, da copulação". Em outras palavras: não se trata de apagar um significante que, elevado ao estatuto de significante por esse próprio apagamento, faria a bipartição entre macho e fêmea. Ainda em outras palavras: o simbólico se demonstra impróprio para a escrita de uma relação sexual. Nem por isso deixa de ser verdade que se trata de *declarar*-se, o que não tem sentido algum fora da função da fala no campo da linguagem. Como resolver o que parece ser da ordem de uma antinomia? Resposta de Lacan nesse momento em que está introduzindo o conceito de ato psicanalítico: isso só se pode dar pelo viés do ato. Existe aí uma possibilidade efetiva, já que Freud mostrou (estudando o ato sintomático, o ato falho) que o ato tinha uma face significante. O ato como significante parece um viés possível para que um sujeito se venha a declarar homem ou mulher. O ato sexual pode, assim, valer como declaração de sexo ali mesmo onde não há relação sexual.

Isso vem recusar — vamos notá-lo aqui, já que isso nos permitiria melhor explicar nossa presente discussão — a crítica foucaultiana da análise como prática da confissão. Se se trata da castração no sentido que acabamos de indicar com Lacan, então a grande história da subjetivação do sexo não é da ordem daquilo que se pode confessar (*avouer*, com que podemos jogar escrevendo também *avouar*, homófono de *avoir*, ter, a detenção ou a falta de um falo); muito pelo contrário, essa subjetivação encontra seu lugar num "escamoteamento simbólico", ou seja, num inconfessável. Vai-se observar que quando Lacan, na citação acima, fala numa confissão, ele formula a coisa na terceira pessoa, falando da "confissão da articulação do sujeito na medida em que ele é afetado por um sexo". O "ele" é aquele impessoal, o mesmo de *il pleut*, chove; "ele" marca bem o reconhecimento como tal da impossibilidade da confissão.

Assim, somos levados a situar a demanda de confissão que Marguerite dirige a Huguette ex-Duflos na sua passagem ao ato como se referindo, não a uma confissão possível, somente retida de uma maneira contingente, mas, ao contrário, como uma demanda que incide sobre aquilo que em caso algum poderia ser confessado, mas que só se pode formular pelo viés do ato. Toda a loucura de Marguerite atesta a verdade deste saber.

Mas essa loucura, e em especial na última passagem ao ato, porta a questão da sexualidade feminina na medida em que ela se declara, não no lugar da mulher, e sim no da mãe. Isso nos obriga a explicar o que pode querer dizer o conceito de declaração de sexo a partir do momento em que se trataria, não de uma mulher, mas de uma mãe. A questão pode parecer inútil, tanto mais que os psicanalistas, ao que parece, e assim mesmo existe aí motivo para espanto, falam muito mais facilmente sobre a sexualidade feminina que sobre a da mãe. No entanto, é realmente esta a questão que, através da prostituta, se vê levantada para Marguerite.

O fato de que uma mulher só se declare como tal no ato sexual, dando uma importância de ato ao seu fazer sexual, elevando ao nível de ato seu exercício da sexualidade, implica, se esta mulher for mãe, que ela jamais se possa declarar junto a seu filho de outra forma que não a incestuosa. (O incesto se confirma, assim, na posição eminente que lhe reconheceu Freud). Mãe ou não, ela tem que lidar, como todo mundo, com a impossível inscrição no simbólico da relação sexual; ela não pode confessá-lo, no plano simbólico, não mais a seu filho que a ninguém, mesmo ocasionalmente o seu psicanalista. "Ataquei-a para fazê-la confessar", dizia Marguerite. Se a mãe pudesse confessar a sua filha a sua sexualidade, um outro caminho que não o do assassinato da criança estaria então aberto para o questionamento da inexistência da relação sexual. Mas, como se sabe desde Lacan, o ato incestuoso não é somente interdito, ele é impossível. A via do assassinato da criança surge, assim, como privilegiada, e a história da loucura de Marguerite não é outra senão a história deste privilégio. A imagem da "mãe criminosa" (cf. o: "O que ela vai pensar? Que eu sou uma mãe criminosa"), e especialmente assassina de sua filha, é a mais suscetível de figurar (no sentido de "dar uma figura") o que seria uma declaração maternal de sexo, se fosse possível, se houvesse lugar para tal declaração. Jeanne, e depois Marguerite, carregam o peso de uma menina morta. Essas duas mortes valem como escrita da relação sexual? Marguerite, por sua passagem ao ato, e vamos mostrá-lo, fará saber a Jeanne que ela sabe que, para Jeanne, a morte "acidental" da Marguerite mais velha equivalia à escrita da relação sexual, à sua declaração de sexo como mãe, ou ainda: à sua posição, sistematicamente desconhecida na sua loucura, de mãe criminosa.

O atentado como advertência

Atacar em Huguette ex-Duflos a puta, a mãe, terá tido a importância de uma certa advertência, dirigida a Jeanne Pantaine e, aliás, perfeitamente recebida por ela, como demonstra bem o fato de seu delírio se ter declarado naquele momento. Lacan, desde 1932, reconhecia na passagem ao ato este valor de advertência:

> É muito freqüente que depois de um período não apenas *dubitativo*, mas também *longânime*, os sujeitos cheguem a reagir. Mesmo esta reação, como aparece em nossa doente, terá inicialmente um caráter ele próprio demonstrativo, um valor de advertência, que deve muitas vezes permitir que se evitem os episódios mais graves, o que, como vimos, teria certamente podido ser feito com nossa paciente.[37]

Entretanto, nos poderiam retorquir com uma passagem de sua monografia que viria objetar à operação a que nos entregamos no momento, a

[37] T. p. 300.

saber, estender até e inclusive a última passagem ao ato essa observação que ele parece fazer somente em relação às primeiras. Se é verdade que a facada atinge a mãe, que Jeanne soube compreender assim o atentado, devemos admitir que o atentado altera, realmente, alguma coisa do lado da mãe que é também a vítima. Ora, Lacan escreve explicitamente, é verdade apenas a propósito de Huguette ex-Duflos e no contexto que se vai dizer, que tal não foi o caso. Trata-se para ele, nessa passagem, de diferenciar a cura de Marguerite daquela observada em delirantes passionais, que se segue imediatamente à "realização de sua obsessão assassina"[38]. Ele escreve então:

> Nada se encontra aqui de semelhante logo depois da agressão. Certamente, essa agressão fracassou, e a doente não demonstra nenhuma satisfação especial com a evolução favorável que se verifica rapidamente no estado de sua vítima; mas este estado persiste ainda vinte dias depois. Nada, mudou, pois, do lado da vítima.

Não devemos extrair muitas conclusões dessa última proposição, onde se trata somente do estado de saúde de Huguette ex-Duflos. Com efeito, em seguida ao atentado, existe mesmo uma notável mudança do lado da vítima, mesmo que nos limitemos a considerar a pessoa de Huguette ex-Duflos nessa posição. Para se dar conta disso, basta encarar por um instante o atentado do ponto de vista de Huguette ex-Duflos. Visada "em pleno peito"[39] pela faca de Marguerite, ela grita: "Assassina!", suscitando a intervenção protetora de um passante e de seu motorista. Tirando o ferimento, logo curado, o incidente a teria deixado indene? Certamente que não, se não deixarmos de observar que *doravante ela sabe que Marguerite lhe quer mal, e a ponto de não recuar ao atacá-la.* Saber que alguém nos quer mal já não é pouca coisa, até e principalmente quando não se é capaz de formular os "porquês" e "comos" disso. Grande número de romances policiais tocam nesse ponto, e imagina-se facilmente um suspense *à la* Hitchcock, no qual, advertido, mesmo que só por um sinal discreto mas incontestável, de que existe neste vasto mundo alguém que lhe quer mal, um cidadão dos mais comuns do Meio-Oeste começa a olhar para trás com mais freqüência nas suas saídas pela cidade, depois toma certas precauções elementares, as quais só servem para aumentar seu medo e exigir outras precauções mais importantes, até o ponto de se trancar em casa, o que faz dele uma presa ainda mais ao alcance de seu inimigo (seu vizinho de porta, é claro). No entanto, tratava-se apenas de... uma advertência.

Mas a relação entre a advertência e o ato é ainda mais estreita, na doutrina lacaniana, que o que é sugerido por essa ficção. Precisamos dizer mais um pouco sobre ela já que fomos levados, como se constata, a ler o caso de Marguerite a partir da teoria lacaniana do ato psicanalítico, ou seja, do momento mesmo em que se forja o conceito de declaração de sexo. A leitura

---

[38] T. p. 250.

[39] Cf. *L'Écho de Paris.*

assim referenciada do caso de Marguerite nos parece mesmo se impor tanto mais nitidamente quanto se compreenderá melhor até que ponto essa introdução, por Lacan, do conceito de ato psicanalítico faz eco a todas as suas primeiras questões como psiquiatra, em especial a propósito da passagem ao ato.

Freud não definiu o psicanalisar como ato psicanalítico: psicanalisar permanece, para ele, algo da ordem de um fazer, uma prática, até mesmo um exercício. Entretanto, a problematização do ato não está ausente da sua doutrina; ela se vê ali como que dispersa em diferentes "objetos" nos quais ele reconhece uma importância de ato: o ato falho, o sintoma (que ele chama de sintomático), o agir transferencial ou que escapa à transferência (o que se chamará de *acting-out*), a compulsão à repetição, o ato psíquico, a inibição, etc. Em seu seminário sobre "O Ato Psicanalítico", Lacan sustenta a tese segundo a qual, em Freud, é essencialmente o ato falho que serve de referência para a problematização do ato. Estudando o ato falho, Freud descobre duas coisas decisivas e que Lacan irá considerar como adquiridas: o ato, qualquer que seja, é falho como tal, o fracasso é consubstancial ao ato; e o ato apresenta uma face significante, ele é um modo do dizer.

Essa leitura lacaniana de Freud está suficientemente admitida hoje para que não precisemos insistir nela. Mas qual a contribuição nova do seminário de 1967/68? Um discreto retoque, uma ligeira mudança de ênfase, mas que significam alguma coisa. Tendo assim recordado que, em Freud, "o ato é colocado como significante", Lacan acrescenta: "todavia [esses "todavia" que surgiam com tanta facilidade nas transcrições publicadas pela Seuil] isso não é assim tão simples[40]". Em que isso não é assim tão simples? Na medida em que, com o lapso, por exemplo, o ato de dizer não se apregoa como tal, mas se produz, pelo contrário, fora de intenção do sujeito. Isso poderia conduzir a não atribuir ao lapso o seu estatuto de ato. Como ato falho, o lapso é uma "gafe"; ora, quando uma gafe é feita...ela está feita, não há meios de se voltar atrás. O noivo pode comprar para a sua prometida uma nova aliança igualzinha àquela que ele acaba de perder, mas nem por isso conseguirá fazer com que esta perda não tenha ocorrido. Igualmente, o que foi dito num lapso foi dito. Tal é a "face de ato"[41] do lapso, a qual não se deixa reabsorver em seu valor significante[42].

---

[40] J. Lacan, "L'Acte psychanalytique", seminário inédito, 1967-1968, sessão de 22 de novembro de 1967.

[41] Ibid.

[42] Vamos discutir brevemente, para dar a entender o que está em jogo nessa posição lacaniana, um caso relatado por Freud na sua apresentação dos lapsos (S. Freud, *Psychopathologie de la vie quotidienne*, trad. franc. de S. Jankélevitch, Paris, Payot, 1960, p. 72). Uma paciente, como ele a chama, conta-lhe durante a sessão uma lembrança de infância: "uma mão impertinente e voluptuosa", a tocou, diz ela. Onde? Pois bem, no momento de dizê-lo a Freud, ela não se lembra em absoluto, embora sempre o tenha sabido! E não há o que a faça se lembrar! Passa-se algum tempo e então, um dia, conversando com uma amiga, interrogada por esta quanto ao lugar onde se encontra a casa de um certo M., ela responde: "No flanco (*Berglende*, em vez de *Berglehne*, "encosta") da montanha". Ela, então, conta seu lapso a Freud, que por sua vez nos relata. No entanto, será que com a narrativa do lapso feita por ela a Freud a história começada

Mas dizer "face de ato" equivale também a dizer que o lapso não realiza em si mesmo sua plenitude de ato. Isso significa que haveria um ato que seria igual a uma tal realização? Toda a pertinência do conceito de ato psicanalítico se liga, a nosso ver, ao fato de Lacan ter sabido então responder negativamente a essa pergunta. Segue-se que é possível distinguir, na problematização do ato, diferentes espécies de fracassos. Há fracasso e fracasso, e nem todos são equivalentes. Assim, Lacan chega a falar numa "gama do ato"[43].

Lacan introduz, pois, o conceito de ato analítico, fazendo-o portar essas duas determinações que haviam sido isoladas por Freud, a propósito do ato falho: o aspecto significante e o fracasso. Isto representa o primeiro passo de uma operação de deslocamento da problemática do ato. O ponto de referência, para a gama de ato, será doravante, não mais, como em Freud, o ato falho, mas sim o ato psicanalítico. Este é um caso exemplar daquilo que designamos noutra parte, tentando compreender a articulação de Lacan e Freud, como

---

pelo primeiro esquecimento é encerrada? A julgar apenas na dimensão do simbólico, sim, a palavra que faltava no relato se vê agora em seu lugar. Mas, "isso não é tão simples assim". Se não negligenciarmos a face de ato do lapso, se não acreditarmos no primado do simbólico, nossa resposta será inteiramente diferente. Não se pode, com efeito, esquecer que houve uma seqüência composta de três acontecimentos: o esquecimento, o lapso com a amiga, o relato do lapso feito a Freud. Graças a esta seqüência, o dizer a Freud a palavra inicialmente faltosa se apresenta de uma maneira singular: a paciente diz a Freud que ela disse essa palavra *Berglende*, a uma amiga. O dizer deste significante a Freud permanece, pois, um dizer indireto; dizer a alguém que eu disse alguma coisa a outro alguém não é equivalente a dizer alguma coisa a alguém. No caso, essa diferença enunciativa atua da seguinte maneira: a paciente conta um lapso a Freud em vez de lhe dizer o lugar do toque impuro, ou mais precisamente, ela consegue, ainda assim, dizer-lhe esse lugar, mas não sem incluir seu interesse pelo lapso, portanto, desviando-o do que poderia ser seu interesse pela zona erógena envolvida. Em outras palavras: ela sugere a Freud que se interesse apenas pelo valor significante de seu lapso, negligenciando assim o que este comporta de declaração de sexo em jogo na transferência. Ora, tudo se passa como se a astúcia fosse completamente bem sucedida. Ao publicar a historieta, Freud se comporta exatamente como ela esperava que ele o fizesse, testemunhando que ele está mesmo é interessado no significante, e por conseguinte foi vítima de um estratagema. Como se vê, a não-problematização do ato deixa incólume o questionamento da relação sexual na transferência. Acrescentemos que se demonstra, também aqui, até que ponto a publicação de tais vinhetas clínicas nas obras dos psicanalistas remete a um deslizamento do psicanalista no manejo transferencial. Freud, desbravador do caminho, com certeza tinha suas razões. Mas, por que então o psicanalista de hoje não se proíbe de toda publicação de caso? A confusão parece tanto mais evidente na medida em que o relato é mais intrincado, não deixando ao leitor outra escolha senão admitir que o autor é realmente um psicanalista formidável (tanto mais formidável, aliás, quanto relata seus erros). Parece-nos que não é por acaso que se tire proveito dos casos clínicos mesmo no decorrer de uma análise, e inclusive em colóquios assim centrados, ali mesmo onde se fica como que definitivamente surdo a Lacan.

[43] J. Lacan, "L'Acte psychanalytique", op. cit., sessão de 15 de novembro de 1967. A noção de "gama" supõe a presença simultânea de elementos distintos uns dos outros e, ainda mais, ordenados, vetorizados. O problema dessa "gama do ato" é, pois, duplo: por um lado seus elementos não são explicitamente repertorizados, e não se sabe com precisão o que os distinguiria uns dos outros, nem tampouco, *a fortiori*, o que os ordenaria. Que nos perdoem aqui uma confidência. Interrogávamos um dia, numa sessão de supervisão, um analista não-didata (não os havia na E.F.P.): o que faz com que — articulávamos —, dada uma tal problemática num tal instante em tal sujeito, a manifestação dessa problemática seja da ordem de um lapso, ou então de um sonho, ou de um ato falho, ou de um *acting-out*, ou de uma outra formação qualquer do inconsciente? Foi grande, então, nossa surpresa, de ter que perceber que não se compreendia sequer o sentido de nossa pergunta. Esta surdez nos parece menos chocante hoje, quando podemos avaliar até que ponto estava mal estabelecida essa gama do ato.

"Freud deslocado"[44]. Em se tratando deste deslocamento da problemática do ato, a questão que nos importa aqui é a de saber quais vão ser as conseqüências de um tal deslocamento no que toca ao conceito de passagem ao ato. Ora, vamos demonstrá-lo, tudo vai girar em torno da questão da advertência — razão pela qual dizíamos acima que este seminário sobre "O Ato Psicanalítico" remetia diretamente, embora de modo implícito, à tese de 1932.

Seria um tanto espantoso que, uma vez isolado o conceito de ato psicanalítico, o conceito de passagem ao ato não fosse por ele afetado. Vamos dizer o teor da modificação recebida por ele, sublinhando que nunca, como neste momento, em Lacan, a passagem ao ato foi vista tão claramente situada como ato. E, como a referência para o ato é então o ato psicanalítico, tudo se passa como se o conceito de passagem ao ato fosse ser pura e simplesmente reabsorvido no conceito de ato psicanalítico. Vamos dar somente alguns indícios dessa reabsorção:

• O ato apresenta uma dimensão linguajeira. Tal é também o caso da passagem ao ato. Lembremos aqui do *niederkommen* da "jovem homossexual" passando sobre o parapeito, mas também do crime das irmãs Papin, que põe em cena, escreve Lacan, "as metáforas mais usadas do ódio"[45], ou ainda do que afirmamos a propósito do atentado contra Huguette ex-Duflos.

• O ato implica engajamento. Não se vê como recusar essa implicação à passagem ao ato.

• O ato é um acontecimento que acarreta conseqüências. O paralelismo, ainda aí, não constitui dificuldade.

Mais decisivas ainda, porque mais especificamente ligadas à psicanálise, nos vão parecer talvez essas duas outras determinações:

• Todo ato, diz Lacan, promete a quem toma a sua iniciativa este fim que [eu] designo no objeto pequeno *a*.[46] Não é este, claramente, o caso de Christine Papin que, para além da sua passagem ao ato, se deixa morrer de caquexia vesânica?

• O ato, nota ele também, não comporta, "em seu instante, a presença do sujeito"[47]. Aqui está, precisamente, o traço que irá servir de apoio a Lacan para uma nova definição da passagem ao ato. A passagem ao ato (mas ele acaba de falar em ato psicanalítico, e tornará a falar disso depois — tudo se passa como se, nesta seqüência, os dois conceitos se confundissem) se apresenta como "aquilo para além do qual o sujeito reencontrará sua presença como que renovada[48]".

[44] J. Allouch, "Freud deplacé", *Littoral* nº 14, "Freud Lacan: quelle articulation?", Toulouse, Erès, 1984, p. 6 a 15.

[45] T. p. 393.

[46] J. Lacan, "L'Acte psychanalytique", op. cit., sessão de 24 de janeiro de 1968.

[47] Idem, sessão de 29 de novembro de 1967.

[48] Ibid. Foi-nos necessário, aqui, corrigir a transcrição que no entanto permanece a mais cuidadosa daquelas de que dispomos. A transcrição, com efeito, diz: "renovado", o que faz com que o renovamento incida sobre o sujeito e não sobre sua presença. Aqui se demonstra que a transcrição não pode ser feita por quem está advertido da doutrina.

Há um ponto, no entanto, que se poderia situar como obstáculo à reabsorção do conceito de passagem ao ato por aquele do ato psicanalítico. Este ato, com efeito, instaura um fazer, aquele do analisante; ora, parece que nada, pelo lado da passagem ao ato, pode corresponder a uma tal instauração. Será isso certo? Será que o binário *acting-out* / passagem ao ato não representa, ao contrário, um caso notável de acoplamento entre o ato e o fazer, acoplamento que instaura "essa hiância sempre mantida entre o ato e o fazer[49]"? A introdução do ato psicanalítico vem expor uma nova e inédita questão a propósito do binário *acting-out* / passagem ao ato. A passagem ao ato seria suscetível de instaurar este modo de fazer que se chama de *acting-out*, mas que apresenta o mesmo teor da transferência (em Freud, o termo *agieren* designa tanto um quanto outro)?

É a propósito do ato psicanalítico que este tipo de interrogação se vê formulado. O fato de que a transferência tenha sido vista inicialmente por Freud como proveniente do analisando e como obstáculo imprevisto para a rememoração não quer dizer que o psicanalista nada tenha a ver com sua instauração. Não será, ao contrário, porque, tendo sido advertido da inexistência do sujeito suposto saber por sua própria análise, o psicanalista terá reagido à destituição do sujeito suposto saber reativando para um outro, analisando, esta formação "feliz" que é o sujeito suposto saber, não será porque ele terá passado assim de uma posição de psicanalisando para a de psicanalista que será capaz de suportar a transferência e portanto, nesse sentido, de instaurá-la?

Mas é também a esse propósito que se observa, nesse seminário, um outro movimento onde vemos, dessa vez, o ato psicanalítico aproximar-se da passagem ao ato, movimento complementar e inverso àquele que indicamos. Com efeito, o ato da passagem de uma posição de psicanalisando para a de psicanalista, se é exato que psicanalisar se origina do ato, só pode ser situada como um re-ato, até mesmo uma reação. Este ato de passagem reage ao ato psicanalítico cometido pelo psicanalista — enquanto psicanalista — de quem ele adveio. Ora, um tal modo reativo de instauração do psicanalista aproxima o ato psicanalítico da passagem ao ato que, também ela, não é preciso insistir mais aqui, tem a importância de uma reação.

Assim, pois, cada um dando alguns passos em direção ao outro, os dois conceitos de passagem ao ato e ato psicanalítico chegariam a não fazer mais que um? Parece ser assim, quando surpreendemos Lacan definindo então a passagem do analisando a analista como sendo uma "passagem ao ato esclarecida"[50]. Resta, no entanto, este "esclarecida" que não deixa de constituir problema. Uma pontinha de ingenuidade nos faria responder-lhe, espantados:

---

[49] Jacques Lacan, "L'Acte psychanalytique", op. cit., sessão de 24 de janeiro de 1968.

[50] Idem, sessão de 13 de março de 1968.

"Ah, bom! Então é possível que uma passagem ao ato seja esclarecida!" Lacan não inventa essa problemática do ato esclarecido que, longe de datar da Era das Luzes, é tão antiga quanto as escolas filosóficas (ou terapêuticas, ou religiosas, conforme o que se prefira acentuar). Mas, em psicanálise, falar de ato esclarecido é tão perigoso quanto nomear um grande Outro. Assim, logo se faz necessário explicar que isso não implica que o sujeito tenha o saber absoluto de seu ato no instante da realização deste, implica-o tanto menos quanto este instante do ato é marcado pela ausência do sujeito. Mas, então? O que dizer? Parece que ter observado que o saber em questão incide essencialmente sobre este próprio saber na medida em que deixa um resíduo que lhe escapa como tal, que não seria, portanto, um saber no sentido universitário (onde se escuta habitualmente este termo), mas um abismamento do saber como tal, parece que ter dado essas indicações não pareceu suficiente a Lacan para fazer barragem a tudo o que se pode ligar a um conceito como este de passagem ao ato esclarecida. Lacan também volta a isso, na última vez em que fala de passagem ao ato no seminário sobre o ato analítico. Corrige, então, falando a propósito deste ato, não mais de um sujeito "esclarecido" e sim "advertido".[51]

O "ser advertido" diz muito melhor que o "ser esclarecido" essa relação ao saber tão específica desse momento de passagem do psicanalisando a psicanalista; o passante — que por isso mesmo recebe este nome — não é sem saber. É a propósito deste "não sem" que o ser advertido é um termo adequado, como sabe qualquer pessoa que já tenha recebido uma advertência. Numa tal posição, por mais que se saiba algo de preciso (aquilo de que se está advertido), sabe-se também que nem tudo já ocorreu, já que, ao contrário, o acontecimento que é a própria advertência demonstra que alguma coisa está em jogo e de uma maneira que nada tem a ver com um processo: existem mil e uma maneiras de se reagir a uma advertência. A pertinência da expressão "passagem ao ato advertida", indicada por Lacan a propósito daquilo que se chama o passe, se observa ainda na medida em que ela nos permite responder à questão que formulamos, a de saber se o conceito de passagem ao ato seria pura e simplesmente identificado ao do ato, a partir do momento em que foi problematizado o ato psicanalítico.

Quando a passagem ao ato se coloca como advertida, não há mais nenhuma diferença entre ato e passagem ao ato; e talvez se entreveja aqui até que ponto seu ponto de partida com a questão paranóica orienta Lacan em sua leitura de Freud e em sua problematização da análise didática. O ato psicanalítico se instaura por uma passagem ao ato advertida, em outras palavras, por um ato; ele é um re-ato, e não estamos longe, aqui, da definição, em 1932, que situa a psicose como sendo uma reação. Mas essa passagem ao ato advertida sugeriria haver um outro tipo de passagem ao ato que não o seria? Isso iria

---

[51] Idem, sessão de 20 de março de 1968.

legitimar a manutenção de dois conceitos diferenciados, o de ato (equivalente à passagem ao ato advertida) e o de passagem ao ato (subentenda-se, não advertida, cega, ignorante). Não é assim, exatamente: é preciso evitar a armadilha binarista do tudo ou nada na relação do sujeito com o saber. Logo, se o conceito de passagem ao ato advertida indica a ocorrência de um outro tipo de passagem ao ato, este outro tipo de passagem ao ato não pode de modo algum ser obtido por simples negação do primeiro. Não se trata de uma passagem ao ato não advertida, mas de uma passagem ao ato que tem o valor de uma advertência, que constitui, ela mesma, a advertência. O sujeito que comete uma tal passagem ao ato também não é sem saber da sua importância, sua importância de advertência; e desse modo, com efeito, se vê sublinhada a face de ato da passagem ao ato, que é o que salta aos olhos, em primeiro lugar, à leitura do seminário sobre "O Ato Psicanalítico". Mas esses dois modos de passagem ao ato diferem, no entanto, quanto à relação do sujeito com o Outro. Na passagem ao ato advertida, o Outro é barrado, reduzido ao essencial resíduo do saber e rejeitado como tal ; na passagem ao ato advertência, o Outro permanece não-barrado, o sujeito trata de uma certa maneira, na sua própria passagem ao ato, uma falha inaceitável de saber no lugar do Outro. Tal é o caso da última passagem ao ato de Marguerite.

O atentado contra Huguette ex-Duflos tem a ver realmente, como sublinhamos, com o saber no Outro e segundo duas vias convergentes. Que ela saiba que eu não sou uma mãe criminosa, ou, mais exatamente, que ela não vá pensar que eu possa sê-lo, tal é a intenção mais manifesta que comanda a passagem ao ato. Tal é, pois, inicialmente, seu valor de advertência. Este aparece tanto mais incisivo quanto a facada vem golpear uma mulher que o delírio situou, precisamente, como tendo um objetivo de morte dirigido à criança, e que, portanto, encarna aquilo mesmo que ela não pode atribuir a Marguerite. É uma criminosa em potencial que deve ser advertida de que Marguerite se recusa a sê-lo.

Estaremos dizendo que, colocada nessa posição, Huguette ex-Duflos representa a própria Marguerite na medida em que é habitada por uma tal pulsão à morte da criança? Isso seria ir depressa demais. O atentado antecipa-se ao assassinato da criança de que Huguette ex-Duflos seria a agente. A advertência visa destruir "no ovo" a intenção mortífera. De que maneira? Para compreender esta maneira, é necessário desenvolver a lógica do caso. Graças à passagem ao ato-advertência, Huguette ex-Duflos saberá que Marguerite está pronta a tudo para defender seu filho, que em caso algum ela poderia ser uma mãe criminosa. Mas existe mais, um mais que se liga ao fato de que a intenção criminosa está situada no lugar de Huguette ex-Duflos. Atacando-a, a esta e a nenhuma outra, Marguerite a adverte igualmente daquilo que ela sabe, ou seja, que a atriz quer acabar com a vida de Didier. A advertência apresenta, pois, um outro componente, visa desmanchar a intenção mortífera fazendo saber àquela que conchava assim que Marguerite não deixa de saber da existência de um tal conchavo. Ora, está na natureza de certas conspirações permanecerem secretas até o tempo da execução daquilo que foi conspirado, de se dever interromper a partir do instante em que os conspiradores sabem que alguém, que não é de seu grupo, está a par de seu projeto. O gesto de Marguerite tem, pois, o valor de um ato de proteção a Didier. Mas uma tal proteção só será efetiva ao preço de fazer saber que ela sabe.

O mais surpreendente a nossos olhos, em se tratando desse outro componente de advertência que acabamos de destacar, atendo-nos estritamente à lógica centrífuga do delírio, liga-se ao fato de que Huguette ex-Duflos jamais será advertida do seu teor. Da intenção mortífera que Marguerite lhe atribui, ela jamais virá a saber; esta é uma outra temática que será anunciada nas declarações de Marguerite imediatamente posteriores ao atentado. Parece-nos que tal dado não se pode explicar somente pelo cuidado de dissimulação já mencionado aqui. Longe de considerar, no entanto, que ele faça objeção à leitura proposta acima da advertência, a ponto de torná-la obsoleta, admitimos que essa ausência de formulação representa um traço pertinente do caso. Digamos que a explicitação dessa acusação a Huguette ex-Duflos não era passível de ser feita, na medida em que Huguette ex-Duflos não era aquela a quem a advertência se endereçava, mas sim aquela por quem a advertência era endereçada. É com ela que Marguerite passa ao ato, mas não é para ela que essa passagem ao ato faz demonstração. Em contrapartida, a advertência cuja lógica acabamos de desenvolver seria recebida por Jeanne Pantaine, a qual, esta sim, não precisava de que Marguerite explicasse suas razões para saber de que se tratava.

Resta que as declarações de Marguerite logo depois do atentado levantam uma questão diferente daquela da mãe criminosa. Existe um ponto de acordo entre o que será então formulado e o que acabamos de expor? A fim de tratar dessa questão, precisamos antes de mais nada reconsiderar o que terá sido a passagem ao ato, como advertência explicitada enquanto tal.

Sua temática é a da divulgação do jardim secreto: o fato de que Huguette ex-Duflos saiba que Marguerite não mais irá tolerar essa imitação de seu jardim secreto a que a atriz se dedica. Uma mesma lógica de advertência, vamos notar, está aparente aqui, já que Huguette ex-Duflos, como puta, dá corpo, ainda aqui, a um juízo de atribuição de que em caso algum Marguerite poderia ser objeto. Atacar Huguette ex-Duflos vale não somente como uma advertência para que ela cesse essa divulgação, mas também como um ato de elevada moralidade, que poria termo a essa sexualidade feminina exposta como prostituída. Mais precisamente ainda, trata-se, com a prostituição, como vimos, de alguma coisa que atinge toda mulher, em especial Marguerite como mulher, desafiada por essa sexualidade ao mesmo tempo exibida e não confessada. A prostituta encontra seu gozo nesse próprio ato de desafiar a outra mulher, aquela que se quereria honesta, potável. A passagem ao ato, tanto na confissão que espera obter quanto no que realiza de um assassinato da puta, daria um fim àquele gozo, que vale como uma mortificação da outra mulher. Ela responde à mortificação com mortificação.

Ora, as duas temáticas portadas pela advertência (a do assassinato da criança, a da mortificação de uma mulher por uma outra mulher) deixam-se concordar uma com a outra, por menos que se reconheça o valor demonstrativo da passagem ao ato, isto é, na medida em que não se negligencie o fato de que esta se endereça a Jeanne Pantaine, de que sua base é a loucura a dois. Admitimos, apoiando-nos nos magros indícios de que dispúnhamos, que em seu delírio Jeanne Pantaine teria imputado à sua vizinha — e ao mesmo tempo perseguidora — a morte acidental da Marguerite mais velha. Admitamos agora que não vemos como situar essa acusação delirante, e precisamente por ser ela delirante, senão admitindo que Jeanne supunha que essa vizinha gosava da mortificação que fora essa morte da filha para a sua maternidade. O gozo sádico da outra mulher prova assim fazer um traço comum entre a temática do assassinato da criança e da sexualidade da mãe-puta.

De que lugar Marguerite lida, não tanto com sua mãe, mas com aquilo com que lida sua mãe? Do lugar de substituta da Marguerite mais velha. Do mesmo modo que ela brande Didier para enfrentar seus perseguidores, Jeanne a brandiu para enfrentar os seus. Ela é, para Jeanne, uma arma contra a perseguição, e por isso protegida, protegida... a ponto de dever fugir dessa proteção (o que consegue efetivamente, ao preço de dever sacrificar sua amizade por Jeanne), mais protegida ainda e apesar de tudo... até ser perseguida por isso a partir do momento em que acede ela mesma à maternidade. Em que sua passagem ao ato teria a importância de uma advertência dirigida à Jeanne? De que teria sido ela advertida? Em que esta advertência teria rompido com a sua loucura a dois?

Atacando Huguette ex-Duflos, Marguerite faz saber a Jeanne até que ponto está disposta a ir para lhe sinalizar que não admite a solução da loucura a dois, em outras palavras, a imputação à outra mulher (a mulher vizinha) de um gozo que libera a mãe de sua responsabilidade quanto à preservação da vida de sua criança. A passagem ao ato da filha que substituiu a morta interroga a mãe no próprio ato (cuja loucura admitimos, com Marguerite) onde ela pretende realizar tal substituição. Como se pode consentir num ato sexual, e mais ainda, um ato orientado para a produção de um objeto substituto, quando se perdeu um filho num acidente do qual não está excluído que se seja responsável? Como uma mãe criminosa pode ousar fazer uma criança? Tal é a horrível questão que vem atingir Jeanne Pantaine com a agressão contra Huguette ex-Duflos. Esta agressão golpeia a economia do gozo tal como se solidificara no delírio de Jeanne, na sua localização no lugar da outra mulher. Não seria você — diz a passagem ao ato — quem gozaria daquilo de que sua loucura diz que é ela quem goza? Doravante você está advertida, por minha passagem ao ato, de que eu mesma estou advertida quanto a essa possibilidade. Como vemos, a passagem ao ato, que se apresenta como o ato último do delírio de Marguerite, é também o ato menos louco possível.

Será de surpreender que tenham sido necessários dez anos de loucura a uma filha, para que ela pudesse dirigir a sua mãe semelhante advertência? Será de surpreender que apenas um atentado possivelmente mortífero pudesse tornar audível essa advertência? A julgar pelo que implica de assassinato a nomeação de Marguerite para este lugar de substituta e para essa função contrapersecutória de que falamos, esta medida nos parece, ao contrário, ter sido estritamente suficiente, a mínima possível, para a separação operada por Marguerite de uma história que não era a sua, na qualidade de pessoa interposta.

Retorno sobre a "cura"

O fato de havermos situado a última passagem ao ato de Marguerite no contexto da loucura a dois, mãe-filha, nos deveria permitir ler de outra maneira um dos aspectos mais impressionantes do caso, a saber a "cura" de Marguerite. Lacan, como indicamos, unia a questão levantada por esta cura à questão do diagnóstico, e não contestamos a afirmação dessa solidariedade. Muito mais que isso, trata-se de pô-la novamente em jogo, mas de outra maneira além da que ele fez em sua tese, quando admitia que o efeito curativo da sanção demonstrava, em Marguerite, o desejo de ser punida como sendo o desejo maior a ordenar sua psicose. Lacan deveria reconhecer, mais tarde, que essa atitude de sua parte era "levar a lógica um pouco longe demais"[52], com o que concordamos prontamente, tanto mais que fomos, mais claramente que ele em 1932, obrigados a situar o caso de Marguerite como um caso de loucura a dois. A partir daí, um outro diagnóstico exige uma outra leitura do evento da cura.

Esta se apresenta clinicamente como uma varredura, um "sopro" do delírio, sobrevindo a 8 de maio de 1931 às 19 horas (a hora exata do atentado). Quanto à designação da sua natureza, o termo "sopro do delírio" (formulado por Lacan em 1966) nos parece o mais apropriado; ele sublinha o caráter brusco do acontecimento, mas também e sobretudo deixa aberta a questão de saber o que o delírio, assim soprado, se tornou. Podemos imaginar que os elementos do delírio se veriam a partir daí dispersos como cinzas ao vento? Seria dizer demais, mesmo se esse sopramento não seja, possivelmente, isento de efeitos de dispersão, de desmantelamento do delírio como entidade organizada. Em Lacan, com efeito, o termo "sopramento" remete a uma outra metáfora que ele irá inventar também, e simultaneamente, para dizer esta cura:

[52] J. Lacan, "Conférences et entretiens dans les universités nord-américaines", op. cit.

> Além disso, o efeito como que de sopramento que em nosso sujeito havia tombado esse pára-vento que se chama um delírio [...][53].

O pára-vento metaforiza o delírio na medida em que este permite a suspensão do ato. Reciprocamente, a passagem ao ato, ato último do delírio, terá tornado obsoleta esta função de pára-vento, o qual se verá assim soprado, isto é, abatido. Os dois significantes: "sopramento" e "pára-vento" não podem dispensar um ao outro; pelo contrário, eles pertencem um ao outro nessa relação $S_1 \rightarrow S_2$ que por si só eleva o significante-mestre (aqui: o sopramento) ao nível de significante. Resta que um pára-vento tombado não é nada. Tombado, um pára-vento se torna mesmo um objeto singularmente atrapalhador. Digamos, pois, a palavra que aqui se impõe: é a *ereção* como tal do pára-vento que se vê anulada pelo sopramento. Houve algo como um acidente: para além do evento da cura, o vento não sopra mais nas velas do delírio.

No que se segue à cura, não faltam indícios que, a nosso ver, vêm marcar o que pode implicar de embaraço, em Marguerite, a presença do pára-vento tombado. Nós já os estudamos quando de nossa primeira discussão da cura e do diagnóstico, e assim vamos contentar-nos em relembrá-los aqui.

• O mais impressionante dentre esses indícios é a hospitalização, que se segue imediatamente à cura de Marguerite, e que ela, não sem reclamar, no entanto, aceita.

• A propósito de uma carta que ela lhe escreve, e que poderia dar a ilusão de uma crítica do delírio, Lacan nota que "a autenticidade da renúncia [a certas idéias delirantes] parece ambígua[54]". O que confirma a "grande reserva"[55] da atitude de Marguerite no hospital: "ela dá a impressão de que suas incertezas interiores estão longe de estar apaziguadas"[56].

• A propósito da apresentação de doente de que Marguerite é objeto, Lacan nota ainda que, por parte do público, ele sente "onipotentes sobre a doente" "as imagens interiores assim reveladas"[57] (principalmente, a de uma mãe defendendo seu filho).

• Lembramos também que Marguerite só confiou a Lacan suas idéias delirantes de grandeza, só superou sua "repugnância" de assim se confessar depois de ter obtido dele que aceitasse não olhá-la.[58] O fato de que ela tenha assim conseguido firmar tal contrato com Lacan confirma a justeza das impressões deste, acima citadas.

---

[53] J. Lacan, *Écrits*, op. cit., p. 66.

[54] T. p. 176.

[55] Ibid.

[56] Ibid.

[57] T. p. 158.

[58] T. p. 166.

• Um último indício, enfim, toca mais diretamente na loucura a dois. Trata-se do que Lacan observa *no presente*: "Ela invectiva, então", escreve ele, "a crueldade das pessoas adultas, a despreocupação das mães frívolas."[59]

Ora, nossa leitura do caso de Marguerite dá sua plena importância à sua denúncia da despreocupação das mães frívolas. É como uma frivolidade despreocupada e cruel, cruel devido à própria despreocupação, como vimos, que em sua loucura Marguerite questiona o envolvimento de Jeanne num ato sexual orientado por um voto de substituir sua filha morta. Jeanne permanece, para além da cura de Marguerite, o objeto das invectivas desta, bem como a destinatária de sua reivindicação. Não é notável, com efeito, que em seu segundo relato da cura Lacan fale, decerto, de "todos" os temas delirantes, mas curiosamente omita de sua lista o tema reivindicativo?

> Em nossa doente, todo o delírio e todos os seus temas, os temas de idealismo altruísta e de erotomania, bem como os temas de perseguição e de ciúmes, "tanto o bom quanto o mau", segundo seus próprios termos, caem ao mesmo tempo.[60]

Descartemos, enfim, a idéia pela qual a persistência do delírio, para além do acontecimento que deveria tombá-lo (como se ordena a um cão: "caia morto") seria atribuível simplesmente à permanência da hospitalização. Tal conjectura é desmentida pelo que nos diz Didier Anzieu a propósito de sua mãe bem depois de ter esta deixado o hospital, a saber que, às vezes, sua "desconfiança persecutória a retomava", que era necessário acalmá-la, que a realidade "permanecia temível e vacilante para ela".[61]

Como dizer o estatuto do delírio para além da cura? O termo que nos parece mais apropriado nos é soprado por Lacan que, por duas vezes ao menos, a propósito da atitude de Marguerite, fala de uma grande "reserva" (ele o faz ao descrever diretamente esta atitude, mas também por ocasião da apresentação da doente). Falaremos, portanto, com base nisso, num delírio reservado. Há equivalência entre a detumescência do delírio e sua colocação em reserva. Tal nos parece ser, aproximado ao máximo, o estatuto da cura.

O conceito de "delírio reservado", que o caso de Marguerite nos sugere, não é equivalente àquele, clássico, do "delírio quiescente". Este marca um estado, aquele designa um ato. O ato de constituir uma reserva, ou de constituir alguma coisa em reserva apresenta uma face de conservação, como se vê com o caso das reservas ditas "naturais" apesar do fato de serem eminentemente sociais. Mas as dificuldades próprias à manutenção dessas reservas naturais nos indicam também uma outra face do ato da colocação em reserva, a saber que ele deve ser permanentemente sustentado. Para conservar uma espécie animal em vias de extinção, não basta declarar uma "reserva

[59] T. p. 167.

[60] T. p. 250.

[61] D. Anzieu, *Une peau...*, op. cit., p. 13.

natural" o espaço onde ela se debate: tal declaração implica toda uma jurisdição que se trata de fazer respeitar, mas também toda uma vigilância da flora, da evolução da espécie do ponto de vista da natalidade, da doença, das condições ambientais que permitem sua subsistência. Igualmente, o delírio reservado é um delírio ao mesmo tempo isolado, tornado inoperante por esse isolamento mesmo, e conservado. Essa dupla determinação se origina do *ato*[62].

Assim, podemos agora formular a questão levantada pelo acontecimento da cura: o que terá permitido a Marguerite autorizar-se a pôr seu delírio em reserva? Em outras palavras: renunciar a erigi-lo como uma arma diante de seus inimigos (com este duplo aspecto muito moderno, estrategicamente, de uma estratégia muito nuclear-hegeliana, a saber, construir armas e mostrá-las para não ter que se servir delas, e dispor delas para se servir ... em caso de necessidade)?

Qual terá sido a mola de tal cura? Tendo situado o caso de Marguerite como um caso de loucura a dois, e sua última passagem ao ato em sua importância de advertência dirigida a Jeanne, podemos esperar responder, ao menos parcialmente, a essa pergunta. O ponto vivo dessa cura, com efeito, liga-se à sua concomitância com a precipitação de Jeanne em seu delírio. Informada do que acaba de acontecer com Marguerite, do atentado contra Huguette ex-Duflos, e depois do aprisionamento de sua filha, da notícia que isso representa para os jornais (aquilo que chamamos de "a primeira publicação do caso"), Jeanne se isola ainda mais e atribui a sua vizinha perseguidora a responsabilidade pelo que acontece à filha. Parece claro que deve haver uma relação entre esse isolamento de Jeanne em seu delírio e a colocação em relação, por Marguerite, do seu próprio.

Só podemos, aqui, emitir uma suposição que talvez um dia alguns dados ainda não recolhidos do caso de Marguerite venham confirmar [nota acrescentada pela segunda edição: parece-nos representar uma tal confirmação o fato de Marguerite ter empreendido medidas eficazes para sair do hospital psiquiátrico somente *depois* da morte de sua mãe, e *logo* depois, como se lhe fosse necessário assinalar a Jeanne, enquanto esta fosse viva, que ela pagava, com seu encerramento, o fato de tê-la advertido (com sua passagem ao ato); a morte de Jeanne tornava doravante obsoleta essa obrigação de um pagamento, onde se mantinha uma certa cumplicidade entre mãe e filha]. Marguerite, declaramos, se terá podido autorizar a pôr seu delírio em reserva no instante preciso em que soube que Jeanne reagiu efetivamente à advertência que lhe dirigira via atentado contra Huguette ex-Duflos. Assim se explicaria o fato de a cura ter sobrevindo, não no momento do atentado, e sim vinte dias depois.

Além dessa suposição se ver como que exigida pelo conjunto de nossa leitura do caso, ela recebe uma confirmação indireta com o ato de contrição de

---

[62] Agradeço aqui àqueles participantes de meu seminário que tiveram a gentileza de me ajudar a precisar a importância desse conceito de delírio reservado no momento em que eu a introduzia.

Marguerite, evidentemente posterior à sua cura. O que ela preciso fazer? A propósito do atentado, ela dirá, no momento mesmo de sua cura, soluçante, e *àquelas que haviam aquiescido, encorajado e aprovado seu delírio*, que a atriz não lhe queria mal, que ela não lhe deveria ter causado medo.[63] Tratava-se, assim, de "amedrontar". Mas a quem, senão àquela que queria realmente alguma coisa dela, que dela esperava nada menos que a aceitação de encarar a ressurreição de uma Marguerite morta, encarnação a ser brandida diante da perseguição de uma outra mulher? A reação de Jeanne aos acontecimentos recentes demonstrava a Marguerite que Jeanne tivera medo. Medo de quê? De ser despossuída dessa arma cuja mostração, diante da outra mulher, a liberava de sua possível responsabilidade na morte de Marguerite mais velha. O encerramento de Jeanne em seu delírio demonstra a Marguerite que ela tocou, efetivamente, o traço ausente mas ordenador do delírio de Jeanne, a saber, o do infanticídio materno.

Com Lacan, Marguerite dará uma outra fórmula de sua contrição. Ela lhe dirá, como que para lhe assinalar a única coisa que a poderia ter dispensado de viver sua louca aventura (mas é o mesmo que querer que a água de um rio flua contra a corrente): "Eu devia ter ficado junto de minha mãe[64]". Essa exclusão necessária da amizade mãe-filha designa, a nosso ver, ao mesmo tempo a possibilidade da loucura a dois e seu ponto de impossibilidade: ninguém pode aceitar ser uma peça de jogo manejada pela despreocupada crueldade das mães frívolas.

Jeanne terá sabido, para terminar, até onde Marguerite estava disposta a chegar para lhe significar sua recusa de jogar o jogo da sua loucura, até o ato possivelmente matricida. E Marguerite terá sabido que Jeanne o soube. Isso terá bastado para que Marguerite, mesmo não se desprendendo plenamente de sua loucura a dois, possa pôr seu delírio em reserva. A cura, como já afirmamos, não corresponde a uma mudança de estrutura, mas a uma mudança na estrutura. Ela foi somente — mas isso já não é pouco — aquilo que Lacan irá chamar, pouco depois de haver escrito sua tese, de uma "ruptura do círculo mágico"[65], deste círculo onde a perseguição da mãe encerra a filha desde antes do nascimento desta, desde o ato de sua concepção.

Mas o delírio, desde o passo inaugural de sua organização, se colocava como incompatível com outra coisa além da amizade, e especialmente com a religião (Marguerite recusa o recurso à religião no próprio ato em que designa C. de la N. como perseguidora).

O recurso religioso é, aliás, de saída articulado à ruptura da amizade com Jeanne. Como notamos, a primeira recusa que Marguerite dirige à sua

[63] T. p. 173.

[64] T. p. 241.

[65] J. Lacan, "Interventions de Lacan à la Societé psychanalytique de Paris", in *Ornicar?* nº 31, inverno de 1984, Paris, Navarin, p. 9.

mãe, a recusa deste lugar de substituta que Jeanne lhe atribui, querendo fazer dela uma professora primária, se produz em nome da religião: as instituições leigas não lhe oferecem, diz ela, essa direção moral de que tanto necessita e que poderia esperar de professoras religiosas[66]. O fracasso escolar, originado pela "indocilidade"[67], corresponde então, ao mesmo tempo, aos primeiros sinais daquilo que o delírio irá magnificar (sua aspiração "a caminhos mais livres e mais elevados"[68]) e à afirmação de uma referência à religião como viés para se contrapor ao projeto de Jeanne.

Seria lógico, dada essa função da religião desde antes do desencadeamento da psicose, e depois o abandono desse recurso ao religioso no instante em que o delírio se instala, que à colocação em reserva do delírio correspondesse uma retomada do recurso à religião. Uma tal retomada viria de certa maneira assinar, selar a cura. O que ocorreu realmente?

Para dizer a verdade, faltam-nos dados para responder com precisão a essa pergunta. Mais exatamente, eles não nos permitem situar o momento em que Marguerite teria reatado com a religião. Um primeiro dado nos é fornecido com a seguinte observação: durante todo o tempo em que Lacan a interroga, não se trata, em suas conversas, de uma inscrição de Marguerite no discurso religioso. Isso é, aliás, confirmado por Didier Anzieu que, no testemunho abaixo citado, parece indicar que sua mãe só teria retomado a religião depois de parar de trabalhar.

> Ela levou uma vida enfim independente, depois de doze anos de confinamento. Trabalhou ativamente para completar as duas magras pensões que lhe eram pagas por meu pai e o P.T.T. Dedicou-se, em seguida, a obras de caridade, onde foi muito amada e às vezes bastante suscetível. Até seu declínio, conservou uma curiosidade intelectual insaciável. Aos oitenta anos, decidira escrever um longo poema de feitio clássico sobre as mulheres da Bíblia.[69]

Entretanto, o relato de E. Roudinesco, e que se deve justamente a Anzieu, não confirma essa concomitância entre o fim da atividade profissional e a retomada da inscrição na religião:

> Depois da liberação, ela trava conhecimento com burgueses parisienses que possuem uma casa de campo na província onde ela se encontra. Torna-se cozinheira deles e, como apreciam seus talentos, convidam-na a acompanhá-los à sua casa em Boulogne. Junto aos seus fornos, ela continua a escrever, sob o domínio de uma inspiração religiosa.[70]

Dois dados somente parecem adquiridos: uma reinscrição no discurso religioso realmente ocorreu, e não foi contemporânea do evento da cura.

---

[66] T. p. 223.

[67] T. p. 222.

[68] Ibid.

[69] D. Anzieu, *Une peau...*, op. cit., p. 13.

[70] E. Roudinesco, *Histoire de la psychanalyse...* op. cit., p. 135.

Evocando o poema que Marguerite escreveu sobre as mulheres da Bíblia, Didier Anzieu nos indica também que dali por diante é no terreno da religião que Marguerite expõe a questão da feminilidade. Pode-se ver aí uma transmutação do aspecto erotomaníaco de seu delírio. Mas como não notar igualmente que a homofonia *en cieux* (nos céus)/ "Anzieu" (o *rené en cieux* (renascido nos céus), o *dedié en cieux* (dedicado aos céus)), que faz a ponte entre as questões religiosa e familiar (como já implicava o nome Donnadieu) representava, desde antes do desencadeamento da psicose, um apelo no sentido de que a questão familiar — logo, essencialmente, a da loucura de Jeanne e da tia — pudesse ser tratada pelo viés da sua transmutação no registro religioso? Se, para além da cura, o delírio permanece reservado, as questões por ele portadas serão retomadas graças ao discurso religioso, ao mesmo tempo em que este discurso ajudará Marguerite a manter seu delírio em reserva, a se preservar, em especial, do delírio de Jeanne.

Quanto à determinação do momento preciso em que Marguerite reatou com o cristianismo, ponto em que nos encontramos em pane, seremos levados a propor uma solução. Mas como esta passa pela análise do que terá sido o encontro de Marguerite com Lacan (cf. cap. 14 e em seguida o 16), esta solução conjectural não é diretamente considerada aqui.

Conclusão

Introduzindo esta quarta parte de nosso estudo, formulamos a questão em que desembocavam as três partes precedentes, a da articulação entre duas temáticas mantidas em disjunção pela versão sororal do caso: a da maternidade, à qual se liga imediatamente, em Marguerite, a questão do infanticídio e que está na origem do desencadeamento da sua psicose; e a da sua declaração de sexo, formulada imediatamente como uma sexualidade feminina prostituída, condenada, sob este título, e isso a ponto de que a última passagem ao ato virá atingir uma puta de atriz, figura representativa de uma sexualidade apregoada e não confessada.

O fato de ter dado ao caso de Marguerite seu pleno alcance de loucura a dois permitiu-nos produzir essa articulação. A partir do momento em que Marguerite se vê grávida, o assassinato da criança, que, para retomar aqui uma categoria aristotélica, jamais terá cessado de ser um assassinato em potencial, só tem uma importância desencadeadora para a psicose na medida em que a criança é colocada como traço da relação sexual; seu "apagamento" corresponderia, a partir daí, à escrita de uma tal relação. O delírio, durante todo um tempo, como notava Lacan na nota introdutória da outra versão do caso que ele nos propõe, terá tido por função reportar o ato infanticida. Mas o desenvolvimento de seus temas, e, em particular, a aparição tardia da temática reivindicadora, deixa aparecer uma outra função do delírio: ele terá permitido o deslocamento do ato infanticida em ato matricida (parcialmente realizado, parcialmente simulado — o que é muito bem dito pela noção de *point d'acte*), dando assim à última passagem ao ato de Marguerite sua importância de advertência dirigida a Jeanne.

A loucura de Marguerite tem a ver com a de Jeanne. Desde antes de seu nascimento, desde o ato de que Marguerite seria o fruto, Marguerite se encontrava destinada a essa função de substituta da Marguerite mais velha, num debate entre sua mãe e esta vizinha que a perseguia. Como ela mesma imputava a C. de la N. a morte de seu primeiro filho, sua mãe imputava à vizinha o falecimento acidental de sua mais velha, falecimento que nada mais tinha de acidental a partir do momento em que essa acusação era formulada, em seu delírio, como certa, como certeza paranóica. Distinguindo sujeito do significante e sujeito do gozo, Lacan, em 1966, dava "uma definição mais precisa da paranóia como identificando o gozo nesse lugar do Outro como tal[71]". A vizinha encarna, para Jeanne Pantaine, um tal lugar. Não é somente como perseguidora que ela seria o agente (como no caso das doenças que atingem seus animais) da morte de Marguerite, a mais velha; ela é também e principalmente aquela que goza dessa morte, da infelicidade que assim a golpeia. Toda a loucura da substituta terá tido a ver com essa versão do "acidente", terá sido uma recusa, em ato, dessa versão. O matricídio simulado encontra, nesse contexto, seu pleno valor de advertência: assim você saberá, diz a última passagem ao ato, que eu sei que você está implicada na morte de Marguerite de outra maneira que não a pretendida por sua loucura. Eu não a libero da sua responsabilidade. Saiba, enfim, que é da sua vida que se trata quando escrevo, a propósito de meus perseguidores, que eles "vivem da exploração da miséria que provocam".[72]

Como não ficar fascinado com o caráter literário impressionante dessa fórmula? Marguerite não diz que o lugar de onde ela é perseguida é criador dessa miséria. Não. Essa miséria se vê aí "somente" (!) "explorada". E este próprio termo é claramente, inclusive no discurso de direito que pretende ordená-lo, o indício de um gozo.

Que gozo? Nós já o dissemos, o do Outro. Mas precisamos ainda observar que este gozo é tanto mais suscetível de tomar corpo a propósito da maternidade na medida em que esta, como realização sem razão, só dá suporte ao gozo fálico de uma maneira eminentemente precária. Vamos desenvolver este último ponto a partir de uma indicação de Marguerite onde fica sensível para nós a incidência do gozo fálico no lugar do materno: o que vamos chamar de euforia pedófora. Como que para melhor manifestar o contraponto (e, portanto, o possível jogo de remetimento recíproco) entre gozo fálico e gozo do

[71] J. Lacan, "Présentation" [da tradução francesa de P. Duquene das *Mémoires d'un névropathe*, D. P. Schreber), in *Cahiers pour l'analyse*, publicado pelo Círculo epistemológico da École normale supérieure, nº 5, nov.-dez. 1966, p. 70.

[72] T. p. 166.

Outro que frisamos aqui, é logo depois de ter mencionado o ódio de Marguerite por aqueles que vivem da exploração da miséria que provocam que Lacan menciona essa outra frase em que Marguerite lhe confessa uma das principais determinações de seu delírio:

> Este devia, lhe diz ela, ser o reinado das crianças e das mulheres.

Vamos ler esta frase com uma outra Marguerite, a Duras, que, através de uma outra mãe, a Anne Desbaresdes de *Moderato Cantabile*, é bastante clara:

> Se soubessem toda a felicidade que lhes desejamos, como se isso fosse possível. Talvez fosse melhor, às vezes, que nos separássemos deles. Não consigo fazer desta criança uma razão para mim. (Marguerite Duras, *Moderato Cantabile*, Paris, éd. de Minuit, 1958, coleção "10/18", p. 32)

Uma criança jamais pode constituir uma razão. Para além desse sentimento de *impotência*, de não conseguir fazer uma razão de seu filho, sentimento que pode afetar uma mãe, entrevemos essa equivalência entre um filho e uma razão como originada da *impossibilidade*. Se tal for realmente o caso, segue-se uma lógica bem particular, já que quanto mais seriamente uma mulher tentar encontrar uma razão em seu filho, mais ela se verificará desarrazoada. Este é, de modo exemplar, o caso de Jeanne.

A leitura de Duras confirma também essa indicação, que nos vem da clínica[73], segundo a qual a relação mãe-filha oferece um campo muito privilegiado para as manifestações diversificadas dessa desrazão. Saindo "devastada", arrasada, do baile onde Michael Richardson a abandonou por Stretter, Lol V. Stein se verá entregue ao materno. Enquanto que, ao inverso e, portanto, da mesma forma, a mendiga do *Vice-consul*, que não cessou de marcar seu percurso errante com filhos mortos ou abandonados por não lhes ter podido dar de comer, só consegue dizer o lugar materno de onde foi expulsa com a palavra "Battambang", que ninguém compreende: ela é mãe solteira e foi precisamente por se ter colocado como tal que sua mãe a expulsou.

Ora, *ser* mãe solteira* volta sobre si mesma esta *relação* filha-mãe de que Lacan falava como sendo uma devastação, essa:

> [...] devastação que é na mulher, para a maioria delas, a relação com sua mãe, de que ela parece realmente esperar, como mulher, mais subsistência que de seu pai —, o que não dá certo, com ele sendo o segundo, nessa devastação[74].

Ser mãe solteira constituiria, como tal, um ponto de impossibilidade dessa relação que se chama maternidade? Podemos suspeitar disso. Esta suspeita, no entanto, não nos levará a ponto de esquecer que, como no caso da relação sexual, essa impossibilidade do materno só pode ser considerada como

---

[73] Vamos nos reportar em especial a S. Freud, "Psychogenèse d'un cas d'homossexualité féminine", in *Névrose, psychose et perversion*, Paris, PUF, 1973.

[74] Jacques Lacan, "L'Étourdit", *Scilicet* nº 4, Paris, Seuil, 1973, p. 21.

* "*l'être* fille-mère", em francês. (NT)

estabelecida na medida em que não é escrita; ela seria somente — mas este "somente" já não é pouco — entrevista, observada no que manifesta de discordância toda assimilação de uma criança a uma razão.

Com essa impossibilidade lidava Marguerite: desde antes de seu nascimento, excluía-se que ela pudesse chegar a ser mãe sem ter que renunciar a sua posição de filha. Mas, poderão dizer, o que há de mais banal que isso? Não é isso mesmo que afirmam os psicanalistas, martelando o caráter decisivo da interdição do incesto, e os antropológos, formalizando as estruturas elementares do parentesco? Como se poderia simplesmente considerar que alguém pudesse escapar a uma lei tão universal? No entanto, como tal, esta lei não nos ensina grandes coisas sobre a maternidade. Mais vale não partir de um universal, e sim atingi-lo, possivelmente, a partir do que seria o mais singular.

Em Marguerite Anzieu, a singularidade consistiria no seguinte: era preciso que a filha — o que Marguerite é inicialmente, verificando-se psicótica no mesmo instante em que se torna mãe — se apresentasse como mãe, *não em outro lugar além daquele onde ela era filha, mas ali mesmo onde ela era obrigada a permanecer.* Por que razão? Porque, para sua própria mãe Jeanne, ela era uma razão, uma razão ôntica, uma razão... de ser. Marguerite tinha seu lugar designado na grande empresa de desconhecimento sistemático de um aspecto extremamente preciso da história familiar: excluía-se que fosse sequer evocada a incidência de um possível voto ou ato de sua mãe Jeanne no acidente que matou a Marguerite mais velha. Marguerite era um argumento, e até mesmo o principal argumento da função "substituição". Dela, sua mãe não cessava de fazer uma razão para si, o que equivale a dizer que era louca por ela. A partir daí, para ela — ela, a filha —, ser mãe era replicar como filha à sua mãe. Ela era então convocada a ser uma filha-mãe, no sentido que acaba de ser introduzido* mas também no sentido banal deste termo (que joga com os dois valores, em francês, do termo *fille*: criança do sexo feminino, mas também mulher de costumes levianos) e, portanto, igualmente, uma puta. Tudo o que se vai passar será assim como que endossado[75] à frase:

> Este devia ser o reinado das crianças e das mulheres.

Tudo se irá apoiar nesta frase, tudo lhe dará as costas, tudo voltará a este ponto, mas para mordê-la, para arranhá-la, para marcá-la com o "não todo", para dizer que ela não poderia constituir toda a história, a história como "toda". Mas qual a importância exata a ser dada a esta frase?

---

[75] Lacan pôde dizer que o homem pensava endossado a um significante.

* em francês, *fille-mère*; a palavra *fille*, que nesta expressão tem o sentido de moça solteira, significa também filha. A tradução literal, pois, seria "moça-mãe", ou "filha-mãe". (NT)

Leitura I: uma imagem virtual

A posição que acabamos de lhe atribuir se vê confirmada pelo caráter muito particular da entrevista durante a qual ela foi proferida. Já falamos dessa entrevista de junho de 1932 onde Marguerite confia, enfim, a Lacan seus devaneios sob a condição de que ele não a olhe. Ela lhe fala, então, do que considerava como sua "missão", do que seus perseguidores chamavam o seu "cetro". Missão e cetro, esses devaneios, já notamos, têm a ver, essencialmente, com um olhar.

Este devia ser o reinado das crianças e das mulheres.

Acredita-se escutar, aqui, palavras, e essas palavras foram com efeito pronunciadas naquele dia. No entanto, não se deve levá-las à conta de um registro que se distinguiria como sendo o simbólico, no sentido em que, com Lacan, o diferenciamos do imaginário e do real. Não há nada, no proferir dessas palavras, naquele dia, que nos permita situar este proferir como tendo dado corpo a este acontecimento tão particular (um sujeito se subjetiva, aí, vendo-se aí dessubjetivado), onde um significante advém como representando o sujeito para um outro significante.

Essas palavras transcrevem uma imagem, afirmam uma imagem, são portadoras de uma imagem. Elas não fazem "imagem" no sentido retórico deste termo. A imagem retórica se forja a partir de uma substituição, um significante vindo no lugar mesmo onde um outro significante era esperado — isso se dá tanto para a metáfora como para a metonímia ou qualquer outra figura do gênero. Tais imagens jogam com os eixos paradigmático e sintagmático que, localizando, permitem ao lingüista observar uma "substituição". Aqui, não há nenhuma substituição, nenhuma "palavra por outra", *à la* Jean Tardieu; aqui cada palavra se apresenta como tendo o lugar que tem. "Reinado", "crianças", ou ainda "mulheres" não traduzem coisa alguma, nem transliteram: "mulheres" (*femmes*) não está ali em lugar de famosos (*fameux*), nem "reinado" em lugar de seu antônimo, nem "crianças" no de "falo". Uma leitura do tipo chamado de rébus (uma interpretação no sentido freudiano do deciframento) passaria completamente ao largo do que está em jogo aqui. Se distinguíssemos simbólico e imaginário — mas, justamente, não é certo que o caso de Marguerite nos autorize a isso —, deveríamos considerar essas palavras, "reinado", "mulheres" e "crianças" como retiradas do simbólico para compor em forma de pictograma, as três juntas, uma imagem. Vamos também mostrar claramente essa imagem.

Leitura II: uma realização da imagem virtual que a mantém como tal

Também a gramática contribui para essa composição de imagem:

> Este devia ser o reinado das crianças e das mulheres.

O imperfeito aqui sublinha que isso não aconteceu, mas que estava a ponto de acontecer. Este reinado, por pouco, não se tornou efetivo. Há, neste "este devia", como que a indicação de um programa, de algo posto na ordem do dia. Tratava-se, sim, de realizar esse reinado das crianças e das mulheres.

Isto pode ser acentuado de diferentes maneiras. A versão "paranóia de autopunição" tenderia a situar este *dever ser* como dever moral. Se aceitássemos personificar um pouco as três instâncias da segunda tópica freudiana, poderíamos ler essa frase como uma ordem do supereu. Com sua voz grossa, tanto mais tonitroante na medida em que ele está bem aborrecido por não ter sido obedecido ainda, o supereu interpela o sujeito:

> Mas, o que é que você está pensando, você sabe muito bem que...
> ... este devia ser o reinado das crianças e das mulheres.

Podemos imaginá-lo esmurrando a mesa enquanto arrota essa frase. Aliás, proferir isto vale por um gesto, o de surrar o infeliz eu de Marguerite que, como Hamlet durante algum tempo, se teria manifestado incapaz de dar satisfação à tarefa recebida. As coisas podem, em outros setores da clínica, apresentar-se dessa maneira. Entretanto, este "este devia ser" não tem aqui apenas, nem plenamente, esta importância de indício de um moralismo zangado.

Tratar-se-ia então de uma pura e simples constatação? Assim como, ao fim de um cálculo matemático, tal resultado era esperado, e que no entanto não se apresentava, também era esperado este reinado das crianças e das mulheres, que todavia não se teria realizado. Marguerite, objetivamente, o constataria. Aí está, é assim, eu o testemunho dizendo:

> Este devia ser o reinado das crianças e das mulheres.

Certamente, há uma constatação nesse enunciado. Entretanto, nem prescrição moral nem constatação levam em conta com justeza o que terá veiculado sua enunciação. Existe, nessa *confissão* do que *devia ser*, colorindo o que esta confissão comporta de constatação de uma prescrição, como que um ato de desvelamento. O estatuto da verdade não é tanto, aqui, o do "semi-dizer", lacaniano, e sim aquele, clássico, da *aletheia*. Alguma coisa é revelada, mas que não é um ser, ou, se preferirmos, que é um ser de falta, nem mesmo um *work in progress*, um simples empurrãozinho, mas capaz de vetorizar tudo o que vem em seguida. Este ser em dever, portanto em falta de ser, este ser-indicação, tal seria aqui o estatuto do materno.

O que é, pois, que o separa de sua plena realização? Certamente que não o seu recalque, nem nada que se pudesse classificar como rejeição, ou, como Lacan o formulará mais tarde, traduzindo de outro modo o termo *Verwerfung*, como foraclusão. Tampouco seria uma operação do tipo Verleugnung, que Octave Mannoni havia tão lindamente formulado com a expressão: "Eu sei ... mas mesmo assim".

> Eu sei que...
> este devia ser o reinado das crianças e das mulheres...
> mas mesmo assim

Esta fórmula não convém para dizer o que constitui a distância entre o voto, até mesmo a exigência desse reinado que deve ser e sua efetiva realização. A inconveniência da renegação pode ser dita, propondo-se uma fórmula melhor. E, já que lidamos aqui com um delírio, o melhor será nos reportarmos ao texto de Valéry sobre as profissões delirantes que é também a mais longa citação da tese de Lacan:

> Só há eu. Só há eu. Só há eu eu eu...

a que responde uma outra voz que fura e perfura da maneira mais cruel o tema egotista do outro:

> Sim, mas há alguém... Sim mas há alguém... Alguém, alguém, alguém.

Existe acima um "sim vírgula mas" da maior importância, onde a vírgula é essencial. Ela vem, com efeito, marcar que não há qualquer restrição ao "só há eu", e que este "sim" é tão integral quanto aquele exigido de seus fiéis pelo Deus de Abraão, de Isaac e de Jacó quando declara que vomita os mornos. Não se trata, portanto, de um desses "sim mas" políticos, que podem levar um homem até a presidência suprema. O "sim", aqui, é um "sim" sem reservas; ora, justamente nisso, ele é afetado por um "mas" que não o anula de modo algum, mas que — diremos assim — *degrada* sua realização. "Sim vírgula mas" é a fórmula dessa degradação, como "eu sei... mas mesmo assim" é a da denegação.

> Este devia ser o reinado das crianças e das mulheres. Sim, mas...

Longe de se opor frontalmente ao "sim" que subscreve a essa figura de realeza do materno, o "mas" surge dessa própria subscrição. Mudando um pouco de Deus, ao mesmo tempo em que nos atemos — podem ficar tranqüilos! — ao monoteísmo, precisamos inverter a fórmula paulina para transpô-la e chegar, assim, a dizer: "Ali onde abunda a subscrição ao materno (e notamos, muito especialmente, na filha) ali mesmo superabunda a sua degradação". O "mas", aqui, não denota qualquer reserva pessoal: ele vem indicar o fato de que o reinado em questão jamais foi senão uma *virtualidade*. O "mas" não abre, portanto, uma outra perspectiva; não se entra com ele numa outra peça do castelo, nem num outro drama. Trata-se sempre da instauração deste reinado e nada mais. Sob um certo ponto de vista, existe realmente um fosso entre o "sim" e o "mas", existe essa vírgula que faz fronteira; no entanto, o "sim" e o "mas" continuam a manter continuidade. Assim, não estamos certos de que aquilo que sublinha como virtual a instauração do reinado do materno, a saber, a sua degradação, não seja também uma maneira de constituir a sua efetividade. Sobre uma banda de Moebius, um "mas" escrito inicialmente na vizinhança do "sim" poderia, com certeza, atravessar a linha da borda e, portanto, afastar-se ao máximo do "sim", parecendo daí por diante estar inscrito do outro lado; mesmo assim ele continuaria em continuidade com o "sim", já que a banda é unilátera:

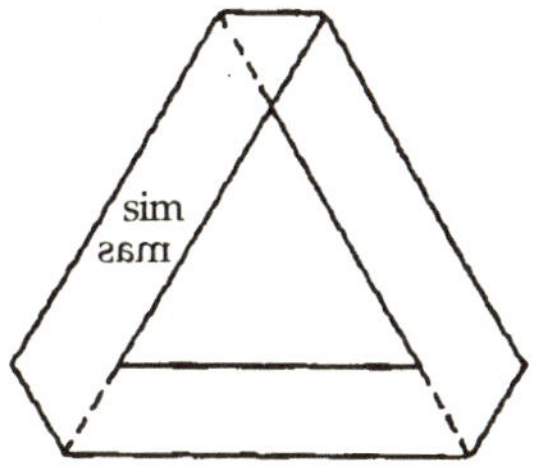

Banda de Moebius construída
em papel transparente e
apresentada aqui planificada

Esta noção de uma degradação realizadora do materno (facilmente vivida como realização degradante) se encontra na rejeição de Ofélia por Hamlet. Segundo Lacan, o horror da feminilidade se veria articulado no que Hamlet

> [...] descobre, o que ele valoriza, o que ele faz jogar diante dos próprios olhos de Ofélia como sendo de todas as possibilidades de degradação, de variação, de corrupção que estão ligadas à evolução da vida mesma da mulher, na medida em que esta se deixa arrastar a todos os atos que pouco a pouco fazem dela uma mãe. É em nome disso que Hamlet rejeita Ofélia [...][76].

"Disso", o que significa? Leiamos o III Ato, cena 1:

> Ofélia: A beleza poderia ter melhor companhia que a virtude, senhor?
>
> Hamlet: Oh, decerto que sim! Pois o poder da beleza fará da virtude uma cafetina, muito antes que a força da virtude conforme a beleza à sua semelhança.

É o fracasso do amor neoplatônico, destinado a conduzir à pura idéia do belo.

> HAMLET: Também ouvi falar, e muito, das suas garatujas. Deus lhe deu um rosto e a senhora faz outro dele, a senhora estremece, requebra, cicia, dá apelidos aos seres que Deus criou, é impudica sob uma candura fingida. Chega, para mim acabou, tudo isso que me enlouqueceu. Que não haja mais casamento, eis o que eu digo.

O reinado virtual do materno só se realiza corrompendo-se; assim, ele só se pode realizar como virtualidade. Sua realização corrompida, degradada,

[76] Jacques Lacan, "Le désir et son interprétation", seminário de 4 de março de 1959.

se dá ela mesma como que marcada por um selo onde se leria a incidência de algo como um "não é isso" — modo típico, segundo Lacan, da intervenção do objeto *a*.

Leitura III: a euforia pedófora

Quando o barco afunda, quando não há mais recurso além dos botes salva-vidas, a fórmula então gritada, e que vale também como regra, anuncia:

> Mulheres e crianças primeiro.

Como na frase que nos importa, o materno se presentifica aqui fora de sua nomeação: não soa, aqui mais que lá, o termo "mãe". Tudo se parece, mesmo, passar como se o não nomeá-la significasse a mãe como ainda mais sagrada e, como tal, também mais presente — tal como este nome de Deus, impronunciável. Falar explicitamente do materno já seria expulsá-lo, portanto, não atingi-lo.

A frase dita por Marguerite inverte o grito clássico: o reinado, ao que parece, é primeiro das crianças, depois das mulheres. Com certeza, já que essa inversão provém em primeiro lugar de uma imposição devida à chamada "linearidade" da fala, essa observação deve ser recebida como não tendo conseqüências, tanto menos se levarmos em conta o que já notamos, que se trata, nessa frase de Marguerite, menos de palavras que de uma composição de imagem. Nessa imagem de crianças e mulheres reinantes, não há necessidade alguma de que as crianças passem à frente das mulheres, ou as mulheres à frente das crianças. Antes, podemos imaginá-las, inclusive na situação de pânico em que estariam ao fugir de um barco que afunda, em grupos de dois ou mais: uma mulher e uma (ou várias) criança(s) agarrada(s) a ela. As mulheres, aqui, não formam grupo como o fazem na militância feminista, nem as crianças, como às vezes em suas brincadeiras. Reinando, uma criança não brinca, como mostra claramente todo o começo do filme de B. Bertolucci *O Último Imperador*. Reinando em conjunto com as crianças, as mulheres deixam um pouco de lado tanto a preocupação quanto as exigências de sua feminilidade.[77] Mas não é correto falar delas separadamente. Não é isso mesmo que nos é proibido pela maternidade? O conjunto de crianças e de mulheres (este plural é importante, voltaremos a isso) se deixa, pois, decompor em subconjuntos, eles mesmos definidos como bijeção criança(s)-mulher, cada um desses subconjuntos constituindo uma unidade elementar indecomponível. O que se pode escrever:

---

[77] Que psicanalista terá estudado a sexualidade das rainhas?

Não {{C} {M}}, e sim {{C M } { C M } {C M} ...}
(os subconjuntos {C M} permanecem indecomponíveis)
ou ainda, transcrito de outra maneira:

Não

e sim

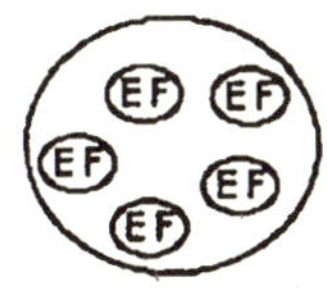

E = criança (s)

F = mãe

Cada um dessas unidades elementares se compõe de dois corpos, de dois campos de gozo diferenciados? Isto não é certo. Tanto menos certo quanto não há "dois corpos" sem este suplemento que é o *agalma*, como sublinhou a leitura do *Banquete* por Lacan, além do que, em se tratando de maternidade, esta atribuição do *agalma* a um ou outro desses dois corpos, esta atribuição que efetua a diferenciação entre o *erastes* e o *erômenos* (este último o detentor do *agalma*) é nada menos que evidente. Existem aí dois sujeitos, cada um com a sua própria imagem narcísica? Não há nenhuma razão séria para admiti-lo.

Logo, parece difícil atribuir algum valor significativo à inversão realizada pela frase de Marguerite, se a referirmos à palavra de ordem conhecida de todos à época das grandes viagens marítimas.[78] Entretanto, apesar desses argumentos, parece legítimo admitir como significativa a inversão mulher/criança na frase dita por Marguerite. Mas, o que seria essa inversão, se é verdade que seu estatuto não é o de uma substituição significante do tipo... correção de provas?

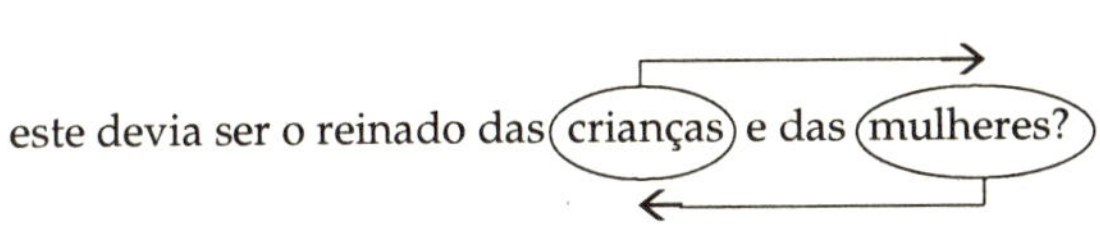

Que, no imaginário, a criança passe à frente, ainda que mal dissociada de quem reina com ela, isso nos é sugerido por uma imagem que sabemos ter contado por Marguerite, e onde vemos uma mulher, tão branca quanto aquela evocada por ela ao falar com Lacan, carregando uma criança, esta também vestida do branco da realeza e da pureza. Vejamos essa imagem:

[78] Precisamos, com efeito, datar as coisas, já que as condições modernas de transporte aéreo parecem ter renunciado radicalmente a dar provas da mesma cortesia: homem, mulher ou criança, tanto se lhes dá, são simplesmente um e um e um.

A criança é carregada... mais acima, é ela quem reina. Não é que, reinando, ela domine a mulher, este confronto não tem mais sentido que uma acusação de plágio ou uma luta por prioridade numa escola filosófica ou pictórica da Antiguidade. O menino rei reina pela mulher; é uma felicidade, é uma alegria para ela este reinado, onde ela também reina, mas através dele, levando-o a reinar. Existe nela como que uma abnegação de si mesma, onde ela prova ser possivelmente maior que aquele que levanta acima dela. Assim como existe também uma abnegação (certamente que não a mesma) por parte do menino como criança que se deixa carregar, subscrevendo assim a essa euforia pedófora.

Esta disparidade relativa entre a mulher e a criança, onde a segunda passa à frente ou, melhor ainda, passa na frente, um romancista soube fazer com que a entrevíssemos com a figura pedófila do ogro (mas também do marechal Goering) carregando a criança.[79] Chamamos de pedoforia essa disparidade onde a criança *erômenos* detém o precioso agalma, enquanto a mãe que a carrega se vê como que suspensa na posição de *erastes*. A pedoforia, este gozo do materno para o qual certas psicoses seriam uma via de acesso privilegiada, é aqui nada menos que da ordem da realeza.

Logo, existe realmente como que uma hierarquia nessa colocação da criança à frente, no fato de que *His Majesty, the Baby*, passe à frente. Sim,

> este devia ser o reinado das crianças...
> e das mulheres.

Mas essa hierarquia permanece instável, e como que fugitiva. Quem é mais alto moralmente? Aquele que carrega? Ou aquele que é carregado? Serei eu maior do que quem me traz nos braços? Posso me dizer assim, a pretexto de que, montado em seus ombros, acontece-me de ver mais longe?

Essa promoção da criança foi o que Lacan não conseguiu integrar na sua versão do caso Aimée como paranóia de autopunição. O delírio, notava ele, é

[79] Michel Tournier, *Le roi des Aulnes*, Paris, Gallimard, 1970.

"centrípeto", é a criança que, no delírio, vê sua vida ameaçada, e a mãe só o é por ricochete. Contrariamente ao que sugere a psicologia, especialmente psicanalítica, a mãe não está ameaçada como mãe pela morte da criança, por seu assassinato. Expondo seu filho, uma mulher, nessa pedoforia, não pode fazer outra coisa que não oferecê-lo à ameaça: Ele, sim, é diretamente ameaçado. Se, porventura, a criança vier a ser morta, é a própria pedoforia que não se sustenta mais, é ela, a pedoforia, que como tal se vê atingida. Então, o gesto de levar a criança nos braços se converte naquele de dois braços de mulher que não seguram mais nada, braços no entanto elevados, ainda estendidos para o céu. Como para uma oração? Seria então, doravante, não mais a criança e a mulher, e sim a mãe? O materno começaria ali onde cessa a pedoforia?

Leitura IV: um reinado, mas deslocalizado, uma maternidade, mas impossivelmente plural

Pudica até mesmo no que ela crê manifestar de impudor, Marguerite confessa a Lacan esse devaneio de um reinado

> das crianças e das mulheres.

Decerto, este duplo plural é surpreendente. Afora a exceção regrada e aliás transitória de uma regência, um reinado se especifica como sendo o de alguém. Este absurdo de um reino de diversos viria sublinhar o caráter decisivo deste plural? Não é proibido pensar nisso. Como então situá-lo?

O problema ressurge no que toca ao que figuraria, ali, o povo. Com exceção do estatuto dos perseguidores, que aliás não poderiam constituir um povo (verdadeiros terroristas, eles contestam a própria instauração de um tal reinado), não existe, no que Marguerite nos pôde oferecer, a mínima indicação referente a este povo sobre o qual reinariam crianças e mulheres.

Não estamos mais, aqui, em situação de paradoxo, também podemos considerar que crianças e mulheres sejam elas mesmas reinantes e "súditos" ao mesmo tempo*. Isso pode ser situado de diversas maneiras, tanto mais importantes para nós na medida em que se apresentam como um viés para discutir a difícil questão de saber se a maternidade pode ser plural, se pode haver uma *sociedade* de mães — do mesmo modo, foi contestado o conceito hegeliano de uma sociedade de mestres. Cada par é ao mesmo tempo reinante e assujeitado, de tal maneira que seria preciso tomar muito cuidado para não distinguir essas duas funções? Ou será que o plural vem indicar que cada par, enquanto reinante, o seria sobre o conjunto dos outros, enquanto que cada um nesse conjunto teria a oportunidade de se situar como reinante? Ou será ainda que, formando juntas uma unidade, crianças e mulheres reinariam fora de qualquer referência a um povo? Chegamos a nos perguntar se é preciso formalizar as coisas dessa maneira e assim afirmar o seu absurdo lógico. Talvez a frase

> este devia ser o reinado das criança e das mulheres

deva ser lida, simplesmente, como se leria:

> esta devia ser a felicidade das crianças e das mulheres,

ou ainda, à moda do presidente Schreber:

> devia ser bonito, essas crianças e essas mulheres,

em outras palavras, sem nenhuma preocupação distributiva nem de disparidade rei/súditos; o reinado, como a felicidade (apesar do provérbio "a felicidade de uns é a infelicidade de outros"), ou ainda a beleza aparecendo então como uma substância inesgotável, passível de ser distribuída sem perda, e para a qual a outorga de uma parte dela mesma a alguém valeria como a outorga da totalidade, na medida em que uma tal outorga não retiraria nada de nenhum dos outros, que poderiam, igualmente, dela se beneficiar.

Sob o ponto de vista "realista", este reinado aparece como um "reinado" sem valor, "mal acabado". Sob um outro ponto de vista, ao contrário, ele parece como que realizar a plenitude da realeza, já que esta seria a de todos, permanecendo ao mesmo tempo a de cada um. Decerto, isso parece não se sustentar. Não será, no entanto, precisamente por isso que a confissão feita a Lacan se apresenta como tendo que franquear a barreira do pudor?

Uma coisa é certa: este plural deslocaliza o lugar de onde reinaria essa realeza. Somos obrigados, assim, a nos perguntar quem fala, quando se confessa que

> este devia ser o reinado das crianças e das mulheres.

Talvez esteja aí o mais estranho. Fazendo da sua fala, naquele dia, uma confissão, especialmente pedindo a Lacan que desvie seu olhar, Marguerite parece mesmo estar implicada subjetivamente nesse dizer. Subjetivamente, sim. Mas, seria possível, no entanto, dizer: "idiotamente", de uma maneira que

* A palavra francesa *sujet*, aqui empregada como "súdito", tem também o sentido de "sujeito". (NT)

lhe seja própria? O plural nos impede disso. O que se vê revelado, contrariamente ao que poderia ser esperado pelo preconceito psicologista, não é precisamente situável naquilo que seria específico a determinada pessoa (o *idios*). Será, então, impessoal? Mas aí não se compreenderia a razão de ser do pudor. E então? Transpessoal?

Com efeito, essa virtualidade de um reinado das crianças e das mulheres não é algo que Marguerite imagine *ex nihilo*, mas que ela recebe. Que ela recebe, inicialmente, como filha, e que lhe vem de sua mãe. Nesta última se encontra, manifesto, o fato de que uma criança morta, um cadáver de criança dá seu lastro a este voto de um reinado, enfim instaurado, de crianças e de mulheres. Logo, este voto é inicialmente o de Jeanne, para quem essa instauração, onde Marguerite vê seu lugar já demarcado como substituta da "Marguerite Primeira" morta, equivaleria estritamente ao fim das perseguições por ela sofridas, exatamente como será o caso de sua filha Marguerite. Em Jeanne, essa criança morta sustenta o voto dessa instauração no desconhecimento sistemático do que poderia estar na origem dessa morte: um infanticídio. E, ainda aqui, o redobramento das duas temáticas delirantes na mãe e na filha não poderia ser melhor marcado.

Entretanto, subsiste uma disparidade entre as duas parceiras dessa relação mãe-filha, sensível desde que não se negligencie que Marguerite terá entrado em contato com este voto, inicialmente, como filha, e como filha portada por este voto. Contá-la como segunda Marguerite torna-se impossível se não negligenciarmos a incidência desse desconhecimento sistemático; tampouco se pode qualificá-la exatamente de "substituta" de sua irmã morta, já que essa substituição faria uma suposição exagerada, ao sugerir que ela, Marguerite, não havia sido, desde antes de seu nascimento e mesmo de sua concepção, convocada a encarnar, na sua existência de filha realmente viva, este voto de um reinado de crianças e de mulheres, de onde teria desaparecido toda a maldade. Sua existência de filha já é, para Jeanne, a realização deste reinado:

> este devia ser, para Jeanne, o reinado das crianças e das mulheres.

Lembremos aqui do "Eu devia ter ficado junto dela [Jeanne][80]". Sim,

> Este devia ser o reinado das crianças e das mulheres...
> pois que ele já era... quase isso.

Teria bastado, para que este reinado existisse, que Marguerite permanecesse filha e, como tal, a razão de ser de sua mãe. Teria bastado que ela subscrevesse ao desconhecimento sistemático em que Jeanne se instalara ao preço de sua loucura. Estranho caso de loucura a dois, com efeito, já que a filha se torna louca da mesma loucura da mãe justamente para não subscrever a esta, uma vez que essa mesma loucura vem, na filha *dizer que não* ao desconhecimen-

---

[80] T. p. 220.

to sistemático que a constitui na mãe. Deixar-se ser carregada como filha, era só disso que se tratava, se podemos dizê-lo assim. Mas isso implicava, no *erômenos* carregado, o sacrifício de sua própria maternidade: Marguerite se torna clinicamente louca no instante mesmo em que engravida, logo, no instante em que, em ato, ela sinaliza a Jeanne sua recusa de um tal sacrifício.

Assim como ela se pôde autorizar a guardar seu delírio, dali por diante, em reserva, desde que atacou, não mais uma criança, e sim uma figura materna, uma "puta", ela também saberá, por uma acentuação não menos espantosa do delírio de Jeanne, que esta recebeu efetivamente a mensagem que sua loucura não cessava de não lhe dirigir: não, ela não irá ratificar, do seu lugar de filha "fantasma" (o que já é dizer bastante, se é verdade que ela devia *ser* Marguerite, a mais velha), o desconhecimento sistemático em que sua mãe podia crer ter encontrado uma solução.

Mas por que tanta dificuldade de sustentar esse dizer que não, que é um dizer não, mas a propósito de alguma coisa? Este dizer, decerto, só poderia ser escutado por quem de direito passando-se ao ato. Era preciso ainda que a loucura fosse levar ao extremo o delírio de reivindicação para que um tal ato pudesse ocorrer. É que a ferida que iria marcar definitivamente a mãe em seu voto da instauração desse reinado das crianças e das mulheres só poderia fazê-lo atingindo tanto a mãe quanto a filha. Dupla resolução, mas na qual, para além da ferida, uma delas só pode aumentar a loucura enquanto a outra consegue em parte separar-se clinicamente dela.

Entrevê-se, então, o estatuto desse plural dado às crianças e às mulheres. Esse reinado das crianças e das mulheres teria sido aquele, impossível, onde Marguerite teria sido filha de sua mãe e mãe de uma criança: dois pares, se quisermos, mas não ordenáveis, já que uma filha, como filha, não pode ser mãe. A mãe não pode carregar euforicamente nos braços a filha criança se a filha, mãe, carrega uma criança. Não convêm, para a representação do reinado das crianças e das mulheres, nem a imagem plural de figuras lado a lado:

nem a do empilhamento, este *irrepresentável por um desenho*, pois que, com exceção da mãe original, as personagens carregadas e carregadoras deveriam ser figuradas ao mesmo tempo como filhas-crianças e mães portadoras de crianças, ao mesmo tempo como o *erômenos* detendo o *agalma* e como o *erastes* indo colher o *agalma*, no *erômenos*.

> este devia ser o reinado das crianças e das mulheres...
> decerto, mas não o terá sido.

Até na psicose, o incesto, para além do que o presentifica como interdito, se revela uma impossibilidade. Dizer: "o incesto é impossível", ou dizer: "este devia ser o reinado das crianças e das mulheres", vem a ser um só e mesmo dizer.

Assim, surge uma discordância essencial na euforia pedófora, assim se vê que a euforia pedófora não pode assumir ela própria, encarregar-se do conjunto do gozo fálico, uma vez que, ao contrário, e como se vê em Jeanne, a medida segundo a qual tal empreendimento será sustentado dá a medida de sua impossibilidade, e também a do gozo do Outro, que se baseia nessa impossibilidade. A realização da pedoforia equivale ao assassinato da criança.

Atacando uma figura materna, a última passagem ao ato de Marguerite re-atua o ato primeiro, infanticida, exposto ao mesmo tempo como tendo sido realmente um ato, cometido por um sujeito advertido. Marguerite terá razão em dar assim esse estatuto de ato ao acidente onde morreu sua irmã mais velha? Nossa leitura de sua loucura nos conduz até este limiar onde uma tal questão pode ser formulada. Não nos cabe acompanhá-la mais adiante, deixemos ao moralista o cuidado de decidir.

Mas — traço clínico notável —, resta a permanência dessa reserva que intervém de ponta a ponta, e quaisquer que sejam as extremidades, às vezes, onde se colocam seu vivido e seu comportamento, no desenvolvimento da sua questão. Sua loucura deixa à distância tanto o ato infanticida quanto o matricida, no sentido estrito do termo: ela não ataca a própria Jeanne, contentando-se em passar ao ato apenas o necessário para adverti-la da sua recusa da sua perseguição (aquela sofrida por Jeanne, mas também aquela que Jeanne a faz sofrer, por ser ela mesma perseguida). Marguerite terá causado medo a Jeanne, ela a terá mortificado, ela não terá levado adiante seu desejo de fazê-la confessar o inconfessável. Tudo se passa como se um só golpe de sua espada — mas um golpe que ela soube ter atingido o alvo — tivesse sido suficiente para que ela pudesse daí por diante manter seu próprio delírio em reserva. Assim, vemos aqui confirmado o que escrevia Thomas Bernhard a propósito da morte de sua própria mãe:

> [...] atualmente ela não me dá mais ouvidos. Mantemos as questões em reserva porque nós mesmos só fazemos temê-las e de repente é tarde para formulá-las. Queremos deixar em paz aquele que interrogamos, não queremos feri-lo *no mais profundo de seu ser*, e assim não interrogamos, porque queremos deixar a nós mesmos em paz e não nos ferir *no mais profundo de nós mesmos*.[81]

---

[81] Thomas Bernhard, *Le Froid*, trad. franc. de A. Kohn, Paris, Gallimard, 1984, p. 106.

A loucura de Marguerite replica à de Jeanne; ela manifesta a verdade da asserção bernhardiana, mas a corrige parcialmente, transformando-a assim em verdade semi-dita: Marguerite terá sido *não toda* nessa abstenção.

Curada, isto é, desprovida de seu delírio, Marguerite no entanto não cessará de lidar com a loucura de Jeanne, com as questões que essa loucura lhe colocava. Assim, a partir de agora, depois de haver situado sua "cura" como o fizemos, isto é, na sua parcialidade, ficaremos menos surpresos de que seu encontro com Lacan tenha podido ter uma continuação, uma continuação em que Didier estivesse implicado. Mas reler os acontecimentos que prolongam o encontro deles implica antes de mais nada que situemos a posição de Lacan no caso, ou seja, que formulemos a questão da transferência psicótica e a da estrutura do caso. Vamos consagrar a essas questões ligadas a última parte de nosso estudo.

QUINTA PARTE

Sobre o fazer saber

Vai aonde tu não sabes
Por onde tu não sabes.
São João da Cruz

CAPÍTULO TREZE

Marguerite sabedora

[...] Fui mordido por alguma coisa que me fez, docemente, deslizar em direção a Freud [...] pode parecer surpreendente que seja a propósito da psicose que eu tenha deslizado em direção a esta questão. Foi preciso Freud para que eu a formulasse realmente para mim. A questão é: o que é o saber? [...] Fiquei preso ali, porque a paciente de minha tese, o caso Aimée, ela sabia. Simplesmente, ela confirma isso de onde vocês compreendem que parti, ela inventava. Certamente, isso não basta para assegurar, para confirmar que o saber se invente, porque, como se diz, ela dizia doidices. Só que foi assim que me veio a suspeita. Naturalmente, eu não o sabia.

Lacan, 19 de fevereiro de 1974
"Les Non-dupes errent"

Tendo sido levados a situar o caso de Marguerite como um caso de loucura a dois, foi inicialmente enquanto presos à interlocução entre Marguerite e Jeanne que tivemos que considerar o ponto de ato da loucura de Marguerite; e isso nos levava a apreciá-lo como vindo modificar uma certa economia do gozo do Outro — o que bem prova o encerramento de Jeanne em seu delírio desde que fica sabendo dos acontecimentos recentes sucedidos com sua filha Marguerite. E isso, foi nossa suposição, não deixou de ter um efeito de retorno para a própria Marguerite, como demonstra sua "cura". Ora, para além dessa cura, Marguerite se veria numa posição nova para ela: doravante era questionada, interessavam-se por ela, ou, se quisermos, por seu caso. Todas as suas tentativas anteriores visando obter um tal interesse haviam provado ser ineficazes. Daí em diante, não é mais este o caso, e para começar, com Lacan. A citação de Lacan, escolhida acima como epígrafe, nos parece mesmo dizer o que estava em jogo no interesse que lhe dedicava. Ele a reconhecia como sabedora, como encarnando para ele o que irá designar bem mais tarde como sendo a figura ordenadora da transferência, a saber, o sujeito suposto saber.

O fato de Lacan estar engajado subjetivamente em tal reconhecimento, que não deixa margem a dúvidas, não nos impedirá de admitir que era necessário também que Marguerite o suscitasse. Ela obtém dele (ao menos, parcialmente) o que não havia obtido dos editores a que se tinha dirigido: que publique seus escritos, que se dedique — e o que é mais, por uma série de medidas diretas — a fazer reconhecer o valor poético destes, desde antes da publicação de sua tese, por pessoas que não são, de modo algum, quaisquer, já que se chamam Fargue, Bousquet, Crevel (cf. nossa documentação em anexo). Somos, portanto, forçados a admitir que alguma coisa também mudou, com a última passagem ao ato e a "cura", na relação de Marguerite com o saber. Isso é o que já indicamos, mas ainda sem desenvolver suas conseqüências, nem escrever sua estrutura, dando a essa passagem ao ato seu valor demonstrativo de advertência.

O que se dizia nos meios psiquiátricos do começo do século talvez seja a melhor fórmula dessa advertência. Sérieux e Capgras nos relatam que haviam proposto, como divisa do interpretador (no sentido dado por eles a este termo): "Trata-se da tua coisa"; eles diziam isso em latim, como de praxe quando um "cientista" deve falar de coisas do sexo: *tua res agitur*[1] — e isso aproxima esta fórmula do que Freud pôde escutar, no tocante à sexualidade das histéricas, à margem do ensinamento de seus mestres[2]. Marguerite fez saber à Jeanne que pode tratar-se da sua coisa, do seu gozo, ali onde ela sinaliza, na sua loucura, que se trata daquela da sua vizinha. Ao fazer isso, Marguerite se coloca como não sendo sem saber isso mesmo que ela faz saber. Assim ela se veria em posição de suscitar o interesse que Lacan lhe soube dedicar.

Como situar essa ligação de Lacan ao caso de Marguerite? Qual terá sido a posição dele *neste* caso? Tal questão só pode ser abordada se dermos toda a sua dimensão à classificação do caso de Marguerite como de loucura a dois. Vamos mostrar que Lacan começou ele mesmo este movimento, exatamente em 1975, quando enfim aceitou que sua tese fosse republicada. Com efeito, ele acompanhou, então, essa segunda edição por uma série de considerações que,

---

[1] Sérieux e Capgras, *Les Folies raisonnantes*, Laffite reprints, Marseille, 1982, p. 30. Na página 814 de seus *Écrits*, Lacan menciona esta fórmula, mas sem dizer sua origem. Ele tenta, então, precisar como deve ser lida a sua definição do inconsciente como "discurso do Outro": o "do" deve-se entender, diz ele, como genitivo objetivo: *de Alio in oratione... tua res agitur*, "trata-se da tua coisa no discurso a propósito do Outro". Infelizmente, o *de* latino não é tão unívoco quanto sugere essa passagem, e essa não-univocidade encontra seu lugar, além disso, no fato de Lacan não escrever "no teu discurso a propósito do Outro", mas "no discurso a propósito do Outro". O problema, pois, não é assim tão regrado quanto possa parecer a uma leitura rápida desta página dos *Écrits*. Por não me haver permitido mencionar essa dificuldade (que havia, no entanto, relatado noutro lugar — cf. J. Allouch, "*Paranoïsation*", in *Études freudiennes* nº 30, out. 1987, p. 71 — cf. também "Discussion d'un problème de transcription" no nº 7 do boletim *Stécriture*) num trabalho sobre a transferência psicótica (*Littoral* nº 21, Toulouse, Erès, out. 1986 p. 89-110), vi-me incorrendo num erro que tem, realmente, o valor de um *lapsus calami*, a saber, citar Lacan de viés, falar, a propósito do Outro, em genitivo subjetivo. Agradeço aqui à sagacidade de quem apontou este lapso que me lembrava, no momento oportuno, da indocilidade. Resta que esta página dos *Écrits* demonstra claramente, embora de maneira mascarada, o que a fórmula canônica que define o inconsciente segundo Lacan deve ao discurso do interpretador.

[2] S. Freud, *Freud présenté par lui-même*, Paris, Gallimard, 1984, p. 41. Discuti a função da anedota na minha introdução a *132 bon mots avec Jacques Lacan*, op. cit., p. 11-21.

sob muitos aspectos, tornavam obsoleto o texto, no entanto republicado sem alterações. Mais uma vez, verificamos aqui a que ponto, nele, o termo *poubellication** designa uma operação real, a que ponto ele nunca publicou senão textos, a seu ver, grandemente obsoletos.

Da loucura a dois como problema

Uma outra expressão que circulava também no meio psiquiátrico nos pode introduzir a este problema. Designava-se, pelo nome de "ninho de paranóicos", o tipo de agrupamento onde dois ou mais paranóicos podem ver-se ligados. Tal definição clínica denota um fato onde a paranóia se verifica tocar numa corda da qual, certamente, não tem a exclusividade. Onde se vai chegar, com efeito, quando se tenta precisar o que seria a questão própria a um sujeito? No fato de que tal questão põe em jogo e até mesmo em causa um certo número de parceiros. O termo grego *idiôtès*, que só assumiu um valor pejorativo hoje imputado a um idiota devido aos escritores e à universidade, designava antes tanto o próprio a cada um como o próprio a um pequeno grupo, o grupo dos "seus próprios"[3]. A descoberta clínica da loucura a dois — um certo tipo de idiotia de vários — vinha subverter o preconceito segundo o qual a loucura seria individualizada, preconceito que representa, ele mesmo, um avatar daquele da *one-body psychology* denunciado ainda recentemente por R. Zazzo. Potencial e parcialmente, esta descoberta esvaziava essa evidência. "Potencialmente", pois, como vamos mostrar, a brecha era tamanha que logo iriam tratar de obturá-la.

Alguns trabalhos já haviam introduzido essa entidade clínica denominada loucura a dois, mas foi essencialmente o artigo de Lasègue e Falret, "La folie à deux ou folie communiquée" ("A loucura a dois ou loucura comunicada", comunicação feita em 1873 e publicada em 1877), que deu consistência à problematização psiquiátrica da questão levantada.[4] Régis, pouco tempo depois (em 1880), deveria constituir o outro pólo dessa problematização apresentando a loucura a dois como sendo, não "comunicada", como diziam Lasègue e Falret, depois de Baillarger, mas "simultânea".

---

[3] Cf. Maria Tasinato, *L'occhio del silenzio*, Veneza, Arsenale Editrice, 1986, trad. franc. de J.-P. Mangarano e C. Dumoulié, *L'OEil du silence*, Paris, Verdier, 1989. Consulte-se, em particular, o capítulo intitulado, de modo muito pertinente, "O charme discreto da 'idiotia' " (p. 41 a 61).

[4] Assim lemos o que Arnaud escreve em 1893 nos A.M.P.: "A era científica desses trabalhos só se inaugura realmente em 1873, com a memória sobre a loucura a dois comunicada à Sociedade médico-psicológica por Lasègue e Falret" (citado por E. Porge, "Dossier sur la folie à deux", in *Littoral* nº 3/4, Toulouse, Erès, fev. 1982). Lacan confirma este lugar atribuído ao artigo de Lasègue e Falret reiterando, desde antes da sua tese, a reação de Régis ao artigo em questão (cf. H. Claude, J. Lacan, P. Migault, / "Folies simultanées", A.M.P., 1931, 1, p. 508-22). Trata-se, como em Régis, de afirmar casos que diferem e, portanto, objetam à doutrina do contágio mental.

* De *publication* e *pubelle*, lixo. (NT)

A idéia de uma comunicação da loucura tinha, decerto, algo de perturbador para quem pretendesse descrever e tratar a loucura a partir dessa posição de não-louco, que não se pode esquecer, no entanto, ter sido violentamente afastada por Erasmo[5]. Assim, vemos Lasègue e Falret logo estabelecerem tais condições para que seja possível essa comunicação (quase-debilidade do parceiro que sofre a "indução" da loucura, coabitação constante, familiaridade), ficando claro que o psiquiatra não poderia em caso algum ser exposto a submeter-se à sua incidência. Os dois confrades escrevem aliás, o seguinte, cuja falsidade fundamental basta apenas o caso de Marguerite para demonstrar:

> O alienado vive estranho à opinião alheia, ele se basta a si mesmo, e pouco lhe importa, de tal modo sua crença se impõe com uma autoridade irresistível, que se queira ou não acompanhá-lo no terreno do qual não se poderá destituí-lo.

Pois bem, não! Não, o alienado não é estranho ao que lhe pode ser replicado por alguns outros (lembremos aqui as *variações* dos delírios de Jeanne ou de Marguerite); não, sua crença nem sempre se impõe com uma autoridade tão irresistível quanto se pretende (lembremos aqui o questionamento de Marguerite sobre as razões de seus inimigos *mesmo quando ela as havia identificado parcialmente*); não, não é verdade que lhe seja indiferente o fato de ser ou não acompanhado (lembremos aqui sua agressão contra a funcionária da editora que lhe transmitia a recusa da publicação de seus romances). Mas, principalmente: não a esta afirmação de uma auto-suficiência do alienado, refrão aliás muitas vezes retomado, notadamente por Clérambault[6], e sobre o qual não é um drama menor ver-se que era ainda cantado pelo discurso analítico, com sua teoria das "neuroses narcísicas" e da ausência de transferência nas psicoses, teoria esta fundada numa doutrina não-lacaniana do narcisismo. Como se vê, Lasègue e Falret aferrolham a questão levantada pela loucura a dois, a da comunicação contagiosa da loucura, no mesmo momento em que lhe dão corpo. Para isto, constroem o que designaremos aqui como sendo o *rochedo da alienação*, maneira de dizer que ele não é construído menos artificialmente que o "rochedo da castração", muro onde se vêm lamentar as belas almas psicanalíticas. Daí a virulência da questão da loucura a dois. Se existe uma loucura comunicável, como continuar acreditando na auto-suficiência do alienado?

Em Lasègue e Falret, que provam, aqui, participar de uma maneira paradoxal dessa tradição estóica de que sua disciplina, certamente, obtém seus

---

[5] Erasmo faz a Loucura dizer: "Não sei de pessoa que me conheça melhor que eu". A fórmula faz contraponto à denúncia da "ingrata raça de homens, no entanto boa parte da minha clientela, [que] enrubesce em público ao ouvir meu nome e ousa injuriar com ele a outros". Teremos reconhecido os morósofos. Erasmo, *Éloge de la folie*, trad. franc. de P. Nolhac, Paris, Flammarion, 1964, p. 19.

[6] G. de Clérambault, *L'OEuvre psychiatrique*, Paris, PUF, 1942, p. 39: "... este egocentrismo que caracteriza os delírios em geral...".

fundamentos, esta auto-suficiência é pensada como mestria. Os alienados confirmados — escrevem eles — permanecem "mestres absolutos de seus delírios". Isso é um tanto exagerado. Mas se, todavia, aceitarmos referir-nos à *Fenomenologia do Espírito* para a análise do que viria a ser essa mestria, surge também uma discordância entre a identificação do alienado como mestre e a afirmação de sua auto-suficiência. O impasse dessa discordância permite, no entanto, a Lasègue e Falret situar a loucura a dois como uma rachadura localizada no rochedo da alienação, ao mesmo tempo em que mantêm que o alienado permanece um mestre.

Ora, é exatamente uma posição inversa que vamos encontrar no que lhes replicava Régis. Afirmando que a loucura a dois é simultânea, e não comunicada, Régis torna a levantar, plenamente, o estandarte do rochedo da alienação. Mas o fato de que haja, possivelmente, uma "loucura simultânea" torna impensável, em contrapartida, a noção de um alienado mestre absoluto de seu delírio. E Régis, aliás, não deixa de interrogar, neste ponto, cada um dos codelirantes que compõem o caso apresentado em apoio a sua tese:

> Quem era o mestre? A esta pergunta, muitas vezes formulada, tão diretamente quanto possível, nenhum dos dois respondeu de maneira afirmativa. Eles não sabem, não havia mestre, eles nunca pensaram nisso.[7]

Assim, podemos condensar numa alternativa o estado da problematização psiquiátrica da loucura a dois no fim do século passado. Ou bem, com Lasègue e Falret, questionar *de fato*, um pouco, pelo menos, o rochedo da alienação e continuar a pensar na loucura como mestria, ou bem, com Régis, manter o rochedo da alienação, mas renunciar à identificação entre loucura e mestria. Compreende-se que, assim problematizada, a questão da loucura a dois não cessaria de insistir. Será preciso bem uma vintena de anos a G. de Clérambault para acreditar ter chegado a uma conclusão. Tendo admitido a validade daquilo que ele chama de "dois protótipos", ele navega, na prática clínica, entre essas duas descrições, doravante clássicas, notando que lida principalmente com figuras intermediárias ou compósitas. Tal compromisso, decerto, não o satisfaz; entretanto, ele precisará de nada menos que forjar sua doutrina do automatismo mental para chegar a dar uma pseudo-solução ao problema da loucura a dois. Esta solução, de aspecto jacksoniano, distingue três níveis. Clérambault escreve, em 1923:

> No estudo da Loucura Coletiva, não se distingue bem a Psicose do Delírio e o Delírio dos Temas Ideativos. O Delírio é o conjunto dos Temas Ideativos e dos sentimentos adequados ou inadequados, mas conexos, bem como do tônus mórbido que os sustenta. A Psicose é este mesmo delírio, mais o fundo material (histológico, fisiológico) necessário para produzi-lo e desenvolvê-lo.[8]

---

[7] Régis, "La folie à deux ou folie simultanée", in *Littoral*, nº 3/4, op. cit., p. 122.

[8] Clérambault, *L'OEuvre psychiatrique*, op. cit., p. 78.

Graças a este desmantelamento em fatias superpostas, Clérambault poderá afirmar a existência de uma transmissão dos temas ideativos e de uma "parte mínima do fundo afetivo correspondente"[9], mas, principalmente, poderá afirmar apenas isso. Logo, não haveria copsicose, e o próprio codelírio não o seria, realmente. Com efeito, este só aparece como tal se for, como se diz, visto de cima, em outras palavras, considerado como Romance — a maiúscula é de Clérambault[10]; visto de baixo, em contrapartida, o delírio não poderia ser "co". Para a doutrina do automatismo mental, o delírio é uma superestrutura, a resposta sadia de uma afetividade sadia à alucinose histórica e estruturalmente "primitiva" (a alucinose é "o pedestal que aguarda a estátua"). No máximo, o delírio pode dar a pensar que participa daquilo que, fundamentalmente, só se transmite no nível ideativo. O fato principal permanece o caráter não transmissível da loucura stricto sensu; sendo um fenômeno de essência anideativa, como seria ela atingida e menos ainda constituída por uma ordem de fenômenos que não é a sua? Lá onde o psiquiatra se coloca como mestre[11], o conceito de loucura a dois perde todo o sentido. No máximo, vê-se aproximado, já não tanto ao campo psiquiátrico, mas ao "estudo dos costumes"[12]. É necessário acrescentar ainda que essa posição de Clérambault só terá sido sua, a nosso ver, se persistirmos em isolar a leitura de suas obras do ato de seu suicídio... diante do espelho...

Concebe-se que, tendo colocado, bem depois de sua tese, o seu significante ali onde Clérambault falava de um fenômeno elementar, Lacan vai destruir essa bela construção. Também vamos vê-lo, no seu seminário sobre as psicoses, e ao contrário de seu "único mestre em psiquiatria", pôr num mesmo plano o fenômeno elementar e o delírio[13], o primeiro não sendo menos "construído"[14] que o segundo. Assim, o mais interessante, em Clérambault, nos parece ser a tendência a reduzir a loucura a dois a quase nada, localizando-a nos limites do

---

[9] Idem, p. 79.

[10] Idem, p. 78.

[11] Referimo-nos à posição de Clérambault, reconhecido "Mestre da Enfermaria Especial" e seu "único mestre" reconhecido por Lacan. Mais, ainda e talvez principalmente, à resposta que lhe foi dada por uma certa Annette, quando ele queria fazê-la fotografar. A doente, bem como sua irmã Clothilde (um caso de loucura simultânea), aceitam prestar-se ao jogo, mesmo quando preferiam ficar "à sombra". Motivo dado à aceitação: "Vocês são os mestres". (Clérambault, op. cit., p. 19).

[12] Idem, p. 25 e 64: "Em cada caso [de delírio coletivo], as individualidades se influenciam por suas qualidades psicológicas e o conjunto, por esta razão, pertence à *pintura dos costumes* [sublinhado por G. de C.] quase tanto quanto à psiquiatria".

[13] J. Lacan, *Les psychoses*, op. cit., sessão de 23 de novembro de 1955. Para a articulação Lacan/Clérambault, consulte-se o notável estudo de T. Vincent: "De l'automatisme mental à la forclusion", *L'Évolution psychiatrique*, Toulouse, Privat, out./dez., 1984, p. 1119-31. De fato, a ruptura doutrinária ocorreu realmente a partir de 1932 (cf. Danielle Arnoux, "La rupture entre Jacques Lacan et Gaetan Gatian de Clérambault", in *Littoral* nº 37, Paris, E.P.E.L., abril de 1993.

[14] Tentei, em outro lugar, desenvolver o que há de construção nos fenômenos elementares da psicose. Cf. J. Allouch, *Lettre pour lettre*, op. cit., p. 180 a 239.

campo das doenças mentais, enquanto que no interior deste campo ele pretendia demonstrar o caráter infundado do conceito de copsicose.

Isso permanece encoberto no momento em que Lacan retoma a problemática da loucura a dois. Este estado de coisas nos é assinalado, inicialmente, pela curiosa manutenção, aqui, deste termo, "loucura", numa disciplina em que, com J.-P. Falret (pai de J. Falret e professor de Lasègue), acabava de ser recusado, em benefício do termo "doença mental" ("folie à deux", este termo se manterá no original ao passar para a clínica germânica e para a anglo-saxônica). Esta observação não é isolada: quando se trata da loucura a dois, a tendência é no sentido de acabar com o jargão. "Loucura comunicada", "loucura simultânea", "delírio imposto" (Marandon de Montyel), ou, ainda, "emprestado" e "adotado" (Clérambault), esses termos são usados pelo comum dos mortais. Igualmente, vê-se Clérambault, ao se interessar pelo modo de constituição de tal caso de loucura a dois, utilizar verdadeiras metáforas poéticas, falando do efeito de um fermento numa cultura[15], ou de um delírio induzido como um ramo de árvore[16] que, plantado na areia, não teria nem raízes profundas nem possibilidades de um desenvolvimento verdadeiro.

Outro sinal da confusão, mas também de que a questão se mantém: a persistência do uso de um critério semântico para discriminar o que seria loucura a dois e o que não o seria, mesmo quando um tal critério revelou seus limites e até sua inconveniência fundamental com a crítica da classificação dos delírios sistematizados em função de seus temas. Clérambault, ainda aqui, talvez diga melhor o que estaria em jogo, ao falar de um "coro delirante". Mas, justamente, isso provoca, sob sua pena, o surgimento de um formidável lapsus calami: querendo diferenciar a parte que toca a cada um dos atores do caso que nos relata, ele designa uma certa Sra. C. como sendo "a coriféia"[17]; ora, este termo é um substantivo masculino!

Não nos vamos admirar com a constatação, depois do que acabamos de sublinhar, de que no plano da prática clínica, não se cessa de negligenciar a incidência da loucura a dois — a ponto, mesmo, de se ser tentado a falar aqui num desconhecimento quase sistemático. Não é por exceção que se lê, por exemplo, na obra maior de Sérieux e Capgras, a propósito de tal caso de "loucura de raciocínio": "Avó materna alienada, mãe nervosa, morta demente, irmã histérica[18]", mas sem que o caso, no entanto, seja considerado como sendo de loucura a dois. Tal distração nada tem de próprio a esses dois autores.

---

[15] Clérambault, *L'OEuvre psychiatrique*, op. cit., p. 61.

[16] Idem, p. 43: "A idéia nele não tem raízes, nem ramifica: basta um nada para arrancá-la. Que nos permitam essa expressão, a idéia nem mesmo é implantada: ela é o ramo fincado na areia".

[17] Idem, p. 38.

[18] Sérieux e Capgras, *Les Folies raisonnantes*, op. cit., p. 60.

Assim, Régis, a propósito deste caso — no entanto, decisivo, já que lhe serve de apoio para a introdução de sua concepção da loucura simultânea — menciona, mas sem se deter neste ponto, que o irmão do marido deste casal de codelirantes teve também um acesso de delírio manifesto. O mesmo se dá com o caso das irmãs Papin: foi preciso esperar pela monografia de Francis Dupré para que se levasse em conta o delírio da mãe. O mesmo, ainda, para Schreber, a propósito do qual, apesar dos novos documentos publicados, uma tal consideração (da loucura do pai, da passagem ao ato suicida do irmão) nem sempre, a nosso ver, foi divulgada. Grande número de psicanalistas, também aí, endossam este desconhecimento. Assim, Ruth Mac Brunswick, ao nos apresentar a análise de um caso de delírio de ciúmes, menciona que a irmã mais velha de sua paciente deveria morrer no hospital psiquiátrico, depois de haver ali passado os cinco últimos anos de sua vida, mas sem chegar, no entanto, a abordar este caso como sendo de loucura a dois. E o que fez J. Strachey de sua observação extremamente pertinente, e hoje publicada, definindo a amizade entre Freud e Fliess como um caso de loucura a dois?[19]

A versão sororal do caso de Marguerite participa dessa negligência da loucura a dois. Não que a loucura a dois não tenha um lugar de eleição na tese. Mas este lugar se revela ali um tanto paradoxal, já que Lacan conclui sua monografia sobre a questão da loucura a dois somente depois de ter assentado o diagnóstico de paranóia de autopunição, ou seja, num momento em que este diagnóstico não podia mais voltar a ser posto em questão. Basta este índice para demonstrar que, apesar da queda (no sentido teatral: a última palavra) na loucura a dois, esta questão em sua tese muda bruscamente de rumo. Logo, temos de precisar como foi realizado este escamoteamento parcial que só poderia surgir como um índice do lugar de Lacan no caso. Mas situar este lugar com precisão só será possível para nós depois de ter visto como, em Lacan, iria repercutir a questão da loucura a dois. Poderemos empregar a última cifração da loucura a dois, que ele deveria propor no momento da republicação da tese, como escrevendo a estrutura do caso de Marguerite e permitindo localizar seu lugar nessa estrutura? Tal nos parece ser o que está em jogo na análise que apresentamos agora.

---

[19] Carta de J. Strachey a E. Jones de 24 de outubro de 1951 (publicada por Jeffrey Moussaief/Masson, *Le Réel escamoté*, Paris, Aubier-Montaigne, 1984, p. 234): "Fiquei vivamente interessado pelo seu relato das passagens omitidas nas cartas endereçadas a Fliess. Trata-se aí, realmente, de um caso de *loucura a dois*, onde Freud desempenha o papel inesperado de parceiro histérico de um paranóico [*It's really a complete instance of* folie à deux *with Freud in the unexpected role of hysterical partner to a paranoiac*]. Espero que, se algum dia essas passagens forem publicadas em inglês, a censura se faça menos severa. A menos que Anna se proponha a queimar os originais, eles vão acabar sendo mesmo publicados, e seria melhor que isso se desse enquanto as pessoas capazes de retificar os possíveis erros estivessem ainda vivas". Agradecemos aqui a Mayette Viltard que destacou esse texto e que se ocupa, aliás, de mostrar sua importância.

Lacan e o problema da loucura a dois

Na tese, a insistência desse escamoteamento constitui mácula, e de maneira tanto mais interessante quanto Lacan, ao falar das "anomalias da situação familiar", não recua em generalizar sua incidência:

> Quanto a nós, jamais encontramos faltantes as anomalias assinaladas, tanto em nossos casos de paranóia quanto naqueles de parafrenia. Elas estão sempre ali manifestas [...].[20]

É verdade que aqui a noção de anomalia é tão vasta (desentendimento conjugal dos pais, educação por um só deles) que não poderíamos reduzi-la, mesmo que ela a contenha, à loucura a dois. No entanto, depois de ter notado "o caráter sucinto"[21], neste ponto, das observações publicadas, Lacan escreve:

> Mas existe um ponto que nos parece capital e que nenhum autor destacou, é a freqüência de uma *anomalia psíquica similar* àquela do sujeito, no genitor do mesmo sexo, que foi freqüentemente o seu único educador. A anomalia psíquica pode (como no caso Aimée) revelar-se apenas tardiamente no genitor. Nem por isso o fato deixa de ser significativo.
>
> [...] [Se considerarmos somente os "fatos clínicos e sintomas manifestos"] Fica-se então surpreso com a freqüência de *delírios a dois* que reúnem mãe e filha, pai e filho[22].

E Lacan conclui pela recusa do contágio mental (reiterada no final da tese, logo antes de traduzir, enfim, a citação de Espinosa escolhida para exergo[23]), recusa, portanto, da versão Lasègue-Falret da loucura a dois.

Como se vê, a noção de anomalia psíquica, devido a seu caráter geral, permite a Lacan indicar a loucura a dois (ele reconheceu o caráter delirante da anomalia psíquica similar de Jeanne), mas sem realmente lhe dar muita importância. Daí uma certa confusão, cujos traços são fáceis de destacar:

• O que está em jogo quando Lacan menciona esta "semelhança" de anomalia em Marguerite e Jeanne? Seria o fato de Jeanne ser reconhecida por ele como delirante[24], à semelhança de Marguerite? Decerto. Mas a que se deve a afirmação dessa semelhança? Aos temas comuns aos dois delírios (o assassinato da criança, o roubo da carta)? Lacan não menciona essa comunidade temática dos dois delírios. Ao fato de que se trata de dois delírios, reconhecidos como semelhantes enquanto tais? Restaria, então, dar conta de sua covariância, o que Lacan não faz, mesmo quando a estabeleceu tão precisamente sessenta páginas antes.[25] Parece extremamente notável que o problema da covariância, no entanto tão decisivo para a questão da loucura a dois (já que representa um

---

[20] T. p. 283.

[21] Ibid.

[22] T. p. 284.

[23] T. p. 341.

[24] T. p. 282.

[25] T. p. 221.

critério muito mais pertinente que aquele de uma identidade temática dos delírios) não seja levado em conta por Lacan no momento em que se trataria do caso Aimée como loucura a dois. Tal como a noção de anomalia psíquica, a noção de semelhança intervém como constituindo obstáculo à consideração do caso de Marguerite como loucura a dois. Já estabelecemos o que seria o motivo de um tal escamoteamento, graças ao qual Lacan preserva Jeanne, conforme o voto de Marguerite (cf. 3ª parte, cap. 2): para Marguerite, com a precipitação de Jeanne no isolamento e no delírio, e depois com a sua própria cura (a colocação em reserva de seu delírio), algo se atuou, e não é mais possível voltar atrás. Mas aqui não é tanto este motivo, que Lacan faz seu, que nos importa, e sim as modalidades e condições de possibilidade dessa apropriação.

• Outro sinal de confusão: a questão levantada quanto ao lugar e função de Élise naquilo que seria, para Marguerite, a anomalia de sua situação familiar. Logo antes de tratar, da maneira discreta que mencionamos, a questão da loucura a dois, Lacan cita "as anomalias psíquicas manifestas da irmã mais velha". Aqui, ainda, a noção de anomalia é cômoda para ele, cômoda demais, com certeza. A noção, em Élise, de "uma certa incerteza da consciência", de um "fundo de estenia autenticamente hipomaníaca", de "sinais neuropáticos manifestos"[26] (tiques faciais, mímica careteira) é de um teor tal que não conduz Lacan a precisar qual seria o estatuto dessas anomalias ("neuropáticas" não deve ser entendido aqui como referente, especificamente, ao que se chama de uma neurose). De fato, Lacan, ao mencionar as "anomalias psíquicas manifestas da irmã mais velha", relata explicitamente "a distribuição dos caracteres das duas irmãs", de suas "situações morais recíprocas", ou seja, da posição ativamente persecutória de Élise, de sua "atitude plenamente desumana"[27], da "imunidade temível" de que ela se beneficiaria por sua "nobres intenções" que, diante de sua irmã, têm a importância de uma "arma"[28]. O termo "anomalia psíquica" tem como função permitir a Lacan *não se pronunciar* (como o faz para Jeanne) quanto ao estatuto clínico dessa posição de Élise.

Uma tal abstenção seria sustentável? A discussão das anomalias da situação familiar deixa intacta uma certa "rivalidade" na determinação daquilo com que Marguerite se defronta. Tratar-se-ia das anomalias "manifestas" de Élise? Ou daquelas, "semelhantes", de Jeanne? Se o perseguidor "representa claramente a pessoa do mesmo sexo à qual o sujeito se liga mais profundamente por sua história afetiva"[29], tratar-se-ia mesmo de Élise? Por outro lado,

[26] T. p. 231.
[27] T. p. 282.
[28] T. p. 230.
[29] T. p. 273.

mesmo na lógica da interpretação sororal, não conviria dizer em que o papel materno desempenhado por Élise "que foi por algum tempo a substituta de sua mãe"[30] participou da construção de sua posição de perseguidora? Em que a loucura de Jeanne contribuiu para uma tal construção? Parece que situar num "alhures"[31], que isola umas das outras as anomalias psíquicas de Jeanne e de Élise, é uma maneira de passar por cima da problematização do caso de Marguerite como loucura a dois.

Começamos a dizer, do ponto de vista da inscrição de Lacan no caso, a que se deveu essa esquiva. Mas é preciso ainda não negligenciar o fato de que a referência a Espinosa, na tese, terá atuado no mesmo sentido. Esta referência doutrinária se indica aí, de saída, numa citação da *Ética*, inicialmente posta em exergo, mas em latim, e depois traduzida bem no final da obra (tudo se passa como se a tese valesse de argumento para a tradução proposta).

> *Quilibet unius cujusque individui affectus ab affectu alterius tantum discrepat, quantum essentia unius ab essentia alterius differt.*

O que Lacan traduz:

> Uma afecção qualquer num dado indivíduo mostra, diante da afecção de um outro, tanto maior discrepância quanto mais a essência de um difere da essência do outro.

Esta tradução, que já comentei em outra oportunidade[32], prepara a última frase da tese antes de sua conclusão, frase que se apresenta como uma interpretação ou uma paráfrase daquela de Espinosa:

> Queremos dizer com isso que os *conflitos determinantes, os sintomas intencionais e as reações pulsionais* de uma psicose discordam das *relações de compreensão*, que definem os desenvolvimentos, as estruturas conceituais e as tensões sociais da personalidade normal, segundo uma medida determinada pela *história* das afecções do sujeito.[33]

O grande mérito dessa referência a Espinosa foi introduzir, com esta tradução e a explicitação da maneira como Lacan a lê, a discordância no seio da paranóia ou, em outras palavras, perturbar um pouco, mas sem dizer mais, a oposição entre paranóia e esquizofrenia, enquanto baseada na ausência ou presença de pretensos fatos de discordância (como se jamais os fatos clínicos, e mesmo os fatos, simplesmente, fossem discordantes).

O espinosismo de Lacan lhe permite, certamente, excluir a hipótese indutiva da loucura a dois; mas, mais difícil de compreender, ele também tem por resultado proibir que seja dado seu pleno valor à loucura a dois. Com

---

[30] T. p. 282.

[31] Cf. o "aliás", ibid.

[32] J. Allouch, *Lettre pour lettre*, op. cit., p. 186-8. Cf. igualmente R. Misrahi, "Spinoza en épigraphe de Lacan", in *Littoral*, nº 3/4, Toulouse, Erès, fev. 1982, p. 73 a 75.

[33] T. p. 343.

efeito, se cada um nunca é afetado a não ser por sua própria essência, ou seja, em termos espinosianos em que se baseia Lacan, segundo seu próprio desejo, uma comunicação da loucura é certamente inconcebível, pois só há verdadeira comunicação no nível do conhecimento objetivo, o único realmente transmissível. Mas uma "afecção" simultânea tampouco é mais pensável, pela razão de não se ver como dois indivíduos poderiam ser uma só e mesma essência.

Assim, vamos ver, na continuação do trilhamento de Lacan, a loucura a dois ocupar um lugar inteiramente outro quando, de 1933 a 1938, muda sua referência filosófica. Espinosa, então, dá lugar a Hegel (já se falou da importância, neste sentido, das aulas de Kojève, e ela é inegável, mas isso ainda não constitui uma razão para negligenciar a insistência da questão da loucura a dois em Lacan — que é clara em seu artigo sobre as irmãs Papin —, como questão não resolvida e motivo principal, em nossa opinião, de seu interesse por Hegel). Situar o desejo não mais apenas como "ciclo de comportamento" manifestando a essência do homem, mas como desejo de desejo, isso iria dar uma amplitude jamais igualada até então, como vamos indicar, à loucura a dois.

No estudo sobre *Os Complexos familiares*[34], o recurso a Hegel, confortado pela invenção do estágio do espelho, iria com efeito dar à loucura a dois um lugar ao mesmo tempo eminente e curioso, um lugar, para dizê-lo exatamente, exemplar. É mais que estranho que a entidade "loucura a dois", neste texto de 1938, não tenha nenhum lugar na classificação, entretanto bastante heteróclita, das psicoses. Mas a loucura a dois não está em lugar nenhum pela razão de estar em toda a parte. É ela que se encontra no coração da definição do "complexo" cuja essência é reproduzir "uma certa realidade da ambiência[35]" (*ambi-ens*, de *ire*, aquilo que vai em torno). Existe psicose quando "o objeto tende a se confundir com o eu[36]"; ora, este objeto é um outro eu, um eu como outro mas cuja alteridade, mal discernida, resta estabelecer. A classificação ordenada das psicoses, nesse texto, verifica-se assim ater-se à onipresença da loucura a dois, enquanto sua diversificação depende da ancoragem de cada uma delas em tal ou tal complexo (esses próprios complexos são ordenados, tais como as figuras do espírito na *Fenomenologia do espírito*). Logo, Lacan pode afirmar que:

> é nos delírios a dois que acreditamos melhor captar as condições psicológicas que podem desempenhar um papel determinante na psicose.[37]

---

[34] J. Lacan, *Les complexes familiaux*, Parix, Navarin, 1984 (1ª ed. em 1938 na *Encyclopédie Française*).

[35] Idem, p. 22.

[36] Idem, p. 57.

[37] Jacques Lacan, *Les complexes familiaux*, op. cit., p. 87. Esta notação fecha o capítulo dedicado às psicoses; algumas páginas antes (p. 49), o delírio a dois dá sua última palavra no capítulo apresentando o "complexo de intrusão".

Com Clérambault, a loucura a dois não estava mais em parte alguma. Aqui, ei-la por toda parte, desde a parafrenia até o delírio de reivindicação. Entretanto, será apenas muito mais tarde no percurso de Lacan que será reconhecida, isto é, escrita, a essencial conformidade da paranóia à loucura a dois. Convém introduzir aqui, um pouco, essa escrita, a nosso ver decisiva, no mínimo por se inscrever numa problemática, a dos últimos seminários, sobre a qual o menos que se possa dizer hoje é que praticamente não foi aceita: a primeira geração dos discípulos de Lacan a ignora, os textos não estão publicados nem estabelecidos, e os raros alunos que não negligenciam em absoluto essas últimas formulações revelam-se principalmente — e na melhor das hipóteses — atrapalhados por ela. Não temos a pretensão de dominá-la. Servirmo-nos dela é fruto de exercício, e sua justificativa estará ligada a seus resultados.

A paranóia, principalmente o seu encontro com Marguerite, terá conduzido Lacan a Freud (cf. as referências de Lacan à sua tese dadas em anexo). Isso duplamente: no plano pessoal, ele empreende sua análise com Loewenstein no tempo de seu encontro com Élise, ou seja, no momento em que se forja a versão sororal do caso; no plano doutrinário, ele encontra na doutrina freudiana o melhor respondente de sua experiência da loucura. Desta partida desde a paranóia resulta uma formidável expectativa de Lacan no que toca à psicanálise, cuja amplitude nos é dada pela de seu ensinamento: cinqüenta anos de debate com Freud (um dia, ele mesmo irá dizê-lo). Mas essa expectativa é também advertida desde o início de que a análise só poderá responder a ela na medida em que quem se faça seu portador possa colocar ali algo de seu, fazer uma certa faxina na doutrina freudiana. Lê-se, na tese:

> [...] o problema terapêutico das psicoses nos parece tornar mais necessária uma *psicanálise do eu* que uma psicanálise do inconsciente; isso significa que é num melhor estudo das *resistências do sujeito* e numa experiência nova de seu *manejo* que ele deverá encontrar sua soluções técnicas. Essas soluções, não nos vamos queixar de seu atraso numa técnica que se encontra apenas começando. Nossa profunda impotência para indicar alguma outra psicoterapia dirigida não nos dá nenhum direito para tanto.[38]

Em outras palavras, não há escolha, é a psicanálise ou nada, mesmo que a psicanálise seja escolhida embora não convenha. Por outro lado vamos notar, contra a opinião de muitos lacanianos e da maioria dos adversários, que é ao privilegiar a segunda tópica freudiana que Lacan se dirige a Freud. Quatro anos depois de sua tese, ele empreende realizar o programa que ela anunciava, propondo para a análise, com o *Estágio do espelho*, uma nova abordagem do eu. Lacan sofre, então, em Marienbad, 1936, o que já lhe fora infligido por um de seus mestres em psiquiatria quando da defesa de sua

[38] T. p. 280.

tese: é interrompido, desta vez não por haver dito o que dizia, que "a loucura [é] um fenômeno do pensamento"[39], mas em nome do respeito ao cronômetro.[40]

Entretanto, a invenção desta "vassourinha"[41] para fazer a faxina na psicanálise, que terá sido o estágio do espelho, só vai assumir sua plena importância vinte anos depois, exatamente a 8 de julho de 1953, com a conferência sobre "O simbólico, o imaginário e o real", que localiza num só dos três registros nomeados a descoberta do espelho e, ao mesmo tempo, põe a incidência da forma no ser falante no nível de um registro fundamental. Ora, naquele dia, Didier Anzieu faz trinta anos e rompe publicamente com a doutrina lacaniana.

Mas existe ainda, vinte anos mais tarde, uma terceira nodulação do trilhamento de Lacan com o caso de Marguerite. O momento em que Lacan aceita republicar sua tese (o que acontecerá no segundo trimestre de 1975) é também aquele em que ele constrói a cifração para a qual irão confluir paranóia e loucura a dois (16 de dezembro de 1975). Nessa mesma sessão, Lacan opera uma inversão espetacular da relação paranóia-personalidade tal como seu espinosismo havia estabelecido. Três semanas antes (24 de novembro de 1975, na Universidade de Yale) ele havia, além disso, revisitado o caso de Marguerite, confessado seu forçamento da autopunição e proposto para Aimée o diagnóstico de erotomania. Como se pode constatar à simples menção da proximidade dessas datas, a confluência paranóia-loucura a dois está estreitamente ligada à reconsideração de caso de Marguerite.

A cifração de 1975

A cifração da estrutura paranóica como loucura a dois, última palavra de Lacan sobre a paranóia, implica que um certo número de questões tenha sido resolvido, quer de maneira empírica, e a decisão, neste caso, se origina da constatação, quer axiomaticamente, e a decisão então aparece como uma pérola extraída da elaboração doutrinária. Aqui estão, explicitadas abaixo, as três decisões principais que nos parecem valer como ordenadoras dessa cifração.

---

[39] J. Lacan, "Propos sur la causalité psychique", *Écrits*, op. cit., p. 162.

[40] Idem, p. 184. O fato de que os dois "cortes" sejam mencionados por Lacan nesse mesmo artigo confirma a pertinência de sua abordagem aqui.

[41] "Todos sabem que quando entrei na psicanálise com uma vassourinha que se chamava "O Estágio do espelho" [...] Usei o estágio do espelho para fazer dele um cabide, ele é mesmo muito mais acentuado, mais tarde, do que eu pude fazer no decorrer da enunciação que poupava as sensibilidades [...]", J. Lacan, "L'Acte psychanalitique", op. cit., sessão de 10 de janeiro de 1968. Vê-se aqui claramente que a não-publicação da primeira versão desta intervenção se origina de um ato de autocensura. Em 1994, esta censura ainda não foi suspensa.

• 1) — As psicoses, claramente diferenciadas das demências, designam um campo que é em essência paranóico. A loucura a dois exemplifica essa estrutura clínica paranóica.

• 2) — A nodulação borromeana das três dimensões, real, simbólico e imaginário, escreve a estrutura de todo sujeito.

• 3) — Seja com o que for que a psicanálise lide na clínica, jamais se trata de outra coisa que não do sujeito.

Não vamos discutir aqui a pertinência desses três pontos; pelo menos, sua explicitação permitirá a nosso leitor localizar, se for o caso, sua discordância. Na medida em que não se originam de uma constatação empírica, os pontos 2 e 3 são os mais problemáticos. O ponto 2 supõe uma báscula da função da tríade lacaniana (o ternário R.S.I.) na doutrina: com o nó borromeano, não se trata mais, como fora o caso desde 8 de julho de 1953, de "três ordens" propostas por Lacan como "necessárias para se compreender o que quer que seja da experiência analítica"[42], não se trata mais tanto de "categorias eficazes"[43] cuja função se poderia identificar àquela de instrumentos exteriores à experiência; com a nodulação borromeana de R.S.I. é dito, de uma maneira que alguns vão julgar delirante — o que Lacan não desmentiria[44] —, que se trata disso mesmo na experiência. Quanto ao ponto 3, é claro que este não convém, nem àqueles que procuram as causas da loucura nos avatares da neurotransmissão, nem àqueles que se dedicam a reduzir a pesquisa psiquiátrica a objetos estatísticos, nem mesmo àqueles, resolutamente dualistas, que imputam ao indivíduo um aparelho psíquico.

Consideremos, pois, esses três pontos como dados de base, cujo valor heurístico nos propomos a testar, e vamos mostrar inicialmente a aporia que disso resulta. Com efeito, os pontos 2 e 3 não se deixam facilmente reunir. Se existe, realmente, uma estrutura clínica que a experiência psiquiátrica isolou sob o nome de paranóia, como escrever ao mesmo tempo a especificidade dessa estrutura e o fato de que só se pode tratar da estrutura de um sujeito? A esta questão, em 16 de dezembro de 1975, Lacan vai dar sua resposta "delirante" *no caminho da autocrítica da sua tese*. Aí está, pois, este texto:

> [...] se o nó a três é realmente o suporte de toda espécie do sujeito, como interrogá-lo? Como interrogá-lo de tal maneira que seja realmente de um sujeito que se trate? Houve um tempo em que eu avançava numa certa via, antes que estivesse na via da psicanálise; foi o de minha tese: *Da psicose paranóica nas suas relações*, dizia eu, *com a personalidade*. Se por tanto tempo resisti à republicação da minha tese, foi

---

[42] J. Lacan, *Les psychoses*, op. cit., p. 17.

[43] Idem, p. 20.

[44] Muito pelo contrário. No último momento de seu percurso, Lacan dizia: "A psicanálise — eu o dizia, e repeti muito recentemente — não é uma ciência. Ela não tem seu estatuto de ciência e só pode aguardá-lo, esperá-lo. Mas é um delírio, do qual se espera que porte uma ciência [...], é um delírio científico" (in "L'Insu que sait de l'une bévue s'aile à mourre", sessão de 11 de janeiro de 1977).

> simplesmente [porque] a psicose paranóica e a personalidade como tal não têm relação [suprimiu-se o plural desta palavra na transcrição-fonte de que dispomos] simplesmente [porque] são a mesma coisa.

Em seguida, imediatamente depois, vem o que podemos acolher como sendo a escrita da *fórmula generalizada da loucura a dois e, também, da paranóia:*

> Na medida em que um sujeito nodula a três o imaginário, o simbólico e o real, ele só é sustentado pela continuidade destes. O imaginário, o simbólico e o real são uma só e mesma consistência, e é nisso que consiste a psicose paranóica.

A operação topológica a que Lacan se refere aqui é aquela denominada "colocação em continuidade". Trata-se de "cortar e unir pelas pontas". Vamos ilustrá-la, partindo de duas "consistências" (em outras palavras, dois aros de barbante), A e B, tomadas uma na outra (figura 1). Corta-se o aro de barbante A e o aro de barbante B como indicado pelos dois traços paralelos. O resultado é transcrito na figura 2. Ele comporta quatro fios, os fios 1 e 2 pertencendo ao aro A, 3 e 4 ao B. Depois, em vez de unir pelas extremidades 1 com 2 e 3 com 4, o que restabeleceria a situação inicial, pode-se escolher unir 1 a 4 e 2 a 3. Obtém-se assim a figura 3, transformável, sem outro corte, num simples aro de barbante. Assim, foram postos em continuidade os aros A e B.

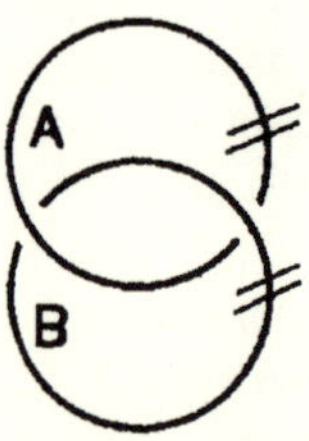

Figura 1

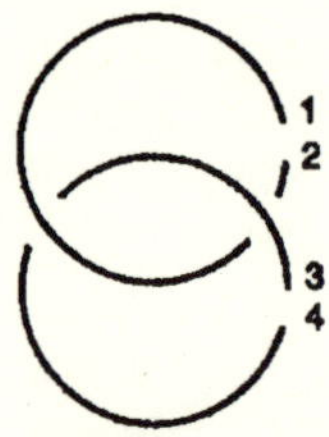

Figura 2

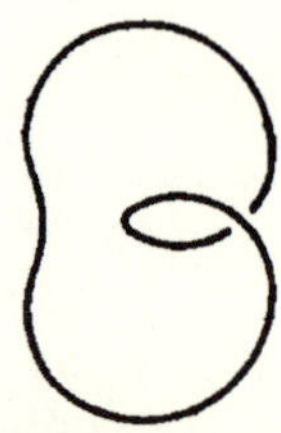

Figura 3

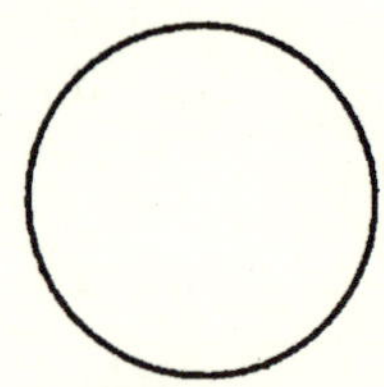

Figura 4

O problema aqui tratado por Lacan é um pouco mais complexo, já que se trata de uma colocação em continuidade de três consistências inicialmente encadeadas de modo borromeano. Ao fim de sua colocação em continuidade, vai-se obter uma só consistência, sem que seja doravante possível diferenciar o simbólico, o imaginário e o real. Figuramos os cortes como se vê abaixo, por dois traços paralelos, e as uniões por um traço menos espesso.

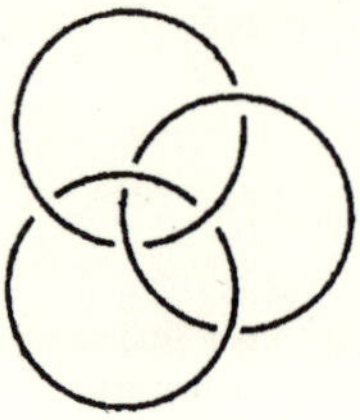

Figura 5

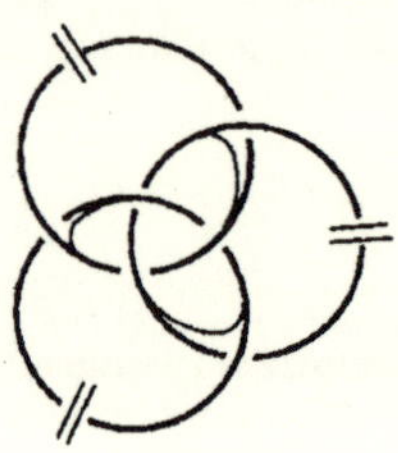

Figura 6

Figura 7

Ora, constata-se que o resultado não é um simples aro de barbante, e sim um nó de trevo. Em que o nó de trevo seria aqui mais interessante que o aro de barbante? Figurando ao mesmo tempo, como o aro de barbante, a indistinção entre simbólico, imaginário e real, o nó de trevo apresenta aqui esta vantagem de conservar, na sua parte central, como que a impressão da ternariedade da cadeia borromeana. Trata-se do triskel "central" (figura 8), a partir do qual pode-se obter tanto um nó de trevo (figura 9) quanto uma cadeia borromeana (figura 10):

Figura 8

Figura 9

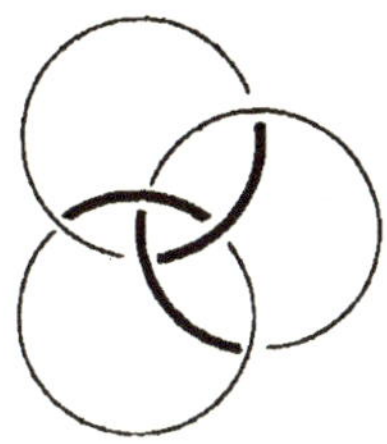

Figura 10

Assim, a psicose paranóica seria figurável como um avatar da cadeia borromeana. A colocação em continuidade, que produz esse avatar, realiza uma verdadeira mudança de estrutura: não se trata mais do mesmo nó (passagem do nó borromeano ao nó de trevo).

Resta que a estrutura borromeana é reconhecida axiomaticamente como escrevendo toda subjetividade. Assim, a menos que se admita que a psicose paranóica nada tem a ver com o sujeito, o que Lacan exclui, vê-se levantada a questão — uma vez a paranóia transcrita pelo nó de trevo — de encontrar, numa escrita que seja ainda borromeana, o meio de notar que se trata realmente de um sujeito ali onde se trata da paranóia. A solução não é muito simples, mas tampouco é de uma complexidade impeditiva. Ela consiste na nodulação borromeana de três nós de trevo. Tal nodulação só escreve a subjetivação paranóica ao preço de associar pelo menos três personalidades. Logo, só existe estrutura paranóica por uma loucura que não pode mais ser dita, daqui por diante, "loucura a dois", já que se compõe de pelo menos três personalidades. Tal seria a fórmula generalizada tanto para a paranóia quanto para a loucura a pelo menos três. Vamos escrever essa cadeia borromeana de três nós de trevo. Diversas representações são possíveis, dentre as quais escolhemos as três seguintes: em simulacros de círculos de barbante (figura 11), em rosácea (figura 12) e em trança (figura 13). Vamos verificar que cada uma responde à dupla exigência de nodular borromeanamente três nós de trevo. Borromeanamente: cada uma das consistências passa sempre por baixo daquela que está em baixo e por cima daquela que está por cima; três nós de trevo: cada uma se recorta três vezes consigo mesma num por baixo-por cima-por baixo (ou por cima-por baixo-por cima) característico do nó de trevo.

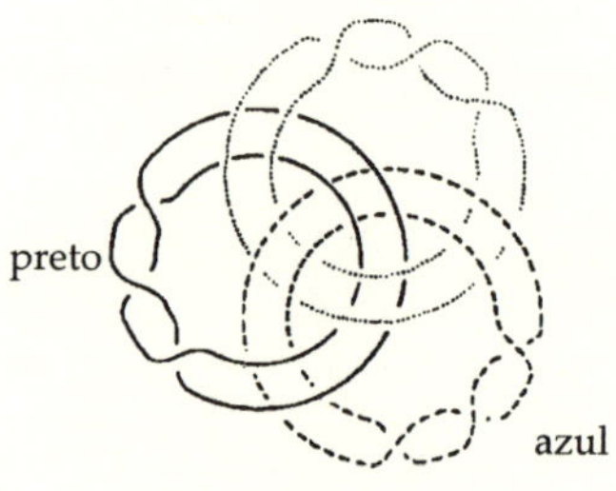

Figura 11

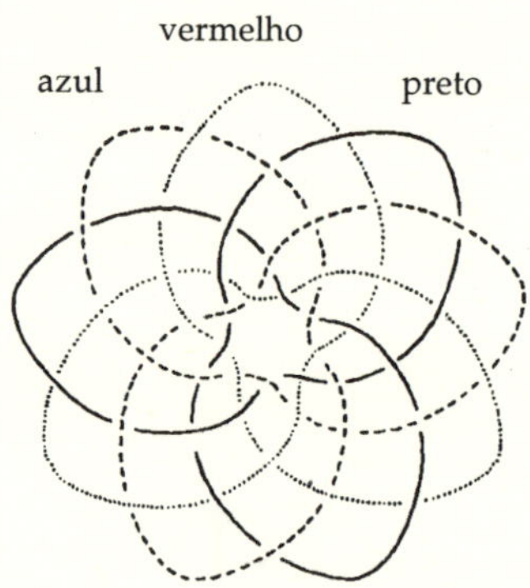

Figura 12

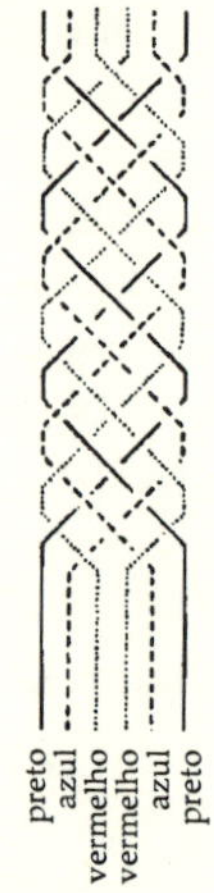

Figura 13

Entretanto, apesar dos traços comuns que acabamos de mencionar, não se trata, nas três vezes, da mesma cadeia borromeana. Por exemplo, não se passa continuamente, por simples manipulação não-cirúrgica, da figura 11 para a figura 12. Na figura 11, no que diz respeito a sua nodulação borromeana, os três nós de trevo se comportam quase como aros de barbante ("quase", pois, devido ao nó de trevo, esses aros são como que desdobrados, instalando-se o borromeanismo a partir daí, não com seis cruzamentos, como no nó borromeano mais simples, e sim com 6 x 4 cruzamentos). O interesse dessa figura 11 é, pois, manifestar que se podem nodular borromeanamente tantos nós de trevo quantos se quiser, exatamente como se fossem simples aros de barbante (o que nada tem de surpreendente, dado que um nó de trevo pode ser colocado sobre um toro). Isso viria cifrar, de modo pertinente, o fato clínico reconhecido, segundo o qual a loucura a dois pode associar um número às vezes elevado de personalidades. Mas com essa figura 11 o borromeanismo se escreve quase que independentemente da escrita da "trevidade" (vão-nos perdoar por este neologismo). Não é mais este o caso da figura 12, nem da figura 13. Essas duas figuras associam mais intimamente borromeanismo e trevidade. A rosácea, em particular, torna sensível essa composição do borromeanismo com os três trevos, composição que, podemos apostar, interessaria vivamente a Lacan, já que viria escrever de uma maneira ainda mais próxima do que o faz a figura 11 o que seria a subjetivação (em outras palavras, a inscrição no borromeano) de uma personalidade na qual R, S e I se veriam postos em continuidade (em outras palavras, uma personalidade cuja estrutura paranóica seria cifrável pelo nó de trevo).

No entanto, a fim de compreender a questão que ocupava Lacan no momento da republicação de sua tese, que é também aquele em que ele reconsidera por uma última vez o caso de Marguerite, precisamos ainda introduzir um outro dado. Com efeito, a cadeia acima não é exatamente a que nos importa. Para Lacan, nesse 16 de dezembro de 1975, o problema é o da distinção, como tal, do real, do simbólico e do imaginário. Ora, observa ele, sua nodulação borromeana não cifra aquilo que os distingue, já que, pelo contrário, no nó borromeano mais simples (figura 5), os três aros de barbante são postos em equivalência. Assim, ele se interroga: "se eles são tão análogos, para empregar este termo, será que não se pode supor que isso seja uma continuidade?" Existe aí como que uma catástrofe para a cifração borromeana de R.S.I., e que não se refere somente à estrutura paranóica, mas também à de todo sujeito. A estrutura paranóica da personalidade realizaria a suposição acima designada, ela seria um modo privilegiado de efetuação da "analogia" de R, S e I, mas essa questão indicada pela analogia, a da indistinção de R, S e I, devido ao próprio borromeanismo na sua versão elementar, não seria específica da paranóia. Lacan tenta, então, resolver o problema da indistinção passando do nó borromeano de três consistências ao nó de quatro, designando então o quarto termo, graças à sua leitura de Joyce, como sendo o sintoma: "O mínimo que se pode esperar dessa cadeia borromeana é essa relação de um com os três outros". Ou ainda: "É sempre por três suportes que vamos chamar, no caso, de subjetivos, isto é, pessoais, que um quarto se irá apoiar". Notavelmente, este quarto termo vai nascer de uma quebra do simbólico, doravante clivado em sintoma e símbolo.

O discípulo de Lacan que me terá acompanhado até esta página começaria a se impacientar por nem sempre encontrar aqui essa foraclusão a que Lacan, no entanto, deu tamanha importância na sua abordagem das psicoses, mas poderá agora entrever a razão dessa ausência. Como, com efeito, aplicar a fórmula segundo a qual "o que é rejeitado do simbólico reaparece no real", a partir do momento em que o simbólico se vê dissociado em símbolo e sintoma, a partir do momento — o que é mais — em que a paranóia é reconhecida e até mesmo definida como a indistinção desses três registros? Não tratamos aqui da foraclusão pelo motivo, importante a nosso ver, de que o seu conceito só se refere à distinção entre R, S e I *aceita como um dado* (o que é o caso no momento do seminário de Lacan sobre *As Psicoses*). Ora, em 1975, a problemática do borromeano converge com a reconsideração por Lacan de sua tese, para afirmar que, longe de ser um dado, esta distinção constitui o problema.

A exigência do quatro, como geratriz do traço distintivo, se identifica, portanto, com o axioma do sujeito. Assim, ela só pode referir-se também à nodulação borromeana de três nós de trevo, ou seja, ao caso propriamente paranóico. Talvez se possa, a partir desta consideração, compreender melhor o que está envolvido na continuação do texto que estudamos.

> A bem entender o que enuncio hoje, poder-se-ia deduzir daí que a três paranóicos se poderia nodular, a título de sintoma, um quarto termo que [eu] situaria como [tal] — como personalidade — na medida em que ela mesma seria, no que toca aos

> três personagens precedentes, distinta deles e seu sintoma. Isso significa que ela também seria paranóica? Nada o indica, no caso, [o caso] que é mais que provável, que é certo, onde um número indefinido de nós a três é que pode constituir uma cadeia borromeana. O que não impede que, no tocante a esta cadeia que, desde então, não constitui mais uma paranóia a não ser que esta seja comum, [no tocante a esta cadeia] a floculação possível de quatro termos nessa trança que é a trança subjetiva, a floculação possível terminal de quatro termos nos deixa a possibilidade de supor que sobre a totalidade da textura há certos pontos de eleição que, deste nó a quatro, são o termo; e é bem nisso que consiste, falando propriamente, o sintoma, e o sintoma não na medida em que é personalidade, mas na medida em que, quanto aos três outros, ele se especifica por ser sintoma e neurótico.

Decerto, essas indicações de Lacan não deixam de perturbar um pouco a clínica do "pernepsi" (PERversão, NEurose, PSIcose), já que aí se encontram, associados numa mesma estrutura subjetiva dita "paranóia comum", três paranóicos e uma personalidade suporte de um sintoma neurótico. Aqui está este nó borromeano de quatro nós de trevo tal como Soury e Thomé o trouxeram a Lacan, que tinha dificuldades para produzi-lo ele mesmo. Lacan acolheu a descoberta deles com um cumprimento, tanto mais marcado como cumprimento na medida em que ele jogava com a litote; este foi, disse ele, um acontecimento "nada pequeno" (é a Soury[45] que devemos também as figuras aqui numeradas 11, 12 e 13).

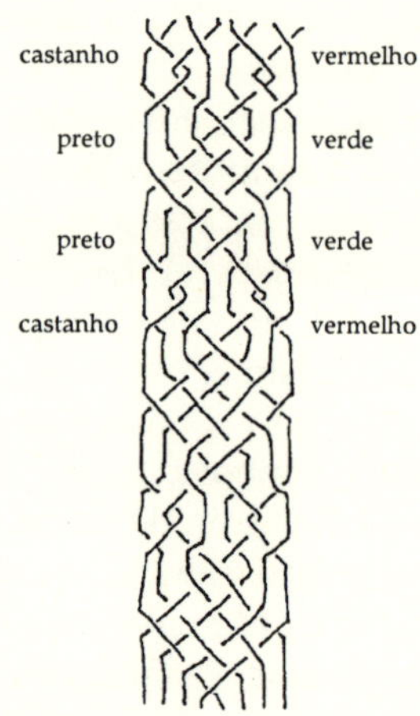

Figura 14*

Reunindo agora os dados que levamos algum tempo para expor, parece que estamos diante de uma seqüência. Vamos condensá-la em alguns breves enunciados.

1 — Inicialmente, uma pergunta: o nó de trevo seria o suporte de toda espécie de sujeito?

2 — Em seguida, uma correção, aquela feita por Lacan à sua tese: longe de serem diferenciáveis, a paranóia e a personalidade são uma só e mesma coisa.

3 — Depois, uma definição: a da paranóia como colocação em continuidade de R, S e I apresentada pelo nó de trevo.

---

[45] Pierre Soury, *Chaînes et noeudes*, editado por Michel Thomé e Christian Léger, 1988, segunda parte, texto nº 69.

* Pode-se, em benefício da inteligibilidade, colorir este desenho. O mesmo ocorre com os seguintes.

4—E depois, um desenho: o do nó a quatro que ligaria borromeanamente três paranóicos (escritos com três nós de trevo) e um sintoma (escrito, ele também, com um nó de trevo).[46]

Esta seqüência cabe numas poucas linhas. Proponho lê-las como a confissão que Lacan nos teria feito, no momento em que aceita republicar sua tese, que é também o momento em que ele reconsidera o caso de Marguerite, do que ele chegou a admitir como tendo sido a sua posição no caso. Assim como Joyce, pelo menos tal como Lacan o lia então, se teria feito redentor, sintoma (e Lacan interroga: Joyce acreditava nisso?), assim também se deu com Lacan. Ele procederia aqui, com Joyce, como freqüentemente procedeu com Freud, emprestando àquele que está comentando aquilo mesmo que igualmente lhe concerne, a ele, Lacan. Ele nos teria dito isso, naquele 16 de dezembro de 1975, em meias palavras: ele nos teria, como verdade, semi-dito isso.

A nodulação de uma quarta consistência aos três nós de trevo é apresentada por Lacan como uma possibilidade (cf. o "poderia"). Se a conjectura formulada acima é pertinente, podemos esperar do nosso estudo do caso de Marguerite que ele nos esclareça quanto ao que constituiria as condições de uma tal possibilidade. Não é pouco o que está envolvido. Trata-se, com efeito, de nada menos que, se quisermos dizê-lo assim, uma modalidade inédita de "tratamento" da paranóia, ou ainda, fórmula que preferimos pela razão de que ela combina mais com o que Lacan diz aqui, da virada da paranóia "àquilo que não constitui mais uma paranóia a não ser que esta seja comum". A loucura a dois, doravante nomeável como "loucura a pelo menos três" e reconhecida como constituinte da paranóia, parece assim valer como uma das condições de possibilidade de uma tal virada.

Resta que não entendemos claramente o que Lacan designa quando fala dessa cadeia a quatro como isolando "certos pontos de eleição" (mas quais?) suponíveis graças à "floculação" de quartos termos. O termo "floculação" é de emprego raro. No entanto, parece ser bem conveniente, já que designa um duplo movimento de separação (a matéria coloidal separando-se do solvente a que se havia associado) e da aglutinação (a reunião dessa matéria em pequenos flocos). No entanto, não se poderia dizer com precisão, a partir, simplesmente, da citação acima, como tal floculação intervém na composição do nó borromeano a quatro nós de trevo.

---

[46] Lacan nos dá esta indicação bem ao final da sessão de 16 de dezembro de 1975 do seu seminário: "[...] constatei que, se eles [trata-se de três nós de trevo] se conservaram livres entre eles, um nó triplo agindo na plena aplicação da sua textura ex-siste, e é realmente o quarto e se chama sintoma".

Três paranóicos e um sintoma

Mas vamos prosseguir nossa leitura dessa sessão do seminário. Lacan acrescenta algumas precisões a propósito da citação acima:

> E é nisso que temos uma compreensão do que vem a ser o inconsciente: é na medida em que o sintoma o especifica que existe um termo que aí se liga mais especialmente, [termo] que, no que diz respeito ao que vem a ser sintoma, tem uma relação privilegiada...

Não há simplesmente adjunção de uma quarta consistência, mas, através dessa passagem do nó borromeano a três para o nó a quatro, aclopamento do sintoma e do inconsciente. O nó a quatro, com efeito, estabelece certas "relações privilegiadas", que Lacan vai tentar explicitar:

> [...] assim como aqui, no nó a três nodulado borromeanamente a quatro [figura 14], vocês vêem que há uma resposta particular do vermelho ao castanho, assim como há [ ] resposta particular do verde ao preto.

Para dizer ainda essas relações privilegiadas, Lacan vai referir-se a um outro nó borromeano de quatro consistências, um nó mais simples, já que cada uma delas não está nodulada em trevo, mas se apresenta como um aro de barbante (dobrado ou não). Aqui está este nó (corrigi um erro do desenho original):

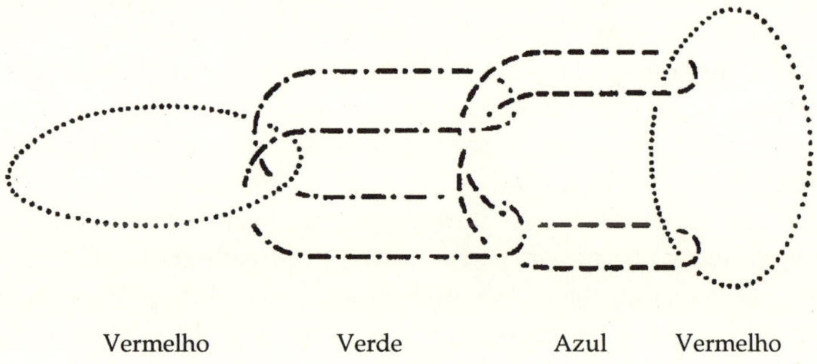

Figura 15

Lacan, então, se apóia ao mesmo tempo nesta figura 15 e na figura 14, como se supusesse que as "respostas particulares" fossem as mesmas nas duas figuras:

> É na medida em que um dos dois pares se distingue deste nó específico com uma outra cor — para retomar o termo de que eu me servia há pouco —, é na medida em que há um laço do sintoma a alguma coisa particular nesse conjunto de quatro, é, para dizer tudo, na medida em que há esse laço (não se sabe se este ou aquele), é na medida em que temos um par vermelho-verde aqui na esquerda, um par azul-vermelho aqui à direita (logo, só pode se tratar da figura 15), que temos par, e que é na medida em que o sintoma se religa ao inconsciente e que o

imaginário se liga ao real que estamos diante de alguma coisa da qual surge o sintoma.

Enquanto existe equivalência de consistência no nó borromeano de três aros de barbante, em contrapartida, no nó a quatro (de quatro aros de barbante ou de quatro nós de trevo), constata-se uma disparidade. Ao caráter bem-vindo dessa disparidade, Lacan sacrifica nada menos que seu simbólico, mediante o que imaginário e real, por um lado, sintoma e inconsciente, por outro lado, terão relações privilegiadas. O nó borromeano a quatro oferece uma cifração dessa ordem de privilégios a que se chama um par, um casal. O vocabulário de Lacan é aqui, aliás, francamente antropomórfico: trata-se de uma "resposta particular do verde ao preto", como se se tratasse de um diálogo. O principal interesse dessa abordagem do par se liga aqui ao fato de que ele não se constrói com um "um mais um" (ah, a querida criatura platônica de um só costado), mas como especificação a partir de um quatro, e um quatro que permanece suporte do sujeito.

A trança borromeana de quatro nós de trevo pode, por uma simples manipulação que não altera sua estrutura, ser apresentada de uma maneira que lembra a apresentação da figura 15. Lacan nos convida a produzir essa outra apresentação, não trançada, da cadeia borromeana de quatro nós de trevo, já que ele faz um único comentário sobre essas duas cadeias de quatro (figuras 14 e 15). A manipulação em questão consiste inicialmente em unir pelas extremidades as consistências da figura 14 como indicado na figura 16; em seguida, depois de haver enfeixado essas consistências, puxar, por exemplo, as cordas verde e castanha (ou verde e vermelha, ou preta e castanha, ou preta e vermelha — o que satura as quatro possibilidades dadas pelos dois pares isolados por Lacan) de maneira que elas tomem lugar nas duas extremidades. Percebe-se então que as duas consistências assim promovidas a "médias" ligam as "extremas" graças a seis tentáculos. Escolhemos, na figura 17 abaixo, afirmar no desenho a trevidade das duas consistências extremas e apresentar de uma forma tão simplificada quanto possível o entrelaçamento das duas consistências médias.

Esta cadeia borromeana (figura 17) mostra que cada um dos pares (verde preto e castanho vermelho) pode ter contato com os outros através de um só de seus membros (tanto faz um ou outro). Entretanto, não é esta, principalmente, a que vamos guardar como a escrita da estrutura do caso de Marguerite, e sim a trança desenhada naquele dia por Lacan (figura 14). Qual a razão de tal escolha? Ela consiste no fato de que, na trança, cada um dos nós de trevo é desenhado "em aberto". Enquanto um nó de trevo "fechado" permite isolar quatro zonas, uma primeira abertura do nó de trevo distingue apenas três, uma segunda abertura apenas duas, a (ou as) zona (ou zonas) não localizada(s) sendo então absorvida(s) pelo espaço complementar.

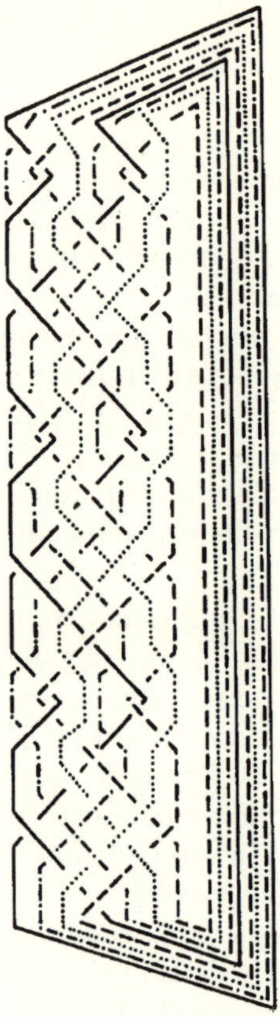

____ Preto
.... Vermelho
-.-.-.-. Castanho
- - - - Verde

Figura 16

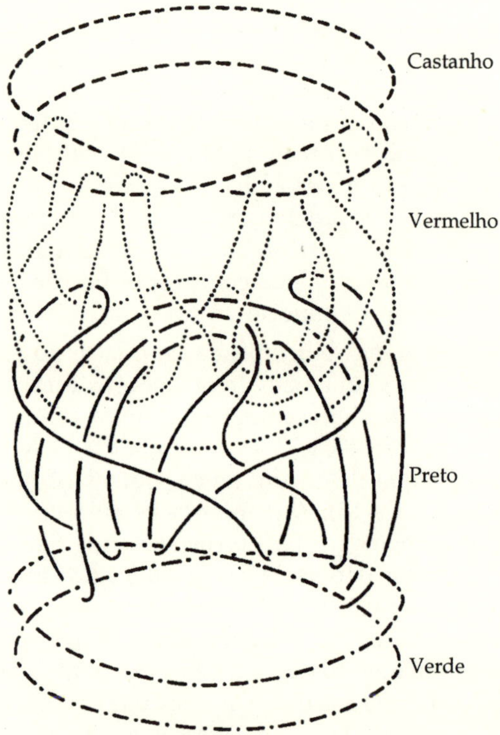

Figura 17

Indicação para o colorido: considerando os traços verticais à direita, teremos, da esquerda para a direita: verde vermelho castanho preto verde vermelho castanho preto.

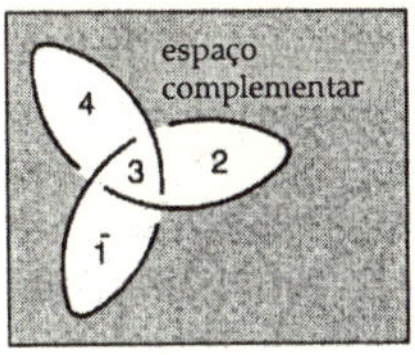

Figura 18

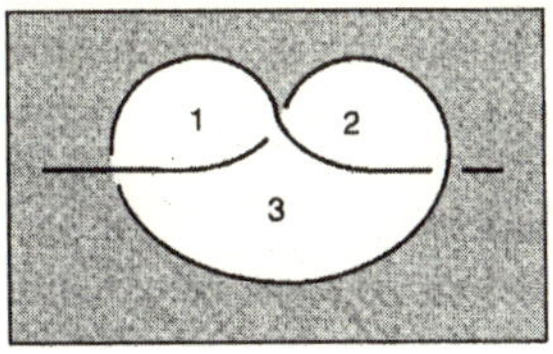

Figura 19

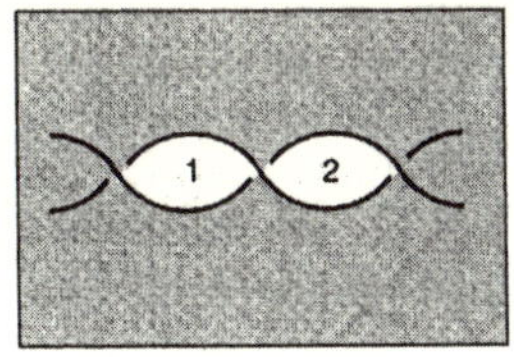

Figura 20

Ora, Lacan, sempre nessa mesma sessão do seminário, se serve de quatro zonas que, no nó borromeano mais simples (figura 21), aparecem homólogas às quatro zonas do nó de trevo, para localizar quatro entidades: o sentido, o gozo fálico, o gozo do Outro e o objeto *a*. E a abertura do nó de trevo é o que lhe permite então transcrever a deslocalização do gozo do Outro. Ela produz, com efeito, o seguinte desenho:

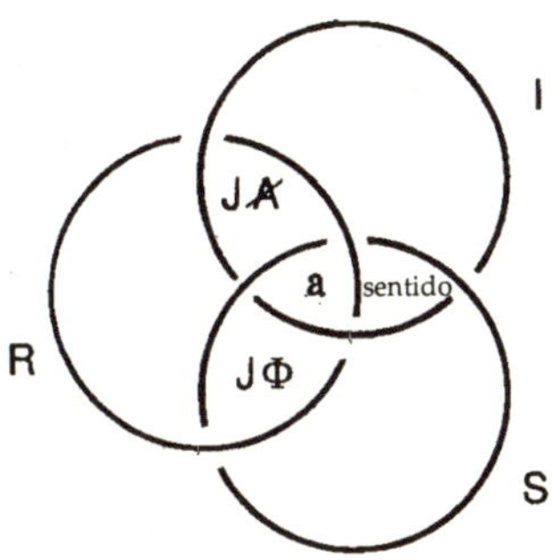

Figura 21

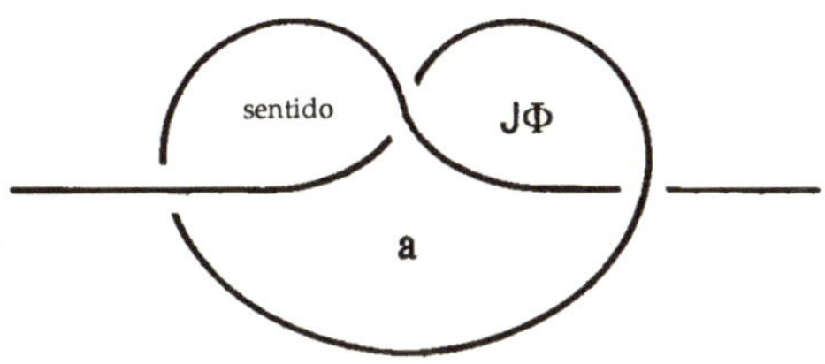

Figura 22

Como não ficar fascinado, aqui, com o fato dessa questão da deslocalização do gozo do Outro constituir precisamente todo o problema de Marguerite na sua relação com Jeanne, como já vimos? Porque o gozo do Outro não se deixa localizar aí, a trança borromeana de quatro nós de trevo nos parece mais apta a cifrar de maneira pertinente o caso de Marguerite do que o desenho daquilo que continua a ser a mesma cadeia, mas oferece os nós de trevo fechados.

Antes de chegar às conseqüências heurísticas dessa cifração, digamos nossa surpresa em constatar que, nessa interpretação do caso como estrutura de grupo, o artista nos precedeu. E em mais de meio século! Salvador Dali, no estudo intitulado "Interpretação paranóico-crítica da imagem obsedante *O ângelus* de Millet[47]", encerra seu elogio à tese de Lacan (cf. documentação

[47] S. Dali, in *Le Minotaure* I, 1933; reed. Skira, vol. I.

anexa), referindo-nos a uma ilustração produzida por ele no mesmo tempo em que Lacan escreve o caso Aimée:

> Nenhum exemplo imediato me parece tão persuasivo, tão capaz de ilustrar o caráter "brusco" e "reativo" do fenômeno [paranóico], a "alteração profunda do objeto", a presença simultânea do fato sistemático, associativo, a interpretação implícita, a comunicação objetiva, etc., que a imagem delirante do "rosto paranóico" reproduzida no número 4 do *Surréalisme au service de la Révolution* [dez. 1931] [...]

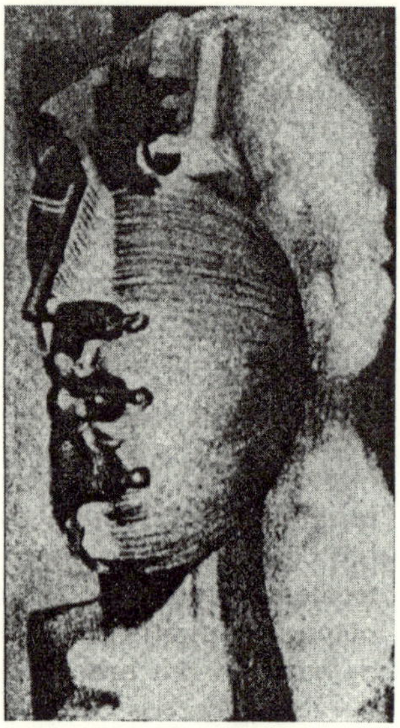

Dali propõe três imagens quase idênticas; duas dentre elas estão lado a lado e são apresentadas "verticalmente", enquanto a terceira, por baixo, é "horizontal". Uma tal apresentação convida a virar a página de um quarto de volta. Ora, nossa interpretação do caso de Marguerite aparece como nada mais sendo que este quarto de volta. Eis este rosto paranóico (que Breton identificava como sendo o de Sade). Basta que nosso leitor aceite girar o livro que tem nas mãos de um quarto de volta no sentido levógiro para que lhe salte paranoicamente aos olhos a estrutura de grupo, estrutura esta — o que é mais! — que é aqui um grupo de quatro e do tipo três-mais-um.

Podemos identificar as consistências dessa trança borromeana de quatro nós de trevo. Não se poderia tratar, como vimos, de nomear real, simbólico e imaginário os três nós de trevo livres que vêm ser nodulados borromeanamente pelo quarto, já que a paranóia consiste na indistinção dessas três dimensões. A prova (essencial de se formular logo de saída para a continuação que se irá deduzir) da colocação em continuidade de R, S e I que, ao mesmo tempo, produziu esses três nós de trevo e demonstra a catástrofe da falta de suporte para o sujeito, é, portanto, também aquela que faz com que a identificação das consistências só possa ser uma personalização. Cada consistência é uma paranóia, ou seja, uma personalidade.

Personalizar assim as consistências, o que Pierre Soury fazia sem se perturbar, vai aparecer menos estranho do que pareceria à primeira vista se observarmos que essa operação transcreve um dado de base do caso de Marguerite, um dado que não cessou de nos criar dificuldades, e onde vemos o principal indício da indistinção, nela, entre R, S e I. Apesar de tudo o que nos disseram que ela foi capaz de dizer e fazer, de tudo o que nos forneceram daquilo que ela foi capaz de escrever, pudemos, com efeito, distinguir, nisso tudo, um único significante, no sentido dado por Lacan a este termo, no sentido dessa realidade material, literal, que representaria — e nisso mesmo não tendo sentido algum — um sujeito para um outro significante. Apenas alguns nomes próprios nos parecem possivelmente valer como significantes, o que era demonstrado por seu jogo transliterativo (Duflos/ *du flot* (fluxo), Pierre/ *pierre* (pedra), René/ *Re-né* (renascido), Didier/ *dedié* (dedicado), Anzieu/ *en cieux* (nos céus), Donnadieu/ *don à Dieu* (dom a Deus), Pantaine/ *putain* (puta).). No entanto, ainda assim nada vem demonstrar que para Marguerite a transliteração mais comprovadora, a saber, C. de la N./ *c'est de la haine* (é o ódio) seja algo que tenha atuado (ignoramos se se trata de uma acrofonia efetiva ou de uma invenção de Lacan). Quanto aos demais nomes próprios, o fato de que a maioria deles se deixa transliterar e que o conjunto assinala uma certa problemática que se pode indicar pela qualificação de religiosa parece apontar realmente para um funcionamento propriamente significante. Ainda assim, no caso-a-caso, e é disso que se trata, de discrição, quando se trata do simbólico, falta-nos sempre esse *acontecimento* de postura em relação de um S_1 com um S_2, que por si só dá a prova de um jogo simbólico distinto do imaginário.

Evoquemos também as "iluminações" que foram tão decisivas na construção do delírio de Marguerite: ela nunca foi capaz de afirmar como tais os dados literais em que pretendia basear-se (tal artigo do *Journal*, tal frase de Pierre Benoit, etc.). E o fracasso de nossas tentativas de capturar esses pseudotraços terminou por nos convencer de que era este fracasso mesmo que importava. Ele próprio é também transcrito pela indistinção de R, S e I.

A iluminação nos parece o traço sintomático patognomônico dessa não-distinção de R, S e I em Marguerite. O fato clínico que vamos estabelecer nos traz a prova disso. Ele se deixa construir a partir de um traço notado em sua doente por Lacan, na monografia de sua tese, atribuído inicialmente à "interpretação retrospectiva", o que iremos discutir.

> [...] Ela nos diz, por exemplo, lembrar-se de ter visto, sem prestar atenção, inicialmente um desenho de propaganda antituberculose representando uma criança ameaçada por uma espada suspensa acima dela. Foi somente alguns meses depois (disso ela tem uma lembrança, distinta do primeiro fato) que compreendeu que esse desenho visava ao destino de seu filho.[48]

Teria havido, então, dois tempos: o instante de ver uma imagem, depois, mais tarde, a conclusão quanto a um sentido então atribuído a essa imagem. Isso justifica o qualificativo "retrospectivo"; em compensação, se considerarmos o conceito de interpretação no seu sentido estrito, simbólico, pode-se duvidar da pertinência de seu emprego aqui: não se vê, com efeito, em que significante, no sentido de Lacan, Marguerite se teria podido fundar para forjar, a partir da imagem de que se lembrava, o sentido que lhe atribui um pouco depois. Nada indica que a imagem mencionada tenha sido lida, mesmo

[48] T. p. 216.

que num segundo tempo, como se pode ler um ideograma. Não há, aqui, nenhum traço de um funcionamento simbólico do tipo rébus de transferência. Logo, não poderíamos, hoje, quanto a nós, falar de interpretação; e Lacan teria razões, mais ainda do que supunha, para sustentar que:

> [...] numerosas interpretações são *ilusões da memória*, isto é, representam objetivações ilusórias, no passado, de imagens onde se exprimem a convicção delirante (a casa e a criança), ou os complexos afetivos que motivam o delírio (conflito com a irmã, ver mais adiante[49]).

Mas, o que vem a ser a imagem em questão? Interrogada, a responsável pela informação do Comitê Nacional contra as Doenças Respiratórias e a Tuberculose, cujas declarações são plenamente confiáveis, assegura-nos de que tal imagem jamais existiu, pelo menos não, certamente, na época que designávamos (entre março de 1922 e agosto de 1931, data da eclosão, e depois da resolução do delírio de Marguerite). Teria Marguerite inventado isso tudo *ex nihilo*?

Esta "iluminação", como devemos chamá-la, pode ser ligada ao falecimento de uma amiga de infância de Marguerite, depois de alguns anos de evolução de uma tuberculose pulmonar[50]. Este traço representa, com efeito, uma primeira articulação entre doença pulmonar e morte da criança. Lacan nota a aparição dos primeiros sinais de "deficiência psíquica" em Marguerite naquele momento, ou seja, em 1909. Quanto à incidência, a mais longo prazo, do acontecimento, ele nota também que esta morte irá inspirar a escrita do *Détracteur*, romance inteiramente orientado em direção a seu final, o sofrimento de uma mãe confrontada com a morte de seu filho.

Figura 23

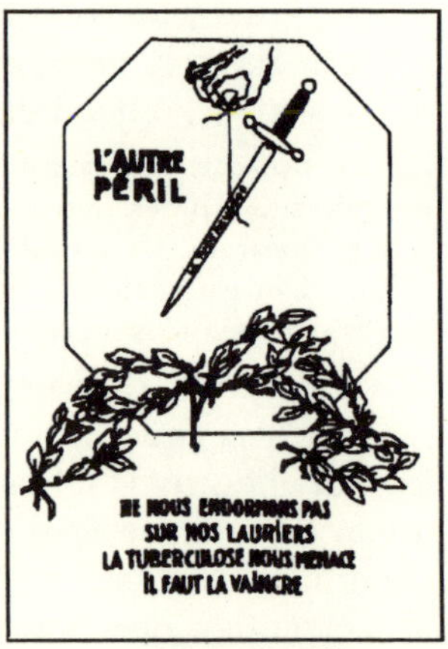

Figura 24[51]

[49] Ibid.

[50] T. p. 223.

[51] Agradecemos ao Comitê nacional contra moléstias respiratórias e tuberculose por ter posto à nossa disposição as duas fotos originais a partir das quais os desenhos acima foram feitos.

Entretanto, se essas duas referências dão alguma conta da escolha de um sentido dado à imagem inventada, elas em nada explicam sua construção. É então que a pessoa consultada nos informa que houve, no período em questão, não uma, mas duas campanhas artituberculose, que se apoiaram nas duas imagens acima.

A figura 23 representa realmente uma criança ameaçada, e a figura 24 uma espada suspensa. Mas não existe essa imagem de "uma criança ameaçada por uma espada suspensa acima dela".

A luta antituberculose é o fundo comum entre o dizer de Marguerite e as imagens acima reproduzidas; assim se indica que Marguerite não terá criado *ex nihilo* a imagem que descreve a Lacan. Em compensação, terá composto ela própria, a partir dessas figuras 23 e 24. Assim se explicariam os dois tempos sublinhados por Lacan: não teria sido só depois de ter visto a segunda imagem (a da espada suspensa? Isso parece verossímil se os "louros" designam os resultados obtidos por uma primeira campanha) que Marguerite teria composto a sua, dando-lhe o sentido de uma advertência a ela dirigida, de que queriam perturbar o destino de seu filho. *Trata-se de uma composição, de uma verdadeira montagem.*

Se a analisarmos tomando como referência essa segunda imagem (figura 24), a imagem composta, e mesmo compósita, pode ser vista como nos apresentando a criança no lugar dos louros. Isto, inclusive pela importância metafórica dos louros, faz mais que entrar em ressonância com a loucura a três, pelo menos, em que Marguerite está presa. Mas há algo ainda mais decisivo. Com efeito, esta sobrevinda da criança no lugar dos louros reclama a supressão da imagem da mulher portadora da criança ameaçada pelas serpentes. Por que razão? Na figura 23, a ameaça vem de baixo; ela vem do alto na figura 24; ora, como a mulher, na figura 23, eleva a criança para afastá-la da ameaça de baixo, se esse gesto de "suspensão" fosse mantido para além do acréscimo da espada — portanto, da ameaça de cima que substitui a de baixo—, ele mudaria de valor, chegando mesmo a assumir um sentido oposto, a mulher oferecendo então a criança à ameaça, em lugar de preservá-la desta. A imagem composta e descrita por Marguerite é, pois, bem semelhante àquela desenhada abaixo (figura 25); não poderia haver aí uma pura e simples justaposição de duas imagens "reais", com ou sem a substituição criança/louros (figuras 26 e 27).

A fim de estudar essa montagem como fato clínico, notemos a posição dessa imagem no caso. Ali, ela não surge, em absoluto, isolada; muito pelo contrário, teria ali uma função ordenadora. Pelo menos, isso é o que parecem indicar os dois traços seguintes:

Figura 25

Figura 26

Figura 27

Analisando o delírio de Marguerite, vimos que a erotomania afasta o ato, enquanto, contrariamente, o delírio de reivindicação leva ao ato. Ora, a imagem erotomaníaca por excelência é aquela da mulher que carrega a criança, ambas brandindo, diante dos perseguidores reunidos em multidão, a bandeira branca com flores-de-lis da realeza. A partir daí, "as flores-de-lis", ou seja, a mulher e a criança postas sob a proteção do príncipe, objeto da erotomania, "flutuam sobre Paris longe das serpentes que rastejam". Impedida, a multidão recua e lança à perseguida uma espada "de brilho rebelde"[52]. Assim, observa-se que *a erotomania liga de outra maneira os mesmos componentes* encontrados na figura 26: a mulher que carrega a criança (elas estão de branco, cor da realeza, tanto no poema erotomaníaco quanto na figura 26), as serpentes rastejantes (sua ameaça é iminente na figura 26, mais distante na erotomania), a espada (que, na erotomania, se inverte pois que, longe de ameaçar a mulher e a criança, serve a estas para ameaçar os que as ameaçam). A imagem erotomaníaca seria algo como isto aqui:

[52] T. p. 194.

O segundo indício de uma função ordenadora da imagem composta aparece ainda melhor resolvido. A dificuldade essencial da análise do delírio de Marguerite consistia em ligar o tema da proteção da criança ao da condenação de uma sexualidade feminina posta sob a égide da prostituição. Este problema, parece-nos, pôde ser resolvido suplementando-se o delírio por um ponto de sistematização, decerto não explícito, decerto faltoso, mas eficiente: o assassinato da criança formulado como escrita da relação sexual. Ora, confirma esta análise o que podemos notar na figura 23, a saber, que uma das serpentes vem como que tocar a mulher num lugar o mais próximo possível de seu sexo. Sob este ponto de vista, é disso que ela afasta a criança, sendo então o ato sexual vivido como algo que ameaça a vida da criança. Parece-nos então decisivo o fato de que a ausência de ligação entre os dois temas centrais do delírio corresponde à construção da imagem composta, na medida em que *falta aí o desenho da mulher atacada pela serpente.*

Figura 28

A composição da imagem que Marguerite descrevia a Lacan não é, pois, um elemento isolado, nem mesmo adjacente à sua problemática delirante; parece, ao contrário, inclusive naquilo que ela não representa, uma montagem onde se vêm cruzar as duas problemáticas maiores do delírio, aquela que dá ao delírio seu caráter "centrífugo" e aquela da declaração de sexo.

Ora, se considerarmos como certa a distinção lacaniana entre o real, o simbólico e o imaginário, não podemos de modo algum qualificar de "interpretação" o fato clínico que acabamos de distinguir. Mais, ainda, a tese de Lacan nos convida a lhe dar o nome de *iluminação.*

A iluminação aparece como sendo o regime principal, talvez único, do estabelecimento da evidência do sentido (não da sua certeza) no delírio de Marguerite. Com o conceito de iluminação, constatamos que esse delírio se diferencia nitidamente dos delírios que se desenvolvem sobre um certo número de jogos propriamente significantes, cujos exemplos pululam nos escritos psiquiátricos mais clássicos, delírios que podem ser exemplificados, para nós, pelo do presidente Schreber (por exemplo, no uso contrapersecutório de significantes como tais que Schreber é obrigado a pôr em obra, contra as palavras dos raios divinos[53] — esta estratégia joga com a homofonia, em outras palavras, com o significante no sentido de Lacan). O delírio schreberiano é *de* interpretação, no sentido em que põe em jogo uma leitura interpretativa suposta anular a perseguição da letra. *Schreber é um leitor, Marguerite uma visionária.* Sua loucura é a de uma "iluminada" — termo às vezes tomado como genérico para designar o louco e que, infalivelmente, lembra Dom Quixote.

Na tese de Lacan, não faltam indicações que nos convidam a distinguir interpretação e iluminação. Retomando um dizer de Marguerite, Lacan fala do caráter "iluminativo"[54] da entrada de Pierre Benoit no delírio e, igualmente, a propósito da primeira identificação sistemática do delírio, a de C. de la N., então reconhecida como estando na origem de todos os infortúnios que sucedem a Marguerite[55].

Encontramos, certamente, na tese, o termo "interpretação" utilizado para definir alguns traços do caso. Entretanto, Lacan precisa sua importância de uma maneira tal que essa "interpretação" acaba se deixando classificar na lista dos modos da iluminação. Por um lado, Lacan nega a essas interpretações todo o valor de raciocínio, distinguindo-as assim, claramente, das interpretações que haviam sido relatadas por Sérieux e Capgras.[56] Isso, aliás, é coerente com as oposições, forjadas na tese, entre compreensão e interpretação, delírio e sonho (a "clareza significativa" — outro nome para a iluminação — do delírio não exige interpretação, a obscuridade do sonho a necessita). Na linha direta dessa distinção delírio/sonho, Lacan vai, por outro lado, integrar essas "interpretações" ao "cortejo de distúrbios da percepção e da representação"[57], para terminar qualificando-as de "pretensas interpretações"[58]. Ao precisar os caracteres próprios da interpretação delirante no caso de Marguerite, ele então já integrou essa "experiência fascinante" ao quadro das iluminações[59]. Em suma, essas pretensas interpretações se originam tanto menos de uma lógica do significante e tanto mais da "imaginação criadora"[60], na medida em que essa imaginação assume toda a sua importância significativa por não estar enquadrada nessa lógica. Há uma "predominância da atividade imaginativa"[61], em especial pela razão de que a loucura de Marguerite como fenômeno do

[53] Cf. J. Allouch, *Lettre pour Lettre*, op. cit., p. 197 a 218.

[54] T. p. 165.

[55] T. p. 233.

[56] Sérieux e Capgras, *Les folies raisonnantes*, op. cit., e T. p. 210 e 291.

[57] T. p. 271.

[58] T. p. 292.

[59] T. p. 211.

[60] T. p. 291 e 341.

[61] T. p. 242.

conhecimento permanece da ordem de um pensamento pré-lógico.[62] Trata-se de uma estrutura de representações mórbidas diferente daquela normal.[63] E, a este propósito, Lacan chega mesmo, então, a propor o nome de "formas do pensamento paranóide"[64]. Não se poderia ser mais claro no que toca à distinção entre interpretação propriamente dita e pretensas interpretações que, a título de iluminações, se deixam classificar no quadro deste pensamento pré-lógico, paranóide.

Essas observações fazem eco ao deslumbrante primeiro capítulo da *História da Loucura*[65], onde Michel Foucault descreve uma partição da loucura em duas experiências. Essa partição, que se inicia com a Renascença, é, inicialmente, simples distinção, mas que a Renascença vai transformar em confronto, e depois em execução de uma das duas experiências da loucura pela outra. Por um lado, a loucura entra em relação com a razão, é Erasmo, é Brant, é, sim, o humanismo, será Pascal. Foucault chama de *elemento crítico* este elemento da partilha cujo vetor principal se chama literatura, filosofia, teologia (a "loucura" de São Paulo, a da Cruz, é suprema sabedoria). Este elemento crítico vencerá, constituindo, assim, o solo de uma assimilação da loucura pelas redes da razão (este será o solo da experiência psiquiátrica), prestes a que esta se reivindique como irrazoável. Ora, o que encontramos do outro lado? O *elemento trágico,* denominação dada para indicar, não tanto uma rejeição do cômico quanto uma modalidade da loucura que se quer "absoluta na noite do mundo", radicalmente inassimilável por uma razão, por mais astuta que seja, por mais disposta que esteja a se tornar mais leve para não perder seu comando. E o vetor desta louca loucura, desta loucura de visionários será essencialmente pictórico; seus representantes vão-se chamar Bosch, Brüeghel, Dürer, e outros mais, mas o que manifestam eles? Foucault escreve: "*o silêncio* das imagens". Decerto, desse silêncio, chega-nos às vezes, apesar da partilha, algum eco, e Foulcault cita, nesse sentido, Nietzsche, Van Gogh, Artaud, e igualmente Freud.[66] Resta que essas exceções, que testemunhariam no campo da desrazão a experiência trágica da loucura, na medida em que esta se dá "no espaço da pura visão"[67], não subverteram a grande partilha entre loucura e desrazão. "Entre o verbo e a Imagem, entre o que é figurado pela linguagem e o que é dito pela plástica, a bela unidade"[68] permanece desatada. Sim, mesmo que às vezes a linguagem simbolize e a imagem imaginarize, é possível também levar em conta que, como escreve Foucault, a linguagem figura e a

[62] T. p. 341.

[63] T. p. 287.

[64] T. p. 297.

[65] Michel Foulcault, *Folie et déraison, histoire de la folie à l'âge classique,* Paris, Plon, 1961.

[66] Cf. Jacques Derrida, "Être juste avec Freud", in *Penser la folie,* Paris, Galilée, 1992, p. 141-195.

[67] Michel Foucault, idem, p. 33.

[68] Michel Foucault, op. cit., p. 21. A palavra "desatar" se encontra em Foucault.

imagem diz; aqui reside toda a ambigüidade com que lidamos no caso de Marguerite, e que transcrevemos notando que, nela, as três dimensões, real, simbólico e imaginário são, como tais, indiferenciadas.[69]

Existe uma solidariedade essencial entre essa não-diferenciação e a personalização de cada uma das cordas que nodulam borromeanamente quatro nós de trevo. Mas que personalização?

A personalização de duas das três consistências que seriam livres sem a intervenção do sintoma não oferece dificuldade. Nós as chamamos de Jeanne e Marguerite. Mas a loucura a dois, já dissemos, é uma loucura a pelo menos três. Uma das primeiras conseqüências desta cifração borromeana do caso de Marguerite será a nossa obrigação de não negligenciar a incidência dessa terceira personalidade. Dado o material de que dispomos, só pode tratar-se dessa tia de Marguerite a que Lacan dedica apenas uma frase, logo depois de haver mencionado pela primeira vez a "loucura de perseguição" de Jeanne, e logo antes de nos relatar a morte acidental da Marguerite mais velha. Aqui está a frase:

> Uma tia rompeu com todos e deixou uma reputação de revolta e desordem na conduta[70].

O contexto, portanto, parece indicar que se trataria de uma irmã de Jeanne, e é isso que supomos, deixando a quem for capaz de retomar nosso estudo de um ponto de vista crítico a preocupação de confirmar ou negar essa suposição. Em seu favor, ainda, está o fato de que, há várias gerações, a história familiar não cessa de se localizar em Chalvignac, isto é, pelo lado das mulheres: Jean-Baptiste Pantaine, originário de Rilhac-Xaintrie, vem viver na terra de sua mulher, Jeanne Donnadieu, em Chalvignac, como já fizera o pai de Jeanne, Jean Donnadieu, originário de Lagraffouillère, ao se casar com Marguerite Maisonneuve.

Jeanne, portanto, se teria defrontado pela primeira vez com a loucura na pessoa de uma de suas irmãs. Certamente, Lacan não define essa tia de Marguerite como paranóica, passo que damos aqui. No entanto, permanece notável que os únicos traços que ele nos dá da personalidade dessa tia, a saber, a ruptura com sua família, a revolta e a desordem da conduta, se encontrem igualmente em Marguerite, com a diferença de que, no que diz respeito à primeira, a tia terá conseguido efetivar essa ruptura, ao passo que Marguerite por duas vezes terá sido impedida no último momento, ou renunciado ela mesma a deixar a França (setembro de 1924 e janeiro de 1931), limitando-se, à guisa de ruptura, a ir viver sozinha em Paris. Teria ela encontrado, vindo-lhe de sua tia, alguns traços pré-fabricados capazes de dar corpo a sua loucura? O

---

[69] Para um estudo mais desenvolvido dessa distinção interpretação/iluminação, pode-se ler nosso trabalho publicado em *Littoral* nº 31/32, "La connaissance paranoïaque", Paris E.P.E.L., março de 1991.

[70] T. p. 174.

que terá ela sabido, transmitido por Jeanne, sobre a loucura da irmã desta? E quanto à posição de sua mãe relativamente à loucura da tia? O mais provável é que nunca cheguemos a saber nada sobre isso.

Mas existe aí também uma ponta de método. Tudo se passa como se quanto mais se aprofundasse a pesquisa monográfica mais ficassem aparentes os seus limites, melhor se desenhasse o furo anunciado por ela. Uma das grandes "vantagens" das apresentações de casos às pressas é permitir negligenciar a incidência de um tal furo, que não deixa de evocar o *Urverdrängung* freudiano. Não existiria, em todo caso clínico estudado um pouco a sério, uma indicação, tal como a que consideramos aqui levando em conta essa tia, que é também como um ponto de fuga, como um furo no horizonte do caso, e a propósito do qual sente-se que prosseguir a pesquisa não significa necessariamente avançar no estudo do caso? Será esta uma razão para negligenciar a indicação em questão? Opostamente a esse procedimento demasiado usual, optamos aqui por dar a esta indicação, por mais discreta que seja ela, o estatuto de um elemento da estrutura: a incidência da paranóia dessa tia seria inscritível como um outro nó de trevo que, com aqueles que designamos pelos nomes de Jeanne e Marguerite, vai compor a estrutura subjetiva do caso na medida em que um quarto, tendo estatuto de sintoma, vai intervir para ligá-los borromeanamente.

Para chegar o mais perto possível de uma pertinência na nomeação, vamos dar a este quarto termo seu nome familiar, mas também literário, de "Nêne". Esta confluência do que viria tornar-se, com o livro de E. Pérochon, um *topos* literário e de uma "idiotia" familiar não vem por acaso. Pérochon, filho, como Marguerite, de uma França que se diz profunda, é também da mesma época que ela. Ele consegue passar no concurso de admissão à Escola Normal, e é bem sucedido, depois, na sua passagem a romancista. Obtém, com *Nêne,* o prêmio Goncourt, em 1920. Todo o interesse da obra se liga menos aos talentos literários do autor que à transcrição precisa, feita por ele, dos costumes e idéias da região. Já notamos (cf. a introdução da quarta parte, nota 10) até que ponto *Nêne* recorta a história familiar de Marguerite. Bastará, pois, aqui, observar o caráter sintomático desse personagem.

No estabelecimento da estrutura subjetiva, dois traços caracterizam o sintoma: ele é o que vem a mais, e tal é realmente o caso da Nêne de Pérochon, uma estranha na casa da família, inicialmente contratada, simplesmente, como governanta, depois da morte de uma Marguerite, ao mesmo tempo esposa, mãe e patroa da fazenda da família; ele é o que vem ligar as três consistências que permaneceriam livres sem sua intervenção, e tal é realmente o lugar que Nêne irá assumir de modo muito rápido, pois é verdade que o vazio da morte de Marguerite não pode ser tampado somente no plano utilitário pela contratação de uma criada. Pérochon escreve: "ela se tornara, graças às crianças, a alma ativa da casa, aquela que vela e que *reúne* [o grifo é meu]". São as crianças que, brincando com a alíngua, terminam obtendo que Madeleine (seu nome de estranha) seja chamada de Nêne, em outras palavras, *marraine* (madrinha), e que ela ocupe assim o lugar de sua madrinha verdadeira, a irmã de Marguerite que, por sua vez, tem suas pretensões, não sobre as crianças, mas sobre o pai destas. A posição sintomática de Nêne mostra-se ainda no seguinte traço: Nêne, ao contrário, neste ponto, da madrinha verdadeira, está pronta a sacrificar sua declaração de sexo à sua função de agente da reunião da família: "Todas as velas estão apagadas!... É preciso, *mesmo assim* [grifo meu] seguir seu caminho."[71]

Assim, parece que a modalidade específica da sintomaticidade de Nêne é o que Pérochon chama "o valor"[72]. Nêne só cura os dodóis das crianças (entre outros, a queimadura de um deles) graças a esse valor de que ela fez seu caminho: "Uma mulher diligente é muito numa casa; é tudo na minha"[73].

"Para o coração valoroso, nada é impossível", diz um provérbio (que aliás serviu de palavra de ordem a um movimento da juventude!). Apagar todas as velas se origina, com efeito, de uma impossibilidade e, tanto para a Nêne de Pérochon quanto para Élise, embora por caminhos diferentes, é daí que virá o "mal". Com efeito, basta um quase nada, uma coisa qualquer que reintroduza a vela, que marque, assim, com o "não todo" a sua erradicação, para que este valor sintomático bascule, vire vinagre, assumindo exatamente o aspecto descrito por Lacan sobre a posição de Élise com referência a Marguerite, ou seja, encarne uma perseguição do supereu:

> As mais nobres intenções, unidas a essa imunidade temível de que goza, tanto para si mesma quanto diante dos outros, a virtude atingida pelo infortúnio, tais são as armas irresistíveis com que este novo ator intervém na situação.[74]

O fato de ter contestado a versão sororal do caso de Marguerite não nos vai deixar quites com ela. Seria preciso ainda dar conta de sua ocorrência, dar-lhe sua razão. Graças à cifração borromeana de 1975, a coisa agora se torna possível. A estrutura subjetiva de quatro nós de trevo, formulamos, terá sido instalada desde o momento em que Élise se encarregava de educar Marguerite, ou seja, "durante seus primeiros anos"[75]. Uma distribuição de papéis parece, então, convir a todos: Élise já é uma Nêne, já que Jeanne abandona todas as funções de maternagem para com Marguerite para manter com esta, apenas, uma relação de amizade. A versão sororal, portanto, não é de todo errada, quando chega a falar em "intrusão"[76] de Élise. Aqui, ainda, limitamo-nos a deslocá-la: essa intrusão não data da vinda de Élise para o domicílio de

[71] E. Pérochon, *Nêne*, op. cit., p. 72.

[72] Ibid.

[73] Ibid.

[74] T. p. 230.

[75] T. p. 220.

[76] T. p. 231.

Marguerite e René, em Melun, no final de junho de 1918, mas é constitutiva da estrutura subjetiva que se estabelece desde o nascimento de Marguerite em 4 de julho de 1892. A julgar pelas poucas conseqüências que teve, a instalação de Élise em Melun não mereceria ser designada como "intrusão" (não é isso o que tem a importância desencadeadora da psicose, nem da sintomatologia pré-psicótica, já estabelecida naquele momento). Mas esse forçamento na designação já não o é mais se for deslocado o tempo em que se efetua essa intrusão. Posto em seu lugar, este nome, "intrusão", nos parece ser, ao contrário, extremamente justificado, já que designa a intervenção do sintoma que, como quarta consistência, vem nodular borromeanamente as três outras que já personalizamos: a tia, Jeanne e Marguerite.

Somos agora capazes de personalizar as quatro consistências da trança borromeana de quatro nós de trevo (figura 14). Partindo dos dois pares isolados por Lacan, castanho e vermelho vão figurar respectivamente a tia e Jeanne, o verde, Marguerite, e o preto, Nêne.

Essa estrutura subjetiva, composta por três paranóicos e um sintoma, se terá mantido até o desencadeamento da sintomatologia psicótica em Marguerite, ou seja, até o momento em que esta engravida pela primeira vez. Dois traços do caso nos parecem mostrar sua pertinência.

Marguerite jamais se teria podido engajar mais na sua declaração de sexo do que no momento em que vivia no lar de Élise e Guillaume Pantaine, ou seja, no momento em que Élise realizava ao máximo sua função de Nêne. Sua aventura com o poetastro tem seu respondente exato, no romance de Pérochon, no envolvimento de Michel na sua ligação com Violette, a cortesã, envolvimento que só acontece depois que Madeleine foi reconhecida e chamada de "Nêne" por todos da casa. Em outras palavras: essas duas aventuras, a fictícia e a efetiva, são fatos de estrutura, manifestações de seu ponto de impossibilidade.

O segundo traço também tem a ver com o real, isto é, o impossível da estrutura. Como no romance de Pérochon, com Élise, o nome de "Nêne" é sobredeterminado: contração de *marraine* (madrinha), é também uma contração de "Eugénie", outro nome (ou apelido?) de Élise. Vamos observar que o nome "Nêne" só recorta e conserva de "Eugénie" a letra "n", o mesmo ocorrendo com *marraine*. Isso dá um relevo, e mesmo uma importância, à designação de C. de la N. como primeira perseguidora, mas também à versão sororal do caso: que logo iremos retomar. Por ora, impressiona-nos o fato de que a série "Eugénie"/"Nêne"/"marraine" não se apresente apenas como um jogo de linguagem mas também transcreva fielmente a história do caso. Élise terá sido inicialmente "Nêne", em lugar de "Eugénie" (no duplo sentido desse "em lugar de"), depois "madrinha", mas somente chamada como tal por Didier, para Didier, com Didier, ou seja, na geração seguinte (incidência, aqui, do *genos*) e, precisamente, para além da cura de Marguerite, durante o longo período de ruptura entre Marguerite e seu filho, que é também o período em que Élise assume, notoriamente, o lugar de companheira de René. Mas essa historização desses três nomes prova que o nome que vem em lugar de média, de intermediário, de báscula entre Eugénie e madrinha, o de "Nêne", não foi, justamente, tomado como sobredeterminado. Durante todo o tempo em que Élise cria Marguerite, "Nêne" não tem o valor simbólico de "madrinha". O que significa isso? Existe aí um indício de que ela seja demasiado realmente madrinha de Marguerite, substituto materno, para poder ter sido chamada como tal na sua ligação com a irmã-filha. Todo ato de nomeação, com efeito, supõe e ao mesmo tempo realiza uma deflação do real da função: a criança não diz pela primeira vez "mamãe" a sua mãe senão por esta já não sê-lo mais, o que lhe abre a possibilidade de se tornar. Assim se vê confirmada, em nossa opinião, a função sintomática de "Nêne": Nêne efetua o real do nó subjetivo.

As "respostas particulares"

Um dos principais interesses dessa trança borromeana de quatro nós de trevo se liga ao fato de que dois pares se deixam nela diferenciar; ela romperia, assim, com a "analogia", o mimetismo dos três aros de barbante no nó borromeano mais simples. Uma simples olhada para a figura 14 é suficiente para isolar as consistências verde e preta que, aparentemente, ligam-se entre si, dão-se as mãos por seis vezes, enquanto as consistências castanha e vermelha são simplesmente superpostas (o castanho sempre sobre o vermelho). Em cada um desses pares, observa Lacan, existem "respostas particulares". Tendo situado a função do sintoma na corda preta (é esta que Lacan escolhe elidir para afirmar o borromeanismo da trança, a saber, o fato de que então as três outras ficam livres), podemos precisar mais um pouco a particularidade dessas respostas, dizendo que o preto responde ao verde de uma maneira que seria diferente da resposta do vermelho ao castanho. Mas, será isso certo? Essa diferença que particulariza as respostas fará parte, realmente, da estrutura da trança? A prática do exercício topológico já nos reservou surpresas em quantidade suficiente, e já nos ensinou o bastante que aquilo que acreditamos notar é errôneo, para que demos razão a T. Bernhard quando este declara que "a desconfiança é justificada"[77]. Logo, vamos isolar esses dois

[77] Esta notação de T. Bernhard vai no sentido da questão de Régis a proposito da loucura a dois: "Quem é o mestre?" Vamos dar na íntegra a passagem seguinte, de *Ténèbres* (Maurice Nadeau, Paris, 1986, p. 50). Depois de haver notado que "Nós temos mestres que se apegam à estupidez", Bernhard prossegue: "Quem é o mestre? perguntava eu com insistência. Não é nem Montaigne, nem Pascal, nem Schopenhauer quem me ensina, dentre os nomes que ouço com freqüência. Desenho (fielmente) uma lâmpada de óleo e recebo (na escola primária) uma distinção pública. Vejo que a desconfiança é justificada." Digamos de nossa estupefação ao dever constatar, tendo relatado essa conclusão bernhardiana no decorrer de nosso seminário, que um bom número de nossos ouvintes a entenderam assim: "Como? O menino Bernhard dá a seu mestre-escola exatamente o que este espera: em troca, recebe uma previsível felicitação e conclui daí que a desconfiança é justificada!" — "Pois é, justamente."

pares. As duas séries de desenhos abaixo demonstram que, de fato, a resposta do preto ao verde não é semelhante àquela do vermelho ao castanho. Enquanto vermelho e castanho são simplesmente superpostos, preto e verde são, não enlaçados (a trança a quatro, neste caso, não seria borromeana), mas tomados um no outro, de tal maneira que cada um passa numa das quatro zonas delimitadas pelo outro. Cada um usa essa espécie de falso furo delimitado pelo outro para ali deslizar. Parece que isso é a que se pode reduzir o que nos pareceu inicialmente ser seis mãos dadas. A resposta particular do nó de trevo em função de sintoma se deixa assim definir como o fato de que uma de suas alças vem passar numa alça desse outro nó de trevo ao qual ele responde.

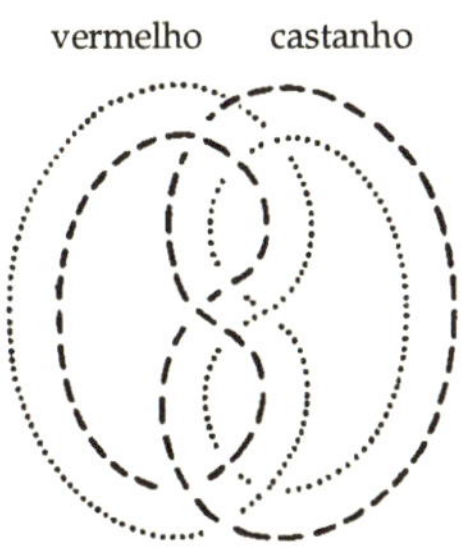

Figura 29

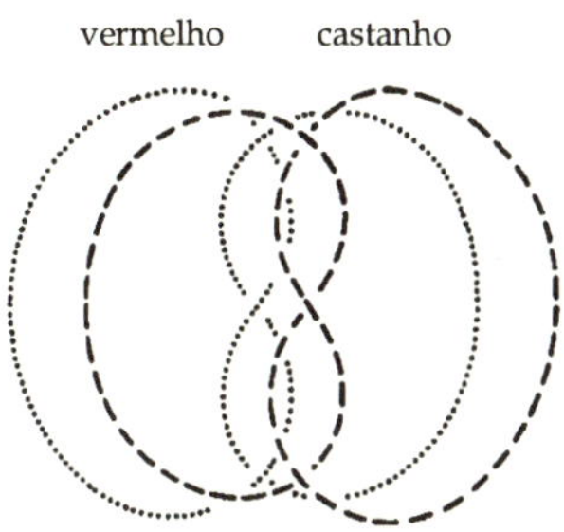

Figura 30

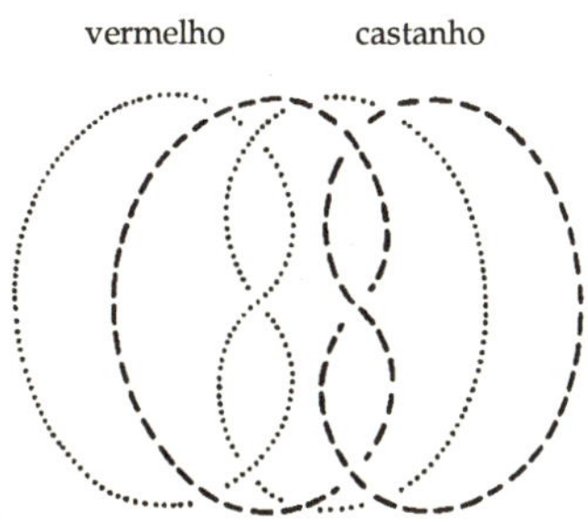

Figura 31

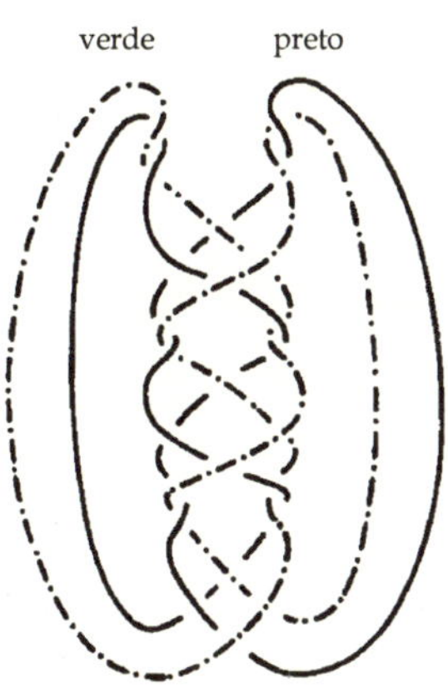

Figura 32

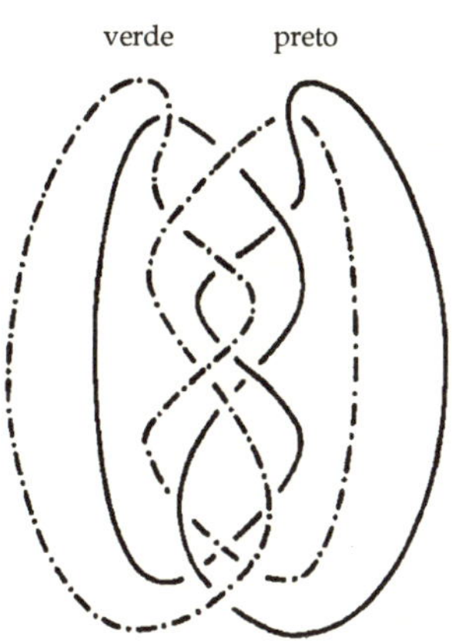

Figura 33

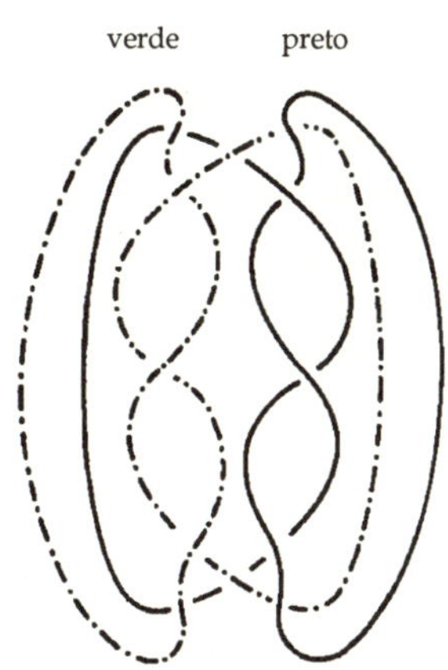

Figura 34

Respondendo assim "particularmente" ao verde, o preto vem nodular os três nós de trevo verde, vermelho e castanho. Com essa intervenção do preto, os três supramencionados, como demonstram os três desenhos seguintes, ficam, uns com relação aos outros, numa relação que se apresenta como se fosse borromeana, ao mesmo tempo em que não o é de forma alguma: o castanho está sobre aquele que está em cima (o vermelho) e sob aquele que está em baixo (o verde), mas os três não estão encadeados.

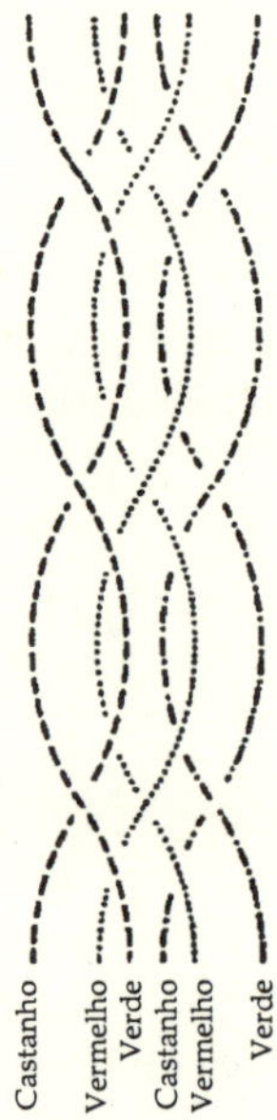

Figura 35

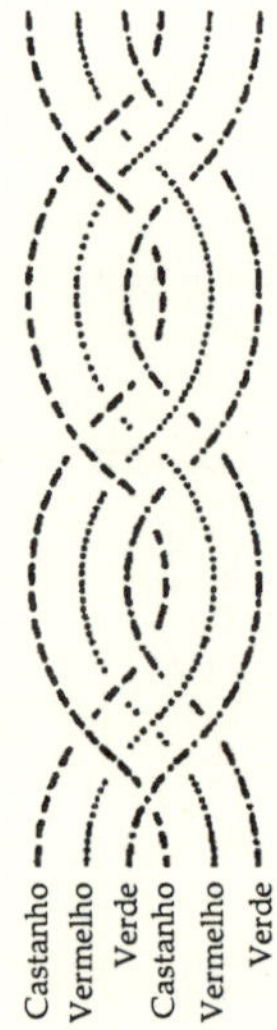

Figura 36

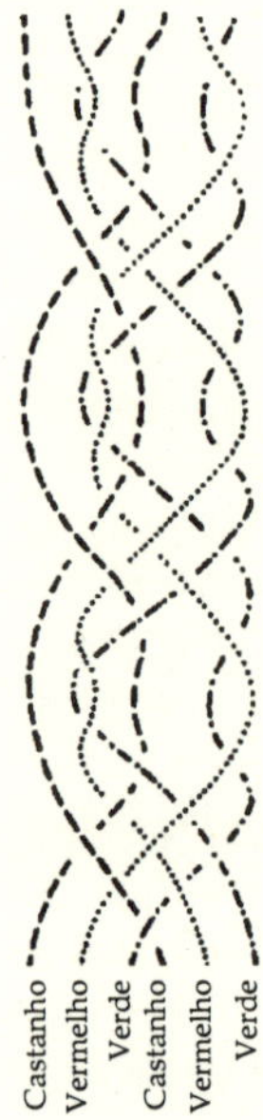

Figura 37

A partir da figura 37, pode-se tentar esclarecer a operação do trançamento borromeano dos quatro nós de trevo que seria realizada pela intervenção do preto sobre os três outros. Trata-se de uma operação regrada, embora não seja fácil dizer em que e como. Uma das maneiras de começar a dizê-lo pode consistir em nos basearmos na planificação da trança; esta, com efeito, já o vimos, isola um certo número de zonas — na planificação desta trança existem duas zonas para cada uma das cordas. Vamos colorir em vermelho as zonas delimitadas pela corda vermelha, em verde aquelas delimitadas pela corda verde e em castanho as delimitadas pela corda castanha. Vamos constatar que essas zonas se recobrem parcialmente (o número desses recobrimentos aumenta quando se passa da figura 35 para a figura 37). Vamos chamar de V, Vd, C as zonas que aparecem coloridas somente em vermelho, ou verde, ou castanho: α as zonas coloridas de vermelho, verde e castanho, β as zonas coloridas de vermelho e verde; γ as coloridas de vermelho e castanho e δ aquelas coloridas de verde e castanho:

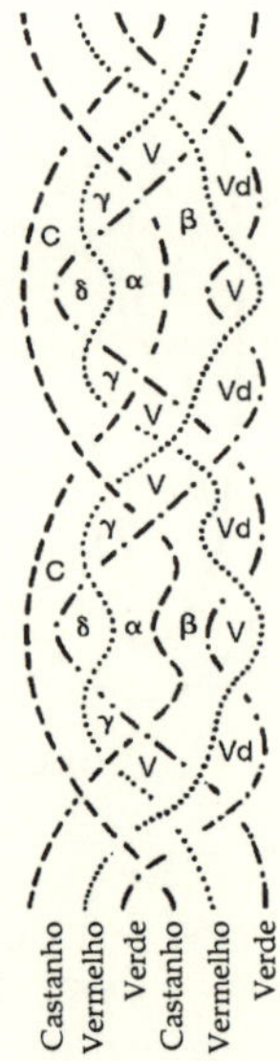

Figura 38

Se observarmos agora, localmente, a partir da figura 14, como se opera o trançamento, vamos perceber que a corda preta passa sempre sob a vermelha e sempre sobre a castanha, mas no que toca à corda verde ela se comporta de outra maneira; a resposta particular do preto ao verde põe em jogo os por cima/por baixo. Em , esses por cima/por baixo estão fora das zonas coloridas de vermelho, em δ eles estão fora das zonas coloridas em castanho. O trançamento pela corda preta supõe, pois, que essas zonas sejam constituídas; ele não pode ser efetivo sem uma certa *disposição* das três outras cordas umas com relação às outras. Assim, fica evidente que a resposta particular do preto ao verde não deixa de necessitar de um certo agenciamento do verde com o vermelho e o castanho, mesmo quando essas três cordas permanecem livres. A intervenção do sintoma exige, para constituir o nó subjetivo, que as três personalidades que, sem sua intervenção, seriam livres entre elas, componham todavia uma certa figura, sejam ligadas entre elas pelo que designamos aqui como sendo uma disposição. Nosso estudo do caso de Marguerite deverá operar com este conceito de disposição.

A trança subjetiva não poderia valer como escrita do caso de Marguerite senão sob a condição de escrever sua história. A nosso ver, não existe essa oposição história/estrutura que foi difundida por algum tempo (cf. o debate Sartre/Lévi-Strauss); vamos chamar também "fato de estrutura" cada dado histórico principal que pudemos distinguir em nosso estudo clínico do caso.

Primeiro fato de estrutura: a intrusão de Élise. Situamos essa intrusão no momento em que ela assume Marguerite maternalmente, quando realiza sua função de Nêne. Por essa intrusão, a trança subjetiva é constituída. Pode-se dizê-la composta de três paranóicos (a tia, Jeanne, Marguerite) e um sintoma (Élise), no sentido em que existe, em cada uma das quatro personalidades em causa, indistinção do real, do simbólico e do imaginário. Mas é preciso também não negligenciar o fato de que se trata então, precisamente graças à intervenção do sintoma-Nêne, de algo que, "a partir daí, não constitui mais uma paranóia, a não ser que esta seja comum."

Segundo fato de estrutura: o desatamento dessa cadeia de quatro, quando Marguerite se vê grávida pela primeira vez. Cada uma das três personalidades até então encadeadas, isto é, subjetivadas pela intervenção intrusiva do sintoma-Nêne está, doravante, livre, livre, para três delas, para realizar sua paranóia a partir do momento em que se demonstra inoperante a função sintomática de Nêne. Só existe então, para cada uma, como suporte subjetivo, aquele que lhe é oferecido pela triplicidade do nó de trevo, pálido vestígio (por colocação em continuidade) daquela do nó borromeano: "é nisso que consiste a psicose paranóica". O que significa isso, tratando-se destas quatro personalidades?

No que concerne a Nêne, admitimos que o acesso de Marguerite à maternidade, com o que é implicado neste acesso de engajamento notório na sua declaração de sexo, terá operado uma verdadeira e irremediável quebra na sua função de Nêne, esta mesma quebra que terá desnodulado o nó subjetivo. Até ali, com efeito, Élise terá conseguido pagar o preço exigido dela por essa função: casando-se com um de seus tios paternos, ela não sai, realmente, da casa da família, mantém seu nome e logo encontra, acolhendo Marguerite em sua casa, a possibilidade de realizar ainda mais aquilo a que se tinha dedicado até então, ou seja, ocupar o lugar de mãe para Marguerite, reparar a abstenção de Jeanne nesse sentido. Ela é então, mais que nunca, Nêne, e pode crer por um instante que isso não exija dela o sacrifício de sua feminilidade. Desenganada pela histerectomia, e depois pelo falecimento de Guillaume Pantaine, ela se precipita para a casa de Marguerite e René, como que para prevenir o perigo que já se entrevê (cf. o que designamos como sendo a sintomatologia pré-psicótica em Marguerite). A inversão de posições (ela está em casa deles, quando antes era Marguerite quem estava em sua casa) já marca seu combate como perdido por antecipação. O acesso de Marguerite à maternidade desfere um golpe fatal em sua "vocação": doravante, está excluído que ela crie Marguerite para Jeanne ("para" no sentido de "em seu lugar", mas também no sentido em que a criança Marguerite é aqui um presente dado por Élise a Jeanne: há o engaste de uma resposta particular a Marguerite e de uma outra resposta particular a Jeanne).

Este rompimento do sintoma-Nêne, se nos submetermos aqui à cifração de 1975, deve ter por efeito deixar daí por diante cada uma das três personalidades livres na sua paranóia. No que se refere à tia, não temos elemento algum que nos permita confirmar ou negar essa suposição. Em contrapartida, uma tal confirmação não faz falta, nem no que diz respeito a Jeanne (já vimos que ela entra em seu delírio naquele momento), nem no tocante a Marguerite (este é também o tempo do desencadear de sua psicose). E, o que é mais, a clínica nos oferece o índice preciso desse desatamento que torna "livres", uma com relação à outra, Marguerite e Jeanne. De fato, podemos lembrar aqui da incompatibilidade básica, dita como tal por Marguerite, entre psicose e amizade, quando ela encerra toda a sua aventura com a fórmula: "Eu devia ter ficado junto de minha mãe'"[78]. Igualmente, parece-nos um índice do desatamento da estrutura de quatro essa outra fórmula de Marguerite, aqui leitora de Pierre Benoit: "Eu era ao mesmo tempo aquela mãe e aquela filha".[79]

Como terá Marguerite usado sua "liberdade" (aqui o trilhamento lacaniano de 1975 está nos antípodas da posição de um H. Ey definindo a loucura como "doença da liberdade": para um dos dois amigos, ser louco é não ser livre, para o outro é sê-lo demais)? Surge-nos agora um traço notável na construção de seu delírio, a saber, o fato de que essa construção tenta

[78] - T. p. 241.

[79] - T. p. 296 (a fórmula é sublinhada por Lacan).

reconstituir uma ternariedade: de diversas maneiras e segundo uma modalidade que iremos precisar. Essas diversas maneiras correspondem às diferentes temáticas delirantes já estudadas. É tempo de observar que o ordenamento, por Freud, dos delírios paranóicos, graças à fórmula geradora "Eu o amo"[80], apesar do aspecto dual dessa fórmula, põe realmente em jogo a ternariedade (patente na fórmula freudiana da erotomania e do delírio de ciúmes, latente nos outros dois casos recenseados). O ciúme delirante de Marguerite se deixa transcrever:[81] "não sou eu quem ama a atriz, meu marido ama a atriz", fórmula onde se encontra, manifesto, o "ser a três"[82], mas também onde se pode isolar, neste ser a três, um par sexuado marido-atriz. Encontra-se aqui um tal ser a três com a transcrição da erotomania: "eu não a amo, eu o amo, ele me ama", onde o par sexuado se compõe desta vez de Marguerite e Pierre Benoit (e depois o Príncipe de Gales). Quanto à perseguição: "eu não amo a atriz, eu a odeio, ela me odeia", o caso de Marguerite testemunha de maneira extremamente nítida até que ponto a dualidade, aqui, é só aparente. Com efeito, é necessário, como já vimos, completar a fórmula: "ela me odeia... em cumplicidade com Pierre Benoit", onde o par sexuado é desta vez composto por Huguette ex-Duflos e o autor que revela o jardim secreto de Marguerite, incitando a atriz a encenar nos palcos essa intempestiva revelação. Lacan constrói esse ser a três em sua "Homenagem feita a Marguerite Duras sobre o deslumbramento de Lol. V. Stein". Ele é "isso a que Lol está suspensa", fórmula que não hesitamos em transpor para o caso de Marguerite, fórmula, pois, de sua relação com o que ela constrói de delírio. O delírio aparece assim como uma tentativa de reconstruir a estrutura borromeana que reclama, enquanto tal, um "pelo menos três". Mas acrescentemos logo a observação anunciada no que toca à modalidade dessa tentativa. Falando do estatuto dos protagonistas do delírio, Lacan notava que estes apresentavam um valor "mais representativo que pessoal"[83], observação que nos aparece agora como capital, na medida em que indica que esses personagens não equivalem a personalidades. O ser a três é um ser de representação, uma composição de personagens e não de personalidades; o nome de ser a três designa algumas configurações daquilo que se apresenta como sendo, em Marguerite, "as imagens de seu teatro"[84]. Ele se produz como *um mimetismo da estrutura* a partir do momento em que esta se desfaz, a partir do momento em que, como sujeito, Marguerite se vê "liberada".

---

[80] - S. Freud, *Cinq psychanalyses,* Paris, PUF, 1954, p. 308 a 310.

[81] - Retomo aqui, literalmente, um pequeno papel que Mayette Viltard me escreveu em seguida a uma discussão com ela do manuscrito deste livro em janeiro de 1990.

[82] J. Lacan, "Hommage fait à Marguerite Duras du ravissement de Lol V. Stein", *Cahiers Renaud-Barrault,* Paris, Gallimard, 1965.

[83] T. p. 164.

[84] J. Lacan, *Écrits,* op. cit., p. 66.

Mas o delírio terá tido uma outra função, a de encaminhar o ato em que irá desembocar. Ele tem a ver, portanto, não mais somente com personagens, mas, pelo viés destes personagens, com a personalidade de Jeanne, com sua paranóia (cf. tudo o que sublinhamos quanto à importância de advertência da passagem ao ato). Existe aí um outro dado de estrutura, mas que não tem exatamente o mesmo estatuto que os fatos de estrutura que acabamos de mencionar. Segundo nossa análise, a advertência põe numa certa relação Marguerite e Jeanne, uma relação clinicamente notável já que Jeanne, advertida, se fecha em seu delírio integrando a este a advertência, enquanto Marguerite, advertida de que Jeanne foi realmente advertida, pode guardar seu delírio em reserva. Logo, *exeunt* os personagens. Graças à passagem ao ato, trata-se novamente das relações de personalidades. Essas personalidades permanecem "livres", no entanto não deixam de responder umas às outras de uma certa maneira. Parece-nos que o conceito de disposição, acima introduzido, apresenta a vantagem de apontar, ao mesmo tempo, para essa liberdade relativa (as cordas são livres, relativamente umas às outras) e essa relação (elas não são, em absoluto, independentes umas das outras, já que devem ser dispostas de uma maneira que não é qualquer). Logo, nossa figura 31 cifraria de modo pertinente o avatar da estrutura subjetiva que teria sido instaurada pela passagem ao ato. Com essa disposição de três personalidades, a estrutura subjetiva primitiva estaria como que pronta para ser recomposta, como que à espera da intervenção de um sintoma que viesse recompor, com elas, a trança borromeana de quatro nós de trevo.

Terceiro fato de estrutura: este consiste na recomposição da trança, vindo Lacan, no caso, inscrever-se a título de sintoma. Tal fato teria o estatuto de uma segunda "resposta particular" da corda preta à corda verde, homóloga à que teria sido a resposta particular do sintoma-Nêne como componente da estrutura e, ao mesmo tempo, compondo-a. Essa recomposição teria o valor de uma substituição (Lacan assume o lugar de Élise), se nenhum "desnodulamento" interviesse. A cifração de 1975, tal como a desenvolvemos, nos impede de falar em substituição no sentido de uma personalidade expulsando outra. Ela implica, no entanto, que haja incompatibilidade, no que toca à realização do sintoma, entre Élise e Lacan. Ora, toda a nossa análise da imputação (3ª parte, capítulo 1) relatava, da maneira mais manifesta, semelhante incompatibilidade: lembremo-nos do erro de Lacan a propósito do "tio velhote", de sua definição de Élise como intrusa, da (pseudo)denegação emprestada a Marguerite com referência ao que Lacan pretende ser a perseguição desta pela irmã, da ausência de simpatia de Lacan por Élise, da carta de Élise a Marguerite que Lacan conserva consigo. Tais atos cometidos por Lacan vão parecer menos estranhos, senão menos escandalosos, como pode parecer à primeira vista, se levarmos em conta agora o fato de se tratar, para Lacan, de nada menos que da conquista, principalmente diante de Marguerite, de sua função de sintoma.

Que posição veio a ser a de Élise quando não mais se pôde manter, uma vez desencadeada a psicose em Marguerite, na de sintoma-Nêne? O termo mais adequado para dizer, justamente, essa posição parece-nos ser aquele que deu o título a uma coletânea de poemas de Pierre Benoit mencionado por Marguerite, aquele que Lacan, aliás, utilizou para nos dizer qual foi a atitude de Élise diante dele, a de "suplicante". Se alguém, no caso de Marguerite, merece ser chamado *heautontimoroumenos* (cf. a documentação anexa), é realmente ela, Élise, na sua relação com a loucura da irmã. Pierre Benoit escolhe como exergo de sua coletânea este trecho das *Suplicantes* de Eurípedes: "As mulheres receberam, para chorar aqueles a quem amam, não sei que potência de dor"[85]; e Lacan se apossa dessa "potência de dor" para levá-la à incandescência, tornando-a uma potência perseguidora. Como dissemos, este era um passo demais, e que reduzimos à sua justa medida, dizendo que Élise adveio como suplicante a partir do momento em que se desencadeou a psicose em Marguerite. Falando de sua entrevista com Élise, Lacan escreve:

> A irmã de Aimée nos exprimiu antes de tudo um temor *desmesurado* [grifo meu] de uma eventual liberação de nossa doente, onde ela teria visto nada menos que uma ameaça imediata a sua própria vida, bem como às vidas do marido e da criança. Chegou, assim, a súplicas, que *aliás, eram desnecessárias* [grifo meu], para que fossem evitados tão grandes males[86]

Encontramos, no relato do caso, uma outra circunstância em que Élise se produz como suplicante. Desta vez, é a Marguerite que Élise suplica, em resposta ao que acaba de saber pela boca da irmã: sua intenção de ir viver na América para ser romancista (a personalidade da tia dá sua importância a essa cena):

> Em seu favor, ela invoca que quer ir tentar a fortuna na América; ela será romancista. [...] Sua família a intima a renunciar a suas loucas imaginações. A doente guarda dessas cenas uma lembrança penosa. "Minha irmã", nos conta ela, "lançou-se de joelhos e me disse: Você vai ver o que lhe acontecerá se não renunciar a essa idéia". "Então", acrescentou ela, "eles fizeram uma conspiração para me arrancar meu filho, que eu amamentava, e me fizeram trancar numa casa de saúde."[87]

O imperativo "renuncie" dá seu conteúdo à súplica de Élise: "Renuncie à sua loucura e se, decididamente, não puder renunciar, então que seja trancafiada e permaneça assim" (esta é a primeira hospitalização, é em seguida à súplica). Aqui se evidencia a incompatibilidade entre Lacan e Élise: ao "renuncie" de Élise, Lacan replica, não a Élise, mas a Marguerite, por um "realize", "seja essa romancista que pretende ser"; e, longe de se limitar assim a despertá-la, ele vai-se dedicar a ser ele mesmo seu *editor*, seu assessor de

[85] Pierre Benoit, *Les Suppliantes*, Albin Michel, Paris, s.d., p. 39.

[86] T. p. 231.

[87] T. p. 160.

imprensa ainda por cima, dando a ler seus escritos, reconhecendo seu valor literário, desde antes da sua publicação na tese, a Fargue e a Crevel. Com relação a essa conduta em que Lacan conquista, junto a Marguerite, função de sintoma, Élise, com sua súplica de que renuncie, vê-se efetivamente na posição de intrusa. Lacan só se pode fazer sintoma pela exclusão radical de toda apologia da renúncia. Tal nos parece, agora, ser a razão de seu afastamento de Élise, bem como de seus "deslizes" com referência a esta irmã de sua Aimée.

Lacan, secretário de Marguerite sabedora

Decerto, por um lado, na sua resposta particular a Marguerite, Lacan toma para si a função sintoma-Nêne. Com efeito, pode-se subsumir, sob este termo, a série de atos que visam acomodar as coisas de tal maneira que a estrutura do grupo não seja desnodulada: ele mantém Marguerite hospitalizada, consegue-lhe um emprego de bibliotecária onde ela pode exercer seus talentos, sendo estes valorizados, e dedica-se a suavizar o que poderiam ter de demasiado vivo os encontros familiares. No entanto, isso, que é essencial no caso de Élise, parece ficar em segundo plano com Lacan. No que diz respeito a este, a questão mais viva é a de estabelecer como, estranho ao grupo familiar, ele pôde chegar a se realizar como sintoma. Seu confronto com Élise testemunha ao mesmo tempo um "é ela ou eu", mas também que sua resposta particular a Marguerite, em especial sobre um ponto decisivo, não tem o mesmo teor que aquela que optamos por indicar com o sintagma sintoma-Nêne. Para Élise, Marguerite deve renunciar a ser romancista, para Lacan, trata-se, ao contrário, de fazê-la reconhecer como tal. Cabe-nos dar conta dessa diferença, quanto à modalidade de efetuação do sintoma, entre o valor de Élise e a acolhida mais que benévola, por Lacan, das produções da loucura de Marguerite.

Consideremos mais de perto o que está em jogo. Na sua tese, Lacan se diz e se mostra impressionado com o caráter imediatamente compreensível dos fenômenos da psicose — entre os quais classifica as produções literárias de Marguerite. Entretanto, uma tal posição diante desses fenômenos choca-se com a impressão banal de seu caráter enigmático, com o sentimento que habita o interlocutor de nada compreender. Existe, pois, uma dificuldade, e tanto mais nítida quanto Lacan se proíbe, então, de apelar para a semântica psicanalítica, a qual poderia vir resolver com demasiada facilidade essa dificuldade. Como é que Lacan sai disso? Afirmando que a psicose põe em jogo um modo de pensar específico, "pré-lógico"[88] no sentido de fora das normas da lógica usual. Este modo de pensar

[88] T. p. 297.

> [...] não é embaraçado por qualquer referência a este *sistema coerente* segundo o qual o homem normal organiza sua história por meio dos *princípios de lugar, de tempo, de causa e de identidade*[89].

Ou ainda:

> [o delírio] exprime *claramente* tendências psíquicas das quais somente a expressão *lógica* normal é recalcada.[90]

Existem formas conceituais que são próprias ao delírio, e Lacan menciona aqui, em especial, a "identificação iterativa", termo forjado por ele a partir da constatação segundo a qual os perseguidores de Marguerite são outras tantas tiragens de uma única figura prototípica[91]. Sua posição, a propósito dessas formas conceituais, permanece um pouco ambígua, já que, por um lado, ele chega a propor um termo que os designe propriamente ("para essas estruturas fundamentais, propomos o título de formas do pensamento paranóide"[92]), mencionando, ao mesmo tempo, e por outro lado, o "parentesco" destas com "as produções míticas do folclore", "as formas conceituais, desconhecendo o princípio de identidade, que caracterizam o *pensamento pré-lógico*" e, "parentesco mais inesperado", "certos princípios gerais da ciência".[93] Assim, Lacan acredita poder sustentar sua afirmação do caráter compreensível dos fenômenos da psicose, dando conta, ao mesmo tempo, daquilo que seria suscetível de objetar a ele. Esta posição (veremos que foi provisória) é importante, pois segue-se uma certa atitude do psiquiatra: este será aquele que saberá tornar falantes, para todos, os fenômenos da psicose, transpondo-os da lógica específica que informa suas manifestações à lógica comum, regida pelos princípios que Kant julgava eternos.

Seja a última definição do delírio que encontramos na tese:

> [o delírio é] a expressão, sob as formas da *linguagem* forjadas para as relações compreensíveis de um grupo, de tendências concretas cujo conformismo insuficiente às necessidades do grupo é desconhecido pelo sujeito.[94]

O termo "grupo" não tem o mesmo referente em cada uma dessas duas ocorrências: "um grupo" designa este grupo para o qual as formas forjadas da linguagem são compreensíveis (aqui se confirma o lugar eminente da loucura a pelo menos três), enquanto que "o grupo" designa o grupo social mais vasto que, por sua vez, reconheceu certas leis da comunicação do pensamento.

---

[89] T. p. 294.

[90] T. p. 295.

[91] T. p. 296. Essa reiteração logo foi exemplificada por Joë Bousquet que, em seu número 1 de *14 rue du Dragon* fez publicar, na primeira página, uma foto de Greta Garbo em série. Cf. Danielle Arnoux, "'Aimée' par Joë Bousquet", in *Littoral* nº 33, Paris, E.P.E.L., nov. 1991. Retomamos aqui mesmo em anexo alguns elementos do estudo de Danielle Arnoux.

[92] T. p. 297.

[93] T. p. 296-7.

[94] T. p. 337.

Verdadeiro etnógrafo, o psiquiatra fará passar de um grupo ao outro aquilo com que terá lidado. Logo, será necessário que ele saia em campo, inscreva-se ele próprio na microssociedade envolvida, e partilhe, ao menos por algum tempo, de seu sistema de coordenadas.

Digamos desde já que Lacan não se manterá nessa posição, que alguns poderiam julgar conservadora. Apoiando-se na ambigüidade que assinalávamos (a forma de pensamento paranóide é também a do pensamento mítico, a do artista, até mesmo a do cientista), ele vai construir, pouco depois de sua tese e na contramão de sua primeira conduta reivindicada em 1932, a partir da psicose, um sistema de coordenadas original de que vai-se tratar para ele em seguida, como para o paranóico, como para o artista ou o criador no domínio da ciência, de fazer adotar pelo grupo social. Este procedimento se engajou muito antes que ele chegasse a promover uma lógica original do significante; já se trata disso com *O Estágio do espelho* em 1936 (cf. a interrupção de seu comunicado); mas a coisa ficará patente em especial a partir de seu estudo sobre *Os Complexos familiares* de 1938. A partir do ano seguinte, Loewenstein não perde ocasião de se surpreender publicamente com o "sistema imprevisto de coordenadas" construído por Lacan.[95]

Como terá Lacan conseguido conquistar sua função no sintoma, recompondo assim a estrutura borromeana do caso de Marguerite? Afirmamos que foi, essencialmente, fazendo-se o secretário efetivo de Marguerite.

Este termo, "secretário", não parece hoje designar mais que um emprego como outro qualquer, e é mal avaliado (a não ser nos casos onde se vê uma secretária dar a seu patrão um lugar em sua vida incomparavelmente mais decisivo que aquele representado para ela por seu marido ou seus filhos) o ponto a que pode chegar, na vida de alguém, a incidência da função secretarial. Curiosamente, enquanto a psicanálise teve o mérito de isolar o que designou pelo nome de transferência, não parece que neste campo algum autor se tenha interessado por essa função de secretário, pela especificidade do laço que ela instaura. Assim, precisamos dirigir-nos, seja aos testemunhos disponíveis da experiência mística, seja à experiência literária, para entrever um pouco até que o ponto o psicanalista, ao menos na medida do que apresenta, "ingenuamente", como caso, se faz o secretário do analisando, até que ponto, pois, tais relatos, longe de valer como balanço de uma experiência terminada, fazem parte dessa própria experiência.

Será que é porque a santa é a "musicista do silêncio"[96] que ela suscita a sobrevinda de um secretário? Tal função de secretário não se limita simplesmente ao gesto de transcrever no papel o que terá sido a vida da santa, a levar

---

[95] R. Loewenstein, intervenção na discussão do comunicado *De l'impulsion au complexe* apresentado por Lacan à SPP em 25 de outubro de 1938, in *Revue française de psychanalyse*, 1939, I, p. 140.

[96] Esta palavra encerra *Sainte* de Mallarmé.

essa vida para o romance, traço em que a escrita da tese participa desse mesmo ato cometido por um Jean Maillard, secretário de Louise du Néant[97], um Dom Claude Martin publicando, com prefácio e anotações, os escritos de Marie de l'Incarnation (ao mesmo tempo seu secretário e seu filho)[98] e uma multidão de outros. O secretário é também diretor espiritual, no sentido forte deste termo[99], no sentido de revelador do desejo, mesmo que em prejuízo do bem daquela que ele dirige. É que ele sabe ver na santa uma alma pouco comum; visionário desse extraordinário, a intervenção desta visão, apenas, pode ter por conseqüência nada menos que levar à santidade o que foi inicialmente recebido como manifestação de uma loucura humana e, sob este título, objeto de curiosidade. Tal foi o caso de Louise du Néant, escandalosa ali mesmo onde se reuniam todos os escândalos como que para anulá-los, quero dizer, na Salpêtrière, e tornada assim, nesse lugar e muito antes das exibições de Charcot, objeto de curiosidade para o Tout-Paris, antes que um primeiro diretor identificasse a ação da graça em seus comportamentos aberrantes. A relação de Lacan com Marguerite participa muito mais do estilo de relação mantida por Louise du Néant e seus sucessivos diretores (em especial "o terrível Guilloré"[100], cuja ética não é menos extrema e paradoxal que aquela proposta por Lacan para a psicanálise), que da acolhida reservada por Janet à sua Madeleine[101], esta também encerrada na Salpêtrière, acolhida a propósito da qual C. Louis-Combet escreve o seguinte, que subscrevemos sem restrições:

> [...] pode-se dizer — ou pelo menos eu me digo — que o saber médico, laicizando a doença, matou algo de essencial e de realmente insubstituível, no fundo da fala, e que esta, considerada definitivamente como um delírio, contribui, certamente, para o conhecimento que podemos ter do doente e de sua doença, mas igualmente é nula de verdade e vazia de transcendência. [...] A fala de Madeleine não é o testemunho de uma verdade, é o sintoma de uma psicose.[102]

Como Lacan com Marguerite, o secretário da santa convida-a a escrever sua experiência. Se ele mesmo se encarrega disso, é ao preço de seu próprio apagamento: as histéricas fazem Charcot, elas o servem, alimentam sua notoriedade, ao passo que o secretário da santa, a despeito de sua ação diretorial, ou melhor, porque não se recusa notadamente ao exercício de sua

---

[97] Jean Maillard, *Louise du Néant ou le triomphe de la pauvreté et des humiliations*, Gabriel Martin, Paris, 1732, reed. J. Millon, Paris, 1987.

[98] Dom Claude Martin, *La Vie de la vénérable Mère Marie de l'Incarnation*, Solesmes, 1981 (ed. original de 1677). O secretário fará, por sua vez, vinte anos mais tarde, objeto de uma biografia: Dom Edmond Lartène, *La Vie du V. P. Claude Martin*, Paris, 1697.

[99] São João da Cruz dizia, sobre os confessores desprovidos de experiência espiritual suficiente: "Como eles não entram, nem deixam entrar os outros", citado por J.-N. Vuarnet, *Le Dieu des femmes*, L'Herne, Paris, 1989, p. 65.

[100] J.-N. Vuarnet, op. cit., p. 61.

[101] P. Janet, *De l'angoisse à l'extase*, Paris, Alcan, 1928.

[102] C. Louis-Combet, introdução à obra de J. Maillard, *Louise du Néant...*, op. cit., p. 22-3.

direção espiritual, apaga-se diante da sua dirigida; "ele queria", escreve J.-N. Vuarnet, "o que ultrapassava a ele mesmo, com toda ciência e todo discurso"[103]. Mas, muito mais que de prestígio ou de notoriedade, trata-se aqui de uma certa relação com o saber. O secretário é aquele que admite que em sua relação a santa alma sabe, sabe de um saber cuja verdade lhe escapa, mas que pode ser objeto daquilo que J.-J. Surin chamava de seus votos, uma "ciência experimental". É que uma tal alma tem relação com um alhures, um alhures a que o secretário não é estranho.

Duas breves santas réplicas nos podem esclarecer quanto a essa posição da santa com referência ao saber, na medida em que uma tal posição suscita a sobrevinda de um secretário. Encontramo-las na vida de Marie des Vallées, santa de Coutances que, como Marguerite protegendo sua perseguidora Jeanne, pedia a Cristo que a fizesse sofrer no Inferno para que seus perseguidores fossem perdoados. "Você não sabe o que está me pedindo", respondia-lhe Jesus, muito lacaniano. Ao que ela mesma, sem se perturbar, replicava por sua vez: "Oh! se o senhor soubesse o grande desejo que tenho de sofrer não diria isso"[104]. Existe, na santa, um saber do qual ela reivindica a detenção na medida mesma em que menos consegue exprimi-lo. "Musicista do silêncio", seu saber é essa música, e a história acima atesta que ela não tolera que alguém (nem mesmo Jesus) deixe de admitir sua efetividade nela. A isso subscreve o secretário; ele sabe que ela sabe de um saber que é de experiência, e ao qual ele permanece ligado, não somente por transcrevê-lo, e depois publicá-lo, mas também, como diretor espiritual, por constituí-lo verdadeiramente no seu diálogo com a santa. Pode, então, acontecer que ele advenha à santidade por sua vez.

Entretanto, não foi pelo lado da experiência mística que se encontrou inicialmente uma referência suscetível de esclarecer o laço entre Lacan e Marguerite, e sim pelo lado da literatura. Não sem razão. Com efeito, se o discurso médico acreditou dever rejeitar este tipo de laço secretarial para constituir uma ciência das doenças mentais, encontramos, na escrita literária moderna, pós-flaubertiana, muitos traços que tornavam, ao menos parcialmente, transmissível a experiência mística. Assim, E. Roudinesco apresenta a monografia de Aimée como:

> um romance de cento e cinquenta páginas redigido num estilo flaubertiano, isto é, numa língua literária irredutível à língua do discurso psiquiátrico. Lacan conta a aventura de sua heroína com a pena de um autêntico escritor, transpondo no personagem de Aimée os infortúnios de uma moderna Emma Bovary. Eis, em suma, a maior originalidade deste livro inovador, legível como um folhetim em capítulos[105]!

[103] J.-N. Vuarnet, op. cit., p. 67.

[104] Idem, p. 38.

[105] E. Roudinesco, *Histoire de la psychanalyse...*, op. cit., p. 127.

Um tal paralelismo, Flaubert-Emma/ Lacan-Aimée, denota pertinentemente o que distingue a escrita do caso Aimée do relato de caso: como Freud, Lacan não pode excluir que sua escrita da loucura faça romance. No entanto, e independentemente da questão do estilo, que deixamos à apreciação de cada um, coloca-se a questão de saber até onde pode ser mantida a analogia proposta. Precisar este ponto nos ajudará a chegar perto, o mais possível, da maneira como Lacan terá sido o secretário de Marguerite.

O fato de que, a partir de Flaubert, é disso que se trata, foi suficientemente estabelecido e estudado para que nos baste evocá-lo aqui. Aceitando o veredito de seus amigos Bouilhet e Du Camp, Flaubert escreve *Madame Bovary* com a preocupação de que esta nova tentativa o liberte do seu "câncer lírico". Se escolhe, então, uma história das mais simples possíveis, a de um adultério na província, é porque precisa romper com seu romantismo, "conquistar a impessoalidade de um Deus". Ele não dá importância às zombarias de sua amante que, como Deus, acha-o um tanto burguês. É que ela não entende como, qual Descartes adotando uma moral provisória, seu amante clivou em dois sua vida, optando por "não mais se meter com a vida, quando se formou o projeto de pintá-la bem". Ele advém como Deus somente ali onde consegue segurar sua pena — dirá Sainte-Beuve — "como um escalpelo". Sua atuação consiste em tratar a alma humana com a imparcialidade das ciências físicas. A literatura está do lado da razão, ela contribui para o saber sobre o humano. A recusa da inspiração lírica deixa livre o lugar que virá ser ocupado pela pesquisa de campo. "O contato estreito com o real", escreve, flaubertiana, Marguerite Yourcenar, "é algo que me parece absolutamente essencial, quase misticamente essencial"[106]; ou ainda: "A verdade, na medida em que podemos abordá-la, depende do fato de termos permanecido fiéis à realidade."[107] Encontramos, nessa modalidade de escrever, o apagamento tão necessário à realização da função de secretário na experiência mística. "O escritor", diz ainda M. Yourcenar, "é o secretário de si mesmo. Quando escrevo, realizo uma tarefa, tomo o meu próprio ditado".[108] Convém acrescentar ainda, desde já, que este "si mesmo" tem por nome, em Yourcenar, Adriano, Zenão, Alexis. Daí esta formulação do ato do secretário:

> [...] tentar escutar, fazer silêncio em si para escutar o que Adriano poderia dizer, ou o que o Zenão poderia dizer em tal ou tal circunstância. Jamais colocar ali algo de seu, ou então, inconscientemente, alimentando os seres com sua substância, como se os alimentasse com a sua carne, o que não é, em absoluto, a mesma coisa

---

[106] M. Yourcenar, *Les Yeux Ouverts*, entrevista com M. Galey, Paris, Le Centurion, 1980, p. 59.

[107] Idem, p. 59.

[108] Idem, p. 156.

> que alimentá-los com sua própria personalidadezinha, com esses tiques que nos fazem a todos.[109]

Com E. Roudinesco, parece-nos incontestável que a escrita do caso Aimée participe deste escrever onde, longe de se oporem, a busca da realidade histórica e o efeito propriamente literário metabolizam um ao outro, onde o apagamento do escritor é condição da escrita, onde escrever é receber seu próprio ditado. Essas características já eram aquelas dos secretários dos santos.

Entretanto, o paralelismo Lacan/ Flaubert não pode ser considerado como plenamente válido. E isso por causa de Marguerite. Mais exatamente, pelo fato de que devem ser diferenciadas as relações de Marguerite e de Emma Bovary com o escrito. Os livros são o primeiro jardim secreto de Emma; para Marguerite, ao contrário, eles são, inicialmente, o lugar de divulgação de seu jardim secreto, antes de se tornarem uma arma contra tal divulgação. A partir de suas leituras, Emma vai procurar "saber o que se entendia exatamente, *na vida* [o grifo é meu], pelas palavras felicidade, paixão e embriaguez que lhe haviam parecido tão belas nos livros."[110] Sabe-se que uma tal procura vai-se verificar inútil, a não ser por levá-la a realizar que existe "um apodrecimento instantâneo das coisas"[111], que "não se deve tocar nos ídolos: a tinta dourada fica nas mãos"[112]. Esses ídolos, em conformidade com seu estatuto de ídolos e apesar do fato de Emma encontrá-los nos livros, não são composições de autores: pouco se lhe dá que ela os obtenha de X, de Y ou de Z. Ora, para Marguerite, a partir do momento em que se trata de divulgação, e não de solicitação, tal negligência do autor fica radicalmente excluída. Aurore, a Srta. de la Ferté, Alberte são personagens de Pierre Benoit, é a ele que ela enfrenta quando os identifica como sendo, não ídolos, mas ela mesma, naquilo que tem de mais secreto. Assim, vamos ver que o roubo da carta é obra de Emma em *Madame Bovary*, enquanto é atribuído ao autor no caso de Marguerite: os escritores e os poetas "vivem", nos diz ela, "da exploração da miséria que provocam".[113] É necessário pôr em causa o autor, como agente de um tal desencadeamento intempestivo.

Uma tal fórmula, tal como o processo movido contra o autor de *Madame Bovary*, mas segundo uma via diferente, atinge Flaubert em seu princípio metodológico fundamental de "não mais se meter com a vida, quando se

---

[109] Idem, p. 71. Uma tal exigência se realiza graças a um certo número de exercícios extremamente concretos. Assim, por exemplo, M. Yourcenar se dedica a traduzir em grego (língua culta internacional do tempo de Adriano) certas frases que ela crê poderem ser de Adriano; se a frase assim traduzida soa mal, é porque não é de Adriano, mas de M. Y. Ela é, então, rejeitada como inconveniente.

[110] G. Flaubert, *Madame Bovary*, op. cit., p. 81.

[111] Idem, p. 368.

[112] Idem, p. 366.

[113] T. p. 166.

formou o projeto de pintá-la bem". Sobre essa base separatista (existe a vida e existe a literatura), Flaubert escreveu um livro sobre... a incidência do literário na vida! E este livro, além disso, opera sobre suas leitoras este efeito de incitação ao deboche que suas leituras produzem sobre Emma — fato que vem sancionar o termo "bovarismo". A fórmula de Marguerite se aplica perfeitamente: Flaubert desencadeou uma certa miséria sexual, não sem tirar ele próprio um benefício disso, que se deve chamar de gozo. Pintar bem a vida terá sido meter-se nela. Em conformidade com a recusa "delirante" de Marguerite, a realização do princípio ordenador da escrita demonstra sua impossibilidade.

A partir dessa constatação, não se pode sustentar até o fim a analogia segundo a qual Aimée teria sido para Lacan o que Emma foi para Flaubert. Aliás, há um fato que atesta este limite da analogia, a saber, que Lacan não sofreu as pesadas repercussões do tipo das que afetaram Flaubert pouco depois da publicação de *Madame Bovary*. O que dizer da modalidade, diferente daquela operada por Flaubert, da realização de sua função de secretário?

Flaubert podia dizer: "Madame Bovary sou eu", escamoteando, assim, ou, se preferirmos, reintroduzindo o autor por trás de seu personagem. Uma tal dualidade, no entanto, não é mais considerável em Lacan, que, secretário de Marguerite e não de Aimée, escreve sob o ditado de Marguerite, não o caso de Marguerite, e sim o caso Aimée.

Com a concordância de Marguerite, Lacan, no romance monográfico representado pela escrita do caso Aimée, eleva ao nível de nome de autor este nome, Aimée, que é o nome de um personagem de Marguerite Anzieu, a autora (do *Détracteur*). Assim, vamos falar, sem mais nos preocuparmos com a legitimidade da coisa, nos "escritos de Aimée", pelo menos durante este meio século que separa a publicação da tese da correção de Didier Anzieu, que nos deveria permitir abordar o problema de outra maneira. Tal como a Srta. de Bellère du Tronchay, que se fez chamar num dado momento de *Louise du Néant* (Louise do Nada), e depois, como objeto de curiosidade entre as loucas da Salpêtrière, *La du Néant* (A do nada), e depois *Louise la pauvre* (Louise a pobre), e ainda *Louise-servante-des-pauvres* (Louise-serva-dos-pobres), Marguerite aceita o jogo dessa nomeação que lhe outorga um nome de louca, como se atribui a tal santa um nome na religião (e nisso, especialmente, seu secretário Jacques Lacan demonstra exercer uma função diretorial).

Poderia ser chocante o fato de que, na tese, Lacan não faça nenhuma distinção entre a Aimée personagem do *Détracteur* e sua doente Aimée. Ele não expõe em lugar nenhum a questão dessa possível diferença! Até mesmo cria alegremente um impasse para a função do narrador, que, no entanto, é marcada como tal neste romance de Marguerite, já que se trata às vezes de Aimée na terceira pessoa, enquanto, em outros momentos, e de uma maneira, aliás, mais marcante no final que no começo, Marguerite faz sua Aimée falar na primeira pessoa. Lacan desconhece em absoluto esta diferença, referindo imediatamente a sua doente Aimée aquilo que ele observa a propósito do personagem Aimée do *Détracteur* — e nós procedemos da mesma maneira. Encontra-se mesmo, em seu comentário desse romance, uma frase a propósito da qual é rigorosamente indecidível a resposta à pergunta: trata-se da sua doente ou do personagem principal do *Détracteur*? Esta última, falando na primeira pessoa, fala de seu "sentimento da natureza", o que Lacan comenta assim:

> De resto, em Aimée, uma tal fusão afetiva não é a perda do eu, mas muito mais a sua expansão sem limite.[114]

É verdade que este indecidível, este não decidido, é uma exceção. Comentando os escritos de Marguerite, Lacan não cessa de falar dela chamando-a "a doente", como se seu nome de Aimée não estivesse, *então*, disponível, enquanto, reciprocamente, procuraríamos em vão na tese uma só ocorrência do nome de Aimée designando de uma maneira unívoca a Aimée do *Détracteur*. Tudo se passa como se o nome do caso, o nome de Marguerite em sua loucura, tivesse inteiramente, assimilando-o, reabsorvido em seu proveito aquele do personagem.

Decerto, o lingüista poderia fazer alguns reparos a essa não-distinção entre o narrador e um de seus personagens; aliás, tal processo foi movido contra Lacan por J. Derrida a propósito de sua leitura da *Carta roubada* de E. Poe. No entanto, uma tal exigência metodológica não vem ao caso, ao menos no que nos diz respeito. Assimilando o nome do personagem àquele, fictício e apresentado como tal, de um autor, de um autor que ele considera, ao nomeá-lo com o nome deste personagem, Lacan ratifica o fato de que os escritos de Aimée são produções *de sua psicose*. Aimée, como *nome do caso*, prova ser assim apropriada como *nome de autor*.[115]

Na qualidade de autora, não há razão para que Marguerite não participe daquilo que ela denuncia em seus colegas, o gozo da miséria provocada pelo autor, e tampouco que ela seja uma exceção, que seus escritos sejam uma arma contrapersecutória — e o são —, ainda assim estes devem ser equivalentes àqueles dos que a perseguem. Afirmando esses escritos como sendo os de qualquer um, Lacan, como Marguerite, até mesmo por sugestão desta, recusa o impasse criado no caso do autor constitutivo do bovarismo. Mas, ao apresentar ostensivamente este qualquer um como um ser de ficção chamado Aimée, Lacan localiza neste personagem a acusação de que, enquanto autor, ele pode legitimamente ser objeto. O nome de autor, diria anos depois M . Foucault, é um nome de *função*.[116] Assim, explica-se que Marguerite, tanto

---

[114] T. p. 185.

[115] No que concerne ao estatuto do nome próprio enquanto implicando necessariamente um "seu nome de" cf. *Lettre pour lettre*, op. cit., p. 225, em especial.

[116] M. Foucault, "Qu'est-ce qu'un auteur?", conferência de 22 de fevereiro de 1969, *Bulletin de la Societè française de philosophie*, julho-setembro de 1969. O texto dessa conferência está disponível hoje em *Littoral* nº 9, Toulouse, Erès, junho de 1983.

quanto saibamos, jamais tenha reclamado do fato de Lacan publicar seus escritos sob o nome de Aimée.

Este ato de nomeação apresenta, por outro lado, duas outras "vantagens": ele pontua a história de Marguerite, ela terá sido Aimée como a Sra. de Bellère du Tronchay terá sido, *por um tempo,* Louise du Néant; ele confirma o caráter "romanesco" da monografia clínica, reivindicando em ato o fato de que a verdade, mesmo que seja a verdade da loucura, só é atingida pela ficção.

Vê-se claramente, com esta promoção de Aimée como autora, correlativa da publicação de um certo número de seus escritos na tese de Lacan, a função de secretário assumida por este ao fazê-lo participa plenamente do que se chama "direção espiritual". Aquele que toma o ditado não é, no entanto, passivo, não se identifica a um gravador. Não há nenhuma contradição, como testemunha a experiência da divulgação da santidade, entre tomar o ditado e participar ativamente da elaboração daquilo mesmo que o ditado propõe à transcrição. Discernir o que terá sido a experiência (da santidade, da loucura) é algo que se dá na interlocução da santa com seu confessor, da doente com seu psiquiatra, algo que pode caber ora a um, ora a outro — o que não implica em absoluto que um e outro estejam em paridade. A Igreja católica, apostólica romana, faz do padre, explicitamente, um ser inferior ao santo. O diretor espiritual é alguém que se submete; ele dirige, sim, mas não de cima, não como mestre. Só pode fazê-lo desejando, ao contrário, aquilo que ultrapassa a ele mesmo, e que ultrapassa também, embora de modo diferente, a alma de que ele se encarrega, a saber, a graça divina. "Por esta humildade diante dos desígnios de Deus sobre as almas se reconhece a santidade do confessor"[117]. Lacan, secretário de Marguerite, se submete a uma experiência que terá sido a de Aimée, aquela da realização de um certo desejo (muito mais tarde, ele identificará a graça como um nome daquilo que chama de desejo). Em sua resposta particular a Marguerite, ele admite que ela não deixa de saber o que terá sido essa experiência. Ele a constitui como tal, em seu diálogo com Marguerite, apenas na medida em que se submete a ela.

Assim, podemos ler o texto escolhido para exergo deste capítulo. Marguerite sabia de um saber que é invenção, mas que não confirma por si mesmo seu caráter de invenção. Logo, é realmente possível haver lugar para uma interlocução suscetível de trazer tal confirmação. Isso significa que o interlocutor eleito deverá, ele mesmo, saber? Isso em nada é necessário (cf. o "naturalmente, eu não sabia disso"). O interlocutor, decerto, deve dar prova de um certo *savoir-faire,* e as indicações metodológicas que estudamos têm realmente, a este título, toda a sua pertinência na tese. Mas, quanto ao estatuto de invenção do saber de Marguerite, de invenção pertinente, fundada, reconhecida como tal apesar do fato de que ela "desbloqueava", é preciso também

---

[117] J. Maillard, *Louise du Néant*, op. cit.; esta citação é extraída de uma nota de C. Louis-Combet, p. 124.

que a coisa tenha sido entrevista para que se faça a prova que viria confirmar a invenção.[118]

Nomeando Aimée o autor fictício a quem se deveria um tal saber que não sabe de si mesmo, mas que, nem por isso, deixa de ser um saber, Lacan, *pela primeira vez em seu percurso, liga, sem saber, o amor e o saber;* ele formula assim, à sua própria revelia, e de uma maneira que não é qualquer uma, que tem sua especificidade, a articulação decisiva daquilo que se irá apresentar mais tarde como sendo sua teoria da transferência.

O que o teria fascinado inicialmente naquilo que entreviu? O fato de Lacan ter sido capturado pelo caráter criativo da loucura de Marguerite está fora de dúvida. Louca, ela escreve, e seus escritos lhe parecem ter um valor incontestável de literatura, que ele fará questão de fazer reconhecer como tal. Ao lê-los, Lacan fica impressionado com o fato de ela se revelar ali "uma verdadeira 'apaixonada pelas palavras' "[119] As aspas duplas escrevem a coisa toda: "verdadeira" é de Lacan, Lacan secretário e diretor, "apaixonada pelas palavras" é uma autonomeação de Marguerite. Um tal amor nos faria falar do caso *Aimer*, amar, do caso de amar as palavras. Lacan escreve então que o trabalho que o amor pelas palavras impõe a Marguerite se origina daquilo que ele chama de uma "marchetaria verbal".[120] Mas "marchetaria" ("marqueterie") é quase um anagrama de Marguerite. Deduzimos daí que, se o significante "Aimée" é realmente, como dissemos, o significante que instaura a transferência de Lacan para com Marguerite, a sabedora, aquele a partir do qual ele a questiona enquanto sujeito-suposto-saber, portanto, um S_1, é, diante deste outro significante, o significante "marcheteria" em lugar de S_2 e, no matema da transferência, no lugar de significante qualquer, que o significante "Aimée" teria sido convocado a representar Lacan como sujeito barrado.

$$\frac{\text{Aimée} \longrightarrow \text{Marchetaria}}{s\,(S_1, S_2, S_3 \ldots S_n)}$$

Mas, justamente, o acontecimento de uma tal representação não ocorreu, a transferência de Lacan para Marguerite não encontrou seu ponto de

[118] Depois que as páginas que acabamos de ler foram publicadas pela primeira vez, a problemática do secretário foi objeto de um interesse tanto mais claro na medida em que, simultaneamente, surgia em tradução francesa o livro de Torquato Accetto, *Della dissimulazione onesta*, Gênes, Costa e Nolan, 1983, tradução de Mireille Blanc-Sanchez, *De l'honnête dissimulation*, Paris, Verdier, 1990, edição estabelecida, anotada e introduzida por Salvatore S. Nigro. Recomendamos vivamente esta obra, bem como a leitura de duas outras publicações: *Littoral* n° 3/4, "La part du sécrétaire", Paris, E.P.E.L., abril de 1992, e *La main du prince*, de Michele Benvenga e Tomaso Costo, pequenos tratados sobre o secretário na Itália barroca, prefácio de Salvatore S. Nigro, traduzido do italiano por Mireille Blanc-Sanchez, Paris, E.P.E.L., 1992.

[119] T. p. 191.

[120] Ibid.

fechamento. Tal terá sido, pois, a "resposta particular" de Lacan a Marguerite, aquela pela qual, com sua transferência para com Marguerite, ele terá chegado a ocupar este lugar na estrutura subjetiva borromeana que apresentamos e que se vê diferenciável sob o título de sintoma. Foi, essencialmente, ao se fazer o secretário de Marguerite a sabedora que Lacan tomou parte no caso de Marguerite como sintoma. Não terá havido, para Lacan, subjetivação possível do significante Aimée no significante "marchetaria": sua posição enquanto sintoma permanecerá tão solidamente estabelecida quanto o foi a sua transferência. Alguma coisa, se quisermos dizer assim, ficou "amarrada". Mas convém também acrescentar que essa amarração nada mais é que uma modalidade da subjetivação, aquela que se designa pelo termo "paranóia comum". Está na hora de considerar em si mesma a questão da transferência psicótica.

CAPÍTULO QUATORZE

Sobre a transferência psicótica

Conta-se que um alienado se tomava por um grão de trigo. Como parecia ter criticado perfeitamente seu delírio, seu psiquiatra lhe deu alta. Mas, tão logo saiu pela porta do hospício, voltou correndo ao consultório do médico. "E então, o que houve?" E ele, ainda esbaforido: "Encontrei uma galinha!" — "Mas você já não sabe que não é um grão de trigo?" — "Oh sim, doutor, eu sei. Mas será que ela sabe?"

Com um mesmo e único movimento, Lacan se fez de secretário de Marguerite e a reconheceu como sabedora. No capítulo anterior, precisamos a complexidade desse movimento pelo qual Lacan ocupou o lugar de sintoma na estrutura. Secretário, Lacan não deixa de participar do forjamento daquilo que irá transcrever sob ditado; sabedora, Marguerite, nesse próprio saber, não deixa de "variar", o que apresenta uma dupla conseqüência: no encontro com seu secretário, ela não passa de saber suposto; o saber que se construirá nesse encontro disparatado deverá ser levado para um outro lugar, diferente daquele onde ele se elabora, para dar prova de sua validade.

Não se deixará de notar, a partir deste último ponto, que nossa intervenção é como que prevista, no e pelo caso; seu lugar se vê marcado aí de antemão como sendo aquele do leitor crítico da tese, mas também, de modo mais amplo, o de todo *homo litterarius* capaz de reconhecer, por exemplo, tal como certos surrealistas, o valor literário dos escritos de Aimée. O problema não é tanto que este lugar se tenha instalado, mas que tenha sido necessário meio século para que este lugar tenha sido efetivamente ocupado, para que essa intervenção tivesse lugar ali onde ela tinha seu lugar. Vamos encontrar, aqui, em anexo, os documentos que constituem os traços do que foi a acolhida reservada à publicação da tese de Lacan e dos escritos de Aimée. Assim se poderá confirmar ou rejeitar o que dizemos da impressão que ela causou, a saber, que, por parte do público especializado, dos colegas psiquiatras de Lacan, mais que clareza e distinção, foram o embaraço e a confusão que dominaram. Em compensação, por parte dos surrealistas, salta aos olhos até que ponto as considerações de Dali ou de Crevel antecipam as elaborações posteriores de

Lacan. Tudo se passa como se a publicação houvesse permitido validar o saber de que ela é portadora em outro lugar que não aquele onde esse saber visava conseqüências, na psiquiatria.

A que se deveu tal fracasso, confirmado ainda pelo incidente quando da cerimônia de defesa da tese? Não é possível responder imputando esse fracasso à estupidez dos colegas de Lacan, a seus preconceitos, apenas, embora este fator esteja longe de ser negligenciável, e o pareça ainda mais na medida em que se avalia a inovação veiculada por esta publicação (cf. o capítulo seguinte). Para eles, "isso não cola", mas nada permite excluir *a priori* que isso se deva, por outro lado, ao próprio caso, ao lugar nele ocupado por Lacan. Assim, somos levados a observar de mais perto o que terá sido a transferência de Lacan para com Marguerite.

Mas há um segundo motivo que convoca este estudo. Observamos, no capítulo anterior, que o encontro com Marguerite produzira em Lacan uma nodulação inaugural entre o amor e o saber: ele chama de Aimée, amada, aquela que para ele vem encarnar essa figura que ele designará mais tarde pelo nome de sujeito suposto saber (doravante, SsS). O que vem a ser essa nodulação, tanto mais fascinante quanto a distinguimos em alguém, Lacan, que deveria mais tarde não cessar de afirmar que não existe, no ser falante, o mínimo desejo de saber? Mas, justamente, não se trata de desejo, e sim de amor, e talvez não exatamente, o que é mais, de amor do saber. De que se trata, então?

Para começar a dizê-lo, apoiamo-nos por duas vezes no matema da transferência escrito por Lacan na sua "Proposição de 9 de outubro de 1967 sobre o psicanalista da escola". Este escrito é contemporâneo do seminário "O ato psicanalítico", do qual lembramos o uso que fizemos. Olhando, simplesmente, para o matema, parece que o signo do amor, o significante "Aimée", não é do mesmo nível que o saber (notado S^1, S^2,... S^n), este último inscrito entre parênteses sob a barra "de fração". De que se trata nessa disparidade que é bastante para nos impedir de falar, apenas no eixo sintagmático, de amor do saber? É tempo de explicitar os motivos dessa referência ao matema que pode ter parecido obscura, pelo menos para alguns de nossos leitores. Assim, acreditamos, a partir daí, poder, por um lado, esclarecer o teor do encontro entre Lacan e Marguerite e tirar, por outro lado, alguma conseqüência do testemunho desse encontro, em especial no que diz respeito ao problema da transferência psicótica.

Unicidade e pluralidade da transferência

A descoberta do fato da transferência parece ser um dos frutos da operação do método psicanalítico, tanto mais notável quanto inesperado. Freud realiza a coisa por volta de 1912, quando opta por um uso do termo *Übertragung*, não mais no plural e sim no singular. Não introduziríamos, a partir daí, uma pluralidade indesejada ao sublinhar aqui a incidência de uma chamada "transferência psicótica", sugerindo assim que exista uma modalidade transferencial específica da psicose? Ao fazer isso, não iremos quebrar um conceito recebido como essencial? Com efeito, não parece que se possa considerar, sem mais, que "psicótica", aqui, viria qualificar o substantivo comum "transferência", sem afetar seu conceito, como parece fazê-lo o adjetivo "materno" ou "paterno". Este estado de coisas se deve à própria descoberta da transferência, cuja importância não vamos minimizar, muito pelo contrário, observando que ela cristalizou uma relação bem particular da psicanálise com o campo paranóico das psicoses, o que é indicado pela afirmação de que não há transferência nas psicoses.

Poderíamos esperar que fosse apenas *depois* de ter distinguido este conceito da transferência que se houvesse concluído a partir daí a ausência da transferência nas psicoses. Mas não, em absoluto! É no tempo mesmo (simultâneo àquele da elaboração do complexo de Édipo) em que se isola o conceito de transferência que se forja a idéia, mais que contestável, francamente falsa, de sua inexistência nas psicoses. Desde 1906[1], Freud sustenta que não existe, na paranóia, esta parte de libido flutuante de que o psicanalista se apossaria para o tratamento das neuroses; a razão disso seria a regressão ao auto-erotismo, que arrebataria, devido a essa regressão, aquela parte da libido. A impossibilidade de uma tal transferência de uma libido livre para o analista tornaria a paranóia incurável do ponto de vista psicanalítico. Como se vê, trata-se de uma afirmação *altamente teórica* (implicando conceitos tão construídos quanto os de regressão e auto-erotismo e, mais ainda, apoiando-se num certo esquema do aparelho psíquico).

Dizer que não existe transferência nas psicoses nos parece equivaler a um reconhecimento, ao mesmo tempo precocíssimo e preconceituoso, da especificidade da transferência psicótica. Se isso é exato, a que se deveu este reconhecimento ter assumido inicialmente a forma de uma afirmação de inexistência? Em 1924, Freud escrevia:

> Começa-se a compreender — da melhor maneira, talvez, na América — que somente o estudo psicanalítico dos neuróticos pode oferecer uma preparação a um entendimento das psicoses, que por isso a psicanálise é convocada a possibilitar uma psiquiatria científica do futuro[2][...].

Freud teria feito do estudo psicanalítico das neuroses uma condição *sine qua non* da abordagem das psicoses? Parece que sim, a julgar por este "somente". Seja como for, Freud testemunha que abordar as psicoses a partir das neuroses equivale a erigir um muro quase infranqueável e com relação ao

---

[1] S. Freud, intervenção durante a sessão de 21 de novembro de 1906 da Sociedade Psicanalítica de Viena. Cf. *Les Premiers Psychanalystes*, Paris, Gallimard, 1976, T. I, p. 84.

[2] S. Freud, "Petit abregé de psychanalyse", in *Résultats, idées, problèmes*, T. II, Paris, PUF, 1985, p. 112.

qual psicanálise e psicoses não se encontram do mesmo lado. Assim, ele escreve, num texto contemporâneo ao acima citado:

> Principalmente depois que se trabalha com o conceito de narcisismo, consegue-se, ora cá, ora lá, lançar um olhar por cima do muro.[3]

Reencontramos aqui, como que importado integralmente do campo psiquiátrico, aquilo que isoláramos chamando de "rochedo da alienação" (cf. o capítulo precedente). Qual é o problema sobre o qual esta importação permite que se constitua o impasse?

Abordar as psicoses com os resultados obtidos pelo estudo das neuroses seria o mesmo que empreender a conquista daquelas munidos de um certo número de considerações consistindo em operar, em seu seio, uma discriminação, uma triagem, devendo algumas serem reelaboradas, até mesmo invalidadas, enquanto outras poderiam ser convocadas, nesse novo terreno, a dar toda a medida de seu valor heurístico. Seria isso para não ficar demasiado desarmado? Seja como for, não se pode dizer que tal conduta discriminadora tenha sido efetuada, de modo que, desde os seus primeiros passos, a abordagem psicanalítica das psicoses viu-se amplamente hipotecada. No essencial, manteve-se, ao menos ali onde se oficializa a doutrina, a *hipoteca neurótica*.

Poderíamos crer que o trilhamento lacaniano, neste passo inaugural que estudamos aqui, se deixasse situar nessa perspectiva aberta por Freud a uma psiquiatria nova, científica, tomando como ponto de partida a psicanálise (ela foi aberta a partir do rompimento da ligação Freud/ Fliess, e sabemos que C.G.Jung foi convocado a se fazer seu campeão). Nossa leitura da tese de Lacan demonstra que tal não foi o caso; Lacan não recaiu na hipoteca neurótica, e podemos mesmo apostar que foi essa mesma distância que incitou Freud a querer fazer de Jung seu herdeiro num sentido absolutamente preciso, já que Jung era convocado a ser nada menos que o Freud da psicose. Lacan, neste ponto, não pode ser dito "prolongador" de Freud. Acrescentemos: felizmente. Pois há, em Freud, quanto ao problema da transferência psicótica, algo como um falso ponto de partida, mediante o qual é inútil continuar a correr! Lacan, em outras palavras, não fez seu, de saída, um certo números de dados adquiridos a partir das neuroses e supostos facilitar a abordagem das psicoses. Seu trilhamento cruza o de Freud; ele só desemboca na heresia porque não começou embargando os passos de Freud. Vamos dar alguns indícios dessa recusa, em Lacan, de um certo número de pretensas aquisições:

• Todo ser humano teria que percorrer o caminho, quase estabelecido, que, do auto-erotismo, o conduziria à feliz relação de objeto. Esta é uma das bases doutrinárias da idéia segundo a qual não há transferência nas psicoses. Tal aquisição faz parte, realmente, do núcleo da psicanálise? A análise estaria condenada a desaparecer se cessasse de afirmar o primado, ao mesmo tempo

---

[3] S. Freud, *Uma vie et la psychanalyse,* Paris, Gallimard, 1950, p. 75.

histórico e estrutural, do "auto" sobre o "hetero"? O passar do tempo demonstrou que a substituição do auto-erotismo primeiro por um narcisismo primário não permitiu retificar o falso ponto de partida. Lacan tomou outra partida. Um dos principais indícios que nos permite dizer isso consiste na sua recusa em admitir o auto-erotismo como primeiro. Daí esta outra definição dele: o auto-erotismo é quando se lida "com a desordem dos pequenos *a*", é "quando há falta de si". Não há, pois, nada mais de "auto", a não ser para designar, dialética e não mais mecanicamente, o que está ali quando não há "auto".

• O mesmo se dá com o delírio. Longe de ser um dado solipsista, longe de denotar uma pregnância qualquer de um narcisismo dito primário, o delírio vai marcar, em Lacan, aquilo pelo qual um sujeito "entra plenamente no domínio da intersubjetividade"[4]. Assim, vemos a exemplaridade do fenômeno delirante equivaler em Freud ao delírio de grandeza[5] enquanto se vê situada no delírio de perseguição com Lacan.

• O mesmo se dá com o problema da *perda da realidade*, ou aquele, correlativo, da *despersonalização* que se vêem formulados de maneira inteiramente diferente na tradição psicanalítica ortodoxa e em Lacan. Assim, nos *Complexos familiares*, o acesso à realidade e, paralelamente, a constituição da personalidade como acabada se originam de um processo; as psicoses sobrevêm, então, não de modo deficitário, mas como estases num processo que muda de direção. Não há perda, e sim não-constituição da realidade, não há despersonalização, mas não-personalização (daí o achado clínico da hipernormalidade de certas personalidades, antes de se verem confrontadas com a situação que tem uma importância desencadeadora da psicose).

Essas são apenas sondagens, mas suficientes para que se entenda como a afirmação da incidência da transferência nas psicoses teve que se sustentar a partir de um outro ponto de partida que não o de Freud, que descobre, como se diz (pois esta opinião omite amplamente o que esta descoberta deve ao rompimento com Fliess), a transferência a partir das neuroses. Outros além de Lacan, antes dele, portaram essa heresia (em especial Federn). Em contrapartida, cabe a Lacan ter proposto a figura do SsS como ordenadora da transferência, como sendo sua "formação, não de artifício, mas de veia".[6] A partir daí vem à tona uma suspeita, logo transformada em interrogação: não seria por ter tomado como ponto de partida o questionamento das psicoses que o trilhamento lacaniano chegou a distinguir essa figura, SsS, dando-lhe sua função de pivô da transferência? O fato de se ter marcado, no capítulo anterior, o laço entre

---

[4] J. Lacan, *Les psychoses*, op. cit., sessão de 11 de abril de 1956.

[5] Cf. "Todo delírio de perseguição na demência precoce contém implicitamente um delírio de grandeza"; esta fórmula, de Abraham, é ratificada por Freud: "As idéias de Abraham foram mantidas e se tornaram mesmo os fundamentos de nossa tomada de posição com referência às psicoses".

[6] J. Lacan, "Proposição de 9 de outubro de 1967 sobre o psicanalista da escola", *Scilicet* I, Paris, Seuil, 1968, p. 20.

Lacan secretário e Marguerite sabedora vale, incontestavelmente, como uma indicação nesse sentido.

Estaríamos, então, lidando com uma estranha inversão de valores. A transferência psicótica, inicialmente formulada por Freud como inexistente, teria chegado a ser recebida, por Lacan, como exemplar de toda a transferência. Essa inversão chegaria a produzir o contrário do que era em primeiro lugar? Dir-se-ia, daí para a frente, que a transferência psicótica não passa de outro nome, até mesmo o verdadeiro nome da transferência? Encontramos novamente a questão pluralidade/ unicidade da transferência, presente desde sua instalação com Freud; mas, desta vez, a unicidade seria obtida com base naquilo mesmo que fora excluído de saída, a saber, a transferência psicótica.

Entretanto, a clínica não parece sugerir que a doutrina deva consagrar uma tal redução unitária. A transferência nas neuroses e nas psicoses parece ter um teor tão diverso que o problema é muito mais o de dar conta, ao mesmo tempo, da unicidade do conceito de transferência, e da disparidade dos modos de sua realização nas neuroses e nas psicoses. Ora, a escrita do matema da transferência, produzida por Lacan em 1967, nos pode permitir satisfazer a essa dupla exigência. Vamos mostrá-lo. Ao fazer isso, será explicitado o que essa escrita deve, com efeito, ao ponto de partida tomado por Lacan em seu questionamento das psicoses; ao fazer isso, será explicitada essa articulação entre o amor e o saber que até agora simplesmente observamos no caso de Marguerite, mas cuja fórmula ainda não conseguimos oferecer.

O Significante da transferência

Seja, pois, o matema da transferência:

$$\frac{S \longrightarrow Sq}{s\ (S^1, S^2, \ldots\ldots S^n)}$$

A fim de compreender sua composição, mas também o que está em jogo nele, leiamos um pouco melhor os textos que abrem seu caminho, em outras palavras, vamos apegar-nos ao que esses textos comportam de problemático (sendo este último termo, aqui, um substantivo, mas também um adjetivo).

Lacan propõe este matema tomando como ponto de partida (consideramos aqui somente os textos vizinhos deste escrito) uma questão extremamente clássica, mas já presente no incidente que deveria pôr Freud na pista da transferência (uma paciente lhe pula ao pescoço, sua empregada os surpreende; modesto, ele não atribui esse gesto ao seu próprio charme), a saber, a da discordância. Discutindo um artigo de Szasz sobre a transferência, Lacan formula as coisas assim:

> Na ocasião, é com relação àquilo que se manifesta de atual, no tratamento, que o analista vai apontar, para o paciente, o que se produz ali de efeitos de discordância, mais ou menos manifestos, com referência àquilo que se chamará de "a realidade da situação analítica", a saber, os dois sujeitos reais que ali estão presentes.[7]

Como não notar de saída que essa questão da discordância da realidade é uma questão, não tanto que se formula, mas que se formulava, precisamente, nas psicoses, a propósito do delírio ou da alucinação? Retomar o problema da transferência a partir dessa discordância é repetir, a propósito da transferência, uma discussão surgida inicialmente a propósito das psicoses: como se convida o delirante a render-se à evidência de que ele não é um grão de trigo, igualmente, na chamada "interpretação da transferência", vai-se levar a bela analisanda[8] a aceitar que seu psicanalista não é portador dessa formidável cabeleira loura de que seu sonho o provê, e que, portanto, há aí um erro de pessoa.

Justamente por partir de um questionamento da psicose, Lacan pode operar um deslanchamento quanto a esta maneira de problematizar a transferência "à moda" da psicose. O primeiro passo dessa operação é a observação de Lacan de que nos esquecemos de que, na análise, alguém fala a alguém, dirige-se a um outro "suposto saber". É assim que se apresenta a primeira ocorrência do *suposto saber*, em 22 de abril de 1964.

Lacan fala então, "quase fenomenologicamente", como ele mesmo o nota. Mas se este que se dirige supõe no outro um saber, não se deve concluir que a figura ordenadora da transferência deva ser justamente nomeada (cf. as descrições definidas por Russell) *outro suposto saber*? É isso, precisamente, que Lacan vai excluir, apesar do fato de que muitas linhas de sua doutrina o solicitariam a promover tal figura (em primeiro lugar, a definição do inconsciente como "discurso do Outro"[9]). Ora, encontramos ainda, na operação dessa exclusão, a incidência de uma consideração — não esclarecida, é verdade — da psicose. Vamos acompanhá-la passo a passo. Ela é, com efeito, como que efetivada nesse 22 de abril de 1964, antes de ser simbolicamente efetuada um mês mais tarde.

Trata-se, pois, do saber suposto, mas também daquele que será suposto saber. Eis a passagem que, de fato, inicia a operação de exclusão do outro

---

[7] J. Lacan, *Les fondements de la psychanalyse*, sessão de 22 de abril de 1964, inédito (não é possível fiar-se na transcrição deste seminário publicado pela Seuil em 1973).

[8] É de se acreditar que só se saiba falar de transferência referindo-se a essa caricatura de uma bela jovem que só tem um objetivo: deitar-se com seu psicanalista, um homem. Freud contribuiu para a promoção disso, principalmente com seu texto "Outros conselhos para a técnica da psicanálise III", o texto mais cômico de Freud (in *Transa*, boletim nº 8/9, março de 1986).

[9] Quando aparece pela primeira vez no "Relatório de Roma", essa fórmula é escrita "discurso do outro", com "o" minúsculo.

suposto saber:

[o fato de que]

> Só temos, aí, que nos surpreender com — e é isso que Szasz constata muito erroneamente para o deplorar — [ ] nessa relação de um a outro se institui a dimensão, com efeito, de uma pesquisa da verdade onde um é suposto, suposto saber — pelo menos, saber mais sobre isso que o outro —

Como se vê, o saber é aqui atribuído a "um", não ao "outro". Mas, prossigamos a citação:

<que pensa>

[o sujeito está, se podemos dizê-lo]

<é> [na]

> e que, daquele que é suposto saber, logo surge a dimensão <de um pensamento> que é, não somente, que é preciso que ele não se engane, mas também que se o pode enganar, que se o *engana* também, ao mesmo tempo, é lançado sobre o sujeito, que não é, simplesmente, que [ ] o sujeito esteja, se podemos dizê-lo, de uma maneira estática, na falta, no erro, <mas> que, de uma maneira comovedora, [ ] nisso em direção a que ele avança, nisso que ele articula por seu discurso, ele pode, ele deve, ele está essencialmente situado <na> dimensão de se enganar, que mesmo [...]

Lacan não fecha a frase que introduz, em seu trilhamento, o saber suposto! Ele entra numa subordinada, e depois um "e que" vem introduzir outra subordinada, a qual introduz o que pode parecer ser uma coisa inteiramente diferente, a saber, a tapeação.

Mas admitamos que ainda não esteja clara, em seu espírito, a exclusão do outro suposto saber. O que seria, então, este saber suposto ao outro se, no movimento mesmo dessa suposição, eu admito que o outro pode enganar-se? Formular que *é preciso que ele não se engane* implica que eu não lhe suponha tanto saber assim! Ou então será preciso evitar a todo preço que ele se engane precisamente para mantê-lo como suporte possível do suposto saber? No primeiro caso, a suposição não é conseqüente consigo mesma; no segundo, a tapeação não é realmente uma tapeação.

Assim nos damos conta de que, fenomenologicamente, a questão permanece mal formulada, que ela só se poderia desenvolver entre esses dois pólos determinados pela relação "de um ao outro". Permanece, pois, igualmente insatisfatória a solução proposta a fim de resolver o problema da discordância da realidade, a saber, a introdução, nesse mesmo dia, por Lacan, de sua definição da transferência como "colocação em ato da realidade do inconsciente". Por mais bem bolada que seja[10], esta fórmula apresenta o grande defeito de não constatar a exclusão do Outro suposto saber. Com efeito, se o inconsciente é discurso do Outro e a transferência a colocação em ato da realidade do inconsciente, esta realidade não será, *ipso facto*, a desse discurso? E se esse discurso é portador de um saber, como martela Lacan, não devemos concluir que a colocação em ato de sua realidade é a do saber do Outro? A

[10] Esta fórmula teve um sucesso certo, pelo menos no sentido em que seria muito citada. O fato de tal sucesso ser um tanto desviado, temos a prova disso no fato de que freqüentemente se esquece, na citação... a realidade! Em oposição a esse esquecimento, damos aqui a sua íntegra: a transferência é a colocação em ato da realidade *sexual* do inconsciente (cf. a abertura da sessão imediatamente seguinte deste seminário).

escrita do matema da transferência virá excluir essa conclusão silogisticamente inevitável.

Não é por acaso que a questão da tapeação tenha vindo interromper a frase que introduzia o saber suposto. O caráter essencial do laço saber/ tapeação é, com efeito, confirmado, um mês e meio mais tarde (sessão de 3 de junho de 1964), quando Lacan introduz não mais, simplesmente, o saber suposto, e sim o sujeito suposto saber (ele o escreverá pela primeira vez, SsS, na sessão seguinte de seu seminário, a 10 de junho). Só os termos "saber" e "tapeação", aos quais convém acrescentar "certeza", já bastam para indicar que se vai tratar de sua leitura de Descartes. Essa leitura, a nosso ver espantosamente confirmada pelos trabalhos posteriores de J.-L. Marion[11], constata a experiência do *cogito*, a certeza adquirida no "penso", graças à aniquilação dos saberes, mas também o erro cometido por Descartes e que situamos como ponto de origem do caráter "romanesco" da física cartesiana[12]. Este erro, segundo Lacan, foi a pretensão de que "por essa certeza [adquirida no ato do *cogito* — mais tarde, Lacan vai identificá-la à passagem ao ato] Descartes possa dizer que ele sabe alguma coisa[13]"; em outras palavras, que o "eu penso" do *cogito* não seja tomado por Descartes pelo que ele é para Descartes (tal como o lê Lacan, mas Lacan se quer aqui mais que comentador, um leitor que decide no texto), a saber, um "simples ponto de desvanecimento". Aqui se aplica, satanicamente invertida, a fórmula de Marguerite: os que fazem os livros são aqueles que "lhes acrescentam", e o bisturi volta então ao leitor.

É querendo dar conta desse erro que Lacan introduz pela primeira vez o sujeito suposto saber, excluindo que possa existir, no próprio Descartes, um Outro suposto saber. A experiência do *cogito*, com efeito, se sustenta pela afirmação de que Deus não é enganador. Mas o decisivo, no que nos interessa, é que ele não o seja pela razão de que ele tem o encargo (Descartes o atribui a ele) das assim chamadas verdades eternas. As verdades eternas são o nome do viés pelo qual — nisso, diferente de maneira fundamental de um Kepler — Descartes se recusa a envolver Deus nos cálculos humanos, deixando inteiramente em liberdade a vontade divina. Deus poderia ter querido um mundo diferente do que dizemos que ele é em nossos cálculos. Ele é, em seu querer, absolutamente transcendente. Mas precisamente, *porque existe, em Deus, esta vontade* que por si só permite afirmar que "as verdades eternas só são tais porque Deus as quer tais"[14], *só se pode tratar de um sujeito:* Deus é, em Descartes,

[11] Jean-Luc Marion: *Sur l'ontologie grise de Descartes*, Paris, Vrin, 2ª ed., 1981. Igualmente: *Sur la théologie blanche de Descartes*, Paris, PUF, 1981.

[12] Cf. Jean-Claude Milner, *Introduction à une science du langage*, Paris, Seuil, 1989, p. 138-9, 158-60, 217 (nota 28).

[13] J. Lacan, *Les fondements...*, op. cit., sessão de 3 de junho de 1964.

[14] Ibid.

sujeito suposto saber. O psicanalista pode observar o erro cartesiano de considerar como um saber a certeza do *cogito* (que é o fato do *cogito como ato*) porque sua experiência lhe mostra que ele está tomado aí como sujeito suposto saber sem que, no entanto, o analisando lhe empreste as qualidades de ser perfeito, infinito, que eram aquelas do Deus de Descartes.

A alteridade divina é a de uma vontade insondável, ela é, pois, necessariamente, a de uma subjetividade. O suposto saber não é, portanto, atribuível a um Outro, mas realmente a um sujeito. Mas, como Descartes, enquanto fundador de uma nova *episteme* científica, foi aquele que pôde, de certa forma, desembaraçar-se e, ao mesmo tempo, libertar o científico de um tal sujeito[15], vê-se que *a nomeação do sujeito suposto saber advém no lugar cartesiano de onde se o expulsa*. Vamos encontrar exatamente este mesmo "paradoxo" na problematização lacaniana do final de análise, no texto de 1967 onde se escreve o matema da transferência.

Mas como não notar, mais uma vez, que essa leitura lacaniana de Descartes se produz sobre o fundo de um questionamento das psicoses? De fato, é nas psicoses que se encontra, muito mais ostensivamente que em outros lugares, a posição de um Outro suposto saber e talvez da maneira mais pura no delírio de suposição, onde o sujeito crê saber que o Outro sabe, sem mesmo às vezes jamais ter necessidade de saber, de inventar aquilo que o Outro sabe. A regra, no campo paranóico das psicoses, não é que o sujeito "se tome por...", e sim que ele "seja tomado por ..."[16], e em especial no lugar do Outro. O saber é inicialmente o do Outro. Excluir esta figura de um Outro suposto saber equivale, pois, a delirar o saber que delira.

Como toda nomeação pertinente, a do SsS abre uma questão. Aqui está, pois, uma semana depois da introdução do SsS e acompanhando a escrita acrofônica SsS, esta questão:

> Deste sujeito suposto saber, seja ele Freud ou reduzido a este termo, a esta função, [alguns] [ ] podem sentir-se plenamente investidos. Mas a questão não está aí, e a questão inicial de cada sujeito [é] de onde ele se observa para se dirigir ao sujeito suposto saber.

---

[15] Vai-se notar o caráter eminentemente concreto desse aligeiramento cuja operação — uma transliteração — é explicada por Lacan da seguinte maneira: "Descartes substitui as letras maiúsculas de sua álgebra por minúsculas. As maiúsculas são, se quiserem, as letras do alfabeto com as quais Deus criou o mundo e que, como sabem, têm um avesso: a cada uma delas corresponde um número. A diferença das letras minúsculas de Descartes para as maiúsculas é que as letras minúsculas de Descartes não têm número, elas são intercambiáveis, e apenas a ordem das comutações define seu processo." (sessão de 3 de junho de 1964). Depois de Descartes, o sujeito da ciência não pode encontrar um problema do tipo daquele com que esbarravam os judeus na escrita do número 15 (sua escrita numérica os levava a escrever 5-10, mas, como usavam as letras do alfabeto, escreviam assim as duas primeiras letras do nome de Jeová. Problema: Jeová não podia valer 15!).

[16] Desenvolvi este ponto em especial a partir de um caso de Sérieux e Capgras. Cf. "Vous êtes au courant, il y a un transfert psychotique", in *Littoral* n° 21, Toulouse, Erès, out. 1986, p. 89-110.

A determinação deste ponto de onde um sujeito se vê para se dirigir ao SsS vai permanecer não explicitada no ensinamento de Lacan, durante nada menos de quatro anos. E a resposta virá, na "Proposição" de 1967, não a partir de uma inteligência adquirida nesse meio tempo sobre o fato transferencial, mas por uma aplicação, quase "às cegas", da definição lacaniana do sujeito. Aqui está, com efeito, o que precede imediatamente, a escrita desse matema:

> Um sujeito não supõe nada, ele é suposto. Suposto, ensinamos, pelo significante que o representa para um outro significante.[17]

Esta definição do sujeito proíbe que se faça dele o agente de uma suposição. O sujeito suposto saber, *se se trata realmente de um sujeito*, não pode ser mais que um suposto e, o que é mais, só pode ser suposto por um significante, aquele que, a partir daí, deverá ser chamado "o significante S da transferência". O caráter "besta" da resposta consiste pois, como se vê, na aplicação da fórmula definidora do sujeito, que se escreve:

$$\frac{S^1 \longrightarrow S^2}{s}$$

A escrita do matema da transferência vai-se apresentar, portanto, como uma variação desse algoritmo: o sujeito se vê aí sub-posto pelo significante da transferência e pelo saber (os significantes inconscientes) postos em contigüidade a este sujeito suposto. Quanto à determinação do outro significante, aquele para o qual o significante da transferência representaria o sujeito, ela é, igualmente, como que trivial. Este significante será dito... qualquer — o que transcreve que ele será, em cada caso, particular.

$$\frac{S \longrightarrow S^q}{s(S^1, S^{2,} \ldots S^n)}$$

Este matema exige um certo número de observações:

• O significante da transferência S, significante com o qual um sujeito se dirige ao SsS, só é chamado de significante por antecipação. Isso resulta do fato de que não há, na doutrina lacaniana, significante senão pela graça do *evento* que o leva a representar o sujeito junto a um outro significante. Este acontecimento é pontual: desde que ocorreu a representação, o sujeito se eclipsa noutro significante. O significante da transferência, portanto, não é um significante, salvo por representar, eventualmente, o sujeito junto ao significante qualquer.

---

[17] J. Lacan, "Proposição...", op. cit., p. 19.

Mas, deste acontecimento, o matema da transferência não dá conta; muito pelo contrário, ele vale como aquilo que destrói o campo de pertinência desse matema. Em outras palavras: trata-se, realmente, do matema da transferência, não da análise da transferência, de sua efetuação (termo que preferimos a "liquidação"). Isto é coerente com a proposição sobre o passe, que constrói um dispositivo (no modelo do chiste) suscetível de recolher alguma coisa dessa efetuação fora do campo do matema da transferência.

• Os significantes no inconsciente são, também eles, chamados como tais por antecipação, e pelo mesmo motivo: é isso que escrevem os parênteses. No entanto, eles não o são no mesmo nível que o significante da transferência. Sublinhamos, assim, que o significante da transferência não está posicionado como um significante no inconsciente. Se esses significantes só advêm como tais pelo evento de uma e depois uma e depois uma (...) interpretação, e se, como notamos muitas vezes, a interpretação supõe a transferência, pode-se mesmo chegar a dizer que o significante da transferência abre a possibilidade da interpretação, logo, da produção dos S^1, S^2, etc. Muitas vezes, também, evocou-se o paradoxo próprio da chamada "interpretação da transferência": nascida do fato de fundar-se na transferência, como poderia a interpretação resolvê-la? A disparidade de posição, escrita no matema da transferência, entre os significantes no inconsciente e o significante da transferência deixa entrever que este paradoxo não é um paradoxo.

• Notemos, enfim, o equívoco do *s*, equívoco que é o que resta da exclusão do Outro suposto saber. O *s* minúsculo transcreve o sujeito na fórmula *sujeito suposto saber*. Enquanto sub-posto por um significante S, este sujeito seria um sujeito barrado, a partir do momento em que esse S viesse representá-lo para um outro significante junto ao significante qualquer. Mas tal não é o caso, e Lacan constata isso escrevendo esse sujeito com um *s* minúsculo e não, como nos outros matemas (por exemplo, o dos quatro discursos), S maiúsculo barrado: $. O pequeno *s* é um sujeito carregado de um saber não sabido (entre parênteses). Mas ele é também o sujeito à espera de ser representado por um significante junto a outro significante. Deveríamos, pois, poder escrever, num espaço de três dimensões, S barrado por trás deste pequeno *s*. No entanto, o problema não é espacial, e sim temporal, e essa temporalidade se apresenta como sendo a razão pela qual não se trata de contar aqui, apesar do equívoco que assinalamos, dois sujeitos (na sua "Proposição", Lacan não somente recusa a intersubjetividade como, mais ainda, constata que "a transferência faz *por si só* objeção" à intersubjetividade). Trata-se de dois tempos diferenciados do sujeito, de um modo de subjetivação que reconhece no acontecimento chamado transferência o seu caráter possivelmente transitório.

Dizíamos que o matema da transferência permite compreender ao mesmo tempo a unidade de seu conceito e a diversidade clinicamente sensível de suas realizações especialmente nas neuroses e nas psicoses. Eis-nos agora em condições de desenvolver esta tese.

Transferir / posar transferencialmente

Lacan concluía assim um ano de seminário dedicado ao estudo do caso do presidente Schreber:

> Este delírio, eu quis lhes mostrar que ele se esclarecia em todos os fenômenos, acreditei mesmo poder dizer na sua dinâmica muito essencialmente considerada como uma perturbação da relação com o Outro, sem dúvida, e como tal ligado, portanto, a um mecanismo transferencial.[18]

O que seria esse mecanismo transferencial perturbador da relação ao Outro como tal? Vamos abordar sua particularidade observando, com Lacan, que a matriz freudiana (as variações da frase "eu o amo, a ele") dá conta daquilo a que Schreber vai chegar: "isso que poderíamos chamar de uma erotomania divina"[19]. Nessa erotomania, o Outro, nos diz Schreber, está vivo[20], ele fala (os nervos divinos falam a língua fundamental)[21], ele fala segundo um modo que Lacan descreve como:

> esmagador, preponderante, enorme, proliferante, realizando uma formidável captação do sujeito preso nesse mundo da fala tornado para ele não somente uma perpétua copresença — o que eu chamei, da última vez, de um *acompanhamento falado de todos os seus atos* — mas [ainda] uma perpétua intimação, solicitação, até mesmo imposição a se manifestar nesse plano — já que o que está em questão é que jamais, por um só instante, ele mesmo cesse de testemunhar, no convite constante da fala que o acompanha [...], de testemunhar que, tanto por sua resposta quanto por sua não-resposta, ele é alguém sempre despertado para este diálogo interior.[22]

O termo "testemunho" volta aqui diversas vezes; vamos encontrá-lo igualmente ao longo de todo o seminário. É que não se trata de um aspecto próprio a tal ou tal caso, mas à estrutura mesma da paranóia. O paranóico

> lhes fala de alguma coisa que lhe falou. O fundamento mesmo da estrutura paranóica é o seguinte: o sujeito compreendeu alguma coisa que ele formula, algo de que eu lhes falava há pouco a propósito da significação; existe algo que tomou forma de fala, que lhe fala. [...] É da estrutura desse ser que fala ao sujeito, e a

---

[18] Procuraríamos em vão esta frase na transcrição deste seminário publicada pela Seuil. Logo: J. Lacan, *Les psychoses*, seminário inédito, sessão de 4 de julho de 1956.

[19] J. Lacan, *Les psychoses*, op. cit., sessão de 4 de julho de 1956; essa "erotomania divina" é introduzida por Lacan em seu comentário do caso, a partir da sessão de 1° de fevereiro de 1956.

[20] Idem, sessão de 13 de junho de 1956. Este Outro é vivo "à sua maneira": capaz de egoísmo quando ameaçado, conserva, todavia, uma alteridade que o torna estranho às coisas vivas, em especial às necessidades vitais de "nosso Schreber".

[21] Idem, sessões de 23 de novembro e de 14 de dezembro de 1955.

[22] Idem, sessão de 4 de julho de 1956.

propósito do qual o sujeito vai-lhes trazer seu testemunho que vai-se tratar na paranóia.[23]

A especificidade da transferência na psicose se deixa deduzir dessa estrutura que, sob um certo ângulo, pode ser dita quase normal (o esquematismo lingüístico de Jakobson reduzindo a dois parceiros — um locutor e um alocutário — o modelo da comunicação não nos fará esquecer que é banal que alguém fale a alguém daquilo que ele recebeu de algum outro). Na psicose, essa estrutura ternária apresenta uma particularidade: aqui, "o cenário basculou do lado do alter"[24], o que Lacan dirá ainda em outras palavras, constatando que "o delírio começa a partir do momento em que a iniciativa vem do Outro[25]".

O que resulta disso? Segue-se que o psiquiatra ou o psicanalista não tem outra escolha a não ser ratificar, em seu diálogo com o alienado, sua posição de "testemunha aberta"[26], de narrador daquilo que lhe vem do Outro. Ele pode fazer isso fazendo-se secretário do alienado. E Lacan procede então a uma dessas inversões que lhe são costumeiras[27] e que, desta vez, incide sobre a posição do alienista:

> Em outras palavras, vamos, aparentemente, nos contentar [ ] em nos fazer os "secretários do alienado" — como se diz, para censurar a impotência dos alienistas ([ ] <foi> dito que era a isso que se limitava, por muito tempo, a pesquisa da psiquiatria clássica). Mas direi que, por outro lado, <trata-se de> fazê-lo <até o> ponto onde nos veríamos quase tombar sob outras censuras que seriam mais

---

[23] Não se trata simplesmente da menção do termo, ou mesmo do ato que ele designa, mas de um verdadeiro trabalho sobre o conceito. Vamos mencioná-lo passo a passo. Em 30 de novembro de 1955 (sessão de onde tiramos essa citação), Lacan frisa que não se trata de um testemunho desinteressado (o ideal da transmissão do conhecimento), mas daquilo que ele introduziu sob o termo "conhecimento paranóico": o testemunho se origina da "dialética do ciúme". Em seguida: "[...] não é à-toa que isso se chama em latim *testis* e que, quando alguém testemunha, testemunha com seus colhões; é que se trata sempre de um engajamento do sujeito [...] Afinal, há sempre uma luta virtual em tudo o que é da ordem do testemunho; encontramos, em toda a dialética presente, em toda a dialética da constituição do objeto, a possibilidade virtual de ser posto em posição de anular o Outro por uma simples razão, a de que o ponto de partida dessa dialética sendo a minha alienação no Outro, há um momento em que posso ser posto em posição de ser eu mesmo anulado, porque o Outro não está de acordo". A 11 de janeiro de 1956: Lacan afirma a especificidade do testemunho de Schreber à diferença daquele de São João da Cruz: em Schreber, "não temos em parte alguma o sentimento de algo que nos seja comunicado de uma experiência original, de algo em <que> o próprio sujeito esteja preso e incluído, é um testemunho verdadeiramente objetivado". Em 8 de fevereiro: Lacan aprofunda essa especificidade: "[...] em suma, o psicótico é uma testemunha, senão um mártir do inconsciente, e damos ao termo "mártir" o seu sentido, que é o de ser uma testemunha, mas, mais ainda, seria com efeito um mártir no sentido em que se trata de um testemunho aberto: é claro, o neurótico é também uma testemunha da existência do inconsciente, mas seu testemunho é encoberto, é preciso ir procurar sobre o que ele testemunha, é preciso decifrá-lo." Enfim, em 25 de abril de 1956: Lacan assume posição sobre a acolhida a ser reservada a esse testemunho. "Temos o direito, metodologicamente, de aceitar o testemunho do alienado sobre a sua posição com referência à linguagem, como algo que devemos levar em conta no conjunto da análise do fenômeno das relações do sujeito com a linguagem".

[24] Ibid.

[25] Idem, sessão de 11 de abril de 1956.

[26] Cf. a nota 23 acima.

[27] Assim, a propósito da angústia, definida por Lacan como falta do objeto... que falta.

> graves, não apenas por sermos seus secretários, mas por tomarmos o que eles nos contam ao pé da letra — o que, na verdade, é justamente o que foi até aqui considerado como uma coisa a se evitar.[28]

Isso que se reprova nos alienistas era precisamente o que estes tinham que fazer, e fazer, simplesmente. Os primeiros alienistas não pecaram por ser secretários, mas por não sê-los o bastante:

> Será que não foi, em suma, por não ter ido longe o bastante em sua maneira de escutar o alienado que lhes ficou dessecado, por assim dizer, o material que lhes era oferecido, a ponto deste não lhes ter podido aparecer como alguma coisa de essencialmente problemático e fragmentário?[29]

O fato de o alienado estar essencialmente em posição de testemunha convoca o alienista a realizar essa função de secretário que vimos ter sido efetivamente a de Lacan com Marguerite. E a citação acima marca bem, novamente, que se trata de um fazer, como tal ativo: não somente registrar o que a testemunha nos relata daquilo que lhe vem do Outro, mas tomar seu testemunho "ao pé da letra", o que não deixa de ter uma importância, falando propriamente, *constituinte* do testemunho.

Mas isso implica que alienado e alienista se encontrem lado a lado; não há muro de alienação que venha separá-los, a não ser aquele edificado pelo alienista que se esquiva como secretário. Todos dois têm a ver com a "estrutura desse ser que fala ao sujeito". Este "lado a lado" dá toda a sua importância à observação de Freud lendo Schreber: "ele jamais viu coisa que se pareça tanto com a teoria da libido"[30]. Como o psicanalista, o psicótico é levado a fazer-se de teórico de sua experiência; eles são irmãos[31] nessa necessidade. Como são irmãos, ainda, no seu temor comum de enlouquecer.[32] Daí essas correções que às vezes o alienado propõe a quem formula teses no discurso psicanalítico, como Schreber contestando Kraepelin:

> Dizem que sou um paranóico e [ ] que os paranóicos são pessoas que referem tudo a eles. Neste caso, se enganam. Não sou eu quem refere tudo a mim, é Deus quem fala sem parar no interior de mim por seus diversos agentes, atores e prolongamentos.[33]

---

[28] J. Lacan, *Les psychoses,* op. cit., sessão de 25 de abril de 1956.

[29] Ibid.

[30] Idem, sessão de 23 de novembro de 1955.

[31] Cf. o *lapsus calami: "schizophrère"*, de F. Dupré, in *La "solution" du passage à l'acte,* Toulouse, Erès, 1984, p. 250.

[32] "Eles perguntam: "Não tem medo, de vez em quando, de enlouquecer?" Mas é inteiramente verdade! [ ] Para alguns dos bons mestres que conhecemos, Deus sabe que este é o sentimento que eles podiam ter sobre onde os levaria o fato de escutar esses sujeitos que deliram o dia todo, dizendo coisas de uma ordem singular" (J. Lacan, *Les psychoses*, op. cit., sessão de 1° de fevereiro de 1956). Quanto ao temor do louco de enlouquecer, basta abrir um livro qualquer onde um psiquiatra conte um mínimo de sua experiência para vê-lo expresso. Podemos também nos reportar ao relato muito breve de T. Bernhard intitulado "Folie" (in: *L'Imitateur*) para ler ali que esse temor foi o que interessou Bernhard nas histórias de casos que ele eleva a paradigma.

[33] J. Lacan, *Les psychoses,* op. cit., sessão de 8 de fevereiro de 1956.

O fatõ de que o alienado possa assim rivalizar com o alienista mostra que seus discursos se produzem num só e mesmo plano. Se muro existe, é preciso saber onde ele se situa, não, como dizem, entre o insensato e o sábio, o louco e o não-louco, o atendido e o atendente, mas antes entre alienado e alienista de um lado e, de outro, este ser que fala ao sujeito e com relação ao qual, na necessidade em que este se encontra de dever responder-lhe, no desamparo em que ele se vê para produzir ele mesmo a resposta que poria fim à perseguição, acontece-lhe fazer um apelo. Esta estrutura a três é homóloga àquela construída pela experiência da santidade.

O que vem a ser transferência psicótica a partir do momento em que não se negligencie a incidência dessa estrutura? Situados do lado do alienista, digamos, do psicanalista, como ele também um teórico da sua experiência da loucura, não se pode com efeito dizer que o psicótico transfere, como se diz sobre o neurótico. Diremos: ele posa transferencialmente, como o faz o psicanalista para cada demanda que lhe é dirigida. Schreber posa transferencialmente uma erotomania divina, ou seja, posa como objeto possível de um transferência (como possível suporte, para alguém, do SsS), ao fazer saber o que o Outro lhe faz saber. O mesmo se dá com Freud. Não existe, *quanto ao modo de enunciação* que já estudamos e qualificamos de "paranóico"[34], qualquer diferença entre o ato schreberiano de publicar suas *Memórias de um neuropata* e o ato freudiano de publicar a *Interpretação dos sonhos*. Num e noutro caso, o autor não transfere para seu leitor, mas, testemunhando sua relação com o Outro, testemunhando não ser sem saber o que vem a ser a estrutura desse Outro, se apresenta, para seu leitor, como uma figura possível do SsS. Vamos acrescentar que o "retorno a Freud" de J. Lacan põe em obra uma mesma estrutura enunciativa, Lacan se engajando, não mais em dizer o que pensava, e sim o que Freud dizia.

Uma confirmação, a nosso ver mais que evidente, dessa homologia enunciativa nos é dada por Freud, dizendo-nos ter sido bem sucedido ali onde o paranóico fracassou. Freud não diz ter sido bem sucedido *noutra parte* a não ser ali onde o paranóico fracassa. E se a questão da alocação (no sentido bancário) da libido homossexual (cuja confissão Freud nos faria aqui) permanece problemática (não se vê muito bem, com efeito, o que, nele, ela se teria tornado), em contrapartida é manifesto, e até mesmo maciço que, se Freud foi bem sucedido em alguma coisa, foi em provocar, em direção a si, um número não negligenciável de transferências, em ter obtido... que se acreditasse nele ou, mais exatamente, que, acreditando-se nele, acreditasse-se na sua coisa ou que, acreditando-se na sua coisa, acreditasse-se nele. Decerto, não estamos proibidos de interrogar: seria esse, realmente, o seu objetivo? Ou bem se trataria de uma demanda (de que a análise didática se interrompa tão logo o

---

[34] J. Allouch, *Lettre pour lettre*, op. cit., p. 184.

candidato prove estar convencido da existência do inconsciente), caso em que lhe teriam feito a má ação de satisfazê-la? No vazio introduzido por essa questão, surge a de saber se se iria tratar de produzir seres indefinidamente transferentes ou psicanalistas. E não voltaríamos a nos encontrar, no primeiro caso, na própria situação que se acreditava haver superado? Como se vê, neste "êxito" de Freud, não se está tão certo assim quanto à sua demarcação daquilo com o que ele se confronta (o fracasso de Fliess). Tratando-se disso, o problema, aliás, é mais complexo do que pode parecer à primeira vista. O paranóico — pensa-se — teria mais dificuldade que Freud para encontrar quem creia na sua coisa? Mas será que não estaremos subestimando então a incidência da loucura a pelo menos três, e vemos aqui como a questão que ela nos expõe recorta a da transferência psicótica? Não será também que aquele que se vê profissionalmente concernido pela loucura "se protege desse concernimento"[35]?

Também compreendemos agora a razão pela qual o psicanalista pôde dizer que o psicótico não transferia; é que tanto um quanto o outro posam transferencialmente, isto é, prestam-se a suportar uma transferência. Como, a partir daí, o psicanalista convidaria o psicótico a "dizer o que lhe vem à mente", fórmula banal, embora não inocente, da regra fundamental, quando se trata para ele de lidar com o que vem à mente do Outro, até mesmo para se livrar disso? Ele não pode dizer ao psicanalista o que ele pensa, não porque não pense nada, longe disso, mas porque não é este, em primeiro lugar, o seu problema. Ele não pode dizer o que pensa a não ser diante daquele que admite de saída que "ele" não é ele, ou seja, diante daquele que não exclui, *a priori*, um *possível* codelírio. Um tratamento possível da psicose só é considerável analiticamente uma vez admitida essa espécie de incompatibilidade entre o psicanalista do tipo padrão e o psicótico, nascida do fato de que ambos apelam, e são, por assim dizer, candidatos ao posto de SsS. E já que o psicótico não renuncia, já que nada mais pode fazer senão posar transferencialmente (a medida dessa impotência — um "poder não" — é exatamente a do domínio do Outro sobre ele), nada mais resta ao psicanalista senão essa escolha: seja limitar aos neuróticos o campo de sua ação, seja deixar ao psicótico o encargo de "posar transferencialmente", reconhecer nele a pertinência deste ato, mediante o que é ele, o psicanalista, quem se vê em posição de transferir. Assim Lacan pôde dizer que a transferência psicótica é, em primeiro lugar, uma transferência para com o psicótico.

É aí que se realiza a função de secretário. Se nos lembrarmos agora do que indicamos com relação à incidência do significante da transferência, de sua importância inaugural para toda transferência, portanto, também para a

[35] J. Lacan, "Petit discours aux psychiatres", conferência inédita de 10 de novembro de 1967. Estudei, de maneira mais aprofundada do que foi possível aqui, essa clínica do psicanalista (cf. J. Allouch, "Perturbation dans pernépsy", in *Littoral* nº 26, Toulouse, Erès, novembro de 1988, p. 63-86).

transferência psicótica, vai parecer claro que esta função de secretário só será mantida efetivamente graças à entrada em jogo de um tal significante. Assim, entrevemos que a questão unicidade do conceito de transferência x pluralidade de suas realizações encontraria sua resposta no fato de que só existe um matema, mas duas leituras diferentes deste matema, conforme se trate de neurose ou de psicose, de transferir ou de posar transferencialmente. O neurótico transfere, o psicótico posa transferencialmente. No primeiro caso, o significante da transferência, não subjetivado, é do Outro no sentido do genitivo objetivo, no segundo, ele é também do outro, mas no sentido do genitivo subjetivo (pode-se escrever aqui "outro" com minúscula, pois a ternariedade é melhor mostrada; seria preciso escrever "Outro" no ponto onde o analista tivesse advindo como perseguidor). Encontramos exemplificado esse significante da transferência como significante do outro no sentido do genitivo subjetivo com o significante "Aimée", significante não subjetivado, tampouco inconsciente, mas com o qual Lacan se dirige a Marguerite enquanto SsS e pela intervenção do qual ele adquire sua função de secretário.

O fato de que a transferência psicótica seja em primeiro lugar uma transferência para com o psicótico pode ser dito ainda de outra maneira, não mais com relação ao Outro, mas em função do objeto *a*, de uma maneira que se refere, pois, ao seminário de Lacan sobre *A Transferência*. Se o psicótico é alguém que tem seu objeto *a* no bolso[36], é ele quem, na disparidade subjetiva de nossa relação com ele, é o erômenos, mediante o que só podemos começar a lidar com ele como erastes. Vemos, assim, que se Lacan deu fim à situação faltosa da transferência na análise (chegando a ela em segundo lugar, observa ele, jamais teria podido nela se alojar), e se este resultado foi obtido referindo a transferência ao desejo do analista, é aqui, ainda, por não haver negligenciado a incidência da transferência psicótica tal como a acabamos de apresentar.

Esta apresentação parece assimilar a posição do psicanalista no tratamento das neuroses à do psicótico. As duas leituras diferentes do mesmo matema da transferência nos vão permitir precisar como esta identidade de posição pode ser diferentemente representada pelo psicótico e pelo psicanalista. Chegaremos, assim, a responder à questão unicidade/pluralidade da (e das) transferência (s).

O lugar do sujeito suposto saber, neste matema, é aquele ocupado pelo pequeno *s*. Dois traços caracterizam o sujeito assim situado, explicitados no texto da "Proposição": a relação deste sujeito com o saber é "não segunda, mas direta", e quem ocupa este lugar "tem que saber". Estes dois traços concernem tanto ao psicanalista quanto ao psicótico. Não é um jogo de presença/ausência que os vai diferenciar, antes uma maneira, a maneira pela qual um e outro vão

[36] J. Lacan, "Petit discours aux psychiatres", op. cit. "O bom Deus dos filósofos foi chamado de *causa sui*, causa de si; ele [o louco], dizemos que tem sua causa no bolso, e é por isso que é louco".

endossar a função do sujeito suposto saber. O que o psicanalista tem que saber, a partir do momento em que é colocado em lugar de SsS, não se tornará um saber efetivo senão na medida que ele terá podido colocar seu próprio saber "em reserva"[37]. É por não pôr ali "muito de seu" que ele se irá pôr ali, ou seja, que ele ali se porá como psicanalista. Esta é a distância, o possível desligamento entre transferência e análise da transferência. O psicótico, por sua vez, não pode deixar de colocar ali demasiadas coisas suas. Muito pelo contrário, ele crê que é colocando ali algumas coisas suas que conseguirá não se pôr ali, anular a ação do Outro em sua direção, ou, para dizer melhor, fazer barragem ao gozo do Outro, até mesmo destruí-lo efetivamente.

"Estou envolvido demais nisso" nos parece ser a fórmula do apelo que o psicótico às vezes nos dirige (assim, a conduta de Christine Papin diante do prefeito de Mans, ou a de Marguerite diante do príncipe de Gales). Como vemos, trata-se exatamente daquilo que, em análise, pelo menos ali onde ela não é programada burocraticamente, se chama uma demanda de supervisão. Nessa demanda, o psicótico é "analista suposto"[38]. Logo, vê-se o erro que consistiria em querer transformá-lo em analisando, no sentido daquele que, a nosso convite, se submete à regra da livre associação. O mesmo se dá com o secretário de uma santa pessoa, intervindo no sentido de sua santidade, o mesmo com a intervenção do psicanalista (mas este termo não tem o mesmo sentido, aqui, que nos outros lugares) dirigindo-se ao analista suposto (psicótico ou supervisionando); ele só pode visar acusar, realizar sua... analiticidade.

Sobre o fazer saber

Não subjetivado em Lacan, "Aimée", significante a partir do qual, na sua transferência para com Marguerite, ele se dirige a ela como SsS, não terá cessado de ser um significante em potencial, não terá cessado, em outras palavras, de fazer signo. "Aimée", como signo, representa alguma coisa para alguém. Aimée é um signo de amor, o signo de um amor. Deduzimos isso da análise precedente. Este laço entre uma nomeação da amada e o amor que lhe é dirigido é, em suma, banal; que experiência amorosa dispensa um ou vários nomes ou apelidos? Quando Lacan declara, em 1970, ao círculo de colegas reunidos pelo Dr. Daumézon: "Minha paciente, aquela que chamei Aimée, era realmente muito tocante", a articulação entre essa nomeação e o fato de Lacan ter sido tocado por Marguerite é explícita. Ele foi tocado, pois ela lhe apareceu tocante. Esta confissão de Lacan, aliás, já está marcada na tese:

---

[37] Referindo-me à escrita lacaniana dos quatro discursos, mostrei noutra parte que essa colocação do saber em reserva teria uma importância constituinte do discurso analítico, que ela foi a conseqüência determinante do estágio de Freud com Charcot (cf. *Lettre pour lettre*, op. cit.).

[38] J. Lacan, *Télévision*, Seuil, Paris, 1973, p. 10.

> [...] um dia ela confessou-se a nós, sob a condição de que evitássemos olhá-la enquanto fazia sua confissão. Ela nos revela então seus devaneios que tornam tocantes, não apenas a sua puerilidade, mas uma certa franqueza entusiasta: "Este devia ser o reinado das crianças e das mulheres [...].[39]"

Lacan é tocado no ponto preciso em que Marguerite o obriga a manter com ela somente uma posição estrita de observador, que é também o ponto onde ela aceita entregar a ele seus devaneios mais íntimos.

No entanto, o fato de ter notado a banalidade de uma tal nomeação amorosa não nos deve impedir de dizer o que ela tem aqui de particular. No caso geral, com efeito, tais nomeações são, em primeiro lugar, uma questão de intimidade: se acontece que um homem chame sua mulher de "minha fofa" ou "gatinha" (ou tudo que se pode pensar de mais esquisito ainda) fora de sua estrita intimidade, isso só pode ocorrer na presença de pessoas próximas. Ao contrário, a nomeação de Marguerite como Aimée é desde o início pública e pode-se, ainda mais, apostar que, na intimidade de seus diálogos, Lacan não chama Marguerite de Aimée. Ignoramos como ele a chamava. Seria, já, o "minha cara", ou "caríssima", de que ele deveria usar e abusar mais tarde? É verdade que este "cara" oferece a imensa vantagem de parecer permitir não nomear e, com efeito, não sendo, à diferença de Aimée, um substantivo, evita parcialmente a nomeação — o que daria conta do "abusar". Seja como for, a nomeação amorosa de "Aimée" foi e permaneceu fora da intimidade — o que dá conta da proposta, apresentada na tese, de fazer de "Aimée", tomado como o nome de um caso, o nome de um tipo clínico.[40] Mas o pouco eco encontrado por essa proposta, oposto à acolhida reservada ao nome de Aimée (que se vê ainda sob a pena de E. Roudinesco) nos indica que seu estatuto foi aquele que tentamos dizer: um signo de amor, de um amor publicamente declarado, mesmo quando este nome, como signo, era excluído da intimidade dos parceiros envolvidos.

Aimée como signo nos faz saber que Lacan foi tocado, que Marguerite era tocante. Em que ela o era? Em que ela o foi? Mesmo que isso tenha desempenhado algum papel, não parece que se possa responder a esta última pergunta pelo simples fato de Marguerite lhe haver confiado seus devaneios secretos. É toda a ação de Lacan com Marguerite que nos deve dar a resposta, não somente a de ter podido recolher essa confissão, ter sido por ela honrado com o dom dessa confissão.

Se considerarmos verdadeiro que a resposta a uma pergunta resida nessa própria pergunta, que é mesmo a partir de sua resposta que se expõe toda pergunta, fica fácil formular a resposta: Lacan dá um sinal público de seu amor por Marguerite, por ter encontrado nela os sinais tangíveis de uma falta de

[39] T. p. 166.

[40] T. p. 267.

amor. Ora, acontece que é precisamente a propósito de Aimée, a heroína do *Détracteur*, e pondo em jogo essa indistinção que dissemos haver entre o personagem e seu autor, que Lacan identifica essa falta de amor:

> Ao lado deste [isto é, do sentimento da natureza atestado pelo *Détracteur*], se exprime uma aspiração amorosa, cuja expressão verbal é tanto mais tensa quanto é na realidade mais discordante da vida, mais votada ao fracasso. [...] Essa discordância afetiva se acomoda bem com a emergência incessante de movimentos próximos da sensibilidade infantil: revelações súbitas de um pensamento fraterno, partidas para a aventura, pactos, juramentos, laços eternos.[41]

Quarenta e três anos mais tarde, Lacan será ainda mais claro:

> [...] pode-se certamente dizer que a psicose é uma espécie de falência na realização daquilo que se chama de "amor". No domínio do amor, a paciente de que lhes falava [Lacan acaba de dizer que a considerava agora como erotômana] podia certamente ter graves queixas da fatalidade. E eu gostaria de terminar aqui com essa palavra.[42]

Seguem-se então algumas indicações filológicas que referem *fatum* a *fari*, "a mesma raiz que em *infans*". Reencontra-se aqui, pois, reafirmado o que já se indicava na citação acima da tese: o caráter infantil desse amor que, em Marguerite, permanece fracassado. Na medida em que a nomeação "Aimée", como signo de amor, se dirige a Marguerite, vem apresentar para ela o amor que lhe é votado por Lacan, este amor, em resposta, parece ser ele também marcado pelo selo do fraterno: ele é mais *ágape* do que *eros*. Isso se une ao que dizíamos sobre a função de secretário, mas também à necessidade do afastamento de Élise, por e para Lacan.

No entanto, a resposta amorosa, o amor em resposta, não explica por si só o caráter público de sua declaração, menos ainda o fato de que seu signo, a nomeação Aimée, seja como que excluído do campo do exercício do diálogo fraternal. Marguerite teria tocado Lacan de outra maneira ainda, não somente por ter boas razões de ter o coração ferido por falta de amor fraterno?

À época da republicação de sua tese, várias vezes, diante de diversos públicos, Lacan é levado a explicar como foi "mordido"[43] por alguma coisa em Marguerite. Trata-se da relação de Marguerite com o saber. Ela sabia. Na Universidade de Yale, em 24 de novembro de 1975, ele chega mesmo a falar dela como de uma "pessoa que sabia sempre muito bem o que fazia".[44] Essa relação de Marguerite com o saber não parece, pois, a Lacan, redutível apenas ao seu caráter de invenção, de criação (isso de que seus escritos testemunhavam exemplarmente). Marguerite sabia também naquilo que fazia, em seus atos, que não se originavam, pois, somente de um *savoir-faire*, mas também de

[41] T. p. 179-80.

[42] J. Lacan, "Conférences et entretiens dans des universités nord-américaines", op. cit., p. 16.

[43] J. Lacan, "Les non-dupes errent", op. cit., sessão de 19 de fevereiro de 1974.

[44] J. Lacan, "Conférences...", op. cit., p. 10.

um fazer advertido, de um fazer sabedor. Porque existe, em Marguerite, essa efetividade do saber no lugar do fazer, Lacan poderá dizer duas coisas que, ao mesmo tempo, não serão incompatíveis: por um lado, que ele foi, graças a este encontro com o saber que ela inventava, "capturado" pela pergunta "o que é o saber?", questão que deveria remetê-lo a Freud e, por outro lado, que Marguerite, permitindo-lhe abordar a "maquinaria da passagem ao ato"[45], deveria, por essa via também, fazê-lo desembocar em Freud.

É evidente, aqui, a incidência dessa relação de Marguerite com o saber, na medida em que Lacan foi "mordido" por ela, isto é, obrigado a reagir a ela. Essa incidência propeliu Lacan em direção a Freud (Didier Anzieu também irá dirigir-se a Freud a partir da sua experiência com a loucura da mãe, mas de uma maneira diferente daquela de Lacan). Diversas vezes, Lacan vai evocar essa via direta que, de Marguerite, conduziu-o a Freud. Acabamos de mencionar o texto "Sobre nossos antecedentes" (1966), a sessão de 19 de fevereiro de 1974 do seminário "Les non-dupes errent", bem como a conferência na Universidade de Yale. Acrescentemos ainda as seguintes declarações:

> *6 de janeiro de 1972, no Hospital Sainte-Anne*: Para o meu discurso, tudo parte daí [de Sainte-Anne]. Porque é evidente que, se falo para as paredes, comecei tarde, a saber que, antes de escutar o que <elas devolvem> isto é, minha própria voz pregando no deserto, [ ], muito antes disso, escutei coisas absolutamente decisivas, que [o] foram para mim, mas isso é assunto pessoal meu. Quero dizer que as pessoas que estão aqui, a título de estarem entre as paredes, são perfeitamente capazes de se fazer entender, sob a condição de que se tenha as orelhas apropriadas. Para dizer tudo, e lhe prestar homenagem por alguma coisa com a qual ela tem pessoalmente a ver — o que todos sabem —, foi em torno dessa doente que defini com o nome de Aimée, que certamente não era o seu, foi assim que fui aspirado em direção à psicanálise.[46]

> *12 de maio de 1972, em Milão*: Entrei na psicanálise, assim, um pouco tarde. Com efeito, até aquele momento... na neurologia, um belo dia... o que foi que me pôde capturar?... cometi o engano de ver o que talvez se chame um psicótico. Fiz minha tese sobre isso. [...] Enfim, isso me levou a fazer eu mesmo a experiência da psicanálise.[47]

A relação de Lacan com a relação de Marguerite com o saber é de um teor tal que o conduz a Freud. É uma relação que, longe de se fechar neles dois, abre-se para Freud. O jovem psiquiatra, discípulo de Clérambault, encontra na psicanálise algo como um respondente à experiência que ele acaba de viver com Marguerite, e mesmo que ele está vivendo com ela, já que, sabemos hoje,

---

[45] A autopunição faz ponte entre a passagem ao ato e o apelo a Freud via Alexander e Staub. Cf. J. Lacan, *Écrits*, op. cit., p. 66. Sobre o problema da autopunição, pode-se consultar o capítulo 9 de *La "solution" du passage à l'acte*, F. Dupré, op. cit.

[46] J. Lacan, "Le savoir du psychanaliste", inédito.

[47] *Lacan in Italia*, Milão, La salamandra, 1978, p. 42.

sua entrada em análise com Loewenstein ocorreu durante o tempo em que ele interrogava ainda Marguerite.

Assim, não subscrevemos o que E. Roudinesco apresenta, aliás, prudentemente, a título de uma hipótese, aquela segundo a qual Lacan teria feito sua análise com "Aimée"[48], nem essa outra hipótese, indistinta da primeira, segundo a qual Aimée teria sido para Lacan o que Fliess foi para Freud (as diferenças entre esses dois pares são de uma importância tal que a analogia nos parece mais enganadora que esclarecedora). E. Roudinesco fala também numa "relação transferencial" de Lacan com... A nomeação, aqui, constitui problema. Tratar-se-ia do "nome de casada" de Marguerite, logo, do nome Anzieu? Discutiremos este ponto no momento de voltar às conseqüências do caso. Resta que, como fizemos, E. Roudinesco constata aqui que, na ligação entre Lacan e Marguerite, a transferência está do lado de Lacan.

Pode-se afirmar que Lacan foi mordido pela relação de Marguerite com o saber abordando a coisa pelo viés da exclusão de Nêne. Acontece, com efeito, que, numa época de seu percurso em que ele torna a colocar em primeiro plano no seu questionamento o problema "o que é o saber?", problema nascido de sua tese, Lacan chega a uma confidência familiar que ele nos apresenta como a origem deste problema nela. Trata-se de uma lembrança da infância com sua irmã Madeleine, a qual, ali, fala de si mesma na terceira pessoa, e utilizando o apelido de ... "manène"! Além desse encontro significante, o qual nada permite excluir, *a priori*, que seja casual, existe, objetando a esta imputação ao acaso, o fato de que, no caso de Madeleine, como no de Élise, a relação com o saber é tal que implica numa vontade de não mudar. Este fato, aliás, nada tem de espantoso, já que uma tal vontade, como vimos em Pérochon, está presente no complexo indexado pelo nome de Nêne. Aqui está, pois, essa confidência que Lacan introduz depois de ter situado o saber como tal no real, o qual, não falando, só pode ser abordado pelo simbólico que, por sua vez, "só diz mentiras quando fala" (reencontramos aqui, embora formulada diferentemente, a relação saber/ tapeação, tão decisiva para a escrita do matema da transferência):

> A consciência [Lacan acaba de dizer que ela se origina do imaginário] está bem longe de ser o saber, já que isso a que ela se presta é, muito precisamente, a falsidade. "Eu sei" nunca quer dizer nada e pode-se facilmente apostar que o que se sabe é falso, é falso mas é sustentado pela consciência, cuja característica é, precisamente, sustentar com sua consistência este falso. [...] É muito impressionante — eu mesmo posso passar à ordem das confidências que me acrabunham nas minhas análises cotidianas — que um "eu sei" que tenha consciência, isto é, não somente saber, mas vontade de não mudar, é alguma coisa que eu — posso confidenciar isso a vocês — experimentei muito cedo, devido a alguém, como todo mundo, que me era próximo, a saber, aquela a quem eu chamava naquele

[48] E. Roudinesco, *Histoire de la psychanalyse...*, op. cit., p. 134-6.

momento — eu tinha dois anos e meio mais que ela — de minha irmãzinha. Ela se chama Madeleine e um dia me disse, não "eu sei", porque o "eu" teria sido muito, mas "Manène sabe".[49]

A relação de Marguerite com o saber não é do mesmo teor deste "Manène sabe" que ancora uma vontade de não saber. Marguerite sabe, mas de um saber que, longe de se originar de uma vontade de não mudar, é operado por ela como um viés possível de mudança. O que ela sabe, ela faz questão de que isso se saiba. Numerosas são as diligências para fazê-lo saber: ela assedia o escritório de um jornalista comunista para obter a publicação de artigos onde expõe suas queixas contra Colette, faz queixas de Pierre Benoit, provoca diversos incidentes que são outras tantas tentativas para que se saiba, trabalha intelectualmente sem parar para afiar suas armas literárias, invoca um recurso erotomaníaco, escreve os romances que dirige a seu suposto protetor, mas também a um público mais amplo de quem espera um reconhecimento, exige vingança de seu irmão, etc. E pudemos analisar a importância da última passagem ao ato como sendo a de um saber efetivamente transmitido a Jeanne, sobre o que vinha a ser a loucura dela, Jeanne. Com exceção deste último caso, cujo estatuto se vê confirmado por sua "cura", fica claro que todas as tentativas de Marguerite para fazer saber o que lhe acontece e que lhe vem do Outro foram outros tantos fracassos. Marguerite, durante mais de dez anos, se vê permanentemente confrontada com sua impotência em fazer saber (usamos este termo, "impotência", no seu sentido lacaiano de um "poder não", isso em conformidade com o estatuto do delírio de Marguerite como suspensão do ato).

É claro que uma das funções do secretário, tal como Lacan o encarna de uma maneira antinômica à exigência de Élise para com Marguerite (que ela se cale!) terá sido a de jogar, socialmente, o jogo do desejo de fazer saber. Lacan suspende a impotência em fazer saber que só foi inoperante, em Marguerite, na última passagem ao ato e apenas com relação a Jeanne. Ele publica seus textos, escreve seu caso, afirmando este saber que ela inventa, inclusive como criação literária, diante de um público que não é mais, doravante, apenas Jeanne. O secretário é, nisso, eminentemente ativo, interveniente; fazendo isso, ele não deixa de proporcionar alguma satisfação à ambição "megalomaníaca" de sua paciente. Uma tal intervenção vai no sentido contrário de toda perspectiva calmante no sentido do abafamento. Se ela acalma, com efeito, é por ter proporcionado à doente uma satisfação legítima, no sentido de "socialmente legitimada"; mais exatamente, ela abre a possibilidade, enfim, de uma legitimação social. Alguns homens de letras, em especial os surrealistas, confirmarão o bem-fundado dessa conduta de Lacan; os psiquiatras, salvo exceção, se fizeram de escandalizados, enquanto os psicanalistas se iriam

[49] J. Lacan, "L'insu...", op. cit., sessão de 15 de fevereiro de 1977.

dedicar a reduzir Lacan a essa impotência em fazer saber que era a da sua paciente. Falando em Milão, em 1972, do "efeito de horror" provocado por sua tese, Lacan conta assim a seqüência de acontecimentos:

> Enfim, isso me levou a fazer a experiência da psicanálise, eu mesmo. Depois disso houve a guerra, durante a qual prossegui essa experiência. Ao sair da guerra, comecei a dizer que eu talvez pudesse dizer um pouco sobre isso [o "isso" é portador de um equívoco: trata-se da sua experiência da psicanálise como analisando, mas, no contexto, pode também se tratar da tese, o que é confirmado em seguida]. "Não faça isso", me disseram: "ninguém compreenderia nada disso... conhecem você, já o observam há algum tempo".[50]

Quais são as características dessa intervenção de Lacan, assumindo por sua conta a realização do desejo de fazer saber de Marguerite e suspendendo assim a impotência em que esse desejo se petrificava? Três pontos merecem ser observados:

1 — Lacan não substitui Marguerite: o que ele faz, ela não está em posição de poder fazer. Tivesse ela, gozando da "notoriedade" por ela adquirida graças a sua passagem ao ato, obtido enfim ser publicada por um editor (supondo-se que ela o tivesse querido e que sua permanência no hospital psiquiátrico não tornasse a coisa irrealizável), é claro que o resultado seria diferente. Lacan publica trechos de seus romances, bem como alguns de seus poemas e cartas numa tese de psiquiatria, acompanhados pela sua própria escrita do caso, chamado por ele "Aimée". Um fazer saber assim bem amarrado não poderia de modo algum ser obra de Marguerite.

2 — Com este ato de fazer saber, no qual Marguerite tem sua parte, não só na medida em que contribui com seus escritos, mas também e principalmente enquanto sua suscitadora, Lacan vai-se encontrar em fraternidade com Freud. Ele formula explicitamente esses dois dados (foi levado a falar disso, e a partir daí levado até Freud) numa das conferências feitas nos Estados Unidos:

> [...] em minha tese, eu me encontrava aplicando o freudismo sem o saber [...] fui levado a ver os loucos e a falar deles, e fui também conduzido a Freud, que falou sobre isso num estilo que, a mim também, se impôs, devido ao meu contato com a doença mental.[51]

Essa confidência tem o valor de correção. Se Lacan reconhece então ter aplicado o freudismo "sem o saber", é que ele não mais admite como sendo uma aplicação do freudismo a aplicação explícita que dele fazia em 1932 (a saber, essencialmente, o geneticismo). Encontramos aqui uma confirmação da observação já feita, segundo a qual cada vez que, na tese, ele aplica o freudismo, passa ao largo do caso. Essa fraternidade com Freud (cf. a reiteração do "falar disso") é essencialmente estilística. Seu contato com a doença mental impõe a Lacan reconhecer, não tanto tal ou tal tese freudiana, mas a

[50] *Lacan in Italia*, op. cit., p. 42.

[51] J. Lacan, "Conférences...", op. cit., p. 15.

validade do estilo de Freud em sua abordagem das doenças mentais. Por ocasião da publicação dos *Écrits*, e vamos lembrar que "o estilo" é a sua primeira palavra, Lacan vai precisar de que estilo se trata, aquele exigido pela "fidelidade ao invólucro formal do sintoma, que é o verdadeiro traço clínico de que tomamos o gosto"[52]. Ele "nos levou", prossegue Lacan, "a esse limite onde se inverte em efeitos de criação", e logo cita o valor literário dos escritos de Marguerite. Vamos notar a sobredeterminação, aqui semântica: os efeitos de criação são tanto o fruto da fidelidade ao sintoma, daí o fato do psiquiatra, quanto conteúdo do próprio sintoma (em especial, os escritos de Marguerite como criações da sua psicose). No fazer saber do caso Aimée, Lacan se encontra, sem o saber, em pé de igualdade com o estilo introduzido por Freud na sua "casuística". Parece-nos que hoje, quando o método estatístico invade o campo psiquiátrico, essa observação não é sem interesse.

3 — Este fazer saber, terceira característica, subsume o caso sob o nome fictício de Aimée. O que desenvolvemos neste capítulo nos permite agora afirmar que um tal fazer saber é, indissociavelmente, o do caso e o da transferência de Lacan para com Marguerite, portanto, também o fazer saber do significante ordenador dessa transferência, do signo desse amor que Lacan dirige a Marguerite e cujo teor nos evoca o de um João da Cruz por Santa Teresa.

No começo de nosso estudo, indicamos que, se a referirmos ao próprio caso, a publicação da tese tem valor de sintoma: Lacan publicava o caso no justo momento em que entrevia uma outra versão do caso além daquela que sua tese deveria afirmar. Levando em conta, agora, essa publicação como um atestado da transferência de Lacan para com Marguerite, torna-se possível precisar este "sintomático", escrevendo-o "Sintomático". Lacan torna público o lugar que ele virá ocupar na estrutura. O caso não é redutível ao que designarei como sua nomeação de "caso Aimée", nem mesmo como "caso de Marguerite", mesmo que se convenha indexar assim uma loucura cujo caráter coletivo foi mostrado. Trata-se, indissociável dessa loucura coletiva, de um caso de transferência psicótica no sentido que precisamos, do caso, se quisermos dizer assim (e podemos fazê-lo, tanto mais que ele é, enquanto publicado, único), de Lacan. Sua publicação faz parte do caso; ela é, como todo sintoma em psicanálise, tomada na transferência. Isso quer dizer que a publicação como tal não encerra uma história desde então fadada a ter conseqüências.

Considerando agora essas conseqüências, esperamos melhor precisar em que a publicação, encarada como o ato de amor que ela também é, terá servido ao fazer saber, no duplo sentido dessa expressão: transmitir o saber, mas também constituí-lo; como, também, essas conseqüências terão trazido um desmentido à versão que ela afirmava.

---

[52] J. Lacan, *Écrits*, op. cit., p. 66.

CAPÍTULO QUINZE

A perda sofrida por Lacan

Uma das primeiras conseqüências da transferência de Lacan para com Marguerite deveria concernir ao próprio Lacan. Ele a menciona ao fim de sua tese, mas não parece que a fórmula que nos dá disso, no entanto clara e distinta, tenha sido suficiente para que se avalie o que está em jogo aí e nem o que isso implicaria na continuação do trilhamento de Lacan. De que se trata? De nada menos que da báscula doutrinária inaugural de Lacan, aquela pela qual ele iria romper com o discurso psiquiátrico mais avançado de seu tempo, discurso sobre o qual se pode dizer que teria sido o de sua tese se não houvesse intervindo sua transferência para Marguerite. Observar o que foi essa ruptura, indicar sobre que ponto preciso ela deveria incidir, isso é o que dá seu contexto, mas também sua importância ao que acabamos de dizer, ao recurso de Lacan a Freud, ao estabelecimento de sua fraternidade com Freud na relação dos dois, estilisticamente comum, com o campo da assim chamada doença mental. O reconhecimento da pertinência do discurso de Freud e a ruptura com a psiquiatria moderna são uma só e mesma operação. Dizer o que foi essa ruptura dará profundidade a esse reconhecimento, mas também nos ajudará a compreender em que ponto é como alguém vacinado, não virgem, que Lacan se dirige a Freud; ele não está disposto a se deixar incluir naquilo que seria, no discurso freudiano, da ordem daquilo com que acaba de romper.

Disso, como veremos, Lacan fazia questão. Tal é o motivo pelo qual afirmamos que houve uma perda, para ele, em conseqüência de seu encontro com Marguerite. A perda foi a de um conceito, um conceito que estava, então, em vias de adquirir o estatuto de conceito fundamental na psiquiatria: o de processo.

Compreender os comos e os porquês dessa perda exige que entremos um pouco na problemática instalada pelas cento e cinqüenta primeiras páginas da tese. A tese, com efeito, não é redutível, simplesmente, à monografia, e esta não é dissociável daquilo que a precede. Mas o que está em jogo naquilo que a precede é algo que só se pode observar depois da leitura do caso.

A metáfora que me veio, espontaneamente, ao espírito para marcar a ordem específica das dificuldades de leitura dessa primeira parte foi a do *slalom** de esquiação. Isso vai parecer menos estranho se nos lembrarmos que Édouard Pichom escrevia que "ler Lacan, para um francês, é, como se diz familiarmente, um esporte[1]". Tratar-se-ia, não do *slalom* gigante, mas do especial, este *slalom* onde as traves estão tão próximas que o percurso oferece a característica de não se poder sair de uma porta a não ser já entrando na porta seguinte e que, portanto, a negociação de cada porta deve levar em conta, sob pena de uma queda ou de um fracasso, a maneira como se apresenta a seguinte. Aqui, as portas seriam os textos onde os grandes — e os menos grandes — mestres da psiquiatria testemunham sua posição no que toca à loucura; referindo-se a eles, pode-se compreender como Lacan negocia a porta Kraepelin em função da porta Jaspers, como a traseira de seus esquis arranca, de passagem, as traves da porta Génil-Perrin. Freqüentemente tudo é questão de nuances, que uma simples observação basta para indicar, sem que jamais a recusa de tal posição ou o apoio tomado em tal outra sejam significados de uma maneira insistente, ou mesmo muito desenvolvida. Somente uma leitura atenta a essas nuances permite, por exemplo, entender com que violência Lacan recusa a teoria do automatismo mental de seu mestre Clérambault (ausente, de maneira gritante, das suas dedicatórias).

Existe, na escrita dessa primeira parte, um lado *entenda quem puder*; a tese não se dirige a um público não informado, o exercício vale para colegas advertidos, em particular, do estado das questões na escola psiquiátrica alemã. H. Ey, que publica no mesmo momento *Hallucinations et délire*[2], seria uma boa figura desse leitor crítico a quem Lacan se dirige.

Mesmo não se reduzindo apenas a isso, esse exercício terá exigido, como aliás já foi observado, um enorme trabalho de leitura por parte de Lacan. Já se disse mesmo que sua bibliografia (cerca de 180 autores citados) teria sido feita com exagero só para impressionar, prova incontestável, a nosso ver, de que não se o havia lido. Mas porque este trabalho formidável? Por que esse alinhavo tão particular do saber psiquiátrico? Isso não teria razão de ser, se se tratasse apenas de introduzir uma entidade clínica nova, de trazer uma modesta contribuição a uma disciplina segura de sua teoria. Um Legrand de Saulle não precisa de semelhante percurso para introduzir *O delírio de perseguição*[3]: algumas frases lhe são suficientes, bem no começo de sua obra, para ficar quite com a história da psiquiatria.

Em 1938, ou seja, seis anos depois, com seu texto sobre *Os complexos familiares*, Lacan tentará nada menos que uma ordenação do conjunto de fatos

* Descida sinuosa, com passagens obrigatórias entre vários pares de estacas, as "portas". (NT)

[1] Édouard Pichon, "La famille devant M. Lacan", *Revue française de psychanalyse*, Paris, 1939.

[2] Henri Ey, *Hallucinations et délire*, Paris, Librairie Félix Alcan, 1934.

[3] Legrand du Saulle, *Le Délire des persécutions*, Paris, Plon, 1871. O histórico se limita às páginas I e II do prefácio.

recolhidos sob o título da patologia do mental. Fazendo retroagir este acontecimento, essa publicação do texto mais elaborado e mais "abrangente" de Lacan, sobre o que ocorria em 1932, concluímos que sua tese terá tido como conseqüência provocar Lacan, para além do fracasso de sua apresentação do "estágio do espelho" em 1936 — ela também proveniente diretamente de sua tese — a pôr em obra a ambição quase desmesurada que portava *Os complexos familiares*. Qual terá sido, pois, a trama da publicação da tese para suscitar em seu autor a conseqüência maior que acabamos de assinalar? Em que ela terá, pelo menos para ele, e talvez para alguns outros, constituído um acontecimento?

Vamos recusar de saída uma apresentação do acontecimento em questão que sugeriria (à moda de E. Jones[4] dizendo que, com Charcot, Freud teria abandonado a neurologia pela psiquiatria) que, com sua tese, Lacan teria deixado a psiquiatria para se engajar na psicanálise. Não menos que Jones, teríamos bons argumentos para afirmá-lo. Isso, no entanto, seria desconhecer que não é possível se basear, a não ser na abordagem de um problema e de uma maneira apenas descritiva, na distinção das disciplinas psiquiátrica e psicanalítica sem implicar que essa distinção seria efetiva também no que concerne à clínica. Ora, não é este o caso. O problema, aliás, não é essencialmente da ordem das delimitações de zonas do saber — a que quiseram reduzi-lo. Ele é o da relação da loucura ao saber e da relação com esta relação, o que nada tem a ver com tais delimitações. Assim, o esquema que poderíamos estabelecer para a tese (e que seu plano não contradiria) é:

psiquiatria/o caso Aimée/ psicanálise,

esse esquema, por exato que seja, não é conveniente para formular o que está em jogo. O que Marguerite provocou de báscula doutrinária em Lacan não pode ser precisamente situado a não ser a partir da observação da posição que Lacan entende ocupar na problematização psiquiátrica da loucura. Ora, esta não tinha, então, nada de unívoco.

Kraepelin, Jaspers, Westerterp, Lacan

A tese de Lacan tem um fundamento, parte de um saber articulado, constituído — mesmo que permaneça em discussão. Basta abrir o seu índice para saber de que saber se trata.

Na primeira parte, "posição teórica e dogmática do problema", depois de ter afirmado a noção de personalidade, Lacan se apóia no par conceitual de

[4] Ernest Jones, *The Life and Work of Sigmund Freud*, Nova York, Basic Books, 1953. Encontramos no capítulo 2 de Jean Allouch, *Lettre pour lettre* (op. cit.) uma discussão do que foi o encontro de Freud com Charcot, interpretado não em função dos recortes universitários, mas da teoria lacaniana dos quatro discursos.

origem jaspersiana cujos termos cito, aqui, na ordem em que aparecem na tese: a psicose paranóica é abordada como *desenvolvimento* da personalidade (capítulo 3 desta primeira parte), e é, em seguida, novamente discutida, mas desta vez como *processo* orgânico (capítulo 4). Na segunda parte, dedicada à monografia, reencontramos esses dois mesmos termos, mas tomados numa ordem inversa: depois do exame clínico do caso (cap. 1), Lacan se pergunta se o caso pode representar um *processo organopsíquico* (cap. 2). Notemos que o termo "processo" é agora afetado por um ponto de interrogação. Depois, seguindo-se a um capítulo (cap. 3) dedicado principalmente a completar o relato do caso clínico e também intitulado de maneira interrogativa, reencontramos (cap. 5) o termo "desenvolvimento" quando Lacan chega a sustentar, doravante positivamente, ao mesmo tempo sua interpretação do caso e sua doutrina psiquiátrica. Vamos esquematizar aqui o que acaba de ser dito:

Desenvolvimento/Processo	Processo/Desenvolvimento
PARTE TEÓRICA	PARTE CLÍNICA

Este esquema difere do esquema "disciplinar" acima transcrito. Este, no entanto, não é inteiramente satisfatório e só o expomos aqui por seu valor de indicação de um problema que precisamos agora explicitar.

Dizíamos que Lacan, na primeira parte de sua tese, negociava a porta Kraepelin tendo em mente, ao mesmo tempo, que lhe seria necessário logo em seguida atravessar a porta Jaspers. Vai-se tratar agora de formular essa dupla negociação de outra maneira que não a metafórica.

Vamos observar inicialmente que, de uma a outra dessas partes, o termo "processo" é qualificado de modo diferente: o processo é dito "orgânico" na primeira parte, "organopsíquico" na segunda. Que dizer disso?

Lacan começa por reivindicar a tradição kraepeliniana, inscrevendo nela, explicitamente, o seu trabalho. Depois de haver mencionado o apelo lançado por Kraepelin a pesquisas suficientes sobre casos de delírio que não se originariam do processo, Lacan escreve:

> Esta difícil pesquisa, vários autores a tentaram desde que foram escritas estas linhas. Possa nossa modesta contribuição encontrar aí as desculpas por sua insuficiência.[5]

Em Kraepelin, ponto em que Lacan insiste, a oposição processo/ desenvolvimento entra em ressonância com a oposição organogênese/ psicogênese. A leitura lacaniana de Kraepelin encontrará um apoio aí. Tratase de uma leitura orientada, dedicada a destacar, em Kraepelin, o lugar marcado onde poderá vir-se inscrever a tese. Com este fim, Lacan vai buscar

[5] T. p. 63.

a última edição do *Lehrbuch der Psychiatrie*, a de 1915, para demonstrar, de encontro mesmo a certos elementos que estão igualmente presentes na grande obra do mestre (como a noção de endogenia, que lhe permite classificar como psicogênico o delírio dos querelantes e como não psicogênica a paranóia propriamente dita — cf. p. 28 e 62 da tese), que o movimento do pensamento kraepeliniano tende para o reconhecimento do caráter psicogênico da paranóia.

Certamente, Lacan só pode falar do "sentido decididamente psicogênico" da concepção de Kraepelin[6] porque as coisas, em Kraepelin, não estão tão decididas; e o historiador da psiquiatria poderia discutir o ponto de saber se, quando Kraepelin rejeita a teoria que faz do caráter brusco do aparecimento da afecção o signo da existência de um processo, este repõe em questão, a seus próprios olhos, essa indicação metodológica que escrevia em 1896 a propósito da demência precoce, a saber:

> O diagnóstico significa hoje para nós o reconhecimento do processo mórbido, uma espécie definida com base no quadro clínico dado.[7]

Este historiador também nos poderia observar que a oposição processo/desenvolvimento não é kraepeliniana, e que há, pois, um certo forçamento, por parte de Lacan, em utilizá-la como operadora de sua leitura de Kraepelin. A esta objeção, a tese responde antecipadamente numa pequena nota (numerada 15, à p. 63), pequena mas decisiva, já que Lacan nela menciona o fato de Kraepelin ter homenageado Jaspers com essa distinção, o que aos olhos de Lacan teria ratificado sua validade.

Assim, Lacan encontra em Kraepelin uma primeira formulação da alternativa que irá valer como embasamento da sua tese:

> "Trata-se, no delírio, do desenvolvimento de germes mórbidos em processos patológicos autônomos, fazendo uma irrupção destrutiva ou perturbadora na vida psíquica?" [citação de Kraepelin] Ou será que o delírio representa [nova citação, mas a montagem é de Lacan] "as transformações naturais pelas quais uma malformação psíquica sucumbe sob a influência dos estímulos vitais?" [depois, este comentário de Lacan:] Kraepelin adota a segunda patogenia.[8]

Como se vê, é com Jaspers que Lacan lê Kraepelin; logo, não ficaremos surpresos ao encontrar uma segunda formulação da alternativa que dá fundamento à tese, e, desta vez, em termos propriamente jaspersianos.

A introdução por Jaspers da oposição processo/desenvolvimento virá dissociar a problemática organogênese/psicogênese daquela indicada pela oposição processo/desenvolvimento. Até Jaspers, lá onde havia pro-

---

[6] Ibid.

[7] Citado por S. Follin e C. Masi em seu artigo "Notes sur l'evolution de l'épistemologie psychiatrique", *L'Évolution psychiatrique*, Toulouse, Privat, out./dez. de 1986, p. 877 a 887.

[8] T. p. 63.

cesso, deveria necessariamente haver também organogênese, fosse esta real ou suposta real (como em Clérambault). Como se opera essa dissociação?

O desenvolvimento se caracteriza como compreensível: o processo já não o é, tanto menos na medida em que, por definição, ele é o que rompe com o desenvolvimento. Mas nem por isso ele é, necessariamente, de origem orgânica: existe, possivelmente, o incompreensível psíquico, o incompreensível sem desagregação mental, sem processo orgânico. Há, pois, introduzido por Jaspers, o que Lacan chama de "o conceito maior"[9], algo que merece, com efeito, admite ele, ser chamado um processo psíquico. Situado em referência às relações de compreensão que fazem a personalidade, o processo psíquico surge como um elemento novo e heterogêneo, sobre o qual pode vir se construir como que uma nova e outra personalidade, onde se reintroduz o compreensível. Mas, qualquer que seja a importância dessa neocompreensão, se houver um processo psíquico permanecerá um incompreensível irredutível (assim como serão diferentes as evoluções de casos de processo e de desenvolvimento, estes últimos verificando-se curáveis, enquanto os primeiros não o seriam).

Lacan chega a exumar o texto inaugural em que Jaspers introduz estes conceitos: ele faz citações da *Psicopatologia geral*[10] que são as mais longas de sua tese, e é sobre a apresentação desse trilhamento jaspersiano que ele opta por encerrar esta primeira parte doutrinária.

A alternativa que se tratará de resolver pelo estudo monográfico deixa-se agora formular em outros termos que não os precedentes: a psicose paranóica seria originada do processo, no sentido dado por Jaspers a este termo, ou representaria esta forma de desenvolvimento de uma personalidade designada pelo nome de reação? Tal é a última formulação da problemática da tese: vê-se que ela é, de ponta a ponta, jaspersiana.

Toda a questão vai-se dar num ponto que Lacan retoma, também, de Jaspers, aceitando, sem alterar as regras, o jogo proposto por este. Jaspers lhe fornece, com efeito, o critério preciso que lhe permitirá fazer a prova decisiva, aquela que decidirá a questão de saber se a psicose paranóica de Aimée se origina de um processo ou tem o valor de uma reação da personalidade:

> Para que um fenômeno psicopático seja considerado uma *reação* da personalidade, deve-se demonstrar que seu [aqui, citação de Jaspers] "conteúdo tem uma relação compreensível com o acontecimento original, que ele não teria nascido sem este acontecimento, e que sua evolução depende do acontecimento, de sua relação com ele.[11]"

---

[9] T. p. 142.

[10] Karl Jaspers, *Psychopatologie générale*, op. cit.

[11] T. p. 142.

Este critério permite decidir se a psicose paranóica é uma "psicose reativa" (que tem por modelo a psicose carcerária) ou uma psicose processual (do tipo da parafrenia), onde certamente, precisa Jaspers, um acontecimento pode agir como causa ocasional, mas, neste caso, a psicose permanece claramente sem relação compreensível com o acontecimento ocasionante.

Lacan encerra a primeira parte de sua tese, como observamos, com Jaspers; isso permanece verdadeiro, com exceção de cerca de uma página e meia, páginas onde ele relata os trabalhos de Murk Westerterp. Westerterp, sutilmente, observava que com muita freqüência o psiquiatra acredita compreender, mas só capta o que a sua própria sutileza introduz no material, esses conteúdos que, sub-repticiamente, ele injeta no caso, inclusive utilizando, à sua revelia, o que é oferecido pelo interrogatório como possibilidade de sugerir ao doente aquilo que deve responder. Westerterp se baseava nessa observação para negar qualquer valor ao grupo das psicoses paranóicas: ele as classificava nas parafrenias, considerando-as como originadas, também elas, de um processo. Sua tese, de 1923, nos dá a fórmula precisa e condensada da sua posição: "A *paranóia persecutória* de Kraepelin é um processo no sentido de Jaspers".[12]

Pois bem, era uma intenção da mesma ordem que animava Lacan na fomentação de sua tese. Ele queria, como Westerterp, demonstrar que a psicose paranóica se originava exatamente do processo no sentido definido por Jaspers. Lacan teria sido um Westerterp francês se seu encontro com Marguerite não o houvesse conduzido a uma conclusão que ele mesmo nos diz ter sido "inteiramente contrária"[13]. Tal foi seu reviramento doutrinário: a psicose de Marguerite, foi ele obrigado a admitir, satisfazia plenamente o triplo critério jaspersiano que autoriza definir um caso como psicose reacional.

1 — O conteúdo dos fenômenos psicopáticos observados em Marguerite aparece compreensível se o pusermos em relação com o acontecimento que foi a intrusão de sua irmã mais velha;

2 — Este acontecimento se verifica realmente ter provocado os ditos fenômenos;

3 — Sua evolução revelou-se depender não somente de sua relação com aquele acontecimento, como queria Jaspers, mas da própria evolução da situação conflitual criada por este acontecimento.

Assim, podemos agora ler a página 295 da tese onde Lacan nos comunica sua reviravolta doutrinária, onde ele nos confessa, enfim, ao mesmo tempo o que foi sua intenção ao se tratar da escrita da tese e como ele deveria ser levado a concluir de uma maneira "inteiramente contrária" a esta intenção.

---

[12] Citado por François Sauvagnat, "Histoire des phénomènes élémentaires", *Ornicar?* n° 44, Paris, Navarin, p. 25.

[13] Cf. abaixo, onde esta citação é estudada.

Se existe imprecisão lógica do delírio (idéia que não resistirá por muito tempo à análise, mas que lhe parece evidente em 1932), permanece o fato — começa ele por dizer — de que o delírio não é "sem valor de realidade"; ao contrário, ele leva a identificações que, por secundárias que sejam, estão "numa relação constante com um complexo ou um conflito de natureza ético-sexual, e gerador de delírio." Depois, logo em seguida a haver assim satisfeito o critério jaspersiano, eis sua confidência, que não pode deixar de nos evocar o que Freud respondia àqueles que o tratavam de obcecado sexual:

> Nossa posição neste ponto [trata-se então da ligação estreita entre as identificações delirantes e o complexo ou conflito gerador do delírio] é tanto menos suspeita na medida em que fomos levados a ela sem ter qualquer idéia preconcebida a respeito. As pesquisas atentas que nos mostraram, por um lado, a imprecisão lógica do delírio, por outro lado sua importância sempre significativa de uma certa realidade, nos foram sugeridas, com efeito, pela idéia, inteiramente contrária, de demonstrar que a psicose representaria um "processo" estranho à personalidade. Técnicas de interrogatório e hipóteses teóricas [nomeemos aqui, respectivamente, Westerterp e Jaspers] nos eram trazidas nesse sentido por um grande número de autores que citamos no capítulo 4 de nossa primeira parte. O estudo dos fatos nos levou, ao menos para uma parte das psicoses paranóicas, a conclusões inteiramente contrárias [segunda ocorrência deste "inteiramente contrária" na mesma página] às deles, a saber, que as concepções delirantes têm sempre um certo *valor de realidade*, que se compreende em relação com o desenvolvimento histórico da personalidade do sujeito.

Foracluir o processo dá lugar ao ato

Em psiquiatria, em psicanálise, mas também em outros campos (principalmente em história), encontra-se regularmente e até nos melhores trabalhos este procedimento muito curioso que consiste em fazer de um caso, de uma monografia que se dá numa seqüência de acontecimentos, um processo.

Lacan, para além de sua báscula doutrinária, e graças a ela, torna-se capaz de observar essa manobra. Assim, ele nota como Kretschmer, de quem, no entanto, ele se sente e se diz muito próximo, baseando-se no caráter secundário das identificações do delírio, acaba por "fazer destes casos 'processos' "[14]. Minkowski, aliás, é, na tese, objeto de uma crítica semelhante.

É difícil ignorar como Clérambault é igualmente visado aqui, na medida em que para ele o automatismo mental era, de modo bem evidente, um processo. Em Clérambault, aquilo com que lida o psiquiatra se deixa definir na medida em que este não se deixará enganar por aquilo que deve isolar, distinguir do processo, a saber, a reação da personalidade ao automatismo mental que a habita, o que ele chama de Romance[15]. O desligamento delírio/

[14] T. p. 272.

[15] G. de Clérambault, *Oeuvre psychiatrique*, op. cit., p. 79.

psicose, característico da problematização da loucura a dois no mestre da Enfermaria especial, é, como vimos, solidário dessa extraterritorialidade dos "Temas Ideativos"[16], do remetimento destes a uma posição no limite dos domínios da psiquiatria. Tal posição nega antecipadamente todo valor à tese de Lacan. Essa incompatibilidade assinala a ruptura de Lacan, senão com a psiquiatria, pelo menos com uma certa versão desta.

Aliás, há uma tendência quase geral a fazer da identificação de um processo o critério para uma compreensão, enfim científica, de um objeto que, ao mesmo tempo, também se o tornaria.

H. Ey, pouco depois da tese de Lacan, num texto deslumbrante e de um entusiasmo que nos evoca um certo estado dos corações em Roma em 1953, rende homenagem a Bleuler por haver refundado a psiquiatria, libertando assim o alienado daquilo que Ey não hesita em qualificar como sendo "um verdadeiro assassinato nosográfico[17]". De que se trata, nessa operação que teria feito de Bleuler um novo Pinel? Bleuler teria dissociado o quadro clínico da doença, instaurado o que Ey chama de "um intervalo entre o processo e o quadro clínico[18]", isso graças à sua distinção de dois tipos de sintomas: os primários, ligados ao processo (como o relaxamento das ligações associativas na esquizofrenia), e os secundários, que são o resultado "da reação do espírito do doente aos acontecimentos internos e externos[19]". Assim se atingiria nada menos que "a substância dos estados psicopáticos em seu centro e na sua mais secreta natureza"[20]. Como se vê, ainda aqui se vê posta em jogo a oposição processo/reação, mas de uma maneira, com efeito, "inteiramente contrária" àquela que encontramos na tese de Lacan: para Ey, o isolamento do processo dá seu objeto à psiquiatria; para Lacan, é o conceito de reação que pode desempenhar este papel, desde que se esteja disposto a proibir-se de querer "fazer um processo".

Não se trata aqui de discutir, de um ponto de vista de historiador da psiquiatria, a tese recentemente defendida segundo a qual, na época da tese de Lacan, o conceito de processo se estava instalando como paradigma do discurso psiquiátrico[21]. Os indícios que acabamos de recordar nos parecem, no entanto, suficientes para nos autorizar a afirmar que Lacan, com sua tese, engaja um combate decisivo: desde que fez a experiência do seu caminho de Damasco, deveria parecer-lhe que tratava-se de nada menos, neste termo "processo", que retirar todo valor humano às manifestações da psicose.

---

[16] Idem, p. 78.

[17] Henri Ey, "La conception d'Eugen Bleuler", in *Dementia praecox ou Groupe des schizophrénies*, Eugen Bleuler, Paris, EPEL, 1993.

[18] Idem, p. 141.

[19] Ibid.

[20] Idem, p. 138.21.

[21] S. Follin e C. Masi, "Notes sur l'évolution de l'épistémologie psychiatrique", op. cit.

Lacan trava um verdadeiro combate contra... aquilo que ele próprio poderia ter promovido, contra aquilo que ele quase promoveu, contra essa "cegueira secular" feita de "preconceitos filosóficos" (vamos precisar, depois dos trabalhos de J. Pigeaud: o condilacismo) que "permanecem não menos florescentes na maioria dos psiquiatras contemporâneos" que nem sempre sabem dar todo o seu valor à reação psicológica[22]. Ele fala do "acordo de tantas doutrinas diversas para desconhecer essa verdade"[23]. O conceito de processo — embora ele não o escreva assim, podemos deduzi-lo inclusive a partir do que sabemos da seqüência de seu percurso — seria, de certa forma, a palavra final (*fin mot*, como se fala, em linguagem cortês, do *fin d'amors*) dessa cegueira.

O corte instaurado por essa báscula doutrinária de Lacan não recobre aquele que se considerava haver separado psicanálise e psiquiatria. O "processo" não é menos florescente em psicanálise, e hoje em dia não menos que ontem. Vamos dar um único indício disso, tomado nas últimas coisas que nos têm chegado às mãos: segundo André Green, uma das "questões para o amanhã" da psicanálise seria conceber "a história do sujeito em psicanálise como processo subvertendo causalidades e temporalidades psíquicas"[24]. Essa posição não é excepcional, ela não poderia ser atribuída à perdição de alguém que, não hesitando em qualificar publicamente Lacan de "ditador"[25], só faz demonstrar sua total ausência de rigor clínico. Em psicanálise, a pregnância desse conceito de processo é tal que vamos tornar a encontrá-lo ali onde menos se esperava, num Roy Schafer, que sabemos ter ficado conhecido por haver introduzido uma "linguagem de ação" na psicanálise, explicitamente oposta às concepções rígidas e mecanistas do Século XIX. E é ainda mais surpreendente vê-lo nos apresentar a interpretação e a reconstrução do passado na análise como "duas das atividades mais fundamentais do processo analítico".[26]

"Processo" vem do latim processus, "progresso", "aquilo que vai na frente", daí o seu sentido anatômico de "prolongamento", "saliência", "divertículo". Littré o define como um conjunto de fenômenos concebido como ativo e organizado no tempo (o singular marca que esses qualificativos se referem ao conjunto tomado como tal e não aos fenômenos). Guilbauld, em seu livro sobre a cibernética, dá-lhe a seguinte definição: "[...] uma teoria geral dos "processos", termo que designa, seja uma série de fenômenos, dotada de uma certa coerência ou unidade (também aqui os qualificativos se referem à

---

[22] T. p. 266.

[23] Ibid.

[24] A. Green, texto de anúncio das jornadas organizadas em janeiro de 1989 pela SPP.

[25] A. Green, *Le Monde* de 10 de fevereiro de 1990. Neste texto, o próprio termo "ditador" não é explicitado: o autor opta, antes, por sugeri-lo, falando, a propósito de Lacan, de uma "política de ditadura", como se a calúnia devesse ser mais operante não sendo completamente formulada.

[26] Roy Schafer, *The Analytic Attitude,* Basic Books, 1983. A citação é extraída do texto de apresentação na contracapa, indício de que o processo, em 1988, não deixa de ter valor promocional.

série como tal), seja a fonte ou a lei de gênese dessa série". E o Robert não deixa de citar o "processo de identificação", ou ainda os "processos inconscientes". Freud, é verdade, não excluiu definitivamente todo pensamento do processo — o que pode nos surpreender, por parte de alguém que havia reconhecido, no entanto, que não existe no homem a menor tendência ao progresso.

A tese de Lacan, com a báscula doutrinária que ele ali realiza, opera essa exclusão, essa foraclusão de toda referência possível ao dito processo. Não há "processo psicanalítico"; o emprego deste termo, principalmente em psicanálise, tem apenas o alcance que o vemos, por vezes, tomar em outras partes, quando lemos, por exemplo, num jornal, que "o processo de paz se engajou no Oriente Médio"; trata-se de uma apresentação tendenciosa de um certo número de eventos, que sugere que cada um deles seria como que necessariamente convocado pelo precedente e convocaria o seguinte, apresentação cujo caráter forçado é patente; um tal forçamento, esteja ele a serviço de uma ação de propaganda, de uma tentativa de exercer pressão, ou que permita a quem o utiliza cometer um engano grosseiro, um tal forçamento exprime, sob o modo de um pensamento mágico, um voto, em geral piedoso. Lidamos com este mesmo forçamento quando se trata de processo no campo da doença mental. Graças ao pensamento da loucura como processo, aplica-se ao louco o que chamarei de golpe da endogenia. Diz-se que ele seria habitado por um processo endógeno. Por mais falacioso que seja, um tal dizer não é sem conseqüências, longe disso: ele conforta a tendência a retirar do louco a responsabilidade por seus atos, selando o desconhecimento da transferência psicótica, mas também — talvez a conseqüência mais inesperada — faz apelo a uma certa concepção do sintoma.

Em Lacan, a confirmação do caráter definitivo da rejeição do processo virá muitos anos mais tarde, exatamente quando ele problematizar o psicanalisar como ato. Mas, já em 1932, notamos que o termo decisivo, que vem em lugar do termo "processo", é "reação", este também tomado de Jaspers. Vindo em lugar do processo, a noção de reação, o re-ato, como é melhor designá-lo para dar todo o alcance subjetivo à coisa, destrói a hipótese endogênica; nada, com efeito, nos obriga a supor que a psicose, considerada como reativa, o seja com relação a alguma coisa estritamente interna ao sujeito. É isso que Lacan constata ao definir, em sua tese, a personalidade como "tensão social".

Isso não exclui que o louco seja reconhecido como responsável por seus atos; Lacan, em 1932 (isto é, antes de sua leitura de Hegel via Kojève, que dará sua caução filosófica a esta posição), já se opõe a que digam que o louco é irresponsável. Como se espantar com isso? Sua tese não diz que a cura de Marguerite é o fruto de sua punição? No entanto, ele permanece prudente quanto ao grau de responsabilidade que se deveria admitir num tal caso ou em outro; a reação não é exatamente o ato. Em seu artigo sobre as irmãs Papin, ele vai encontrar uma solução elegante: a responsabilidade do louco, sugere então, não é problema meu, é problema de cada sociedade nas suas relações com seus loucos.

Pensar a psicose não mais como processo e sim como reação abre espaço para uma transferência psicótica. Depois do que dissemos sobre o "posar transferencialmente", não há necessidade de desenvolver este ponto. Em contrapartida, vamos sublinhar a terceira conseqüência mencionada, a saber, o estatuto diferente atribuído ao sintoma numa concepção da doença mental como processo ou como reação. De fato, a questão do sintoma não é isolável da de transferência. O fato de que a transferência atue como valor no sintoma, eis o que dá a este último um estatuto bem particular. Vamos argumentar com um exemplo.

Kraepelin nos relata que um de seus doentes, ao ver pela enésima vez um médico entrar na sala, perguntava: "Este senhor já esteve aqui?" O mestre de Zurich faz um sintoma dessa observação, vendo nela "uma apreensão totalmente perturbada e confusa das pessoas reais"[27]. Entretanto, basta lembrar de que maneira automática o médico atravessa certas vezes a sala comum para não considerar assim tão confusa a fala do doente em questão.

Essa anedota vai aparecer sob uma nova luz se a confrontarmos com uma história da prática analítica de Lacan. Um analisando, contam-nos, vinha diversas vezes por dia para suas sessões com Lacan. Um certo dia, depois de já tê-lo recebido x vezes, Lacan, ao percebê-lo na sala de espera, diz-lhe com um ar ao mesmo tempo espantado e sorridente: "Ora pois, bom dia!". Isto equivalia a formular ao seu analisando a pergunta com a qual o doente de Kraepelin interpelava seu médico. A anedota dá sua chave: essa pergunta era necessária, pois ele não estava certo de que aquele senhor já tivesse vindo! O que é recebido como sintoma num caso se apresenta, no outro, como tendo a importância de uma interpretação da transferência.

RSI como seqüência da foraclusão do processo

Uma conseqüência menos diretamente acessível da foraclusão do processo em Lacan em 1932 nos parece ser a invenção daquilo que ele vai nomear de diferentes maneiras: sua tríade, seu ternário, sua trindade infernal, suas três dimensões (dit-mentions), a saber, o real, o simbólico e o imaginário (que mencionamos aqui na ordem em que sua pronúncia, por homofonia, afirma a

[27] Emil Kraepelin, *La Psychose irréversible* (título do editor francês), Paris, Navarin, 1987, p. 63. O conjunto da sintomatologia construída por Kraepelin, através do exemplo que acabamos de discutir, é o objeto da nossa crítica. Kraepelin, ao se apresentar munido de um par de tesouras diante de um catatônico ameaçando cortar-lhe a língua, e constatando em seguida que o doente, "muito tranquilamente", põe a língua de fora, não pode classificar um tal fato sob a rubrica de uma pretensa "indiferença" do catatônico, a não ser desconhecendo a importância demonstrativa da resposta que lhe é dada, a saber, seu efeito de desarmamento, falando propriamente. (op. cit., p. 50)

heresia). O laço dessa invenção com a foraclusão do processo pode parecer distante, até mesmo forçado. Tal não é o caso, no entanto, o que vamos mostrar referindo-nos a um texto notável de Georges Lanteri-Laura. Lendo este estudo de alguém que não é antipático à doutrina lacaniana, sem no entanto fazê-la sua, vamos nos dar conta de que o próprio autor nada mais pode fazer, neste trabalho, senão estabelecer essa articulação entre a rejeição do processo e a invenção de R, S e I que não nos é evidente a princípio.

O estudo de G. Lanteri-Laura, publicado em 1984, se intitula: "Processo e psicogênese na obra de J. Lacan"[28]. Apesar de seu título e de um abstract um tanto falacioso, este estudo incide principalmente sobre a adoção, e em seguida a "rejeição"[29] da psicogênese por Lacan, mais que sobre "o papel do conceito operatório de processo no pensamento de J. Lacan" (dixit o abstract). Depois do que acabamos de ler, poderemos pontuar essa observação com: "e com razão!"

Mas o ponto mais fascinante da união desses dois trabalhos, o de G. Lanteri-Laura e o nosso aqui, consiste no fato de que o primeiro, cronologicamente, vem suplementar o segundo tirando suas conseqüências. A rejeição da psicogênese (mais de vinte anos posterior à tese de Lacan) surge, com efeito, tão logicamente conseqüente com o abandono de toda referência ao processo que chegamos a perguntar, lendo G. Lanteri-Laura, se não haveria uma solidariedade essencial entre processo e psicogênese. Essa solidariedade explicaria por que se persiste tanto em crer no processo: renunciar a ele implicaria, ipso facto, abandonar a psicogênese, e, logo, o dualismo ancestral.

Daí a radicalidade da alternativa formulada por Georges Lanteri-Laura ao fim de seu estudo, alternativa onde ele expõe a relação do trilhamento lacaniano ao discurso médico em termos que fazemos absolutamente nossos: *lectio orbi*, a rejeição de toda psicogênese só se poderá prolongar numa "ciência dos efeitos da ordem simbólica sobre o real e o imaginário"[30], ciência fora da medicina — *orbi*, ou então *lectio urbi*, a posição trilhada pelo percurso lacaniano se situaria no quadro de uma transformação moderna de um discurso médico doravante menos centrado nas causas que nos fatores de risco e nos mecanismos.

Este corte de navalha de G. Lanteri-Laura passa pelo próprio interior do movimento freudiano. Para decidir entre essas duas leituras possíveis, G. Lanteri-Laura nos propõe a regra filológica da *lectio difficilior*, aquela que quer que a versão mais autêntica seja a que se apresenta como sendo a mais difícil de ... compreender (decididamente, dá muito trabalho não ficar com Jaspers!)

---

[28] G. Lanteri-Laura, "Processus et psychogenèse dans l'oeuvre de J. Lacan", *L'Évolution psychiatrique*, T. 49, fasc. 4, Toulouse, Privat, 1984, p. 975 a 990.

[29] Idem, p. 984.

[30] Idem, p. 988.

Aceitemos essa regra do jogo. O que, então, permanece para nós mais difícil de compreender: uma problemática nodulada por três termos, RSI, ou um pensamento que deixaria como que fora do seu campo toda apreensão da causa? Não seria forçar as coisas dizer que, a partir dos últimos seminários de Lacan e da dissolução da Escola freudiana, para Lacan a *lectio difficilior* era realmente a *lectio orbi*. Foi ela que apresentamos no capítulo dedicado à estrutura do caso de Marguerite, escrita com o que chamamos de "a cifração de 1975". Remetendo-nos à alternativa apresentada por G. Lanteri-Laura, nosso leitor deveria concluir, a partir das suas próprias dificuldades para ler esse capítulo, que a escolha é realmente aquela que dizemos! Suas próprias dificuldades seriam a prova disso!

CAPÍTULO DEZESSEIS

"O pai e o filho não têm nada a se dizer"

Marguerite governanta

> Um dia, Jacques Lacan visita seu pai e revê aquela que fez sua fortuna. Ela torna a lhe reclamar seus manuscritos, e ele se recusa a escutá-la. Ela constata que pai e filho nada têm a dizer um ao outro e conta a Anzieu que Jacques faz "palhaçadas" para quebrar o silêncio[1].

Tal seria sido esta cena. Não deixa de ser importante observar que seu relato chegou até nós pela via de um *dizem que*, e, o que é mais, um "dizem que" retomado três vezes: E. Roudinesco, que o conta para nós, soube por Didier Anzieu, ele próprio tendo sabido por Marguerite.

A cena se passa em casa do pai de Jacques Lacan, Alfred Lacan, em Boulogne. Seus três protagonistas se chamam Alfred Lacan, Marguerite Anzieu, sua governanta (Émilie, mulher de Alfred, morreu alguns anos antes), e o visitante ocasional, Jacques Lacan. Tanto quanto se sabe, este seria o último encontro de Jacques e Marguerite.

A quem Jacques veio visitar? Seu pai? Marguerite? O relato diz "seu pai", mas não somos obrigados a crer nisso. A visita ao pai serviria de capa para uma visita a Marguerite? Como não suspeitar disso, quando simplesmente se evoca a significação do termo "visita" num hospital, ou seja, ali mesmo onde Jacques conheceu Marguerite? Mas o relato sugere que, visitando seu pai, Jacques teria, como que por acaso, encontrado ali Marguerite. Mais um motivo para desconfiar! Conclusão: parece que somente uma análise do acontecimento poderia talvez determinar quem Jacques veio visitar.

Quando, precisamente, a cena ocorreu? Determinar sua situação no tempo é importante na avaliação de sua incidência. Como nenhuma indicação direta permite fixá-la, nada mais nos resta senão situá-la na sua relação a uma outra cena, a da primeira transmissão: Marguerite conta a Didier a cena de Boulogne. Quando foi que ela o fez? Consultando-se a *História da Psicanálise na França*, constatamos, também neste ponto, uma data um tanto incerta. Não se

[1] E. Roudinesco, *Histoire de la psychanalyse...*, op. cit., p. 135.

sabe precisamente quando Marguerite trabalhou em casa de Alfred Lacan, senão que foi depois de 1948 (ano da morte de Émilie Lacan). Deve-se situar esses dois anos depois de julho de 1953, logo, posteriormente ao fim da análise de Didier com Lacan? Nada nos garante isso. No entanto, explicitar essa questão nos permite precisar o outro lado daquilo que, a partir daí, surge realmente como uma alternativa. Com efeito, visto que a análise de Didier com Lacan começa em janeiro de 1949, ou bem nossa hipótese é exata (Marguerite vem trabalhar para Alfred Lacan depois de 1953), ou então ela trabalha ali ao mesmo tempo em que Didier está em análise com Lacan. Neste último caso, restaria uma imprecisão. Esses dois anos em que Marguerite é governanta em casa de Alfred Lacan poderiam ser os anos 48/50, mas também 49/51, 50/52, 51/53, até mesmo 52/54. Uma coisa, apenas, é certa: Marguerite falou com Didier sobre seu passado com Lacan antes do fim da análise de Didier. Essa discussão, com efeito, teve por conseqüência a interpelação de Lacan por Didier:

> [...] ele [Didier Anzieu] empreendeu uma análise com Lacan, ignorando que Aimée o havia precedido em outras circunstâncias. Por sua vez, Lacan não reconheceu o filho da antiga pensionista do Sainte-Anne. Anzieu descobre a verdade no decorrer de uma conversa com a mãe, que lhe fala de suas recordações e de suas relações com os psiquiatras da época. Ele então se precipita para a biblioteca e descobre com emoção um passado que lhe pertence e cujo essencial ele ignorava. Interrogado sobre o fato de não haver reconhecido a identidade de seu paciente, Lacan [...][2].

É muito provável que essa intervenção de Marguerite na análise de seu filho tenha ocorrido pouco tempo antes do fim desta análise, em julho de 1953 (ela nos parece ter desempenhado um papel determinante nesse término). Mas a narrativa de E. Roudinesco não explica se essa conversa de Marguerite com Didier foi a mesma em que esta lhe contou a cena de Boulogne. Tratar-se-ia de duas conversações diferentes, caso em que a narrativa da cena de Boulogne seria posterior, ou de uma única? Neste último caso, a narração da cena de Boulogne faria parte da intervenção de Marguerite na análise de Didier: ao mesmo tempo, ela seria situável, também, pouco antes de julho de 1953. Já que o testemunho de Didier Anzieu a Elisabeth Roudinesco não permite decidir, somos obrigados a assumir uma posição, evidentemente a título de conjetura (e além disso, refutável, apesar de Popper).

Diversos elementos falam a favor da conversa única, nenhum deles sendo realmente decisivo. Eles devem ser ouvidos sobre o fundo de uma relação entre o filho e a mãe que, depois do rompimento muito longo entre eles, permanece uma relação difícil. Didier Anzieu nos diz ter retomado o contato com Marguerite depois de seu casamento[3], ou seja, em 1948. A 1° de janeiro de

---

[2] Ibid.

[3] D. Anzieu, *Une peau...*, op. cit., p. 12 e 13.

1949, ele inicia sua análise com Lacan: os dois acontecimentos, portanto, são vizinhos, senão simultâneos. Didier Anzieu sublinha que seus contatos com Marguerite não foram satisfatórios, a princípio, mas se foram tornando assim progressivamente, "salvo quando sua desconfiança persecutória a retomava"[4]. Ele explica também que foi só depois da sua primeira análise com Lacan, depois que esta análise dissipou seus temores de uma hereditariedade patológica, logo, depois de 1953, que ele teve o desejo de compreender o que havia acontecido a sua mãe[5]. Esses elementos sugerem que, durante os primeiros tempos de sua análise, as conversas de Didier com a mãe não eram nada prolixas sobre o tema do passado desta. Em se tratando do que acontecera a Marguerite e que a havia conduzido ao hospital psiquiátrico, Didier nos diz mesmo ter falado com ela sobre isso "lá para o fim da vida dela"[6], e que foi ainda "no fim"[7] que esta lhe falou sobre suas relações com Lagache e Lacan. Igualmente, foi apenas uma vez, explica ele, que falou com ela sobre a morte da sua irmã Marguerite[8] — e vamos lembrar aqui que isso foi para transmitir, ou confirmar para ele, uma lenda familiar errônea. Todos esses elementos nos dão a entender que tais assuntos não eram facilmente abordáveis entre a mãe e o filho, que o número de conversas em que podem ter sido trazidos à baila foi muito limitado. Depois do que dissemos no que concerne à "cura" de Marguerite, a manutenção "em reserva" de seu delírio, a tensão persistente na sua relação com a loucura de Jeanne, a nodulação, com Lacan, da estrutura borromeana dessa loucura a pelo menos três, não há nada aí para nos surpreender.

Entretanto, nessa exposição da conjetura de uma única conversa, não há nada de absolutamente decisivo. Se a fazemos nossa, é por uma outra razão, que deriva de uma lógica, certamente, particular, mas que é aquela introduzida por Freud no estudo clínico, a do deciframento. Decifrar — Freud é testemunha disso — implica "construir"; e construir, às vezes, exige talhar uma pedra de tal modo que ela se venha encaixar no edifício. Dizemos que a hipótese pela qual a intervenção de Marguerite na análise de Didier teria comportado o relato da cena de Boulogne merece ser mantida essencialmente devido a seu valor heurístico: ela explica as conseqüências do caso, ao passo que sua rejeição as deixa obscuras. É isso que se trata de mostrar.

No começo de nosso estudo, indicamos que a análise de Didier Anzieu com Lacan fazia parte do caso de Marguerite. Esse estado de coisas se tornava manifesto, se aceitarmos considerar essa análise desde o seu fim: parece excluído que a falsa promessa feita a Lacan de lhe trazer o texto onde Didier

---

[4] Idem, p. 13.

[5] Idem, p. 12.

[6] Idem, p. 15.

[7] Idem, p. 17.

[8] Idem, p. 16: "Minha mãe só me falou abertamente sobre isso uma única vez".

escrevera suas reflexões sobre o fim de sua análise não tenha relação com a recusa de Lacan de devolver os manuscritos de Marguerite. Tanto mais excluído quanto, ao que parece, Didier sabia então que sua mãe censurava "amargamente" Lacan por essa sua atitude (na hipótese de uma única conversa nessa época, convém suprimir o "ao que parece").

Por si só, este fim de análise denotaria a parte ativa aí desempenhada por Marguerite, isto em conformidade com o fato, abaixo mencionado, de que Didier não reata apenas com sua mãe, mas engaja sua análise com Lacan. Aliás, Didier Anzieu relata as atividades da mãe com relação a ele, as preocupações que ele lhe causa pelo que faz, por aquilo em que se engaja. Ele não se contenta, com efeito, em nos dizer: "Tornei-me psicanalista para cuidar de minha mãe"[9], mas explica: "é ela quem é responsável por minha vocação para a psicologia e a psicanálise"[10]. Certamente, podemos entender essa declaração da seguinte maneira: ela é a responsável, pois esteve doente. Parece-nos que tal redução não está de acordo com tudo o que dissemos sobre a posição de Didier no caso.

Na casa de Alfred Lacan, Marguerite faz seus quitutes. Mesmo assim, é contratada sob o título, não de cozinheira, mas de governanta.[11] Alfred Lacan procura uma substituta para sua governanta. Se admitirmos que houve uma primeira governanta depois da morte de sua mulher, e que essa primeira governanta ficou com ele por algum tempo, a hipótese segundo a qual Marguerite trabalhou para Alfred Lacan em 1952/1953 se vê reforçada. Seria preciso também admitir que Marguerite teria decidido trabalhar em casa de Alfred Lacan quando seu filho já estava em análise com Jacques. Esta decisão poderia então ser originada daquilo que em jargão esportivo chamamos de marcação (controle de um adversário, mantendo-se perto dele). Marguerite, "marcando" Didier, com certeza não o considera como adversário; mas ali onde está seu filho sempre podem intervir seus adversários (cf. o estatuto "em reserva" de seu delírio). Nesse contexto, a oportunidade de vir a "ser alguma coisa no governo"[12] do que ocorria lhe deve ter parecido "inesperada". Para além de sua cura, Marguerite conserva "seu cetro"[13]. Ela não renunciou ao desejo de "realizar o reinado do bem", aquele "das mulheres e das crianças[14]", mesmo que este desejo tenha assumido parcialmente uma forma religiosa, logo, socialmente reconhecida.

Não podemos esquecer, por outro lado, que a confissão a Lacan, em 1932, desse desejo, de sua missão redentora, foi feita sob a condição de que este lhe evitasse seu olhar. Não estaria ela lidando com uma possível ocorrência

[9] Ibid.

[10] Idem, p. 11.

[11] E. Roudinesco, *Histoire de la psychanalyse...*, op. cit., p. 135.

[12] T. p. 167.

[13] T. p. 166.

[14] Ibid.

desse mesmo olhar a partir do momento em que Didier se encontrava em análise com Lacan? Ignoramos quando Didier lhe disse isso. Em 1949? Em 1953? Ou em algum momento entre essas duas datas? Ignoramos, em outras palavras, se ela veio trabalhar para Alfred Lacan com quem seu filho estava em análise (hipótese da marcação deliberada), ou se ela fez a Didier essas revelações que provariam ser decisivas nessa análise logo depois de ter sabido que ele se analisava (como dizem os hispânicos) com Lacan, em resposta à informação que Didier lhe teria dado. Neste último caso, ela poderia, "por acaso" (um desses acasos de que a psicose é costumeira), encontrar-se como governanta em casa de Alfred Lacan. A marcação, então, não teria o mesmo estatuto, já que seria Lacan, principalmente na qualidade de detentor dos manuscritos que ela queria recuperar, quem estaria sendo marcado, e não Didier.

Seja como for, a posição ativa de Marguerite não nos parece causar dúvidas. E é levando isso em conta que devemos situar o fato de que ela tenha relatado a Didier a cena de Boulogne. Sendo a hipótese em que confiamos, ela o teria feito quando dessa mesma conversa com o filho, onde teria contado a ele que... à falta de uma citação devidamente marcada por aspas, fica muito difícil para nós articular o quê. Que ela era Aimée? Temos o forte palpite de que não foi assim que ela o formulou. O fato é que Didier foi impulsionado por essa informação... para a biblioteca (seria a biblioteca Sainte-Anne, onde Lacan a havia empregado?) para ler, escreve E. Roudinesco, "um passado que lhe pertence", digamos, mais simplesmente, a monografia de Lacan. Discutiremos mais adiante sua segunda reação, a interpelação de seu psicanalista que deve ter sido também quase imediata. É claro que essa indicação dada por Marguerite a Didier tem o estatuto de um significante-mestre. Ela evoca a Bíblia: "Digo a meu servidor, 'Vai', e ele vai, 'Vem', e ele vem". Entregando-a a seu filho, Marguerite age com seu cetro.

Afirmamos aqui que este foi também o estatuto da narração da cena de Boulogne. Nesse mesmo dia em que ela designava ao filho a tese de Lacan (aliás, não sem reservas, já que explica a ele que ela não fez questão de lê-la, e, portanto, não se reconhece nela, e que não se exclui que essa tese seja uma outra "palhaçada" de Lacan), Marguerite assinalava que "pai e filho nada têm a dizer um ao outro". Devemos escutar essa frase como se estivesse no imperativo. Ou, mais exatamente, perceber que proferindo-a, Marguerite é tanto mais imperiosa quanto parece limitar-se a uma constatação: "*Ela constata* que...". Isto não se discute. A frase ganha sua importância por essa modalidade enunciativa.

Vamos explicar essa importância se levarmos em conta, agora, que Didier engajara sua análise com Lacan baseado numa "transferência paterna positiva e intensa"[15]. "Pai e filho nada têm a dizer um ao outro", a frase é dita

[15] E. Roudinesco, *Histoire de la psychanalyse...*, op. cit., p. 245.

a um filho, assinalando-lhe algo como: "Você não tem nada a ver com um Lacan questionado como pai". Isso, aliás, não por um motivo ligado à sua pessoa, ou à dele, mas porque as coisas são feitas tais como "eu constato, O pai e O filho nada têm a dizer um ao outro". Compreende-se que escutamos essa frase de Marguerite como nada menos que uma chamada à ordem da estrutura.

Isso significa que julgamos essa intervenção como absolutamente fundada. E o presente capítulo, onde tentamos analisar as conseqüências do caso, poderia resumir-se em duas palavras que viriam responder a essa frase: "com efeito". Com efeito, a estrutura do caso de Marguerite é tal que "o pai e o filho nada têm a dizer um ao outro". Principalmente, não há interesse algum em que eles falem da mãe. Este falar está votado a ser em vão. Não é, de modo algum, falando dela que eles podem entender o que quer que seja da loucura da mãe, da pertinência dessa loucura.

Marguerite está em posição de intervir assim: na sua relação com Lacan, ela é, como vimos, analista suposta. Como um psicanalista em certas circunstâncias excepcionais, ela não fala aqui tanto como mestre, mas faz-se mestre. Tais intervenções, que merecem ser chamadas assim (não são interpretações, falando propriamente), só têm importância graças a essa distância da qual, por não ser o mestre , o analista pode fazer semblante de sê-lo. Ele parece então dizer aquilo que é, mas este dizer tem força de lei, não em virtude de sua conformidade àquilo que é, e sim por obra da transferência.

O caráter notavelmente pertinente dessa intervenção de Marguerite está ligado também ao fato de que ela se dirige — certamente — a Didier, mas não deixa de atingir Lacan. Ela se dirige a Didier na medida em que ele teria dirigido a Lacan uma transferência paterna que se trata de romper para que Didier, digamos assim, se oriente na estrutura; mas essa intervenção vai além dessa ocorrência única de tal transferência: ela exclui, não sem violência, para Didier, todo recurso possível àquilo que seria da ordem do paterno. Quanto a Lacan, a intervenção não é menos uma chamada à ordem da estrutura; que, na sua transferência para com Marguerite, ele se tenha feito o secretário desta, vá lá que seja; que isso tenha implicado o afastamento de Élise, também; mas que ele não vá daí imaginar que possa ainda intervir de maneira e posição diferentes daquelas estabelecidas. Marguerite não lhe reconhece o direito de se ocupar de seu filho de outra maneira que não como secretário dela. "O pai e o filho nada têm a dizer um ao outro" significa também que o filho continua a ser um filho que não é um componente da estrutura, mas cuja vida vale como o que está em jogo nesta, que não é pela via do pai que ele se realizará nela. Dirigida a Lacan, a frase quer dizer que ele não se deve tomar por um pai ali onde adquiriu sua função de sintoma na estrutura.

A cena do rompimento

É somente a partir daí que podemos abordar a questão da interpelação de Lacan por Didier Anzieu, que foi conseqüência dessa intervenção de Marguerite, e a resposta que Lacan então lhe deu.

A auto-análise como resposta coerente à intervenção de Marguerite

Deve-se observar de saída que, em seguida a essa intervenção de sua mãe, Didier Anzieu não pôs fim, pura e simplesmente, à sua análise, decidindo parar imediatamente de ir ver Lacan. Com efeito, a simples atuação de semelhante decisão teria estado absolutamente em conformidade com o que lembramos sobre a chamada à ordem da estrutura. Vamos mostrar que sua conseqüência teria sido diferente: instaura-se, em Didier Anzieu, uma clivagem ao mesmo tempo terrível e dolorosa; doravante, ele não pode mais remeter-se a um pai para expor a questão da loucura de sua mãe, mas permanece o fato de que foi a um pai que ele a dirigiu, que sua transferência é paterna, que a possibilidade de análise para ele está do lado do pai (cf., a propósito de sua primeira leitura de Freud: "Era uma nova geografia que substituía aquela ensinada por meu pai"[16].). Marguerite barra assim, a seu filho, esta via paterna que continua a ser para ele, no entanto, a via da análise. Sua intervenção atinge o alvo quando ela assinala ao filho que questionar um pai não lhe oferece nenhuma chance de se situar nessa loucura de sua mãe, onde ele já tem seu lugar, que seu voto de "reunificar"[17] seus pais discordantes (algum dia eles foram unidos? Já vimos que não) passa completamente ao largo do que está em questão nessa loucura (onde essa discórdia só tem uma incidência de segunda ordem), que o caminho que ele tem a percorrer para ali encontrar seu lugar nada tem de um "retorno ao pai fundador"[18], mesmo que seja o fundador da psicanálise (não há pai fundador dessa loucura de mulheres onde Marguerite tem sua parte). Decididamente não, o pai e o filho nada têm a dizer um ao outro.

Num mesmo movimento, Marguerite engaja Didier na análise e barra para ele a via (paterna) da análise. Isso vai parecer, a nosso ver, menos surpreendente, se avaliarmos o fato (que alguns chamariam de *double bind*) de que Didier se tenha interessado tanto pela auto-análise, que ele se tenha mesmo engajado pessoalmente nesta. Isto não é freqüente. A auto-análise, para ele, dadas as obrigações que Marguerite lhe impõe, é algo como um último recurso. De uma maneira extremamente precisa, Didier Anzieu nos diz:

---

[16] D. Anzieu, *Une peau...*, op. cit., p. 25.

[17] Idem, p. 21.

[18] D. Anzieu, *Une peau...*, op. cit., p. 57. Didier Anzieu nos significa aqui sua própria relação com Freud, tanto mais claramente quanto a "empresta" aos lacanianos.

> Ela [sua mãe] evocou várias vezes sua infância e a minha. Mas, mais ainda que em minhas duas psicanálises, foi por um lento trabalho de auto-análise que pude reconstruir em meu espírito as dificuldades de contato de minha mãe com relação a mim durante os primeiros meses de minha vida.[19]

Foi, certamente, pelo viés de outro de seus "pais sucessivos segundo o espírito"[20], a saber, Daniel Lagache, que o estudante Didier Anzieu se interessou inicialmente pela auto-análise. Como não se espantar com a justeza dessa escolha de Lagache que, vamos lembrar aqui, também havia encontrado Marguerite no hospital Sainte-Anne? Se havia alguém a quem dar um tal tema para tese, era realmente Didier Anzieu! Mas como, ao mesmo tempo, não se espantar que Lagache não tenha levado sua lógica um pouco mais adiante e dito ao estudante que, ao mesmo tempo em que trabalhava sob sua orientação o tema da auto-análise, vinha naquele dia demandar-lhe uma análise: "Pois bem, auto-analise-se!" Isto teria sido coerente, e de acordo com o que exigia a estrutura do caso de Marguerite. Em lugar da inovação (pois teria sido novidade, no seio da IPA, este reconhecimento de que pudesse haver, ainda que excepcionalmente, alguém que não fosse Freud mas que pudesse igualmente se auto-analisar e tornar-se também psicanalista), foi a lei burocrática que se impôs.

Portando a questão da auto-análise, que lhe foi sugerida por um pai segundo o espírito, em lugar do pai fundador, Didier Anzieu não cessa de ser afetado pela clivagem que dissemos, não cessa, em outras palavras, de tentar resolver sua aporia. Formulando o que se tornou a sua própria questão, a da possibilidade da auto-análise, em lugar do pai fundador, ele a afirma ali mesmo onde se a considera mais passível de receber uma resposta positiva — já que tal é a *lenda* do nascimento da psicanálise. Tendendo a fazer existir essa possibilidade, sua conduta se antecipa à orientação explicitada por Marguerite na intervenção desta: na medida em que se trata de fazer existir essa possibilidade de auto-análise, em lugar do pai, essa mesma conduta recusa essa orientação.

Didier Anzieu não subscreve plenamente a imposição materna que, afastando a transferência paterna como que com um gesto de desdém, só podia, com efeito, implicar uma análise "auto". Da mesma maneira, e pela mesma razão, não é viável para ele cessar de ver Lacan tão logo essa imposição lhe é formulada. Este rompimento com Lacan precisa ser consumado. Mas, notemos de saída, essa consumação não porá um fim à clivagem entre lugar da transferência (paterna) e lugar da análise (necessariamente auto-análise, excluindo, portanto, todo recurso ao pai) — isso de que é testemunha seu dizer acima citado.

---

[19] Idem, p. 12.

[20] Idem, p. 23.

A identificação em questão

Foi ainda pelo viés do "dizem que" que nos relataram a cena do rompimento. Curiosamente, com efeito, Didier Anzieu não fala disso quando conta sua análise com Lacan na primeira pessoa (seja na obra de E. Roudinesco, seja nas entrevistas com G. Tarrab). Aqui está, pois, este relato na terceira pessoa:

> A lembrança de sua mãe levou-o a se interessar pela psicologia. Quatro anos depois, empreendeu uma análise com Lacan, ignorando que Aimée o havia precedido em outras circunstâncias. Por sua vez, Lacan não reconheceu o filho da antiga pensionista do Sainte-Anne. [...] Interrogado sobre o fato de não ter reconhecido a identidade de seu paciente, Lacan confessa a Anzieu que ele próprio [note-se o equívoco, devido ao fato de que o relato está na terceira pessoa] reconstituíra a verdade durante a cura. Ele ignorava — disse — o sobrenome de Aimée, que fora admitida em Sainte-Anne sob seu nome de solteira [E. Roudinesco confirma, mais adiante, este ponto, que se torna assim um fato.].[21]

A pergunta feita aqui por Didier a Lacan é a de sua identificação. Não era esta que já motivara sua intenção de empreender uma análise? Dois outros aspectos, fora o fato de que se tratou disso no fim da análise, nos parecem confirmar isso.

1 — Estabelecemos que foi Lacan quem ativamente *tomou* Didier Anzieu em análise, depois da recusa que lhe fora dada por D. Lagache. Isso não impede que Didier Anzieu a tenha aceito. Com que base? A primeira coisa que ele nos conta a propósito de sua entrada em análise com Lacan é, muito naturalmente, seu primeiro contato com este. Ora, trata-se justamente de identificação, de uma identificação que nossas categorias nos permitem definir como imaginária:

> Eu tinha escutado Lacan na ENS. Ele viera pronunciar uma conferência curiosa sobre a identificação. Trouxera dois tubos de vidro, em cada um dos quais havia um grilo pelegrino, um que vivia isolado e outro que pertencia a uma nuvem coletiva. Ele nos mostrava as mudanças morfológicas que a vida gregária determinava no animal. Ele já possuía um senso instintivo dos efeitos de grupo e de sua produção [...][22].

2 — Confirma igualmente a nossa hipótese o fato, acima mencionado, da transferência paterna. É a um pai que Didier Anzieu expõe a questão de sua identificação, como se vê ainda no fato de que vai-se tratar do nome de Anzieu nessa cena de rompimento.

---

[21] E. Roudinesco, *Histoire de la psychanalyse...*, op. cit., p. 135.

[22] Idem, p. 245. Reencontra-se (quase) este mesmo texto nas entrevistas com G. Tarrab (op. cit., p. 32-33): essa quase-identidade só faz afirmar ainda mais as duas diferenças que se isolam. Lê-se, nas entrevistas, depois de "no animal": "levando-o a assemelhar-se aos seus congêneres". Lemos ainda aí, não "um senso instintivo", mas "um senso quase instintivo". Questão para nosso leitor: determinar, a partir dessas duas diferenças, qual dos dois textos é o texto corrigido, logo, posterior ao outro.

Uma das principais dificuldades da análise desta cena se deve ao fato de ignorarmos que pergunta precisa ele formula a Lacan. Segundo o relato de E. Roudinesco, a interpelação de Lacan teria incidido sobre a não-identificação, por Lacan, de Didier como "filho da antiga paciente de Sainte-Anne". Essa formulação das coisas é indubitavelmente a de uma escrita historiadora; E. Roudinesco não usa aspas aqui, e há boas chances de que Didier Anzieu não tenha relatado nesses termos, a E. Roudinesco, a questão então colocada a Lacan. Como se pode pensar que a resposta deste último não se relacionasse com a questão na sua literalidade, eis-nos um tanto em suspenso.

Didier Anzieu teria dito a Lacan: "Como pôde o senhor não me reconhecer como filho de Aimée"? Ou será que, depois de ter dito a ele que acabava de ler a monografia escrita por ele e onde, notamos agora, o nome de Didier não figura, perguntou: "Como pôde não me reconhecer como filho de minha mãe?" Ou ainda: "dessa mulher que o senhor conheceu?" Ou ainda: "dessa doente cujo caso o senhor escreveu e publicou?" Ou ainda: "de Marguerite Anzieu?" Cada uma dessas formulações, e mais outras que se possam imaginar, presentifica uma problemática específica. E, decerto, em se tratando de identificação, ninguém vai contestar que os termos tenham importância.

Conseguiremos estabelecer a pergunta, e depois a resposta que lhe foi dada? Não temos certeza. O relato dessa resposta está em duas frases. Inicialmente: *Lacan confessa a Anzieu que ele próprio reconstituíra a verdade durante a cura*. O "confessa" parece marcar uma culpa que Lacan teria reconhecido. Mas não se exclui que este seja um reconhecimento de "palhaçada" (dessa possibilidade, Anzieu estava advertido!), um reconhecimento fingido a serviço de uma prudência retraída para melhor contornar uma certa dificuldade que permanece imprecisa, mas à qual o psicanalista poderia ser sensível. Vamos observar, também, que, no que concerne à verdade em questão, nem sempre sabemos o que ela é.

Quanto a essa literalidade da verdade reconstituída, a segunda frase parece mais útil: *Ele ignorava — disse — o sobrenome de Aimée, que fora admitida em Sainte-Anne sob seu nome de solteira*. Trata-se agora, claramente, do nome de Anzieu. A confissão relatada por E. Roudinesco na primeira frase interfere com a leitura da segunda, dando-lhe o valor de uma justificativa, senão de uma desculpa. Mas, se fosse uma confissão fingida, a segunda frase teria outro alcance: a justificativa também faria parte da comédia estratégica, enquanto a ignorância se veria ligada a algo além da culpa.

"Filho de Aimée"?

Vamos desenvolver um pouco a hipótese da palhaçada estratégica, que não é, justamente, aquela sugerida pelo relato (a da falta e de sua parcial justificativa). Nesta hipótese, a falta e sua pseudo-justificativa surgem em primeiro plano, mas apenas para melhor encobrir um outro problema, este portador de uma outra trama (diferente daquela constituída pela falta... do pai? ... do psicanalista?). Se nos ativermos estritamente ao relato, a pergunta do analisando teria sido: "Como pôde o senhor não me reconhecer como sendo 'o filho da antiga pensionista de Sainte-Anne'?" Para nos fazermos entender, se possível, notemos aqui que formular de que ou de quem (isso não faz muita diferença) um filho é filho não é coisa fácil, longe disso. "A antiga pensionista de Sainte-Anne" pode ser considerada como uma descrição definida. Será ela equivalente ao nome próprio "Marguerite Anzieu"? Bem se vê que, longe de ser uma evidência (em lógica, não se trata de uma evidência, e sim de uma definição), esta equivalência constitui todo o problema. Ela não poderia, pois, ser considerada por nós como um dado. Seja, então, uma outra descrição definida como possível: "Como pôde o senhor não me reconhecer como filho dessa 'mulher perseguida por sua mãe Jeanne Pantaine?' " É claro que Lacan, por essa pergunta, teria sido interpelado de maneira inteiramente diversa. Digamos, ainda, as coisas de outro modo. Didier Anzieu, nessa interpelação de Lacan, se situa ele mesmo como "filho da antiga pensionista de Sainte-Anne"? Justamente, não é certo que a resposta seja "não", mesmo que o "sim" nada tenha de evidente — nem que fosse por ser filho de Marguerite desde muito antes que ela fosse hospitalizada em Sainte-Anne. Entre ser o "filho da filha de Jeanne" e o "filho da antiga pensionista do Sainte-Anne", existe nada menos que todo o período em que a loucura de Marguerite se declarou.

Não estava estabelecido, dizíamos, que Didier Anzieu, na sua interpelação de Lacan, não se houvesse situado como "filho da antiga pensionista de Sainte-Anne". Vimos, com efeito, como, em pontos decisivos, havia uma conivência entre a versão manifesta do caso Aimée e essa preocupação estóica, na família Pantaine, de não questionar demais, isto é, de não cutucar muito a loucura de Jeanne. No sentido da versão manifesta do caso Aimée, aquela que Didier Anzieu acaba de ler, "ser filho da antiga pensionista de Sainte-Anne" surge como um curto-circuito em que essa conivência se vê ratificada. Neste ponto, Didier Anzieu seria, assim como escreve E. Roudinesco, "filho de Aimée". Neste ponto a escrita do caso Aimée seria, com efeito, para Didier Anzieu, a de "um passado que lhe pertence". Neste ponto, Lacan teria sido tomado realmente como pai no sentido em que um filho pode pretender encontrar, no discurso de um pai, uma versão de sua origem. Ora, encontramos realmente, nisso que Didier nos diz sobre a loucura de sua mãe, uma retomada da versão do caso Aimée posto em primeiro plano por Lacan, essa versão que satisfaz a preocupação familiar de proteger Jeanne, mas que deixa escapar aquilo que a loucura de Marguerite terminou por inscrever como ato em relação a Jeanne.

> Ela [trata-se de Élise] ligou-se a mim, a meu pai também, e seu papel cada vez mais importante no lar aumentou a tensão que reinava entre meu pai e minha mãe, em razão de sua incompatibilidade de caráter. Foi uma espécie de círculo vicioso. Sendo despossuída, progressivamente, de seu marido e de seu filho, minha mãe

> perdeu os meios de se defender contra sua própria patologia latente, e esta, irrompendo abertamente, precipitou a decisão de meu pai de se separar de minha mãe e de viver daí por diante, não sem vivos sentimentos de culpa, com sua cunhada.[23]

Esta versão é muito próxima daquela da tese. Ali estava uma das armadilhas da interpelação de Lacan, se é verdade que sua fórmula foi: "Por que o senhor não me reconheceu como filho de Aimée?" Como filho de Aimée, Didier Anzieu não deixa de reconhecer como pai aquele que chamou Marguerite de Aimée. Sob este título, ele não se limita a adotar sua versão do caso: ele se inscreve também, como discípulo, no trilhamento de Lacan, naquilo que este trilhamento traz de mais novo à análise:

> Assim, quando empreendi uma prática e uma reflexão psicanalíticas sobre grupos, parti da distinção lacaniana do imaginário, do simbólico e do real, mas tive de abandoná-la ao fim de alguns anos de esforços inúteis, pois ela só me trazia uma descrição superficial dos fenômenos.[24]

Segundo esta leitura da cena do rompimento — acabamos de mostrar que ela não está absolutamente excluída —, a interpelação teria o valor de uma demanda de reconhecimento paterno. Mas esta demanda é, de saída, tapeada (para retomar aqui um termo usado por F. Dolto para qualificar o "jogo do desejo"). Ela sobrevém sobre o fundo de uma falência do pai, precisamente no lugar deste reconhecimento. A interpelação designa Lacan a um lugar que não é sensivelmente diferente daquele de René Anzieu: tanto um como o outro, confrontados com a loucura de Marguerite, terão sido impotentes para fornecer ao filho de Marguerite um ponto de referência seguro para sua identificação como filho.

O que resulta disso para Lacan? Fazendo-se de culpado, ele dá sua consistência imaginária a essa transferência paterna. Confirma, assim, a seu analisando que, com efeito, ele realmente teve a ver com essa falência do pai. O que está em jogo nessa "palhaçada" é, pois, oferecer a seu analisando, mas desta vez em análise e, portanto, possivelmente tratável, a possibilidade de "se virar" com essa falência, constitutiva de sua história. Ninguém, escrevia Freud, pode ser morto *in absentia aut in effigie*.[25]

Quanto à sua confissão de ignorância do nome Anzieu, ela não assinalaria tanto um recalque (não se vê a partir de que retorno do recalcado tal

---

[23] D. Anzieu, *Une peau...*, op. cit., p. 11.

[24] Idem, p. 60. Igualmente, no seio do primeiro grupo dos alunos de Lacan, Serge Leclaire tentou, também sem conseqüências, usar as três categorias lacanianas; seu objeto era a psicoterapia das psicoses. Tais tentativas atestam que ao menos alguns nesse grupo tinham avaliado o que estava em jogo no trilhamento de Lacan. É cedo demais para saber se o fracasso destes é exemplar, ou se nada quer dizer quanto à pertinência de RSI (seja porque o gesto não foi amplo o bastante, ou sustentado o bastante, seja porque era, na época, demasiado de vanguarda para ter tido uma chance de ser recebido).

[25] Creio ter mostrado, no capítulo 9 de *Lettre pour lettre*, op. cit., que uma confirmação da transferência imaginária vinda do analista (ali onde este era aconselhado a denunciar o erro de pessoa) dá sua condição transferencial à simbolização.

recalque poderia ser imputado) quanto o fato de que, como secretário de Marguerite, Lacan a renomeou de Aimée. A fim de estudar a incidência deste traço, precisamos discutir a outra versão possível da interpelação.

Filho de Marguerite Anzieu?

Podemos decidir nos remeter à resposta dada por Lacan à interpelação de Didier Anzieu para estabelecer a literalidade dessa interpelação. Do fato de Lacan ter respondido que ignorava o nome de Anzieu, pode-se deduzir que Didier Anzieu se teria apresentado ali não como o "filho de Aimée", mas como o "filho de Marguerite Anzieu". Como se apresenta o problema da cena do rompimento a partir dessa conjetura?

É claro que Lacan, aqui, não é questionado como pai, que sua falência (se falência há, mas a interpelação a implica) é de um teor diferente daquele que se pode isolar num pai. Seria ele realmente questionado como psicanalista? Isso estaria de acordo com a via da auto-análise, na medida em que ela se impõe a seu analisando: ele não se dirigiria a Lacan como psicanalista a não ser rompendo com este. Mas se esta era realmente a sua direção, como se apresenta o problema para Lacan?

Ainda aqui, a interpelação é uma cilada, porque um psicanalista não tem que aferrolhar a questão de um sujeito identificando-o a um significante qualquer, ligando seu ser de sujeito a um significante dado, e "ser filho de x" seria, sob este ponto de vista, tão mau quanto qualquer outro, seria um tanto quanto suturador. Assim vemos Lacan, uma vez descartada a cortina de fumaça de sua culpa (um componente da cilada), responder "Pantaine", ali onde Didier Anzieu lhe pedia contas de seu não-reconhecimento de "Anzieu". Marguerite, responde ele a seu analisando, era conhecida em Sainte-Anne por seu nome de solteira. Isso era intervir no sentido de Marguerite: era significar a Didier Anzieu, como Marguerite acabara de fazer, que na medida em que se tratasse para ele de abordar a loucura de sua mãe, de se situar nessa loucura como seu filho, era na medida em que descendia, e não era um descendente qualquer, da família Pantaine que ele se devia situar. A confissão por Lacan de sua ignorância do nome Anzieu é um aspecto pelo qual Lacan se mostra partidário do caso de Marguerite. Neste sentido, trata-se da confissão de uma ignorância ativa, se não deliberada. O caso de Marguerite se vê mais justamente designado como "caso da família Pantaine" do que como "caso da família Anzieu". A menos que se deva dizer "caso da família Donnadieu". De fato, nenhuma dessas duas designações subsume o que está realmente em questão, a loucura de Marguerite situando-se, por assim dizer, entre Pantaine e Donnadieu.

Assim, essa referência a "Pantaine", ali onde Didier formula "Anzieu", nos parece originar-se de uma tentativa de recusar a Didier sua identificação como Anzieu. Sejam quais forem os julgamentos que possam fazer dessa tentativa, e eles podem ser bem diferentes, parece-nos estabelecido que essa intervenção de Lacan vai no mesmo sentido que a de Marguerite: ambas significam a Didier que ele não pode de modo algum se ater ao nome de Anzieu para advir como filho, como embaixador (é isso que ela espera dele) de sua mãe. O pai e o filho, para esse porvir, nada têm a dizer um ao outro.

O ato de Didier Anzieu

A propósito da cena de rompimento, acabamos, em essência, de desenvolver duas conjeturas, desenvolvendo um pouco o que é implicado por cada uma delas. Mas isso não nos dá os meios de decidir. Poderia ser que os dados ainda estejam viciados? Certamente que sim, mediante o que estamos lidando, entre todos os protagonistas, com um monte de mal-entendidos.

Vai parecer que os dados foram viciados ainda de outra maneira se levarmos em conta, agora, o fato de que a questão da identificação, exposta naquele dia por Didier Anzieu a Lacan, longe de incidir simplesmente sobre sua identificação como filho, concerne também à mãe. Tratar-se-ia de uma identificação de dupla valência, ou melhor, de duas identificações ligadas. Lacan só poderia reconhecer em Didier o filho de Marguerite Anzieu se reconhecesse, ao mesmo tempo, Marguerite Anzieu como Marguerite Anzieu. Isto, que parece trivial, não o é, no entanto, de maneira alguma. Didier acaba de ler essa tese onde se trata de alguém chamado Aimée, nome que não deixa de ressoar em quem nos diz:

> [...] eu havia optado por me tornar psicólogo: era-me necessário, numa certa solidão (alusão discreta à auto-análise), assumir sê-lo. A terceira ou quarta versão de minha autobiografia incessantemente inacabada começava, então, assim: "Sou um mal-amado, filho de mal-amados"[26].

Em contrapartida, não se faz realmente, na tese, menção ao nome Anzieu; ela o ignora, mostrando-se ignorante de uma maneira tanto mais ativa na medida em que chega mesmo a inscrever a primeira letra deste nome. Essa ignorância, pois, não é um jamais sabido. Assim, expondo a Lacan a questão de saber por que ele não o reconheceu, a ele, Didier Anzieu, como filho de Marguerite, seu analisando também lhe pede contas, embora não explicitamente, sobre o fato de tampouco haver reconhecido Marguerite Anzieu. Logo, pede-lhe, assim, como que por tabela e sempre de maneira não explícita, contas sobre essa escolha da denominação "Aimée". O que equivale a dizer que lhe pede contas de sua transferência para com Marguerite.

Que psicanalista desconhece o fato de que, assim interpelado, só poderá manter sua posição de analista se não responder à demanda (ou, se a pressão for grande demais, respondendo de maneira tal que a própria resposta não seja

---

[26] E. Roudinesco, *Histoire de la psychanalyse...*, op. cit., p. 246.

uma resposta, formulando uma resposta essencialmente feita para evitar responder)? Quanto mais exigente se fizer a interpelação, mais certa será a regra de não responder a ela. Isso se liga a uma razão principal. É que não existe nenhuma razão para supor *a priori* que entre analista e analisando exista uma verdade comum. Em outras palavras: supondo-se que Lacan tivesse podido responder em verdade à demanda dupla de Didier Anzieu, nada garante que nessa resposta Didier Anzieu encontrasse suas contas prestadas. Ao contrário, não teria ele se espantado se por ventura houvesse acreditado encontrá-las? Não se pode conceber (e, no entanto, é isso o que supõe a interpelação) que uma tal resposta se possa formular para um e outro exatamente nos mesmos termos; a ausência de resposta, ou a pseudo-resposta ostensiva, é constitutiva da possibilidade de que uma outra fórmula que venha constituir resposta provenha de outro lugar, nomeadamente, daquele que formula a questão, do analisando. Como dizem as crianças, quem pergunta é quem é.

Talvez se compreenda melhor nossa posição quanto a este ponto considerando a cena do rompimento no só-depois do que foi uma conseqüência longínqua, mas assim mesmo ligada a ele, a saber, o ato de Didier Anzieu de 1986. Ainda dessa vez, lidamos com um dizer na terceira pessoa, o de E. Roudinesco (em suas entrevistas com G. Tarrab, Didier Anzieu não indica em parte alguma, explicitamente, que haja uma ligação entre a monografia publicada por Lacan em sua tese, que ele menciona à p. 50 como sendo o único livro de Lacan, e os encontros de sua mãe com Lacan e Lagache no hospital Sainte-Anne, que ele menciona igualmente à p. 17, mas essencialmente para nos dizer que tem algo a dizer a respeito):

> Coisa espantosa, o filho de Aimée, aquele que ela tanto receava que fosse ameaçado pela atriz [esta fórmula não é absolutamente exata: Marguerite não temia que Didier fosse ameaçado, ela estava e permanecia certa de que ele o era, e temia que esta ameaça fosse executada, ou seja, que ele fosse morto], iria tornar-se psicanalista depois de uma cura com Lacan. [Depois, em seguida a um parágrafo de 13 linhas onde se trata de Aimée, de sua saída do hospital, do que ela se tornou mais tarde] Didier Anzieu, o filho de Aimée, sofre desde sua infância com a loucura de sua mãe.[27]

Aqui, ainda, a literalidade do dizer de Didier Anzieu nos faz falta. Teria ele se reconhecido, na história da psicanálise na França, como "filho de Aimée"? Tudo o que podemos admitir é que seu testemunho diante de E. Roudinesco foi tal que esta pôde escrever o que acabamos de ler, identificando Didier Anzieu como "filho de Aimée". Didier Anzieu, com seu testemunho, permite que essa identificação seja dita assim, ele a deixa dizer-se assim. Muitos traços deixam entrever o que pôde ter de difícil um tal dizer, mas pode-se também notar que essa formulação na terceira pessoa, como no uso durassiano do *dizem que,* sublinha sua dimensão de ato.

---

[27] Idem, p. 135.

Didier Anzieu, neste ato, vê-se numa posição bem diferente daquela que era a sua ao interpelar Lacan. Trata-se, com certeza, da mesma coisa, de um problema de identificação. Mas, na interpelação, ele censura a um outro, a Lacan, por não o ter identificado, enquanto que, com E. Roudinesco, ele se responsabiliza pelo ato de identificação, deixando ao outro o cuidado de escrever sua letra. Entrementes, entre 1953 e 1986, muitas coisas mudaram: Didier Anzieu optou por se inscrever, como psicanalista, fora da corrente lacaniana, tornando-se um analista conhecido por seus trabalhos, numerosos e variados (a auto-análise, os "grupos de diagnóstico", os testes, a teoria analítica, a partir de 1974, com o "Eu-pele"); Marguerite e Lacan estão mortos. Mas essas mudanças, mesmo que tenham contribuído para tornar possível o ato de Didier Anzieu em 1986, em nada diminuem o fato de que este ato tem conseqüências, retroativamente, até sobre a cena do rompimento com Lacan. Esta surge, assim, marcada de maneira diferente da que dissemos. O ano de 1986 nos ensina que o ato de identificação cabia a Didier Anzieu, que era ele, somente, e não Lacan quem era capaz de efetuá-lo como ato. E podemos dizer, seja como for, sobre a resposta dada por Lacan à interpelação, que ela não impediu essa efetuação.

Destituição de um secretário

Mesmo que Lacan não tenha cessado de voltar, em diferentes momentos de seu percurso, ao caso Aimée, e isso quase até o fim de seu trilhamento, o fato é que não houve mais contatos entre o ex-psiquiatra e sua ex-doente depois de 1953. Podemos dizê-lo, ao menos, até prova em contrário. Essas retomadas testemunham um certa insatisfação; entretanto, não são repetições no sentido kierkegaardiano do termo (viver segundo a ética da repetição teria sido, para Kierkegaard, reatar com Régine); tampouco são reminiscências. Elas corrigem tal ou tal traço do caso, até mesmo, como em 1975, propõem uma outra cifração de sua estrutura. Várias vezes, Lacan, longe de mencionar o caso "Aimée" como se fosse auto-evidente (o que era o caso geral dos leitores de sua tese), volta a dizer que essa nomeação é sua: "chamei-a Aimée", como que para melhor nos indicar que existe aí algo ligado essencialmente a ele — isso que constatamos, situando "Aimée" como este significante ordenador de sua transferência para com Marguerite. A manutenção desse significante nessa função exige essas retomadas, essas correções, mas estas não chegam a permitir que se suspenda sua incidência. No entanto, a partir de 1953 e até 1981, e apesar da afeição que ele ainda dedica à sua ex-paciente, Lacan não sente necessidade de questionar novamente Marguerite; pelo menos, não faz nenhum movimento nesse sentido. Logo, deve-se realmente constatar uma certa ruptura entre Lacan e Marguerite, e dela dar conta.

Uma tal ruptura parece tanto mais caracterizada na medida em que não é costumeira quando alguém vem-se posicionar como secretário. Tanto na experiência literária como na da santidade, a regra, antes, é que somente a morte ponha fim ao que um dia se estabeleceu. O mesmo se dá com a psicose. Citemos aqui um chiste de Lacan. Um dia em que um psicanalista em supervisão relatava diante dele suas hesitações quanto a tomar um psicótico em análise, ele replicou: "Pode aceitá-lo. Saiba, no entanto, que é para toda a vida".

De que ordem foi este rompimento? Qual foi a sua via? A resposta a essa segunda pergunta parece mais acessível e é explicitando-a que talvez possamos responder à primeira. É claro que estamos aqui, ainda, e talvez mesmo mais que em qualquer outro lugar, condenados à conjetura. A conjetura que vamos formular decorre de nossas análises precedentes: essa ruptura, digamos, ocorreu em 1953 e teve uma característica particular, na medida em que tomou o viés da ruptura entre Didier Anzieu e Lacan.

Acabamos de estabelecer que a interpelação de Lacan por Didier Anzieu era portadora, essencialmente, de uma dupla questão, a da identificação, ou melhor, a da não-identificação de Didier com referência à loucura de sua mãe, mas também a da identificação, ou melhor, da não-identificação dessa mãe nessa loucura que foi a sua e que a maternidade, precisamente, deveria desencadear. Acabamos também de estabelecer que Didier Anzieu, portador da interpelação de Lacan, formulava-lhe naquele dia sua questão de maneira tal que não poderia, ele, filho de Marguerite Anzieu, encontrar por aquela via seu lugar na estrutura (o que seu ato, em compensação, iria realizar). Mas, o que dizer, se não que nessa interpelação Didier Anzieu se faz então, diante de Lacan, o porta-voz de Marguerite? Em outras palavras, que se trata principalmente da questão de sua identificação a ela? Esta função do *go-between*, nesse instante assumida por Didier e que observamos dedutivamente, se vê confirmada além disso pelo que porá um fim definitivo à análise, o que subsumimos sob o título: o riso da falsa promessa. Parece excluído que não possa haver nenhuma ligação entre a recusa por Didier Anzieu de doar a Lacan seu texto auto-analítico (que Lacan consideraria publicar — outro ponto comum com o passado) e a recusa de Lacan de devolver os manuscritos de Marguerite, a qual acabara de informar Didier sobre eles. A uma recusa responde outra recusa. Mas a equação é tal que seu resultado está longe de ser nulo.

Logo, é possível estudar a cena de rompimento entre Didier Anzieu e Lacan do ponto de vista de Marguerite, desse ponto de vista claro, nítido, decidido, segundo o qual "o pai e o filho nada têm a dizer um ao outro". Se assim é, e assim é, para ela, de uma maneira necessária, como pode ela acolher isso de que seu filho a informa um certo dia, a saber, que ele se encontra em análise com Lacan? Ela não fica contente, nada contente com isso: nem seu secretário nem seu filho se comportam como convém a um secretário e a um filho! Seu secretário cessa de sê-lo desde que pretende se ocupar diretamente de seu filho; seu filho desconhece que não é pela via do pai que ele pode realizar o que ela espera dele: que seja seu embaixador. Reconhecemos-lhe de boa vontade o direito de ficar muito aborrecida. Será por ter antecipado esse aborrecimento que Lacan decide, um certo dia, ir à casa de Alfred Lacan visitá-la?

Mas ela faz mais que se aborrecer, ela intervém. Eficazmente. É que não lhe faltam trunfos. Ela indica a Didier a tese de Lacan, mas não sem sinalizar-lhe que jamais a quis ler, o que ressoa de múltiplas maneiras; ela não se reconhece ali; não reconhece como absolutamente pertinente o fato de sua publicação; não considera que ao incorporar ali trechos de seus romances Lacan se tenha feito seu editor. Ela diz a Didier de sua "amarga" reprovação quanto à devolução de seus manuscritos, pondo assim mais lenha na fogueira da relação deste com Lacan. Enfim — e principalmente — ela lhe declara, imperiosa, que "o pai e o filho nada têm a dizer um ao outro". Ao fazer isso, toca num ponto em seu filho que se poderia considerar decisivo, por menos que se atente para o fato de que Didier Anzieu o apresenta para nós como algo que diria respeito a ele e a sua mãe, e talvez a mais alguns outros, mas que seria válido para todos. Ele nos diz, com efeito:

> Compreendo perfeitamente que as mulheres procurem sair de uma posição de inferioridade em que se as manteve por demasiado tempo, nos planos intelectual, social e político [este é, muito precisamente, o problema de Marguerite]. Sinto-me solidário com suas reivindicações. Mas [aqui se introduz o problema do menino Didier] a experiência analítica [conservei essa casca, apagá-la seria pecar contra o Espírito] nos mostra que o destino psicológico de uma pessoa é selado precocemente: a relação corporal e psíquica com uma mãe e um ambiente suficientemente adaptados às necessidades é um elemento essencial para a continuação do desenvolvimento da criança; o que supõe, quanto à mãe, que esta se devote a seu filho durante os primeiros meses, que suspenda seus apetites sociais, profissionais e intelectuais, antes de retomá-los no momento oportuno. [Sublinho a continuação:] *O risco de que não se queira mais ocupar das crianças me parece, para a humanidade, um risco tão grave quanto o da explosão demográfica*[28].

Essa declaração nos confirma até que ponto Marguerite dispunha de um trunfo maior para conseguir que seu filho rompesse com Lacan. Mas a dimensão da ligação dupla também atua aqui. Em outras palavras: ao fazer isso, é ela quem rompe com aquele que, doravante, não é mais o seu secretário.

Lacan teria sua parcela de responsabilidade nesse rompimento? Com Marguerite, respondemos: sim. Dado seu lugar na estrutura, excluía-se que ele pudesse acolher a transferência paterna de Didier Anzieu. Mas em que consistiria a efetiva incompatibilidade entre sua posição de secretário e a de psicanalista do filho de Marguerite? Como secretário, ele dava sua razão à loucura de Marguerite, principalmente à preocupação que ela sentia com a vida de Didier; admitia como pertinente sua responsabilidade de mãe diante

---

[28] D. Anzieu, *Une peau...*, op. cit., p. 120 e 121.

de Didier, uma responsabilidade tanto mais plena e integral, isto é, sem delegação possível, na medida em que lidava com a visada de morte relativa à criança. Lacan — como, aliás, qualquer um que estivesse em seu lugar — não podia ao mesmo tempo ratificar a pertinência dos atos de Marguerite exigidos por essa preocupação com Didier e, no oposto, não lhe dar razão, ocupando-se ele mesmo de Didier, logo, liberando-a dessa responsabilidade. Tal é, com efeito, o rigor psicótico: não há compromisso possível, não há possibilidade de responsabilidade parcial ou partilhada. Ocupar-se de Didier equivale, nem mais nem menos, a substituir Marguerite, logo, anular-se como secretário. O fato de que Lacan tenha, apesar de tudo, tentado essa operação, que tenha acreditado — sabendo ou não — que ela fosse possível não nos surpreende: lembremos que o caráter centrífugo do delírio era precisamente o ponto que objetava à sua versão manifesta do caso. Assim, compreende-se que acolher Didier equivalia, por parte de Lacan, a requestionar essa versão. E suas correções ulteriores testemunham que foi este, realmente, o caso.

Lacan substituía Marguerite... assim como o fizera Élise na sua função de Nêne. Em outras palavras, Élise, afastada por Lacan na conquista da sua posição de sintoma na estrutura, fazia retorno no próprio Lacan, a partir do momento em que este se encarregava de Didier, tomando-o em análise.

Percebe-se também por qual razão *transferencial* estava fora de questão, para Lacan, receber Didier Anzieu enquanto filho de Marguerite. Isto teria sido dar-se conta de que ele estava em vias de voltar a dar consistência ao sintoma - Nêne, logo, de fazer como se seu encontro com Marguerite fosse nulo e não ocorrido, decompô-lo enquanto acontecimento, enquanto fato de estrutura.

A psicose é feita de modo tal que não perdoa esse tipo de deslizamento. A transferência de Lacan, que Marguerite soube suscitar, só podia ser, aos olhos desta, incondicional.

Um remanejamento

Vamos considerar, para concluir, este rompimento, via Didier, da ligação Marguerite-Lacan, do ponto de vista da estrutura, aquele cuja cifra estabelecemos graças à retomada por Lacan do caso Aimée em 1975. A destituição de Lacan como secretário, rompendo a corda do sintoma, desata a cadeia borromeana dos quatro nós de trevo. Segundo essa lógica nodal, que apresentamos suficientemente para não precisar voltar a ela agora, cada uma das três personalidades borromeanamente noduladas pelo sintoma se deveria ver liberada, ou seja, remetida à sua paranóia. Em Marguerite, particularmente, a liberação da paranóia comum deveria ser clinicamente atestada por um novo episódio psicótico clinicamente observável. Seu rompimento com Lacan, pois, deveria ter por conseqüência que ela cessasse de manter seu delírio em reserva. Ora, nada indica que tenha sido este o caso. Melhor ainda, Didier

Anzieu testemunhou que nada disso aconteceu a sua mãe depois de sua saída do hospital.

> No fim de sua vida ela projetou redigir um ensaio sobre as mulheres da Bíblia. Por vezes, atravessa crises místicas e sente-se perseguida. Apesar de sua loucura, ela não cometerá mais atos violentos e jamais voltará a ser internada.[29]

Convém concluir, a partir deste desmentido dos fatos, pelo caráter errôneo da cifração da estrutura que havíamos proposto? Essa conseqüência não poderia ser de todo excluída, mas há uma outra resposta possível a esse desmentido, uma resposta, aliás, indicada na citação acima. Trata-se do recurso que Marguerite pôde encontrar, não tanto na religião, senão naquela que Lacan tinha como "a verdadeira", a saber, o catolicismo romano.

Para retomar aqui a metáfora do quebra-cabeças, tão importante na clínica freudiana, (assim o demonstra principalmente o fato de ser sobre este objeto, o *puzzle*, que Wittgenstein faz incidir sua contestação de Freud), encontramo-nos como alguém que chega ao fim da recomposição de um quebra-cabeças e a quem restam duas peças nas mãos. Se essas duas peças se encaixam, ei-lo "liberado". Aqui, uma das duas peças é o problema que acabamos de dizer, suscetível de tornar a pôr tudo em questão. Vamos lembrar os dados que compõem o outro.

Lembramos que o passo inaugural de Marguerite na ereção de seu delírio (no momento do telefonema de C. de la N. que vinha pedir notícias da parturiente e da criança) foi também aquele onde ela negou, a essa religião que era, aliás, comum a ela e a sua amiga, todo valor de recurso, e até mesmo, segundo seu próprio termo, de "garantia":

> Enquanto a religião a mantém, assim no seu soberano domínio, não confie na sua candura, as injúrias se empilham à sua porta e quando despertar não poderá mais abri-la, ficará surpresa, a religião não é uma garantia contra as lutas da vida. Os milagres não estão todos nos cristãos.[30]

Logo, existe realmente em Marguerite uma incompatibilidade importante entre religião e psicose declarada. Delirar, no sentido ativo deste termo, é não ser mais cândida em religião (o mesmo se dá com a amizade).

Portanto, se Marguerite não pôde delirar nem passar ao ato depois que, a seu pedido, foi dado um termo ao seu encerramento (de fato, depois da sua "cura" na prisão) e se, além disso, ela reencontrou num dado momento a possibilidade de ser novamente cândida em religião, coloca-se a questão de saber quando situar este momento. Nenhum dado claro, diretamente proveniente do caso, nos faz saber isso. Sabemos apenas que não há traço algum, na monografia de Lacan, portanto, durante os quatorze meses em que ele falou com Marguerite, de que esta, naquele momento, estivesse restituída como

---

[29] E. Roudinesco, *Histoire de la psychanalyse...*, op. cit., p. 135.

[30] T. p. 198.

cristã. E talvez possamos, a partir daí, extrapolar um pouco e dizer que não foi antes de sua saída do hospital, logo, não antes de 24 de novembro de 1943. Para dizer a verdade, essa extrapolação só nos aproxima um pouco da solução.

Um passo a mais em direção a essa solução poderá ser dado se considerarmos agora o problema formalmente. O fato de que a rejeição ao cristianismo tenha sido concomitante à instalação da primeira pedra do delírio e que tenha havido, o que é mais, uma incompatibilidade entre essas duas referências nos ensina, com efeito, que o recurso que Marguerite acabou por encontrar no cristianismo, bem como o seu abandono, só pode ter tido o estatuto de um acontecimento. Ainda melhor, a efetuação deste recurso, como a da sua rejeição, só pode estar ela própria ligada a um outro acontecimento. Assim vamos encontrar, senão a solução, pelo menos sua conjetura.

Em março de 1938, Marguerite é transferida para o hospício de Ville-Evrard. Este deslocamento estaria ligado às tensões que permaneciam vivas na família quanto à manutenção ou suspensão de seu internamento? Ou a uma decisão administrativa impessoal? Por ora, não sabemos responder a essa questão. Tampouco podemos situar, nem a origem, nem a razão de ser da lenda que, até recentemente, nos apresentava a liberação de Marguerite como ligada ao racionamento de comida nos hospitais, naquela época de guerra, mais precisamente (e todavia falsamente) à decisão administrativa, tomada em 1941, de liberar um grande número de internos. Na primeira edição desta obra, admitimos, com todo mundo, que esta não era uma lenda, uma a mais, e sim a história. Com a retificação vinda graças a Jacques Chazaud, uma coisa, porém, está clara hoje em dia: a pseudo-história tirava de Marguerite toda a iniciativa e toda a responsabilidade na decisão de sua liberação. Ora, este estava longe de ser o caso (cf. nosso histórico, onde incluímos o conjunto de peças do dossiê): Marguerite travou um verdadeiro combate para conseguir ser liberada, um combate empreendido por ela desde abril de 1941 (de acordo com as magras indicações que possuímos) e que só deveria conseguir uma decisão enfim favorável, depois de exames periciais (em 1942) e de novas perícias (em 1943), ao fim de dois anos e meio de tensão contínua (era-lhe necessário, com efeito, insistir em sua demanda, pressionar o quanto pudesse para que sua saída fosse decretada, mas, ao mesmo tempo, comportando-se de maneira exemplar, mantendo-se de tal modo que sua própria demanda não fosse recebida como fazendo parte de sua doença, por exemplo, de seu delírio de reivindicação). E ficamos sabendo, ao ler o julgamento final do tribunal civil de Pontoise, que neste combate a ajuda de sua irmã Clotilde foi decisiva (ela se compromete a acolher e vigiar Marguerite, condição *sine qua non* para que o tribunal decretasse a saída).

Desde o Sainte-Anne, Marguerite dizia desejar ser liberada, nota Lacan. E admitimos que não era o seu crime que a impedia: ele não era, em si, tão grave quanto à penalidade; o dedo de Huguette ex-Duflos não demorou muito para sarar. A manutenção de Marguerite no hospital se devia, antes, a dois fatores espantosamente convergentes: o temor persistente de Élise e René de vê-la novamente intervir como mãe de Didier, até mesmo de serem agredidos por ela, e o sentimento, amplamente partilhado por seus psiquiatras, de que Marguerite não estava curada. O cúmulo vai ocorrer em sua chegada a Ville-Evrard, em 1938, com o certificado quinzenal do Dr. Mignot relatando uma "psicose intermitente, doença essencialmente recidivante", de tal modo que, segundo a lógica dessa indicação, observamos que Marguerite poderia permanecer definida como doente mesmo quando dava — ainda que ao longo de numerosos anos — todas as provas esperadas de uma cura! Em seu combate, era necessário, pois, ter recurso a um terceiro, ao tribunal civil, mesmo que este próprio terceiro se devesse apoiar na opinião dos peritos psiquiatras.

Coloca-se, pois, a questão de saber por que foi só naquele momento que Marguerite conseguiu fazer o que era preciso para obter sua liberação. E, nesse sentido, não podemos deixar de ficar impressionados com o fato de se ter ela engajado nesse empreendimento somente depois da morte de sua mãe, em maio de 1939, e da de seu pai, exatamente um ano depois. Um ano, ainda, e temos o primeiro traço escrito dessa demanda de saída, confirmada no ano seguinte por um comentário, "reclama com insistência sua saída", escrito no "livro da lei" (março de 1942).

Nossa leitura do caso nos permite dar conta, parcialmente, dessa seqüência. Ela nos sugere que a morte de Jeanne teria tido, em Marguerite, um valor parcialmente liberador. Aceitando, mesmo com reticência, a internação, Marguerite dava a saber a Jeanne que ela se reconhecia culpada da advertência que na sua passagem ao ato lhe havia dirigido. A internação atua como um castigo (todos sabem que é possível, com efeito, punir-se por haver feito a coisa que no entanto se tinha a fazer, o que a própria ética impõe como devendo ser feito). Mas esta autopunição não é tão voltada para si quanto se quer dizer, e quanto parece ser, se apenas observarmos que o sujeito parece infligi-la a si mesmo; este gesto de si para si pode perfeitamente ser um gesto dirigido, tanto e tão bem que a punição em jogo não tem mais nenhum sentido e chega, pois, ao seu fim "natural", a partir do momento em que morre a pessoa para quem, e diante de quem, se punia.

A noção de uma liberação nos é certamente imposta pela saída do hospital enfim obtida. Mas, mais que uma liberação, falando propriamente, talvez fosse mais justo acolher como um deslocamento esta ocorrência em questão? Com efeito, poderia atuar aqui como substituto do recurso capaz de resgatar a culpa a retomada da piedade católica. Este recurso substituto, como o chamamos, realiza uma dupla operação e, portanto, uma verdadeira transformação do tratamento da culpa: a vida em Cristo dá direitos de cidadania à culpa, ela a socializa, dando-lhe um contexto tal que pode ser publicamente afirmada, por exemplo, com o sacramento da comunhão; ao mesmo tempo, ela a ratifica e radicaliza com a noção do pecado original.

Logo, sustentamos aqui, a título de uma conjetura, mas que surge como a única capaz de dar corpo ao conjunto de dados que se trata de articular, de explicar, que Marguerite teria reatado com a religião no tempo que se seguiu à morte de sua mãe, que foi também o tempo em que ela travava seu combate vitorioso para que se suspendesse sua internação. A partir daí o Cristo pôde intervir como um elemento de estrutura, e na função que, durante toda a hospitalização, fora aquela, sintomática, de Lacan.

E podemos igualmente esperar que um testemunho venha em breve confirmar essa conjetura de uma retomada da inscrição de Marguerite no estofo do discurso cristão desde sua saída do hospital em 1943.

Assim, tal como o alpinista que pode saltar de um ponto de apoio por ter encontrado outro, nada mais restaria a Marguerite senão marcar seu rompimento com Lacan. Logo, seria com essa visada de voltar-se para o Cristo e somente para ele, rompendo com seu psiquiatra, que ela teria agarrado a oportunidade de ir trabalhar em casa de Alfred Lacan e reagido da maneira que dissemos no momento em que soube que seu filho estava em análise com Lacan.

Assim, as duas peças restantes do quebra-cabeças parecem encaixar-se e encontrar seu lugar nele. Se o rompimento de Marguerite com Lacan não teve o efeito desencadeador de uma paranóia novamente manifestada, foi pela razão de que Marguerite encontrou, pouco antes de 1953, alguém capaz de manter a nodulação borromeana da cadeia a quatro.

Referindo-nos ao breve episódio religioso de Emma Bovary, poderemos notar que Marguerite tem sucesso ali onde Emma fracassa (daí a ausência de passagem ao ato de Marguerite e, ao contrário, o recurso de Emma ao ato para reunir-se a Deus). Como Marguerite teria podido não mais questionar a loucura de Jeanne? Como poderia ela ter-se mantido apenas no ato de advertência de Jeanne que foi a agressão de Huguette ex-Duflos? O Cristo, acreditamos, novo diretor de sua alma, lhe terá traçado e indicado o caminho, esta via maior das virtudes teologais que tem por nome "caridade".

E Lacan?

Digamos aqui uma palavra, apenas, para afirmar um problema que não nos parece hoje poder ter tratado, dado principalmente o estado de desconhecimento em que se encontram ainda seus últimos seminários. Lacan propõe pela primeira vez, publicamente, seu ternário "infernal" (o símbolo, o imaginário e o real) a 8 de julho de 1953. Se aceitarmos as conclusões acima de nossa leitura do caso de Marguerite, essa proposição deverá ser considerada como estritamente simultânea ao rompimento de sua ligação com Marguerite.

Haveria aí um dado do caso? Senão, o que significa uma tal simultaneidade (sublinhada pelo fato de que Didier Anzieu, que assiste a essa conferência e que observa o que está em jogo ali melhor que a maioria dos outros ouvintes, faz trinta anos naquele dia)?

Tudo se passa como se a invenção desse ternário com o qual Lacan se iria dirigir a Freud estivesse ligada ao fato de Lacan, com este rompimento, ser devolvido à sua liberdade: como se as três personalidades, noduladas pela sua função de sintoma, pudessem de súbito lhe aparecer como três dimensões nomeáveis do ser falante. Tal mutação evoca, sob muitos aspectos, essas "iluminações" que tanto deveriam interessá-lo no caso de Marguerite. Se esta fórmula não exagera, podemos dizer: ei-los, daí por diante, ela em conformidade com a via cristã para o paraíso, ele no inferno, no inferno de seu RSI (o que Didier não lhe deixará de assinalar).

Divisão e reunião do "fazer saber"

Após os acontecimentos de 1953, que acabamos de apresentar, o "fazer saber" da loucura de Marguerite será dividido segundo duas vias que vão permanecer como que independentes uma da outra durante mais de trinta anos. A via familiar vai permanecer por muito tempo como que congelada, à espera de seu traçado. Terá sido necessário o canteiro aberto por E. Roudinesco da história da psicanálise na França para que um dizer se produza ali, dizer que permanece discreto, que permanece parcial, mas que mesmo assim abriu a possibilidade do estudo clínico que acabamos de ler. A outra via foi a de Lacan, esta também discreta; suas manifestações, embora menos estritamente guardadas, foram, sob muitos aspectos, cifradas.

Terá sido necessário que *pelo menos um* primeiro passo tenha sido efetuado na via familiar para que uma ponte pudesse ser estabelecida entre uma e outra dessas duas vias. Este livro é essa ponte. Sob este título, ele é um tempo privilegiado de comunicar a loucura de Marguerite. Ele o é, acreditamos, mas essa crença deixa nosso leitor livre para ratificar ou contestar aquilo em que ela incide, uma homenagem.

Essa divisão do "fazer saber" afetava-o de inibição. Pode-se esclarecer essa inibição notando, com Lacan, que

> Hegel formula que o indivíduo que não luta para ser reconhecido fora do grupo familiar jamais atinge a personalidade antes da morte.[1]

É claro que se tratava também disso na loucura de Marguerite. Sua vocação de escritora, seu engajamento como escritora, a que ela nunca renunciou, e que Lacan iria apoiar da maneira que foi dita, visava a um reconhecimento não apenas mais amplo, mas de uma outra ordem que não aquela que uma família pode prover a um de seus membros. A isso subscreve o que chamamos o ato de Didier Anzieu.

Isso, no entanto, não quer dizer que, entre o rompimento de 1953 e a intervenção deste ato, a loucura de Marguerite não teve incidência no campo social. Uma tal incidência foi atuada, não na literatura ou no domínio do religioso, como ela talvez houvesse desejado, mas na história da psicanálise na

---

[1] J. Lacan, *Les complexes familiaux*, op. cit., p. 35.

França, e de uma maneira que mereceria um estudo detalhado. Limitemo-nos aqui a uma indicação.

Notamos que, a partir de Marguerite, Jacques Lacan e Didier Anzieu foram conduzidos a Freud. Mas segundo duas vias diferentes, e onde reencontramos, transplantadas para esse novo terreno, as duas vias citadas anteriormente. Didier Anzieu, na lógica da loucura de Marguerite, formula a Freud a questão da auto-análise, sua questão. Parece que essa questão tem seu lugar marcado no familiar. A auto-análise é o nome da análise desde que ela se encontra localizada no familiar. Não existe, no familiar, outra possibilidade para a análise além desta (não decidimos aqui a questão de saber se esta possibilidade é ela mesma possível). Assim, Didier Anzieu será, na França, o iniciador de um questionamento de Freud na sua intimidade, o que aí assumiu grande amplitude. Como teria Freud se auto-engendrado pai da psicanálise ao se auto-analisar? Notavelmente, o recurso de Lacan a Freud não dá muita atenção aos, digamos, pequenos papéis de Freud, tão importantes para a outra via. Seu retorno a Freud não foi essencialmente um questionamento das origens, mesmo que estivesse excluído que ele se dispensasse de construir uma versão para isso. Não se trata mais, nessa outra via, de família, e sim de escola. Não resolvemos aqui a questão de saber se uma escola de psicanálise é possível, mas concluiremos com essa ironia da história, que quis que, ao final de seu percurso, Lacan se remetesse, à falta de discípulos dignos deste nome, a um certo tipo de transmissão familiar que merece ser qualificada como transmissão epiclérica. Toda a história da psicanálise, e não somente na França, nos parece, assim, decisivamente orientada por um formidável antagonismo, aparentemente não resolvido em parte alguma, entre a escola e a família. O partido adotado que tornou possível o estudo de clínica analítica que acabamos de ler é, claramente, o da escola, a nosso ver o único possível a partir do momento em que a análise recusa desinteressar-se do campo paranóico das psicoses.

Conclusão em forma de voto

Não nos parece da ordem do presente estudo clínico monográfico tirar qualquer conclusão geral das particularidades, notáveis, mesmo, que puderam-se ver sublinhadas. Antes, requer-se uma abstenção quanto à generalização.

Curiosamente, nesses anos 1987-1990, encontramo-nos aplicando um método promovido por Lacan em 1932. Eis em que termos:

> Seja como for, graças a circunstâncias históricas favoráveis, a observação do psiquismo humano, não de suas faculdades abstratas, mas de suas reações concretas, nos é novamente permitida. Pensamos que toda observação fecunda deve impor-se a tarefa de monografias psicopatológicas tão completas quanto possível.[1]

Este apelo a estudos clínicos monográficos aprofundados, podemos bem admitir, depois de passados cinqüenta anos, que quase não recebeu ecos.[2] As circunstâncias históricas teriam sido menos "favoráveis" do que acreditava Lacan? Só podemos concluir assim. Serão elas hoje mais favoráveis? Na época em que o discurso psiquiátrico tem por referência a estatística, temos boas razões para duvidar.

Apesar desta dificuldade, formulemos este voto, inicialmente dirigido aos membros da escola a que pertencemos; que outras "monografias psicopatológicas tão completas quanto possível" apareçam. Elas nos trarão algo de insubstituível num domínio onde nossos balbucios são demasiado gritantes para deverem ser ainda mais sublinhados.

Paris, 26 de abril de 1990.

---

[1] T. p. 267.

[2] Lacan, de sua parte, manteve a palavra, dedicando, por exemplo, um ano inteiro de seu seminário ao pequeno Hans, um outro ano inteiro a Schreber, um outro a Joyce.

Diga Peyrols

Conclusão da segunda edição

A publicação da primeira edição desta obra suscitou o aparecimento de um certo número de dados do caso que pareciam definitivamente perdidos (demos seu inventário na introdução a esta segunda edição). Entre estes, o mais surpreendente, o mais inesperado, o mais estranho também é, sem dúvida, este nome (ou se preferirmos, este apelido) de "Peyrols" que Marguerite atribui a si no documento oficial pelo qual demanda às autoridades competentes um passaporte a fim de ir para a América. Mais precisamente, Marguerite se apresenta ali como "dita Peyrols". De onde vem este nome próprio? Como explicar seu aparecimento aqui? Por que este "dita"? E esta ocorrência iria, uma vez situada, chegar a nos obrigar a modificar a versão do caso que acabamos de apresentar? Pois tal é, com efeito, o estatuto do detalhe na clínica freudiana, que basta que um único destes não seja situável na versão do caso construída com base em conjeturas para que se questione essa construção. Uma tal clínica, tão particular, é a do quebra-cabeças, como nota Wittgenstein. Ora, está na lógica do quebra-cabeças exigir que cada uma de suas peças encontre seu lugar na figura do conjunto. O que dizer, então, sobre este "dita Peyrols"? Assim se deixa formular o problema clínico que propomos tratar aqui.

Lacan notara que Marguerite havia considerado partir para a América:

> Neste ponto, seu marido descobre gradualmente que, à sua revelia, ela havia pedido demissão à administração que os emprega, e pediu um passaporte para a América, utilizando uma falsificação para apresentar a autorização requerida do cônjuge. Quanto a ela, invoca que quer ir tentar a fortuna na América: será romancista. Ela confessa que teria abandonado seu filho. Atualmente, esta confissão provoca nela somente um embaraço medíocre: foi por seu filho que se lançou neste empreendimento. Sua família a intima a renunciar a suas loucas imaginações.[1]

Diversas hipóteses são possíveis:

Marguerite, na primeira hipótese, teria tomado este nome de empréstimo a alguém. Tanto quanto sabemos, não houve nenhuma personagem de seu

---

[1] T. p. 160.

círculo que levasse este nome, Peyrols, isso igualmente se nos referirmos ao lugar de onde ela vem, uma aldeia de Auvergne, ou ao grupo familiar, de amizades e profissional que era o seu em Melun, no momento em que ela escreveu esta carta. A admissão de que este nome seja o nome de alguém deveria conduzir a pesquisar se, entre os personagens não identificados, mas que foram, no entanto, mencionados no estudo do caso, haveria um suscetível de se chamar Peyrols. Tratar-se-ia da vizinha de Jeanne Pantaine, que esta havia elevado ao nível de perseguidora? A conjetura é um pouco grosseira... Feita a verificação, tal não era o nome dessa vizinha, nem de ninguém na família que tivesse partido para habitar em outro lugar. Fracasso, pois.

Segunda hipótese: Marguerite teria ela mesma inventado este nome. Que tal tenha podido ser efetivamente o caso, à falta de um testemunho direto e explícito de sua parte, teremos certamente dificuldades para demonstrar. No máximo seremos capazes de afirmar aqui, estudando os elementos literais deste nome, que Marguerite, com efeito, os utilizou noutra parte, o que tornaria sua composição ao menos provável. Aqui, o fracasso não se verifica tão absoluto como no caso anterior. Se, com efeito, segundo uma perspectiva que foi identificada como lacaniana[2], aquela do jogo de palavras interpretativo[3], decompusermos assim este nome em duas sílabas:

Peyr / rol (s não pronunciado)
pedra (*pierre*) / rola (*roule*)

parece, no próprio texto da loucura de Marguerite, que a essas duas últimas palavras respondem algumas outras menções e alguns homófonos. Seu principal perseguidor se chama Pierre (Pierre Benoit), e podemos mesmo lembrar, a este propósito, que ao vituperá-lo como "Robespierre"[4] ela já tinha sabido inscrever em incrustação essa "pedra" em seu nome próprio. Isso constitui, para dizer a verdade, um argumento bastante impositivo a favor dessa hipótese. Teríamos, mesmo, com este "Robespierre", quase que o conjunto dos componentes literais de Peyrols.

---

[2] Alguns de nossos críticos nos censuraram, talvez em termos muito vivos, de ter abusado aqui. Recusamos essa censura como não sendo válida: parece-nos que não exageramos na pesquisa dos significantes, e não de uma maneira "desenfreada" (no estilo *Le verbier de l'homme aux loups*, este livro que tanto assustaria Lacan). A tese de uma continuidade entre simbólico, imaginário e real nos proíbe, antes, um tal apoio, tanto é que, quando, apesar de tudo, aconteceu-nos notar o que parecia dever sê-lo de maneira inevitável, isso se deu, mais que a título de argumento, em conclusão de uma leitura que obtinha suas razões em outro lugar que não no puro simbólico. A exceção é a leitura de "C. de la N.", mas esta concerne a Lacan, e não a Marguerite.

[3] Esquecemo-nos de que ela foi freudiana, antes de tudo, e que o trilhamento de Lacan não se poderia resumir no que foi para ele, por um tempo, o "primado do simbólico".

[4] T. p. 165.

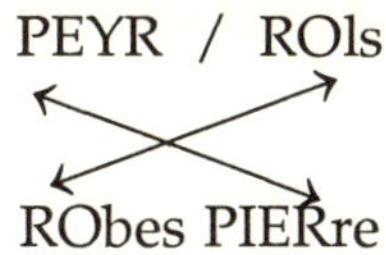

(com a inversão E/I, I/E etimologicamente fundada, já que o "pey" de Peyrols equivale ao "piè" de Pierre).

"Pedra que rola não cria musgo", diz um provérbio cujo sentido seria: não se enriquece quando se muda com freqüência de estado ou de um país. Logo, reencontra-se aqui a ligação (semântica, e não mais significante) entre a idéia de uma tal partida para um outro país e a pedra que rola. Nomeando-se Peyrols para sua partida em direção a América, onde pretende ser romancista, Marguerite sinalizaria a quem a pudesse entender (e, quem sabe, ao próprio Pierre Benoit?) que se encontrava, então, sob a proteção de Pierre Benoit, objeto erotomaníaco, em ligação poética com ele, como o esteve com seu poetastro.

Nestes textos escritos por Marguerite e publicados por Lacan, encontram-se algumas menções não negligenciáveis da pedra que rola. Assim, por exemplo, essa passagem do romance *Le Detrácteur*:

> O amor é como a torrente, não tente detê-la no meio de seu curso, de anulá-la, barrá-la, vai acreditá-la subjugada e ela o afogará.
>
> [...]
>
> Conheço todas as pedras de meu país, as azuis, as brancas, as castanhas: são minhas amigas, eu lhes falo. O que faz você aí?
>
> Eu sirvo de escada para freqüentar o bosque, se te incomodo, arraste-me, dê-me um impulso, de salto em salto eu pisotearia tudo, a torrente me receberá.[5]

Esta invenção metafórica do amor como alguma coisa a que ninguém pode resistir, não mais que a pedra que rola levada pela torrente pode escapar a seu destino, vem, portanto, igualmente, apoiar nossa segunda hipótese de leitura.

Mas um novo argumento literal vem ainda confortá-la. Se perguntarmos, com efeito, por que essa escolha da América no momento em que Marguerite se assina Peyrols, nada se apresenta no caso, ao menos na medida em que nos atenhamos ao momento preciso dessa conduta. Se aceitarmos, em compensação, o fato de que se possa dar uma explicação muito depois do acontecimento a que ela se refere (isso que a teoria freudiana constata sobre o só-depois) tornar-se-á então possível considerar um trecho do segundo romance[6] de Marguerite, *Sauf votre respect*, um romance que, aliás, é o relato de uma partida. Eis o texto:

---

[5] T. p. 182 e 185.

[6] Este texto foi escrito em plena florescência do delírio (e enviado ao Príncipe de Gales, elevado ao nível de protetor de Marguerite pela sua erotomania). Ficaremos tanto mais atentos, na citação acima, desde a primeira linha, para a presença de uma metáfora: "uma pá", em vez de... uma queda.

> Parto tão depressa que com minhas solas de borracha levo uma pá e me levanto, presto, súbito, mas praguejando. Quem vende esses sapatos, essas novidades! Tusso, espirro! Os americanos? Não confio em meus sapatos amarelos; registro a queixa, examino meu sapato. O seu tamanho, me pergunta um estrangeiro, e o seu, digo? Compreendemo-nos à força de mímicas. Os americanos têm a noiva, ela tomou sua valise para ir até eles quando lhe falaram em Jerôme, mandem de volta essa idiota.[7]

Abstendo-nos aqui de uma explicação de conjunto e de detalhe desse trecho, vamos guardar o surgimento deste Jerôme que, como nome, tampouco tem um correspondente no caso, mas que, vindo como Peyrols nesse contexto "americano", comporta a mesma série literal, ERO:

j E ROme
p Ey ROls

Enfim, último traço literal em apoio a esta hipótese, em *occitan,* dialeto falado na região natal de Marguerite, "Peyrol" é certamente um nome de lugar, "o pedregoso", mas também, sob a forma de "peyroù", o nome de um caldeirão de pedra pendurado na cremalheira da chaminé, o que poderia articular-se com a morte acidental, Marguerite, a mais velha, queimada viva por se ter aproximado demais da lareira. Por outro lado, encontra-se igualmente "peyroù" como nome do círculo efêmero que se forma na água pelo lançamento de uma pedra[8]. Um tal fenômeno evoca a expressão que Marguerite empregava ao dizer a Lacan como Pierre Benoit havia entrado em seu delírio: "isso fez como que um ricochete na minha imaginação"[9].

No que se refere a este Peyrols como sendo possivelmente um termo forjado por Marguerite, o problema se resume numa palavra: esta leitura, devido à multiplicidade das ligações possíveis desse significante com outros dados significantes observáveis no caso, ganha em verossimilhança. Mas, e em verdade? Quanto à verossimilhança, não se poderia, no entanto, negligenciar o fato de que, considerando em todo o seu desenvolvimento um outro nome possível, estaríamos longe de excluir que nossa engenhosidade não conseguisse afirmar outros tantos elementos correspondentes. Existe aí uma objeção do tipo daquelas que Wittgenstein dirigia à psicanálise freudiana, e que decerto merece resposta. Quanto à verdade, o caso é um pouco diferente. Para receber como verdadeira essa leitura, seria preciso dispor de um signo direto, de Marguerite, que atestaria que não somos nós simplesmente que, aqui, estamos elucubrando, "construindo", diríamos, "cogitando", diria (cartesianamente)

---

[7] T. p. 196.

[8] Que se agradeça aqui a André Gervais, da Universidade Paul Valéry em Montpellier: devo a ele os resultados dessa pesquisa sobre "Peyrol".

[9] T. p. 293.

Lacan, mas que foi realmente assim para ela; seria preciso, em outras palavras, um signo atestando que isso foi verdadeiro "em si" e não simplesmente "para nós". Ora, tal signo nos falta, deixando, pois, em aberto, a possibilidade de que nós mesmos, elucubrando assim, cometamos erros. Ficaremos sensíveis ao lado um tanto desagradável de um tal suspense.

Resta, provavelmente entre outras ainda possíveis, uma terceira hipótese. Se a segunda, com efeito, foi mais "falante", é possível ainda assim notar que ela não explicava em absoluto aquilo de que convém dar conta, a saber, não apenas este "Peyrols" que tanto nos embaraça, não somente o laço deste Peyrols com a América, mas também a presença, a menção, como diria o semiótico, deste Peyrols tomado como nome próprio e, o que é mais, não num lugar qualquer mas neste documento, nesta demanda de passaporte. Vamos, então, examinar mais de perto este documento (cf. p. 137)

Podemos notar aí, logo antes do Peyrols, uma rasura. Esta, no entanto, não chega a obliterar completamente o que tinha por função mascarar (uma tal parcialidade do resultado é um traço patognomônico de uma intervenção da censura), ou seja, a letra "s" cujo esboço percebemos (sob a forma de um traço ascendente e inclinado da esquerda para a direita) entre o "e" de "*dite*" (dita) e o borrão. Para dizer a verdade, este traço, por si só, não nos garante a escrita deste "s" antes de seu mascaramento, mas sua convergência com a ortografia "*dites*" (diga) quase destrói qualquer dúvida, e o que se segue nos permitirá em pouco tempo suspender o hipotético desse "quase".

Escrevendo sua demanda ao delegado (os delegados têm uma relação bem específica com a letra, como constatava Edgar Poe, mas também Jean Genet, embora de maneira bem diversa), Marguerite teria cometido um *lapsus calami*. Compreende-se facilmente o alcance deste lapso, manifestação do que ela quer deixar encoberto, mas que nem por isso é menos ativo: Marguerite está mentindo, ou mais exatamente, "embrulhando" o delegado, como se diz hoje, tapeando-o, fazendo-o sancionar com sua autoridade, *mas sem que ele perceba*, nada menos que uma nomeação sua. Este nome de "Peyrols" assim avalizado, teria sido o nome que ela se propunha adotar na América, seu nome de escritora no país da sua conquista[10]? Consideraria ela, fazendo-o assim (sub-repticiamente) sancionar, desde antes de sua partida, nesse documento oficial, poder a partir daí pô-lo em circulação mais facilmente ao chegar lá?

O *lapsus calami* é, pois, portador de uma demanda, que não se pode formular de outra maneira a não ser como lapso, por um motivo bem simples,

[10] Reconhecemos o sintagma durassiano imortalizado em "Seu nome de Veneza em Calcutá deserta". A propósito do que esta fórmula traz à teoria psicanalítica da nomeação, cf. Jean Allouch, Lettre pour lettre, op. cit., p. 133 e 225.

a saber, o fato de que, se fosse explícita, receberia uma resposta negativa[11], o que Marguerite não ignora. O fato é que ela não consegue, escrevendo essa carta de demanda, assumir inteiramente a trapaça portada por esta carta; a verdade da demanda subjacente vem à tona no *lapsus calami*: "Diga, então, Peyrols!" pede ela ao delegado.

Ao contrário das duas hipóteses anteriormente consideradas, eis-nos, desta vez, sustentando uma explicação, ao menos parcial, da razão de ser de um nome próprio até então inédito; mas essa explicação não nos permite em nada dar conta da razão pela qual este nome se escreve "Peyrols", é este nome e nenhum outro. Vamos confessar que, chegados a este ponto de nosso deciframento, os deuses vieram em nosso socorro — é verdade que os havíamos solicitado. Com efeito, interrogados sobre este nome, "Peyrols", no momento em que conjeturávamos que este podia ter sido o nome de alguém[12], os habitantes da aldeia, unânimes, levantaram, literalmente, os braços para o céu. — "Peyrols"? Mas é claro que eles conheciam! Encaixado num estreito vale do Maciço Central, o vilarejo é dominado pelo Puy-Mary, um vulcão do Auvergne que se eleva a 1.787 metros e que faz fronteira não apenas ao olhar, mas vale como uma barreira, um suporte para todas as imaginações sobre um alhures e mesmo um mais além. Ora, existe uma brecha nessa barreira que permite, apesar de tudo, quando a estação é favorável, que se atinja este alhures, se não este mais-além, uma brecha denominada "Pas-de-Peyrol". A estreita estrada da montanha sobe pelo flanco da colina e depois, ao atingir o ponto mais baixo da crista montanhosa, passa... para o outro lado. Marguerite viveu toda a sua infância no vale logo abaixo, ao pé do Pas-de-Peyrol que era para ela, como para todos no vilarejo, lugar de passagem obrigatório rumo a um alhures, rumo ao norte.

Assim, ficamos menos surpresos de vê-la escolher este nome de "Peyrols" por nome próprio no momento em que se dispõe a atravessar um oceano (devemos lembrar que isso não era uma coisa tão comum naquela época, quando ninguém podia imaginar que iria existir uma *jet society*).

Mas, atentos à literalidade e, especialmente, àquela dos nomes próprios (que dela recebem sua consistência de nomes próprios como prova sua função decisiva nos deciframentos bem sucedidos de línguas ditas "mortas"), não podemos deixar de observar, então, que Peyrol, o passo, se escreve sem o "s" final, enquanto Marguerite se nomeia Peyrols com "s". Ora, não acabamos de falar, precisamente, nessa letra "s"? Assim, brota um clarão pelo qual essa terceira hipótese de leitura adquire o estatuto de uma certeza, de uma certeza

---

[11] Entrevê-se a pertinência da indicação, dada por Lacan ao psicanalista, pela qual convém não responder à demanda. Ao se explicitar, a demanda prova reclamar esta não-resposta que é freqüentemente uma resposta que não, mediante o que ela surge como demanda de outra coisa, logo, uma outra demanda.

[12] Meus agradecimentos aqui a Françoise Dodo, que teve a felicidade de pôr seus passos nesta pista.

quase tão nítida quanto aquela oferecida pelo deciframento de um rébus: este "s" barrado na escrita do *dite*, eis de que Marguerite não pôde se livrar tão facilmente, eis o que volta à tona e vem se unir a Peyrol(s), como se não fosse possível negligenciar completamente seu pedido ao delegado de que a denominasse Peyrol.

A coisa é banal, especialmente da ordem do *lapsus calami*: quando tal lapso é cometido, e ao percebê-lo o sujeito corrige seu texto, chegando de forma mais ou menos exitosa a apagá-lo, acontece com freqüência que se produza o fenômeno seguinte: um outro *lapsus calami* logo sobrevém para, se podemos dizer, fazer voltar os ponteiros para a hora do desejo. Como se vê, apesar das aparências que dariam inicialmente a pensar num simples erro de ortografia, é à dignidade de um verdadeiro lapso que elevamos a escrita do "s" ao fim da palavra Peyrol.

O Pas-de-Peyrol

Vamos concluir com uma palavra. Se a referência ao passo de Peyrol se vê realmente inscrita na nomeação "Peyrols" que Marguerite tenta fazer-se outorgar ao empreender suas diligências no sentido de partir para a América, o que acreditamos haver demonstrado acima, então se vê confirmada a leitura do caso que propúnhamos na primeira edição desta obra. Esta leitura, com efeito, afirmava, como fundamento dos temas delirantes, das intuições e interpretações delirantes, das iluminações, das primeiras passagens ao ato e como que portado por estes, ao mesmo tempo em que por eles velado (existe, em tais demonstrações paranóicas, mil vezes mais pudor que se poderia imaginar), um debate de Marguerite com sua mãe, tendo esta última permanecido na aldeia do Auvergne que a outra deixara. O Passo de Peyrol é o nome deste passo que ela tem que franquear e que a separaria da mãe. No momento de partir para a América, desejando, nesse próprio movimento, ser chamada de Peyrols, Marguerite nos sinaliza que, com essa conduta, ela deixaria não apenas Melun, lugar onde ela enfrenta, realmente, aqueles que querem mal à vida de seu filho, mas também a aldeia do Auvergne onde reside sua mãe, ela nos sinaliza, portanto, que, mesmo estando de corpo presente em Melun, era ainda lá que ela habitava.

Marguerite não terá ido para a América, apenas a Paris. Sua primeira hospitalização, sabemos agora, e precisamente graças aos novos documentos que emergiram (cf. nosso histórico), foi uma ação de contenção direta que visava impedi-la de franquear este passo. Logo, será por aquilo que devemos chamar de uma certa graça de sua loucura, e em Paris, e pelo viés de uma passagem ao ato, que ela atravessará enfim o Passo de Peyrol, situando-se assim, ao menos por um passo (igualmente, por uma recusa), diante do imperativo materno que persecutoriamente lhe atribuía uma irmã como ela. Esta irmã como ela, ela não o foi. Assim se indica que a via de sua psicose foi também para ela, nela, o viés pelo qual se terá produzido como sujeito.

Paris, 16 de agosto de 1994

ANEXOS

Nota sobre o *heautontimoroumenos*

À página 254 de seu estudo monográfico, Lacan define Aimée da seguinte maneira:

> Esses tipos clínicos com os quais o caráter de nosso sujeito nos revelou sua congruência precisa, o *psicastênico*, o *sensitivo*, se revelam a si mesmos por suas reações mais salientes, seus escrúpulos obsessivos, a inquietação de sua ética, seus conflitos morais interiores, como tipos muito belos de *"Heautontimoroumenos"*; toda a sua estrutura parece poder ser deduzida da prevalência de mecanismos de autopunição.

O que dizer disso? A figura do *heautontimoroumenos* está um tanto afastada do campo de referências culturais do leitor de hoje (1990), e acreditamos ser útil mencionar com alguns detalhes algumas de suas ocorrências. Que se agradeça aqui a Barbara Cassin por sua ajuda em nossas pesquisas.

O próprio termo *heautontimoroumenos* é composto por duas palavras aglutinadas: *heauton*, pronome reflexivo no acusativo masculino singular e *timoroumenos*, particípio presente de *timoreo*, este mesmo construído a partir de *timè*, "honra", e do verbo *orao*, "velar por". *Timoreo*: socorrer, vingar. O *heautontimoroumenos* é o "punindo-se". É interessante notar que os especialistas insistem nas significações divergentes construídas com a raiz *timè*: o preço, o valor, e tanto a honra quanto o castigo, a correção, a reparação, sentido que aparece já em Homero.

Terêncio contribuiu muito para a instalação do *topos*. O *Heautontimoroumenos*, sua peça, adaptada daquela de Menandro (cujo texto se perdeu), é representada em 163 A.C., mas logo se faz (em 146 A.C.) uma nova representação póstuma. O personagem do *heautontimoroumenos*, Menedemo, é célebre: Cícero se interessa por ele (cf. abaixo), uma inscrição em Pompéia cita seu nome e o nome daquilo que ele censura, nomeando-o *Menedemerumenos*.

Menedemo não tratou seu filho com humanidade: *pater durus fui* (435), o *père-severe* de Lacan (como Lacan, Terêncio adorava jogar com a homofonia); e este filho vai-se embora. Desde então, Medenemo permanece em sofrimento: "Eu me ofereceria por ele ao suplício, penando, poupando, juntando, fazendo-me escravo dele" (135). Ele confia a seu amigo Cremes: "Decidi que terei menos culpas com relação a meu filho, Cremes, enquanto for infeliz" (145). Ou ainda, em solilóquio: "Ou bem eu nasci com disposições excepcionais para o infortúnio, ou então é falso o que ouço dizer atualmente, que o tempo tira dos homens os seus desgostos..." (420). A comédia, no entanto, leva vantagem e, com a ajuda de várias peripécias, Menedemo chega a dizer a Cremes, este também em dificuldades como pai, aquilo mesmo que Cremes lhe retorquia: "Você não pode se conter? Não pode ter consideração por si mesmo? Será que meu exemplo não lhe basta?" (915)

O estoicismo de Cícero (Tusculanas III, 27, 65) dá sua opinião sobre o personagem de Terêncio: "Nosso homem profere esta sentença, a de que ele será infeliz. Ora, vê-se alguém proferir uma sentença à revelia?" E ainda isso, que vale como paradoxo: "Ele considera que seria digno de todos os males, se não se tornasse infeliz" (*Malo se dignun deputat, nisi miser sit*). "E o que dizer dos casos onde o próprio fato doloroso impede o desgosto de se manifestar?" O principal interesse dessa retomada, em Cícero, da figura do *heautontimoroumenos* está ligado, a nosso ver, à sua articulação com a problemática do luto.

Em que momento e com quem a figura do *heautontimoroumenos* se teria associado à criação literária? Com o romantismo? Ignoramos. Conjeturamos, entretanto, que esta composição onde o poeta se dava como *heautontimoroumenos* deve ter contado para Lacan, ao designar assim Marguerite.

Baudelaire exemplifica esse novo avatar do *heautontimoroumenos*. Ele escreve o poema assim intitulado em lugar de um epílogo — impossível de escrever — para *As Flores do Mal*:

A J.G.F.

Vou golpear-te sem cólera
E sem ódio, como um açougueiro,
Como Moisés ao rochedo!
E farei de tua pálpebra,
Para aliviar meu Sahara,
Brotarem as águas do sofrimento,
Meu desejo acrescido de esperança
Nos teus choros salgados nadará
Como um navio que se faz ao largo,
E no meu coração, que eles vão saciar,
Teus caros soluços ressoarão
Como um tambor que ordena atacar.
Não serei eu um falso acorde
Na divina sinfonia,
Graças à voraz ironia
Que me sacode e que me morde?

Ela está em minha voz, a gritar!
É todo meu sangue, este negro veneno!
Eu sou o sinistro espelho
Onde a megera vem se olhar.
Eu sou a ferida e a faca!
Sou a bofetada e a face!
Sou os membros e a roda,
E a vítima e o carrasco!
Sou de meu coração o vampiro
— Um desses grandes abandonados
Ao riso eterno condenados
E que não podem mais sorrir.

Como este nome, *heautontimoroumenos*, ocorreu a Baudelaire? Diz-se que teria sido por Sainte-Beuve, mas oralmente. Baudelaire, com efeito, não podia ter lido esta nota de Sainte-Beuve publicada em 1934 (C. Guyot, "Notes inédites de Sainte-Beuve", R.H.L.F., p. 280, citado por C. Pichois em sua edição das *OEuvres complètes de C.B.*, La Pléiade, Gallimard, p. 985):

> "Os poetas, independentemente dos órgãos comuns a todos, dos desgostos que são a base da humanidade, são dotados de uma trombeta e de um aguilhão. Este aguilhão, eles têm prazer em enfiar neles mesmos, nos flancos (*heautontimoroumenos, self-tormenters*), para se dar ocasião de tocar com mais freqüência a trombeta — Poetas, artistas, insetos maravilhosos, espécie particular de abelhas".

Menções ao caso Aimée, às suas conseqüências e à tese nos escritos e outras intervenções de Lacan

A lista abaixo apresentada não pretende ser exaustiva. Uma avaliação sumária, no entanto, deixa pensar que, falando quantitativamente, pouca coisa teria escapado à varredura a que nos entregamos. É verdade que este pouco poderia ser importante.

Tratando-se das intervenções faladas de Lacan, a ausência de título de muitas delas dificulta que se as referencie de maneira precisa e conveniente. Na medida do possível, vamos adotar os títulos de Joël Dor (Joël Dor, *Nouvelle bibliographie des travaux de Jacques Lacan*, Paris, EPEL, 1994), remetendo então, pura e simplesmente, para todas as informações bibliográficas, a esta obra (sob a forma: JD p.x). Seguir-se-á então, sempre que possível, a indicação da(s) página(s) do texto citado (quando este texto tiver sido objeto de diversas publicações, escolheremos aquela considerada como mais facilmente acessível). Quanto aos seminários, os textos indexados o serão apenas pela data de cada sessão.

Pareceu pertinente acrescentar certas referências que não remetem explicitamente à tese, nem ao caso de Marguerite, mas que merecem, a nosso ver, ser associadas. Certamente, de vizinhança em vizinhança, sua lista poderia ser desmesuradamente alongada. Vamos limitar-nos, não sem uma certa dose de arbitrariedade, às únicas referências reconhecidas como pertinentes no quadro de nosso estudo.

1 - *Hiatus irrationalis* (JD p. 46)

Os temas desse poema, a água, o fogo, a natureza, são os dos escritos de Marguerite, sublinhados como tais por Lacan.

2 - 1933: *O problema do estilo e a concepção psiquiátrica das formas paranóicas da experiência* (JD p. 49), p. 385.

Lacan situa sua tese na linhagem dos trabalhos de inspiração fenomenológica. O distúrbio mental não é aí separado da totalidade da experiência vivida, a qual só pode ser compreendida por um esforço de assentimento.

3 - 1933: *Exposição geral de nossos trabalhos científicos* (JD p. 49), p. 400, 401, 403.

A psicose paranóica é um modo reativo da personalidade a certas situações vitais. A tese é o primeiro estudo, ao menos na França, onde se tenta uma interpretação exaustiva dos fenômenos mentais de um delírio típico em função da história concreta do sujeito. É assim destacada uma estrutura mental anômala, mas também o seu valor significativo: ela exprime pulsões instintivas anormais. Dessa tese se deduzem princípios muito gerais de pesquisa. O caso Aimée vai guardar seu valor de caso *princeps*.

4 - 1933: *Motivos do crime paranóico: o crime das irmãs Papin* (JD p. 49), p. 393, 397.

No caso Aimée, o delírio se esvai com a realização dos objetivos do ato. A ambivalência afetiva dedicada à irmã mais velha dirige todo o comportamento autopunitivo. No decorrer do delírio, Aimée transfere para várias pessoas sucessivas as acusações de seu ódio amoroso. Mas cada uma das perseguidoras não passa "de uma nova imagem, sempre inteiramente presa do narcisismo, desta irmã de que nossa doente fez seu ideal".

5 - 1935: *Intervenção sobre a exposição de P. Schiff: "Psicanálise de um crime incompreensível"* (JD p. 50), p. 690.

"O caso Aimée é calcado no de Schiff. Logo, trata-se mesmo de uma neurose paranóica, não de uma psicose, onde a agressão assume a significação de um esforço para romper o círculo mágico, a opressão do mundo exterior".

6 - 10 de dezembro de 1935: *Intervenção sobre o relatório de D. Lagache: "Paixões e psicoses passionais"* (JD p. 50), p. 26.

Lacan, na sua tese, igualmente "lutou contra a concepção 'constitucionalista' da paranóia."* A paixão patológica é "apego a um objeto de forma arcaica do desenvolvimento, a uma 'imagem' embalsamada".

7 - 1938: *Os complexos familiares na formação do indivíduo* (JD p. 52), Éd. Navarin, p. 78.

Compreender [as psicoses de tema familiar] na sua relação com a personalidade. "[...] não se podia tratar, para nós, de definir uma verdadeira personalidade que implica a comunicação do pensamento e a responsabilidade pela conduta." A paranóia de autopunição "não exclui a existência de uma semelhante personalidade". A posição dessa psicose define "uma fronteira nosológica".

8 - 1946: *Sobre a causalidade psíquica* (JD, p. 53), retomado em *Écrits*, p. 162, e 168 a 170.

*À página 162, Lacan relata um incidente ocorrido quando da sua defesa da tese. Convidado a formular o que se propusera a fazer, ele começa dizendo: "Em suma, senhor, não podemos esquecer que a loucura é um fenômeno do pensamento..." É então interrompido por um gesto que "tinha a firmeza de uma chamada ao pudor: 'Sim! E depois?'" — significava ele. "Passemos a coisas sérias. Então, vai ficar aí de brincadeiras? Não vamos desonrar esta hora solene. [E Lacan acrescenta, num latim cujo caráter um tanto diafórico nos parece singularmente bem vindo aqui:] "*Num dignus eris intrare in nostro docto corpore cum isto voce: pensare!*" "[Este corte evoca aquele, por vir, de Marienbad. Mas aqui ele remete, na página seguinte dos *Écrits*, ao mesmo mestre em face do relato das alucinações:] "O que é que você está me contando, meu amigo; isso tudo não é verdade. Ora, vamos!"

* Na análise do caso Aimée, Lacan diz, em seguida (p. 168 a 170), ter seguido o método de Clérambault.* "Esta doente me havia chamado a atenção pela significação ardorosa de suas produções escritas, cujo valor literário surpreendeu muitos escritores, de Fargue e do caro Crevel, que as leram antes de todos, a Joë Bousquet, que logo as comentou admiravelmente, até Eluard, que delas recolheu, mais recentemente, a poesia 'involuntária'." Segue-se uma lista de "pontos de estrutura" do caso, repertorizados a,b,c,d,e,f,g, que Lacan conclui com esta frase: "Parece-nos se destacar daí, desde a primeira abordagem, a estrutura geral do desconhecimento." *Lacan menciona ainda, como que de passagem, "o aprofundamento que esta tese conseguiu em nós ulteriormente". *A propósito da impossível localização no espaço/tempo de certas intuições, ilusões mnésicas, ressentimentos, objetivações imaginárias, que ele relaciona então ao "momento fecundo" do delírio, Lacan escreve: "Assim, aproximamo-nos de uma análise estrutural de um espaço e de um tempo imaginários e de suas conexões" [cf. neste mesmo anexo o texto de S. Dali].

9 - 1950: *Introdução teórica às funções da psicanálise em criminologia* (JD p. 56), retomada em *Écrits*, p. 142.

"Assim a tensão agressiva integrando a pulsão frustrada a cada vez que a falta de adequação do 'outro' faz abortar a identificação resolutiva, ela determina, desse modo, um tipo de objeto que se torna criminógeno na suspensão da dialética do eu". Lacan reivindica ter mostrado o papel funcional da estrutura deste objeto "e a correlação ao delírio em duas formas extremas de homicídio paranóico, o caso 'Aimée' e o das irmãs Papin".

10 - maio de 1951: *Some reflections on the ego* (Algumas reflexões sobre o eu) (JD p. 57)

I have shown in my earlier works that paranoia can only be understood in some such terms: I have demonstrated in a monograph that the persecutors were identical with the images of the ego-ideal in the case studied.

But, conversely, in studying "paranoiac knowledge", I was led to consider the mechanism of paranoiac alienation of the ego as one of the preconditions of human knowledge.

[Mostrei, em meus trabalhos anteriores, que a paranóia só pode ser compreendida nesses termos; demonstrei, numa monografia, que os perseguidores eram idênticos às imagens do ideal de eu no caso estudado.

Mas, inversamente, ao estudar o "conhecimento paranóico", fui levado a considerar o mecanismo da alienação paranóica do ego como uma das precondições do conhecimento humano].

11 - 8 de julho de 1953: *O simbólico, o imaginário e o real* (JD p. 59)

Quando da discussão dessa conferência, intervenção de Didier Anzieu: "O que o senhor propõe hoje é uma mudança de modelo, permitindo pensar os dados clínicos, adaptado à evolução cultural? Ou alguma coisa diferente?"

12 - 26-27 de setembro de 1953: *Resposta às intervenções* (JD p. 60)

"É, entretanto, neste desvio que cai meu discípulo Anzieu, imputandome uma concepção mágica da linguagem, que é bastante embaraçosa, com efeito..."

13 - 20 e 27 de janeiro de 1954: *Os escritos técnicos de Freud*

Anzieu apresenta uma exposição sobre a noção de resistência em Freud. Ele é várias vezes interrompido por Lacan, que contesta um certo número de pontos da sua leitura de Freud. "Não, o primeiro movimento de Freud não foi procurar ser o mais forte. *Trata-se, em Freud, não apenas de realidade, mas de verdade. *Ele estava pessoalmente interessado na sua pesquisa. *Anzieu não leva em conta o inconsciente. *Anzieu diz que a resistência do paciente deixa Freud furioso; Lacan: "Não mexa demais nisso." *Lacan contesta também que a resistência venha do ego. *Tampouco está de acordo sobre o fato de que a resistência fosse referida por Freud ao sujeito. *Nem sobre a hipersensibilidade de Freud às resistências, relacionada por Anzieu ao caráter dominador de Freud.

14 - 1° de dezembro de 1954: *O eu*

Debate entre Anzieu e Lacan a propósito de uma exposição de Lévi-Strauss na noite anterior. Anzieu: "Se não tomei a palavra ontem, foi porque o senhor dirigiu a discussão num certo sentido e minha questão ia num sentido divergente." Lacan: "Era mais uma razão para expô-la". Citando o caso do infanticídio das meninas mencionado por Lévi-Strauss, Anzieu se pergunta se este dá à análise o estatuto de um modelo para a psicologia coletiva. Resposta de Lacan: "A questão de Anzieu dá a medida do que se deve restabelecer em tudo isso". (em outras palavras: a medida de seu ensinamento). Lacan pergunta a Anzieu se leu *As estruturas elementares do parentesco*. Anzieu: "Li, um ano depois de sua publicação". Lacan: "Isso foi no fim da sua análise?" (Curiosa pergunta: dado o que Anzieu acaba de declarar, deveria ter sido no começo). A divergência dita por Anzieu se esclarece então, com o que é acrescentado por Lacan. Essa obra lhe interessa, não por causa da psicologia coletiva, não se trata "em absoluto, ali, de instância coletiva", mas porque Lévi-Strauss dá ênfase à "função simbólica" (vê-se que o debate retoma aquele já explicitado na discussão do relatório de Roma).

15 - 1955: *As psicoses*

Sessão de 16 de novembro de 1955: A tese teve por resultado que não se fale mais em paranóia, na França, como se falava antes.

Sessão de 23 de novembro de 1955: *A propósito de sua tese, Lacan sublinha que ele "tenta demonstrar o caráter radicalmente diferente que há entre esses fenômenos [os fenômenos elementares] e o que quer seja que se possa deduzir daquilo que ele [Clérambault] chama a dedução ideativa, isto é, aquilo que é compreensível por todo o mundo". "[...] ele também, o delírio, é um fenômeno elementar..."

16 - 1958: *Sobre uma questão preliminar a todo tratamento possível da psicose* (JD p. 75), redigido em janeiro de 1958, retomado nos *Écrits*, p. 543.

Logo depois de haver mencionado o esquema com que Katan "se satisfaz", o da função de síntese do eu concebido como *percipiens*, para "justificar o surgimento da fantasmagoria alucinatória" em Schreber, Lacan escreve: "Como essa simplicidade nos teria aliviado por algum tempo, se a considerássemos dever bastar para o problema da criação literária na psicose!"

17 - 1965: *Homenagem prestada a Marguerite Duras* pelo Deslumbramento de Lol. V. Stein (JD p. 91)

[A propósito do nome "Marguerite"]: "Não é em vão que encontro aqui esta eponímia. É que me parece natural reconhecer em Marguerite Duras essa caridade severa e militante que anima as histórias de Marguerite d'Angoulême..."

18 - 1966: *Sobre nossos antecedentes* (JD p. 94), publicado em *Écrits*, p. 66.

"Pois a fidelidade ao invólucro formal do sintoma, que é o verdadeiro traço clínico de que tomamos o gosto, levou-nos a este limite onde ela se inverte em efeitos de criação. No caso de nossa tese (o caso Aimée), efeitos literários — e com mérito suficiente para serem reconhecidos, sob a rubrica (de reverência) de poesia involuntária, por Eluard." "Aqui a função do ideal se apresentava a nós numa série de reduplicações [...]." "Por outro lado, o efeito como que de sopramento que em nosso sujeito derrubara este guarda-chuva que se chama um delírio [...]"*. "Assim, aproximávamo-nos da maquinaria da passagem ao ato, e mesmo que nos contentássemos com o cabide da autopunição, desembocávamos em Freud."

19 - 1966: *Apresentação* [da tradução de P. Duquenne: *Memórias de um neuropata*, de D. P. Schreber] (JD p. 94)

* "a paranóia como identificando o gozo nesse lugar do Outro como tal".
* "[...] este trilhamento aberto com nosso caso, este caso Aimée [...]."

20 - 14 de dezembro de 1969: *Apresentação* [da edição de bolso de trechos dos *Écrits*, Paris, Seuil, 1971] (JD p. 101)

"[...] o que eu escrevera então [Lacan se refere ao ano de 1953, em Roma] não era de modo algum abstruso (embora eu enrubescesse de republicar minha tese, mesmo que ela não se origine daquilo que a ignorância então ensinante considerava como o bom senso, ilustrando-o com Bergson)."

21 - 1970: *Contribuição da psicanálise à semiologia psiquiátrica*, (JD, p. 104), publicado no *Boletim da Associação freudiana*, janeiro de 1987, p. 7 et sq.

*"[...] Cellier era louco por essa história de autopunição." * "Na verdade, não vejo uma montanha, nem nada que me separe da maneira como procedi naquela época. Minha paciente, chamei-a Aimeé, era realmente muito tocante". * "[...] uma certa relação com o que chamaremos 'o ponto de ato' [...]" * "[...] eu não tinha as categorias que tenho agora, não tinha nenhuma idéia do objeto *a* naquele momento. Mas [...]" "Se relerem minha tese, verão esta espécie de atenção dada ao que foi o trabalho, o discurso da paciente; a atenção que lhe dediquei é algo que não se distingue do que pude fazer desde estão".

22 - 1970 (abril): *Discurso de encerramento do Congresso da Escola Freudiana de Paris* (JD p.103), *Scilicet* 2/3, p. 392.

* "Igualmente, minha tese de medicina foi o fio com que Tosquelles me disse ter decifrado o labirinto que era para ele o Saint-Alban [...] [cf., neste mesmo anexo, as citações de Tosquelles] ... quando ele me disse isso, eu podia acreditar que ela dormia, a minha bela tese, durante todos os dez anos que durara antes. Por que, esta Bela Adormecida, eu a faria agora correr?"

23 - 1971 (escrito em 14 de dezembro de 1969): *Apresentação da publicação dos Écrits* (JD p. 101)

"[...] o que eu escrevera então não era de modo algum abstruso (embora eu enrubescesse de republicar minha tese, mesmo que ela não se origine daquilo que a ignorância então ensinante considerava como o bom senso, ilustrando-o com Bergson).

24 - 1972 (6 de janeiro): *O saber do psicanalista* (JD, p. 106)

* "[...] [em Sainte-Anne] escutei coisas absolutamente decisivas, que o foram para mim; mas isso é meu assunto pessoal." *"Para dizer tudo, e prestar-lhe homenagem por alguma coisa com que ela, pessoalmente, tem a ver, é que — todos sabem — foi em torno desta doente que defini pelo nome de Aimée, que não era o seu, naturalmente, que eu fui, é isso, aspirado em direção à psicanálise. Não foi somente ela, é claro [...]".

25 - 1972 (12 de maio) — *Conferência em Milão* (JD p. 107), *Lacan in Itália*, ed. La Salamendra p. 42

"Entrei na psicanálise, assim, um tanto tarde. Com efeito, até aquele momento...na neurologia, um belo dia...o que me pôde capturar?...cometi o engano de ver o que talvez se chame um psicótico. Fiz minha tese sobre isso: *Sobre a psicose paranóica* — ó escândalo! — *nas suas relações com a personalidade*. Personalidade, vocês pensam, não sou eu quem vai zombar dela. Mas, enfim, naquela época isso representava para mim, assim uma nebulosa, enfim, alguma coisa ... alguma coisa que já era bem suficientemente escandalosa para a época; quero dizer que isso causou um verdadeiro efeito de horror. Enfim, isso me levou a fazer a experiência da psicanálise, eu mesmo. Depois disso houve a guerra, durante a qual prossegui essa experiência. Ao sair da guerra comecei a dizer que talvez pudesse dizer mais um pouco sobre isso. "Não faça isso — me disseram — ninguém iria entender nada... já o conhecem, já o notaram há algum tempo"."

26 - ... *ou pior.*

Sessão de 14 de junho de 1972: "[...] fiquei absolutamente horrorizado com a maneira como isso [o trabalho de Lacan sobre o sonho da injeção de Irma] havia sido retomado num certo livro que saiu com o título *Auto-análise*: era o meu texto, mas apresentado de um jeito que ninguém compreendia nada" (alusão a Didier Anzieu).

Sessão de 21 de junho: "Analisei o sonho da injeção dada a Irma. Isso foi transcrito, como podem imaginar, por um universitário, numa tese badalada atualmente. A maneira como isso foi — não digo escutado, pois a pessoa não estava lá, ela trabalhou com notas, e acreditou ser possível acrescentar a elas coisas de sua autoria [...]."

27 - 1974 - *Les non-dupes errent*

Sessão de 19 de fevereiro de 1974: *Lacan indica aí que com sua tese foi mordido por alguma coisa que tem a máxima relação com a pergunta: o que é o saber?* "[...] a paciente de minha tese, "o caso Aimée", bem, ela sabia, simplesmente ela confirma aquilo de que vocês compreendem que eu parti, ela inventava — é claro que isso não basta para assegurar, para confirmar que o saber, isso se inventa, porque, como se diz, ela 'variava' ... Só que foi assim que me veio a suspeita".

28 - 1975 (assinado J. Lacan, na capa da segunda edição da tese)

"Tese publicada não sem reticência . *Como pretexto de que o ensinamento passe pelo desvio de semi-dizer a verdade. *Acrescentando-se: sob a condição de que o erro retificado demonstre o necessário de seu desvio. *Que este texto não o imponha, isso justificaria a reticência."

29 - 24 de novembro de 1975: *Conferências e palestras nas universidades norte-americanas* (JD p. 118), *Scilicet* 6/7, p. 9.

*"Precisei realmente impor minha tese". * "Acreditava que a personalidade fosse coisa fácil de compreender". * "A psicose é um ensaio de rigor." * "[...] falo aí de um desses casos que me parecia exemplar, principalmente na medida em que a pessoa em questão havia cometido numerosos ... escritos". * "[...] ela era erotômana." *[A propósito da nomeação paranóia de autopunição] "Evidentemente, isso era levar a lógica um pouco longe demais". * "[...] em minha tese, acontecia-me de estar aplicando o freudismo sem saber." * "A psicose é uma espécie de falha no que concerne à realização daquilo que se chama 'amor'. No domínio do amor, a paciente de que lhes falava podia certamente se queixar muito da fatalidade."

30 - 16 de dezembro de 1975: *O sintoma*

*"Se resisti por tanto tempo à republicação de minha tese, é simplesmente pelo seguinte, é que a psicose paranóica e a personalidade como tal não têm relações, simplesmente por isso, porque são a mesma coisa." * "A bem entender o que enuncio hoje, poderiam deduzir daí que a três paranóicos se poderia nodular, a título de sintoma, um quarto termo que se situaria, como tal, como personalidade [...]."

31 - 17 de maio de 1976: *Prefácio à edição inglesa do Seminário XI* (JD p. 121)

"Agora, ou seja, um tanto tarde, ponho aí meu grão de sal: fato de história, ou melhor, de histeria: a de meus colegas, na ocasião, caso ínfimo, mas onde eu me encontrava preso pela aventura, por me ter interessado por alguém que me fez deslizar até eles por me haver imposto Freud, a Aimée de minha tese. Eu preferiria esquecer isso: mas não esqueço, porque o público me recorda."

32 - 15 de fevereiro de 1977: *L'Insu que sait de l'une bévue s'aile à mourre* (JD p. 123)

Lacan se entrega a uma confidência: ele experimentou muito cedo o que era um "Eu sei" que é vontade de não mudar. Trata-se de sua irmãzinha Madeleine, que lhe teria dito, na idade de dois anos e meio: "Manène sabe" (vamos lembrar que "Nêne" era o apelido de Élise). Ela "se dava por portadora de saber" (cf. aqui mesmo, p. 453-4).

Acolhida da tese na psiquiatria e disciplinas afins

A maior parte das reações escritas suscitadas pela tese de Lacan no meio psiquiátrico é hoje de difícil acesso. Assim, optamos aqui não somente por fazer seu inventário, mas também por mostrar seu teor, sem comentários ou intervenções quando se trata de relatórios. No caso de menções mais erráticas, transcrevemos os principais traços que terão sido suscitados pela tese.

1 — 1932: L'encéphale, T. 2, p. 851 a 856. Relatório de H. Ey.

Não é sem escrúpulos que analisamos uma obra cuja "história interior", o esforço que a criou foram nossos conhecidos pela confidência amigável de uma visão comum dos problemas — senão das soluções — psiquiátricos. A objetividade dessa análise não vai perder. Ganhará, mesmo, em compreensão mais atenta desta tese longamente refletida, cuja forma abstrata e difícil — porque condensada e elaborada — poderia afastar mais de um leitor, ocultando-lhe tudo o que ela contém de vivo e de concreto.

O título anuncia a tese: a paranóia é uma doença da personalidade. Definido em termos tão vagos, o objetivo deste livro pareceria bastante vão e verbal. Toda a novidade do trabalho de Lacan vem da concepção da personalidade que o inaugura. A personalidade é definida inicialmente, não mais por hipóteses (inatismo, cenestesia) ou mecanismos (memória, desenvolvimento libidinal, etc.), mas por elementos concretos: 1° — uma certa ordem de encadeamento dos fenômenos que comanda e permite sua *compreensão*; 2° — um certo *ideal de si* que é a força de organização e de significação de uma personalidade dada; 3° — um fator mais propriamente social chamado a *tensão das relações sociais* e que se define pela situação efetiva e experimentada que o sujeito ocupa em seu grupo social. Uma personalidade é uma história vivida — um ideal de vida —, um valor social. É um todo que se exprime por uma certa finalidade, uma certa "intencionalidade".

A *psicogênese* de um sintoma é definida por suas relações com a personalidade.

A partir daí, as relações da paranóia com a personalidade e, se quisermos, sua "psicogenia", poderão ser claramente expostas. E vão sê-lo tanto melhor na medida em que um histórico, atraente em seu resumo, nos mostra que é em torno deste problema que gravitaram as discussões sobre a paranóia. Nenhum psiquiatra digno deste nome poderá, acreditamos, ler sem um vivo interesse essas páginas onde os grandes e tradicionais pensamentos se chocam e se recortam, como na clínica de todos os dias o diagnóstico hesita e se procura.

Lacan sublinha o esforço tentado na Alemanha, de Kraepelin e Bleuler a Kretschmer e Kehrer, para definir a paranóia como modo de *reação a situações vitais.* Ao contrário, na França, e particularmente sob o impulso da obra magistral de Sérieux e Capgras, ela é considerada como uma anomalia de desenvolvimento dada no germe. Uma tal concepção causou vigorosas reações no sentido de uma teoria da paranóia considerada como uma doença, um acidente, um *processo orgânico* (variações fundamentais do humor [Régis, Lalanne, Anglade]; deslocamento esquizofrênico, estados confusionais, automatismo neurológico, distúrbios cenestopáticos centrais [Guiraud]). Vamos ler as análises e traduções abundantes que o autor não receou fazer dos trabalhos alemães. Não há dúvida de que esta contribuição seletiva e inteligente das correntes de pensamento psiquiátrico estrangeiro não solicita, de nossa parte, uma atividade e idéias fecundas. O ostracismo das idéias (quando não há razões profundas e sempre transitórias), tal como ainda praticado em certos países, não honra nem fortalece. Isto é fundamental na apreciação do esforço empreendido por Lacan, pois seu trabalho representa uma tentativa de inaugurar, em matéria de paranóia, na clínica psiquiátrica francesa, a observação e a análise aprofundadas da personalidade, tal como as praticam os alemães, e, naturalmente, tais como também se as encontra nos grandes clássicos psiquiátricos de nosso país. Mas a obra não se orienta, em seu movimento e suas conclusões, unicamente pelo apoio tomado em trabalhos estrangeiros. A tese partiu somente da observação de fatos. Ela se formula, de saída, com precisão: *os distúrbios que constituem o delírio paranóico podem deduzir-se somente de um desenvolvimento, ou de uma modificação da personalidade?*

A tese sustentada é inteiramente centrada num caso clínico (o mais demonstrativo, talvez, ou pelo menos o mais aprofundado dos 30 ou 40 casos estudados) e é pela análise minuciosa deste caso clínico que começa a contribuição pessoal do autor ao debate por ele aberto entre nós.

Não hesitamos em dizer que o estudo clínico do caso "Aimée" é a parte mais atraente deste livro. A doente é representada menina, numa aldeia, quase ainda adolescente nas suas funções administrativas, casada com um homem que não ama, mãe infeliz, autodidata tocante na sua solidão parisiense, tudo isso constitui o fundo e, se quisermos, o acompanhamento do tema mórbido que se inscreve e se desenvolve nessa curva vital, mas dela se destaca. O delírio, com efeito, à base de interpretações, de ilusões da memória, de sentimentos e crenças diversas, surgiu bruscamente uma primeira vez sob a forma de um estado agudo, e evoluiu em seguida com todos os atributos da psicose paranóica, até sua sanção prática: um atentado homicida. Depois, bruscamente, extinguiu-se. É a análise desta "cartase" especial que levou Lacan a ver em todo o delírio uma construção de hostilidade e de megalomania cujas razões devem ser procuradas na própria estrutura da personalidade da doente. A análise desta personalidade faz, então, apelo aos dados da psicanálise: homossexualidade, mecanismo de autopunição, ódio projetado sobre uma amiga, sobre a irmã mais velha, sobre um *tipo* de mulheres que ela desejaria ser e que sua vítima representa. Ódio que se libera em última análise no ato criminal e *sua punição*.

Uma tal psicose representa um "processo" organopsíquico? Aqui são criticadas as teorias, freqüentemente simplistas, que chegaram a poder ver na *interpretação* um simples fenômeno físico. As páginas que Lacan consagra a este fenômeno, à "significação pessoal" dos antigos autores são dignas destes. Ele aproxima esse fenômeno de numerosos outros sentimentos mórbidos, fenômenos sutis, sem dúvida, mas não necessariamente, e forçosamente não de natureza mecânica. As condições orgânicas do desenvolvimento da psicose talvez tenham sido uma de suas condições, necessária, mas decerto não suficiente.

Trata-se de um desenvolvimento da personalidade ou de uma modificação da personalidade? O tema do desenvolvimento é a teoria classicamente aceita na França. Ela se choca, neste caso particular, com o fato de que, na doente, houve um hiato, uma solução de continuidade, entre seu caráter anterior e seu delírio, que houve um hiato ainda mais sensível entre seu delírio e seu estado atual de cura prática. Todo o esforço do autor vai consistir agora em nos dar conta dessa *modificação*. Para ele, essa modificação no equilíbrio energético do indivíduo admite — até exige — as explicações freudianas (de quem, aliás, ele não utiliza nem a técnica nem todas as concepções). Vamos encontrar páginas muito interessantes e bem documentadas sobre a "energética freudiana", que — sob a terminologia às vezes "cômica" e freqüentemente incompreensível — é de particular importância prática e teórica. Deve-se ver aí, com efeito, uma concepção genética — e não mais arquitetônica — do desenvolvimento psíquico. É assim que o autor se crê no direito de destacar, nesses estudos, um *tipo* clínico: *a paranóia de autopunição*, cujo traço mais importante na prática é ser curável. Uma longa análise clínica, profilática e médico-legal desse tipo encerra o trabalho. Há, nessa passagem, considerações muito ricas e muito penetrantes sobre os delírios e o papel respectivo, desempenhado em sua gênese, pelas situações reativas típicas experimentadas pelo sujeito *em sua vida* e as formas conceituais próprias ao delírio (traduzindo: os distúrbios do pensamento).

À maneira de apêndice, Lacan traçou, em algumas páginas substanciais — demasiado substanciais — os princípios do método de uma ciência da personalidade. O problema das relações da psicose e da personalidade é aí examinado e dessa vez à sua verdadeira luz: aquela do determinismo dos fenômenos da personalidade, isto é, da psicogênese. Este determinismo é uma ordem de *compreensão* tal que todos os fenômenos da personalidade são ligados por relações que nos são humanamente inteligíveis. E é nos distúrbios compreensíveis que residem os distúrbios da personalidade de que depende a psicose. Logo, esta não é nem o desenvolvimento de um caráter dado, nem o resultado direto das perturbações nervosas, ela exprime na ordem dos fenômenos que constituem a personalidade (acontecimentos vividos — ideal do eu — tensão social) a introdução de um *acontecimento novo*. Ora, este acontecimento novo — *mesmo condicionado fisiologicamente* — só tem significação (e, por conseguinte, existência) se estiver em continuidade com a personalidade, mas só tem ação modificadora se representar efetivamente alguma coisa capaz de modificar a personalidade, isto é, ainda, se for ele próprio compreensível e significativo, se proceder de algum dos elementos da personalidade. É por isso que são as modificações nas relações de compreensão, isto é, os acontecimentos psíquicos, as reações totais do comportamento no decorrer da vida, que acarretam perturbações no conjunto da personalidade. O mecanismo narcísico, o comportamento narcísico são postos em primeiro plano, pois são suscetíveis de comandar certas relações novas com a realidade. Igualmente, Kretschmer mostrou que um modo de caráter "sensitivo" se organiza em função mesmo da estrutura da personalidade do indivíduo, isto é, do conjunto de suas reações vitais. Os traumas determinantes e as tendências concretas da personalidade constituem, pois, um sistema de equilíbrio que tem suas leis próprias, suas variações: é este equilíbrio que se perturba nos distúrbios da personalidade. Este distúrbio só pode se exprimir, no caso particular, por uma idéia compreensível, ou mais exatamente um comportamento total: a punição. É esta a chave da psicose.

Lacan tenta, considerando então as relações de seu tipo de paranóia com as entidades vizinhas, mostrar que na paranóia de reivindicação a fórmula de compreensão está invertida: é a punição de outrem. Para os estados paranóides, ele pensa que as relações de compreensão, à medida em que se avança no grupo, são cada vez mais recobertas pelos fenômenos de discordância, isto é, fenômenos ligados a condições orgânicas cada vez mais importantes, regressões arcaicas cada vez mais marcadas.

Tal é, em seu conjunto, a tese de Lacan, reduzida a um esqueleto de noções que não pode dar nenhuma idéia da riqueza e da sutileza das observações encontradas a cada página. Pode-se ver que o pensamento do autor — que partiu para provar o caráter de processo da paranóia — se vê constantemente solicitado por duas concepções, senão contraditórias, pelo menos muito opostas. Por um lado, trata-se de mostrar a paranóia — como ela mesma se mostra — estreitamente encaixada à personalidade. Por outro lado, essa paranóia aparece irredutível a um simples desenvolvimento hipertrófico "raciocinante" de tendências paralógicas inatas. Este é o duplo aspecto da tese, sobre o qual gostaríamos de terminar dizendo algumas palavras.

A paranóia aparece como um remanejamento da personalidade, uma mutação do Eu. Mas Lacan não pode admitir que isso seja porque os sintomas dessa paranóia sejam "moldados" por um cérebro em "curto-circuito". As páginas que ele dedica por várias vezes à crítica da teoria do automatismo mental são perfeitos resumos das objeções principais que o professor Claude e nós mesmos não cessamos de lhe dirigir. A partir daí, é a uma teoria, no fundo, psicanalítica, do processo que ele vai chegar em última análise. Os empréstimos que toma à psicanálise são, no entanto, limitados e a nosso ver muito menos importantes do que o próprio autor acredita. A concepção energética da atividade psíquica se exprime, realmente, em termos freudianos, mas se este é um de seus grandes méritos, não cremos que seja a base essencial do freudismo. Quanto à aplicação dos dados analíticos a um caso de psicose que não foi analisado, é claro que uma tal interpretação é perfeitamente aceitável, pois, nas psicoses, ao contrário das neuroses, existe um enorme material espontâneo que, como tal, se oferece à análise. Com efeito, ou bem o freudismo tem apenas o valor de convicção de uma experiência vivida entre analista e analisado, ou bem (na medida em que se oferece como doutrina) ele estabelece regras objetivas cuja aplicação é legítima em semelhante caso, a título teórico.

As concepções que Lacan defende quanto à psicopatologia dos delírios são e, principalmente, podem ser de uma importância capital. A partir, com efeito, das relações com a personalidade, e como insistia freqüentemente o professor Claude, uma nova classificação dos delírios pode ser tentada. Observamos, no entanto, que o movimento iniciado por Lacan tenderia a nada menos que a "paranoizar" a paranóia, fazendo desta um grau ligeiro das grandes formas paranóides. Talvez se devesse introduzir aí um corretivo a esta extensão, que restaurasse a dicotomia clássica entre estados paranóicos e estados paranóides: a estrutura e o valor do pensamento que nos pareceram, até aqui, bastante diferentes num e noutro caso.

Quando aos fatores "orgânicos" do delírio paranóico, sublinhamos que eles lhe pareciam uma condição necessária, mas não suficiente, à construção paranóica. Manifestam-se sob a forma de estados, cuja importância, igualmente, sublinhamos: estados psicolépticos do tipo oniróide ou psicastênico.

Mas onde nosso acordo surge com a máxima evidência — permitam-nos sublinhá-lo — é na crítica feita à noção de constituição, entendida como compleição hereditária e orgânica. O paralogismo tão freqüentemente cometido é aí denunciado com raro vigor. Do fato de que um fenômeno, um sintoma, um delírio vem da personalidade, não se pode daí inferir que venha da constituição. O trabalho de Lacan ilustra a distância que existe entre essas duas ordens de fatos. Desde que a explicação constitucionalista cessa, o espírito do psiquiatra fica cruelmente embaraçado! Mas é este embaraço que é fecundo, é ele que força à pesquisa, é a ele que devemos a magnífica análise concreta do caso "Aimée". Quando tombam as muletas da abstração, a libertação está próxima! Isto é, a apreensão concreta dos fatos da personalidade. Pois esta personalidade reduzida a puras e vagas virtualidades se torna então o que ela é verdadeiramente, plena e viva. O "conteúdo" de uma psicose, que aprendemos excessivamente a desprezar e negligenciar, aparece como o que há de mais real.

O livro de Jacques Lacan é alimentado por uma cultura excepcional. Ele é a expressão de uma inteligência privilegiada dos fatos psiquiátricos (que não substitui, aliás — temos o prazer de frisar — uma experiência inteligentemente amadurecida). Ele tem as qualidades e os defeitos de um livro escrito com ardor, com um ardor que saberá forçar a estima. Seu trabalho chegou, em muitos pontos, a um grau de maturidade que não se poderia contestar. Mas, ao lado desses pontos bem "ossificados" persistem ainda, sobretudo nos últimos capítulos, pontos "embrionários" ainda problemáticos, onde o pensamento se busca: não são os menos interessantes.

Pensamos que um leitor que aborde este livro, mesmo que com um preconceito desfavorável, reforçado ainda pela utilização de concepções insuficientemente estabelecidas no momento atual e também pelo caráter abstrato da exposição, se quis lê-lo atentamente, nele encontrará, mesmo à sua revelia, uma concepção da paranóia que poderá pesar no exame clínico de um paranóico. Não é — pensamos — um pequeno mérito o de engajar um problema (na medida mesma em que este não está "definitivamente" resolvido) numa perspectiva eficaz.

2 — Fevereiro de 1933: Annales médico-psychologiques, T. 1, nº 2, p. 230-231. Relatório de P. Guiraud.

O Sr. Lacan faz inicialmente a história crítica das psicoses paranóicas, e especialmente das formas transitórias, resumindo de maneira muito interessante as teorias alemãs contemporâneas.

Expõe em seguida suas idéias pessoais. Para ele, um grupo de psicoses paranóicas (reivindicação, autopunição) é caracterizado por uma evolução anormal da personalidade. Esta imperfeição precoce reage sobre toda a vida do sujeito, nas suas relações com a sociedade do ponto de vista afetivo e vital. A psicose não é um fato novo, uma neoplasia, mas o desenvolvimento mesmo da personalidade no meio onde ela vive. A personalidade deve ser estudada objetivamente. Os caracteres que Lacan considera "objetivos" são: 1º — A personalidade é um desenvolvimento, um progresso; nesse progresso, os acontecimentos que são os choques e as objeções da realidade têm uma influência determinante. As etapas cronológicas da personalidade não são rupturas, mas uma evolução cujos estágios sucessivos são compreensíveis pelos outros. 2º — A personalidade é uma intencionalidade, isto é, uma tendência a crer, a afirmar, a agir no presente e no futuro, sentindo que se crê, que se afirma, que se age. 3º — A personalidade é função das tensões sociais que, no estado social atual, implica a responsabilidade. As manifestações da personalidade comportam uma concepção de si mesmo mais ou menos ideal e laços de participação ética com a sociedade.

Esta personalidade assim definida "age sobre mecanismos de natureza orgânica", conscientes ou inconscientes. Agir, aqui, significa que ela organiza esses mecanismos. Grave questão, em que Lacan não se detém. Compreendemos bem que nossas impressões sensoriais, por exemplo, que nossa linguagem possa atuar sobre mecanismos nervosos, modificar os trilhamentos, chegar a fixar ali, de uma maneira ou de outra, as contribuições sucessivas do mundo exterior. Mas não somos gravadores passivos. Se nossas experiências modelam nosso cérebro, nosso cérebro as modela também. É certo, por exemplo, que a intencionalidade, no sentido de Lacan, não seja, ao contrário, o resultado da atividade de certos mecanismos nervosos que, nos casos patológicos, podem ser atingidos por imperfeição transmitida hereditariamente ou por doença exógena. Lacan não expõe a questão da origem de personalidade ou pelo menos não a discute. Admite a priori que ela parte de um estado primitivo neutro e que ela se constitui por relações de ordem psicogênica com o mundo exterior.

Este termo nos leva à definição dada pelo autor da psicogenia em psicopatologia. São psicogênicos os sintomas — físicos ou mentais, "cujas causas se exprimem em função dos mecanismos complexos da personalidade, por exemplo, quando o acontecimento causal só é determinante em função da história do sujeito; quando o sintoma reflete na sua forma um acontecimento da história psíquica do sujeito; quando o tratamento pode depender de uma modificação da situação vital correspondente". É verdade que Lacan concede que o sintoma em questão não repousa menos em bases orgânicas e às vezes em lesões notáveis. Mas, então, podemos responder: "O que é psicogênico não é o próprio sintoma primitivo, não é o distúrbio gerador, mas simplesmente sua forma, sua cor. Todos os psiquiatras admitem que os temas delirantes e seus elementos são constituídos com o psiquismo anterior do doente, mas sua causa profunda pode ser uma agressão orgânica."

Vem em seguida um capítulo onde são finamente opostas a concepção do autor e as teses caracterológica e constitucionalista. Lacan mostra que essas últimas nos fazem conhecer tipos padrão de psiquismo, se ousamos assim falar, e não de individualidades psiquicamente vivas. Conclui que "determinar, por um lado, em que medida as psicoses paranóicas na sua evolução e sua semiologia põem em jogo a personalidade, e referir, por outro lado, a psicose paranóica a uma predisposição constitucional..., são dois problemas diferentes". Sem dúvida, mas parece-nos que o segundo tende à pesquisa de causas mais profundas, ao passo que o primeiro se liga somente à forma contingente e individual de tal ou tal sintoma. Mas há mais: levado pelo interesse do estudo da personalidade, o autor nos parece esquecer sua observação tão exata, e quer tudo explicar pelo primeiro problema. Em suas conclusões, quando enumera as causas das psicoses paranóicas, faz apelo somente: 1° — a causas orgânicas determinantes simplesmente do desencadeamento dos sintomas; 2° — a conflitos vitais que determinam a estrutura e a permanência dos sintomas; 3° — a um fator patogênico (alteração da personalidade) que é a causa específica da reação pela psicose. Essa anomalia da personalidade resulta de uma fixação afetiva no estágio infantil, onde se forma o Supereu pela assimilação à personalidade das imposições parentais ou de seus substitutos. Não mais que os psicanalistas, Lacan não expõe a questão de saber por que tal indivíduo suporta mal essa crise da formação do Supereu, quando outros permanecem normais. É necessária, portanto, para explicar esse estágio essencial, começo real da doença, uma causa orgânica ou choques psíquicos de real importância. Se não, os paranóicos seriam simplesmente crianças mal-educadas na idade de dois ou três anos.

O autor baseia sua teoria numa vintena de observações clínicas: dá uma delas detalhadamente (200 páginas). É o caso Aimée, ou a Paranóia de autopunição. Nenhum resumo do caso clínico e da discussão é possível, deve-se ler o texto.

Devemos sublinhar o vigor do pensamento de Lacan e de sua convicção voluntariamente agressiva. O estilo é extremamente cuidado; ele participa ao mesmo tempo da escrita artística e da complexidade filosófica. Em nossa época de celeridade e de democracia, este não é um meio seguro de difundir suas idéias; elas ganhariam com mais simplicidade.

3 — 1934: H. Ey, Hallucinations et délire, Paris, livraria F. Alcan

*(p. 27) "A personalidade é um todo, uma continuidade. Ela é causalidade, pois seu conjunto dinâmico de tendências, o centro de indeterminação relativa que ela representa, é um sistema de forças de que dependem os sintomas, tanto quanto os traços de caráter. Este é, acreditamos, o sentido próprio da tese de nosso amigo Jacques Lacan, *La paranoïa dans ses rapports avec la personnalité*, que quis afirmar por sua parte a solidariedade de nossas concepções."[Quase a mesma indicação à p. 49].

4 — Maio, junho e julho-agosto de 1935: P. Schiff, L'évolution des idées sur la folie de persécution, conceptions psychiatrique et psychanalytique des paranoïas (Hygiène mentale, nº 5, 6, 7).

* "Esclarece-se pouco a pouco a opinião — que encontrou uma expressão muito completa na tese de Lacan — de que nossa compreensão das psicoses paranóicas será tanto melhor quando examinarmos o doente, não mais isoladamente, e sim com relação aos incidentes de sua vida, se estudarmos o comportamento social de sua pessoa, a evolução de sua sociabilidade."

* "O esquema nº II, estabelecido por Abraham e retomado por Lacan [...]". [Cf. Tese p. 258]

* "Essas considerações [as de Hesnard e Laforgue, de 1930, sobre os processos de autopunição] se aplicam particularmente bem aos paranóicos cuja reivindicação chega até a solução mortífera do conflito e Lacan designa o caso Aimée, criminosa delirante que serve de base à sua tese, como uma "paranóia de autopunição".

5 — Outubro de 1935: P. Janet, Réalisation et interprétation, Annales médico-psychologiques, T. II, nº 3.

* "O Sr. J. Lacan, na sua tese tão interessante sobre as psicoses paranóicas (1932, p. 128), observa justamente que meus estudos sobre os sentimentos dos

perseguidos se detêm no momento de abordar os fenômenos tão delicados da interpretação. Esta é uma observação exata, que eu mesmo havia feito, mas eu tinha a idéia de reservar o estudo da interpretação para examiná-la ao mesmo tempo que o delírio. Este método é um pouco fastidioso, pois a interpretação tem seu ponto de partida nos sentimentos que aparecem antes do delírio."

* "Esses autores [trata-se de M. J. Chevalier e H. Bouya — "De l'image à l'hallucination", *Journal de psychologie* de 15 de abril de 1926], que não dão nenhuma demonstração, estão muito dispostos a confundir as verdadeiras ilusões do intoxicado com as crenças do delirante. Pode-se fazer a mesma observação a propósito das representações de uma percepção passada: o Sr. Lacan fala de uma insuficiência da rememoração, que permite às imagens se transformarem (Lacan, op. cit., p. 210). Em primeiro lugar, acabamos de ver que a interpretação se apresenta nas percepções sem qualquer transformação; em seguida, não é fácil constatar essas insuficiências da rememoração." * "O Sr. Lacan dizia, assim mesmo, que não constatou nos delirantes essa falsidade primitiva do julgamento".

6 — 15 de dezembro de 1935, Gaston Ferdière, "Écrits d'aliénés", Visages du monde, *revista mensal nº 30.*

A leitura dos alienados? Não. Aí está um título que eu não podia me decidir a escrever; são duas palavras — *literatura e alienados* — que não respondem, nem uma nem outra, a noções bem precisas ou, seja como for, cujo espírito me possa satisfazer, mesmo provisoriamente: é só acolhê-las e logo, em virtude de inelutáveis tropismos e mecanismos associativos que criaram demasiadas discussões e leituras, uma quantidade de outros termos se precipitam, cavalgando, mais ou menos comodamente, pensamentos: gênio, desequilíbrio superior, inspiração, poesia ilógica, sublimação... sei lá o que mais...

Não se trata aqui de aflorar amavelmente os problemas mais delicados da psicopatologia, e sim de trazer alguns documentos da própria ganga da autenticidade, e mostrar um *rosto* dos hospícios; minha tarefa se vê simplificada: redigir, paralelamente aos textos originais, o que a gíria jornalística chama de "chapéus", apresentando com largos traços seus autores.

[...] O segundo é um fragmento do romance *Le Détracteur*, da alienada A...: "Neste vale as crianças guardam as vacas ao som das sinetas. As crianças brincam, se perdem, o som das sinetas vem chamá-las à guarda.

É mais fácil pastorear do que no outono, quando os azinhais atraem os animais, então é preciso correr, seguir os traços da lã dos cordeiros presa às sarças, as crianças buscam, emocionam-se, choram, não escutam mais o som das sinetas.

Em abril, os animais têm seus segredos, entre os arbustos a erva brinca ao vento, ela é fina, focinhos leitosos a descobrem. Que sorte! O leite será bom esta noite, vou beber um bocado, diz o cão, de língua de fora.

....

Seus cabelos são lançados para trás como a cabeleira de uma espiga de centeio, ele é como um verdadeiro vespão cor de aurora e de crespúsculo.

Este camponês é esperto. Ninguém o iguala em revirar, num piscar de olhos, um campo; ele reconhece o foiceiro pela foiçada, poda as árvores, doma os touros, faz trelas finas, acha a toca da lebre, os caminhos do javali, carrega as sacas de sementes, conhece a idade das pradarias, evita as farpas, o precipício, os atoleiros, e protege sempre as safenas de suas pernas nuas.

Ele sabe mesmo usar a pena, evitar as lesões gramaticais, ele envia seus pensamentos a A...

A primavera estendeu suas cobertas, cobertas escarlate, cobertas índigo, pálidas ou vivas, lâminas, odres, gavinhas, vasos, sinos, taças grandes como asas de besouro, os insetos vêm beber nos olhos das flores. Na sebe, a ameixeira floresce e a cerejeira balança suas coroas brancas. As lianas que a recobrem são perfuradas por lagartas dispostas em anéis ou apertadas em grupos, ladrilhos de mosaico. Sob esse emaranhado há a nota viva do coral das lesmas e dos chapeuzinhos de musgo colados às moitas, os sapos tropeçam nas folhas esbarrando em gafanhotos ou caem na erva seca, que grita como um gongo.

....

À sombra de teus cílios, como à sombra das sebes, sente-se o frescor da vereda ignorada, a lama do caminho se desfaz quando apareces, mudas mesmo a cor do tempo.

Já confiei meu segredo à nuvem que rola no vale, hálito do regato que a noite refrescou, ela nivela as colinas e galopa ao vento.

Vendo as coroas na cerejeira, achei que não te amava bastante, suas florezinhas eram brancas, eu nunca as vira tão brancas, elas esvoaçam em torno de mim como esvoaçam meus pensamentos, disse a elas meu segredo, bem como às estrelas, que o espalham pelo mundo esquecido!"

Não foi por acaso que deixei esta longa citação para o fim: não se pode deixar de ficar impressionado com o valor intrínseco dessa produção que expõe, de maneira incisiva, a série de problemas que eu evocava no começo dessas linhas; quando se a conhece (como quando se conhece, aliás, os admiráveis desenhos de doentes expostos no ano passado pelo doutor Jolowitcz), não é mais possível subscrever à conclusão clássica que ainda era corrente há alguns anos: "Entre os alienados, há sempre *esboços;* jamais se assiste à eclosão de um gênio."

Que inversão brutal na ordem dos valores cuidadosamente estabelecida! Eis que agora "*fiunt poetae* sob a vara de condão de alguma fada-psicose, e o Parnaso se transporta para o hospício — bem raramente, é verdade!"

7—1936, H. Claude e J. Lévy-Valensi, "Éléments de criminologie psychiatrique", in Précis de police scientifique, *p. 49 (citado por Silvia Helena Tendlarz, p. 13 de sua tese). Os dois autores apresentam o caso P... nos termos seguintes:*

Tentativa de assassinato contra uma atriz. Delírio de perseguição à base de interpretação. Síndrome erotomaníaca.

"P. tem 38 anos, é empregada nos correios. Delírio desde 1924. Foi internada e depois recolocada em liberdade, não curada. Interpretação de gestos, de frases, de artigos dos jornais, de cartazes, de romances.

Um romancista conhecido está apaixonado por ela, e conta a sua vida em seus romances. Ao mesmo tempo, ele tem inveja de seu talento literário e, com outros autores, furta suas produções, cujos fragmentos ela descobre em diversas publicações. Querem fazê-la desaparecer, bem como a seu filho. Uma comediante famosa, não se sabe por que, chefia o movimento. A doente vai ao teatro onde a atriz representa e golpeia-a com uma faca, atingindo-lhe a mão."

8—1938; Elio Garcia Austi, "Concepto actual de la enfermedad mental"(Revista de psiquiatria del Uruguay).

En realidad entiendo reservar el carácter sintético a aquellas concepciones que buscan de lleno la unidad original y propia a los transtornos psicopáticos, que no la infieren de constataciones secundarias sino que la alcanzan al contrario, directamente, por una especie de "immediatización" totalitaria del hecho mórbido. La concepción de la esquizofrenia en los sucesores de Bleuler, más que en Bleuler mismo, de la histeria en ciertos psico-analistas heterodoxos, de algunas formas delirantes en Blondel, de la paranoia sensitiva en Kretschmer, de ciertas formas de paranoia transitoria en Lacan, permiten alcanzar mejor que qualquier disgresión el sentido de esas comprensiones sintéticas de la enfermedad.

Ellas parecen vinculadas, reconózcanlo o no sus autores, a doctrinas o teorías que, unas en auge y otras en tren de obternelo, parecen empezar a primar en las orientaciones del pensamiento psiquiátrico contemporáneo.

LA ENFERMEDAD MENTAL CONCEBIDA COMO ANOMALIA[1] DE LA PERDONALIDAD

En la práctica profesional y en las reflexiones clínicas de cada día, los psiquiátras, o la mayoría de ellos, consideran más o menos nítidamente los transtornos mentales como perturbaciones en el comportamiento de la personalidad. Es éste último en cierto modo uno de esos conceptos banales, que se recuerdan a cada instante y se imponem por sí mismos. Sin embargo son muy pocos los que intentam aclarar el sentido de ese vocablo. Los que lo hacen se conforman en general con conceptos asimilables e las tésis de Ribot, cuyo modo de encarar las enfermedades de la personalidad y mismo de clasificarlas aceptan implicitamente. Ahora bien, esa concepción, que es el tipo de aquelas que aspiraban en el siglo pasado a un cientificismo psicológico que pretendían estricto, se presenta en verdad como una reacción extremada contra la

[1] La expresión "anomalia" es aplicada aqui en un sentido muy simple como equivalente a trastorno, alteración o perturbación parcial o general.

tendencia metafísica y teológica de la realidad substancial del alma, como lo hace notar Lalande; pero no penetra el sentido íntimo del concepto, porque en esa preocupación de eliminar todo residuo metafísico termina, como lo afirma Lacan, por "perder de vista la realidad experimental, que recubren las nociones confusas de la experiencia común y es llevado a reducirla al punto de volverla incognoscible". Ella entra por tanto, en el grupo de "esas teorías extremas de la psicología científica, donde el sujeto no es nada más que el "lugar" de uma sucesión de sensaciones, deseos e imágenes".

Yo no voy a desarrollar una crítica de la noción de personalidad, que ha sido por lo demás realizada, de modo penetrante, por Lacan. Me limitaré a decir que entiendo por personalidad la organización estructural concreta y esencial de cada hombre; aceptando en un todo como expresión de la misma caracteres objetivos que el autor citado lo confiere, y que son: "1° — Un desarrollo biográfico que se define objetivamente por una evolución típica y las relaciones de comprensión que en ese desarrollo se descubren. El se traduce para el sujeto por los modos afectivos bajo los quales vive su historia. 2° — Una concepción de sí mismo, que se define objetivamente por aptitudes vitales y el progreso dialéctico que cabe descubrir en ellas. Esa concepción de sí mesmo que se traduce para el sujeto por las imágenes más o menos "ideales" de él mismo que vienen a su conciencia. 3° — Una cierta tensión de relaciones sociales, que se definen objetivamente por la autonomía pragmática de la conducta y los lazos de participación ética que en ella se reconocen. Esa tensión se traduce para el sujeto por el valor representativo de que se siente afectado frente a otros."

Esta concepción aparta de los fundamentos de la personalidad aquellas funciones o factores psíquicos tales como el "sentimiento", "la conciencia individual" y "la memoria" que sirven de base a casi todas las definiciones corrientes.

La personalidad así concebida aparece como una estructura a múltiples dimensiones que permite desde luego la comprensión más o menos íntima de cada sujeto, y por ahí justifica su aplicación al estudio de las enfermedades mentales dentro de una perspectiva infinitamente más propícia al alcance de las realidades mórbidas, en lo que estas tienen de verdaderamente humano. Este enfoque estrutural de la personalidad permite también hacer extensivo al transtorno mismo el carácter formal, de organización evolutiva, que la singulariza.

Y esta orientación, en el sentido de estabelecer estructuras mórbidas de la personalidad y también de la enfermedad como tal, há encontrado ya algunas realizaciones promisoras, entre las cuales conviene señalar desde luego la tentativa de Birbaum para distinguir los elementos patogénicos y patoplásticos en la organización de un estado patológico qualquiera; pero más especialmente los esfuerzos realizados por algunos autores para delimitar personalidades a estructura mórbida definida, como por ejemplo, Lacan, para algunos tipos de paranoicos, que permiten esperar la individualización de formas estructuradas de las diversas modalidades de paranoia; o las tentativas de algunos afiliados al grupo de la Evolución Psiquiátrica para desprender organizaciones formales de las esquizofrenia.

9 — 15 de fevereiro de 1946: Gaston Ferdière, "L'aliénation créatrice", conferência pronunciada no centro psiquiátrico Sainte-Anne por ocasião da abertura da exposição de obras de alienados. Publicada em Folia psychiatrica, Neurologica et neurochirurgica Neerlandica.

Se tomo, como exemplo de produções paranóicas, as de Aimée, é porque esta doente já é célebre: ela tem um lugar preferencial, marcado ao mesmo tempo na história da psiquiatria e na história da literatura.

Ela foi o objeto da tese inaugural de Jacques Lacan, tese tão importante por seu volume quanto por seu conteúdo, marcando data na história das idéias psiquiátricas e das tentativas psicogenéticas da escola parisiense. Essa doente havia chamado a atenção de Lacan, a crer numa recente confissão deste, "pela significação ardorosa" e pelo valor literário de suas produções escritas; estas impressionaram um Léon-Paul Fargue, um René Crevel, um Joë Bousquet que as comentou brilhantemente nos *Cahiers d'Art*, um Paul Eluard que lhes deu lugar em sua *Poésie involontaire*... Quantos outros? Eu mesmo as utilizei muitas vezes, deplorando a cada vez os cortes e lacunas impostos pela leitura em público — como ousar mexer num texto assim tão rico e de tal densidade poética?

Devo lembrar, em apoio à tese que sustento sobre a alienação criadora, que o romance *Le Détracteur* foi escrito em oito dias, em pleno período delirante, e o estudo de Lacan voltado para os escritos de Aimée antes dessa "atmosfera de febre" (Aimée não tinha realmente a mínima predisposição!) e depois dela, permite afirmar sem ambigüidade a existência de um profundo *Stilwandel*. Lacan falou de um "momento fecundo" do delírio — e esta expressão fez fortuna. Mas fecundo, o momento o é também, indubitavelmente (e quanto!) do ponto de vista da arte e da estética, momento privilegiado onde *fiunt poetae* ao contrário do adágio clássico...

"À sombra de teus cílios, como à sombra das sebes, sente-se o frescor da vereda ignorada, a lama do caminho se desfaz quando apareces, mudas mesmo a cor do tempo.

Já confiei meu segredo à nuvem que rola no vale, hálito do regato que a noite refrescou, ela nivela as colinas e galopa ao vento.

Vendo as coroas na cerejeira, achei que não te amava bastante, suas florezinhas eram brancas, eu nunca as vira tão brancas, elas esvoaçam em torno de mim como esvoaçam meus pensamentos, disse a elas meu segredo, bem como às estrelas, que o espalharam pelo mundo esquecido!

De manhã, ao alvorecer, abro meus postigos, as árvores que vejo estão aureoladas de alabastro, a penumbra as envolve, estou emocionada: esta aurora é doce como um amor!

[.....]

Ela sonha. Um marido! Ele é um carvalho e eu um salgueiro furta-cor, que o entusiasmo do vento une e faz murmurar! Na floresta, seus ramos se cruzam, se misturam, perseguem-se nos dias de vento, as folhas amam e vibram, a chuva lhes envia os mesmos beijos.

Oh! eu sou ciumenta, se meu marido é um carvalho e eu uma cerejeira branca! Sou muito ciumenta, se ele é um carvalho e eu um salgueiro furta-cor! Na floresta em movimento, a chuva lhes envia os mesmos beijos.

Curvo-me para apanhar um gládio, encontrei um no meu caminho; é preciso conquistar o direito de amar!"

10 — 1950, Ernst Kretschmer, Der sensitive Beziehungswahn, Paranoïa et sensibilité *(trad. francesa de S. Horinson, Paris, PUF, 1963).*

O prefácio da terceira edição alemã (a segunda era de fevereiro de 1927), escrito em julho de 1949, alude explicitamente à monografia de Lacan. Entretanto, não se trata de Aimée no capítulo X, acrescentado à obra para esta terceira edição, ao passo que se aborda longamente o caso do professor Wagner.

11 — 3º trimestre de 1974: L'Arc, *nº 58, consagrado a Lacan.*

Na abertura deste número, encontram-se trechos da monografia de Aimée. São introduzidos assim: "Veremos, nestes textos fragmentários, a gênese de um *estilo* e de uma *teoria*: o fato de que ela passe pelo estilo e pela loucura de uma mulher não é o efeito de um acaso".

12 — Maio-junho de 1975: François Tosquelles, A propos de la réédition de la thèse de Jacques Lacan, Psychiatries, *nº 21.*

* "[...] sem querer dar ao trabalho de Lacan de então um valor profético, parece-nos evidente o fato de que, *atualmente*, a publicação em segunda edição da tese *faz interpretação* ao que vivemos todos juntos em 1975". * "[...] a articulação na prática de um "estar com" o psicótico constitui o passo e o compasso de todos os procedimentos de onde se pode esperar a mobilização "terapêutica" dos interessados". * "O fato de que a tese de Lacan me tenha ajudado em muito, pessoalmente, na procura de referências, na confusão de movimentos da psicopatologia tais como eu os havia vivido e encarnado, nunca o dissimulei. Talvez saibam que muitos dos "psiquistas", dentre aqueles que passaram por Saint-Alban, saíram de lá com cópias da tese em questão, esgotadas nas livrarias." * "A revisão crítica dos sistemas nosográficos internacionalmente em uso [...] de que a tese de Lacan constituía uma peça do dossiê de valor clínico considerável". * "Por outro lado, a América nos fornecia temas de reflexão a propósito dos impactos da psicanálise na clínica psiquiátrica clássica. A tese de Lacan vinha, também aqui, a propósito. E apesar da imaturidade da coisa analítica da época do primeiro Lacan, as reservas quanto às tendências culturalistas nos permitiam considerar Melaine Klein, e depois

Bion e a multidão de autores da América Latina, como uma oposição construtiva a esse culturalismo...". * "É claro que a integração dos conceitos elaborados pela prática psicanalítica na psiquiatria nos parecia, além disso, constituir a garantia para poder retirar a prática psiquiátrica dos objetivos de "proteção-exclusão" que havíamos herdado do desenvolvimento histórico da medicina médico-legal. Ainda aí, a tese de Lacan testemunha a oportunidade desse procedimento." * "[...] a tese de Lacan como um testemunho de um procedimento — o seu — que, de Janet a Sérieux e Capgras — sem esquecer os Montassut ou os Génil-Perrin e não sei quem mais — esforçava-se principalmente para apreender o movimento histórico das focalizações do conjunto problemático revelado pela clínica." * "[...] é fácil e cômodo compreender, com este autor [o da tese], os desvios do procedimento que na Alemanha e na França permitiam isolar o próprio objeto: o nascimento e os primeiros passos desta "criança" que é o grupo, de certo modo *fraterno*, das psicoses mais ou menos paranóicas. Em seguida, sua noção confrontada de "personalidade" e de "constituição", o recentramento que ela permitia dar às noções de "processo" e de "reação". Deixo tudo isso de lado para insistir na visada metodológica que o próprio Lacan diz querer ilustrar com o estudo monográfico do caso Aimée, a saber, *a noção operatória de descrição de tipos clínicos*, que somente a história da vida, a história da doença, o estudo penetrante da *estrutura* e da *significação* dos sintomas "explorados de maneira exaustiva" num doente determinado nos permitem entender. Este fio condutor da clínica, da clínica "monográfica" nos parecia — e continua a me parecer — indispensável à prática psiquiátrica." * "Lacan nos dizia, além disso, implicitamente, em sua tese, que a psiquiatria não surgia "ex nihilo" nele, nem em nenhum psiquiatra, pela inspiração divina. [...] Lacan em sua tese toma então em suas mãos a herança de seus predecessores e o terrorismo crítico nele não era de modo algum feito de denegações, de desconhecimentos, até mesmo de maledicências, nem, para dizê-lo numa só palavra, de um analfabetismo pseudo-revolucionário". * "Não esqueçamos o interesse que Lagache [...] dedicava na época à problemática diferencial entre os "processos" e as "reações". * "[...] é preciso confessar que apesar de Lagache — e aqui, também de Lacan — a separação entre a psiquiatria infantil e a psiquiatria adulta só fez progredir desde então." * "É claro, eu assinalava ao grupo de Saint-Alban que a tese de Lacan e a contribuição, geograficamente mais próxima, de Lagache, denotavam a volta da psicanálise à clínica das psicoses." * "E evocava então, quando a ocasião se me apresentava, meus próprios impasses na ordem terapêutica, principalmente os impasses da psicanálise, praticada na sua forma clássica no Instituto Père Mata em Réus, onde comecei muito jovem a praticar a psiquiatria". * "Não foi meu analista [Sandor Eiminder] quem me revelou a existência da tese de Lacan. Sua própria formação na païdo-análise levava-o sem dúvida a eludir a problemática psicótica que Lacan aborda. Foi o Doutor Salvador Vilaseca quem me falou dela pela primeira vez." * "[...] a bem nomeada por ele Aimée [...]".

13 — 1975: J.P., Évolution psychiatrique, *T. XI, fasc. 4, p. 875-876, verbete "livros".*

Na já longa história da paranóia, a tese de Jacques Lacan surgia como uma etapa importante, ao mesmo tempo um balanço aprofundado dos trabalhos anteriores das escolas alemã, francesa e italiana, e introdução de uma perspectiva nova centrada na psicopatologia da personalidade do delirante. Verdadeira irrupção de concepções freudianas num discurso psiquiátrico mecanicista e semiológico aprendido com H. Claude e G. de Clérambault, este estudo minucioso e erudito jamais fora reeditado desde 1932 (à parte algumas edições piratas mimeografadas — o que não desagradava seu autor, apesar de seus protestos superficiais). O famoso "caso Aimée", que é o seu suporte clínico e talvez seja considerado em demasia como uma paranóia essencialmente autopunitiva, o que era uma idéia em moda na escola psicanalítica parisiense dos anos trinta. Lembramo-nos ainda dos trabalhos de Laforgue e Hesnard sobre os mecanismos de autopunição e de Nacht sobre o masoquismo. Digamos, porém, que isso é tomado por Lacan com uma profundidade e uma compreensão da obra freudiana que não se encontra em seus antecessores. Mas vamos dar a ele a palavra, reproduzindo aqui a apresentação feita por ele mesmo de sua tese, em 1932.

J.P.

Segue-se então uma montagem muito estranha, onde o autor desta resenha reduz a uma página algumas frases e mesmo trechos de frases retomados do "Exposé général de nos travaux scientifiques" (p. 400 a 403 da reedição da tese). O procedimento é muito pouco usual: aqui está um texto que não é assinado por J. P. (as iniciais do anterior), nem assinável "J. Lacan" (este nome, aliás, foi posto entre parênteses). Confrontando-se este texto com as páginas acima indicadas, poder-se-á avaliar com precisão os pontos onde se manifesta mais claramente seu caráter intempestivo.

"A personalidade". Definimos por este termo o conjunto das relações funcionais especializadas que fazem a originalidade do animal-homem, aquelas que adaptam à enorme prevalência que tem em seu meio vital o meio humano, ou seja, a sociedade.

Demonstramos que a psicose paranóica só poderia ser concebida como um modo reacional da personalidade, isto é, altamente organizado, a certas situações vitais que se podem definir somente por sua significação humana, esta mesma muito elevada, ou seja, na maioria das vezes, por um conflito da consciência moral.

Sublinhamos esta gênese "reacional" da psicose que nos opõe aos teóricos da "constituição" dita paranóica, tanto quanto aos partidários de um "núcleo" da convicção delirante que seria um fenômeno "de automatismo mental". A originalidade de nosso estudo é que ele é o primeiro, pelo menos na França, onde se tenta uma interpretação exaustiva dos fenômenos mentais de um delírio típico em função da história concreta do sujeito, restituída por uma pesquisa tão completa quanto possível.

Apenas este método pode permitir definir aquilo que, na psicose, recorre ao desenvolvimento reacional da personalidade.

Um tal método permite pôr em relevo a estrutura mental anômala que caracteriza até os fenômenos elementares da psicose.

Colocamos em evidência o valor significativo dessa estrutura mental particular, reconhecendo-a como a expressão de pulsões instintivas anormais que manifesta muito tardiamente o próprio comportamento do delirante. Essa análise nos permite descrever muito mais exatamente uma forma particular de psicose que, ao mesmo tempo em que dá provas de sua autenticidade paranóica, revela-se diferente em muitos pontos da descrição clássica.

Este tipo clínico, nós o chamamos de paranóia de autopunição porque é a pulsão propriamente autopunitiva que domina, como mostramos, sua etiologia, seu desencadeamento, sua estrutura, bem como sua cura.

Uma quantidade de detalhes sintomáticos e particularidades reacionais dessas psicoses paranóicas vêem-se assim ressaltados; indiquemos somente aqui o valor altamente dramático e o alcance contagioso do crime paranóico, ligado a seu valor expressivo de um conflito eminentemente humano. Esta repercussão social dos atos e, com freqüência, do próprio delírio do paranóico (J. J. Rousseau) — valor próprio aos escritos dos delirantes, que estudamos a propósito daqueles, muito ricos, de nosso caso principal (caso Aimée) durante um longo capítulo — expõe, por si só, um problema, o da comunicabilidade do pensamento psicótico e do valor da psicose como criadora da expressão humana. (J. Lacan)

14 — 1975: Revue de psychologie et des sciences de l'éducation, *vol. 10, nº 2/3.*

A republicação de sua tese de doutorado em medicina (1932), há muito tempo impossível de se encontrar, deve ser compreendida provavelmente como uma concessão do Autor à história do movimento que ele lançou. Seu maior interesse, com efeito, é situar o pensamento de Lacan num processo que parte da contestação de teses psiquiátricas da época em direção à fenomenologia e à psicanálise, para alcançar uma contribuição teórica da maior importância. A tese compreende três partes: a primeira expõe, depois de uma definição de termos, a hipótese teórica: as psicoses paranóicas são entendidas como reações da personalidade, "*caracterizadas por sua inserção num desenvolvimento psicológico compreensível por sua dependência da concepção que o sujeito tem de si mesmo, da tensão própria a suas relações com o meio social*". Na segunda, o Autor desenvolve longamente, em apoio de sua tese, o caso Aimée. Conclui enfim com observações teóricas fundadas na psicanálise — a disciplina está então nascente na França —, e com afirmações críticas onde se encontram, na polêmica, o brilho do estilo e a originalidade do pensamento (i.e. a idéia terapêutica de que a paranóia se resolve por si mesma quando a sanção social satisfaz o desejo mórbido de autopunição). O texto, eminentemente clínico, traz um esclarecimento historicamente novo e conserva, apesar de tornar a trazer à luz discursos psiquiátricos clássicos, um interesse próprio, pois o debate sobre a psicose não está encerrado. Certamente, a formulação dos problemas e das soluções está ligada à data da redação. Mas a reticência do Autor à publicação de sua tese visaria antes aos problemas acessórios da obra (ou suas profundezas), que lhe são, e de sua pessoa, tão inseparáveis quanto misteriosos.

P. F.

15 — 1976: Actualités psychiatriques

Esta revista assinala a nova edição da tese em seu comentário, além da menção dos textos que lhe são anexos.

16 — Out./dez. 1984. O número de L'évolution psychiatrique *escolheu como tema: "Em torno de Jacques Lacan".*

Os artigos de G. Lanteri-Laura e de T. Vincent, em especial, não podem ser ignorados.

17 — Novembro-dezembro de 1986: J. Mervant, "Délire et metáphore dans les écrits d'Aimée", Bulletin de psychologie, *378, XL, 1-4.*

O autor chega a concluir por uma "estrutura neurótica dos romances de Aimée" (p. 138), logo, faz Lacan dizer o contrário do que sustentava.

18 — Abril/junho de 1988: A. Bolzinger, "Catamnèse et discussion du cas Aimée. Um délire sans psychose", L'évolution psychiatrique, *T. 53, fasc. 2, Privat, Toulouse.*

Construindo artificialmente uma oposição entre o caso de Aimée e o de Schreber, o autor vem sustentar, contra tudo o que se pode ler na tese de Lacan, que este visava, nessa obra, "desmembrar a paranóia" (p. 311) e, não menos contrariamente ao que Lacan descrevia, que o delírio de Aimée seria um "delírio sem psicose" (p. 317).

Acolhida da tese fora do campo especializado

1 — Referências mencionadas por Lacan

Em "Propos sur la causalité psychique" (pronunciado em 28 de setembro de 1946, publicado pela primeira vez em 1950, depois retomado nos *Écrits*), Lacan menciona (*Écrits*, p. 168) o fato do valor literário das produções escritas de Aimée "ter impressionado muitos escritores, de Fargue e do caro Crevel, que as leram antes de todos, a Joë Bousquet, que logo as comentou admiravelmente, a Eluard, que mais recentemente recolheu sua poesia "involuntária". Sabe-se que o nome Aimée, com que mascarei sua pessoa, é o da figura central de sua criação romanesca". Parece, pois, que Lacan teria apresentado certos escritos de Marguerite a Fargue e Crevel antes da publicação de sua tese, que Bousquet os teria lido pouco depois e Eluard mais tarde ainda.

1 — Março de 1933: Bousquet, ("Aimée", *14 rue du Dragon*, ed. Cahiers d'art).

Eis em que termos, numa carta a Stéphane Mistler datada de 10 de março de 1933, Joë Bousquet apresenta o primeiro número dessa revista, onde um texto de "Aimée" vem, na primeira página, juntar-se ao texto que lhe é dedicado por Bousquet (para um estudo aprofundado dessa vizinhança, vamos nos reportar a Danielle Arnoux, "aimée par Joë Bousquet", *Littoral* n° 33, "Lettres silencieuses", Paris, E.P.E.L., novembro de 1991):

> [...] o primeiro número de uma nova revista onde fiz publicar admiráveis textos escritos por uma louca, "Aimée". Ela está internada, separada de tudo, o que lhe inspirou essas páginas espantosas. Esta Aimée, de quem só pude citar uns poucos escritos, se via sob a forma de uma espécie de Ofélia e, de todas as heroínas de Shakespeare, esta é realmente a jovem em quem penso com mais facilidade. [Carta encontrada e citada por Danielle Arnoux, op. cit., p. 129].

Encontramos em seguida, e tais como se apresentavam ao se desdobrarem, as quatro primeiras páginas de *14 rue du Dragon*, juntamente com o texto de Joë Bousquet.

> Aimée tentou estrangular um editor, apunhalar uma dançarina. Ela era louca, e aqui estão, em toda a sua sabedoria poética, alguns dos textos que ela nos deixou. A atividade descontrolada de seu espírito a havia aprisionado na ilusão de que era razoável. Assim, inconsciente de sua inconsciência, ela se tornava o personagem, e não a organizadora da sua loucura. Logo, imagem reerguida deste desregramento de espírito provocado de que o poeta era o locatário, o usuário. Pois aquele que premedita sua inconsciência, todo o peso da atmosfera lógica se faz sentir na sua vontade de manter a atividade de seu espírito inteiramente

14 RUE DU DRAGON

N° 1

ÉDITIONS CAHIERS D'ART

MARS 1933

3F

LETTRES, ARTS, PHILOSOPHIE, DOCUMENTS, SPECTACLES, ACTUALITÉS

Sur les limites nord-est de l'Aquitaine...

Prenez ma main je vous la donne
Car depuis que je vous ai vu
Je n'aime plus Dieu de même
Je l'aime encore je l'aime mieux
Est-ce vous ou bien lui que j'aime
Sans doute vous êtes le même

Aimée.

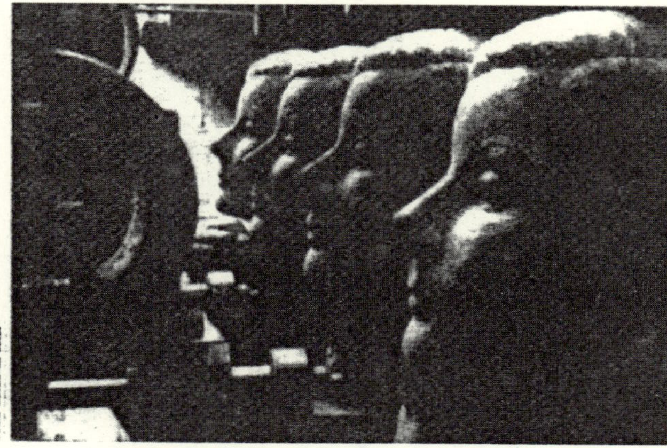

Greta Garbo en série

aimée

par JOË BOUSQUET

livre. Um texto irracional assim obtido não realizava em si mesmo a oposição ao racional; ele só era irracional em relação a um outro texto, um texto possível no lugar do qual ele estava escrito. Ora, os atos de Aimée carregam a liberdade do mundo e suprimem até o pensamento do eventual. Uma imagem do universo é escondida em sua pessoa. E tudo se nos torna mais claro.

Se soubéssemos escrever como Aimée, todo homem se tornaria, no seu poder de se exprimir, transparente ao homem; a linguagem tornaria diretamente comunicável, com a idéia, aquilo que não pode ser posto em idéias.

A linguagem contém um pouco mais de coisas que a inteligência pode analisar. Parece que à força de iluminação espiritual ela se pode carregar de um peso mais pesado de insolúvel, e fazer-se uma carne tão clara quanto ela daquilo que, intimamente ligado à vida física do homem, ali permanece embalsamado e parece dar um caráter definitivo a seu isolamento. Como no amor, onde nascidas com seu tom algumas raras palavras são, na sua simplicidade, um corpo mais verdadeiro para aquele que as pronuncia, pois já é o ser amado que as escuta. E os mitos, na claridade dos quais os homens são transparentes um ao outro, não se diria também que o olhar se volta para eles do exílio nas invenções onde a luz intelectual se reveste de cores, já que é preciso que toda a realidade secreta de um homem ali se esgote. E a "música" do poema na qual o leitor vai ao fundo das idéias e as sente como preditas em sua própria carne, é ela que faz com que este leitor diga: "e isso não é o pensamento do outro, mas o outro e, por conseguinte, eu".

Ora, basta que esta iluminação se realize e eis que o mundo exterior dela participa, despindo-se de tudo o que o faz tão diverso. Ele é atravessado por uma brisa espiritual, alma de uma coerência toda nova e cujo modelo não está em parte alguma, mas que já se cristalizava na imagem poética. "É a figura de meu porvir", dirá um; e outro: "A imaginação de minha vida eterna". Eis um mundo homogêneo, uma carne para o olhar nas coisas que ele eleva ao estado de verbo. A ciência que restabelece a noção de personalidade no plano do físico e que nada pode ver surgir de uma luz por vir, senão através da sombra lançada por um órgão, a ciência dirá — "psicose paranóica" —, sublinhando que essa psicose não está, como a demência, ligada a uma lesão; mas isso não nos interessa mais.

Falou-se mal de Aimée: "Há pessoas", diz ela, "que constroem currais para melhor me tomar por uma vaca leiteira". Ela é a carne daquilo que ela vê, que ela escuta: "Existem coisas muito vis, remotas a meu respeito que são verdadeiras, verdadeiras, verdadeiras, mas a planície está a favor do vento".

Ela deita as crianças, os pequenos adormecem tão logo os põe sobre o travesseiro. Será isso que a faz sorrir?

Ela senta por trás da janela sem lâmpada. Ah! se houvesse alguém que a amasse, que a esperasse, que desse seus olhos e seus passos por ela. "Ele só me fará perguntas se conhecer as respostas. Ele nunca terá um olhar mau, eu me reconhecerei em seu rosto, aqueles que se amam se parecem.

As fontes são tão imutáveis quando vêm do coração da terra quanto quando vêm do coração do homem."

E, sempre no mesmo manuscrito, *Le Détracteur*: "À sombra de teus cílios, como à sombra das sebes, sente-se o frescor da vereda ignorada, a lama do caminho se desfaz quando apareces, mudas mesmo a cor do tempo.

Já confiei meu segredo à nuvem que rola no vale, hálito do regato que a noite refrescou, ela nivela as colinas e galopa ao vento.

Vendo as coroas na cerejeira, achei que não te amava bastante, suas florezinhas eram brancas, eu nunca as vira tão brancas, elas esvoaçam em torno de mim como esvoaçam meus pensamentos, disse a elas meu segredo, bem como às estrelas, que o espalharam pelo mundo esquecido!"

Ela queria escrever cartas de Ofélia a Hamlet. Sim! Ofélia não era outra senão Hamlet, Ofélia cuja morte clamava no pecado materno. E seu pai, Hamlet podia chorá-lo, mas o matou na pessoa de Polônio, pai de Ofélia, a fim de trespassar nele uma imagem do Tempo que impedia sua transparência de se formar. Compraz-me pensar que esta doente o compreendeu, ela que se dizia apaixonada pelas palavras, e que sua obra nos ajudará a unir o pré-literário ao pós-literário no ato puro da invenção poética.[1]

Além do que diz sobre isso Lacan, não temos qualquer outro traço da reação de Fargue. O mesmo não se dá com Crevel. Eis o que Marguerite, via Lacan, o levou a escrever, aliás pouco tempo antes de seu suicídio:

2 — 15 de maio de 1933: René Crevel ("Notes en vue d'une psycho-dialectique", Le surréalisme au service de la révolution, *ed. Cahiers libres, nº 5, p. 48 a 52).*

Eis, inicialmente, a íntegra da passagem dessas "notas" que se relaciona diretamente com a tese de Lacan e com o caso Aimée:

O consciente, tese. O inconsciente, antítese. Quando a síntese? Puxado por um e outro lado, o indivíduo não supera seu dualismo psíquico. Não se sente ele mesmo na presença dos outros. Fica aquém ou se perde além. Errâncias fotogênicas e patéticas. Inquietações, partidas. A literatura e os literatos cultivam esses temas cujos arabescos os conduzem nos atoleiros da pieguice.

O homem que em vez de fazer a romaria fica em casa tampouco se sente ele mesmo consigo mesmo. Gostaria de se elaborar, mas, no laboratório de sua porcariazinha de vida interior, deixa-se ainda estilhaçar por mil correntes de ar.

A torre de marfim, simples fachada em semicírculo diante do público. Um equador tão sórdido quanto inexorável cortou em dois a circunferência. Caos de ventos deslizantes. Os pretensiosos falam em tempestades. Faz um efeito mais rico.

Ainda e sempre as questões.

Para o levantador de questões, pôr-se a si mesmo em questão não seria, antes de tudo, um meio, o melhor, de evitar as questões embaraçosas ou mesmo simplesmente um pouco menos propícias à boa opinião que ele insiste, custe o que custar, em guardar de si? Existe um cálculo até na muito pouco aparente economia do delírio de autopunição, o autopunidor se reservando o benefício de uma ofensiva que, se é contra ele mesmo, nem por isso deixa de lhe dar a vantagem de reduzir os outros à defensiva, a defensiva de si mesmo.

As questões bem poderiam ser comparadas aos pregos do famoso ditado. Um arranca o outro. O arrancador, mesmo e principalmente se finge distanciamento e se reduz ao estado, ao papel de incógnita algébrica, este senhor X, não precisa voltar de mãos vazias.

Por um gosto muito covarde pelo conforto, ao menos moral, o pequeno inquieto, o grande angustiado, terminam sempre por se decidir a transferir seus tormentos para a via das aspirações religiosas.

Vergonhoso pragmatismo, dos místicos e outros.

O surrealismo, pela experimentação que lhe é própria, multiplica e precisa essas correspondências genialmente entrevistas por Baudelaire, do jardim da percepção.

Que laço existe entre o pensamento, em seu momento mais desencarnado, e uma sensação, nesses minutos em que o epitélio parece bastante alegre para que não se pense em duplicá-lo por um eco? Hoje sabemos que o abstrato mais implacavelmente geométrico revela, prolonga, em toda sua energia, desejos muito concretos. A Freud cabe o mérito de havê-lo descoberto.

---

[1] Trechos do romance *Le Détracteur* — obra de uma louca — incorporado ao livro de Jacques Lacan sobre as psicoses paranóicas.

Determinismo complexo, complexo determinante. Soma, ou melhor, resultante de tantos determinismos quantos o determinado, por sua vez, determina.

Em que medida e como esses determinismos se determinam, um ao outro, se põem de acordo ou entram em conflito?

As respostas nos serão dadas pela ciência ainda nascente da personalidade, para cujo progresso não deixa de haver amplamente contribuído a muito recente tese do Dr. Lacan: *De la psychose paranoïaque dans ses rapports avec la personnalité.*

Numa primeira parte dedicada à posição teórica e dogmática do problema, Lacan diferencia, a fim de melhor conhecer suas relações, o que foi subjetivamente experimentado e o que pode ser objetivamente constatado. Comumente, ou bem o subjetivo-introspectivo caía nas armadilhas metafísicas, ou bem o observador que se diz objetivo, a pretexto de psicologia científica, reduzia o sujeito ao estado de um barbante, condenando-o a nada mais ser que o lugar de uma sucessão de sensações, de desejos e de imagens. Na verdade, trata-se de esclarecer tanto o dentro quanto o fora. Não é preciso, em absoluto, optar por uma luz contra uma outra, pois não há muitos raios de uma e de outra contra essa obscuridade feita há tanto tempo no centro e em torno de um problema vital. Os dados deste problema vão-se encontrar, falando propriamente, não formulados mas agitados em todos os seus detalhes instáveis por ocasião da psicose paranóica, que afeta toda a personalidade, prolonga-a, desenvolve-a, serve-lhe de espelho deformador e precisador. Graças a este microscópio muito sensível, vamos constatar a interdependência dos fenômenos internos e externos.

A segunda parte da tese do Dr. Lacan é dedicada ao estudo de um caso-tipo de paranóia de autopunição.

A doente, Aimée, foi presa depois de haver tentado apunhalar uma atriz conhecida. Anteriormente, ela havia tentado estrangular um editor que não quisera publicar seus romances, cujas passagens citadas são de extremo interesse, inicialmente, porque permitem compreender ao vivo certos traços de seu caráter, os complexos afetivos e as imagens mentais que a habitam. Mas, principalmente, a verve, o aspecto grande e sutil de seus escritos testemunham um valor poético bastante intransigente para que não possa senão exagerar o desacordo inicial entre a criatura e o mundo que ela julga detestável o suficiente para querer recriá-lo.

Sabe-se em que lucros financeiros e de sucesso os literatos profissionais convertem este desacordo inicial, indispensável à menor inspiração. Aimée não se detém, não se acomoda no caminho. Ela vai até um admirável estado convulsivo enlouquecido, enlouquecedor. Seus impulsos se chocam contra um bloco abominavelmente incompreensivo. Suas necessidades de solidariedade moral, intelectual, foram ridicularizadas em todas as esquinas. Ela acreditou "dever ir aos homens". Ela procurou satisfazer "a grande curiosidade que sentia sobre os pensamentos deles". Mas os pensamentos desses passantes arrastaram-na a hotéis mal freqüentados onde lhe foi necessário decidir-se, de boa ou má vontade. Esta mulher é um levedo que fermenta condenado a si mesmo. Sua cólera abrasa os tesouros moventes das profundezas. Na superfície, é maré baixa. Ei-la só, abandonada numa praia deserta, no silêncio mortal de uma vida, de toda uma vida à beira de uma atividade cujo livre exercício é praticamente interditado ao duplo proletariado das mulheres do povo, porque mulheres, porque do povo.

Aimée, amada. Derrisão do nome, trocadilho do destino. Ela se sentia com forças para fazer erguer os homens. Os homens acreditaram que ela só queria levantá-los. Ela sonha ser recebida como rapaz. Ela quer amar uma mulher, ela quer se amar. Será a tendência homossexual que decide a infelicidade, ou a infelicidade a tendência homossexual? Antes de golpear a si mesma na pessoa de uma atriz conhecida, seu ideal, Aimée esboçou um gesto homicida diante do editor que não lhe deu a possibilidade de fazer-se ouvir.

"Ela quer fazer com que falem dela", dirá o policial que a conduz à delegacia, depois do atentado. "Psicologia de sargento de aldeia", vai constatar desdenhosamente, e com justiça, Aimée.

No caso de um exibicionismo sexual ou assassino, como julgar sem se reportar ao recalque que está em sua origem? A beleza de certos atentados ao pudor ou à vida é que eles acusam, com toda sua violência, a monstruosidade das leis, as imposições que fazem os monstros.

A vítima que aceita ser vítima, a mártir, tem na vida uma repugnante atitude de cadáver ambulante. É a morte. É a degradação da energia, a única, a verdadeira, no sentido mais precisamente científico do termo.

A natureza da cura nos fixa na natureza da doença; quando o autor nos fala das curas espontâneas que não o são realmente, que não o são em absoluto, já que elas *sobrevêm em seguida a uma resolução dos conflitos geradores e dependem também eventualmente de todas as condições exteriores de natureza a atenuar esse conflito, mudanças de meio, principalmente*, eis-nos fixados no caráter geral, social das psicoses que pareciam as mais particulares, as mais hermeticamente individuais, na sua expressão, e nas suas causas primeiras e últimas.

Cura por satisfação da pulsão autopunitiva.

Virtude curativa do trauma moral, do choque e da doença orgânica.

Mas a própria doença orgânica não satisfaz a pulsão autopunitiva? E não é, aliás, uma inconsciente autopunição que decidiu sobre ela, em muitos casos? Para aquele que procurou, obteve as condições materiais da doença, essa doença do físico será a chance de cura da doença moral. Por não haver aprofundado o exame clínico de certos casos-tipos, como Lacan fez no de Aimée, por não haver situado socialmente seus doentes, ou melhor, tal e tal família de tal ou tal de seus doentes (já que o doente havia sido tão pertinentemente situado em sua família), por não haver estudado as relações de tal família particular com a sociedade em geral e, assim, mais ou menos deformados pela conivência com os parentes ou em reação contra eles, as relações entre o indivíduo e sua espécie, a psicanálise, ou melhor, os psicanalistas não deram o que se podia deles esperar de direito.

A ciência materialista, para sua psicodialética, necessita monografias detalhadas, precisas, completas.

Se não?

Se não, será a recaída num materialismo mecânico de que o próprio Freud parece singularmente ameaçado quando, falando de um homossexual afetado por tuberculose dos testículos, constata, sem emitir a mínima visão psicanalítica, que depois da retirada de um testículo críptico, o homossexual em questão se comportou como homem, dirigindo sua libido para a mulher.

Entretanto, do ponto de vista psicanalítico, o estudo preciso de uma tuberculose testicular, o exame psicoclínico daquele que está afetado por ela se arriscaria a nos ensinar mais do que todas as tão pouco concretas hipóteses formuladas a propósito do banquete totêmico.

Depois de uma severa crítica de Freud, discutindo com Einstein as razões da guerra, Crevel conclui suas notas com um apelo dirigido a Lacan: "Ele [Freud] está cansado demais para se apegar aos seus bibelôs. Vamos desculpá-lo. Mas que jovem psicanalista irá assumir a palavra?"

Quanto à reação de Eluard, ela parece haver impressionado ainda mais Lacan: é ela, e apenas ela, que ele menciona em 1966 quando fala do caso Aimée em "De nos antécédents" (*Écrits*, p. 66).

3 — 1942: Paul Eluard, "Poésie involontaire et poésie intentionelle", livreto editado por Seghers Poésie 42. Retomado em Paul Eluard, Oeuvres Complètes, *La Pléiade, Gallimard.*

Na apresentação dos textos que nos propõe, Eluard começa por afirmar que "os verdadeiros poetas jamais acreditaram que a poesia lhes pertencesse propriamente". Lê-se também: "Inúteis, loucos, malditos aqueles que revelam, reproduzem, interpretam a humilde voz que se lamenta ou que canta na multidão, sem saber que ela é sublime. *Hélas,* não, a poesia pessoal ainda não chegou a seu tempo. Mas, ao menos, compreendemos bem que nada pôde romper o frágil fio da poesia impessoal." Assim, Eluard optou por apresentar em conjunto, uma página respondendo a outra, no seu reverso, o que a seu ver se origina da poesia involuntária e da poesia intencional. Reproduzimos aqui o que ele selecionou dos escritos de Marguerite, com o seu correspondente a título de poesia intencional.

POESIA INVOLUNTÁRIA

Oh! Eu sou ciumenta, se meu marido é um carvalho e eu uma cerejeira branca! Sou muito ciumenta, se ele é um carvalho e eu um salgueiro furta-cor! Na floresta em movimento, a chuva lhes envia os mesmos beijos. Curvo-me para apanhar um gládio, encontrei um no meu caminho; é preciso conquistar o direito de amar!

Nos cavos, durante o inverno de geada, as meninas de escola tremem com suas boquinhas fazendo um ruído soberbo, doce. Eu as estendo sobre dez centímetros de neve florida, seus corpos, seus braços deixam um molde em cruz, os dedos redondos, e seus cabelos de linhas harmônicas em todos os sentidos, elas se levantam sem ajuda dos cotovelos, esticando os joelhos, aquecidas, felizes, não sentem mais frio durante o dia. Ah! não há nada melhor do que tocar violino, no inverno.

... Conheço todas as pedras do meu país, as azuis, as brancas, as castanhas: são minhas amigas, eu lhes falo. Ó que você faz aí?

... Gostaria que me dissessem que sou bonito como uma pedra na água, ó minhas amigas pedras, não esqueçam minhas orações!

Eles (os poetas) me matam em efígie e os bandidos matam: eles cortam em pedaços e os bandidos cortam em pedaços, eles fazem segredos e os povos fazem segredos.

Aqueles que lêem os livros não são tão burros quanto os que os fazem, eles lhes acrescentam.

Citado por Lacan

POESIA INTENCIONAL

O pequeno Édouard Maisonnet
Vive na sua casinha
Ele pesca os peixinhos
De seu amigo, o ferreiro.

Philippe Soupault.

Mulheres muito belas atravessavam um rio aos gritos. Um homem, caminhando sobre a água, tomou pela mão uma jovem e acotovelou uma outra.

Max Ernst

Os ferreiros cinzentos, pretos ou vulcânicos, rodopiaram no ar acima das forjas e forjaram coroas tanto maiores quanto mais alto se elevaram.

Max Ernst

Um frango passeia de um lado para outro numa tabaqueira
Que é uma sepultura muito conveniente
Para uma escova de brilho.
Benjamin Péret

Ah! que suavidade, meu papa (amigo) Era como uma fina (dança) nova e tudo afinava (dançava) em mim. Eu nunca teria soquetado (imaginado) isso. E lhe asseguro de que agora está tudo acabado com as calças (as mulheres). Você não sabe! Você não sabe!

Depois disso, o queimador (sol) desapareceu num crescente (árvore).

Benjamin Péret *

POÉSIE INVOLONTAIRE

Oh ! je suis jalouse si mon mari est un chêne et moi un cerisier blanc ! Je suis très jalouse s´il est un chêne et moi un saule changeant ! Dans la forêt mouvante, la pluie leur envoie les mêmes baisers. Je me courbe pour prendre un glaive, j´en ai trouvé un sur mon chemin ; il faut conquérir le droit d´aimer.

...Dans les creux, par l´hiver givré, les écolières tremblent de toutes leurs petites bouches avec un bruit superbe, doux. Je les étends sur dix centimètres de neige fleurie, leur corps, leurs bras laissent un moulage en croix, les doigts ronds, et leurs cheveux des lignes harmoniques en tous sens, elles se relèvent sans leurs coudes en raidissant la noix du genou, réchauffés, heureuses, elles n´ont plus froid de la journée. Ah ! il n´y a rien de meilleur que de violoner dans la neige en hiver.

...Je connais toutes les pierres de mon pays, les bleues, les blanches, les brunes : ce sont mes amies, je leur parle. Que faistu là ?

...Je voudrais qu´on dise que je suis joli comme une pierre dans l´eau, ô mes amies les pierres, n´oubliez pas mes oraisons !

Ils [les poètes] me tuent en effigie et les bandits tuent: ils coupent en morceaux et les bandits coupent en morceaux, ils font des secrets et les peuples font des secrets.

...Ceux qui lisent les livres ne sont pas si bêtes que ceux qui les font, il y en ajoutent.

Citado por Lacan.

POÉSIE INTENTIONNELLE

Le petit Édouard Maisonnet
Vit dans sa petite maison
Il pêche les poisonnets
De son ami le forgeron.
Philippe Soupault.

Des femmes fort belles traversèrent une rivière en criant. Un homme, marchant sur l´eau, prit par la main une jeune fille et en bouscula une autre.
Max Ernst.

Les forgerons gris, noirs ou volcaniques, tournoieront dans l´air au-dessus des forges et forgeront des couronnes d´autant plus larges qu´ils s´élèveront plus haut.
Max Ernst.

Un poulet se proméne de long en large dans une tabatière

*Traduzidos livremente, os trechos acima foram também aqui reproduzidos no original a fim de que o leitor possa apreciar o ritmo e a sonoridade. (NT)

Qui est une sépulture très convenable
Pour une brosse à reluire.
Benjamin Péret.

Ah ! quelle douceur, mon pope (*ami*) C'était comme une mince (*danse*) nouvelle et tout minçait (*dansait*) en moi. Jamais je n'aurais douillé (*imaginé*) cela. Et je t'assure que maintenant c'est bien fini avec les culottes (*femmes*). Tu ne sais pas ! Tu ne sais pas !

Après cela le brûleur (*soleil*) disparut dans un poussant (*arbre*).
Benjamin Péret.

II — Outras referências

4 — 1933: Salvador Dali ("Interprétation paranoïaque-critique de l'image obsédante "L'Angelus" de Millet". Le minotaure, *I, 1933: reed. Skira, vol. 1, p. 10)*

O artigo de S. Dali se deixa inscrever nessa corrente que, com Alexius Meinong, denuncia o "preconceito inveterado em favor da realidade". Em Dali, vai-se tratar de "contribuir para o descrédito total do mundo da realidade". Com este artigo, ele vai resolver o antagonismo que lhe aparecia entre dois tipos de "confusões", termo que, em sua escrita, nada tem de pejorativo, já que se trata "por um lado [d]a confusão passiva do automatismo, por outro, [d]a confusão ativa e sistemática ilustrada pelo fenômeno paranóico". O verdadeiro automatismo não se origina "dessa miopia analítica, que leva a considerar o automatismo como um fim em si, imóvel, tomado como entidade abstrata, nutrindo-se de suas próprias cinzas, sem comunicação com o real"; e Dali começa por lançar suas flechas contra todos os "agentes provocadores" do pensamento realista: o "pequeno princípio de contradição", as "nostalgias acabadas de localizações espaciais e temporais", "a ligeira secreção de merda da "causalidade" mole e lamentável", "o estado lamentável em que encontramos as noções fundamentais do pensamento lógico" — todos temas que serão axiais no ensinamento de Lacan. O verdadeiro automatismo, descoberto pelos surrealistas, é "a tentativa mais sensacional de todos os tempos visando atingir a liberdade do espírito". Mas como conciliar essa necessária "capitulação a [este] automatismo" com a atividade criadora? É aqui que a paranóia, segundo Lacan, se verifica vir a Dali como um anel para o dedo. A paranóia, caso principal de "irracionalidade concreta", "se apresenta a nós como um desses "contágios líricos sem remédio" que, na sua propagação catastrófica, permitem revelar todos os fascinantes estigmas de um verdadeiro vício da inteligência". Dali leva em conta, aqui, Lacan como *propagador* da paranóia de Aimée, em conformidade com nossa interpretação do caso como loucura a dois.

O grande achado de Lacan, em oposição à falsa descrição de Sérieux e Capgras, de Génil-Perrin [acrescentamos: igualmente de Clérambault] reside no seguinte: ele afirma que não há necessidade de se aprisionar o pensamento "por um sistema ou raciocínio intervindo *a posteriori*". Na paranóia, o fato sistemático se verifica consubstancial ao fato: "[...] é preciso ver no sistema uma conseqüência do próprio desenvolvimento das idéias delirantes, estas idéias, delirantes no momento em que se produzem, apresentando-se como *já* sistematizadas."

Depois deste lembrete da problemática de Dali, damos agora, na íntegra, o texto que menciona a tese de Lacan:

"Em oposição a novas intervenções racionais coercitivas de natureza a fazer supor qualquer outra intervenção da idéia de sistematização sobre os conteúdos delirantes, a consideração do mecanismo paranóico como força e poder agindo na base mesma do fenômeno da personalidade, de seu caráter "homogêneo", "total", "súbito", de suas características de "permanência", de "crescimento", de "produtividade" inerentes ao fato sistemático só faz confirmar-se de maneira rigorosa à leitura da admirável tese de Jacques Lacan: *De la psychose paranoïaque dans ses rapports avec la personnalité.* É a ela que devemos, pela primeira vez, uma idéia homogênea e total do fenômeno, fora das misérias mecanicistas onde se atola a psiquiatria corrente. Seu autor se ergue especialmente contra as idéias gerais das teorias constitucionalistas que beiram o abstrato, segundo as quais a sistematização se elaboraria, só-depois, pela continuação do desenvolvimento de fatores constitucionais muito vagos, o que contribui para criar os equívocos grosseiros da "loucura raciocinante". Esta última noção, anulando a essência concreta e realmente fenomenológica do problema, faz ainda ressaltar, por seu estatismo unilateral, toda a deslumbrante significação dialética do processo paranóico, que nesta ocasião não pode deixar de nos aparecer como eminentemente exemplar. A obra de Lacan dá conta, perfeitamente, da hiperacuidade objetiva e "comunicável" do fenômeno, graças à qual o delírio assume este caráter tangível e impossível de se contradizer que o situa nos próprios antípodas da estereotipia do automatismo e do sonho. Longe de constituir um elemento passivo propício à interpretação e apto à intervenção como estes, o delírio paranóico já constitui em si mesmo uma forma de interpretação. É precisamente este elemento ativo nascido da "presença sistemática" que, para além das considerações gerais precedentes, intervém como princípio dessa contradição em que reside para mim o drama poético do surrealismo. Esta contradição não pode encontrar sua melhor conciliação dialética senão nas idéias novas que surgem sobre a paranóia, e segundo as quais o delírio surgiria *todo sistematizado*".

Já apresentamos (cf. cap. 13) o que aparece então a Dali como representando o outro exemplo imediato e tão persuasivo quanto o caso Aimée daquilo que ele acaba de desenvolver ("rosto paranóico", "comunicação" de S. Dali in *Le surréalisme au service de la révolution*, nº 3, dez. 1931, p. 40).

> Em seguida a um estudo, durante o qual me havia obcecado uma longa reflexão sobre os rostos de Picasso e particularmente os da época negra, busco um endereço num monte de papéis e de repente fico impressionado pela reprodução de um rosto que acredito ser de Picasso, rosto absolutamente desconhecido.
> De súbito, este rosto se apaga e me dou conta da ilusão (?). A análise da imagem paranóica em questão vale para que eu reencontre, por uma interpretação simbólica, todas as idéias que haviam precedido a visão da imagem.

5 — Setembro de 1933: Jean Bernier ("Compte rendu de lecture", La critique sociale *nº 9, Librairie des sciences politiques et sociales, p. 138-140)*

Sabemos que as diversas formas da alienação mental se dividem tradicionalmente em dois grupos: o das demências e o das psicoses.

Ao grupo das demências ligou-se o critério de um déficit na capacidade em correlação com uma lesão orgânica. Ao contrário, a fenomenologia das psicoses mostra que, na ausência de um déficit revelado pelos "testes" de capacidade e na ausência de uma lesão orgânica, existem distúrbios mentais relacionados, não mais diretamente à fisiologia, mas a esta síntese dita "psíquica" que se chama comumente de personalidade.

Loucura, insânia, paranóia, delírio parcial, discordância, esquizofrenia... os termos correntes ou técnicos que foram usados, sucessiva ou concomitantemente para qualificar as psicoses deixaram subsistir quase que integralmente, até muito pouco tempo atrás, e à falta de uma concepção adequada da personalidade, o enigma complexo que recobrem e que se objetiva, com freqüência, de maneira tão trágica.

A tarefa que a presente tese se propõe (com uma ambição que os trabalhos psicanalíticos tornam um tanto anacrônica, embora ela seja fundamentada, relativamente à ignorância crassa de que ainda testemunha a psiquiatria francesa oficial) é de contribuir para a elucidação deste enigma, destacando as bases de uma ciência moderna da personalidade.

Digamos, desde logo, dirigindo-nos ao leitor não especialista, que as formas mórbidas típicas da paranóia (como todos os mecanismos "psíquicos", os mecanismos paranóicos têm formas normais e formas tipicamente patológicas, estas diferindo daquelas de maneira apenas contingente) são mais comumente descritas conforme seu conteúdo, como mania de grandeza, mania de perseguição, erotomania e mania de ciúmes. Concebe-se, pois, a enorme importância social — abstração feita do interesse psicológico e filosófico — que reveste o problema da elucidação da paranóia, criadora incansável de ocorrências sangrentas e particularmente "inexplicáveis", tais como os atos homicidas das irmãs Papin, ou os do "monstro" Delaffet.

Enquanto o estudo dos fenômenos da personalidade se fazia — como ainda é de regra — sob o duplo signo dos preconceitos animistas que estão na base da nossa cultura e de nossa linguagem, e dos preconceitos auto-proclamados "organicistas" (herdados do materialismo mecanicista do Século XVIII) que estão na base da psiquiatria dita moderna, o enigma exposto pela paranóia podia parecer insolúvel. Fosse porque ela estava envolvida pelo conceito de uma pseudo-"constituição" paranóica (enfermidade mental, alteração congênita das "faculdades") que poderia, decerto, ter fornecido a La Bruyère matéria para um "caráter" dos mais bem-sucedidos, fosse porque ela se esgotava, segundo o esquema mecanicista, em reduzir os distúrbios psíquicos à degenerescência ou a um puro e simples decalque dos distúrbios orgânicos desconhecidos, fosse ainda porque ela combinava as duas maneiras de fazer, a investigação se sufocava na metafísica.

Desses trabalhos, de que hoje praticamente subsiste apenas um estoque de observações clínicas, às vezes notáveis, que serviram e podem ainda servir de base para progressos ulteriores, o autor da presente tese faz um histórico bastante fastidioso.

Em contrapartida, é com razão, e não sem coragem, dado o caráter oficial de sua atividade, que ele põe em relevo a orientação fecunda e inteiramente nova que a psiquiatria alemã (com Bleuler em primeiríssimo lugar) deveria dar às pesquisas no começo do Século XX.

Considerando os fenômenos paranóicos como reações do doente a situações vitais particulares (sob o triplo ponto de vistas da biologia, da sociologia e da psicologia), Bleuler abriu, com efeito, a via por onde deveria e deve passar a elucidação do enigma.

Sua frase célebre: "Não existe paranóia, existem somente paranóicos", superava pela primeira vez os sintomas (e principalmente o delírio interpretativo), nos quais, tomando os efeitos pelas causas, esbarravam as pesquisas e as explicações anteriores. Pela primeira vez, a paranóia não mais era abordada sob o ângulo metafísico, verdadeiramente molieresco, da "constituição" — ainda caro à escola francesa — mas, sistematicamente, sob aquele do devir histórico real do doente, sob o ângulo de sua personalidade material, isto é, biológica, social e biopsíquica.

Kraepelin ("O delírio de grandeza é a trama prosseguida na idade madura dos altos vôos dos tempos da juventude"); Kretschmer, com sua concepção biológico-psicogênica da gênese da paranóia: hereditariedade e esgotamento nervoso, caráter (sensitivo), experiência traumática de humilhação (*erlebnis*), meio social opressor, e sua proposição: "A experiência patógena com a situação vital que a subtende é tudo". Kehrer, enfim, insistindo na importância (em detrimento do "caráter") da reação de comportamento específica a conflitos vitais típicos, progrediam em certa medida na via trilhada por Bleuler.

Entretanto, as contas da metafísica constitucionalista ainda estavam longe de serem acertadas.

De onde provinha a "disposição deficiente", base da concepção kraepeliniana? De onde vinha, igualmente, o "caráter" (o famoso "caráter sensitivo" engendrando fundamentalmente o "delírio de relação" tão magistralmente descrito por Kretschmer)?

Que instâncias presidiam, enfim, às reações do paranóico tais como Bleuler e, após ele, Kehrer, as conceberam?

Somente a psicanálise, que trabalhava à margem da psiquiatria e na maioria das vezes em luta aberta contra ela, deveria penetrar nessas profundezas, e mostrar, em conformidade com a intuição geral de Bleuler (aliás, tendo em vista os trabalhos de Freud e tomando-os com freqüência), que a paranóia, longe de ser uma doença constitucional, uma entidade nosológica orgânica ou mental, não passa, com toda a probabilidade, de uma anomalia funcional da personalidade total de um indivíduo que, colocado em condições biológicas e sociais dadas, e dadas, por outro lado, as experiências vitais anteriores, reage *economicamente* sob o modo dito paranóico (como teria podido, em outras condições, reagir sob um modo inteiramente outro: erótico, místico, artístico, cívico, etc...) aos conflitos libidino-sociais (logo, ético-sociais) que, para ele como para qualquer outro, constituem até hoje, a partir de um certo grau de segurança alimentar e de conforto, a essência da condição humana.

Desde 1908, com efeito, Freud e Abraham, estendendo a certas psicoses (principalmente à demência precoce) o esquema psicanalítico da etiologia das neuroses de transferência [disposição por fixação da libido (constituição sexual, acontecimentos da vida pré-histórica + acontecimentos da vida infantil) + acontecimento acidental (traumático) = neurose], lançavam as bases da concepção narcísica que a descoberta por Freud dos processos de autopunição e sua elaboração da dialética do *superego* dotavam de uma fecundidade cujos efeitos em psiquiatria — principalmente no que se refere à paranóia — começavam apenas a se fazer sentir.

Não se poderia tratar, dentro das limitações deste artigo, de fazer da paranóia, tal como esta pode ser concebida depois dos trabalhos recentes de Freud e seus discípulos, isto é, em função de uma certa fixação evolutiva da libido, um esboço que pusesse em causa toda a teoria freudiana do devir libidinal, com suas fixações, seus recalcamentos, suas regressões e suas sublimações, em suma, sua dialética extremamente complexa que tende, cada vez mais, a dar conta da vida mental, pataológica ou não, sob o ângulo essencialmente econômico do investimento (sucessivo, simultâneo, contraditório) por um lado entre o sujeito e o mundo exterior, por outro lado, no próprio sujeito, em detrimento ou em benefício do *eu*, entre as pulsões cegas de *si* e as instâncias ético-sociais repressivas do *supereu*.

Vamos nos limitar, nesse sentido, a referir o leitor às fontes e à presente tese, bibliograficamente muito completa.

Igualmente, vamos nos abster de desenvolver, numa discussão que só poderia interessar a alguns raros especialistas, as objeções, sobretudo formais, portanto secundárias, que teríamos a apresentar ao autor sobre a falta de nitidez, até mesmo sobre o caráter contraditório de algumas de suas idéias, relativas à "psicogenia", à libido e ao "caráter psicastênico". Mesmo nessas matérias, aliás, a orientação não duvidosa e o conteúdo de seu pensamento só podem nos satisfazer, e vêm reforçar as posições que defendemos nesta revista (posições sobre as quais, em muitas ocasiões, chamamos a sua atenção), sublinhando sistematicamente a importância do papel desempenhado pela realidade social no determinismo complexo da vida mental, logo, da personalidade.

Em contrapartida, vamos chamar sua atenção para a grave lacuna que afeta a análise, sob certos aspectos tão adiantada, embora humanamente suavizada por um conformismo burguês (casamento, família) estranhamento maciço, que ele faz do caso, que apóia sua tese, da paranóica assassina Aimée X. É que, com efeito, a falta de referências à sexualidade infantil e púbere da doente — *quid* do onanismo, por exemplo? — dá a suas conclusões sobre o papel do fator homossexual na etiologia da paranóia em geral (papel descoberto e tão finamente valorizado por Freud) este aspecto escolástico e essa incerteza que caracterizam tantos dos auto-proclamados trabalhos psicanalíticos contemporâneos.

De uma maneira geral, a tese do Dr. Lacan que, decerto, em nada inova quanto às concepções freudianas na matéria, tem o mérito, a nosso ver não negligenciável, além da abertura de espírito de que ela testemunha e do volume ideológico que desloca, de insistir de forma muito feliz nos dados sociais da personalidade normal ou patológica revelados pela psicanálise, e na sua importância na etiologia de psicoses tais como a paranóia.

Não é sem uma viva satisfação que vemos assim um jovem representante da nossa muito burguesa psiquiatria ilustrar a concepção marxista da personalidade humana e mostrar que na psiquiatria, como na psicologia e em todas as ciências que têm o homem por objeto, tudo leva atualmente a fundar novamente e a enriquecer o humanismo realista (biologicamente, economicamente, sociologicamente realista) em nome do qual o materialismo histórico declarou a guerra à civilização burguesa.

É claro que o Dr. Lacan parece, à leitura, estar ainda longe de suspeitar onde suas idéias podem e devem levá-lo. O questionamento repetido que ele faz das condições sociais da personalidade, sua insistência em sublinhar (notadamente em judiciosos desenvolvimentos sobre a etiologia infantil da paranóia e a importância revestida na espécie, em muitas situações familiares, do contágio afetivo) a ação verdadeiramente patógena exercida pelos quadros sociais e morais tradicionais, não se erguem, nele, até a denúncia racional que se impõe a nosso ver.

Não o censuraríamos muito — levando-se em conta o inacabado de seu pensamento ainda em plena evolução, bem como a prudência diplomática a que ele pode ter sido aqui obrigado — se a atitude quase "objetiva" que ele mantém diante da barbárie de nossos costumes não o induzisse — do mais estrito ponto de vista profissional e científico — a limitar embaraçosamente seus horizontes.

É um fato que sua tese, muito rica quanto a tudo que diz respeito à etiologia da paranóia, confina a indigência no que toca à terapêutica (este fim, e ao mesmo tempo este meio da atividade psiquiátrica). Um recurso evidente à psicanálise (deploravelmente pouco eficaz — e com razão! — nas afecções narcísicas); afirmações incidentais como "o casamento deve ser desaconselhado" e "que seria desejável que os paranóicos fossem enquadrados numa comunidade laboriosa à qual os ligaria um dever abstrato" (a integração a uma comunidade de natureza religiosa sendo considerada como "a solução ideal"), essas indicações terapêuticas que refletem a importância quase completa da psiquiatria contemporânea diante das psicoses fazem triste figura quando se as compara aos esforços desenvolvidos pelo autor na parte teórica e doutrinária de seu trabalho.

Não desconhecemos, em absoluto, as dificuldades do problema exposto e não temos, nós mesmos — nem é preciso dizê-lo! —, nenhuma solução pronta ao dispor do Dr. Lacan. Parece, no entanto, que se o autor da presente tese houvesse tirado de suas premissas etiológicas as conclusões terapêuticas doutrinárias que nos parecem daí decorrer logicamente essa decepção nos teria sido evitada. Fato psiquiátrico da maior importância, ele teria sido levado assim a formular os princípios de uma introdução à profilaxia da paranóia (sem falar das outras psicoses) que, como todas as terapêuticas preventivas, atacaria as próprias fontes do mal, em vez de abordá-lo objetivamente em seus efeitos.

Aliás, é notável que, mesmo do ponto de vista terapêutico corrente, a melhora de Aimée, quando "longe dos conflitos de seu lar" ela podia educar em paz seu filho, assim como, ao contrário, o agravamento de seu estado (uma tentativa de assassinato) quando os seus rejeitaram brutalmente sua exigência de divórcio (peripécias tão altamente significativas que o autor se limita a relatá-las) não tenham incitado este último a se orientar claramente em direção à subversão dessas famosas condições sociais e morais, à demonstração da importância genética e patógena das quais ele havia dedicado tanto cuidado.

Isto teria equivalido, é verdade, depois de haver insistido tão escandalosamente na importância do "social" na etiologia das psicoses, a introduzir na "medicina da alma", como princípio profilático, o insuportável espectro da revolução socialista, única capaz de romper os quadros patógenos reconhecidos (família, tabus, opressão e exploração de todos os tipos) e de enquadrar, por outro lado, todos os homens (candidatos ou não à paranóia) "numa comunidade laboriosa à qual os ligaria um dever abstrato" (ao mesmo tempo, acrescentamos, que todos os tipos de interesses concretos).

Essa abominação da desolação psiquiátrica o autor ainda não foi capaz de comentar. Mas não devemos, ao que parece, desesperar de que ele ainda o faça algum dia.

Como nós (depois de Freud!), não tenderia ele, sem tomar plena consciência disso, a fazer de uma *economia libidinal dirigida* o princípio futuro da psicologia?

Daí a substituir, por este ponto de vista racional, as errâncias ao mesmo tempo fantásticas e cínicas que até agora "moralizaram", logo, civilizaram a humanidade, não há mais que um passo, que nada, teoricamente, deveria impedir que ele desse, unindo-se ao nosso postulado:

Em economia "psíquica", como em economia política, a revolução social é a condição prévia a toda luta metódica contra a anarquia assassina, o desperdício e a violência cegos e absurdos que caracterizam atualmente a produção, as trocas e a satisfação das necessidades.

*6 — 10 de fevereiro de 1933: Paul Nizan (*L'Humanité*). Aqui está, na íntegra, a nota de leitura de Nizan.*

Esta é uma tese de doutorado em medicina e o gênero pode parecer estranho a nossas notas de leitura. Mas deve-se assinalar um livro que, contra as principais correntes da ciência oficial, apesar das precauções que deve tomar o autor de uma tese universitária, traduz uma influência muito certa e muito consciente do materialismo dialético.

O doutor Lacan ainda não esclareceu todas as suas proposições teóricas, mas reage contra os diversos idealismos que corrompem atualmente todas as pesquisas de psicologia e de psiquiatria.

O materialismo dialético triunfará sobre a ignorância dos sábios professores; ele aparecerá como o método verdadeiro do progresso científico. Um livro como este anuncia um combate científico importante.

A publicação da tese nas edições Seuil em 1975 tem pouco eco na imprensa. *Le Monde* de 16 de maio de 1976 se contenta em mencioná-la. Outros jornais lhe dedicam algumas linhas. Guardamos três desses textos.

7 — 24 de outubro de 1975: La Presse française. *O artigo, assinado P. A., se intitula: "Aonde vai a psicanálise? A posição de Jacques Lacan".*

As lutas entre escolas rivais se intensificaram desde que Sigmund Freud, em 1897, abriu horizontes insuspeitados, confirmando que o sono hipnótico é um elemento decisivo no tratamento de certas doenças mentais, e isso por pura análise psíquica. Se os princípios de base estavam assim solidamente estabelecidos, as técnicas de aplicação pareciam singularmente frágeis, com muita freqüência ineficazes, perigosas, mesmo, para praticantes pouco hábeis.

Na medida em que se proclama um método sutil para quebrar os mecanismos psíquicos estereotipados, a psicanálise põe em evidência o problema da possibilidade de revelar com precisão este processo. Ao mesmo tempo, ela postula possuir o quadro único da interpretação dos fenômenos assim revelados. Enfim, toda doutrina elaborada sobre esses dados implica a possessão da arma terapêutica capaz de romper o bloqueio diagnosticado.

Questões temíveis, sobre as quais evitamos nos aprofundar. No máximo, arriscaríamos, por uma intervenção brutal, arruinar mecanismos relativamente sãos e provocar igualmente desequilíbrios irreversíveis. Poder-se-ia dizer com alguma verossimilhança que somente o gênio do operador conseguiria evitar os escolhos sérios e os dramas constrangedores. Mas o que é uma ciência do espírito, senão uma intuição de homem, um clarão de simpatia profunda que perfura as trevas do isolado em si mesmo? Onde se encontraria então a certeza de uma técnica nesses domínios, mesmo aparentemente experimentada?

Concebe-se então as polêmicas acerbas entre discípulos profundamente divididos. Discussões azedas marcam as incertezas dos convencidos. A escola francesa é desmembrada em múltiplos grupos, cada um pretendendo deter a chave do mistério, contando as curas obtidas e calando os fracassos.

Nessa luta contra o mal insidioso, Jacques Lacan se ilustrou com mais ou menos sucesso e com uma audiência certa desde 1932. Numa linguagem freqüentemente esotérica, ele tentou precisar uma abordagem racional das terras a explorar. Também se fica felizmente surpreso pela limpidez da expressão, que não se atém mais à plenitude dos equívocos, como no último congresso de Roma, pelo rigor do pensamento e a lealdade intelectual de sua tese de doutorado sobre a *psicose paranóica nas suas relações com a personalidade*, que ele acaba de reeditar na coleção que dirige, o Campo freudiano.

E é realmente o próprio centro de toda reflexão sobre o homem que está incluído na procura de uma definição útil sobre a personalidade, esta entidade que se desvanece ao exame e que se afirma com a evidência da vida. Tem-se compreensões mais ou menos satisfatórias ao acompanhar, com uma real piedade, sua decomposição ou seu desequilíbrio. Neste trabalho em profundidade, que precede seus diversos *Escritos*, Lacan segue de perto a evolução dessa deterioração interior, atendo-se a um caso clínico, explorando-o em seus diversos estados, a história da vida e a história da doença, estrutura e significação dos sintomas. Método exaustivo e que exige paciência, espírito crítico, abnegação diante dos fatos.

Para esclarecer a primeira diligência na via do espírito, convém ter previamente uma concepção suficiente da síntese psíquica. Então se pode dar conta de que a paranóia é um simples retorno ao pensamento primitivo, que ela é, de fato, um anacronismo vivo e prossegue-se assim acompanhando os traços da formação dessas loucuras raciocinantes que desconcertam e o encaminhamento psicológico que impõe a imagem de perseguidores acusadores a tiranos inconscientemente perseguidores.

A experiência vivida sublinha assim o relativismo de toda psiquiatria. Lacan insiste na necessidade de se liberar do realismo ingênuo do objeto, no fato de que nenhum fenômeno psíquico é puramente automático, o que é uma visão fundamental e de uma originalidade assegurada. Num mundo fechado para sempre, onde a identidade de cada um está perdida sob o acúmulo dos meios de comunicação de massa, onde a falta de simpatia humana é incitação ao crime, a noção dinâmica das tensões sociais pode trazer um método menos impreciso para revelar a gênese reacional da psicose que, pela catarse terapêutica, pode aceder ao despertar da vontade e à criação da expressão humana, e ultrapassar a forma estereotipada da fraqueza esterilizante.

8 — 29 de fevereiro de 1976: Les fiches bibliographiques. *A resenha é assinada por Jean Colin.*

Jacques Lacan raramente se digna a ser inteligível, mesmo na televisão. Ele apresenta um volume que reagrupa sua tese de doutorado e alguns de seus primeiros escritos. Tratando da psicose paranóica, o autor distingue inicialmente os distúrbios psíquicos provenientes de lesões orgânicas da psicose, que aparece puramente mental, mesmo se acompanhada, às vezes, dessas lesões. A personalidade, isto é, a síntese psíquica, é então afetada. Ela implica um desenvolvimento biográfico, uma concepção de si mesmo, ao mesmo tempo que uma certa tensão das relações sociais. O autor passa em revista as diferentes teorias que puderam ser emitidas sobre a paranóia. Para alguns psiquiatras, esta psicose deve ser analisada como constituindo o desenvolvimento de uma personalidade. Para uma segunda escola, a psicose paranóica é determinada por um processo orgânico. A fim de esclarecer esse debate, J. Lacan nos expõe o caso "Aimée", um caso de paranóia de autopunição. Aimée agrediu fisicamente uma atriz, amiga de um célebre escritor, acusando-os de havê-la perseguido em cena, bem como na literatura. J. Lacan preconiza a utilização de métodos freudianos para decifrar um tal caso, os fatores sexuais devendo ser levados em consideração como tendo uma dimensão orgânica e psíquica. Um livro importante.

9 — Maio de 1976: Les livres. *Artigo assinado por J.-M. Hoël*

Tese de doutorado publicada uma primeira vez em 1932, este "novo Lacan" vai surpreender, tanto seu método é aí universitário, sábio e firme: ele vai alegrar a mais de um leitor, que ali verá, no entanto, surgir a maneira do mestre. Na sua prudência e paciência, aí está realmente uma exposição magistral da posição do problema da psicose paranóica à época em que atinge o auge o conflito entre duas teses: a da psicose como desenvolvimento da personalidade, ou como determinada por um processo orgânico. E é de forma magistral que, dialético e clínico, Lacan mostra as antinomias a que chega cada uma dessas teses; depois, através do caso de Aimée, demonstra a necessidade e a possibilidade de um método mais rigoroso, suscetível de revelar a estrutura e a significação dos sintomas, de fornecer um tipo clínico mais preciso, mais concreto, e uma explicação mais satisfatória das correlações clínicas em termos (freudianos) de fixação libidinal. Brilhante dever freudiano, mas também sólida ancoragem dos desenvolvimentos por vir, continuação das *Cinco psicanálises* em prelúdio aos *Escritos*, eis uma leitura acessível e frutuosa que se recomenda tanto aos iniciantes como aos iniciados.

*10 — Vamos acrescentar, à margem dessa lista, a entrevista de Lacan por G. Lapouge (*Le Figaro littéraire *de 1º de dezembro de 1966), texto que não é verdadeiramente atribuído a Lacan nem a alguém que lhe tivesse dado a réplica.*

Jacques Lacan, por sua vez, quis manter os olhos abertos para o clarão da fala freudiana. É verdade que ele só encontrou Freud depois de já ter avançado muito na sua carreira de psiquiatra, por ocasião de sua tese, *La psychose paranoïaque dans ses rapports avec la personnalité,* tese que data de 1930 e que teve vasta ressonância, singularmente, nos meios surrealistas.

As dedicatórias da tese

Com o *Curriculum studiorum psychiatricorum*, essas dedicatórias ocupam, segundo o costume, não menos de doze páginas. A grande maioria delas não foi reproduzida na segunda edição. Nessa última edição, a primeira é retomada integralmente, a segunda modificada, as outras apenas indicadas, seja por alusão global, seja com menção explícita do nome do dedicatário (são então distinguidos E. Pichon, H. Ey, P. Male, e P. Mareschal). As dedicatórias da primeira edição, com as observações relacionadas a cada uma, nos parecem hoje um testemunho importante para a história do trilhamento de Lacan, razão pela qual optamos por transcrevê-las abaixo. Na medida do possível, respeitamos sua apresentação gráfica que, manifestamente e além de seu ordenamento, sublinha a importância relativa que o autor lhes atribui. O nome de Clérambault brilha aqui por sua ausência.

1ª página: À M.T.B.*

ἧς μὴ παρούσης γ᾽ ἐμοί
οὐκ ἂν ἐγενόμην οἷος γεγένημαι.

2ª página: A MEU IRMÃO

EM RELIGIÃO

O R.P. MARC-FRANÇOIS LACAN

Monge beneditino da Congregação da França

A ti, Marc

3ª página: A MEU PAI E A MINHA MÃE

Em reconhecimento filial por
seus exemplos e suas boas obras

A MINHA IRMÃ E A MEU CUNHADO

MEIS ET AMICIS

* Marie-Thérèse Bergerot

4ª página: A MEUS MESTRES EM PSIQUIATRIA

AO SENHOR PROFESSOR HENRI CLAUDE
Membro da Academia de Medicina

Que esta tese, que ele me dá a honra de presidir à defesa, testemunhe o que devo a seu ensinamento e sua benevolência.

AO SENHOR DOUTOR G. HEUYER
Médico de Hospitais

Que, durante um ano, na Enfermaria especial, formou-me na observação psicoclínica rápida, e não cessou desde então de me sustentar com seu apoio e seus conselhos; que ele receba aqui a homenagem de minha admiração e de meu reconhecimento.

5ª página:

AO SENHOR PROFESSOR AGREGADO J. LÉVY-VALENSI
Médico de Hospitais

Que, pela generosa compreensão que tem de nossa juventude, tornou amável meu serviço quotidiano na Clínica e o trabalho científico que me fez partilhar.

AO SENHOR DOUTOR B. LOGRE
Médico da Enfermaria especial junto à Delegacia de Polícia

AO SENHOR DOUTOR TOULOUSE
Médico dos Asilos
Médico-diretor do Hospital Henri Rousselle
Diretor do Instituto de psiquiatria e de profilaxia mental
Chefe do Centro de Profilaxia mental do departamento do Sena

Em reconhecimento pelo favor que me concedeu de uma permanência de dois anos em seu belo serviço, onde a experiência psicoclínica se oferece na própria fonte de sua apresentação.

À MEMÓRIA DO DOUTOR TRÉNEL

Que me iniciou na psiquiatria, me fez amar os doentes mentais e me deu a mais alta concepção dos deveres intelectuais e morais próprios à nossa ciência.

AO SENHOR DOUTOR VURPAS
Médico da Salpêtrière

Que guiou meus primeiros passos em direção à Medicina mental.

6ª página: AO SENHOR DEÃO BALTHAZARD
Membro da Academia de Medicina

Em reconhecimento por seu ensinamento.

AO SENHOR PROFESSOR DUMAS
Membro da Academia de Medicina

Em testemunho da minha respeitosa deferência.

AO SENHOR PROFESSOR ROUSSY
Membro da Academia de Medicina
Professor de Anatomia Patológica da Faculdade de Medicina

Em reconhecimento pela hospitalidade que me deu por um ano em seu laboratório.

AO SENHOR PROFESSOR HANS MAIER
de Zurich

Em homenagem, pela amável acolhida que me ofereceu em seu serviço do Burghözli nas férias de 1930.

7ª página: A MEUS MESTRES EM NEUROLOGIA

AO SENHOR PROFESSOR C. GUILLAIN
Membro da Academia de Medicina
Professor de clínica das doenças do sistema nervoso

AO SENHOR DOUTOR CROUZON
Médico da Salpêtrière

AO SENHOR DOUTOR I. BERTRAND
Diretor do Laboratório da École des Hautes-Études
Chefe do laboratório de anatomia patológica da Salpêtrière

AO SENHOR PROFESSOR AGREGADO TH. ALAJOUANINE
Médico de Hospitais

8ª página: A MEUS MESTRES NOS HOSPITAIS

EM MEMÓRIA
DO PROFESSOR AGREGADO P. RIBIERRE

Que me deu a imagem viva da mestria intelectual.

9ª página: EM MEMÓRIA DO DOUTOR HALLOPEAU
Cirurgião do Hospital Trousseau

AO SENHOR DOUTOR LESNÉ
Médico do Hospital Trousseau

AO SENHOR PROFESSOR JEANSELME
Membro da Academia de Medicina
Professor honorário de clínica de doenças cutâneas e sifilíticas

AO SENHOR DOUTOR CLAISSE
Médico do Hospital Laënnec

AO SENHOR PROFESSOR LENORMANT
Cirurgião do Hospital St. Louis

AO SENHOR PROFESSOR AGREGADO P. MOURE
Cirurgião dos Hospitais

Em reconhecimento pessoal.

10ª página: AOS MAIS VELHOS
QUE ME HONRARAM COM SUA AMIZADE

AO SENHOR DOUTOR MARQUEZY
Médico dos Hospitais

AO SENHOR DOUTOR JEAN HUTINEL
Médico dos Hospitais

AO SENHOR DOUTOR E. PICHON
Médico dos Hospitais

AO SENHOR DOUTOR CEILLIER

11ª página: AOS AMIGOS QUE DEVO
À FRATERNIDADE

DE NOSSOS PENSAMENTOS E DE NOSSOS ESTUDOS
EM PSIQUIATRIA
OS DOUTORES HENRI EY E PIERRE MALE

A MEU CARO AMIGO
PIERRE MARESCHAL

12ª página: aí encontramos o *curriculum*, publicado com modificações na edição Seuil em 1975:

Currículo em Psiquiatria

1927-1928 — Serviço da 2ª seção de mulheres do Asilo Ste. Anne. Serviço da Clínica das doenças mentais e do encéfalo.

1928-1929 — Serviço da Enfermaria especial junto à delegacia de polícia.

1929-1930 — Instituto de psiquiatria e de profilaxia mental. (Hospital Henri Rousselle).
Agosto-setembro de 1930. Visita à Clínica do Burghölzli em Zurich.

1930-1931 — Instituto de psiquiatria e de profilaxia mental. (Hospital Henri Rousselle).
Diploma de médico-legista.

1931-1932 — Serviço da Clínica de Doenças Mentais e do Encéfalo.

Uma página de Barbey d'Aurevilly

Ela é extraída de *Un prêtre marié* (Um Padre Casado), de 1881. Elegemo-la aqui pela surpresa que nos causa de estar tão em ressonância com o caso de Marguerite. Principalmente em sua queda, que assinala o que pode suscitar de transferências a posição de parceiro de uma mãe louca por haver perdido um filho.

Sua mãe, uma mulher do povo, do burgo de B..., que ficará só com uma filha de quatorze anos enquanto ele cursava o seu último ano de seminário, havia perdido esta filha de maneira horrível.

Uma noite, abaixando-se diante da lareira para acender uma lâmpada, a menina havia incendiado seu vestido, de um tecido leve, e, apesar dos socorros que lhe foram prestados, foi envolvida e devorada instantaneamente pelas chamas. A mãe, que saíra por alguns instantes para auxiliar uma vizinha pobre, voltou e encontrou a filha que morria, sorrindo-lhe porque não sofria mais: o terrível trabalho do fogo sobre a coluna vertebral havia consumido até a sede da dor. Naquele instante a infeliz mulher enlouqueceu, mas de uma loucura tão dilacerante quanto sua infelicidade. Sua vida passou a ser somente uma idéia e um gesto. Ela segurava perpetuamente a barra de sua saia ou de seu avental contra o peito devassado, com uma crispação cheia de terror; e quando a havia esfregado e macerado bastante apertando-a assim contra si, estendia-a sobre os joelhos e dizia horrivelmente: "Oh! podia-se apagá-lo!" e se desfazia em lágrimas... Com exceção dessa fala e dessa irritante pantomima, repetida automaticamente vinte vezes por dia, não falava nem se movia mais.

Como todos os loucos tristes, ela permanecia constantemente no mesmo lugar, sentada no chão ou sobre os calcanhares, usando a testa contra a parede, onde haviam sido obrigados a pendurar um pedaço de acolchoado para que ela não quebrasse a cabeça. Devorada por uma febre interior que a emagrecia, ao comer só aceitava algum bocado da mão de seu filho. *"Ele a trocava, mesmo, completamente,* como uma criança", dizia Manette Le Quertier — a criada do cura, uma boa moça, mas que nem por todo o dinheiro que havia em Néhou tocaria naquela louca, cuja simples visão "lhe gelava o sangue". Quando o abade Méautis não estava na igreja ou visitando seus doentes, estava junto à infeliz insensata, espiando, espreitando, aguardando um clarão de lucidez que jamais vinha. Ele lia seu breviário e rezava ao lado dela. E com as mãos que haviam oferecido o divino Sacrifício, fazia melhor que lavar os pratos, como São Boaventura: lavava piedosamente a sujeira daquele objeto imundo e sagrado.

Sempre amara muito sua mãe, mas a piedade, que era o gênio de sua alma, comunicava a seu sentimento filial algo de sobrenatural. O próprio nome da mãe, só de pronunciá-lo já se lhe fundia o coração; e como em suas instruções na igreja e à cabeceira dos moribundos era obrigado, o pobre e santo pastor, a falar na Mãe do Deus-Homem, não podia deixar de se deter um pouco, antes de pronunciar este nome, mãe, e reprimir um soluço... e nada era mais eloqüente que essa hesitação sublime, para quem sabia da história do cura e de seu infortúnio; nada tinha mais poder sobre os corações e melhor os levava a ele!

Correspondência

Paris, 21 de fevereiro de 1989

Senhor,

Guy Le Gaufey, com quem trabalho regularmente, principalmente na revista *Littoral*, acaba de me dizer que o Sr. Gérard Bléandonu, que é um de seus amigos, falou recentemente ao senhor sobre meu trabalho em curso sobre o caso "Aimée". Para dizer a verdade, acho que esta designação não convém; o senhor nos informou que se tratava de sua mãe Marguerite Anzieu e foi, aliás, em grande parte, a partir de suas declarações a E. Roudinesco e a G. Tarrab que pude considerar o estudo de maneira crítica da tese de Lacan e de sua versão do caso. Há dois anos dirijo um seminário sobre este tema, interrompido agora para escrever o livro de que o Sr. Bléandonu lhe teria falado. Desde setembro esta escrita está em curso, encontrando-se hoje, tanto quanto posso antecipar sua continuação, a meio caminho.

Trata-se, certamente, de um caso "histórico" e que não deixará de ocasionar muitos comentários, mais ou menos bem-vindos; isso, o senhor sabe, já começou. Antecipando-os, espero canalizá-los um pouco, não sem um certo sentimento da validade de meu empreendimento. Ser-lhe-á fácil entender que uma leitura um tanto rigorosa da tese de Lacan expõe um certo número de fatos não isolados como tais até hoje e que, discutidos a partir do que o senhor nos deu a saber, modificam várias afirmações de Lacan, mas também, em contrapartida, algumas coisas que o senhor disse. Estudando esses fatos, precisamente, cheguei a situar o caso de Marguerite Anzieu de maneira diferente daquela feita por Lacan, creio também que de forma diferente da sua mesma, na medida do que se percebe nos seus dizeres publicados.

Mas o fato de se tratar, doravante, de um caso histórico não me autoriza a ignorar que de certo modo este não é, ainda hoje, um caso encerrado, fossilizado. O senhor mesmo anunciou que falaria mais dele, um dia, talvez. Existe, ainda hoje, uma viva discussão deste caso e quanto mais o estudo mais sou sensível a ele. Posso confessar-lhe a estima que dedico a sua mãe e ao senhor mesmo, que disse o que era preciso para que se abrisse uma leitura crítica de tese de Lacan? Eu o faria, se não fosse habitado pelo sentimento de ser, possivelmente, a seus olhos, um importuno que se vem intrometer em coisas que não lhe dizem respeito. Sei que isso não é verdade, em absoluto, que a loucura que foi a de sua mãe me importa, ela que se fez saber pelo viés da tese de Lacan. Talvez o senhor não ignore que, no passado, interessei-me pela comunicação da loucura das irmãs Papin, e que daí resultou um livro. Não sou dos que pensam que a psicanálise pode se desinteressar das psicoses, ou mesmo só considerá-las lateralmente.

Vivendo já há três anos com o que foi o *breakdown* de Marguerite Anzieu, eu teria decerto muitas coisas a trocar com o senhor. Permitiria que eu entrasse em contato, a fim de que nos encontrássemos? Acontece, curiosa metáfora, de sermos vizinhos.

Rogando-lhe aceitar a expressão de minha consideração,

Jean Allouch.

Paris, 1° de março de 1989

Senhor,

Eu lhe seria grato se me enviasse seus textos sobre "Aimée". Mas minha posição filial não me permite considerá-la somente como um "caso" e não desejo conversar com o senhor.

Sinceramente seu,

Didier Anzieu

Paris, 29 de março de 1989

Senhor,

Foi necessário um certo tempo para tornar apresentável o manuscrito ainda provisório da primeira parte do meu livro. Faço-o chegar hoje às suas mãos em seu estado atual, isto é, antes das correções e retificações que poderão vir, em particular do comitê editorial.

Anexo igualmente um pequeno trabalho publicado no boletim interno da escola lacaniana, que representa um ponto final aos dois anos de seminário sobre a tese de Lacan. Dois artigos, também saídos deste seminário, serão publicados no próximo número de *Littoral*: eu os enviarei assim que saírem.

Um certo número de pontos de leitura, não o ignoro, pode não receber seu acordo, de tal modo é verdade que em matéria de interpretação a abordagem psicanalítica permanece problemática. Espero, entretanto, que sua leitura seja sensível ao que me parece ser a perspectiva deste estudo: formular o que terá sido a importância dos dizeres e atos de Marguerite Anzieu na sua "doença". Tal me parece ser a razão do meu emprego do termo "caso" que remete, desde a primeira página do livro, à expressão "fazer caso de...". Meu interesse por um estudo monográfico aprofunda parte da constatação de que "fazer caso de..." não é uma coisa tão corrente, nem é auto-evidente.

Com minhas respeitosas saudações,

Jean Allouch

Paris, 25 de abril de 1989

Caro Senhor,

Recebi seus dois textos sobre "Aimée", e agradeço sua cortesia de me os ter comunicado.

No conjunto, fiquei sensível ao fato de que, como formula sua carta, o senhor "faz caso de...", mais do que "trata do caso de...". Seu tom, ao mesmo tempo sensível e distanciado, é, como convém a um psicanalista, neutro e benévolo. Sua escrita é muito legível e não abusa de "grafos". Sua discussão do diagnóstico de Lacan pareceu-me inteligente e apoiada numa leitura precisa dos textos. Mas não me cabe, como já lhe escrevi, pronunciar-me sobre a fundamentação. Além disso, sua obra sobre Aimée (sua primeira parte) pareceu-me melhor argumentada que seu artigo comparativo entre ela e Emma Bovary. Penso poder suspender algumas ambigüidades cronológicas, informando-me junto a um irmão de Aimée ainda vivo: eventualmente, participarei ao senhor meus resultados.

A sua hipótese de uma "transferência" (o senhor não utiliza este termo) particular de Lacan para com Aimée (como Breuer para com Anna O.?) é plausível, mas pouco demonstrável. Nós, analistas, experimentamos todos tais "transferências", um dia ou outro. Vou-me abster também de reagir ao que diz sobre minha análise e minha evolução (é a sua interpretação, pela qual o senhor assume a responsabilidade, como cada um faz quando interpreta) a não ser sobre um ponto: não estou tão certo quanto o senhor de que as idéias (científicas) que se desenvolve sejam o fruto dos sentimentos que se experimentou para conosco ou que tenhamos experimentado por outros.

Muito cordialmente seu,

Didier Anzieu

Paris, 12 de maio de 1989

Caro Senhor,

Sua carta foi para mim uma grande alegria, uma daquelas que se fica espantado de sentir, cuja amplitude nos surpreende. Foi apenas ao lê-la que pude compreender até que ponto era importante para meu trabalho (mas não se trata, é claro, somente de "trabalho") que ele encontrasse junto ao senhor uma acolhida efetiva. Desde que acredito ter a dizer uma ou duas coisinhas no campo da psicanálise, pude me dar conta do quanto tal acolhida era rara, muito rara.

Não sei se o artigo sobre a primeira báscula doutrinária de Lacan irá responder a sua reserva quanto à transferência deste para com Marguerite. Parcialmente, talvez: de uma maneira suficientemente fundada, certamente que não. O senhor me convida a me explicar melhor nesse ponto: tentarei fazê-lo na segunda parte da obra.

O senhor encontrará igualmente, neste último número de *Littoral*, a cronologia crítica que decerto só se poderá beneficiar com suas observações, precisões, até mesmo correções. Não ignoro que falta a este capítulo um certo número de coisas, algumas delas talvez capitais. Quanto mais precisamente se tenta estabelecer os fatos, mais se percebe até que ponto a trama assim desenhada é uma trama furada.

Vou precisar de alguns meses para escrever a segunda parte da obra; eu a enviarei assim que estiver encerrada.

Com minhas melhores saudações,

Jean Allouch

Paris, 11 de maio de 1989

Caro Senhor,
Eis as precisões que lhe anunciei.

Meus avós maternos são:
— Jean Baptiste Pantaine, nascido em 1856.
— Jeanne, dita Anna Donnadieu, nascida em 1865.

Seus filhos são:
— Élise, dita Eugénie ou Nène, nascida a 22-09-87.
Casada com seu tio Guillaune Pantaine em 11-08-1906.
Viúva de guerra em 1919.
Foi ela quem, com meu pai, me criou depois da hospitalização de minha mãe; falecida em 30-04-77.
— Clotilde, nascida em 1888.
— Marguerite, nascida provavelmente em 1889, morta provavelmente em 1891.
— Jeanne Marguerite, nascida em 04-07-92.
Casada com René Anzieu em 30-10-17 (estes são meus pais)
Falecida em 15-06-81.
— François, nascido em 1892.
— Abel Marcel, dito Marius, nascido em 1894.
— Clovis, nascido em 1902.

Muito sinceramente seu,

Didier Anzieu

Paris, 5 de junho de 1989

Caro Colega,

Desejo retificar um erro de minha parte e um da sua. Meu erro tem a ver com as datas de nascimento e de falecimento da irmã morta de Marguerite. Clovis, o último dos irmãos de Marguerite e também o último sobrevivente, me explica que essa irmã teria morrido por volta dos 7 anos de idade. Assim, ela teria morrido em 1890 ou 1891 e nascido entre 1883 e 1885. Para ter certeza, seria preciso examinar os registros do Cartório na prefeitura de Chalvignac (Cantal, perto de Mauriac, onde minha mãe e todos os seus irmãos e irmãs foram registrados, a granja da família se situava na aldeia de Doumis a 4 km. de Chalvignac). Conviria igualmente verificar se o nome dessa irmã morta prematuramente era mesmo Marguerite, como pensava minha mãe.

Clovis, que nasceu 12 anos depois dessa morte, me disse ter sido informado por sua mãe, que lhe teria apresentado a versão seguinte: essa irmã guardava os carneiros, estava frio, ela teria acendido uma fogueira com gravetos e se queimado.

O seu erro na cronologia de *Littoral* (obrigado pela remessa): meu artigo princeps sobre o eu-pele na NRP é de 1974 (não de 1967).

Muito cordialmente seu,

Didier Anzieu

Paris, 23 de junho

Caro Senhor,

Em primeiro lugar, obrigado pelas informações pertinentes, mas também pelo encorajamento a meu trabalho representado pelo fato de que o senhor me as dê. Só o Registro Civil, com efeito, permite decidir quanto à realidade dos fatos, entre as diferentes versões que, de repente, parecem, cada uma, construídas como o é uma lembrança encobridora.

A primeira Marguerite, nascida em 19-10-1885, falecida em 10-12-1890, era realmente a mais velha. Logo, não estava sob a supervisão de Élise quando ocorreu o acidente (Élise tinha então três anos, a mais velha cinco). O espantoso, aqui, é que a lenda familiar, ou melhor, uma das versões dessa lenda, "responsabilize" Élise, o que faz também a interpretação de Lacan.

Mas existe também uma outra criança, natimorta em 12-08-1891. Admitindo-se que essa gravidez tenha sido levada a termo (o que é sugerido pela nomeação desta criança no Registro Civil), concluiríamos que sua mãe estivesse bem no início dessa gestação no momento de morte de sua filha mais velha. A hesitação de seu tio Clovis quanto à data deste falecimento (1890 ou 1891) se deixa, pois, interpretar como um índice que, apesar das deformações, assinalaria que houve realmente, não uma só, mas duas crianças mortas antes do nascimento da sua mãe.

Talvez tenhamos aí as condições requeridas, segundo Freud, para que haja uma experiência traumática, construída a partir, não de um só mas de dois acontecimentos. Será a partir desse trauma que Jeanne Pantaine passa a se sentir perseguida? Segundo Lacan (p. 174), dizia-se, na família, que a mãe era atacada pela "loucura de perseguição". Mas Lacan permanece flutuante quanto à questão de saber quando essa loucura se teria manifestado. Desde antes do nascimento da sua mãe (p. 221)? No momento em que fica sabendo do atentado contra Huguette ex-Duflos (p. 221 e 282)? Será possível que seu tio possa contribuir, ainda uma vez, para esclarecer as coisas?

Estou terminando, por estes dias, os três capítulos da segunda parte do estudo: 1) — a cronologia, 2) — a primeira publicação do caso, onde salta aos olhos que Marguerite queria, antes de tudo, não necessariamente atingir Huguette ex-Duflos, mas pedir-lhe explicações, logo, falar com ela, e 3) — os "casos" da época que ela integrou em seu delírio. Eu lhe farei chegar essas páginas tão logo forem corrigidas.

Rogando-lhe que desculpe o erro no último número de *Littoral.*

Muito sinceramente seu,

Jean Allouch

Paris, 9 de dezembro de 89

Caro Senhor,

Já há algum tempo, digo a mim mesmo que seria preferível ter redigido o próximo capítulo, a fim de enviá-lo ao senhor junto com aquele que já foi escrito; esta "lógica" tem algo a ver com o fato de ser somente hoje que lhe remeto a continuação desse estudo. Além disso, a discussão da composição do delírio, de seus temas, das pessoas que ele põe em jogo, de sua relação com o ato, tudo isso me tomou muito mais tempo do que eu poderia imaginar. Vivi, durante esses meses, essa desagradável experiência de constatar que meu trabalho só tinha por resultado dar mais espessura ao livro, sem que me aproximasse do fim. Este tempo, agora, me parece encerrado. E considero escrever, para concluir, somente uma breve quinta parte. Nela, vou afirmar até que ponto essa loucura não se deixa facilmente classificar entre as vias balizadas da loucura a dois (Lasègue e Falret por um lado, Régis pelo outro), até que ponto ela comporta algo de inédito quanto a essa estrutura da loucura a dois. Isso me deveria conduzir a tratar da transferência de Lacan para com Marguerite (a meu ver, jamais encerrada), de seu lugar no caso, enfim, das suas conseqüências doutrinárias em Lacan (seu abandono de todo pensamento do processo psíquico) e do motivo por que seu encontro com Marguerite o conduziu a Freud.

Com meus melhores votos para este novo ano,

Jean Allouch

Paris, 3 de janeiro de 1990

Caro Senhor,

Obrigado por sua nova remessa, da qual continuo a apreciar o tom justo, bem como a seriedade das elaborações. O que o senhor me anuncia para seu último capítulo é apetitoso.

Por minha vez, boas entradas, e muito cordialmente seu,

Didier Anzieu

Paris, 23 de maio de 90

Caro Senhor,

Aí está, pois, a última parte desse estudo. Verá que, à diferença das precedentes, emprego aí dois "matemas" de Lacan (o da transferência e um certo nó borromeano), já que o aprofundamento do questionamento clínico não pôde deixar de passar por uma ou duas discussões teóricas (essencialmente aquela da "loucura a dois" e a da transferência na psicose). Parece-me que este uso de matemas não é aqui por demais insistente, que ele não vem, como vemos com tanta freqüência, inscrever a clinica num assujeitamento. Além disso, eles intervêm, com referência ao movimento do estudo clínico, tardiamente e de uma maneira que me parece deixar o leitor livre para situar o caso diversamente. A referência ao borromeano era exigida pelo fato de Lacan, em 1975, reconsiderar completamente sua tese, o que tornava inevitável a menção de seu recurso ao borromeano.

O livro deveria ser publicado em meados de outubro próximo. Uma intervenção escrita pelo senhor seria bem-vinda, embora eu não saiba se conviria pô-la como prefácio ou pósfácio, ou ainda designá-la de outro modo. Aí o senhor poderia marcar suas concordâncias e discordâncias com o que é sustentado. Parece-me que um dos interesses dessa obra será o de haver problematizado a leitura do caso Aimée, que se havia como que congelado numa certa versão, e a sua intervenção iria mais ainda neste sentido. No ponto em que o livro está, quanto ao número de páginas, não há mais qualquer razão para se limitar o número daquelas com que o senhor contribuiria. Desejo muito que o senhor possa concordar com esta proposta. Não será este um lugar pertinente para acolher aquilo que o senhor anunciou que talvez dissesse um dia sobre as relações de Marguerite com Lacan e Lagache?

O término deste tempo de escrita me deixa um tanto desamparado. No escavado da onda, parece-me saber apenas que esse curioso "encontro" com sua mãe não me deixa inalterado, inclusive na minha prática da análise.

Muito cordialmente, seu

Jean Allouch

Paris, 5 de junho de 1990

Caro colega,

Recebi o final de seu livro sobre Aimée, que vou ler atentamente tão logo minha sobrecarga de atividades de leitura e escrita me dêem a oportunidade.

Sob a reserva de minha apreciação final, parece-me possível propor-lhe um prefácio ou posfácio. Uma idéia me vem: por que não publicar a correspondência trocada entre o senhor e eu?

Daqui a alguns dias será o 9° aniversário da morte de Aimée. E depois de anos de hesitação, acabo de vender o estúdio que ela ocupava em Boulogne-

Billancourt. O senhor e eu, cada um à sua maneira, viramos uma página: página de livro, página de vida.

Muito cordialmente seu,

Didier Anzieu

Paris, 11 de junho de 90

Caro Senhor,

Espero que sua leitura do final do estudo não ponha em causa sua aceitação; ela é para mim uma grande alegria e uma felicidade para o livro. Sua última palavra, por assim dizer, cabe ao senhor.

Isto não predetermina o lugar da sua intervenção na obra, já que todos sabem que um prefácio é geralmente escrito depois da leitura do manuscrito. Prefácio ou posfácio, parece-me que será o seu próprio texto a determinar o lugar. O dia 20 de julho lhe parece uma data possível para enviá-lo a mim?

Sua proposta de suplementar a obra com nossa correspondência me parece bem-vinda, no mínimo porque o leitor não poderá receber prova mais flagrante de que ninguém jamais aqui achou que tinha o ponto de vista de Sirius. Eu precisaria de uma fotocópia das minhas cartas para o senhor a fim de preparar este material para o impressor. Igualmente nesse sentido, cheguei a pensar que precisaríamos também decidir limitar a publicação dessa correspondência: eu não suportaria, por mais de uma vez (desta vez) escrever-lhe pessoalmente sabendo que o que escrevo será publicado. Se estiver de acordo, limitemos essa publicação ao que trocamos até a data de hoje.

Sexta-feira última, por ocasião de um pequeno relatório que me foi pedido no quadro de um serviço hospitalar, pude ainda verificar como uma certa maneira de relatar tal e tal dizer de sua mãe não deixa — longe disso — indiferente o ouvinte.

Muito cordialmente seu,

Jean Allouch

Didier Anzieu

Posfácio

Posfácio

Não conheço Jean Allouch, nem pela voz, nem de vista. Até hoje jamais nos encontramos, nem mesmo falamos por telefone. Não pertencemos a uma mesma escola psicanalítica. Minha filiação à Associação Psicanalítica da França, desde sua fundação em 1964 é bastante geralmente conhecida. Não sei, e não procurei saber de que grupo lacaniano Jean Allouch faz parte. Espontaneamente, estabelecemos e mantivemos entre nós a distância de uma correspondência. Este termo convém perfeitamente: trocando nossas missivas a propósito de uma terceira pessoa — ou antes, primeira, a saber, minha mãe —, encontramos entre nós dois diversos pontos de correspondência. Assim, pude superar minha aversão original a ver debatida em praça pública a psicopatologia de um ser que para mim nunca foi um caso, mas uma pessoa. Uma pessoa que sofreu por ser ao mesmo tempo má amante e mal amada por seus pais, seu marido, seus vizinhos. Uma pessoa irritante e fascinante que conseguiu em parte fazer-se compreender por um jovem psiquiatra, Jacques Lacan, que ela introduziu ao conhecimento da loucura, e depois, passados uns cinqüenta anos, por um outro psicanalista, Jean Allouch, que na presente obra discute e revê o diagnóstico do precedente. Uma pessoa que se fez estimar por outras pessoas em casa de quem trabalhava ou que com ela se dedicavam às "boas obras" — para apagar, sem dúvida, o que se havia operado, em seu foro íntimo e em sua existência, de obras más. Uma pessoa por quem sofri de ser ao mesmo tempo demasiado e mal amado — ou pelo menos por ter acreditado que eu fosse para ela o fruto que justificava sua vida e o verme que a roera. Quando a examinou durante uma série de entrevistas, Lacan não estava formado ainda na psicanálise, ele não empreendeu com sua doente um trabalho psicoterápico, que minha mãe, aliás, teria recusado: ela repetiu várias vezes a minha mulher e a mim mesmo que achava Lacan sedutor demais e palhaço demais para confiar nele.

Jean Allouch me submeteu, à medida de sua redação, os capítulos sucessivos de seu livro sobre aquela que Lacan nomeou, em sua tese de medicina, Aimée. Eu os li com distanciamento, o que me permitiu evitar a emoção e a polêmica. Recusei-me, por princípio, a emitir um julgamento de base. Penso que Allouch e eu conseguimos preservar a atitude psicanalítica dita de neutralidade benévola, eu com relação a ele, ele com relação a Aimée.

Não vou me pronunciar sobre a revisão muito argumentada, por vezes lenta e repetitiva, que ele propõe quanto ao diagnóstico relativo a Aimée, revisão que o próprio Lacan havia esboçado, principalmente no momento da reedição de sua tese em 1975. Não conheço Aimée, só conheci Marguerite.

Ela sofria, certamente, de tendências persecutórias e com isso fazia sofrer os outros. Mas desde que, adulto, a reencontrei, ela jamais manifestou um delírio organizado e durável. Suas defesas persecutórias a protegiam, sem dúvida, de uma profunda depressão que ela deixou entrever por diversas vezes aos meus e a mim.

Retifiquei, no manuscrito de Allouch, alguns erros factuais: forneci ao autor algumas informações complementares, o que no começo não pensava fazer: mas o esforço de objetividade de Allouch, a seriedade de sua reflexão, a dignidade de suas palavras me convenceram a dar-lhe essa ajuda mínima. Distinguir, como recomendava Freud, verdade material e verdade histórica é um dos objetivos que cabe ao analista trabalhando na exposição de um caso.

Quanto ao capítulo 16, que Allouch me consagra como filho de Aimée, deixo-lhe a plena responsabilidade por suas hipóteses. Ele teve a cortesia de submetê-las a mim e soube evitar, ao formulá-las, cair nos caminhos da psicanálise selvagem. Não há lugar para que eu lhe oponha outras idéias, consideradas mais verdadeiras porque minhas.

Que posso dizer ou fazer mais? Talvez, autorizar-me a testemunhar uma reação pessoal e reproduzir as palavras, as frases que se atropelaram sob minha pena ao receber a carta onde Allouch, seu livro terminado, solicitava de mim um posfácio.

Minha mãe: Marguerite. Assim a chamavam, sua família e a minha. Não lhe conheci diminutivo. Um deles, todavia, se apresenta agora em minha mente: mamãe Guite. Tratar-se-ia de mim falando com ela? Ou dela, de quem me falavam seus irmãos e irmãos, isto é, meus tios e tias (meu pai só a designava para mim como "tua mãe", mas eu tinha, então, a idade da razão, minhas lembranças verbais não vão mais além)? Ou uma outra mãe, a de um amigo, por exemplo, igualmente chamada de Marguerite, mas que tinha direito a um diminutivo? Por mais que reflita, não consigo me lembrar de ter dito a Marguerite: "mamãe".

Margarida, pois: flor viçosa, de cor pálida, perdida na pradaria verdejante. Tal é a imagem visual que me evoca seu nome no momento mesmo de escrevê-lo. Os prados são os de Doumis, sua aldeia natal, onde passei a maior parte de minhas férias, até os meus doze anos. Sem ela, hospitalizada em Paris. Muito cedo soube que não devia perguntar onde ela estava, o que fazia. Mimado por meus avós, por meus tios, tias, primos e primas que vinham passar ali uma parte do verão. Para eles, todos camponeses, eu era o protótipo do citadino. Esqueciam que minha mãe se tornara parisiense para sua infelicidade e para vergonha deles, sobre o que um pacto de silêncio se fechara pesadamente.

Flor por muito tempo jovem. Depois, flor por muito tempo amarelecida*. Um corpo de camponesa robusta, que atravessou as dificuldades da vida até quase os 90 anos, que me deve ter encantado quando eu lhe sugava o seio. Um espírito frágil mal protegido por pedaços dispersos de fortificação. Esta, perfurada por seteiras** — escrevo esta palavra, consciente de seu duplo sentido. Marguerite, aquela que não conseguiu matar a estrangeira, nem seu próprio amor pela vida, aquela que talvez tenha tido medo de ter vontade de me matar. Seteiras de onde, escondida nas ruínas de seu castelo fortificado, ela lançava suas rajadas de flechas sobre os passantes e os passados. Uma vez por semana, depois que parou de trabalhar, ia almoçar com ela. Ainda cozinhava muito bem. Eu saboreava o prato copioso que ela havia preparado, depois declinava de me servir novamente e a convidava a provar a comida, por sua vez (ela em geral comia antes de mim, porque eu chegava tarde para seus hábitos, e além disso queria ter todo o tempo para me falar). "Não quero", respondia ela, "isso não está bom. Coma tudo". Outra anedota: ela se preocupava em mandar rezar missas pelo repouso das almas dos defuntos da família; um dia me anunciou: "Estou chegando da igreja. Inscrevi você entre os mortos, perpetuamente".

Margarida, flor mística, que me confiou uma vez seu segredo: ela se tornara a eleita de Deus, que fora tocado por seus méritos na superação de tantas provações. Havia começado, acrescentou, a escrever em alexandrinos a história das mulheres da Bíblia; leu para mim uma estrofe, esplêndida. Não encontrei outras em meio a seus papéis, depois de sua morte.

Margarida, flor vivaz, respirando a alegria, semeando o humor quando não tinha que lutar contra essa depressão vertiginosa que se apossava dela em alguns momentos.

Impondo um fim às blasfêmias esparsas em seu passado, que este texto erga, através do efêmero (do efeito mãe)***, em honra de Marguerite, um túmulo sóbrio e estrito.

---

* No original: *jeune* (jovem) e *jaunie* (amarelecida). (NT)

** No original: *meurtrières,* que tem também o sentido de "assassinas". (NT)

*** No original: *l'éphémere* (l'effet mère). (NT)

Companhia de Freud
editora

OBRAS PUBLICADAS

Psicanálise e Tempo
Erik Porge

Psicanálise e Análise do Discurso
Nina Leite

Letra a Letra
Jean Allouch

Mal-Estar na Procriação
Marie-Magdeleine Chatel

Marguerite ou "A Aimée" de Lacan
Jean Allouch

Revista Internacional nº 1
A Clínica Lacaniana

A Criança na Clínica Psicanalítica
Angela Vorcaro

A Feminilidade Velada
Philippe Julien

O Discurso Melancólico
Marie-Claude Lambotte

A Etificação da Psicanálise
Jean Allouch

Roubo de Idéias?
Erik Porge

Os Nomes do Pai em Jacques Lacan
Erik Porge

Revista Internacional nº 2
A Histeria

Anorexia Mental, Ascese, Mística
Éric Bidaud

Hitler – A Tirania e a Psicanálise
Jean-Gérard Bursztein

Littoral
A Criança e o Psicanalista

O Amor ao Avesso
Gérard Pommier

Paixões do Ser
Sandra Dias

A Ficção do Si Mesmo
Ana Maria Medeiros da Costa

As Construções do Universal
Monique David-Ménard

Littoral
Luto de Criança

Trata-se uma Criança – Tomos I e II
Congresso Internacional de Psicanálise e suas Conexões – Vários

O Adolescente e o Psicanalista
Jean-Jacques Rassial

— Alô, Lacan?
— É claro que não.
Jean Allouch

A Crise de Adolescência
Octave Mannoni e outros

O Adolescente na Psicanálise
Raymond Cahn

A Morte e o Imaginário na Adolescência
Silvia Tubert

Invocações
Alain Didier-Weill

Um Percurso em Psicanálise com Lacan
Taciana de Melo Mafra

A Fantasia da Eleição Divina
Sergio Becker

Lacan e o Espelho Sofiânico de Boehme
Dany-Robert Dufour

O Adolescente e a Modernidade – Tomos I, II e III
Congresso Internacional de Psicanálise e suas Conexões – Vários

A Hora do Chá na Casa dos Pendlebury
Alain Didier-Weill

W. R. Bion – Novas Leituras
Arnaldo Chuster

Crianças na Psicanálise
Angela Vorcaro

O Sorriso da Gioconda
Catherine Mathelin

As Psicoses
Philippe Julien

O Olhar e a Voz
Paul-Laurent Assoun

Um Jeito de Poeta
Luís Mauro Caetano da Rosa

Estética da Melancolia
Marie-Claude Lambotte

O Desejo do Psicanalista
Diana S. Rabinovich

Os Mistérios da Trindade
Dany-Robert Dufour

A Equação do Sonhos
Gisèle Chaboudez

Abandonarás teu Pai e tua Mãe
Philippe Julien

A Estrutura na Obra Lacaniana
Taciana de Melo Mafra

Elissa Rhaís
Paul Tabet

Ciúmes
Denise Lachaud

Trilhamentos do Feminino
Jerzuí Tomaz

Gostar de Mulheres
Autores diversos

Os Errantes da Carne
Jean-Pierre Winter

As Intervenções do Analista
Isidoro Vegh

Adolescência e Psicose
Edson Saggese

O Sujeito em Estado Limite
Jean-Jacques Rassial

O que Acontece no Ato Analítico?
Roberto Harari

A Clínica da Identificação
Clara Cruglak

A Escritura Psicótica
Marcelo Muniz Freire

Os Discursos e a Cura
Isidoro Vegh

Procuro o Homem da Minha Vida
Daniela Di Segni

A Criança Adotiva
Nazir Hamad

Littoral
O Pai

O Transexualismo
Henry Frignet

Psicose, Perversão, Neurose
Philippe Julien

Como se Chama James Joyce?
Roberto Harari

A Psicanálise: dos Princípios
Ético-estéticos à Clinica
W.R. Bion – Novas Leituras
Arnaldo Chuster0

O Significante, a Letra e o Objeto
Charles Melman

O Complexo de Jocasta
Marie-Christine Laznik

O Homem sem Gravidade
Charles Melman

O Desejo da Escrita em Ítalo Calvino
Rita de Cássia Maia e Silva Costa

O Dia em que Lacan me Adotou
Gérard Haddad

Mulheres de 50
Daniela Di Segni e Hilda V. Levy

A Transferência
Taciana de Melo Mafra

Clínica da Pulsão
Diana S. Rabinovich

Os Discursos na Psicanálise
Aurélio Souza

Littoral
O conhecimento paranóico

Revista Dizer - 14
A medicalização da dor

Neurose Obsessiva
Charles Melman

A Erótica do Luto
Jean Allouch

Um Mundo sem Limite
Jean-Pierre Lebrun

Comer o Livro
Gérard Haddad

Do Pai à Letra
Hector Yankelevich

A Experiência da Análise
Norberto Ferreyra

A Fadiga Crônica
Pura H. Cancina

O Desejo Contrariado
Robert Lévy

Gide-Genet-Mishima
Catherine Millot

O Sexo Conduz o Mundo
Colette Chiland

A Dependência Química na Adolescência
Hélcio Mattos

Psicanálise de Crianças Separadas
Jenny Aubry

A SEREM EDITADOS

Os Nomes Indistintos
Jean-Claude Milner

O Caminhante Analítico
Victor Smirnof

Um Homem de Palavra
Nazir Hamad

Figuras do Real
Ginette Michaud

Do Amor do Outro ao Amor de Si
Patrick Delarache

A Topologia de Lacan
Jean-Paul Gilson

O Conhecimento Paranóico
Revista Litoral

Letra e Pulsão de Morte
Andre Green

A Arte de Reduzir as Cabeças
Dany-Robert Dufour

Enigma do Incesto
Laure Rozen

O Inferno do Dever
Denise Lachaud

A Quarta Mulher
Paul Tabet

Lacaniana
Moustapha Safouan

Dez Conferências de Psicanálise
Moustapha Safouan

Estados de Abandono
Jacques André

Transferência e Estados Limites
Jacques André

Da Paixão
Jacques André

De Poetas, Crianças e Criminalidades a Propósito de Jean Genet
Isidoro Vegh

O Próximo
Isidoro Vegh

Para uma Clínica do Real
Isidoro Vegh

A Significação do Falo
Diana Rabinovich

A Angústia e o Desejo do Outro
Diana Rabinovich

O Fracasso do Fantasma
Silvia Antigo

A Ambivalência Materna
Michele Benhaím

O Dicionário da Sexualidade Humana
Philippe Brenot

A Sombra do Teu Cão
Discurso Psicanalítico e discurso Lésbico
Jean Allouch

A Anatomia da Terceira Pessoa
Guy Le Gaufey

A Criança no Espelho
Émily Jalley

O Livro das Separações
Emílio Rodrigué

Quartier Lacan
Alain Didier-Weill

Brincar é Coisa Séria
Clemencia Baraldi

O Sujeito Freudiano e Pulsionalidade
Bernard Penot

IMPRESSÃO

GRÁFICA MARQUES SARAIVA
Rua Santos Rodrigues, 240 - Estácio / RJ
Telefax: (21) 2502-9498